KB072883

전함 팔라다 II

일러두기

1. 본서는 전함 팔라다 2권으로 된 여행기 전권을 번역한 것으로, Гончаров И.А., "Фрегат Паллада: Путевые очерки", Коммент. К.И. Тюнькина.—Иркутск: Вост.-Сиб. кн. изд.-во, 1982를 원본으로 삼았다.

2. 곤차로프가 팔라다호를 타고 1852년부터 1855년까지 세계 일주를 하면서 여러 나라의 풍습을 접하고 사실적인 묘사와 자신의 감상을 기록한 이 여행기는 제2권 제6장 '마닐라에서 시베리아 해안까지'에 1854년 당시 조선에 대한 언급이 있기에 더 가치 있다고 할 수 있다.

025
그들이 본 우리
Korean Heritage Books

러시아 대문호가 본 구한말

전함 팔라다 II

이반 곤차로프 지음
정막래 옮김

살림

차례

전함 팔라다Ⅱ

전함 팔라다 I

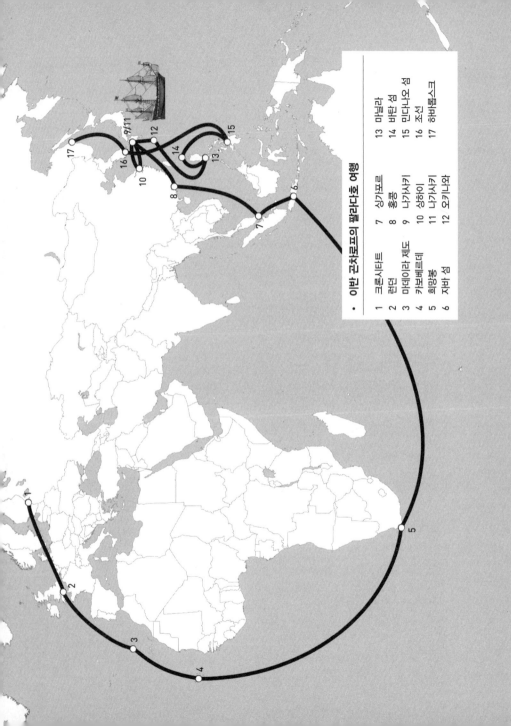

이반 곤차로프의 팔라다호 여행

1	크론시타트	7	싱가포르	13	마닐라
2	런던	8	홍콩	14	바탄 섬
3	마데이라 제도	9	나가사키	15	미니라 제도
4	카보베르데	10	상하이	16	조선
5	희망봉	11	나가사키	17	하바롭스크
6	자바 섬	12	오키나와		

제 1 장
1853년 말과 1854년 초
일본에 있는 러시아인들

1853년 8월 10일에

나가사키항에서

보닌 제도[1]에서 일본 본토까지는 여행이 아니라 산책이라네. 특히 8월에는 말이야. 이 지역에서는 8월이 가장 좋은 시기네. 하늘과 바다가 서로 맞닿은 채 누가 나은지 누가 더 조용한지 누가 더 푸른지 다투고 있지. 한마디로 여행가의 마음을 누가 더 사로잡을 수 있느냐를 다투고 있다고 말할 수 있네. 우리는 닷새 동안 1,360킬로미터를 지나왔어. 우리가 탄 배는 가장 오래된 배답게 나머지 세 척의 배에 신호를 보내는 역할을 하고 있었는데, 이 가운데 한 척에는 견인선 역할도 하고 있네. 밧줄 두 개를 이용해 배를 끌고 가면서 우리는 그 배에 탄 사람들과 만날 수 있었네. 가끔 커다란 나무판에 접이식 글자로 말을 써서 대화를 나누기도 했지.

1853년 8월 9일

항상 그렇듯 청명하지만 무척 더운 날씨 속에 우리는 머나먼 땅이던 일본을 처음으로 마주하게 되었어. 일본에서 가장 남쪽에 있는 섬들로, 일본의 가장 남쪽 경계 지점이었네. 일본 군도의 작은 섬들과 바위만 보일 뿐이었는데 이름이 일본식으로 불리기도 하고, 유럽식으로 불리기도 해. 우리 눈앞에는 율리아와 클라라가 있었고, 그 뒤로 야쿠노시마 섬, 노시마 섬, 이오지마 섬이 있었으며, 그다음부터는 다가사키 섬, 고사키 섬, 나가사키 섬 등 사키라는 이름이 붙은 섬들이 있지. 시마는 섬이라는 뜻이고, 사키는 곶이라는 뜻인 것도 같고, 그 반대였던 것 같기도 하네. 생각이 잘 나지 않는군.

이렇게 우리는 10개월간의 항해와 노력으로 목적지에 다다르게 되었다네. 지금까지 사람들은 황금이나 무기 또는 약삭빠른 외교의 힘을 빌려 열쇠를 잃어버린 채 잠겨 있는 금궤와도 같은 이 나라와 교류를 맺고자 노력해왔어. 문명의 잣대를 교묘하게 피해왔던 이 인류 집단은 감히 외지인의 우정, 종교, 교역 따위는 강경하게 거부한 채, 스스로의 지혜와 법규로만 살아가려 노력하면서 자신을 계몽시키고자 하는 우리의 노력을 비웃고 있었지. 그리고 그들의 개미집이 따르는 자유로운 내적 규범을 자연법칙에 의거하고 민족적이며 온 유럽의 지지를 받는 법률과 온갖 거짓에 대립시키고 있네.

60파운드짜리 화포를 닦으며 우리는 말했어.

"저렇게 과연 오래 버틸 수 있을까?"

일본인이 외국인도 자신들의 나라를 공부할 수 있게 해주고, 어떤 천연자원을 가지고 있는지만이라도 알게 해준다면 좋으련만. 이 지구에 발을 붙이고 사는 이들을 다루는 지리학과 통계학에서 유일한 빈칸을 만드는 곳이 바로 일본이기 때문이야. 잘 알려지지 않았기에 아직까지는 흥미를 유발하는 이 이상한 땅덩어리는 북위 32도에서 40도를 조금 넘기는 위도 사이에 걸쳐져 있네. 즉 마데이라 제도[2]보다 남쪽에 있는 곳이지. 마데이라는 무덥거나 혹한이며, 야자나무, 소나무, 복숭아나무, 월귤나무가 자라네. 러시아에서 가장 큰 산만큼이나 높은 산과 화산도 있어. 우리가 이미 알고 있듯이 이 산들에서 세상에서 가장 품질이 뛰어난 구리가 생산되지. 하지만 그곳에 최상급의 금광석, 은, 금, 황옥 그리고 어쩌면

황금보다 귀중한 19세기의 가장 중요한 광물인 석탄까지 매장되어
있는지 아닌지를 우리는 아직 알지 못하고 있다네. 나가사키항의
입구인 노모 곶이 우리 시야에 들어왔네. 모두 뒤 갑판에 모여들
어 햇빛에 선명하게 모습을 드러낸 초록 해안을 기쁜 마음으로 바
라보았지. 그러나 이곳에서는 자바 섬이나 싱가포르와 달리 배에
과일, 조개껍질, 원숭이, 앵무새를 싣고 몇 마일을 저어 나와 환대
해주는 일이 없었어. 자바 섬과 싱가포르에서는 해안까지 보트를
태워준다고도 했는데 말이야. 여기서는 정반대지 뭔가!

우리는 약간 주눅 들어 선실로 돌아왔어. 적어도 나는 그랬네.
감옥에라도 들어가는 듯 기분이 가라앉더군. 나무로 둘러싸인 감
옥이긴 했지만 말이야.

그런데 우리 곁을 떠가는 이건 또 뭔가. 알록달록한 지붕을 얹
은 자그마한 장난감 쪽배가 아닌가?

우리 가운데 한 명이 말했네.

"이들의 종교의식입니다."

다른 이가 말했지.

"아닙니다. 이건 그저 미신을 따르는 것일 뿐입니다."

또 다른 누군가가 말했어.

"점을 치는 겁니다. 저기 보십시오. 똑같은 게 또 떠내려가고 있

지 않습니까? 점치는 것입니다. 운수가 어떤지 보려는 것입니다."

누군가의 목소리가 들려왔네.

"그게 아닙니다. 학자이자 여행가인 켐퍼[3]가 쓴 글에 의하면…"

그때 노인의 투덜거리는 소리가 들렸다네.

"그냥 장난감일 뿐이오. 사내 녀석들이 띄웠을 거요."

노인의 의견이 그 어떤 학식 높은 학자들의 의견보다 옳았을지도 몰라. 그러나 이곳에서는 제아무리 사소한 것이라 할지라도 의미심장하게 보이더군.

갑자기 보트가 눈앞에 나타났네. 이번에는 장난감이 아니야. 일본인이 서너 명 타고 있는데, 두 명은 옷을 입고 두 명은 벗은 상태였네. 그들은 살짝 불그스레할 정도로 햇볕에 그을려 있었고 머리카락을 고정시키기 위해 가늘고 흰 띠를 두르고 있었지. 허리에도 같은 띠를 두르고 있었네. 몸에 걸친 거라곤 그게 다였어. 사실우리는 아침에도 일본인을 보았다네.

내가 막 잠에서 깼을 때였어. 파데예프가 와서 어떤 사람들이 막대기로 무슨 종이를 건네주고 갔다고 하는 거야.

"도대체 누군가?"

"일본인이 틀림없습니다요."

일본인은 우리 전함에서 2사젠[4] 떨어진 곳에 배를 세운 후 우리에게 뭐라고 말을 했지만 가까이 다가오지는 않았네. 대포를 보고는 뒷걸음질쳤던 거지. 안으로 들어오라고 우리는 손짓도 하고 손수건을 흔들어 보이기도 했어.

마침내 그들은 우리 전함에 발을 디뎠고 우리 모두 그들을 빙둘러쌌다네. 첫 번째 일본인 손님이니까. 그들은 겁먹은 듯한 모습으로 주변을 둘러보았네. 그러고는 양 무릎에 손을 얹고는 무릎을 굽힌 채 땅에 닿을 듯이 허리를 깊숙이 숙여 인사했지. 두 명은 옷차림이 초라했어. 소매가 넓은 푸른 상의에 허리와 다리를 팽팽하게 덮어씌우는 가운을 걸치고 있었네. 가운은 넓은 허리끈으로 고정하더군. 또 무엇을 걸치고 있었는지 아는가? 그 외엔 바지도 그 어떤 옷도 전혀 없었다네…. 신발은 짧은 푸른색 양말 같은 것으로 발목을 단추로 잠글 수 있게 되어 있었어. 엄지발가락과 중지발가락 사이에 있는 끈은 짚으로 만든 신발창을 발바닥에 고정시켰더군. 부유한 사람이든 가난한 사람이든 모두 이런 신발을 신고 있었네.

모두 머리를 밀어 얼굴처럼 보이게 하고 뒤통수 쪽에 남아 있는 머리는 위로 추켜올려져 잘려나간 머리채 모양으로 정수리에 단단히 고정했다네. 그런 교묘하고 볼품없는 머리 모양을 만드느라 얼마나 고생들을 하는지! 그들 가운데 연장자인 한 명은 허리에 검을 두 개 꽂았어. 하나는 길고 다른 하나는 그보다 짧아. 우리는 부탁을 해서 검을 보았는데 칼날이 매우 훌륭하더군.

우리는 손님들을 선장실로 데려가 술과 차, 사탕을 대접했다네. 그들은 자신들이 타고 온 배에서부터 계속해서 우리 배의 돛대를 가리키고 있었는데, 거기에는 흰 천에 러시아 제국의 선박이라는 글씨가 일어로 쓰여 있었어. 손님들은 명령 때문이라며 그 글씨를 베껴서 시내 관청으로 가져가 상부에 보고해도 되겠느냐고 부탁하더군.

30분이 지난 후 더욱 화려한 차림의 다른 일본인들이 왔네. 그들이 가져온 종이에는 해안을 떠나지 말 것, 일본인을 화나게 하지 말 것 등의 통상적인 경고문이 쓰여 있었지. 대접받은 술이 얼마나 그들의 마음에 들었는가 하면 병에 남아 있는 술을 사공 몫으로 가져가게 해달라고 간청할 정도였네. 아마도 사공은 냄새도 못 맡게 했을 테지만.

종이에는 코발스키 대문이라는 제1 항구에 정박할 것, 아주 안 좋은 일이 일어나는 것을 방지하기 위해 너무 멀리까지는 다니지 말 것이라는 일본 정부의 부탁이 프랑스어, 영어, 네덜란드어로 쓰여 있었네. 누구에게 어떤 안 좋은 일이 생길 수 있는지는 언급이 없었다네. 아마도 문제가 일어나 현지사가 할복이라도 하는 경우가 생기지 않도록 예방 차원에서 하는 것 같아.

책에서도 읽은 적이 있고 우리가 직접 눈으로 확인도 한 사실이네만, 일본 정부는 타인들에게 자신들이 규정한 방침을 무조건 따라 달라고 요구한다네. 만일 그렇지 않을 때에는 그 원인이 당사자에게 있든 그렇지 않든 책임을 져야만 하지. 예컨대 외국에서 온 배들이 제2 항구와 제3 항구에 들어가려면 현지사의 허락 없이는 안 되지. 우리는 허가를 요청한 적이 없다네. 그런데 사공을 제외하면 여덟 명쯤 되는 일본인이 세 번째로 나타나서는 제2 항구로 가라는 허가서를 가지고 왔어. 방문은 꼬리에 꼬리를 물고 빠른 속도로 이어지더군. 현지사는 첫 번째 통보를 받은 후 우리가 제1 항구에 정박하기로 했는지 아닌지도 알지 못한 상태에서 서둘러 허가서를 내준 거였네. 만일 그에게 우리를 말살시키라는 명령이 떨어졌다면, 물론 성공을 거두지는 못했겠지만, 아마도 할 수 있는 노력을 다했을 거야. 만일 실패한다면 그 대가가 할복자살이기 때문이지.

내가 그렇게 생각하는 까닭은 나가사키 현지사 가운데 한 명이 몇 년 전 어떤 영국 선박의 선장에게 일본 왕실의 선물을 전했다가 거절당했다는 이유로 자신의 배를 가른 적이 있어서라네. 현지사에게 선물을 전하라는 명령이 떨어졌는데 선장은 그 선물을 받지 않았어. 결국 선물을 전하지 못한 셈이 된 현지사가 죄인이 된 거야.

자신의 배를 가르는 것은 여기 일본에서 부득이하게 죽어야 할 때 가장 즐겨 사용되는 방법이네. 최소한 옛날에는 그랬네. 누군가가 할복자살을 해야 할 때 이를 거부하면 정부가 그 수고를 대신해주었지. 그러나 그때는 공개처형이라는 수치 외에도 재산을 몰수당하므로 가족에게 피해를 주게 된다네. 어느 여행가의 말에 따르면 일본에서는 젊은이들을 교육할 때 능숙하게 자신의 배를 가르는 방법도 가르쳐준다더군. 차후에 기회가 된다면 더 알아보고 자세하게 이야기하도록 하겠네. 지금은 그럴 시간이 없어.

세 번째로 온 일본인들은 옷차림새가 더 훌륭했네. 그들의 상의는 반투명의 얇은 검정색 직물로 만들어졌고 몇 명의 등과 소매에 하얀 문양이 수놓아져 있었어. 바로 그들 가문의 문양이라네. 모든 사람은 자신의 가문을 나타내는 문장을 상의에 수놓아 입고 다닐 수 있는 권리를 지니고 있네. 농부들조차 말이야. 하지만 어떤 이들은 자신의 상관이나 아니면 더 높은 고관인 쇼군[5]에게서 그들의 문장을 지닐 수 있는 권리를 마치 훈장처럼 하사받기도 하지.

그러나 허리춤에 두 개의 검을 차고 다니는 권리는 아무나 가질 수 있는 것이 아니라네. 그런 명예는 최고위층과 장교에게만 허락되지. 병사들은 검을 한 개만 차고 다니고 평민들은 아예 검을 들고 다닐 수가 없어. 평민들은 벌거벗고 다니니 어차피 검을 꽂고 다닐 만한 곳도 없네. 겨울이라면 또 모를까.

　손님이라고 표현해야 할지 주인이라고 표현해야 할지 모르겠지만 어쨌든 그들은 기다란 비단 끈으로 상의를 여미고 있었다네.

　그들은 통역관이라고 자신들을 소개했는데 네덜란드어로 오페르톡과 온데르톡, 즉 상급 통역관과 하급 통역관이라고 하더군. 이런 통역관은 일본 내 네덜란드 교역촌과의 거래를 위해 임명되지. 우리가 그들을 선장실로 데려가자 많은 질문이 적혀 있는 종이를 꺼내들었네. 통역관의 숫자는 하나의 단체를 이룰 수 있는 정도였다네. 짧은 시간 동안 우리 배에 왔던 통역관만 30명 정도였고 전체적으로는 약 60명에 달했어. 히브리어 성경을 그리스어로 번역했다는 70명에 조금 못 미치는 수가 아닌가. 그들은 네덜란드어만 알고 있었고 여기 일본 땅에 하루 종일 앉아 있으면서 직접 일본어를 배울 생각은 못한 네덜란드인과의 거래에서 통역을 하고 있었네. 누가 네덜란드인에게 일본어를 가르칠 수 있겠는가? 그랬다가는 사형당할 텐데 말이야. 우리가 프랑스어를 하고 스웨덴 사람들이 독일어를 하고 학자들이 라틴어를 하듯이 모든 일본인은 중국어를 할 줄 알아. 일본어로도 쓰고 중국어로도 쓰는데 중국어를 읽는 방식이 독특하지. 일본인의 언어, 종교, 관습, 의복, 문화, 교육까지 이 모든 것은 사실 중국에서 들어온 거야.

이곳에서 많은 질문을 받게 된다는 소리를 들었기에 우리는 아주 솔직하게 대답을 할 수 있도록 준비했어. 역시 질문이 쏟아졌네.

"어디서 오셨습니까? 배에서 내린 지는 얼마나 되었지요? 그게 며칠인가요? 수병과 장교를 모두 포함하여 각각의 배에 몇 명이 타고 있습니까? 대포는 몇 문인지요?"

우리가 현지사에게 보내는 편지를 가지고 왔다고 말하자 왜 편지 한 장 가져오면서 배는 네 척이나 끌고 왔느냐고 묻기도 하더군. 비꼬는 듯한 이 질문에서 우리의 방문을 미심쩍어 하는 순진한 불신과, 우리가 무슨 나쁜 음모라도 꾸미고 있는 것이 아닌가 하는 의구심이 엿보였지. 서둘러 그들을 안심시키고 난 후 우리는 모든 질문에 성심성의껏 대답했네. 그 부드럽고 매끄러우며 뽀얗고 연약한 얼굴, 그 교활하고도 영리한 얼굴, 머리 모양, 무릎을 꿇고 앉는 모습을 보고 있자니 미소를 지을 수밖에 없었지.

우리는 조사를 마친 그들을 다정하게 대해주었네. 달콤한 파이, 과실주, 포도주를 대접했어. 그들은 호기심 가득한 눈으로 모든 것을 쳐다보고 선실 안을 낱낱이 훑어보았지. 누군가 우연히 피아노 건반을 두드렸을 때는 너무 놀라서 입을 다물지 못했네. 시가도 권했으나 그들은 어떻게 담배를 피워야 하는지 모르더군. 한 명이 시가 끝도 떼어내지 않은 채 반대쪽을 물고는 시가를 피웠을 정도야. 시가는 너무 독해서 그들의 입맛에 맞지 않았네. 선실 안의 무더운 공기 때문에 한 일본인은 어지럽다고 호소했어. 어쩌면 멀미가 난 것일 수도 있지. 파도는 잔잔하고 배도 아주 천천히 움직이고 있었지만 말이야. 일본인은 대체로 매우 상냥하더군. 예를 들어 그들은 선실에서 한자리에 가만히 앉아 있지를 못했네. 연신 머리와 얼굴에서 땀을 훔쳤고 크게 숨을 내쉬거나 부채질을 해댔지. 그들은 품에서 은으로 만든 주둥이와 골무의 반 정도 되는 크기의 대통이 달려 있는 종려나무 담뱃대와 가루담배를 꺼내들었다네. 가루담배는 지갑보다 작은 크기의 종이로 만든 쌈지 안에 들어 있었어. 일본인은 거기에서 가루담배 약간을 집어들고는 귀마개용으로 만든 솜이나 대마 뭉치처럼 둥글게 굴려놓았네. 그러고는 담배 뭉치를 담배 대통에 넣어 두세 번 피운 다음에 재를 털어내고는 담뱃대를 다시 품안에 감추더군. 이 모든 과정은 놀라울 정도로 빨랐네. 가루담배는 마치 아마처럼 매우 얇고 가늘었으며 불그스레한 황색을 띠고 있었어. 터키담배 맛과 조금 비슷하지만 굉장히 연한 맛이었는데 그 모양새는 흡사 주홍색의 무성한 머리칼 같았지.

갑판에서 무슨 소리라도 들리면 그들은 귀를 쫑긋 세웠네. 갑자기 사람들이 돛대 꼭대기에서 배의 양쪽에 고정되어 있는 닻줄들 위를 뛰어다니거나 어떤 밧줄을 당기다가 물에 빠질 것 같으면 겁을 집어먹더군. 사공들과 함께였지만 그들은 우리와 함께 갈 때 우리 배의 견인줄에 매달려갔다네.

마침내 들어선 제1 항구는 섬과 언덕으로 둘러싸여 있었지. 처음에는 전혀 바람이 불지 않았지만 곧 매서운 강풍이 불기 시작해서 돛을 이리저리 틀어가며 가야만 했지.

이런 의도를 알지 못한 일본인들이 말했네.

"도대체 어디로 가는 겁니까? 이리로 왼쪽으로 오셔야 합니다."

마침내 우리는 지정된 장소인 제2 항구에 도착했어.

이건 뭔가? 일부러 꾸며놓은 무대인가, 아니면 실제란 말인가? 이렇게 멋진 장소가 있다니! 잣나무를 비롯한 많은 나무로 뒤덮인 언덕은 서로 초록빛을 경쟁하며 첩첩이 둘러서 있었다네. 나무들은 원형경기장을 가득 채운 사람들처럼 무슨 나무인지 들여다볼 수도 없을 정도로 서로 몸을 밀어붙인 채 빽빽한 숲을 이루고 있었지. 아무것도 두려워할 것은 없었어. 미소 짓는 자연만 가득할 뿐이었네. 저 언덕 너머로는 활짝 웃는 골짜기와 들판이 틀림없이 있을 테지…. 그런데 이 민족도 웃을 줄 알까? 뜨거운 햇빛에 사공들의 피부는 벌겋게 익어가고 그중 셋은 알록달록한 어떤 이불로 햇빛을 피하고 있었어. 이들을 보고 있자니 이 아름다운 언덕에 둘러싸여 살고 있는 일본인이 활짝 미소 짓고 있을 거라는 생각은 도저히 할 수가 없었네. 모든 산은 밭고랑으로 갈기갈기 찢겨 있고 산꼭대기에서 바닥까지 모든 땅이 경작되어 있었지.

저 멀리 마을이 밀집되어 있고 오두막이 드문드문 자리 잡고 있었어. 그런데 이건 도대체 무엇인가? 희고 검은 물감으로 원들이 그려져 있는 휘장이라네. 일본인 손님들은 이 휘장이 피젠스키 영주 가문과 사트숨스키 영주 가문의 문장이라고 말해주었지. 바람이 불자 휘장이 펄럭였고 그 뒤에 숨어 있던 대포들이 모습을 드러내었네. 한곳에는 다 허물어진 지지대 위에 대포가 세 문 있었고, 다른 곳에는 아예 지지대도 없이 대포 한 문이 놓여 있었어. 얼마나 무서웠는지! 우리 포병들은 이 포병 진지에 나무로 된 대포도 있을 거라더군.

나가사키는 도대체 어디에 있을까? 도시는 아직도 보이지 않았다네. 아! 바로 저긴가 보군. 그런데 왜 난가사키라고 하지 않고 나가사키라고 하는 걸까? 원래 이름은 나가사키인데 멋지게 발음하느라 니은 발음을 덧붙이곤 했던 것뿐이었네. 그런 경우야 종종 있지 않은가. 나가사키는 네덜란드인만 입국이 허가되는 유일한 항구라고 지리 교과서에 적혀 있네. 하지만 이 내용은 사실 다른 외국인도 허락 없이 드나들고 있다고 이미 오래전에 수정되었어야 해. 아무리 생각해보아도 네덜란드인이 특권을 누리고 있다고 볼 수는 없었어.

　제3 항구가 시야에 들어오는 제2 항구에 닻을 내리자 우리 배 사방에서 탄성이 터져나왔다네.

　"여기가 나가사키란 말이지!"

　우리가 도착한 나가사키를 향해 다들 망원경을 고정시켰네. 나가사키에는 항구가 세 개 있어. 한 항구는 바다로 활짝 열려 있으며 양측에서 방어되고 있네. 왼쪽의 깎아놓은 작은 언덕 위에 포병 진지가 세워지고 있었는데 우리 포병들의 말에 따르면 만만치 않은 규모인 것 같아. 그러나 도시는 시야에 다 들어오지 않았네. 이곳이 아마도 가장 후진 변두리일 거라고 우리는 생각하고 있어. 보잘것없는 작은 집과 오두막밖에 없으니 말이야! 켐퍼와 다른 여행가들, 특히 켐퍼가 엄청나게 많이 기술한 건물과 궁전, 사원은 도대체 어디에 있는 건가? 저기 더 멀리 곶 너머에 있나 보네.

　아무튼 그야말로 황홀한 경치가 아닌가! 아름답기 그지없는 풍경이 저 멀리 실제로 존재하다니! 제2 항구 입구에 서서 네덜란드인이 파펜버그 섬이라고 부르는 다카호코시마 섬 자락에서 바다를 바라보면 나가사키 쪽 전망을 가로막는 곶의 측면과 작은 만인 키바티의 전경이 보일 뿐이야. 항구 중심부로 이동하면 바다는 시야에서 사라지지만 그 대신에 가게나 섬, 가타카시마 섬, 가메노시마 섬과 함께 만 전체가 왼쪽으로 옮겨가면서 전면으로 곶이 갑자기 한눈에 들어오지. 오른쪽으로는 파도에서 시작하여 구름에 이르기까지 언덕을 온통 뒤덮고 있는 거대한 초록 사다리처럼 경작지들이 해안에 펼쳐져 있네.

우리는 훌륭한 장소에 자리를 잡았다네. 내가 서 있는 곳에서 3베르스타[6] 떨어진 곳에 산이라고 해도 될 정도로 높은 언덕이 있는 어마어마한 무대를 상상해보게나. 그 아래로는 석회로 된 담벼락에 기왓장이나 나무로 지붕을 얹은 집이 빼곡히 모여 있는 그런 무대 말이야. 이것이 바로 반원형으로 생긴 작은 만에 자리 잡고 있는 도시였네. 이 작은 만에서 네바 강 정도로 넓은 해협이 시작되고 그 주변으로는 구릉진 초록 해안, 수많은 오두막, 포병 진지, 마을, 잣나무, 전답이 자리 잡고 있어.

수많은 배가 정박해 있는 작은 만, 항구, 별 볼일 없는 집으로 가득한 이상한 도시, 낮은 언덕 자락에서 뻗어나가는 해협, 가까이 있는 언덕에서 볼 수 있는 짙은 녹음, 멀리 있는 언덕에서 볼 수 있는 희미한 녹음… 이 모든 것이 실제라고 여기기엔 무척 조화롭고 생동감 넘치게 펼쳐져 있었네. 모든 경치가 그림이 아닐까, 환상적인 발레의 한 장면을 몽땅 가져다놓은 것은 아닐까 하는 생각이 들 정도였지.

해협에서 아름다운 해안선을 만들어내는 이 작은 만과 동네, 시원하게 드러누워 게으름을 피울 수 있는 휴식처는 정말로 훌륭했네! 저 멀리로는 나무가 빽빽이 들어차 있어 복도처럼 어두컴컴한 계곡이 언덕 속으로 깊이 들어가고 있었네. 얼마나 좁은 계곡이었는지 계곡의 저 깊은 곳에 숨어 있는 작은 촌락을 금방이라도 뭉개버릴 것 같더군. 이곳에는 나무로 둘러싸인 작은 만이 있었네. 한적하게 낮잠을 즐길 수 있을 만큼 항상 어둡고 시원한 곳으로, 바람은 잔잔한 물결을 일으킬 수 있을 정도로밖에는 불지 않았어. 해안에서는 보트가 바다와 모래 양쪽으로 코를 처박은 채 태평스럽게 휴식을 즐기고 있었지. 왼쪽은 움푹 파이고 굴곡진 넓고 긴 만이었네. 그 중간에 곤두선 수림으로 뒤덮여 있는 파펜버그 섬과 가메노시마 섬이 마치 머리칼이 헝클어진 두 개의 머리처럼 놓여 있었고 작고 예쁜 해협이 이곳을 휘감고 있어.

오른편에는 약간 경사진 해안을 품고 있는 높은 언덕이 있었지. 일본인들이 금지함에도 이 초록의 테라스와 이랑으로 빚어진 사다리를 통해 그 안으로 들어가고 싶게 만드는 해안이더군. 그 뒤로는 나지막한 언덕이 아무 곳에나 늘어서 있었는데 그에 비하면 꽤 높은 다른 산들은 심각하고 침울하게 보일 지경이지. 아이들과 비교되는 어른처럼 말이야. 더 멀리에는 바다로 흘러들어가는 해협이 있었어. 해협의 밝은 표면 위로 검은 빛의 암초가 드문드문 흩뿌려져 있었지. 저 멀리로는 노모 곶이 푸르게 빛나고 있었네.

해협은 나가사키 해안과 가게나 섬을 갈라놓았고, 다른 해협이 가게나 섬과 이보시마 섬을 나누었지. 이곳에는 바다 외에 아무것도 없다네.

움푹 팬 지형, 작은 곶, 해안에서 떨어져 나와 수풀과 수목이 무성하게 자라는 땅덩어리가 사방에 깔려 있었네. 거인을 위한 꽃다발처럼 수풀과 수목들이 절벽 끝에서 군데군데 어우러져 있었지. 사방이 모두 그림처럼 훌륭한 경치로 둘러싸여 있었네. 누군가의 까다로운 취향에 맞추어 예술적으로 만들어놓은 광경이 틀림없어!

그러나 나는 장난스럽게 창조된 듯한 유쾌한 해안을 바라보며 이상한 기분에 빠져들었다네. 그 어떤 움직임도 없는, 이 꿈과도 같은 장면을 보는 것이 불쾌해졌지. 사람은 거의 보이지 않았고 동물도 볼 수가 없었네. 단 한 번 개 짖는 소리가 들려왔을 뿐이야.

사람들이 만들어내는 시끌벅적함이 없었어. 삶이 진행되고 있다는 것을 알기가 어려웠네. 보초선을 제외한 다른 배는 벌거벗은 사공 두셋 혹은 침흘리개 소년이나 눈매가 날카로운 소녀를 태운 채 겁에 질려서 서둘러 해안에서 사라져갔지.

이 해안에 이 정도로 사람이 적게 사는 것이 정상일까? 주민들은 어디에 숨어 있는 것인가? 왜 그들은 이 해안에 무리 지어 나타나지 않는 것인가? 일하는 사람도, 부산을 떠는 사람도, 소란스러움도, 왁자지껄한 말소리도, 고함 소리도, 노랫소리까지도, 한마디로 들끓는 삶 혹은 어떤 시인의 표현대로 분주히 싸돌아다니는 쥐 떼와도 같은 삶은 도대체 왜 보이지를 않는 것인가? 왜 이토록 넓은 바다 위에 오가는 기선은 한 척도 없고 청색, 백색, 붉은색 천으로 장막을 쳐놓은 아주 시시하고 보잘것없는 큰 배 한 척만 돌아다니는 것인가? 둥둥 단조로운 소리를 내는 이 일본 북소리는 어디서 들려오는 것인가? 이 소리는 피젠스키 영주 혹은 사트숨스키 영주가 자신들의 영토를 둘러보고 있다는 걸세.

일본은 쇼군이 모든 것을 결정하는 영지로 분할되어 있다는 사실을 알고 있는가? 이 영지들은 쇼군에게 조공을 바치고 자신들의 군대를 가지고 있지. 나가사키 시는 쇼군의 관할 하에 있으며 그 주변으로는 공후들의 영토가 펼쳐져 있네.

앞서도 말했지만 이 멋진 해안이 왜 이리도 황량하고 생기 없는 것일까? 배에서 내리고 싶은 생각이 들지 않을 정도로 이 해안이 지루해 보이는 건 왜일까? 이곳도 곧 많은 사람이 정착하게 되어 생기를 띠게 될 수 있을까? 우리는 일본인에게 이에 대해 물었지. 우리가 온 이유이기도 하니까. 그러나 어떻게 해서도 그들에게 대답을 들을 수는 없었네. 관리들은 현지사에게 물어보라고 하더군. 현지사는 에도[7]로 가서 쇼군에게 물어보라고 할 테고 쇼군은 수도인 미야코[8]로 가서 천황인 미카도에게 물어보라고 할 텐데 말이지. 우리가 언제 대답을 들을 수 있을지는 그들의 손에 달렸단 걸세!

우리 모두 갑판에서 일하고 있었는데 거의 모든 이가 손에 망원경을 들고 있었지. 한 무리는 돛을 정리하고 다른 이들은 지도를 열심히 들여다보고 있었네. 이들 중에는 노인도 있었는데 그는 지도에서 뒤 갑판으로 또 뒤 갑판에서 다시 지도 쪽으로 뛰어다니고 있었지. 비록 지도가 틀리다고 장소에 대한 정보가 없다고 투덜대기는 했지만 임무가 끝나간다는 점에 만족스러워하고 하더군. 다른 이들은 여기저기를 바라보며 자신들이 본 것을 생각하고 있었네. 나도 마찬가지였어. 비록 이 지역에 대한 새로운 소식에 흥미가 있으며 우리를 둘러싼 그림처럼 아름다운 자연경관에 빠져 있긴 했지만 이런 감상에 젖어 있던 그때 나는 권태로워하고 있었을 뿐만 아니라 앞으로 다가올 권태로움까지 느낄 수가 있었지. 나라면 일본 대신에 마닐라, 브라질 아니면 샌드위치 제도[9]를 택했을걸세. 이 가운데 그 어떤 곳이라도 말이야. 자연의 힘, 풍부함, 자연이 주는 온갖 선물이 서툰 두 손, 아니 더 정확히 말하자면 어떤 쓸모없는 수갑에 묶여 자유롭지 못한 두 손에 저당 잡혀 있는 걸 보는 일은 정말로 지겹다네!

과연 나만 지겨워하고 있는 것일까? 저기서 티흐메네프가 땅이 꺼질 듯 한숨을 내쉬고 있네. 우리를 어떻게 먹여 살려야 할지 모르겠나 보군. 일본인이 식량을 내어줄까? 식수를 실어다줄까? 만일 준다면 값으로 얼마를 요구할까? 이 모든 것이 의문이라네. 그의 말에 따르면 모두 통조림에 대해서는 모르는 체하고 있어.

아, 이 통조림을 지금껏 언급한 적이 없는 것 같네. 이것은 완전히 조리해서 뚜껑으로 밀봉된 양철 깡통 속에 넣은 온갖 종류의 식품을 말하지. 수프, 고기, 채소 등이 들어 있네. 정말 유용한 발명품이야. 더 말해 뭐하겠는가! 그러나 사실 먹지 못하는 통조림도 가끔 있네. 점원이 손님의 신뢰를 악용하는 경우가 있거든. 완전히 밀폐되도록 납으로 주물되어 나온 이 통조림 하나하나를 모두 열어보지 않고서야 그들을 믿을 수 없네. 이미 바다로 나온 후에 통조림을 열어보면 돼지고기에서 양고기 맛이 나고 양고기에서 생선 맛이 나며 생선에서는 토끼고기 맛이 나는 경우가 있지. 이걸 다 합치면 그 어떤 맛도 아닌 이상한 맛이 나게 돼. 이 모든 것은 같은 색과 맛을 낸다네. 프랑스인은 통조림을 더 잘 만든다고 들었지만 내가 확인한 것은 아니야. 우리가 통조림을 산 곳은 영국이니까.

다른 이들도 권태로움에 빠져 있기는 마찬가지였네. 사비치는 석탄을 구할 수 있을지, 장작을 팰 수 있도록 허가가 떨어질지, 해변에 올라가서 원기를 회복할 수 있도록 해줄지가 고민이었어. 크류드네르 남작은… 여자를 보기라도 할 수 있을까 생각하며 이맛살을 찌푸리고 있지. 그는 벌써 일본 배를 모조리 구경했네. 벌거벗은 일본인 중에 뱃사공의 몸뚱이처럼 붉거나 단단하지 않은 몸이 있나 하고 말이야. 일본 남자의 많은 머리채와 가운 때문에 가끔 크류드네르 남작은 서글픈 결말로 끝나는 실수도 했네….

일본인들이 떠났다네. 저녁이 되자 별들이 저 멀리서 반짝이기 시작했어. 게다가 별 사이로 혜성이 나타나기도 했지. 벌써 사흘째 혜성을 보고 있네. 수평선 근처에서 잠깐 동안 겨우 볼 수 있을 정도였네. 얼마나 빨리 사라지는지 몰라.

우리가 탄 전함에서 100사젠 정도 떨어진 곳에서 보초선이 서로 일정한 간격을 유지하며 우리를 둘러쌌네. 보초선들은 생선 가죽으로 만들어진 크고 둥글며 알록달록한 빛깔의 등불로 환하게 비춰지고 있더군. 어떤 보초선은 타르를 담은 나무통도 싣고 있었네. 태양이 마지막 빛줄기를 내뿜음과 동시에 언덕 정상을 따라 횃불이 띠를 이루며 연이어 피어올랐고 해안은 화려하게 장식되었어. 한마디로 일본인이 이제 곧 손님들이 습격을 가할 거라는 두려움에 휩싸여 스스로를 위해 피워 올리는 것보다 더 장관인 전등 장식은 절대로 일부러 만들어낼 수 없을 걸세. 사방에서 보초선들이 서로 뭐라고 고함을 쳐대며 앞뒤로 오가고 있었네. 보초선의 사공들은 더욱 합심하여 일할 수 있도록 영차, 영차라고 고함치며 선 채로 노를 젓고 있었어. 산과 숲을 따라서 켜져 있는 등불은 별과 똑같이 내려오기도 하고 떠오르기도 하면서 언덕의 경사면을 따라 떠다녔지. 수천 개의 눈이 우리를 바라보며 모든 움직임을 감시하도록 사람들이 도처에 배치되어 있던 거야.

우리가 타고 온 배들 위가 차츰 조용해졌네. 아침을 알리는 나팔 소리와 함께 「시온의 하느님은 얼마나 영광스러우신가」라는 찬송가 연주가 들려왔을 때에야 수병들은 편안한 마음으로 잠자리에 들 수 있었어. 우리 가운데 대부분은 저녁 식사는 물론이고 차 한 잔조차 마시지 않았지. 해안, 바다에 비치는 일본인의 모습, 전등 장식, 또 배를 끊임없이 바라보고 있었네. 일본인들의 성격을 추측해가며 상황이 좋은 쪽으로 흘러가는지 그렇지 않은지 짐작도 해보고 토론도 하면서 말이야. 그러다가 하나둘씩 흩어졌어. 나는 남아서 해안에서 들려오는 귀뚜라미 소리와 조용한 파도 소리에 귀를 기울였네. 물속에서 벌어지는 인광의 반짝임과 해안을 따라 타오르는 등불들이 만의 수면에 비치는 것을 바라보고 있었어. 여기에는 보닌 제도에서 보았던, 가슴속에 우수를 불러일으키는 하얀 거품이 이는 물결이 없더군. 언덕 위에 섬광이 밝게 빛나고 있기는 하지만 말이야. 나도 결국은 잠자리에 들기 위해 자리를 떴네. 그러나 그 후로도 오랫동안 무릎을 꿇으며 앉는 부녀자처럼 생긴 일본인, 그들의 땋은 머리, 그들의 가운이 눈앞에 아른거렸지. 영차, 영차 하는 사공들의 고함 소리가 꿈속에서까지 들려왔네.

이른 아침에 잠을 깼는데, 옆 선실에서 웃음소리가 들려왔어.

"하이, 하이, 하이!"

이곳에 온 지 며칠이 지난 뒤 일이라네. 연이어 조용한 귓속말과 함께 이따금 어떤 단어들에서 갑자기 높아지는 목소리가 들려왔네. 파데예프가 찻잔을 든 채로 내 옆에 서 있었지.

"언제부터 여기 있었나?"

"모래시계가 일곱 시를 알릴 때쯤이었지요. 나리."

"지금은 몇 시인가?"

"저 소리가 들리지 않으시나요?"

그때 북소리와 함께 음악 소리가 들려왔어. 여덟 시가 되었음을 알리는 거라네.

"옆 선실에 무슨 일이 있나?"

"일은 무슨 일요. 또 일본인들이지요. 뭐겠어요!"

"여기는 왜 온 거지?"

"그걸 누가 알겠어요?"

"자네가 한번 물어보지 그러나."

"제가 말인가요? 나와 저 사람이 말하는 건 돼지가 암탉과 말하는 것과 같을 텐데요…."

일본인들은 우리를 가만 내버려두지 않았다네. 매일같이 하루 종일 몇 번이나 들이닥쳤어. 상급 바니오스[10], 하급 바니오스, 상급 통역관, 하급 통역관, 또 수많은 불량배, 그들의 수행원들이 오갔지. 순서대로 이야기하도록 하겠네. 그게 더 좋을 것 같아.

통역관들이 다녀간 다음 날, 아니 어쩌면 한 이틀 후 정도에 군함의 징표인 크고 작은 여러 깃발, 부대 표시용 깃발, 문장 및 창으로 장식된 배가 서너 척 왔네. 비록 이 군함 위에는 예전의 그 벌거벗은 사공들만 있을 뿐이고 병사는 단 한 명도 없었지만 말이야. 우리는 이곳의 모든 것이 아직까지 새롭기만 했기 때문에 이건 또 무슨 배일까 기대하고 있었네. 어디 내놓아도 부끄럽지 않을 만큼 훌륭한 배들이었어. 우리나라에서 농민들이 몰고 다니는 겨울용 썰매와 비슷한 점이 있었는데 넓고 바닥이 평평했으며 뒷부분이 날카로웠네. 모든 배가 하얀 목재로 깨끗하게 만들어졌고 돗자리로 지붕을 얹어놓았더군. 사공들이 젓고 있는 노는 긴 것이었는데 두 막대기가 서로 묶여 하나의 노를 이루고 있었네. 노의 중간에 매듭이 있었네. 노는 배에 고정되어 있었는데 사공은 배 위에 선 채로 노를 자기 쪽으로, 그다음엔 반대쪽으로 이런 식으로 반복하며 저었어. 배 크기에 따라 사공이 네 명에서 여덟 명 정도 노를 젓고 있었는데 열두 명이 되기도 하더군. 배에 대해 설명하자면 무슨 떠다니는 집이라고 말할 수 있을 정도라네. 그 안에는 모든 것이 있었지. 음식을 끓일 작은 아궁이를 비롯하여 그 밖의 모든 가재도구가 갖추어져 있었네. 보초선에서는 관리들이 순번을 돌아가며 우리의 움직임을 감시하고 있었네. 이는 오래전에 만들어진 규율에 따른 것으로 모든 외국 선박이 이런 감시의 대상이 되지.

갑판에 먼저 올라온 이들은 통역관이었어.

그들이 자신들의 배를 가리키며 정중한 톤으로 속삭였다네.

"상급 바니오스들이십니다."

그러고는 물러나 줄을 섰네. 곧이어 일본인 두 명이 배의 줄사다리를 타고 갑판으로 올라왔지. 다른 이들보다 고상하고 단정해 보였네. 통역들은 그들을 맞이하며 무릎에 양손을 얹고서는 거의 땅에 닿을 듯이 허리를 숙여서 절을 하더군. 곧이어 수행원이 20명가량 따라 들어왔네.

상급 바니오스 가운데 한 명은 인상이 좋고 체격이 마른 사람으로, 주걱턱에 치아가 송곳니처럼 컸어. 많은 일본인이 그러하듯 말이야. 다른 한 명은 얼굴에 곰보 자국이 조금 있었는데 그도 역시 주걱턱이었네. 이들은 아마로 만든 검정색 윗옷, 실크로 만든 긴 가운, 그 위에 실크로 만든 술이 달리고 양옆이 트인 화려한 색의 비단 치마를 입고 있었지. 늘 그렇듯 그들의 품 안에는 온갖 잡동사니가 들어 있었네. 담뱃대, 지갑, 땀을 닦을 손수건 말이네. 또한 풀로 붙여진 얇으면서도 매우 질긴 종잇장도 한 무더기 들어 있었어. 이 종이를 한 장씩 떼어서 글을 쓰거나 코를 풀거나, 아니면 무언가를 포장하는 데 사용하네. 그들은 무릎을 꿇고서 양손을 무릎 위에 얹은 채 앉았다네. 그런 식으로 우리에게 예의를 갖추어 인사를 한 거야.

일본어로 이들을 고케닌"이라고 해. 이들은 현지사와 현지사의 비서진 다음으로 높은 자리를 차지하고 있네. 의자들을 가져다놓은 뒤 갑판으로 이들을 데리고 갔어. 고케닌들은 앉았으나 그 외

사람들은 고케닌에게 예의를 갖추기 위해 앉기를 거부하더군. 차, 사탕, 마른 빵, 달콤한 파이가 탁자에 올랐네. 그들은 차를 마시고 담배를 피웠네. 그러고 나서 사탕을 맛보더니 종이를 꺼내어 집에 가져가기 위해 하나씩 쌌어. 빵과 마른 빵까지 한 조각씩 품 안에 숨겼지. 과실주도 마음에 들어 하며 잘들 마셨네.

우리가 그들에게 왜 왔는지 묻자 료다라는 이름의 곰보 자국이 있는 뚱뚱한 통역관이 고케닌들 앞에 서서는 허리를 깊숙이 숙여 절하고는 무릎을 꿇은 상태로 우리 질문을 통역했지. 고케닌은 통역관 쪽으로 몸을 기울여서 거의 귓속말이라고 할 정도의 조용조용한 목소리로 곧 대답을 주기 시작했어. 그러자 다른 고케닌, 다른 모든 통역, 수행원 일부도 몸을 기울여 들었네.

고케닌이 답변을 주는 중간 중간에 통역관이 잘 듣고 있다는 듯 말했네.

"하이, 하이, 하이!"

이 하이는 우리말로 네, 듣고 있습니다와 비슷한 표현인데 잘 듣고 있다고 확인해주는 말이야. 아랫사람만이 윗사람의 말을 들으면서 이런 말을 사용하더군. 고케닌들이 말을 마치자 료다는 심호흡을 하고서 갑자기 우리 앞에 꼿꼿한 자세로 서더니 자신들은 몇 가지 질문을 던지기 위해서 왔다고 통역했다네.

료다는 목소리가 평범했는데 가끔 어떤 단어를 말할 때 거의 비명을 지르듯 목소리를 높이기도 하고 고개를 끄덕이기도 했으며 또 미소를 짓기도 했어. 다른 통역들은 입을 다물고 있었는데 윗사람과 함께 있을 때 아랫사람은 말하지 않는다는 그들의 규칙 때문이었지. 말은 없지만 열심히 듣고 있었네. 그들은 이렇게 서로를 확인하네. 이런 서로 간의 정탐 체계는 예수회의 그것과 유사해. 안경을 쓰고 양팔에 스타킹을 씌웠다면 중년의 노처녀와 더욱 닮아 가관이었을 통역관 사다고라는 하얗게 센 자신의 머리칼을 땋아 내리고 있었어. 그는 료다가 통역 중일 때에는 침묵을 지키고 있었네. 료다가 없을 때에는 사다고라가 통역했는데 그때는 나라바 이오시가 침묵을 지켰지. 이런 식으로 서열에 따라 계속된다네.

일본어가 적힌 종이를 꺼내들고 그들은 질문을 던졌어.

"전함에서 말할 때 당신들은 호위함이 캄차카를 빠져나온 것은 5월이라고 했는데, 왜 호위함에서는 7월이라고 말했습니까?"

그때 갑자기 이 배 선장의 목소리가 뒤에서 들려왔네.

"내가 그 두 달을 빼먹었기 때문이오. 그 기간에 어디서 뭘 했느냐고 트집을 잡으며 질문을 던질까 봐 그랬소."

우리 모두는 웃기 시작했어. 그러나 포시예트는 뭔가를 생각해내고는 그들에게 설명하기 시작했네.

호위함이 캄차카를 빠져나온 것은 사실 5월이야. 그런데 샌드위치 제도를 들렀다 왔기에 두 달이 더 필요했던 거지.

그것을 왜 알아야 하느냐고 우리가 일본인들에게 되물었네.

"우리가 어디에 있었건, 당신네가 무슨 상관이란 말이오? 당신들에게는 우리가 왔다는 사실만 중요할 거 아니오."

이런 의견 차이를 일치시키기 위해 갑자기 료다가 그럼 호위함이 캄차카에서 나온 것과 우리가 페테르부르크에서 나온 것은 동시에 일어난 일이었다고 말하면 어떻겠느냐고 제안하더군.

"도착도 3개월 후 같이 했다고 말하시는 게 더 좋을 겁니다."

우리는 그에게 지도를 보여주며 캄차카에서 여기에 도착하려면 1~2주가 걸리지만 페테르부르크에서는 반년이 걸린다고 설명해주었어. 그러자 료다는 당황하여 스스로를 비웃기 시작했지.

지도를 펼친 김에 일본인에게 러시아와 일본을 보여주었네. 일본이 얼마나 작은지 보자 그들은 악의 없이 껄껄거렸어. 우리는 일본인들이 이런 질문으로 스스로와 다른 이들에게 쓸데없는 부담을 주고 있다고 지적했지.

그들은 이렇게 대답했다네.

"당신들의 답변을 에도로 보내야 되기 때문입니다."

첫 번째 질문과 같은 종류의 두 번째 질문이, 또 세 번째 질문이 뒤를 이었지.

"그래서 이 모든 대답을 에도로 보내야 한다고요?"

심호흡을 하고서 료다가 말했네.

"당연하지요!"

내 곁에 있던 누군가가 혼잣말을 했어.

"거참, 에도에 볼일이 많기도 하구먼!"

하지만 나는 일본인들이 우리의 저명한 포로인 골로브닌[12]에게 어떤 질문을 하루 종일 던졌는지 기억해내고는 그에 비하면 지금 이 질문은 그다지 멍청할 것도 없다 생각했다네. 일본인들은 밤이 늦어서야 미소를 지으며 무릎을 꿇고 앉아 절을 하고는 돌아갔어.

그 와중에도 언덕 위로 불빛들이 띠를 이루며 밝혀지는 저녁은 또다시 찾아들었네. 수면 위로 언덕의 모습이 비쳤고 바다의 인광이 반짝였으며 귀뚜라미 소리와 사공들의 영차, 영차 하는 소리가 들려왔지. 그러나 이 모든 것은 이미 우리의 관심을 별로 끌지 못했네. 우리는 이 지역을 잘 알게 되었고 익숙해졌어. 그리하여 식당에서 일하는 얀첸과 비툴이 컵을 옮기는 소리가 들리자마자, 또 연락병들이 모자를 손에 들고서 이 사람 저 사람에게 다가가 차 마시러 가자고 식당으로 초대하자마자 중간 갑판과 뒤 갑판은 텅 비어버렸지.

바니오스들이 떠날 때 우리는 그들에게 현지사에게 보내는 편지와 더 높은 사람에게 보내는 편지, 이렇게 편지가 두 통 있다는 말을 전했네. 첫 번째 편지는 현지사가 사람을 보내어 받아 가도록 하고 두 번째 편지는 직접 와서 받아 가야 한다고 했어.

"현지사께 말씀을 전해드리지요."

이들은 우리가 온 이유를 알아내고자 질문을 던졌다네. 우리가 조난당한 일본인을 데려오지는 않았는지 또 물과 식량이 필요하지는 않은지 말이야. 그들이 생각하기에 외국인이 자기 나라에 올 수 있는 납득 가능한 이유는 이 두 가지뿐이야. 그것도 최근에 와서야 그런 거라네. 잘 알려져 있듯이 일본인은 예전에는 조난당한 자기 나라 사람들도 일본으로 다시 들어오지 못하게 했거든.

그들이 조난당한 사람에게 이렇게 말했네.

"당신은 일본에서 떠났으니, 어디로든 원하는 곳으로 가시오."

외국인에게는 더 엄격해서 아예 감금시켜버렸지.

하지만 가는 시간을 막을 수 없듯이 일본인도 이미 사오십 년 전의 일본인과 같지는 않네. 그들은 우리에게 매우 친절했어. 우리 모두에게 이름, 관등, 직위를 물어본 후에 철제로 된 접이식 벼루를 품에서 꺼내어 이 모든 것을 적어두는데, 그 벼루는 옛날에 우리나라에서 타버린 촛불 심지를 자르는 데 사용했던 심지 가위처럼 생겼네. 벼루에는 먹과 붓이 들어 있었어. 그들은 솜씨 있게 붓을 다루더군. 나는 상급 바니오스 가운데 한 명에게 내 이름을 일본어로 된 서명 옆에 붓으로 써준 적이 있는데 망신만 당했네. 무슨 철자인지 알아볼 수도 없을 지경이었어.

이틀이 지나갔다네. 그사이에 우리에게 해안에 머무를 수 있는 장소와 식량이 필요하다는 사실을 일본 측에 통보했지. 일본인들이 많지 않은 식량을 우리에게 선물로 보내왔네. 하지만 에도에서 허락이 떨어지지 않는 한 우리에게 머무를 장소를 제공할 수는 없다고 하더군.

그로부터 사흘째 되던 날 바니오스 두 명이 찾아왔네. 한 명은 지난번에 왔던 우리 지인 밥고로드자이몬이야. 그는 이미 우리와 인사를 나누었고 우리 전함에 벌써 익숙해져 있었네. 농담도 하고 격의 없이 우리 이름을 부르기도 하며 눈에 보이는 모든 것을 어떻게 부르는지 묻고서 기록했어. 매우 선량하고 생기 있으며 사교성이 있는 사람으로 보이더군. 다른 사람은 삼브로야. 일본인의 개념, 말, 습성에 유럽인을 놀라게 할 만한 무언가 야만적이고 이상한 점이 있다고는 생각지 말게나.(종이에 코를 푼다든가 사탕을 품안에 감춘다든가 하는 것은 예외로 해야겠지만 말이야. 러시아인의 3분의 1이 어떻게 코를 푸는지 떠올려보게. 그리고 얼마 전에 우리나라 마님들이 남의 점심상과 저녁상에서 훔친 사탕으로 가득 찬 손가방들을 버리고 도망간 사건도 말이네.) 절대로 놀랄 만한 건 없네. 이들의 의복과 정말로 볼품없는 머리 모양이 눈에 좀 거슬리기는 하지만. 유럽인과 비교하지만 않는다면 상당히 발전되어 있고, 뻔뻔스러운 구석은 있지만 만나면 기분 좋으며 그 독특한 교양이 너무나도 흥미로운 민족이야. 나중에 다시 이야기하도록 하겠네.

바니오스들이 통역관인 료다와 사다고라를 데리고 왔네. 처음에는 포시예트가 이들을 맞았고 그 후 제독이 자신의 선실에서 이들을 영접했지. 바니오스들은 거대한 1인용 소파에 앉히고 수행원 몇몇은 그 뒤에 있는 의자에 앉았네. 제독은 그들의 맞은편에 있는 1인용 소파에 자리를 잡았고 우리 넷은 창가 쪽에 있는 긴 소파에 앉았어. 료다와 사다고라는 얼굴은 전혀 볼 수 없고 그 대신에 긴 칼만이 위로 쑥 삐져나올 정도로 허리를 숙이고 서 있었네. 밥고로드자이몬은 료다 쪽으로 몸을 조금 기울여서 심호흡을 하고 난 후 귓속말로 빠르고 길게 말하기 시작했어. 그는 매우 기분 좋은 말투를 썼는데 거절이나 모순되는 말도 이 조용하고 상냥한 목소리에 따라 부드러워질 정도로 마치 여자처럼 말했지.

료다가 딱딱 끊어서 열심히 반복했네.

"하이, 하이, 하이."

그의 어깨는 바르르 떨리고 있었고 땀방울이 관자놀이를 타고 흘러내렸어. 선실 안은 무더웠으며 밖의 날씨는 뜨거웠네. 20도쯤 되었을까?

밥고로드자이몬의 말을 경청하고 난 후 료다는 허리를 펴고서 바니오스 곁에 앉아 있던 포시예트 쪽으로 갔네. 그러고는 현지사가 자신에게 온 편지를 보내줄 것을 부탁한다고 전하더군. 또한 에도의 더 높은 관료들에게 보내야 할 다른 편지와 관련하여 현지사의 명령으로 료다가 전한 말에 따르면 이 편지는 상응하는 의례에 맞추어 받아야겠지만 현지사 자신은 이를 결정할 권한이 없으므로 허가를 받기 위해 수도로 사람을 보냈다고 했어.

"수도에 갔다 오는데 가장 짧게는 얼마나 걸립니까?"

3주 정도가 걸린다는 것, 하지만 영국 여행가 벨처[13]의 말에 따르면 2주 만에도 가능하다는 사실을 알면서 한 질문이었네.

그들은 이 질문에 어떻게 대답해야 할지도 듣고 왔더군. 밥고로드자이몬은 이 질문에 대한 대답은 30일 정도 지나야 할 수 있을 것 같다고 했네. 그는 숙고한 뒤 대답해야 하는 사실에 사죄했지. 하지만 제독은 가능한 한 빨리 답변을 보내 달라고 독촉했네. 그러자 사다고라가 자신들의 전령이 마치 새처럼 달려갈 거라고 대답했다네.

수행원 가운데 한 명이 보자기로 묶인 어떤 상자 하나를 계속 들고 다녔어. 그는 우리가 밥고로드자이몬에게 편지를 건네주자 나무에 니스 칠을 해서 만든 이 상자를 묶은 매듭을 풀고서 상자를 테이블에 올려놓은 후 편지를 두 손으로 받아들었네. 존경의 뜻으로 두 손을 자신의 이마 쪽으로 붙여서 말이야. 그러고는 편지를 상자에 넣은 후 현지사의 문장들이 수놓아진 보자기로 다시 동여맸네. 그런 다음에 매듭을 다시 끈으로 묶고 나서 품안에서 작은 도장을 꺼내어 끈 위에 찍은 후에 통역관에게 무언가를 말하고 나서야 이 상자를 일본 측 관리에게 전했지.

통역관이 반복해서 말했네.

"하이, 하이, 하이!"

그러고는 우리에게 오더니 편지가 당일 정확히 전달될 것이라고 통역해주더군.

제독은 우리에게 손님들을 모시라고 말하고는 그들에게 자신의 선실로 가서 아침 식사를 권했어. 제독은 응접실에 남아 있었네. 우리는 커다란 식탁에 앉았지. 항상 그렇듯이 차가 나왔고, 그다음에는 일본인이 너무나도 좋아하는 모든 달콤한 것과 파이가 나왔네. 또 뭐가 있었는지 잘 기억나지 않지만 포도주, 과실주, 사탕도 있었지. 일본인들은 이 모든 것을 유심히 들여다보고 난 후 모든 것을 조금씩 맛보고 나서 어떤 이는 사탕을, 어떤 이는 케이크 한 조각을 종이에 쌌네. 료다는 여기에다 과일 잼과 그 외의 모든 것까지 광대한 창고, 즉 자신의 품에 감추며 우리에게 이렇게 말하더군.

"아이들에게 주려고요."

손님들은 선실 안에서 더워했네. 어떤 이들은 작은 면 손수건을 꺼내더니 땀을 닦았지. 다른 일본인들은 면 손수건에 대고 코를 푼 후 그 손수건을 다시 소맷자락 속으로 감추었는데 그중에서도 특히 하급 바니오스가 심했네. 그러고는 부채질을 열심히 해댔어.

고시케비치가 뮤직 박스를 켰네. 갑자기 마이어베어의 오페라 「악마 로베르」의 첫 부분이 울려 퍼졌어. 그러나 별 효과는 없었네. 밥고로드자이몬이 말하기를 자기에게는 네덜란드인이 가져다준 음악이 흘러나오는 담뱃갑이 두 개 있다고 하더군. 구석에 또 하나의 식탁이 차려져 있었는데 수행원 일부를 위한 것이었네. 밥고로드자이몬은 술을 전혀 마시지 못했네. 그가 말하기를 자신은 항상 두통에 시달린다는 거야. 보다시피 자신의 머리가 별로 매끄럽지 않게 면도되어 있기 때문이라더군. 우리 의사에게 상담을 한번 받아보라고 했더니 감사를 표하고는 거절했네.

우리는 손님들에게 친절하게 대하려고 노력하는 편이었네. 아침 식사 후 그림들을 보여주기도 했어. 지볼트의 책에 있는 일본 풍경 말이네. 일본인, 일본의 건물과 풍경 등이 묘사되어 있지. 일본인들이 이번에 처음 우리 전함에 온 바니오스 한 명에게 전함을 좀 구경시켜 달라고 부탁했네. 우리는 그들 모두를 갑판으로 데리고 갔지. 일본인들은 대포와 총기를 살펴보았는데 영국에서 조준기를 사서 장착한 총에 관한 설명을 주의 깊게 듣더군. 그들은 모든 것을 신기하게 여겼네. 이런 호기심은 아이 같은 순수함으로 가득 차 있었네. 비록 그런 티를 내지 않으려고 노력했지만 말이야.

일본인들은 저녁까지 머물렀네. 그들을 수행하고 온 하인들은 놀라움에 입을 반쯤 벌린 채 모든 것을 구경하며 갑판 위를 어슬렁거리며 돌아다녔어. 짚으로 만든 그들의 샌들이 바닥에 부딪히며 내는 소리가 온 전함에 울려 퍼졌고 그들이 입은 비단 치마의 바스락거리는 소리가 끊임없이 들려왔네. 어떤 순간에는 귀에 익은 여성의 치맛자락 소리가 아닌가 하는 착각이 들 정도였지⋯. 남자란 사실을 알고는 실망하게 되는 거지! 몇몇의 얼굴 생김새는 정말 멍청하기 그지없을 정도였어.

그중에는 바지를 입은 노인이 두세 명 정도 있었네. 다시 말하자면 그들의 다리 윗부분은 푸른 천으로 팽팽하게 씌워져 있었고 그 아래로는 다른 이들과 똑같은 긴 양말과 샌들을 신고 있었다는 걸세. 그들이 걸친 짧은 망토 역시 푸른색이었네.

"이 사람들은 누굽니까?"

"병사들이랍니다."

병사라니! 우리가 병사라고 부르는 사람들과는 전혀 상반되는 사람들이었네. 이들은 늙어서 겨우 서 있을 정도였고 시력도 좋지 않더군. 땋아진 은발은 너무나도 가늘었기에 단정히 놓여 있지도 못한 채 위로 삐죽이 솟아올라 있을 지경이었네. 땋은 머리의 드문드문한 머리칼 사이로 붉은 동 색깔을 띠고 있는 대머리가 들여다보였지.

그들 중에 용맹스럽고 활기 있어 보이는 이는 단 한 명도 없었지. 영악하고 교활해 보이는 이들은 많았지만 말이야. 뒤통수에서 위쪽으로 빗어 올린 머리채와 매끈하게 면도된 얼굴에 그들을 전혀 남자 같지 않게 보였어.

완전히 벌거벗었거나 반쯤 벌거벗은 혹은 누더기 차림을 한 수많은 일본인 사공이 배를 타고 와서 사다리 줄을 타고 우리 전함의 밧줄을 묶어두기 위한 가로로 걸친 보 쪽으로 기어올라 왔네. 몇몇 사공은 긴 푸른색 가운을 걸쳐서 옷을 많이 입은 듯 보였지만 실은 바지도 상의도 입지 않았을 뿐만 아니라 샌들조차 신지 않았어. 모자는 언급하지 않겠네. 이 나라 의복에서 모자는 아예 존재하지도 않기 때문이야. 저 남쪽의 중국에서는 겨울에도 작은 모자를 쓰고 다니고 여름에는 소수의 사람이 수프 그릇의 뚜껑처럼 생긴 말레이식 밀짚모자를 쓰는 것을 본 적이 있지만 여기 일본에서는 모자를 쓰고 다니는 사람을 단 한 명도 본 적이 없네. 중국인처럼 부채로 머리를 가리는 일도 일본에서는 드물지. 가끔 몇몇 사람을 태운 배가 지나갈 때가 있네. 태양이 그들의 머리 위로 뜨겁게 내리쬐는 걸 바라보는 건 즐거운 일이네. 햇볕이 그들의 매끈하게 면도된 이마 위에서 반짝이는 모습은 어떤 탑의 황금 지붕이 태양에 빛나는 것과 똑같은 광경이야. 그들 각자의 머리 위에서 불빛이 환하게 타오르는 거지. 직사광선을 받으며 저렇게 다니면 죽지는 않더라도 최소한 정신이 돌아버리지 않을까 싶기도 하지만 이 일본인들은 아무렇지도 않은 것 같네. 동으로 만든 뜨개바늘처럼 머리에 내리꽂히는 이 고장 특유의 작열하는 태양광선 아래에서도 말이네!

밥고로드자이몬은 우리가 네덜란드 교역촌에서 빨래할 수 있도록 해주겠다고 약속했네. 아주 많이 편의를 봐준 거지. 마침내 일본인들이 떠났어. 그중 누군가가 나를 큰 소리로 부르더니 내 손을 잡았네.

"밥고로드자이몬, 아듀."

그가 따라했네.

"아듀."

시간이 빠르게 흘러갔네. 벌써 8월 후반부에 들어섰으니 말이야. 우리는 일본인들에게 시달렸네. 이들은 매일 두 번 정도 들른다네. 식량을 가지고 올 때도 있고 질문거리나 답변을 들고 올 때도 있지. 이 나라는 정말 동양 그 자체라네. 아직까지는 지겹기만 할 뿐 그 어떤 쓸모도 찾지 못하고 있어! 할 일이 없어 얼굴을 살펴보고 있노라면 그들의 태생이 이해가 안 되네. 아무리 그들이 중국인들과의 유사성을 거부하고자 하더라도, 또 아무리 몇몇 확실한 차이점이 이 유사성을 반증한다 하더라도 일본인과 중국인의 얼굴형이나 이목구비를 보는 즉시 그들이 가까운 친족 관계라고 말하지 않을 수가 없을 걸세. 똑같이 길쭉하고 거무스름한 황색 얼굴, 똑같은 턱과 입술의 생김새, 똑같이 튀어나온 이마와 관자놀이, 납작한 코, 똑같은 검은색이거나 갈색의 눈동자를 가진 중간 크기의 눈, 이런 것들이 그 증거야. 정신적인 공통점은 더 말할 것도 없네. 그 점에서는 더욱 닮아 있네. 아마 이 두 민족은 다 중앙아시아에서 발생했을 거야. 물론 한 종족이었겠지. 그러다가 언젠가부터 아시아 대륙의 동남쪽을 따라서 퍼져 나갔을 것이네. 그러고는 아시아 대륙의 섬들로 건너갔을 테지. 이들을 두 종족으로 나누어놓은 건 같은 기원을 가진 민족들에게서 드물지 않게 볼 수 있는 종족 간 불화와 타타르 해협일 거야. 이렇게 나뉜 후 한 종족인 중국인은 아마도 만주인과 피가 섞이고, 다른 종족인 일본인은 말레이인과 섞이게 되었을 걸세. 캠퍼는 마치 이 두 번째 종족인 일본인이 일본 열도에서 말레이인을 보고는 그들을 저 멀리로 내쫓은 것처럼 책에다 쓰고 있지 않는가. 중국어를 아는 사람들이 말하기를 일본어는 중국어와 닮은 점이 있다고 하네. 그러니 또 이런 추측을 해볼 수 있지 않겠는가. 이 두 민족이 함께 사용했던 원래의 언어는 중국인이 계속 유지해서 중국어로 자리를 잡고 일본인의 언어는 원시 말레이인의 언어와 섞였든지 혹은 일본 본토, 큐슈, 다른 섬들에서 그들이 만난 쿠릴 열도[14] 원주민이었을지도 모를 이들의 언어와 섞이게 되었다고 말이야.

나의 이런 견해가 과연 말도 안 되는 것일까? 물론 이런 생각 때문에 일본인들이 나를 감옥에 가두고 싶을 정도로 싫어하게 될 수도 있다는 건 알고 있지만 지금 내가 일본에 있는 것은 다행한 일이라 생각하네. 일본인들은 처음에는 자신들이 하늘의 정기로 태어난 민족이라고 하더니, 그다음에는 북쪽 쿠릴 열도 원주민들에게 그 기원을 두고 있다고 주장하더군. 중국인만 자신들의 조상이 아니면 된다는 거지. 하지만 나는 내 생각을 고수하겠어. 중국인들과 헤어진 지 얼마 되지 않은 지금은 특히나 더 그러네. 중국인의 얼굴 생김새가 내 기억에 이토록이나 선명하게 남아 있는데 그들과 비슷하게 생긴 일본인들을 또 보게 되니 말이야. 그러니 내 말이 틀리다고 누가 말할 수 있겠는가? 켐퍼는 아예 일본인의 기원을 어디에 두고 있느냐 하면, 어디일 것 같은가, 바로 바벨탑 아래의 원초적 무질서에 두고 있네! 그는 일본인 모두가 무리를 이루어 혹은 그의 표현대로 이주민 부락을 이루어서 카스피 해 건너편에서 아시아 전역을 지나 중국으로 그리고 중국에서 다시 일본으로 이주해왔다고 주장하더군. 이 일본인의 언어, 풍습, 관습이 다 완성된 채로 말이네. 일본인이 오늘날 걸치고 다니는 문장이 새겨진 가운이며 치마들을 싸놓은 보따리를 겨드랑이 밑에 끼고 왔다고 말하지 않는 게 신기할 정도야. 또 한 가지 언급해야 할 부분은 이곳에는 평민과 귀족 사이에 존재하는 생활방식이라든가 음식, 교육, 직업상의 차이 외에도 민족 간의 확연한 차이가 존재한다는 것이네. 고위 관리, 수행원, 우리를 둘러싼 수많은 배 위에 있는 사람들의 얼굴을 찬찬히 뜯어보면 일본에는 두 종족이 섞여 살고 있다는 결론에 도달하지 않을 수 없게 되지. 평민들은 그 생김새가 내가 자바와 싱가포르에서 본 말레이인과 정말로 많이 닮았다네. 일본인은 서로 다른 계층 간의 결혼을 다른 나라 사람들보다 훨씬 꺼리니, 노예화된 말레이인 원주민들이 그들을 그렇게 만든 민족과 아직까지 융화되지 못했다는 사실이 뭐 그리 놀랄 만한 일은 아니지.

일본인과 중국인의 교육을 비교해보면 이 두 민족이 동일하다는 사실을 알게 된다네. 특혜를 받는 고대 종교인 신도를 믿는 것도 혹은 중국에서처럼 천지신명을 모시는 것도 또 불교가 있는 것도 똑같지. 그러나 일본에서도 그렇고 중국에서도 종교보다 도덕적이고 철학적인 정신과, 종교에 대한 철저한 무관심이 대세를 이루고 있어. 이 두 민족은 똑같이 성실하고 땅을 경작하는 것과 장사를 좋아하네. 입맛도 비슷하고 음식 종류도, 의복도 비슷하지. 한마디로 모든 부분에서 닮아 있는 것을 발견할 수 있네. 어떤 경우에는 이 두 민족을 어떻게 상관없는 민족으로 볼 수 있는지가 놀라울 뿐이야!

일본인도 중국인도 의심이 많고 사람을 잘 믿지 못하는 민족이라네. 돌담 뒤에 숨어 있듯 자신들의 폐쇄 정책 뒤에 숨어서 위험을 피하고 있지. 이 두 민족은 동일한 문명권 아래에 있네. 그리고 그 문명의 영향을 받으면서 두 민족은 마치 한 형제처럼 자라나고 발전해갔고 성숙하고 노쇠해간 걸세. 만일 일본인이 중국인과는 전혀 다른 민족이지만 단지 이웃이라는 이유만으로 그들의 문명을 차용한 것이라면 왜 이웃한 만주인이나 다른 민족은 일본처럼 중국의 문명을 받아오지 못한 것일까? 일본보다 중국에 가까이 있으면서도 말이야. 일본인이 지금 당장 나를 잡아다가 감옥에 가둔다 하더라도 나는 일본인들이 중국이라는 가족에서 독립하여 섬으로 떠나간 아이들이며 이들은 자신들의 지리적 위치를 이용해 우리가 도착하기 전까지 폐쇄적인 삶을 유지하고 있던 거라는 주장을 절대로 굽히지 않을 거야. 갈릴레오[15]가 자신의 주장을 끝까지 굽히지 않은 것처럼 말이지. 그리고 지리학자의 말에 따르면 일본 열도 자체가 언젠가 대륙에서 떨어져 나간 부분이라더군….

어쩌면 자네는 중국과 일본을 당연히 하나라고 생각하는 많은 이들이 아무런 의구심 없이 받아들이는 사실을 내가 너무나 세세하게 파고드는구나 하고 이상하게 생각할지도 모르겠네. 자네도 물론 나처럼 그 사람들과 같은 생각을 하고 있을 걸세. 모든 사람이 그럴 것이라 생각하지. 한마디로 전 세계 사람 모두 그러네. 하지만 일본인은 외국인이 자신들과 중국인들을 혼동할 때 모욕감을 느끼네. 일본인의 말에 따르면 무식하고 야만적인 외국인들이 그런다는 거야. 내가 이 문제를 건드리는 이유는 단지 내가 현재 일본에 있기 때문이네. 일본에 오는 사람이라면 일본인과 중국인의 유사성을 필연적으로 언급하게 되거든. 여기서 이 문제는 매우 중요하다네. 나는 다른 이들의 경우를 따라가고 있을 뿐이야. 어쩌겠는가. 너무 지겨운 나머지 도식주의[16]에 빠지게 되네!

그 대신에 나 스스로와 자네를 미래에 대한 견해와 추측에서 해방시키겠네. 그런 문제는 여가 시간에 자료들을 들고 서재에서 연구해보도록 하게. 난 내가 보고 듣는 것만 이야기할 테니.

자료에 관해 말이 나온 김에 말해주고 싶은 것이 있는데 가장 흥미롭다고 할 수 있는 한 가지만 이야기해주겠네. 켐퍼의 책에 싫증 난 나는 선실을 같이 쓰는 이가 소유한 책 중에서 옛날 책 한 권을 발견했어. 이 책 역시 일본 혹은 니혼을 다룬 것이고 제목도 그렇게 달려 있네. 기독교도를 박해한 죄에 대한 내용도 있지. 이 책은 카론과 가게나르의 작품으로 스테판 코로빈, 신비리닌, 이반 고를리츠키가 번역했네. 유감스럽게도 출판년도가 찍혀 있는 마지막 페이지가 찢겨버렸어. 나는 이 책을 읽으면서 존경해 마지않는 켐퍼를 비롯한 이 분야의 다른 권위자들이 서술해놓은 상세하고 지루한 묘사에서 해방되어 휴식을 취할 수 있었네. 얼마나 간결하고 선량한 글인지! 얼마나 훌륭한 글귀인지! 이런 학술적 만족감을 자네와 나누지 않을 수 없기에 일본과 일본인에 관해 적어놓은 두세 부분을 외교적인 정확성으로 발췌해 적어보겠네.

"(중략) 프톨로메이가 서술하고 있는 자바디이 섬이 바로 이 나라로, 이제는 니혼 섬이라고 불리고 있다."

"(중략) 일본 제국은 현재 많은 섬으로 이루어져 있으며 그 섬 가운데 몇몇은 반도 형태를 취하고 있다."

"(중략) 네덜란드 동인도 회사는 당시 아주 형편이 좋았다. 정말로 좋았다."

"(중략) 그렇게 교육을 받은 것이든 아니면 어쩌다 보니 자연적으로 그렇게 된 것이든 일본 여자들은 선량했고 남편에 대한 정조를 지독하다 싶을 만큼 철저히 지켰으며 또한 부끄러움이 아주 많았다."

"(중략) 일본인들은 아버지와 어머니에 대해 매우 호의적인데 그렇지 않은 자는 신들이 먼저 처단한다고 생각한다."

"(중략) 고관대작들은 그들이 통치하는 다양한 지역에서 수익을 얻는다. 어떤 이들은 곡물이 잘 자라는 비옥한 땅을 가지고 있고, 다른 이들은 많은 금과 은을 채굴한다. 또 어떤 이들은 동, 주석, 납 등을 많이 캐내고 있다."

이 흥미로운 책은 처음부터 끝까지 이와 같은 말과 문체로 집필되어 있네. 『텔레마코스의 모험』[17]과 같은 시대의 작품이 틀림없어!

나는 우리를 방문했던 고케닌과 통역관의 이름을 모두 적어두지 못했네. 밥고로드자이몬이 올 때마다 항상 새로운 어떤 바니

오스를 데리고 왔거든. 분명 자신의 지인이었을 거야. 큰 배, 4아르
신[18]이나 되는 대포, 사람 머리통만 한 대포알들을 보고 싶어 하고
음악을 듣고 싶어 하며 수병들이 어떻게 훈련하고 밧줄을 어떻게
타며 또한 돛을 이용해 어떻게 훈련하는지 보고 싶어 하던 지인
말이네. 하루는 이 일본인들이 지켜보는 가운데 수병들에게 행군
을 시킨 적이 있었어. 그들은 뒤 갑판에 무릎을 꿇고 앉아서 병사
400명이 마치 깃털을 던지듯 총을 한 손에서 다른 손으로 정확히
던져 받은 후 음악에 맞추어 한 사람이 움직이듯 모두들 발을 나
란히 맞추며 걷는 모습을 감탄하며 구경하기도 했네. 또 이들 앞
에서 날개를 활짝 편 새들처럼 병사들을 태운 보트가 거의 세로
로 동체를 기울여서 물결을 따라 미끄러져 가기도 했어.

　일본인들은 만족스러움과 놀라움을 만끽하는 미소를 조용히
지어 보이며 서로 자신의 소견을 자신들의 언어로 이야기했네. 몇
몇은, 특히 통역관 가운데 한 명이며 25세가량으로 영어를 조금
할 줄 아는 두 번째 나라바이오시(나라바이오시가 두 명 있는데 사
촌간이야.)는 한숨을 내쉬며 우리 배에서 본 모든 것에 감탄을 금
할 수 없으며 유럽인이, 러시아인이 되어 여행을 다니면서 어디든
지 구경을 좀 했으면 좋겠다고 말하더군. 보닌 제도라도 보고 싶다
고 했네….

나의 불쌍한 친구여, 자네는 자의로든 타의로든 우리 러시아인 들이 타인들을 자신의 집에 들이거나, 아니면 자기 사람들을 다른 장소들로 데려가는 날이 올 때까지 살 수 있을 것 같은가? 아마도 자네는 전자에 속할 것 같아. 두 번째 나라바이오시라는 이 친구 는 매우 겸손하고 생각이 깊었네. 그의 표정과 태도에서는 몇몇 일 본인에게서 볼 수 있던 멍한 구석이라고는 없었어. 자신의 운명에 완전히 만족하며 아무런 생각 없이 사는 많은 이에게서 발견할 수 있는 자만심 또한 찾아볼 수 없었네. 머릿속에 무언가가 들어 있는 사람처럼 보였지. 자의식이나 주변 환경보다 나은 무언가에 대한 욕구 같은 것 말이야…. 그런 사람이 이 친구뿐만은 아니었네. 이런 사람들에게 일본의 미래가, 즉 우리의 성공이 있는 게 아니겠나.

얼굴이 잘생긴 사람은 거의 못 보았네. 그 대신 독특한 얼굴은 많더군. 거의 모두 그러하네. 저기를 한번 보게나. 일본인들이 갑판 위 양묘기[19] 근처에 무리 지어 서 있네. 저러고 있지 않으면 초병용 긴 의자 위로 기어오르곤 하지. 아래로 땋아 내린 머리채 때문에 이들의 머리는 서양배와 같은 인상을 풍기네. 상의는 양팔에 낀 부인용 짧은 솜 재킷이나 소매가 넓은 짧은 망토를 연상시킨다네. 그 위로 가운을 걸치고 신발을 신고 있네. 첫 번째 사람의 얼굴은 뚱뚱하고 살집이 많고 두 번째 사람의 얼굴은 길고 여윈 새와 같은 모양이야. 눈썹은 활 모양으로 축 늘어져 있는데 눈매 또한 그러해서 자신의 머리가 얼마나 나쁜지 말해주고 있네. 세 번째 사람의 얼굴에는 곰보 자국이 나 있었는데 일본에는 그런 사람이 많다네. 이 사람은 처음부터 끝까지 윗니를 드러내놓고 있어. 첫 번째 사람은 수영을 즐기는 수병들이 배 측면에 부착된 쇠밧줄 감개 위에서 차례로 바다를 향해 뛰어든 후 얼마 지나지 않아 물속으로 사라져가는 모습을 눈썹을 치켜세우고서 구경하고 있네. 두 번째 사람은 바닥에 설치된 출입용 둥근 쇠문 위에 앉아서 식당 겸 휴게실 안 광경을 구경하느라 정신이 없지. 세 번째 사람은 테이블에 앉아 대포에 시선을 고정시키고 있었는데 너무 늙은 나머지 입술도 움찔하지 못하고 있어. 모두 굼뜬 사람으로, 몸을 축 늘어뜨리고 대부분이 졸린 듯한 모습으로 맥없이 무언가를 바라보고 있지. 그렇기에 나는 이 사람들이 아무것에도 흥미를 느끼지 못하며 이 무리 가운데 그 누구도 사고하는 사람들에게서 항상 발견할 수 있는 견고한 사상이나 목적을 가지고 있지 않다는 것을 알 수 있었다네. 그들은 먹고 자는 것 외에는 아무것도 하지 않고 그런 삶에 익숙해져버렸으며 그 삶을 사랑하고 있다는 것 말이야. 모든 수행원이 똑같았네.

밥고로드자이몬이나 삼브로 같은 몇몇 예외를 제외하고는 바니오스도 마찬가지였어. 질문을 던지거나 대답을 해놓고는 자신의 말이 통역되는 동안 졸린다는 듯 다른 쪽을 쳐다보며 하품하는 사람도 있었으니 말이네. 갑판 위에서 하는 훈련이나 갑작스러운 소음 같은 것만이 그들의 주의를 집중시킬 수가 있었네. 그럴 때는 눈을 부릅뜨고 귀를 기울이더군. 그런 후에는 또다시 시큰둥해지지만 말이야. 유럽인이 의식적으로 갖추려 하는 생기 있는 눈빛, 대담한 표현, 살아 있는 호기심, 민첩성 같은 것을 이들에게서는 찾아볼 수가 없네다.

앞에서 말한 두 번째 나라바이오시만이 내 관심을 끌었네. 그리고 한 사람이 더 있는데 두 번째 나라바이오시만큼이나 내 관심을 끌 정도로 눈에 들어오는 사람이라네. 이름은 모르지만 수행원 가운데 한 사람이지. 그는 바니오스들과 함께 선실에 들어가지 않았네. 선실 안이 너무 좁아지거나 무더워지지 않도록 꼭 필요한 소수만 안으로 들여보냈기 때문이야. 그는 키가 크고 균형 잡힌 체격으로 꼿꼿한 자세를 유지하고 있었네. 선실에 들어가지 못한 것이 마음에 걸렸을까, 아니면 일본 관리로 있다는 명예 이외에 자신의 어떤 존엄성을 찾아내고 자신을 둘러싸고 있는 것의 실체를 깨달았던 것일까. 왜 그런 건지는 몰라도 어쨌든 그는 아름답고 자연스러운 자세로 갑판 위에 당당히 서 있었네. 그의 얼굴은 유럽인의 얼굴이었으며 바른 이목구비를 보여주었지. 입술은 얇고 다른 일본인들처럼 턱이 앞으로 튀어나오지도 않았네. 일본인들에게서 자주 볼 수 있는 자기만족에 빠져 있는 멍청한 표정도, 잘난 체하는 웃기는 표정도, 또는 순박하고 좀 모자라 보이는 유쾌함도 그에게는 볼 수 없었네. 반대로 그의 눈에서는 자신이 일본인이라는 의식이 드러나는 듯 보였어. 자신이 원하는 것은 그에게 주어지지 않는다는 사실을 알기라도 하는 듯 말이야. 보다시피 일본인도 흥미로울 수 있네. 다만 정말 드문 경우일 뿐! 그가 다시 한 번 방문한다면 반드시 인사를 나누겠네. 이름을 알아내고 선실로 불러서 도대체 그가 어떤 사람인지 어떻게든 알아내고 말겠어. 나는 혹시 그가 신분을 감추고 여기에 있는 것은 아닐까, 호기심에 우리가 어떤 사람들인지 보기 위해서 수행원으로 가장하여 여기에 온 것은 아닐까 하는 생각까지 들더군.

같은 날 저녁에, 그러니까 일본인들이 편지를 받은 그날 저녁에 그들은 약속한 대로 편지를 전했다고 말하기 위해 우리를 방문했네. 물론 우리는 그들이 편지를 잘 전달했으리라는 사실을 의심한 적도 없지만 말이지.

사흘 정도 지나서 고케닌들이 다시 찾아왔네. 밥고로드자이몬과 함께 항상 그렇듯이 전함을 구경하러 새로운 사람이 왔네. 그들은 제독을 만나고자 했어. 제독의 편지와 페테르부르크에서 온 편지에 대한 현지사의 답장을 가져왔다 했네. 바니오스들은 편지를 기꺼이 읽었고 잘 이해했으며 모든 부탁을 들어주기 위해 노력하겠다는 현지사의 말을 전해주더군. 현지사가 위에서 내려오는 허가 없이는 제독을 맞을 수 없으나 벌써 에도로 전령을 보내두었으니 곧 답장을 받을 수 있을 거라 했어.

그러는 사이에 시간은 흐르고 흘러 마침내 9월 9일이 되었네. 우리는 에도에서 답장이 오기를 기다리고 있어. 일하면서도 지겨워했고 놀면서도 지겨워했네. 놀 거리가 전혀 없다시피 했거든. 우리가 일본 군함에 가거나, 아니면 그들이 점심을 먹거나 차를 마시러 우리 전함에 오곤 했네. 우리는 그들과 함께 어떤 연극을 준비하고 있었네. 일본인들은 우리를 드문드문 방문했는데 곧 더 자주 우리를 찾아오게 되었지. 다음과 같은 이유에서였네. 이곳에 도착한 후 우리는 일본인들에게 식량을 부탁했다네. 물론 돈을 지불하기로 하고 말이야. 돈을 안 받겠다면 식량도 받을 수 없다고 말했네. 그러자 일본인들은 자신들의 노래를 부르기 시작했다네. 무슨 말인가 하면 이들은 에도의 최고위원회로 먼저 이에 대한 내용을 보냈고 최고위원회는 이를 또 쇼군에게, 즉 쇼군인 미카도에게 보냈지. 그렇기 때문에 이 요청에 대한 답변을 빨리 듣기란 운모글리크!^{20}, 즉 불가능했네. 현지사가 선물로 받아 달라며 가축 몇 마리와 채소를 조금 보내왔어. 우리는 현지사에게 이 선물에 대한 우리의 답례를 받아준다면 그들의 선물을 받겠다고 말했네. 일본인들은 이런 답례를 맞선물이라고 부르더군

우리가 중국에서 보닌 제도로 운송해온 오리와 닭의 일부가 늙어버렸다네. 시간이 흘렀기 때문이라기보다는 멀미, 대포 소리, 육로와 항로를 거쳐 오는 동안의 괴로움이 더 큰 이유였지. 또 일부는 잡아먹혔네. 우리는 소 등 가축을 실어오기 위해 중국으로 수송선을 보내야만 했다네. 특별한 명령을 내려 시베리아 연안 북쪽으로 범선도 보내야 했네. 우리는 현지사에게 이 사실을 알려주었어. 후에 이 배들이 아무런 제재도 받지 않고 항구로 들어오려면 현지사가 자신의 부하들에게 미리 지시를 내려놓아야 하니 말이야. 현지사는 나중에 들어올 이 배들이 우리의 지원 병력이 아닌가 하고 겁을 잔뜩 집어먹었네. 그는 급히 우리에게 사람을 보내 전하기를 수송선을 보내지 말고 네덜란드인에게서 필요한 식량을 구입하라고 지시하더군. 자기들이 받아다가 전해주겠다고 말이야. 우리에게는 기쁜 소식이라 제독은 그 제안을 받아들였네. 하지만 수송선은 결국 보낼 수밖에 없었어. 일본에서는 경작하는 데 유용한 일꾼인 소를 도축하는 것이 금지되어 있었기 때문이야. 그들은

쇠고기를 먹지 않고 생선과 조류만 먹네. 그래서 우리는 일본에서 쇠고기를 구할 수 없었네. 문서와 편지도 홍콩과 동인도를 거쳐 유럽으로 보내야 했고. 현지사가 상당히 난처한 상황에 빠졌다네. 우리는 더 편하게 되었지만 말이야. 일주일에 두 번씩 이런저런 고기와 채소를 적은 긴 목록을 적은 종이를 보내주기만 하면 된다네. 이 때문에 수요일과 금요일마다 많은 일본인이 갑판 위에서 부산을 떨었네. 오늘만 해도 한 무리가 와서 다른 일본인들이 돼지고기를 운반해올 거라고 말하고 돌아갔어. 말은 사실로 드러났네. 어제도 물을 가져다줄 거라는 말을 전하러 왔는데 역시나 그들이 다녀간 후에 어떤 이들이 물을 전해주고 갔네. 우리를 감시하는 보초선에 가져다주어야 하는 물조차 우리 전함에 와서 먼저 보고한 후 우리 배에서 150사젠 정도 떨어져 도시 쪽으로 더 가까이 자리 잡은 보초선에 운반해줄 정도라네. 이제는 짚신들이 바삭거리는 소리와 그에 이어지는 돼지들의 소음소리가 끊임없이 들려오는군. 그곳에는 무 자루나 양배추 자루를 아래로 옮기기 위해 설치해놓은 긴 관이 있어. 저기 계란이 담긴 바구니를 옮기는 이들이 가고 있고 그 뒤로는 과일바구니를 옮기는 이들이 보이네. 크고 딱딱해서 콤포트[21]나 만들어 먹을 수 있을 법한 배 바구니도 있고 감을 담은 바구니들도 보이더군.

우리는 이 기회를 활용해서 목록에 다양한 물건을 적어넣기 시작했네. 일본 담배 파이프와 자개로 장식되고 니스가 칠해진 상자 등을 말이야. 그런데 열 개나 스무 개를 주문하면 가져다준 것은 고작 서너 개였네. 하지만 나도 뭔가를 얻었지. 상자, 담배 파이프, 몇몇 자잘한 물건이네. 모든 이들이 몇 개씩 물건을 받을 수 있다면 정말 좋지 않겠는가. 하지만 일본인들이 저리도 인색하게 구니 어쩌겠는가. 큰 상자는 12타일(1타일은 약 3루블[22]이네.)이고 작은 것은 8타일이네.

한 번 실수한 후 일본인들은 지나치게 조심하기 시작했다네. 제독이 우리가 머무를 곳을 마련해줄지에 대한 대답이 에도에서 오기를 기다리는 동안 크로노미터[23]를 우리 배 근처에 있는 비어 있는 바위 위에 내려서 점검해야 한다는 말을 일본인들에게 슬쩍 흘린 적이 있어. 일본인들이 어떻게 했는지 아는가? 그 바로 다음 날 그 바위에 나무를 박아놓아서 해안 비슷하게 만들어놓았네. 전에 우리는 해안으로는 들어가지 않겠다고 약속했거든. 어릿광대들 같으니라고!

1853년 8월 30일

알렉산드르의 날이었던 8월 30일에는 실리펜바흐 남작의 생일을 기념하기 위한 조찬 모임이 전함에서 있었어. 매우 즐거웠다네. 다양한 공연 중에서도 특히나 뛰어난 것이 있었네. 12세에서 16세까지의 소년 18명 정도가 갑판 위에 나타났네. 그들은 조화롭고 화목하게 서정적인 노래들을 불렀지. 한 소년은 소프라노처럼 깨끗한 목소리를 선보였고, 다른 소년은 매우 훌륭하게 콘트랄토[24]를 소화해냈네. 공연 말미에는 가장 어린 두 소년이 러시아 민속춤을 선보였지. 사람들이 이 소년들에게 크르일로프[25]의 우화를 암송해보라고 졸라댔네. 모든 소년이 러시아인의 얼굴은 아니었네. 이들이 누군지 알겠는가? 바로 수로 안내인과 항법사가 되려고 페트로파블로프스크 시에 있는 학교에서 공부하는 캄차카 원주민이야. 바로 이런 소년들에게서 계몽과 예술의 불꽃이 피어오르는 것 아니겠나! 이 소년들 모두 명절 때마다 전함에 와서 오전 예배곡을 합창해주었네.

1853년 9월 초

9월 초에 오베르고프트라고 불리는 네덜란드 교역촌의 부책임자가 우리를 방문했네. 젊은 사람이었는데 이름이… 이런, 잊어버렸군. 교역촌의 책임자는 돈커 쿠르치우스라는 사람인데 오래된 네덜란드 가문의 사람이었네. 부책임자와 함께 일본인 통역관도 한 무리 왔어. 그들은 부책임자 곁에서 한 발자국도 물러나지 않고 옆에 바싹 붙어 있었네. 우리가 이 부책임자에게 프랑스어로 말을 시작하자 그는 네덜란드어로만 말해 달라고 부탁했어. 일본인들이 싫어할까 봐 그런 거야. 정말 불쌍한 처지이지 않나. 아무죄도 없이 이런 감옥살이를 해야 하니 말이네! 이 젊은이는 벌써 9년째 이곳에 있네. 그의 말에 따르면 다음 날 책임자가 직접 여기에 들를 거라고 했네. 그러나 다음 날도 그 다음 날에도 그 책임자라는 사람은 오지 않았어. 그러다가 전령을 보내어 건강 악화 때문이라더군. 우리가 보낸 배가 마침내 중국에서 돌아오자 제독은 그 책임자에게 이곳 일본에서는 먹어보기 힘들었을 쇠고기 반 마리를 보냈네. 그는 짧은 메모로 감사를 표했다네. 그 메모에는 이곳에 올 수 없던 진짜 이유를 제독이 이해해준 것에 대한 책임자의 큰 기쁨이 표현되어 있었지.

1853년 9월 2일

새벽 두 시에 매서운 강풍이 몰아치기 시작했네. 산에서, 협곡에서 불어오는 바람은 끔찍하더군. 새벽 세 시에는 달이 떠 있었지만 아무것도 보이지 않았네. 번개만이 희미하게 번쩍거릴 뿐이었지. 천둥소리는 들리지 않았네. 아니면 바람소리에 묻혀 듣지 못한 것일 수도 있어.

해안에 살아도 이런 강풍을 만나는 것은 상상하기 쉽지 않은 일이라네! 바람은 으르렁거리고 고기잡이 기구들이 서로 부딪혀서 소음을 일으키며 사람들이 단체로 비명을 질러대는데… 지옥이 따로 없었다네! 내 선실의 조그만 창문 밖으로 이리저리 둥둥 떠다니는 등불들이 보였어. 분명 땅속에서 울려 퍼지는 굉음을 들었네. 쇠사슬이 말려 내려가는 소리와 두 번째 닻이 떨어지는 무겁고도 둔탁한 소리가 들려왔네. 날이 밝았다네. 나는 갑판으로 나가보았지. 무더운 날씨였네. 높은 습도 탓에 뻑뻑해진 따뜻한 공기를 들이마시고 내쉬기가 우울해질 정도로 힘들었어. 나는 선장실로 자리를 옮겨 바다를 바라보았네. 바다는 우리가 중국해에서 견뎌낸 폭풍을 연상케 하더군. 세 번째 닻도 내려야만 했네. 항구 전체가 마치 하나의 거대한 소용돌이 같았어. 바닷물은 빙빙 돌면서 끓어올랐네. 바람은 울부짖으며 먼지 구름 모양을 하고 쏜살같이 지나가면서 파도를 갈랐지. 그 파도는 마치 무언가에 쫓기는 동물 무리처럼 해안 바위들 위를 달려갔네. 그러고는 순식간에 오두막, 포병중대, 울타리, 정원을 침수시켜버렸지. 해안가에 숨어 있던 일본 배들은 종이배처럼 요동쳤네.

아침 일곱 시쯤 되자 강풍이 갑자기 잦아들었어. 그리고 정말로 훌륭한 날씨가 찾아왔다네. 그 다음 날도 그리고 어제도 열대지방 못지않은 정말 좋은 밤이 이어졌다네. 석양빛은 정말로 부드러웠네. 처음에는 분홍빛이었다가 보라색으로 변하지 않겠나! 구름은 때로는 우아하게 때로는 활기차게 모여들었네! 희고 투명한 달은 또 얼마나 부드러운 빛을 사방에 뿌리던지!

하지만 지겹고 더운 것은 어쩔 도리가 없더군. 1월에 마데이라 제도의 해안에서 시작된 우리의 여름은 끈질긴 악몽처럼 지금까지 계속해서 이어지고 있네. 이 여름이 끝나는 날이 올까? 오늘이야 시원하지만 이런 날씨가 오래 갈까?

고대 무당처럼 예언이라도 하듯이 노인이 소리쳤다네.

"좀 기다려보시오. 이제 곧 회귀선에서 시원한 바람이 불어올 겁니다."

단조로운 나날이 계속되었네. 수병들은 새벽 네 시에 일어나서 (그들은 저녁 여덟 시에 잠자리에 들지.) 모래와 자갈로 갑판을 닦기 시작하네. 이 작업은 내 머리 위에서 벌어지지. 자다 깨서 이 소리를 듣고는 다시 잠이 들어. 갑판에 돌과 모래가 쓸리는 소리는 마치 뗏목 위로 빗방울이 빠르게 떨어지는 소리와 같아서 달콤한 잠 속으로 빠져들게 하네! 여섯 시에서 일곱 시 반 사이에는 장교들이 일어나서 깃발을 게양하고 차를 마신 후 각자 흩어진다네. 그런 다음에는 훈련 경보와 항해 연습이 시작되지. 날씨가 좋을 때면 나는 뒤 갑판으로 가서 주변 경관을 즐기네. 망원경으로 언덕을 바라보거나 마을, 오두막, 움직이는 사람들을 살펴보곤 해. 창틀과 유리가 없는 넓은 문을 통해 오두막 안을 들여다보기도 하고 또 일본인 무리를 싣고 다니는 배들을 관찰하기도 하네. 그런 후에는 책상에 앉아 점심때까지 작업을 한다네. 점심은 한 시부터 두 시 삼십 분까지 먹지. 그러고는 낮잠을 자고 산책을 하네. 질리도록 매일 똑같이 하던 대화를 나누면서 말이야. 우리 오케스트라가 연주하는 음악을 들으며 차를 마시거나 갑판 위를 산책하기도 해. 그러고는 그림 같은 저녁노을과 이곳의 지극히도 맑은 공기 속에서 불꽃놀이처럼 반짝이는 별들을 감상할 수도 있지. 저녁에는 이 사람 저 사람에게 놀러가네. 마침내 모두 잠자리에 들어 아무에게도 놀러갈 수 없게 되면 그때 내 방으로 돌아와서 다시 글을 쓰는 거야.

1853년 9월 5일

일본인이 방문했기 때문에 낮에 해야 하는 작업을 중단하는 경우가 종종 있다네. 그들이 갑판 위를 걸어오는 발자국 소리가 들려오면 왜 왔는지 보러 나가려고 펜을 내려놓고 군모를 집어들지. 9월 5일에도 일본인들이 찾아왔네. 그날 나는 몸이 좋지 않아서 점심때까지 잠을 잤네.

파데예프가 와서 나를 깨웠어.

"이리 와보세요. 나리, 일본인들이 왔는데요. 처음 보는 사람인데 정말 뚱뚱해요."

제독의 선실에 가서야 그 일본인을 볼 수 있었네. 얼굴은 둥글고 통통하며 햇볕에 그을려 있더군. 다른 모든 일본인과 마찬가지로 두 뺨에서 홍조라고는 찾아볼 수 없었고 윗니가 매우 심하게 돌출되어 있었으며 어느 정도는 이러한 치아 상태 덕에 항상 미소를 띠고 있었어. 재빠르고 부산스러운 사람이었네. 이름이 키치베라고 했어. 그는 우리 쪽 사절단을 맞이하고 최고위원회에 전해줄 서신을 받을 때 필요한 의전에 대해 이야기를 나누기 위해 온 거야. 아하! 그러니까 에도에서 아직 답을 못 받았다는 일본인들의 말은 거짓이었던 거지. 거짓말이 확실하네. 우리를 만나줄지 만나지 않을지도 모르는 상황에서 그에 대한 의전을 논의할 생각은 감히 하지 못했을 사람들이야. 의전 계획을 세우는 일은 내게 맡겨졌네. 즉 우리 제독이 도시로 가는 방법, 수행 인원의 수, 제독을 맞이할 의전 방법 등에 대한 계획 말이지. 이곳에서는 이런 의전이 매우 중요하지.

1853년 9월 6일

내 말이 맞았다네. 일본인들은 벌써 답을 받은 걸로 밝혀졌네. 오늘 새로운 상급 통역관인 키치베가 다시 우리를 찾아와 마치 방금 답신을 받은 것처럼 말하더군. 일본인들이 와 있던 제독의 선실로 호출되었을 때 나는 의전 계획을 이미 완성해놓고 있었네. 포시예트가 일본인들을 위해 네덜란드어로 의전 계획을 통역해주었어. 키치베는 미소를 짓고 있었지만 포시예트의 통역을 듣는 동안 끙끙거리면서 겨우 의자에 앉아 있었네. 그는 러시아 공사였던 레자노프를 예로 들어가며 그가 왔을 때는 수행 인원이 훨씬 적었다고 말했다네. 우리는 그 경우는 예가 될 수 없다고 말하면서 요즘에는 대사관 규모가 더 커졌기 때문에 수행원도 늘어났다고 말해주었지. 제독은 모든 장교가 육지에 가보고 싶어 하는 걸 알고 있었기에 수행 인원에 대한 주장을 굽히지 않았던 걸세.

나가사키에서 자네들에게 편지를 보낼 수 없을 것 같았기에 나는 편지 쓰는 것을 그만두고 일기를 쓰기 시작했어. 하지만 편지를 보낼 방법이 생겼기에 그 일기장에서 몇 장을 찢어내어 동봉하는 것으로 이 편지를 끝낼 생각이야.

그건 그렇고 현지사와의 만남이 어떻게 이루어졌는지 9월 9일자 일기에 쓰여 있는 그대로 알려주겠네.

"이건 무엇인가, 난 어디서 온 거지? 어디에 있었으며 무엇을 보았고 들었지? 1,000일하고도 하루의 밤 가운데 한 시간을 살았던 것일까? 마법 같은 발레 공연을 보고 앉아 있었던 것일까? 아니면 상상 속에서 한 번 스쳐가며 그 선명함과 신비로움으로 우리를 놀라게 하고 흔적도 없이 사라져버리는 만화경 속 문양 가운데 하나가 우리 앞을 지나간 것일까? 자네는 물론 거의 모든 발레 공연을 보았을 테니 많은 동양적인 장면과 맞닥뜨렸겠지? 그러고는 그 모든 걸 잊어버리곤 했을 걸세. 마치 순간적인 환상처럼 엄격한 생각을 중지시키고 현실의 삶에서 자네를 멀리 데려간 장난스러운 꿈이 스쳐간 듯 말이야. 그런데 갑자기 누군가가 그 발레가, 그 환상이, 만화경의 그 문양이, 꿈이 만약 발레가 아니고 환상이 아니며 문양이 아니고 꿈도 아니라고 한다면, 그 모든 것이 전부 현실이라고 말한다면 어떻겠는가?

자네는 그 사람의 말을 반박할 것이네.

"이즐레르²⁶의 교외 정원이 있는 섬 같은 곳을 말하는 것인가?"

맞네. 물론 섬이지. 그러나 이즐레르의 섬이 아니라 나가사키 현 지사인 오보사바 분고노카미사마의 섬이네. 우리는 지금 그 섬에서 떠나는 길이라네.

그곳에서 우리가 눈을 아프게 할 만큼 촌스럽게 알록달록한 색조나 원색의 천, 보석, 양탄자, 아랍식 무늬 등 동양적 사치라고 불리는 모든 것을 보고 놀랐을 거라고는 생각하지 말게나. 그런 건 아무것도 없었네. 정반대로 모든 것이 단순하고 검소했으며 빈곤하기까지 하더군. 하지만 다 이상하고 새로웠네. 한 걸음 뗄 때마다 우리가 처음 보는 것뿐이었어.

1853년 9월 7일

9월 5일, 6일, 7일에도 우리의 방문과 관련된 의전을 협의하고자 고케닌들이 다녀갔네. 자네는 이 시간에 유럽 어느 곳에서 죽느냐 사느냐 하는 문제를 고민하고 있겠지만 우리는 여기에서 앉아 있어야 하는지 서 있어야 하는지, 그 후에는 어디에 앉아야 하는지 등의 문제로 하루 종일 골머리를 싸매고 있었다네. 일본인들은 그들의 방식대로 바닥에 무릎을 꿇고 앉아 있으라고 제안했어. 무릎을 꿇은 후 발꿈치에 엉덩이를 대고 앉으라는 말이네. 그게 바로 일본식으로 앉는 거지. 한번 해보게. 얼마나 편한지 알 수 있을 테니 말이야. 5분도 앉아 있을 수 없을 걸세. 그런데 일본인은 몇 시간 동안 그렇게 앉아 있네. 우리는 그렇게는 못 앉아 있겠다고 일본인들에게 선언하면서 물어보았지. 혹시 현지사가 우리식으로 1인용 소파에 앉을 생각은 없는지 말이네. 하지만 일본인들도 우리식으로는 앉아 있지 못하더군. 보기에는 정말로 쉬운 일 같아 보이지만 말이야. 그렇게 앉아본 적이 없는 일본인들은 의자에 앉으면 다리에 쥐가 났어. 학과 여우가 어떻게 서로 대접했는지 떠올려보게. 그것과 똑같은 상황이라네.

다음 날 아침 일찍 일본인들이 왔네. 한낮에도 왔고 저녁 무렵에 또 왔지. 뱃머리 부분에는 비단 천을 매달고 있으며 뒷부분은 망가진, 그들의 길고 넓은 배가 끊임없이 도착했네. 이 배를 타고 오는 이들은 하급 부하들로, 이제 곧 상급 부하들이 도착할 것이라는 사실을 알리기 위해 오는 것이었네. 그 상급 부하들은 고케닌들이 도착한다는 사실을 통보하러 오는 것이었고 말이야.

나는 키치베에게 왜 또 방문한 것인지 물어보았어.

"의전 준비 때문이지요, 뭐."

"또 말인가요?"

"현지사의 의견을 가지고 왔다는군요."

"뭐라고 하셨나요?"

부자연스러운 태도와 표정으로 소리 내어 웃으며 키치베가 말하기 시작했네.

"현지사께서는 당신네들이 바닥에 좀 앉으면 안 되겠냐고 부탁하시더군요…."

내 기억에 그는 미국인과의 협상에 참석하기 위해 에도로 갔다가 돌아온 후 선임으로서 료다와 사다고라를 대신하게 되었지.

"아, 이런, 그게 도대체 무슨 말입니까! 그렇게 안 앉는다고, 앉아 있을 수가 없다고 말하지 않았습니까. 우리가 입은 옷도 그렇게 앉기에는 불편하게 만들어져 있단 말입니다. 그리고 우리는 그런 식으로 무릎을 꿇고는 앉아 있을 수가 없다고요."

"꼭 무릎을 꿇고 앉지는 않더라도 두 다리를 앞으로 내뻗지만 말고 앉아 있어주시면 안 되겠습니까…."

끝내 우리 쪽 사람들이 폭발해서 투덜댔어.

"아예 양 다리를 전함에 놓아두고 가자고 하지 그러시오?"

우리는 1인용 소파와 탁자를 운반해 가서 거기에 앉을 테니 현지사는 원하는 곳에 알아서 앉도록 하라고 일본인에게 선언했네.

키치베, 료다, 사다고라는 처음에는 모두들 고개를 떨어뜨린 채 의기소침해 있더니 곧 우리 결정에 동의하더군. 이 모든 대화는 선장실에서 나누었네. 아침에 제독이 이미 대답했음에도 이들이 저녁에 다시 찾아와 어떻게 앉아야 하는지에 관한 설명 따위를 또다시 늘어놓자 제독은 이들과의 대화를 우리에게 미룬 걸세.

일본인들이 부탁했네.

"아, 그리고 또 말입니다. 현지사께서는 여러분께 식사 대접을 하고 싶어 하십니다. 아침 식사에 초대하신다는 말씀이지요."

제독이 명령한 대로 우리는 대답했어.

"기꺼이 함께 아침 식사를 들도록 하겠습니다."

키치베가 말을 이었네.

"실무회담이 끝난 후 현지사께서는 자신의 거처로 쉬러 가실 테니 여러분도 다른 방으로 가서 휴식을 취하면 됩니다."

의자에 앉아 빙빙 돌며 발작하듯 웃던 키치베가 덧붙여 말했어.

"그리고… 그곳에서 아침 식사를 드시면 되지요."

"우리끼리 말입니까? 당신네들 제정신 맞습니까? 우리가 사는 유럽에서는 있을 수 없는 일입니다."

"일본에서는 상당히 자주 있는 일입니다. 우리는 항상 그렇게 하는걸요…"

거짓말일 걸세. 아마도 그들은 이 배에서 일본인들과 처음 만났을 때 이들을 위한 식사 준비를 명령해놓고 자신은 그 자리에 참석하지 않은 제독을 따라 하려는 것이겠지. 하느님, 맙소사! 얼마나 많은 부탁과 애원을 해대던지! 키치베는 왔다 갔다 하며 부산을 떨었네. 그는 관자놀이에서 식은땀을 줄줄 흘렸어. 료다는 흉하기 그지없는 모양새로 굽실굽실하며 미소를 지었네. 준엄한 사다고라까지 헤벌쭉 웃고 있었지. 하지만 우리가 의지를 굽히지 않자 이런 노력은 모두 수포로 돌아갔네. 그들은 한숨을 내쉬고는 다른 문제로 넘어갔어. 예를 들면 우리가 누구의 보트를 타고 가야 하는가에 대한 문제 말이야. 일본인들은 존중한다는 표현이니 꼭 자신들의 보트를 타고 가라고 또다시 열심히 설득했네. 하지만 우리는 우리에게도 보트가 많다며 대답을 피했지. 그들은 다시 설득하기 시작했고 우리는 또 거절했네. 그들의 얼굴은 흙빛이 되었어.

이 모든 일은 다투기 이상할 정도로 하찮네. 하지만 꽤 중대한 결과가 초래될 수도 있지. 하찮은 일에서 간청을 들어주다 보면 심각한 문제에 가서도 이들이 양보를 요구할 가능성이 생기거든. 어쩌면 우리를 대할 때에도 조금은 거만하게 나올 수 있네. 그런 이유로 제독은 일본인을 상대할 때 항상 자신이 세워둔 원칙을 따랐어. 하찮은 일이든 중요한 일이든 온순하고 예의바르게 굴면서도 강경한 자세를 유지하는 것이지. 서로 관계를 맺기 시작하면서 이런 하찮은 일 때문에 일본인들은 우리에 대한 선입견을 가지게 되었고 우리도 이후 협상에서 유지해나가야 할 어조를 결정하게 되었네. 그렇기에 이런 상황은 보기보다 훨씬 중요하다네.

어떻게 하면 조금이라도 덜 기분 나쁘게 거절할 수 있을까 고민하던 우리는 일본식 방에 들어갈 때 부츠 위로 무명이나 탄탄한 면직물로 만든 덧신을 신기로 했다네. 이것은 신발을 벗을 때 필요한 동양의 풍습이네. 우리가 일본인들이 먹고 마시고 자는 방바닥 위를 신발로 돌아다니고 싶어 하지 않는다는 사실을 안다면 일본인들은 좋아할 것이 분명했어. 한바탕 소동이 일어났네. 이 덧신들을 하루 만에 바느질로 만들어내야 했으니 말이야. 물론 대충대충 만들었네. 바느질을 할 수 있는 사람들은 모두 이 일에 매달렸네. 엉망으로 만들어진 내 덧신은 파데예프의 솜씨임이 틀림없어. 돛을 만드는 수병에게 내 덧신을 부탁하겠다고 약속해놓고서는 말이네. 우리 가운데 몇몇은 방으로 들어갈 때 신발을 벗고 들어가야 할 테니 고무신을 덧신 위에 신고 갈까 하는 생각도 했어. 그러나 다른 이들과 통일하는 것이 좋을 것 같아 그 생각은 포기했네. 말이 나온 김에 이야기하자면 행사가 치러지는 그 방 안에 있기 위해서라면 나는 부츠도 벗을 준비가 되어 있었다네. 저녁이 되자 일본인들이 또 찾아왔어.

"도대체 몇 번을 들르시는 거요? 또 왜요?"

"또 의전 준비 때문이지 뭐겠습니까?"

"또 무슨 의전이요?"

키치베가 말했네.

"현지사께서 현지사님 없이 여러분들끼리 식사를 하시면 안 되겠느냐고 요청하십니다. 그렇게 하는 것이 일본식으로 더 보기에 좋거든요."

"러시아식으로는 전혀 그림이 안 됩니다."

일본인들의 간청이 시작되었네.

일본인들이 온 이유를 들은 제독이 그들에게 다음과 같이 전하도록 명령했어.

"뭐, 좋습니다. 일본인들에게 다음과 같이 전해주도록 하세요. 차를 대접하는 것은 그들의 전통일 테니 우리도 받아들이겠지만 아침 식사는 절대로 하지 않겠다고 말입니다."

일본인들은 이 정도에도 기뻐했네. 특히 키치베가 말이야. 현지사에게 우리가 아침 식사를 반드시 먹고 가도록 하라는 명령을 받은 것은 분명했네. 물론 현지사가 로쥬[27]에게 명령을 받았을 테고 로쥬는 쇼군에게 명령을 받았겠지만 말이지.

키치베가 다시 말하기 시작했네.

"현지사께서는 보트에 대해서도 부탁하셨습니다. 우리가 마련한 보트를 타고 오시면 어떨는지요…."

간단명료한 대답이 키치베에게 돌아왔어.

"불가능합니다."

그다음에는 수행원과 참가 인원, 호위대에 대해, 또 우리가 모든 장교에게 반드시 준비해놓으라고 요구한 가마에 대해 협의하기 시작했지. 이 모든 사안에서 눈물이 쑥 빠질 정도로 논쟁해야만 했네. 의외로 음악에는 그 어떤 반박도 하지 않더군. 현지사를 포함하여 모든 일본인이 우리나라 음악을 들어보고 싶었던 것이 분명해. 이 모든 일이 있은 후 일본인들은 돌아갔네.

1853년 9월 8일

다음 날인 9월 8일에도 일본인들은 늘 그렇듯 또 와서 아침 식사와 자기네 보트를 강권하기 시작했다네. 하지만 헛수고였어. 일본인들은 우리가 자신들의 보트를 타고 오기를 매우 바라네. 당연하지. 우리가 스스로 배를 타고 오는 것이 아니라 우리를 자신들의 배에 태워 데려감으로써 외국인은 일본에서 그 어떤 자유도 가질 수 없다는 사실을 자국민에게 보여주고자 했을 테니 말이야.

그런 다음 통역관들은 의전의 모든 순서를 현지사에게 전할 수 있도록 네덜란드어로 종이에 적어서 자신들에게 달라고 부탁하더군. 우리는 그들에게 저녁 무렵까지는 종이가 준비될 테니 그때 와서 가져가라고 말했네. 하지만 그들은 기다렸다가 받아가는 게 낫겠다고 말했어. 내가 점심을 먹으러 나갈 때에도 그들은 종이가 준비되기를 계속 기다리고 있었네. 그러다 잠을 좀 자고서 다시 왔을 때까지도 떠나지 않고 계속 기다리고 있었네. 그렇게 밤새도록 기다리더군. 우리는 뒤 갑판에 그들의 점심을 차려주었고 포시예트가 그들과 함께 식사를 했어. 그들이 고기를 먹지 않는다고 해서 문제될 건 없었네. 그들은 우리 배에서 쇠고기가 든 파이와 닭고기 수프를 먹었네. 그들이 준비해온 점심도 가지고 보트에서 오라고 했어. 튀겨서 누른 후 반듯하게 잘라놓은 생선이더군. 포시예트가 말하기를 좋은 음식이라고 했네. 그 말이 사실인지는 모르겠네. 음식에 대체로 관대한 사람이니까 말이야.

내일인 9일로 우리 방문 날짜가 정해졌고 현지사가 우리를 맞을 준비를 마치면 시에서 현지사 다음으로 높은 관리인 재정관과 현지사의 비서 두 명이 그 사실을 알리러 올 것이라는 말을 남긴 후 그들은 떠났다네. 우리는 아침 열 시에 오도록 하라고 전했지.

그러자 그들은 어떻게 손님을 맞고 어디에 관리들을 앉히는지를 두고 협상을 벌이기 시작하더군.

"1인용 소파든 긴 소파든 바닥이든 원하는 대로들 앉으라고 하세요. 오른쪽이든 왼쪽이든, 아예 탁자 위에 올라가 앉아도 상관없습니다."

키치베는 이렇게 말했어.

"어떤 식으로 앉으라는 건지, 그림을 그려주실 수 있겠는지요?"

제발 부탁이니 도대체 이런 민족을 어떻게 대해야 하는지 말 좀 해주지 않겠나? 이 사람들과 어떻게 일에 대해 이야기할 수가 있겠나. 하느님, 제게 인내심을 주옵소서! 이럴 때는 잠시 다른 생각에 빠지는 게 최고라네. 상대방이 모르게 어린 시절의 추억 속으로 빠져드는 거지.

기다리던 그날의 아침이 밝았네. 우리는 한 달 내내 이곳에 머무르고 있어. 그렇기에 일본 사람은 물론이거니와 이곳의 돼지, 사슴, 가재까지 상세히 알고 있지. 하지만 일본이라는 나라 자체에 대해서는 아직까지도 뭐라고 말할 수 있는 부분이 없네.

나는 파데예프에게 말했어.

"파데예프, 예복을 모두 다 준비해주게. 자네도 함께 갈 테니 옷을 차려입도록 하게."

나는 흰 조끼를 가져다 달라고 부탁했네. 그런데 받아 보니 조끼는 이미 흰 색이 아니라 누런색이더군. 비단 넥타이와 가죽으로 된 장갑도 모두 지나치게 고르고 둥근 다양한 모양의 얼룩으로 뒤덮여 있었어. 색상으로 보자면 흰 장갑에는 녹색을 띠는 얼룩이 져 있었고, 베이지색 장갑에는 주황색 얼룩이 져 있었으며, 갈색 장갑에는 푸른빛이 도는 검붉은 얼룩이 져 있었네. 모든 장갑에 그런 식으로 얼룩이 져 있더군. 이 모두가 바다에서 오는 습기 때문이지.

준엄한 말투로 파데예프에게 말했네.

"왜 환기하지 않았나? 보다시피 한 짝도 낄 수 있는 장갑이 없지 않나."

완벽하게 동그란 모양을 띠고 있는 얼룩에 감탄한 파데예프가 이렇게 대답했지.

"일부러 이렇게 만든 건데요."

"그럼 넥타이들도 일부러 이렇게 얼룩지게 해놓았나?"

슬쩍 넥타이들을 쳐다보며 파데예프가 혼잣말로 중얼거렸어.

"넥타이들도 얼룩이 졌다니. 이게 도대체 무슨 일이지!"

어차피 장갑은 필요 없었다네. 우리는 4월부터, 그러니까 희망봉부터는 장갑 같은 건 낄 생각도 하지 않았어. 필요 없는 짓이지.

이런 더위에 장갑을 낄 필요도 없었을뿐더러 낀다고 해도 땀에 젖어 손에 딱 들러붙은 장갑을 벗기도 곤욕이었을 테니 말이네.

열 시경이 되자 처음에는 상급 바니오스들이, 그 후에는 비서관들이 도착했다네. 중앙 갑판에서 이들을 영접하여 제독에게 모셔가는 일이 나와 포시예트에게 맡겨졌어. 우리 전함 근처에는 벌거벗은 일본인으로 가득 찬 배가 백 척도 넘게 운집해 있었네. 정말 장관이더군. 알록달록한 색상이라고는 볼 수가 없이 모두 동일하게 정말 고급스러운 취향으로 차려입고 있었으니 말이야! 나와 포시예트는 손님들이 곧 도착하려나, 일본 비서들은 어떤 사람들일까, 우리나라 비서 같을까 하는 생각을 하며 앞 돛대 옆에서 이들을 기다렸네.

나이 든 일본인들과 젊은 일본인들이 드디어 밧줄로 만든 사다리를 타고 차례로 갑판 위로 올라왔다네. 어떤 이는 긴 칼을 하나 차고, 다른 이는 긴 칼을 두 개 옆에 차고 있었지. 검은 가운 차림의 사람도 있었고 회색 가운을 입은 사람도 있었네. 뒷머리는 특별히 더 정성들여 매만졌으며 이마와 턱도 특별히 더 깨끗하게 면도했더군. 한마디로 멋이란 멋은 다 내고 왔네. 얼굴이 길쭉한 이도 있었고 둥근 얼굴도 있었지. 얼굴이 햇볕에 심하게 그을린 사람도, 누르스름한 정도로 그을린 사람도, 그보다는 좀 더 흰 사람도 있었어. 근시가 심한 사람도 있었고 눈이 튀어나온 사람도 있었네. 얼굴이 너무나도 매끈한 사람이 있었는가 하면 굉장히 심하게 얽은 사람도 있더군. 턱과 치아는 왜들 그 모양인지! 이 모든 사람이 갑판 위로 기어오르고 또 기어오르고 있었네⋯. 과연 이 행렬의 끝은 있는 것일까? 통역관들이 보이더니 그들 뒤로 비서들이 올라왔네.

우리가 그들에게 물었어.

"비서들은 누구죠? 어디에 오시나요?"

"바로 이분들이십니다⋯!"

이 모든 사람이, 그러니까 수행원들이 한순간에 갑자기 마치 누군가 명령을 내리기라도 한 듯 양손을 무릎 위에 얹고 허리를 깊숙이 숙여 절을 했다네. 그리고 오랫동안 그 자세를 유지했네. 등 뛰어넘기 놀이를 할 때처럼 말이야.

"비서들이 납시는 건가?"

비실거리는 걸음으로 70세쯤 되어 보이는 노인들이 사다리를 타고 올라왔네. 거의 대머리인 그들의 뒤통수에는 숱이 거의 없는 땋은 머리가 붙어 있었고 치맛자락에 외피를 덧댄 화려한 비단 치마 차림이었다네. 종이처럼 빳빳한 흰색의 긴 양말 위로는 다른 모든 이들처럼 짚으로 만들어진 샌들을 신고 있었어. 그들은 우리를 포함한 주변의 모든 것을 둘러보기 위해 힘겹게 눈꺼풀을 들어 올리더니 금세 아래로 떨구었네. 음악이 울려 퍼졌을 때에도 그들의 눈꺼풀은 올라갔다가 금방 내려갔네. 그리고 신발을 끌며 우리가 안내하는 대로 조용히 힘겨운 발걸음을 옮겼지. 주변을 둘러보는 법도 없었네. 상급 바니오스들이 즉시 그들을 수행하며 뒤따랐어. 그들은 상급 바니오스들이 뭐라고 이야기할 때마다 하이, 하이 하였네. 비서들을 처음 데리고 간 곳은 선장실이었는데 우리는 어제 그려준 그림대로 1인용 소파 두 개에 그들을 앉혔네. 그 외의 사람들은 감히 앉을 생각을 못했네. 비서들이 제독을 뵙고 싶다고 말하더군.

비서들은 조금 전처럼 멍한 모양새로 주변의 그 어떤 것도 쳐다보지 않으며 제독의 선실로 내려갔네. 이곳에서는 그들에게 최고의 대접을 해주었지. 수행원들과는 다르게 그들의 의자에는 산양 가죽으로 덮개를 씌운 쿠션을 깔아주었으니 말이야. 비서들의 발이 바닥에 닿지 않도록 한 배려였네. 더 이상의 대접이 있을 수 있겠는가? 차와 과실주도 대접했네. 차는 마셨지만 술은 거절하더군. 자신들이 온 유일한 이유는 우리의 방문을 기다리겠다는 현지사의 말을 전하기 위해서라며 술을 마실 시간 같은 건 없다고 했어. 비서들은 우리가 그들의 뒤를 이어 바로 출발하지는 말아 달라고 부탁했네. 도착해서 우리를 맞을 준비를 할 시간이 필요하다면서 말이지.

비서들이 덧붙여 말했다네.

"우리의 배들은 당신들의 배처럼 빨리 달리지 못한답니다."

1853년 9월 9일

9월 9일은 위대한 공후 콘스탄틴 니콜라예비치 전하의 생일날이네. 간단한 기도 후 우리는 보트에 몸을 실었어. 이 순간 밧줄에 돌돌 감겨 있던 깃발들이 호루라기 소리에 맞추어 쏜살같이 위로 솟아올랐고 사람들은 제독의 보트에 러시아 국기가 내걸리자마자 활대를 따라 뛰어갔네. 이 보트가 움직이기 시작했을 때 양쪽 배에서는 만국기가 순식간에 펼쳐지더니 태양 아래서 알록달록하게 빛을 발했지. 국가인 「신이시여, 황제를 보호하소서」와 함께 만세삼창도 울려 퍼졌네. 보트에 타고 있던 일본인 500명가량은 잠시 얼어붙어 있더니 모두 놀라움과 감탄에 소리를 질러댔지.

노가 달려 있는 길고 날렵한 보트가 제일 앞에 가고 있었는데 우리가 도착할 해안에 의전을 위한 호위병들을 데리고 포시예트가 이 배에 함께 타고 있었네. 그 뒤를 호위병들을 실은 보트, 군악대 및 하급 일꾼들을 실은 보트, 그다음으로는 장교들을 실은 보트, 그 뒤로 제독과 그의 수행원들이 타고 있는 보트가 가고 있었어. 구명보트도 따라오고 있었는데 거기에는 장교 한 명이 타고 있더군. 우리의 앞, 뒤, 양옆으로 수많은 일본 배가 열심히 따라오고 있었네. 어떤 배들은 우리 옆에 나란히 가고, 다른 배들은 우리를 앞서가고자 했지. 우리 모두는 약 한 시간에 걸쳐 천천히 가고 있었고 계속해서 음악이 울려 퍼지고 있었네. 포병 진지에서도, 부두에서도, 언덕에서도, 모든 곳에서 대머리인 사람들이 다양한 색상의 가운을 입은 채 북적거리고 있었네. 특히 푸른색 가운이 많았네. 우리 주변을 수많은 보트들이 마치 오리 떼처럼 돌아다니고 있었지만 가까이 다가오는 보트는 없었어. 가는 길에 우리는 황홀할 정도로 아름다운 해안을 흥미롭게 감상했네. 인간이 자신의 재능을 기울여 기적을 창조해낼 수 있도록 자연이 온 힘을 기울여 마련해놓은 곳에 아무것도 이루어놓지 않은 것을 보니 솟아오르는 화를 참을 수 없었어. 저기 저 언덕만 보더라도 그러네. 푸르고 아늑한 곳이긴 하지만 뭔가 부족해 보이네. 이런 언덕 위에는 멋진 대리석 기둥이 늘어선 건물이나 사방으로 발코니가 나 있고 넓은 정원 사방으로 오솔길이 뻗어 있는 호화저택이 서 있어야 하는데 말이야. 저기 저 움푹 파인 곳에는 증기선이 기적을 울려대고 사람들이 와글거리는 바닷가 부두로 나 있는 내리막길을 만들면 좋을 것 같아. 이 높은 산에는 탑, 둥근 지붕, 잣나무 숲 뒤부터 멀리까지 반짝이는 황금 십자가로 꾸며진 수도원이 서 있으면 좋겠어. 여기 이곳은 목재를 실은 배들이 북적대는 창고형 상점이 들어서기에 딱 알맞은 자리네….

이런 상상에 빠진 채 내가 말했지.

"일본인들에게서 나가사키를 빼앗으면 어떻게 될까요?"

몇몇이 비웃었네.

내가 계속해서 말했어.

"일본인은 제대로 이용을 못하고 있지 않나요. 다른 민족들이 이 항구를 소유했다면 어땠겠어요? 한번 보세요. 얼마나 훌륭한 장소인지! 동해 전체가 교역으로 들썩였을 텐데요…."

중국과 조선을 통하는 일본의 교역로가 유럽 및 시베리아와 연결된다는 내 생각을 더 말하고 싶었지만 이미 해안에 다다랐네.

사람들이 떠들어댔지.

"도시는 도대체 어디에 있는 거예요?"

"여기가 바로 도시예요."

"이게 다라고요? 곳 뒤편으로는 아무것도 없단 말이에요? 고작 이게 전부라고요?"

빽빽이 들어차 있는 볼품없는 회색빛 단층 건물들을 보면서 우리는 스스로의 눈을 믿을 수가 없었다네. 도시가 이어질 거라 생각했던 왼쪽으로도 아무것도 없었어. 텅 빈 해안과 띄엄띄엄 흩어진 작은 촌락이 전부였네. 어부의 오두막들이었지. 해협이 모여드는 곳을 따라 역시나 보잘것없는 포병 진지와 병영으로 보이는 나지막하고 기다란 건물이 늘어서 있었네. 해안을 따라서는 꼴불견의 커다란 배들이 옹기종기 모여 있었고. 이 모든 것은 가려져 있었네. 집도 거리도 말이야. 정작 좀 가리고 다녀도 될 법한 이 나라 사람들은 옷을 심하게 열어젖히고 다니는데.

일본의 도시에 사람들이 넘쳐난다고 책에서 읽은 나로서는 도저히 이해할 수가 없었어. 툰베리[28]의 책인가 어딘가에서 이 도시 인구가 6만 명에 이른다고 읽은 것 같은데 도대체 어떻게 이곳에 그렇게 많은 인구가 살 수 있단 말인가?

언젠가 나는 밥고로드자이몬에게 이렇게 물은 적이 있네. 물론 통역관을 통해서지.

"나가사키의 인구가 얼마나 됩니까?"

그는 내 질문을 일본어로 다시 말하더니 다른 바니오스를 쳐다보았네. 그 바니오스는 다른 바니오스를 쳐다보았지. 이 바니오스는 다시 하급 바니오스를 쳐다보았고 하급 바니오스는 통역관을 쳐다보았어. 그 질문과 시선은 이런 식으로 끝내는 밥고로드자이 몬에게 돌아왔네. 하지만 해답은 없었네.

마침내 사다고라가 입을 뗴었다네.

"적을 때도 있고 많을 때도 있지요."

이걸 대답이라고 하다니! 일본인은 모든 걸 두려워하네. 그들에게는 모든 게 금지되어 있어. 그래서 거짓말을 하는 것 같은데 그러다가는 큰일이 날 걸세. 어느 날엔가 쇼군의 이름이 뭐냐고 물은 적이 있네.

일본인들이 대답했네.

"저희는 모릅니다."

실제로도 군주의 이름은 거의 비밀에 붙여지고 있어. 아니면 공경하는 마음에서 입에 담지 않는 것일 수도 있네. 일본의 군주는 죽을 때까지 다른 이름으로 불리거든. 일본에서는 일생에 몇 번씩이나 이름을 바꾸는 풍습이 있네. 다양한 시절에 맞게 바꾸지. 예를 들어 결혼식 같은 종류의 일이 있을 때 말이야.

우리는 도시에 점점 가까워지고 있었네. 산 위에서도, 해안을 따라서도, 보트 위에도 사람들로 북적이더군. 드디어 네덜란드 교역촌에 도착한 거야. 네덜란드인 몇몇이 발코니에 앉아 있었네. 우리가 그들과 나란히 섰을 때 그중 한 명이 우리에게 고개를 숙여 인사하는 듯이 보였다네. 하지만 제일 앞에 달리던 우리 측 보트들이 정박했고 내가 타고 있던 제독의 보트도 이 보트들이 자리를 잡을 때까지 멈출 수밖에 없었지.

해안이라니! 해안! 드디어 일본 땅을 밟을 수 있게 되었네. 우리는 돌로 만들어진 부두에 내렸어. 하지만 해안은 별로였네. 배에서 내릴 필요가 없었다는 생각이 들 정도로 말이야!

천연석으로 만들어진 꽤 높은 사다리가 부두로 길을 안내하고 있었네. 해변에는 모래사장이 빽빽이 들어차 있어서 넓은 공터를 만들고 있었지. 집들은 푸르고 흰 아마 천 휘장으로 빈틈없이 가려져 있었네. 호위대는 부두 오른쪽을 따라 이열로 늘어서 있었고 장교들은 왼쪽에 서 있었어. 그 뒤로 보잘것없는 수의 사람들이 무리 지어 있었는데 대부분 못생겼고 벌거벗은 차림이더군. 정말 소수의 사람들만 해안에 들여보냈음을 알 수 있었네. 나머지는 지붕이나 테라스에서, 혹은 집을 가린 휘장에 구멍을 뚫어 그사이로, 또 산 위에서, 한마디로 사방에서 구경하고 있었네. 이런 사람들의 무리 속에서 화난 듯한 얼굴을 하고 역시나 옷을 별로 걸치지 않은 어떤 노인이 부산을 떨고 있었지. 그는 사람들이 앞으로 더 나가지 못하도록 저지하고 있었는데, 노인의 능숙한 말솜씨보다 더 효과적으로 사람들을 말리고 있던 것은 그의 손에 들린 기다란 막대기였어.

제독이 해안에 발을 내딛자마자 음악이 울려 퍼졌고 호위대와 장교들이 경례를 했다네. 그런데 회담 장소는 어디이고 제독은 누가 맞이할 거지? 통역관들이? 그럴 수야 없는 일이지! 이를 알아보기 위해 제독을 초대한 이들을 불러오라는 명령이 떨어졌네.

통역관들이 분주하게 뛰어다니기 시작했어. 그동안 우리는 약정에 따라 해안에서 우리를 태우기 위해 대기하고 있던, 일본어로 노리몬이라고 불리는 가마를 찬찬히 뜯어보았네. 가마가 열두 개 혹은 그 이상 있었는데 우리 측 장교 수보다 많은 것 같더군. 온 도시에서 이 가마를 쓸어 모은 듯했네. 일본에서 우리는 마차 대신 이 가마들을 타고 다닐 거라네. 꽤나 아름다워 보이는 가마들이었어. 다양한 직물로 씌워져 있었고 표식과 술로 꾸며져 있었네. 하지만 이 가마에 탈 수는 없었지. 다리가 안 들어가거나 머리가 안 들어가거나 했네. 보고 있노라면 고문용으로 만들어진 마차가 아닐까 생각이 들 정도야. 벌거벗다시피 한 가마꾼들이 가마가 얹혀 있는 굵은 작대기를 어깨에 들쳐 메고서 이동하네. 중국에서와는 달리 이런 가마는 무척이나 불편하더군. 홍콩에서 내가 탄 것은 우리나라에서 성스러운 주간에 일반 시민들이 타고 노는 그네처럼 생긴, 굉장히 편안하고 안락한 들것이었지. 이 들것에 앉으면 안락의자에 앉은 것처럼 편안했네. 이곳에 가마 외에도 말이 있다고 들었네. 나는 이 말을 보지도 못했지만 여기에 말이 왜 필요한지도 모르겠어. 이런 북새통에서는 말이 아니라 코끼리를 눈치 채지 못해도 용서될 걸세. 우리 가운데 누군가가 이 가마에 기어들어가 보려 시도하다가 금방 뛰쳐나오더니 걸어갔네.

마침내 졸린 듯한 두 눈을 가진 잘 차려입은 노인 한 명이 나타났네. 그의 뒤로는 수행원들이 따라오고 있었지. 그는 우리 앞에 미동도 없이 서서 힘없는 시선으로 우리를 바라보았네. 이런 냉담한 시선으로 행사의 진지함을 드러내는 건지 어떤지는 잘 모르겠으나 무릎이 다 드러나는 치마를 입고 머리를 땋아 올린 이들의 모습을 처음 보았을 때 이런 모습에 익숙지 않은 우리는 웃음을 참기가 힘들었다네.

나는 제독의 수행원들 속에 파묻혀 우리 행렬의 꼬리 부분인 뒤쪽에 서 있었지. 앞쪽에서 갑자기 앞으로 전진이라는 명령이 울려 퍼졌네. 풍악이 울려 퍼지고 전 부대가 움직이기 시작했어. 해군들이 좁고 일정한 보폭으로 걸어가는 소리가 들려왔네. 모래로 뒤덮인 해변 길을 채 100사젠도 못 가서 돌로 만들어진 계단을 따라 올라가기 시작했지. 계단 양옆으로는 1사젠마다 한 명씩… 이런, 여기에 세워놓은 것이 정녕 일본 병사란 말인가? 이게 뭔지 한번 보게. 키가 작은 사람들로 일부러 잘 골라놓은 졸린 눈의 일본인이 니스 칠을 해놓은 깔대기 모양의 작은 모자를 쓰고 서 있었어. 그들은 등을 뒤로 젖히고 서 있었는데 두 다리는 무릎 쪽에서 구부러져 있었네. 양 어깨에는 총 같은 걸 메고 있었네. 실제로 멘 것은 어떤 주머니였는데 그 안에는 총이 있을 것 같아. 어쩌면 총이 들어 있지 않은 빈 주머니만 메고 있었는지도 모르겠네. 다른 나라들에서는 일어나지 않은 모든 일이 이곳 일본에서는 가능하다네.

우리는 아직 계단 아래에 서 있었지만 일본 병사들의 행렬은 벌써 계단을 따라 올라가고 있었고 총검이 태양 아래서 번쩍이고 있었네. 음악은 저 앞으로 옮겨가면서 점점 멀어졌어.

명령이 울려 퍼졌네.

"왼쪽 어깨를 앞으로!"

종대는 마치 뱀처럼 원형으로 움츠러들더니만 다시 펴져서는 오른쪽으로 방향을 틀었네. 음악은 무슨 건물로 들어가기라도 한 듯 더욱 흐릿해지더니 갑자기 뚝 끊겼어. 우리 머리 위로는 환상적인 푸른빛 하늘이 펼쳐져 있었고 저 멀리로는 산들이 테라스처럼 펼쳐져 있었네. 주변에는 우리나라의 것들과는 전혀 다른 이상한 거리와 집, 사람들이 있더군.

우리는 일본군 종대의 뒤에서 오른쪽으로 돌아섰네. 그러고는 대문을 통과해 문이 달려 있지 않고 나무로 만들어진 널찍한 현관 앞의 마당으로 들어갔어. 자갈이 깔린 깨끗한 마당이었네.

　가장 먼저 눈에 들어온 것은 마당의, 돗자리가 깔린 나무 계단의, 일본인들의 단정함이었네. 이건 솔직히 인정해야 할 부분이야. 모든 일본인이 매우 깨끗하고 단정했네. 그들 스스로도 그랬고 의복도 그랬어. 어떻게 그토록 빽빽하게 땋아놓은 머리채에서는 아무런 냄새도 나지 않고 윗옷에서는 얼룩 하나 발견되지 않는 걸까? 아무것도 없었네. 관리들이야 말할 것도 없더군. 그들은 옷을 단정하게 입을 뿐만 아니라 훌륭한 취향으로 차려입고 있었으니 말이야. 거지들까지 벌거벗거나 다 해어진 옷을 입고 있을지언정, 그 의복에서 얼룩이나 더러움을 발견할 수는 없었네. 중국인과는 정반대더군. 중국인이 모여 있는 곳에서는 서 있을 수조차 없네! 백단나무 냄새가 그 악취와 비슷할까! 마늘이 찌든 듯한 중국인의 입 냄새는 날아가던 파리도 죽일 수 있을 것 같았어. 일본인에게서는 아무런 냄새도 나지 않았네. 그들의 머리를 내려다보면 땋은 머리 사이로 면도되어 있는 깔끔한 두피가 드러나 있더군. 양 손은 넓은 소맷자락 속 깊이 숨어 있네. 햇볕에 그을리기는 했지만 그래도 깨끗했어. 일본인은 태도도 정중하네. 예의를 갖추어 사람을 대하지. 좋은 사람으로 여겨진다네. 하지만 사실 이들과는 어떤 일을 함께 할 수가 없어. 일을 질질 끌고 영악하게 거짓말을 하지. 그런 다음에 거절해버리거든. 그럴 땐 정말 돌아버릴 것 같네. 이들이 세워놓은 규칙에 따르면 거절할 생각이 없어도 혹은 예전에는 없던 어떤 일을 하고자 할 경우에 설사 그 일이 좋은 일이라 할지라도 최소한 자발적으로는 해서는 안 된다네. 예를 들어 이들은 200년도 넘는 세월 이전에 유럽인은 해로운 사람이며 그들과는 그 어떤 일도 함께 해서는 안 된다고 결정해놓았는데 그 결정사항을 그들 스스로도 지금 바꾸지 못하고 있어. 외국인을 자국에 들여보낼 경우 그들에게 더 잘사는 법을 배울 수 있고 모든 면에 통달할 수 있으며 더 강하고 부유한 나라를 만들 수 있다는 사실을 근대에 들어서면서 특히나 더 자각하게 되었는데도 말이지.

이에 대해 일본 정부도 잘 알고 있으나 기독교가 그들의 법률과 권력에 위협이 될 수도 있다는 생각에 두려워하고 있네. 일본 정부가 이런 두려움이 쓸모가 없는 것이고 외국인과 친하게 지내야만 한다는 사실을 이제라도 알게 된다면 좋을 거야. 하지만 어떻게 그렇게 만들 수 있겠는가? 도대체 누가 그 일을 시작하고 지속시킬 수 있겠는가? 최고위원회의 임원들이? 그들 가운데 그런 이가 나온다면 쇼군이 할복을 명할 거야. 그럼 쇼군은 할 수 있을까? 그때는 최고위원회가 쇼군에게 그 자리를 다른 이에게 내어주라고 할 걸세. 천황인 미카도도 나서지 않을 거야. 만일 그랬다간 쇼군이 그에게 더 이상 새 의복을 지어주지 않을 테고 이틀간 계속해서 똑같은 그릇으로 밥을 먹게 할지도 모르니 말이네.

찬탈자인 지방 장관들 혹은 쇼군에 의해 권력에서 밀려난 진정한 법적 군주인 미카도가 같은 옷을 두 번 입을 수 없다는 것도, 같은 그릇에 두 번 식사를 할 수 없다는 것도 잘 알려진 사실이라네. 옷도 그릇도 매일 바뀌지. 천황을 위해 쇼군이 이 모든 것을 꼼꼼히 제공하고 있어. 하지만 최고급이 아닌 평범하고 그리 비싸지 않은 것으로 말이네.

일본인들이 얼마나 국내 통치 체제를 잘 만들어놓았느냐면 쇼군 없는 최고위원회가, 최고위원회 없이는 쇼군이 아무것도 할 수 없을 지경이야. 그리고 이 둘 다는 또 봉건영주들 없이는 아무 일도 할 수가 없네. 이런 인공적인 기반 위에서 이들의 체제가 유지되고 있고 앞으로도 유지될 거야. 누군가가 이런 체제를 전복하기 전에는 말이네…. 그것이 미국이든 아니면… 우리 러시아든 말이지!

하지만 아직까지 일본인은 그리도 단단히 뒤집어쓰고 있는 자신들의 고깔모자 아래로 세상을 들여다볼 생각조차 무서워하고 있네. 우리가 해안가에 갑자기 나타났을 때 그들이 얼마나 겁먹고 낙담했던지! 커다란 배 네 척, 거대한 대포, 수많은 사람, 전에 없던 단호한 어조의 제안, 또한 우리의 독자적인 행동을 보았을 때 말이네! 이게 도대체 뭐지 하면서 놀란 걸세.

우리 배들에서 경비정을 치우라고 했을 때 그리고 이곳 현지사의 허가도 받지 않고 우리가 갑자기 배 한 척을 중국에 보내고, 다른 한 척을 북쪽으로 보냈을 때 일본인들이 얼마나 부산을 떨었는지 몰라. 자신의 허가 없이는 당연히 일본해에서 그 어떤 배라도 흔들리지도 않고 유럽인의 보트들이 항구에서 움직이지도 않으리라 여기는 현지사가 얼마나 놀랐겠는가! 그런데 우리는 무엇을 원하고 무엇을 원하지 않는지 그들에게 냉랭하게 통보하고 있다는 말이네. 그들은 대항할 생각에 가끔 난데없이 예전처럼 장광설을 풀어놓기도 하고 이것저것 요구하기도 하지. 하지만 그들의 두 눈은 자신들이 상관에게 벌을 받을 수도 있으니 제발 거절은 말아 달라고 애원한다네. 우리의 죄는 곧 자신들의 죄가 되니까. 내일 우리 배가 바다로 간다는 사실을 알고 난 후 그들은 그 허가를 받아오기 위해 현지사에게 서둘러 달려갔고 우리는 하하하 웃었네. 일본인들은 우리 배가 바다에 나가는 것을 보는 순간 자신들의 포병 진지가 대포로 폭격을 가할 것이라고 공언하더군.

우리는 미소 지으며 대답했네.

"그러라고 하시오."

일본인들이 항구에서 멀리 나가지는 말라고 부탁했네. 우리는 아무런 대답도 하지 않고 항해를 계속했어. 현지사는 여전히 거만을 떨었네. 이것저것 물어보며 자신의 주장을 굽히지 않았지. 하지만 갑자기 자세를 낮추어서 양보했네.

나라를 외국에 개방하라는 네덜란드 왕의 조언에 일본인들이 코웃음을 친 것은 오래전부터일까? 이들에게 영향을 미친 것은 중국인이네. 중국인도 처음에는 유럽인에게 항구를 한 곳만 개방했지만 결국에는 다섯 항구를 개항하고 여러 교역 조약을 체결하는 한편 여러 제재를 풀게 되었잖나.

일본인들이 이렇게 말하더군.

"애초부터 단 하나의 항구도 열어주지 않았더라면, 그런 일은 없었을 텐데 말입니다."

그런데 이제 그들도 개항하라며 양쪽에서 외국인들이 조르기 시작한 것이네. 일본인도 결정을 내려야 할 때가 된 게지. 유럽인을 들여보내주느냐 마느냐하는 문제 말이네. 이건 그들에게 사느냐 죽느냐의 문제만큼이나 심각한 거라네. 만일 이들을 들여보내준다면 외국의 신앙, 사상, 전통, 법령, 상품도, 또한 그들의 골칫거리도 함께 들어올 것이기 때문이야. 만일 들어오지 못하게 한다면…, 지금도 외국 선박이 네 척 버티고 있는데 더 긴 대포들이 설치된 배가 열 척이나 더 들어올지도 모르는 일이지. 일본 대포는 짧을 뿐만 아니라 받침이 아예 없거나 짚으로 만들어진 받침 위에 세워져 있네. 일본인에게는 도화선이 달린 총과 검도 있지. 모든 사람이 허리춤에 두 개나 되는 검을 차고 다니네. 매우 훌륭한 거야… 하지만 이런 장난감 같은 무기로 이들이 뭘 할 수 있겠나?

개방할 것이냐 하지 않을 것이냐는 결코 쉬운 문제가 아니네! 만일 개방하게 된다면 아주 조용하고 평온할 거야. 먹고자는 데 아무런 문제도 없겠지. 하지만 만일 개방을 거부한다면… 손님들이 직접 걸어 들어갈 거야. 그러면 현지사가 허가장도 보낼 여유가 없게 되지 않겠나. 누구와 상의할 수 있겠나? 누구에게 물어봐야 하나? 현지사가 결정할 수는 없는 문제라네. 그는 최고위원회에 사람을 보내 물어볼 테고 최고위원회는 쇼군에게 물을 것이며 쇼군은 미카도에게 다시 물을 걸세. 하늘의 직계자이자 달의 형제, 아들 혹은 조카인 미카도는 결정을 내릴 수 있네. 하지만 그는 열두 부인과 참모 수백 명과 함께 시를 짓거나 비파를 켜면서 매일같이 새로운 식기로 식사나 하고 앉아 있지. 현지사가 혹시 모를 위험에 대비하고자 이 외국인을 내쫓고 근절해버리라고 명령을 내리거나, 아니면 최소한 이들을 에도에 들어가게 하는 일은 절대로 없도록 할 걸세. 현지사 입장에서야 이 외국인들이 나가사키를 그냥 지나쳐 에도로 곧바로 갔더라면 나을 뻔했네. 현지사는 자신의 임기를 다 채우고 후임에게 인수인계까지 마친 상황에서 에도에 있는 집으로, 가족의 품으로 돌아갈 준비를 하고 있었네. 그가 국경에서 장난질을 치지 못하도록 부인과 자식들은 정부에 볼모로 잡혀 있지. 우리가 여기에 머무는 동안 그는 이곳을 떠나지 못해. 후임이 도착한다 하더라도 말이야. 그런 이유로 현지사가 우리를 내쫓고자 했던 건데 우리는 떠날 생각이 없네. 이 때문에 화가 난 현지사가 우리에게 할 수 있는 보복이라고는 언성을 높이기 시작한다거나 신선한 식량을 보내주지 않는 것 또는 우리가 보트를 타지 못하도록 방해하는 것뿐이지. 우리는 직접 에도로 가겠다고 협박할 수도 있네. 만일 온다던 그 관리들이 오지 않는다면 우리는 직접 나가사키에서 그 관리들을 찾아볼 수 있다고 그에게 말할 수도 있어. 그렇다면 그들은 겁먹고 관리들을 우리에게 보내줄 거야. 그들은 우리가 날벼락이나 맞기를 바라고 있을 테지.

통역관 키치베만 아무런 생각도 하지 않고 있네. 일본이 점령당하건 아니건 그는 피아노 건반 같은 치아를 다 드러내놓고서는 계속해서 미소 짓고 있을 거야. 현지사 앞이든 우리 앞이든 여전히 히죽거릴 걸세.

일본인들은 도대체 어떻게 해야 하는 걸까? 우리를 들여보낼 수도 없지만 들여보내지 않는 일도 쉽지 않으니 말이야. 그들은 아마 이런 계략을 세울 걸세. 우리가 나가사키의 모든 돼지를 다 잡아먹었기 때문에 신선한 식량이 곧 바닥을 드러낼 것이라고 말하는 거지. 오리 한 마리에 1탈러[29]씩 받고 팔아먹을지도 모르네. 그러면 우리가 떠날지도 모른다는 생각에서 말이네. 우리가 그들에게 얻어가는 것은 아무것도 없네! 탈러를 지불하고 싸구려인 것처럼 비싼 오리들을 사서 먹어치울 뿐이야. 일본인들이 어떻게 행동할 것 같은가? 예전처럼 거만하게? 아니면 시대와 상황의 요구에 발맞추어? 그들은 어쩔 줄 몰라 하고 있어. 그러니 이 방법 저 방법 다 써볼 테지. 일본인들은 자신들이 스스로를 보호하기 위해 만든 폐쇄와 고립 방침 때문에 아무것도 배우지 못했을 뿐만 아니라 나라의 발전이 멈추었다는 사실을 깨달았네. 이런 폐쇄와 고립 방침은 학생들의 장난처럼 선생님이 나타나자마자 순식간에 무너져버리지. 그들은 혼자라네. 그 어떤 도움도 없어.

그렇기에 눈물을 흘리며 이렇게 말하는 수밖에 없네.

"잘못했어요. 우린 어린애들이잖아요!"

그리고 어린애처럼 어른의 지도에 따르는 수밖에는 없지.

이 어른은 도대체 누가 될까? 바로 교활하고 분주한 미국인 사업가들이네. 러시아인은 극소수지. 러시아의 총검이 아직까지는 평화롭고 해가 없는 것이긴 하지만 이미 일본의 태양 아래에서 번뜩거린 적이 있어.

일본 해안에서 다음과 같은 소리가 울려 퍼진 적이 있다네.

"전진하라! 일본에 통보하라!"

우리 아니면 미국인이, 미국인이 아니라면 그 뒤를 이어 누구라도 곧 일본에 다시금 집어넣어주어야 할 운명이야. 일본이 그 자신의 피와 함께 파멸적으로 흘려내버렸고 그로 인해 무기력함과 애처로웠던 어린 시절의 어두운 기억 속에 빠진 채 쇠약해져 가게 한 그 건강한 체액을 말이네.

자네들에게 할복을 여러 차례 이야기했네. 이제는 예전만큼 이 풍습을 행하지 않는 것 같네. 우리가 이곳에 와서 이제 일본 관리들뿐만 아니라 정부 스스로가 변화의 필요성을 느끼게 된다면 할복은 더 보기 힘든 일이 될 테지.

아직까지 존재하는 이 풍습에 대해 내가 이 편지의 초입에 인용했던 자료에서는 다음과 같이 적고 있네.

"할복하는 방법은 다음과 같다. 부모님을 불러 함께 절에 간다. 그 절의 한복판에 돗자리와 깔개를 깐다. 그러고는 그 위에 앉아 연회를 즐기는데 마지막으로 풍성하고 달콤하게 식사를 하며 술을 많이 마신다. 그러다가 연회가 끝나면 일어나 자신의 배를 십자 모양으로 자르며 이때 내장이 전부 쏟아져 나온다. 용감한 이들은 여기에 덧붙여 스스로의 목을 베기도 한다. 일본에는 할복 방법이 50가지 이상 있는 것으로 사료된다."

일본 정부만 방해하지 않는다면 외국인이 일본인과 사귀는 것에는 별 문제가 없을 것 같아. 일본인들도 발전을 갈망하기 때문이야. 많은 점에서 이를 확인할 수 있네. 게다가 빈곤하다네. 그렇기에 다른 이들과의 소통이 필요하지. 점잖은 이들이 말이야. 그중에서도 특히 유럽인과 접촉한 적이 있는 통역관들이 그러하네. 자네에게 편지로 적어 보냈듯이 이들은 지적이고 정신적으로 충족되지 않아서 무료해짐을 탄식하고 있어. 최하층민도 부러움과 놀라움에 가득 찬 눈으로 우리와 우리 배를 쳐다보네. 술을 달라고 부탁해서 보드카를 게걸스럽게 마시지. 우리가 남긴 빵 조각을 집어들기도 하고 아이처럼 호기심에 차 장신구를 들여다보다가 옷가지 같은 것을 재빨리 낚아채선 타고 온 배에 숨기기도 하네. 얼마 전에는 보트가 한 대 우리 배로 다가왔다네. 사공 두 명이 배를 젓고 있었고 뱃전에는 13세가량 되어 보이는 옷을 잘 차려입은 한 소년이 아주 편하게 누워 있었지. 이방인의 배를 보여 달라고 조른 것이 분명해 보였네. 항상 그렇듯 사공들은 닥치는 대로 남의 음식들을 집어들더니 자신들이 먹지 않고 그 소년에게 주었어. 소년은 호기심에 가득 찬 눈으로 살펴보고 나서 감추었네. 포도주, 보드카, 마른 빵, 사탕 등을 줄에 매달아 그들의 배로 내려주었더니 다 받아들이더군. 다른 세계에서 고립되어 자신들만의 생기 없고 무익한 삶을 영위해가는 일은 상위층에게도 괴로운 듯했네. 어떤 통역관이 무심코 내뱉기를 레자노프가 왔을 때는 최고위원회에 앉아 있는 7~8명 가운데 단 두 명만이 유럽인과의 교류에 찬성했는데 이제는 단 두 명만 우리와의 교류를 반대한다는 걸세. 우리가 호소만 한다면 일본인은 자신들의 감옥에서 떼로 몰려나올 거야. 사교적인 민족이거든. 새로운 것에 기꺼이 빠져드네. 만일 우리를 밀수꾼 보듯이 하는 일본 측의 감시만 아니었다면 그 어떤 협정서나 쇼군의 도움 같은 것 없이도 우리 배는 지금쯤 온갖 상품으로 가득 찼을 걸세. 일본 정부는 자신들의 나라가 빈곤해 무역할 상품이 없다고 말하지만 사실 모든 이득을 자신만 취하는 쇼군이 없었다면 일본은 가난하지 않았을 것이네.

이런 무심함 뒤로 얼마나 많은 삶이 숨겨져 있는지, 얼마나 많은 유쾌함과 장난기가 숨어 있는지 아는가! 일본인은 정말로 다재다능하다네. 아주 사소한 것과 별 의미 없는 대화 중에 이를 눈치

챌 수 있지. 하지만 그와 동시에 내용이 없다는 사실도 알 수 있어. 일본인은 삶을 구성하는 모든 힘이 소진되어 다 타버렸기에 원기를 회복시켜줄 새로운 시작이 필요한 거야. 매우 생기 있고 자연스러운 민족이네. 그들에게서는 중국인이 가지고 있는 엉터리 같은 면을 발견할 수 없어. 무겁고 현학적이며 낡아빠져 더 이상은 필요 없는 박식함 같은 것 말이네. 그것은 상대방을 멍하게 만들 뿐이야. 일본인은 정반대라네. 모든 것을 알아내려고 질문해대며 그걸 또 모두 기록해두네. 에도에 있던 거의 모든 네덜란드인 여행가의 말에 따르면 일본은 이들에게 일부러 학자들을 보내어 무언가 새롭고 유용한 것을 배워가려 했다는군. 중국의 학자들은 자신의 사상을 살아 있는 현대어로 표현하지도 못하는데 말이야. 그렇게 하는 것은 중국에서 금지된 일이지. 중국에서는 모든 사상이 책에 쓰인 대로 표현되어야 하네. 만일 일본인도 옛것을 고수하려는 면이 있다고 한다면 단지 새로운 것이 두려워서일 뿐이야. 새것이 낫다고 확신하면서도 그러는 거지. 일본인들은 그들 스스로가 지루해서 하품을 하고 있네. 하지만 중국인들은 전혀 그러지 않는다네. 자네에게 장담하건대 일본인은 프랑스인 같고 중국인은 독일인 같아.

그러나 우리가 악의가 아닌 선의를 품고 있다는 점을 이들에게 설명하거나 증명해본 적은 아직 없네. 일본인은 변화를 원하면서도 두려워하지. 그렇기에 이방인을 신뢰하지 못하고 어린애처럼 군다네. 하지만 이제 그들은 자신들을 향해 세워진 대포를 탐내며 그 규모를 측정하고 있어. 일본인은 포병 진지를 구축하는 방법, 대포와 포탄을 주조하는 방법, 발포하는 방법까지 단숨에 배우고 싶어 하지. 그들은 만일 교역, 전쟁, 다른 모든 분야에서 숨어 있기만 했다면 러시아는 지금의 러시아가 아니었을 테고 영국도 지금의 영국이 되지 못했을 거라는 사실을 이해하지 못하는 것 같아. 자신들이 원하지 않는 한 그 누구도 자신들을 건드리지 않을 것이고 설사 조난당해 자기네 해안으로 밀려온 외국인을 포로로 잡아둔다 하더라도 그 누구도 따지러 오지 않을 거라고 생각하는 이들이 정말 어린애 같지 않은가? 상인들의 배는 저 멀리로 쫓아버리고 군함에는 떠나서 다시는 돌아오지 않기를 정중히 부탁하는 것이 어린애 같지 않은가 하는 말이네. 일본인은 계속 그럴 거라고 생각했다네. 외국인은 일본까지 오지 못하거나 오고 싶어 하지 않거나, 아니면 그럴 능력이 안 된다면서 말이지.

이제 그들은 자신들의 법률과 풍습을 핑계로 우리를 막아서고 있네. 그러면서 이걸로 충분할 거라고 또한 자신들은 상대방에게 예의를 다하고 있다고 생각하면서 말이야. 그들 스스로는 남의 법률과 풍습을 알려고도 들으려고도 하지 않으면서 그러고 있네. 이들이 이토록 완강하게 나오는 것은 우리가 자신들의 변덕을 들어주지 않을까 봐 겁내기 때문이야. 일본인은 이방인의 요구사항을 거절하고 싶어 하지만 한편으로는 그 대가가 무엇일지 알고 싶어 하기도 하지. 저들이 정말로 덤빌까? 저들에게 맞으면 아플까? 저들을 정말로 용서하지 않을 거냐고? 그럴 것 같네. 모두들 이 나라에서 기독교인들이 흘린 피, 사절단이 받은 모욕, 포로수용소, 무례함, 교만함, 거만함 등을 떠올릴 걸세. 아직 본격적으로 일이 시작된 것도 아닌데, 이곳으로 들어오는 출입문이라 할 류큐에서 그리고 중국에서 마치 오랫동안 열린 적이 없던 문 앞에서처럼 많은 선교사들이 초조하게 기다리고 서 있다네. 그들은 무례하게 짓밟힌 십자가를 다시 세울 수 있을 때를 손꼽아 기다리고 있기 때문이네….

일본인이 우리 군함에 맞서 할 수 있는 일이라곤 아무것도 없어. 그들에게는 보트 몇 대가 전부야. 게다가 이 보트에는 중국의 보트와 마찬가지로 대부분 거적때기로 만든 돛이 달려 있네. 아마 포로 된 돛을 달고 다니는 보트는 아주 적어. 그뿐만 아니라 배의 뒷부분이 열린 형태라서 연안 정도밖에는 다니지 못하지. 켐퍼의 글에 따르면 당시에 쇼군이 이와 다른 방법으로 배를 축조하는 것을 금했다고 했네. 자신의 국민들이 다른 나라를 돌아보지 못하도록 말이야. 그러는 게 싫었나 보네.

나는 나가사키 현지사인 오보사바가 우리를 기다리고 있다는 사실을 잊어버렸네. 우리는 현관문 앞에서 멈추었고 호위병들과 군악대는 마당에 서 있었어. 흰색 돗자리가 깔린 응접실에서 아는 통역관들도 볼 수 있었지. 제일 앞에 키치베가 서 있었네. 초조해진 그의 얼굴은 일그러져 있었어. 계속 같은 자세로 서서 기다리는 것이 힘들어진 지 오래인 듯했네. 이리저리 분주히 다니고 떠들썩하게 말하며 여기저기 뛰어다니고 싶은 모양이야. 우리가 현관에 모습을 드러내자마자 키치베는 치아를 드러내며 활짝 웃으면서 뛰쳐나와 인사하기 시작했네. 죽 이어진 방으로 열심히 손짓하며 우리를 그쪽으로 안내하더군. 바로 그곳에서 버선을 신는 행사가 시작되었네. 나와 파데예프는 무척 애를 먹고서 겨우 버선을 다 끌어당겨 신었네. 얼마나 멋을 냈던지 파데예프를 몰라볼 뻔했다네. 칼라를 세운 붉은색 제복을 차려입고 차렷 자세를 한 채 얼굴만 측면을 향하고 있었지. 정말 멋졌네! 그는 나를 시중들기 위해 제독의 선실로 뽑혀 왔다네.

우리는 연결되어 있는 방으로 들어갔어. 한쪽에는 바닥까지 닿는 길이의 창에 유리 대신 종이가 붙어 있었고, 다른 쪽에는 이동식 종이 병풍이 서 있더군. 거기에는 꽤 잘 그려진 그림이 있기도 했고 금이나 은으로 도금된 종이로 만들어져 있기도 했어. 그렇기 때문에 이곳이 하나의 방인지 아니면 몇 개의 방인지 알기 힘들었네.

방의 가장 안쪽으로 희극적일 정도로 중요해 보이는 일본인들이 화려한 옷을 입은 채 무릎을 꿇고 몇 줄로 촘촘하게 앉아 있었다네. 흔들리지 않는 동공으로 눈썹도 까딱하지 않고서 앉아 있었네. 그들이 숨을 쉬는지 어떤지 보이지도 들리지도 않았네. 눈을 깜빡거리기는 하는지 진짜 사람이 맞긴 하는지 어떻게 알겠나? 게다가 얼마나 많은지! 커다란 방에 줄줄이 앉아 있었네. 통로에 앉아 있는 흰머리의 덩치 큰 노인 두 명은 마치 도자기로 만든 인형 같군. 긴 줄은 그 뒤로도 계속 이어져 있었네. 젊은이와 노인의 땋은 머리는 굵기도 하고 가늘기도 했는데, 모두 쥐꼬리처럼 생겼네. 자네들도 그 표정을 보았어야 했는데! 단 한 명도 우리 쪽을 쳐다보지 않았어. 그 누구도 호기심이 넘친 눈으로 우리를 관찰하지 않았네. 40년 만에 처음 일어난 사건인데 말이야. 그곳에 앉아 있던 거의 모든 이가 자신들과 다르게 생긴 외국인을 본 적이 없네. 모두 벽이나 바닥을 보고 있었어. 누가 더 멍청한 표정을 짓나 내기라도 하는 것만 같았지. 모두 성공적으로 표정을 지어보이고 있었네. 물론 많은 이의 멍청한 표정은 타고난 것이었지만 말이야.

전체적으로 보자면 정말 독특한 풍경이 펼쳐졌네. 그런 이상하고도 환상적인 광경을 보게 되어서 나처럼 기쁜 사람도 없었을 거야. 완벽한 고요가 흐르고 있었네. 우리의 발걸음 소리만 들릴 뿐이었지.

갑자기 누군가의 속삭임이 들려왔네.

"버선이요, 버선!"

발 쪽을 보니 내가 버선이 아닌 장화를 신고 있었네. 내 버선은 도대체 어디에 있는 거지?

누군가 내게 대답했어.

"방 세 개를 돌아가시면 그곳에 있습니다."

다른 데 정신이 팔려 버선이 벗겨진 것도 모른 걸세. 나는 뒤로 돌아갔네. 내 버선이 정말로 그 방에 놓여 있었네. 조금 전에 본 그 사람들이 우리가 나갔음에도 여전히 공손한 자세로 앉아 있더군. 마치 손님들이 계속 앉아 있는 듯이 말이야. 그들은 되돌아온 나를 쳐다보지도 않았네. 동료들에게 돌아가면서 보니 나만 뒤처진 게 아니었어. 이 사람 저 사람 모두 허리를 굽히고 자신의 발에 맞는 버선을 찾고 있었네. 마침내 홀에 들어섰지. 다른 방들보다 밝고 트더군. 오른쪽 벽장에 금도금을 한 활이 세워져 있었네. 현지사의 직위를 표시하는 건지 아니면 그냥 장식품인지는 알 길이 없더군. 홀에는 다른 방들처럼 돗자리가 깔려 있었는데 마치 이불 위를 걷는 느낌을 줄 정도로 부드럽더군. 이곳에서는 방바닥에 앉아 있는 인물들이 더욱 강렬한 인상을 주었네. 세어보니 모두 서른 명이었지.

우리와 동시에 오보사바 현지사가 홀에 그 모습을 드러내었네. 키가 크고 마른 몸매로, 50세가량 되어 보였어. 위엄 있고 엄격해 보이는 꽤나 똑똑할 것 같은 얼굴이야. 오보사바는 이름이고 분고 노는 성이라고 말할 수 있는데 몇몇 유럽 국가에서처럼 집안의 소유지나 영지 등에서 따오는 거라네. 최소한 상류층에서는 그렇더군. 여기서 '노'라는 접미사는 대부분의 성에서 볼 수 있는데 아마도 문법적인 형태를 나타내는 것 같았네. 카미는 경어로 우리말의 수훈자 같은 뜻이야. 사마는 님이라는 뜻인데, 모든 관리에게 붙여주는 칭호라네.

우리는 고개를 숙여 서로 인사를 나누었네. 고개를 숙이다가 우연히 내 발을 봤는데 이 망할 놈의 버선은 또 사라지고 없었어. 내 장화 옆에서 굴러다니고 있었지. 내가 잡고 중심을 잡을 수 있도록 손을 내밀어준 크류드네르 남작의 도움을 받아 겨우 버선을 다시 신을 수 있었네.

크류드네르 남작이 속삭였어.

"버선을 신지 않으면 안 됩니다."

그러고는 남들에게는 들리지 않도록 기침 같은 웃음소리를 내뱉었네. 답변으로 나는 그의 발을 가리켰지. 그의 버선도 벗겨져 있거든.

이번에는 내가 속삭였네.

"버선을 신지 않으면 안 되지요."

우리가 이러는 사이 인사말을 끝낸 현지사가 우리가 들고 온 편지를 달라고 하여 작은 테이블 위에 놓여 있던 니스 칠을 한 곽에 넣어 두라고 지시했다네.

이제 실무를 논하면 좋으련만 현지사가 그전에 먼저 좀 쉬어야겠다고 하더군. 얼마나 중요한 일을 하고 왔기에 휴식을 취해야 할 정도인지는 신만이 아실 거야. 그러고는 어디론가 사라져버렸네. 그렇게 접견의 전반부가 끝났어. 합의한 대로 접견은 서서 했네.

접견실에 갈 때 지나쳤던 방으로 우리를 데려다주었는데, 우리는 그 방을 휴게실이라고 불렀네. 이미 그곳에는 아무도 없었더군. 그 방에 앉아 있던 이들은 어디론가 사라지고 없었지. 그 대신에 우리와 함께 운송된 안락의자 한 개와 의자 네 개가 놓여 있었어. 우리 모두는 방에 들어서자마자 그 의자에 자리를 잡았네. 의자를 차지하지 못한 이들은 서 있었네. 내가 이 휴게실에 들어섰을 때 당연히 내 발에는 버선이 없었네. 접견실에 떨어져 있었지. 그래서 나는 버선을 줍기 위해 다시 접견실로 가야만 했네. 다시 찾은 버선을 모자에 넣어두었고 드디어 버선으로 인한 고생은 끝이 났어.

우리 뒤를 따라 낯익은 사람이 한 무리나 들어왔네. 바로 통역관이지. 그들은 방바닥으로 돌진하더니만 세 줄로 나뉘어 각자 편하게 자리를 잡고 앉았네. 우리는 그들과 대화를 나누기 시작했어.

포시예트가 물었어.

"일본에는 유리창이 아예 없습니까?"

"없습니다."

포시예트가 또 질문을 던졌네.

"일본에서는 모든 집이 단층으로 되어 있습니까, 아니면 이 층짜리 집도 있습니까?"

료다를 힐끗 쳐다보고는 키치베가 대답했어.

"이 층짜리도 있습니다."

료다가 대답을 덧붙였지.

"삼 층짜리 집도 있지요."

그리고 사다고라 쪽을 바라보았네.

이번에는 사다고라가 대답했다네.

"오 층짜리 집도 있는걸요."

우리는 웃었다네.

포시예트가 질문을 이어갔어.

"일본에는 지진이 자주 있습니까?"

료다 쪽을 쳐다보며 사다고라가 대답했네.

"네, 그렇다고 할 수 있습니다."

"얼마나 자주요? 십 년이나 이십 년 만에 한 번씩 있습니까?"

키치베와 사다고라 쪽을 쳐다보며 료다가 대답했어.

"네, 십 년이나 이십 년 만에 한 번씩 있습니다."

사다고라가 덧붙였지.

"산들이 자리를 옮겨 앉고 집들이 무너져내립니다."

이런 식으로 계속 대화가 이어졌다네.

그러다 갑자기 문이 열리더니 손님 수에 맞추어 하인 스무 명이 연이어 들어왔네. 모두 양손으로 차가 담긴 찻잔을 들고 있더군. 찻잔 받침은 없는 상태로 말이야. 손님 쪽으로 다가온 하인들은 능숙하게 무릎을 꿇고 앉으며 절을 하고서 그 어떤 가구도 없는 맨 바닥에 찻잔을 내려놓았지. 그리고 일어나서 다시 절을 하고 나갔네. 우리 옷차림으로는 의자에 앉아 바닥에 놓인 찻잔을 집기가 정말로 불편했네. 나는 이 손 저 손을 번갈아 내밀어서 가까스로 찻잔을 잡을 수 있었어. 황색의 중국 차처럼 정말로 훌륭한 차였네. 깊고 진하면서도 향기로웠어. 유감스럽게도 설탕은 없었지만 말이야.

하인들이 다시 모습을 드러냈네. 이번에는 모두들 니스 칠이 된 나무 쟁반을 들고 왔더군. 그 위에는 담배파이프, 가루담배, 뜨거운 석탄이 들어 있는 작은 도자기 화로, 재떨이가 놓여 있었는데 조금 전과 같은 식으로 우리 앞에 놓아주었어. 이번에는 찻잔을 집어들 때보다 더 어려웠네. 통이 넓은 옷을 입고 방바닥에 앉아 있는 일본인들이야 파이프에 가루담배를 넣어서 불을 붙였다가 재를 터는 과정을 행하기가 편했을 거야. 하지만 의자에 앉아 있는 우리야 할 수 없는 일이지 않겠나? 여우와 두루미의 식사 대접에 관한 우화가 또다시 떠올랐네.

비록 일본 담배가 어떤지 잘 알고 있었지만 우리는 파이프로 담배를 피우는 게 예의라고 생각했다네. 극소량의 가루담배를 집어넣는 것도 불가능한 이 골무 같은 것을 담배파이프라고 할 수 있을지 모르겠어. 게다가 가루담배도 흡연용이 아니라 코담배였네. 앞서 언급한 것 같은데 일본 담배는 심하게 부드럽고 가느다란 섬유질로 으깨져버리거든. 얼마나 잘게 갈아놓았는지 담뱃갑을 언뜻 보면 검붉은 먼지가 한가득 들어 있는 것처럼 보일 지경이야.

키치베가 접견실로 뛰어갔다가 현관문 계단으로 갔다가 다시 우리에게로 뛰어왔다 하면서 부산을 떨고 돌아다녔네. 그가 우리에게 온 이유는 군악대더러 쉬라고 해도 되겠는지 물으려고 하는 것이더군.

"좋습니다. 그러셔도 됩니다."

그러고는 그 즉시 장교를 보내어 술은 한 잔 이상 마시지 말도록 군악대에 경고해두었어.

우리가 담배를 다 피우자마자 하인들이 들어왔네. 그들의 손에는 매끄럽게 표면이 가공되어서 단순하지만 매우 아름다운 나무 상자가 들려 있었어. 우리 모두의 앞에 그 상자를 하나씩 놓아두었지. 나이가 많은 사람들에게는 발받침이 있는 상자를, 그렇지 않은 이들에게는 그렇지 않은 평범한 모양의 상자를 말이야. 열어보니 안에는 생과자가 들어 있었네. 케이크 조각처럼 보이는 큰 조각도 있고 밀가루 반죽처럼 뻑뻑한 하트 모양 젤리도 있더군. 그리고 질 나쁜 설탕으로 만든 후 무슨 기름 같은 걸로 잔뜩 색칠한 물고기 모양 사탕도 있었네. 마지막으로는 자잘하고 딱딱한 설탕 과자가 있었는데, 당근을 잘라 설탕에 절인 것이었어. 처절할 정도로 용감한 제과 예술이라 할 수 있지 않겠나? 뭐, 그다지 나쁘지는 않았네. 설탕에 절인 신발 밑창도 먹는다라는 옛말도 있는데 당근 정도야 문제없네! 갇혀 살아서 상상력에 한계가 있는 것일 수도 있고 아니면 별의별 것을 다 생각해낼 수도 있는 것 아니겠나. 설탕에 끓여낸 당근으로 시작하여 화약에 이르기까지 말일세. 일본인과 중국인이 이런 것을 발명해낸 걸로 증명되는 셈이네.

벌써 몇 번째인지는 모르겠지만 또다시 방으로 뛰어 들어온 키치베가 알려주기를 우리가 휴식을 마쳤으면 현지사를 접견할 수 있다고 했네. 실은 우리가 충분히 지쳤다면 그를 봐도 좋다는 소리겠지만 말이야. 이날의 행사로 지쳐버린 건 사실이야. 일본인들은 이런 식으로 해야 제대로 일을 한다고 생각하는 것 같더군. 우리는 다시 접견실로 갔고 담화가 시작되었네.

우리가 가장 먼저 한 일은 접견실로 옮겨온 의자에 착석한 것이었어. 현지사가 바닥에서 4분의 1아르신 높이로 올라와 있는 곳에 앉았네. 키치베와 료다는 우리가 앉아 있는 의자들 근처에서 이마를 바닥에 대고 엎드려 있었지. 더운 날이었기에 굵은 땀방울이 키치베의 얼굴을 타고 흘러내렸네. 현지사가 말을 할 때면 그는 예리한 시선과 정중한 태도로 현지사를 향해 총알처럼 달려 나가서 그의 말을 경청하고 나서 고개를 약간 들어 올리고 우리에게 통역을 해주었어. 그리고 다시 이마를 바닥에 대고 엎드렸지. 료다는 키치베와 같은 자세로 계속해서 엎드려 있었는데 간간히 눈을 치켜뜨고 키치베와 같은 예리한 시선으로 현지사를 보기도 하고 우리를 보기도 했네. 키치베가 선임이었고 료다는 키치베의 통역을 검사하기 위해 그 자리에 있을 뿐이었어. 하지만 사실 이곳에서는 한 사람만이 어떤 임무를 수행하는 경우가 거의 없네. 벽을 따라서 도배지의 가장자리 문양처럼 현지사가 거느리는 모든 관리들과 수행원들이 무릎을 꿇고 앉아 있었지.

쥐죽은 듯한 고요함이 흘렀네. 현지사가 니스 칠한 상자에서 종이를 꺼내들더니 겨우 들을 수 있을 정도의 목소리로 하지만 또박또박 읽어 내려가기 시작했어. 그가 말을 마치자마자 오른쪽 줄에 앉아 있던 노인 한 명이 느릿느릿하게 일어나더니 현지사에게로 다가가 섰지. 아니, 더 정확히 말하자면 무릎을 꿇으며 털썩 주저앉았네. 그리고 공손하게 그 종이를 받아들고서 키치베 쪽으로 다가왔어. 또다시 무릎을 꿇으며 털썩 주저앉더니 이번에는 고개를 숙이지는 않은 채로 키치베에게 종이를 건네주고서 제자리로 돌아가 앉았네.

그러자 까마귀의 울음소리처럼 찢어지는 듯한 키치베의 고함소리가 들려왔지. 그는 종이의 내용을 네덜란드어로 우리에게 통역해주었네. 소리 내어 웃는 지경까지는 가지 않았지만 키치베는 끊임없이 숨을 들이마시며 일그러진 얼굴로 흐느끼듯 통역을 이어갔다네.

종이에는 편지를 받아들이겠다는 내용이 적혀 있었어. 제독이 질문하기에 대답하려 입을 막 떼려는 순간 현지사가 두 번째 종이를 집었지. 그리고 조금 전과 같은 순서로 그 종이의 내용을 읽어 내려갔네. 역시 비서인 듯한 그 노인이 종이를 받아 같은 식으로 키치베에게 전해주었어.

이 두 번째 종이에는 다음과 같이 적혀 있더군.

"편지는 받아들여질 것이나, 빠른 답신은 불가능하다."

비논리적인 소리로 들렸네. 편지를 읽지도 않고 빠른 답장을 줄 수 없다는 건 말이 안 되니까. 하지만 일본인과 일할 때에는 때로는 잠시 동안 유럽식 논리를 포기하고서 이 나라가 아주 먼 동쪽 나라임을 기억해야 해. 앞서 말했듯이 일본인들은 그 어떤 고질적인 관습도 가지고 있지 않으며 무척 고집이 세다네. 하지만 자기네들에게 필요할 때에는 이와는 정반대로 논리적이고 판단력이 뛰어나며 자신들과 다른 의견이라 할지라도 충분히 받아들일 수 있는 능력이 있네. 그들이 경험으로 잘 알고 있는 일에서야 그렇게 하는 게 당연하지. 그런데 반대로 처음 접하는 것이라면 그들은 느긋하게 잘 살펴보면서 일을 진행하네. 끝까지 기다리며 약삭빠르게 행동하는 거야. 사실 그렇게 하는 것이 맞는 것이기도 해. 그렇지 않은가? 일본인은 유럽인이 자신들에게 선의를 가지고 행동하는 경우를 그리 많이 접하지 못했네. 하지만 해를 끼친 경우는 많았어. 그렇기에 외국인들과 거리를 두고자 하는 것은 논리적인 결과로 보인다네. 포르투갈 선교사들이 일본에 종교를 전해주었고 일본인은 쉽게 받아들이고 이 종교를 믿기 시작했네. 하지만 로욜라[30]의 제자들은 자신들의 악습도 들여왔어. 오만함, 권력욕, 황금에 대한 욕심, 은에 대한 욕심, 정말로 품질이 좋은 일본 동에 대한 욕심, 한마디로 기독교적인 사랑 빼고는 온갖 종류의 욕심을 들여왔던 걸세. 그 결과가 어떠했는지 자네도 잘 알 테지. 성 바르톨로메오 축일의 학살[31] 같은 사건 및 외부 세계와의 차단이 그것이네. 하지만 우리 유럽의 초기 역사를, 그때 이해도 안 되는 온갖 새로운 문물을 우리가 어떻게 받아들였는지를, 의사들을 화형시키고 물리학자들과 천문학자들을 감시했던 사실들을 떠올려본다면 외국인과 거리를 두고자 하는 일본인들의 고집도 이해가 가긴 하더군. 이런 과거의 사실이 있음에도 과거의 실수를 반복하지 않기 위해 조심하고 두려워하는 일본인들이 이상하다고 할 수 있겠는가? 이러한 이유로 일본인들이 더 이상은 발전해나가지 못했으며 또한 그들이 타고난 특유의 영리함 및 교육이라는 이름을 걸고 있긴 했지만 실은 그들에게 잘못된 개념들을 심어주었던 몇몇 경험만 남아 있다는 사실이 놀랍다고 말할 수 있겠는가?

현지사가 종이에 적힌 내용을 읽고 있는 동안 나는 그의 얼굴과 그가 거느리고 있는 부하들의 얼굴을 자세히 살펴보았네. 그러면서 그들의 얼굴을 똑똑한 사람들, 생기 있는 사람들, 완전히 멍청한 사람들, 혹은 머리회전 속도가 모자라서 무딘 사람들로 구분해보았어. 속을 알 수 없으며 무언가를 속이는 듯한 간사해 보이는 이들도 몇몇 있었지. 많은 이의 눈에서 불꽃은 사라져 있더군. 그들은 앞을 보고 있었지만 항상 그래왔듯 졸린 듯하고 맥없는 눈빛이었네. 그들의 잠들어 있는 역정과 깨어나지도 손이 닿지도 못한 염원을 관찰해보는 것은 흥미로운 일이었네. 이러한 것들 대신 그들에게서 볼 수 있었던 것은 유치한 속임수와 극심한 어색함이었지. 상사들 앞에서 가능한 한 멍청하게 보이는 것이 그들의 관습인 것 같았네. 그렇기에 존경을 표하려는 멍청한 얼굴들이 그 자리에 많이 있었던 걸세. 만일 현지사가 그들 중에서 가장 똑똑해 보였다면 그건 단순히 그가 가장 높은 자리에 있기 때문이라는 소리야. 그런 현지사도 에도에서는 멍청해 보일 거야. 누구의 얼굴이 더 웃기는지 내기라도 하는 듯했네. 나의 지인들도 보이더군. 예를 들어 밥고로드자이몬 말일세. 마치 다른 사람 같았어. 그는 존경을 표하려고 살까지 뺀 듯했네. 일본 관리들은 앉아 있기는 했으나 숨이나 겨우 쉬고 있을 정도였지. 마치 대열에 서 있기라도 한 듯 반듯한 자세들을 유지하고 있었네. 나는 눈인사라도 하고 싶었지만 쓸데없는 짓이더군. 삼브로도, 오이에사브로스키도, 통역관들도 우리를 못 본 척하고 있었지.

하지만 상사들을 향한 이들의 존경심에서 두려움이나 아첨 같은 것은 읽을 수가 없었네. 그들은 아무렇지도 않게 진심으로 사랑이라고까지 표현할 만한 따뜻한 마음을 담아서 그렇게들 하고 있었어. 그랬기 때문에 보기에 나쁘지 않았다네. 행사가 있을 때 이들이 바닥에 엎드려서 꼼짝도 하지 않으며 희극적일 정도의 존경심을 드러내는 것과 관련하여 내 생각을 말하자면 만일 이것이 코미디가 아니라면 아마도 이건 동양인들의 취향에 맞는 발레거나, 아니면 적어도 손님들을 위한 공연이었다고 말할 수 있을 것 같아. 일본인들도 평상시에는 저렇게 얼빠진 사람처럼 혹은 밀랍인형처럼 앉아 있지 않을 것이며 저런 멍청한 표정을 짓거나 바닥에서 뒹굴지는 않을 걸세. 더 간소하고 진실하게 서로 대하겠지. 우리가 아무 곳에나 호위병들과 군악대를 끌고 다니지는 않는 것처럼 말이야. 그저 그런 생각이 들었네. 생각은 생각일 뿐이지만!

비단 가운, 치마, 망토가 너풀거리던 이 접견에서 또 하나 마음에 든 것이 있다네. 그것은 바로 선명하고 뚜렷한 색채가 없었다는 점이야. 빨강도, 노랑도, 초록도 단색으로는 존재하지 않았네. 모든 것이 혼합되어 부드러워진 색채로 이루어져 있었어. 일본인들이 무슨 앵무새처럼 그려진 그림들은 믿지 말게. 이곳의 서민들은 내가 싱가포르의 대농장에서 보았던 남녀노소 무리와는 옷차림이 달랐다네. 싱가포르에서 나는 말레이인과 인도인의 옷차림에서 볼 수 있었던 그 선명한 색상의 혼합에 충격을 받았어. 그들은 마치 자연사 자료실에 수집되어 있는 새들 같았거든. 이곳 일본의 하층민들을 보고 있노라면 대부분 그들이 벌거벗고 다니는 것이 먼저 눈에 확 들어오지. 이 점에 대해선 이미 이야기했네. 그다음으로는 어떤 것이든 한 가지 색의 옷을 입고 있다는 것을 알아채게 되는데, 채도가 높은 색상이 아니라 대부분 푸른색이지. 상류층의 의복에서는 온갖 종류의 혼합된 색상들을 볼 수 있어. 하지만 매우 엄격하고 수준 높은 취향으로 혼합되어 있네.

옷들을 쳐다보느라 정신이 팔려 면도된 머리, 멍청한 시선, 앞으로 튀어나와 있는 위턱에까지는 눈이 가지 않았을 때 나는 내가 어디에 앉아 있는 건지 잊어버리고 말았다네. 머나먼 동쪽 나라가 아닌 가장 서쪽의 어느 나라에 있는 듯했지. 의복의 색상이 유럽의 부인들 옷차림에서 볼 수 있는 것이었거든. 다섯 명 정도의 노인들이 높지 않은 채도의 꽃무늬 비단으로 지어진 치마를 입고 있었네. 다른 이들의 옷을 보니 어떤 이는 매끈한 회색이나 어두운 잿빛의 치마를 입고 있었고, 또 다른 이들은 검푸른 색, 녹청색, 연두색의 치마를 입고 있었어. 한마디로 우리나라에서 최신 유행으로 손꼽히는 모든 색상을 볼 수 있었네. 환상적인 색이 이곳에 있었단 말이네.

현지사가 단색에 어두운 색의 가는 줄무늬가 들어간 가운과 치마를 입고 있었네. 그의 망토는 다른 이들의 망토와 다른 모양이었어. 다른 모든 이들은 매끄럽게 떨어지는 뒷부분과 소매가 달린 망토로 소매 단이 넓었네. 이는 우리네 부인들이 걸치고 다니는 망토와 비슷한 모양이라 할 수 있지. 그러나 현지사의 망토에서는 소매가 옆구리에서 떨어져 있는 모양이었으며 작은 날개 같아 보이는 천 조각들이 덧대어져 있었네. 나중에 알게 되었는데 이것은 우리의 연미복에 해당하는 예복이었어. 말해보게. 자네나 나나 일본의 패션에 대해 내가 글을 쓰리라고 생각이나 했나?

내가 어디에서 읽었던 바에 의하면 동양인들은 자신의 발을 보여주는 것을 예의에 어긋난다고 생각하기 때문에 무릎을 꿇고 앉는다고 했네. 특히 윗사람들 앞에서 더욱 그렇지. 그런데 이것은 사실과 다른 것 같아. 일본인들이 우리 의자에 앉았을 때 그들은 맨다리를 심할 정도로 노출시키고 이를 전혀 부끄럽게 여기지 않았기 때문이네. 물론 우리가 그들의 상사는 아니지만 그 책에서 읽었던 것이 사실이라면 습관적으로 자신들의 맨다리를 내보이지 않으려고 했을 것이 아닌가. 내가 보기에 동양인들이 우리와 다른 식으로 앉는 것은 단순하고 자연발생적인 이유 때문인 듯해. 유럽의 기후는 서늘한 편이고 이 때문에 우리는 항상 햇볕을 많이 받기 위해 커다란 창이 달린 집을 짓지 않고 있나. 그런 집에서 바닥보다 높이 있는 의자에 앉아 조금이라도 더 햇볕을 받으려고 하네. 그래서 우리에게는 의자와 탁자가 필요한 거야. 하지만 아시아에서는 정반대로 햇볕을 피하려고 하지. 그런 이유로 창은 거의 볼수가 없네. 어두컴컴한 방 안에서 의자에까지 올라가 앉아 있어야할 필요가 있겠는가? 자연환경 덕분에 아무데나 앉아도 상관없는데 말이야. 그런데 평상시에 걸어 다니는 그 자리에서 앉아 있고밥을 먹으며 대화를 나누고 업무를 처리한다면 어떻겠나. 당연히모든 이들의 발이 깨끗해야 하지 않겠는가. 그래서 동양에서는 집안에 들어설 때 구두나 샌들을 벗는 것이고 무릎을 꿇고 앉는 관습 때문에 엎드려 절하는 문화도 생긴 걸세. 그들은 윗사람들이나손님 앞에서 서 있는 것은 무례하다고 생각하지. 손님을 맞으면 바닥에 앉게 되는데 앉아 있는 상태에서 엎드려 절하는 것 외에 어떻게 절을 할 수 있겠는가?

현지사가 얼마나 위풍당당한 모습으로 냉랭한 교만과 준엄함을 얼굴에 드러내며 말하고 있었는지 자네가 보았다면! 현지사는 어느 정도는 위엄을 갖추었지만 호기심에 가득 찬 눈빛으로 우리를 바라보았네. 우리의 얼굴, 매너, 머리 모양, 금실과 은실로 수놓아진 제복, 우리가 서로를 대하는 개방적이고 자유로운 태도, 이 모든 것이 그에게는 새로운 것이었지. 우리는 진정한 일본식 위엄을 보여주려 노력하는 현지사를 보면서 자꾸만 지어지는 미소를 감추려 애썼네.

하지만 이 모든 것이 그리 오래 지속되지는 못했어. 현지사가 거리 문제를 포함한 다양한 이유를 제시해가며 왜 에도에서 빠른 시일 내에 답장을 받는 것이 불가능한지 설명하고 있었지.

그때 갑자기 제독이 가장 단순하고 자연스러운 질문을 그에게 던졌네.

"만일 우리가 우리 배를 타고 항해해서 직접 에도로 간다면 일이 더 빨리 진척될 수 있겠습니까? 바람만 좋다면 한 일주일 정도면 그곳까지 갈 수 있습니다. 현지사님의 생각은 어떠신지요?"

현지사의 태도가 돌변했어. 무슨 일이 일어난 걸까? 의전에 적합한 무미건조하고 엄중한 톤과 오만한 표정은 어디로 간 것일까?

현지사가 적잖이 당황했다네. 자신의 높은 자리에서 갑자기 내려오더니 좀 다른 식으로 앉아서는 우리를 쳐다보기 시작했지. 그러더니 왼쪽으로 고개를 조금 숙이고는 알랑거리는 미소와 부드럽고 간드러지는 목소리로 조용히 그리고 오랫동안 말하기 시작했어.

뒤집혀진 배의 모양을 한 무슨 더미처럼 바닥에 엎드린 채 온몸을 바르르 떨며 하이를 연이어 발음하고 있는 키치베의 웃음소리만이 들려왔다네.

"하이, 하이, 하이!"

현지사가 일본 사람은 나가사키를 제외한 다른 일본 항구에서 외국인의 선박을 보는 것에 익숙하지 않으며 우리가 간다고 해도 답신을 더 빨리 받을 수는 없다는 등의 이야기를 해주었지.

실무적인 담화 후에는 서로 정중한 담화가 오갔네. 만나게 되어 매우 기쁘다는 점을 양측은 강조해서 말했네. 그건 사실이야. 우리는 정말로 현지사를 보고 싶어 했거든. 더군다나 우리는 한 달 동안 우리의 전함을 떠난 적이 없지 않나. 어쨌든 우리에게 이 접견은 재미있었네. 하지만 한 가지 확실한 것은 이때 오보사바 현지사 안에는 거짓말의 아버지가, 악마가 들어앉아 있었다는 거야. 현지사가 우리를 일부러 골탕 먹인 걸세. 옛말에 적절하지 않은 때에 온 손님은 타타르인보다 못하다는 말이 있지 않은가. 이런 의미에서 현지사에게 우리는 실제로 타타르인보다 못한 존재였네. 앞에서 말했듯이 오보사바 현지사가 고작 두 달 정도만 있으면 떠날 예정이었는데 우리가 온 거니까. 우리가 이곳에 온 사건은 일본에 너무도 중요했기에 일본 정부는 나가사키에 두 현지사가 다 있어야 한다고 결정을 내렸네. 오보사바 현지사가 우리의 방문을 원망할 만하지 않은가?

의례적인 인사가 끝난 후 이제 그만 자리를 뜨려고 현지사가 일어났네. 하지만 제독이 몇 가지 질문을 더 던졌네. 현지사가 에도의 허가 없이는 그 어떤 질문에도 답을 할 수 없다는 이유를 들어 그 질문들은 다음으로 미루자고 부탁하더군. 그는 허리를 숙여 절을 하고 자리를 떴네. 우리는 되돌아왔어. 수많은 관리와 통역관들이 우리를 뒤따랐지. 그중에 밥고로드자이몬도 있었네.

어느 나라 말로 했는지는 기억나지 않지만 내가 그에게 인사를 했네.

"안녕하세요. 밥고로드자이몬!"

그는 고개를 숙여 인사를 하였네. 이날 그를 본 건 그때가 거의 처음이었어. 우리의 편지를 전하기 위해 그를 에도로 보냈거든. 그는 행복해하고 있었네. 그 역시도 1년간의 기간을 마쳤기에 현지사와 함께 가족에게로 돌아갈 준비를 하고 있었지. 한 명인지 여러 명인지는 모르겠으나 어쨌든 부인의 품으로 돌아가는 걸세. 일본에서 여러 명의 아내를 두는 것은 금지되어 있지 않더군. 휴게실을 지나갈 때에 우리는 통역관들과 함께 그곳에 남게 되었네. 그들이 길을 막더니 식사를 하라고 부탁했어. 그 방에는 커다란 식탁이 있었는데 음식들, 포르투갈산 백포도주, 프랑스산 보르도가 담긴 온갖 형태의 포도주가 차려져 있는 훌륭한 식탁이었지. 없는 게 없었네! 완전히 유럽식으로 차려진 식탁이었어. 식탁과 식기, 포도주, 어쩌면 음식까지도 네덜란드인들에게서 구해온 것일 가능성이 크다네. 제독은 아침 식사에 현지사가 참석해야만 한다는 필수적인 조건을 상기시키라고 명령했네. 키치베가 허리를 굽혀 절을 하며 곤란하다는 듯 어깨를 으쓱하며 양손을 벌리더군. 그는 경련적인 웃음을 참느라 숨을 못 쉴 지경이면서도 계속해서 우리를 식탁 쪽으로 안내했네. 다른 이들도 이에 뒤질세라 미소를 짓고 무릎을 꿇으며 우리를 식탁으로 안내했지. 하지만 아무런 소용이 없었어. 우리는 식탁 쪽으로 곁눈질을 하기는 했으나 통역관들의 부탁을 뒤로한 채 꿋꿋이 식탁을 지나쳐 갔네. 우리가 현관문을 나서자마자 음악이 울려 퍼졌고 호위병이 제독에게 거수경례를 했다네. 우리는 올 때와 같은 순서로 부두 쪽을 향해서 움직였네.

부두에 다다랐을 때 나는 파데예프를 비롯한 모든 하인의 손에 일본인들이 우리에게 대접했던 그 생과자 상자와 똑같은 상자들이 들려 있는 것을 알아챘네.

"그게 뭔가?"

"종이 곽인 것 같은데요."

"어디서 났나?"

"중국인이… 그러니까 일본인이 주었죠."

"왜?"

"제가 어떻게 압니까."

"왜 주었는지도 모르면서 받은 건가?"

"받으면 안 될 이유라도 있나요? 그가 자, 이것을 가져가게, 집으로 가져가서 나리들께 드리게라고 말하더군요."

"그가 어떻게 말하던가? 어느 나라 언어로 하던가?"

"자기네 나라 말로 하던데요."

"그런데 자네는 이해했다는 말이지!"

"네, 그렇다니까요. 나리, 못 알아들을 건 또 뭡니까? 종이 곽을 주면서 뭐라고 말을 하니 나리들께 전해주라는 뜻 아니겠습니까."

이 상자는 지금 저기 장롱 서랍 속에 있네. 비록 파데예프의 파괴력 있는 오른손이 이미 닿아버리긴 했으나 어쩌면 러시아에 도착할 때까지 그 내용물이 조금은 남아 있지 않을까. 아직까지는 그 안에 일본산 담배가 들어 있는 상태라네.

부두에서 우리가 군악대에게 물었네.

"자네들에게는 무엇을 주던가?"

몇 명이 침울하게 대답했지.

"물 한 잔씩 주었습니다."

"정말로 그게 다란 말인가?"

"정확히 그랬습니다. 나리."

"그래서 자네들은 어떻게 했나?"

"다 마셨습니다."

"도대체 왜?"

"저희는… 물이 아닌 줄 알았습니다."

"그래, 어쩌면 좋은 물이었을 수도 있겠군?"

"정말 그랬습니다. 바닷물보다는 좋았습니다."

"건강에 좋을 걸세."

술 한 잔 못 마신 맨 정신의 예술가들은 조금 침울해하는 눈빛으로 나를 쳐다보더군.

물 한 잔만 얻어 마셨다는 이야기에 수병들은 오랫동안 군악대를 붙잡고 꼬치꼬치 캐물어 그들을 괴롭게 했어.

우리가 돌아가기 위해 배를 움직이자마자 일본인들이 탄 보트들이 또다시 빠른 속도로 뒤따르기 시작했네. 영차! 하고 고함을 지르며 우리를 앞지르기 위해 자기네들끼리 앞 다투어 배를 몰았지만 이번에도 헛수고였다네.

1853년 9월 15일~11월 11일의 일기

1853년 9월 15일, 16일

어제 우리가 부른 일본인들이 왔네. 두 명의 상급 바니오스였어. 일본 배들이 우리 전함에 배를 가까이 대려 했다는 이유로 이들은 욕을 좀 얻어먹었지. 그 일본 배들을 저 멀리로 강제로 끌어다 놓고 그곳까지 항해해 다닐 것이라고 말해주었네.

그러자 일본 배들이 와서 우리 전함을 둘러싸고 캐묻더군.

"어디에 있었습니까? 오래 머물렀습니까?"

그것도 모자라 통역관들이 와서 점심을 먹고 있는 포시예트를 불러내 우리가 상급 바니오스들에게 한 말이 진심이냐고 묻기까지 했네. 화가 난 포시예트가 앞으로 더 이상은 그와 관련하여 질문하지 말고 우리의 호의를 악용하지 말라고 말했다네. 오늘 일본인들이 와서 현지사의 답변을 전해주었지. 만일 우리가 원한다면 해안선 쪽에 있는 안쪽 항구에 배를 대도 좋다고 하더군. 하지만 부두에 있는 일본 배들의 움직임에 방해가 되면 안 되니 해안선에 너무 가까이 다가가서는 안 된다고 하면서 말이네. 전해 듣기로 오늘 오보사바 현지사를 대신할 새 현지사가 왔다고 하네. 새로운 현지사의 이름은 미즈노 치코고노카미사마라고 해. 에도에서 온 새로운 통역관인 에이노스케도 오늘 우리 전함에 왔다고 들었네. 나는 자고 있었기에 이들 가운데 누구도 보지 못했어. 이들은 미국인이 에도에 갔었다는 사실에 대해서는 완전히 함구하더군. 우리가 그 사실을 모르고 있을 거라고 생각하는 모양이야. 그들은 일본에서 그렇듯이 유럽에서도 일개 군단이 어디론가 향하고 있다는 사실을 숨길 수 있다고 혹은 어떤 두 나라가 싸우고 있는 것에 대해서 다른 나라가 전혀 모르고 있을 수 있다고 생각하네. 제독은 상하이로 다시 수송선을 보내어 유럽이 지금 전쟁 중인지 평화로운지를 알아보고 싶어 한다네.

날씨가 얼마나 따뜻한지 좋더군. 노인이 내 선실을 능청스럽게 두 번 들여다보았네.

아침에 그가 말했지.

"이 선실은 따뜻하군요. 날씨가 쌀쌀해졌는데 말입니다."

내 선실은 더워서 답답할 지경이었는데.

그런데 그는 내 선실에 들어서서는 아래턱의 땀을 닦아내며 별일 아니라는 듯 말했어.

"아주 좋아요, 따뜻해요!"

정말로 21도란 말인가? 그늘의 온도가 그렇다네.

1853년 9월 17일

오늘 하루 종일 그리고 어제 밤새도록 페테르부르크로 보낼 문서들을 작성했네. 손님을 맞을 상황이 아니었는데 일본인들이 찾아와서 안쪽 항구에 배를 대라고 권하더군. 우리는 그들에게 정해준 곳보다 더 멀리에 배를 대고 싶다고 말했어. 현지사에게 우리 뜻을 전하고 내일 대답을 받아오겠다 했네. 그런데 아직까지 그에 대한 어떤 답변도 없네. 우리가 혹시 떠날지도 모르니 기다리고 있는 걸세. 에도에서 우리가 준 편지를 읽고 난 후 상황을 파악하기 전까지는 우리가 자리를 옮기지 말게 하라고 현지사에게 명령이 떨어졌을 거라고 생각하네. 어쩌면 우리가 해안에 내릴 필요가 아예 없을지도 모르니 말이야.

1853년 9월 18일

고케닌들과 통역관들이 찾아왔다네. 한 고케닌은 멍청한 얼굴을 한 새 인물로 새로 부임한 현지사와 함께 에도에서 왔네. 나는 새로운 통역관인 에이노스케와 인사를 나누었지. 그는 영어 통역관이었는데 말은 조금밖에 못하지만 알아듣기는 거의 다 알아듣더군. 네덜란드인 중에 몇몇이 영어를 할 줄 아는데 그들에게서 영어를 배웠다 했네. 에이노스케는 프랑스어도 조금 공부하고 있다고 했지. 그가 말하기를 자기에게는 책이 많은데 대부분은 네덜란드 책이지만 프랑스 책도 좀 가지고 있다 했네. 포시예트의 말에 따르면 에이노스케의 네덜란드어 실력이 훌륭하다는군. 이들은 우리가 원하는 항구에 정박해도 좋다는 답변을 가지고 왔네. 우리가 현재 정박 중인 제2 항구에서 근처 나가사키 항구로 갈 수 있도록 해상 통로로 움직이라고 매우 적극적으로 권했어. 제독은 반대로 우리 배들이 쭉 늘어서게 되기를 바랐다네. 즉 호위함이 안쪽 항구 입구에 자리를 잡고 스쿠너와 수송선이 통로에 자리를 잡고 있으며 전함은 제2 항구에 그대로 머물면서 후방을 지켜주기를 원했던 걸세. 그렇게 하지 않고 전함만 안쪽 항구로 가기 위해 해상 통로에 머물게 된다면 일본인들은 전함의 뒤편으로 자신들의 배를 띄워 경계선을 만들어서 우리가 제2 항구로 가지 못하도록 막을 테지. 그렇게 되면 그곳에서는 보트를 타고 다닐 수 없게 되는 거라네. 그들이 원하는 게 바로 그것이었어. 하지만 우리는 그들의 계획을 꿰뚫고 있었기에 이에 응하지 않았네. 일본인들이 얼마나 간절하게 설득하던지! 자신들은 오로지 우리가 더 평안하게 머물 수 있게 하려고 부산을 떨고 있을 뿐이라고 하더군.

에이노스케가 말했네.

"당신들은 우리의 손님이십니다. 생각해보십시오. 정원에 비가 내리기 시작하기에 손님 가운데 가장 윗분께(전함을 말하는 것이네.) 우산을 권해드렸는데 손님이 거절하시는 상황이지요…"

포시예트가 이렇게 덧붙였지.

"아랫사람들에게(작은 배들을 말하는 것이라네.) 우산을 양보하고자 함입니다."

일본 배들은 우리 배들이 더 멀리까지 다니는 것을 갑자기 방해하고 싶어진 거야. 우리가 멀리 나가 있으면 다시 돌아오라고 손짓하기까지 했네. 우리는 붉은 깃발을 내달아 고케닌들을 불러들여 다시는 그러지 말라고 말했지. 만일 일본 배가 우리 가까이 접근할 때는 그 배들을 억지로 멀리로 떼어놓을 것이라고도 했어. 대체로 딱딱하게 고케닌들을 맞이했네. 그들의 간청에도 제독은 아예 그들을 보려고조차 하지 않았다네.

제독이 그들에게 전하라고 명령했어.

"일본인들의 관습을 따르며 벌써 많은 호의를 베풀었다. 해안에도 가지 않았고 에도로 갈 수 있었음에도 에도가 아닌 나가사키로 왔다. 그런데 일본인들은 우리의 이러한 노력에 전혀 관심을 두지 않으니 항해를 해나갈 것이다."

1853년 9월 19일

19일에는 새로운 장소로 이동하게 되었네. 두 배를 견인하려고 배가 백팔십 척 왔다네. 혹시 필요할 경우를 대비한 거야. 이 배들은 전함 쪽으로 바싹 붙었네. 사공들은 항상 그렇듯 벌거벗고 있었어. 단조로운 모양의 거친 푸른 옷감으로 만들어진 짧은 가운을 걸치고 있는 이들도 조금 있었네. 작은 소녀들은(이들 모두는 단정하게 차려입었어.) 많았으나 성인 여성은 단 한 사람도 없더군. 우리는 창을 통해 이들에게 빵과 돈을 던져주었으며 럼주도 한 잔씩 돌렸어. 그들은 이 모든 것을 탐욕스럽게 낚아챘네. 수많은 뱃사공이 대포들의 포문을 향해 기어올랐지. 고함 소리와 왁자지껄 떠드는 소리가 요란했다네!

호위함이 견인되어 이동했네. 그다음에는 우리가 타고 있는 수송선이 이동했어. 하지만 일본인들의 도움 없이 돛을 이용해 우리 스스로 갔다네. 이젠 해안선에서 더 가까운 곳에 머물고 있어. 나는 망원경을 통해 마을의 집과 나무를 하루 종일 바라보았지.

사방에 보이는 것은 오두막들과 다 무너져 내린 받침대 위에 놓여 있는 쓸모없는 대포뿐이네. 오두막 내부를 볼 수 있었는데 창문이라곤 없었고 출입구만 있어. 벌거벗은 남자들과 상의를 입지 않은 여자들이 보였지. 그녀들은 단조로운 푸른색 치마만 입고 있더군. 어느 곳이나 마찬가지이듯 문지방에서는 아이들이 뛰어다니며 장난치고 있었네. 개들이 짖는 소리가 들려왔지만 가끔이었지.

1853년 9월 21일

오늘은 더웠다네. 하지만 저녁이 되니 세찬 바람이 불어왔어. 다른 닻으로 바꿔야 했지. 오늘은 일본인들이 들르지 않았네. 날씨도 쌀쌀하고 딱히 용무도 없었으니까. 게다가 지난번에 냉랭하게 헤어졌지 않은가.

저녁이 되었을 때 무척이나 아름다운 광경이 펼쳐지더군. 석양이 나가사키를 기슭에 두고 있는 두 언덕 사이로 얼굴을 내밀고 있던 멀리 있는 언덕 위에 갑자기 부딪혔네. 창백한 초목이 순간적

으로 선명한 빛을 발했고 석양빛이 초목을 떠나서 산을 비추기 시
작하더니 도시 위로 떨어졌지. 산은 이미 어두워져 있었네. 석양빛
이 모든 협곡을 비추었으며 절벽을 어루만졌어. 절벽도 곧 어두워
졌지. 그런 다음 석양빛은 크지 않은 세 개의 언덕을 단숨에 빛으
로 뒤덮더군. 왼쪽으로는 나가사키에서 시작하여 마침내 전 해안
선을 따라 빛이 황금처럼 흘러들었네. 작은 만, 오두막, 대포, 낭떠
러지 끝자락에서 빽빽하게 자라난 관목이 마치 거인이 들고 있는
꽃다발처럼 단숨에 환하게 빛을 발했네. 모든 것이 마치 그림 같고
시 같았네. 대포와 일본인을 제외한 모든 것이 말이야. 대포와 일
본인을 아름답게 물들일 수 있는 광선은 세상에는 없을 걸세.

1853년 9월 24일

아무 일도 없었고 그 누구도 오지 않았다네. 일본인들이 보초
선들이 있는데도 우리가 항구를 따라 항해하겠다고 고집을 피운
것에 대해 화를 내고 있는 것이 분명해 보였네. 아니면 지난번에
홀대한 것 때문일 수도 있지.

1853년 9월 25일

팔라다호가 깃발을 내걸고 크론시타트항을 나선 지, 즉 항해한 지 정확히 1주년이 되는 날이라네. 기념일을 맞아 기도를 올리고 만찬이 준비되었지. 일본인들을 불렀네. 새로 부임된 현지사와 함께 에도에서 막 도착한 선임 바니오스 하기바리마타사가 왔지.

일본인들의 머리를 다시 쓰다듬어주었네. 제독의 선실로 초대해서 과실주와 차를 대접하고 해안에 우리가 머무를 만한 장소가 있는지 물어보았지. 그들이 말하길 하루나 이틀 후에 에도에서 답신을 받을 수 있을 것 같다 했네. 우리는 그들에게 해상통로로 들어가는 입구를 빙 둘러 막고 서 있는 보트들을 치워준다면 그곳으로 전함을 끌고 가는 데 반대하지 않는다고 전하더군. 그들은 처음에는 항상 그렇듯 자신들의 법규를 핑계로 들더니 좀 있다가는 그 보트 안의 사람들에게 그렇게 보초를 서는 것은 그들의 밥줄이라고 말했네. 제독의 명령을 받은 포시예트가 그들의 법규가 영원한 것은 아니며 고작 200년가량 존재해오고 있다고 대답해주었어. 즉 외국인들을 꺼리는 그들의 법규가 이제는 상황에 맞게 바뀔 때가 되었다는 말이지.

에이노스케가 매우 똑똑하고 합당한 대답을 주더군.

"당신들은 왜 우리나라에 그런 법규가 있는지 아십니까.(이때 그는 자신들의 법규가 외국인들을 꺼리는 법규라는 것을 한손으로 보여주었으나 말로는 차마 하지 못했네.) 우리 법규가 바뀌어야 한다는 점은 확실합니다. 하지만 많은 유럽 선박이 우리나라를 꾸준히 방문하기 시작했습니다. 그러나 나가사키는 고작 10년 정도밖에 되지 않은 곳이므로 아직까지는 바뀔 필요가 없습니다."

요즘은 일본인들이 이런 식으로 말한다네! 이들이 아무 겁도 없이 외국에서 온 손님들의 손과 발을 묶기 시작한 것이 오래전 일일까? 자신들에게 편지를 써댄다는 이유로 외국 정부들을 뻔뻔스럽다고 말하기 시작한 것이 오래전부터일까?

항해 1주년을 기념하는 파티가 여전히 지속되고 있다네. 음악이 울려 퍼지고 노랫소리가 들려오는군. 수병들도 상부에서 술을 넉넉히 받아서 축연을 벌이고 있어. 웃기는 광경도 연출되었네. 비서가 선실 안의 파티장으로 들어와 선임 장교를 찾더니 마카로프라는 군악대원이 자신의 등을 다치게 했다고 하소연했지.

"그래서 아프단 말인가?"

비서가 모욕감과 만족감이 공존하는 듯한 얼큰하게 취한 미소를 띠며 대답했어.

"네, 바로 그렇습니다."

같은 미소를 띠며 촉촉해진 눈으로 마치 무언가를 쓰는 듯한 손동작을 연신 해대며 덧붙이더군.

"펜을 잡고 쓰는 것이 불가능할 정도랍니다."

"그래, 그렇게 보이네. 마카로프가 술에 취했나?"

"네, 그렇습니다."

마카로프를 불러왔네. 비서보다는 덜 취했는데 축축하고 침울한 표정이더군.

"비서를 왜 때렸나?"

"그런 게 아닙니다. 그저 가슴을 한 번 내리친 것뿐인데…"

비서가 그의 말을 확인해주었어.

"네, 맞습니다. 가슴을 쳤습니다."

"비서가 뭘 어쨌다고?"

"제 면상에 주먹을 날리지 뭡니까!"

"정말인가?"

"네, 날렸습니다."

모두 크게 웃었네. 둘 다 내쫓으면서 화해하라고 명령했지.

저녁에는 또 다른 코미디가 펼쳐졌네. 나팔을 부는 신호수인 군악대원이 얻어맞기 시작했어. 무슨 일인가 하면 그가 기상곡이 아닌 다른 곡을 갑자기 불어댔던 걸세. 당직 장교가 준엄하게 그의 연주를 중지시켰어. 다른 이들의 연주가 다 끝났을 때 당직 군관이 신호수에게 다가갔네. 신호수는 그리 담이 큰 사람이 아니더군.
얼굴만 보아도 알 수 있었지.

"자네 뭘 연주한 건가?"

침묵이 흘렀다네.

"뭘 연주한 거냐고?"

신호수는 이렇게 대답했지.

"실수했습니다. 잊어버렸습니다."

"식사하는 건 잊어버리지 않나?"

"절대로 잊어버리지 않습니다."

"하루에 몇 번 식사하나?"

"두 번입니다."

"언제인가?"

"점심때와 저녁때입니다."

"아침은 안 먹는단 말인가?"

"아침도 먹습니다."

"그럼 총 몇 번인가?"

"두 번입니다."

"어떻게 두 번인가? 점심은?"

"네, 그렇습니다."

"저녁은?"

"저녁도 먹습니다."

"그리고 아침도?"

"네, 맞습니다."

"그럼 도대체 총 몇 번을 먹는 건가?"

"두 번…."

"아침은 안 먹는단 말인가?"

"그건 식사가 아닙니다. 죽입니다."

1853년 9월 27일

단 한 명의 일본인도 들르지 않았네. 맑고 신선한 아침이더군. 가벼운 바람이 불었어. 15도 아니면 16도 정도였지. 그보다 덥지는 않았네. 우리 쪽 사람들이 보트를 타고 멀리까지 가버렸기에 일본 인들이 불만이었어. 일본인들의 작은 보트가 큰 보트들에서 멀어 지더니 이유는 모르겠지만 우리의 보트들을 뒤따라오기 시작했 네. 시원한 날씨였고 보트들은 먼 거리에서 혹은 가까운 거리에서 움직이고 있었지. 그런데 갑자기 회전을 해서 방향을 이리저리 바 꾸더니만 서로 추격하면서 서로의 길을 가로막으며 달렸다네. 일본인들이 탄 작은 보트가 멈추어 서더니 어쩔 줄을 몰라 하더군. 그때 나는 뒤 갑판 위에 서 있었는데 일본 보트 하나가 내 옆을 지나가다가 우리의 보트 쪽을 가리켰네. 나는 그들이 멀리까지 나갈 것이라고 몸짓으로 말해주었어.

우리 수병들과 호위함 장교들이 고골의 「결혼피로연」과 「소송」을 공연했다네. 호위함의 중앙 갑판에 무대가 세워졌어. 나가사키 항에서 「소송」을 공연하다니! 나는 이 연극의 준비 과정에 대해 알고 있네. 리허설이 진행되고 있었는데 크류드네르 남작이 총감독을 맡고 있었지. 나는 그 연극을 보러 가지 않을 셈이었네. 너무 형편없을 줄 알거든. 하지만 괜찮았네. 그다지 나쁘지 않은 연극이었지. 신참 소위가 정말 잘하더군. 유머감각을 타고난데다 우리나라의 최고 희극배우를 많이 본 덕을 톡톡히 보았네. 로세프 스바호이도 웃겼다네. 배우들의 독특함과 서투름 덕분에 정말로 재미있는 연극이 되었어. 호위함에서 전함으로 돌아가면서 눈으로 보면서도 믿기 힘든 풍경을 보았다네. 매끈한 수면 위의 달과 조용히 흔들리는 전함의 실루엣이었어. 그 주변으로 잠들어 있는 어두운 언덕, 보트, 산 위의 불빛들이 보이더군. 아이바조프스키의 그림을 떠올렸다네.

1853년 9월 28일, 29일

일본인들이 찾아와 현지사의 말을 전해주었다네. 해양 통로에 배치해둔 보트들을 전부 없애버릴 수는 없다는 거야. 이건 어제의 일이네. 오늘, 그러니까 29일에는 통보해오기를 현지사가 중간의 해로를 완전히 닫아버리고 양 옆쪽의 길을, 즉 해안선 쪽 해로를 열어 보트 한 대씩만 다닐 수 있게 하자는군. 제독은 만일 일본인들이 그렇게 할 경우 자신의 보트들에 명령을 내려 호위함으로 가는 현재의 해양 통로를 감히 막아서는 일본 보트가 있다면 억지로 끌고 가도록 하겠다는 말을 전하라고 명령했네. 농담이 아님을 눈치 챈 일본인 통역관들은 차도 마시지 않은 채 즉시 사라져버렸어.

어제는 신선하고 훌륭한 생선 한 마리를 운송해왔네. 칠색송어를 닮은 것으로, 무척이나 크더군. 30인분은 되어 보였네. 큰 새우를 닮은 가재도 30마리 정도 있었는데 맛이 기가 막혔어. 여름 같은 날씨였네. 한낮에는 온도가 17도 정도였지만 밤에는 춥더군.

나의 일기는 죄수들이 쓰는 일지와 비슷한 것 같네. 그렇지 않은가? 어쩔 수 없다네! 이곳은 정말로 감옥과 다름없으니 말이야. 물론 매우 아름다운 자연환경이 있고 비록 아직까지는 정상적이고 이성적인 생활을 할 줄 모르지만 영리하고 민첩하며 강인한 민족이 있긴 하지만 말이야. 전함을 벗어나지 않고도 우리가 심심해

죽을 지경이 아니란 사실이 이상하게 여겨질 걸세. 심심해할 겨를이 없네. 모든 이에게 해야 할 일이 있어. 제독은 빈둥거리는 사람을 절대로 그냥 두고 보지 못하지. 누구라도 아무 일 없이 있는 사람을 보기만 하면 그 즉시 무슨 일이든 해볼 것을 제안한다네. 문서를 작성하라고 하거나 무슨 책이건 읽어보라고 시키지. 직접 자기 서재에서 어떤 책을 읽으면 좋을지, 어떤 책을 번역해보면 좋을지 골라주기까지 하네.

1853년 9월 30일

특별한 일은 하나도 없었다네. 바니오스들을 만나고 싶다고 요청했지만 그들은 오지 않았어. 만일 우리에게 방해가 된다면 그들의 보트를 끌고 가버리겠다고 협박했는데 아무래도 이 때문에 화가 난 듯했네. 대체로 그들을 좀 더 단호하게 대하기 시작한 것도 이유 가운데 하나인 것 같아. 일본인들이 식량을 실어왔네. 그중에는 거미를 닮은 크고 둥근 가재들도 있었어. 하지만 그 가재들은 별로였지. 집게발도 모가지도 없더군. 가재의 가장 맛있는 부분들이 없던 거지. 다리는 그런대로 맛이 괜찮았지만 너무 딱딱했네. 몸통에는 지저분한 많은 것들이 들어 있었지만 아랫부분은 하얀

속살로 가득차 있었어.

저녁에는 포크로프 축일 전야를 맞아 철야예배가 있었네. 예배를 마친 후에 나는 뒤 갑판 위를 걸어 다니고 있었어. 그러다가 볼틴 소위와 신호수 표도로프의 대화를 우연히 듣게 되었지. 그 신호수는 기상곡 대신 기도곡을 부르는 실수를 저지른 바로 그 사람이야. 표도로프라는 이 신호수는 심할 정도로 단순하다네.

뒤 갑판 위를 걸어 다니고 있던 볼틴 소위가 그에게 말했지.

"나팔을 통해 달을 바라보게. 그러다가 서너 사람을 보게 되는 즉시 내게 말해주게."

"알겠습니다."

표도로프는 시키는 대로 한참이나 나팔을 통해 달을 관찰했네.

"왜 아무 말이 없나?"

"달 위에는 두 명밖에 없습니다. 소위님."

"그들이 도대체 뭘 하고 있는가?"

"아무것도 안 합니다."

"그럴 리가 있나. 잘 보게."

볼틴 소위가 다시 묻더군.

"그들이 도대체 누군가?"

신호수는 아무 말이 없었네.

"대답하게!"

"카인과 아벨입니다."

"이 두 개의 별 이름을 기억해두게. 이 별은 바로 비너스고 저별은 주피터라네."

"알겠습니다."

"만일 이 별들에 무슨 일이라도 생기면 보고하도록 하게."

"알겠습니다."

신호수는 목성 쪽을 진지하게 바라보기 시작했지. 1분쯤 후에 나는 우리가 영국을 벗어난 후 그가 어떤 장소에 있었는지 물어보았네. 대답이 없더군.

내가 말했다네.

"대답하라니까!"

"희망입니다."(희망봉을 가리키는 것이었네.)

"그럼 그 전에는?"

"잊어버렸습니다."

"떠올려보게!"

그는 말이 없었어.

"도대체 어디에 있었나?"

여전히 대답이 없었네.

"다양한 포도주 이름을 떠올려보게."

아무 대답이 없었지.

"어떤 포도주가 있나?"

"독한 포도주가 있습니다."

"프랑스 포도주를 한번 떠올려보게."

"라인이 있습니다."

"마데이라는?"

"맞습니다. 마데이라도 있습니다."

그가 덧붙였네.

"바로 그곳에 우리가 직접 갔었습니다."

그때 갑자기 볼틴 소위가 질문을 던졌어.

"별들은 보고 있나?"

표도로프는 근심스러운 듯 다시 나팔 안을 들여다보았어. 별 하나가 사라지고 없었네. 이미 수평선 뒤로 넘어간 뒤였거든.

"별들은 어디 있지?"

"하나만 남았습니다."

"다른 하나는 어디로 갔나?"

"알 도리가 없습니다."

"사라진 별의 이름이 뭐지?"

신호수는 아무 대답도 할 수가 없었어.

"이름이 뭐냐니까?"

잠시 생각하더니 신호수가 대답했네.

"마데이라입니다."

"다른 별은?"

"피터입니다."

우리는 이런 식으로 놀았네. 할 수 있는 일이 아무것도 없었기 때문이네.

1853년 10월 1일

오늘은 축일이었네. 자연도 축일이었지. 러시아의 숲속 어딘가에서 혹은 정원의 기다란 가로수 길에서 낙엽으로 덮인 작은 오솔길들을 거닐고 있는 맑고 선선한 가을날을 떠올려보게. 그늘에서는 더할 나위 없이 신선한 공기를 느낄 수 있고 햇살이 비치는 쪽으로 조금 나가보면 마치 여름인 듯 더워질 정도로 갑작스러운 태양의 빛과 온기를 느낄 수 있어. 하지만 조금만 옷자락을 열어젖혀도 쌀쌀하지만 기분 좋은 바람을 맞게 될 수 있다네. 옷자락을 다시 여며야 할 정도의 바람이야. 하늘은 푸르네. 모든 것이 밝고 화려하지. 이곳도 마찬가지라네. 비록 북위 32도지만 날씨는 우리나라 같아. 다만 해가 뜨고 질 때 노을이 더 오래 가지. 우리나라에서는 볼 수 없는 더욱 화려한 풍경이네. 오늘도 마찬가지였다네. 무언가 애잔함이 녹아 있는 창백한 녹색의 기적과도 같은 환상적인 색채가 장관이더군. 1분 후에는 그 녹색이 보라색으로 바뀌었네. 하늘 높은 곳에서 갈색과 미색의 구름 송이들이 떠다니더니 수평선 전체가 자홍색과 황금색으로 뒤덮였어. 태양의 마지막 자취였다네. 열대지방의 저녁노을과 매우 비슷했지.

일본인들은 오늘 오지 않았던 것 같아…. 이런, 미안하네. 왔네. 왔었어. 생선과 가재를 가지고 왔었지. 바니오스들은 여전히 발걸음을 하지 않네. 어쩌면 자신들의 보트를 치우지 않아서 우리가 화를 낼까 두려워서일 수도 있고 아니면 우리가 온순한 이들이라는 것을 눈치 채고는 우리를 등한히 여겨 오지 않는 것일 수도 있지. 하지만 우리가 보트를 타고 직접 나가사키로 가겠다는 말 한마디면 그 즉시 나타날 걸세. 조금 겁을 주거나 현지사를 찾아가겠다고 해도 즉시 이리로 달려올 테지. 하지만 그럴 경우에는 우리도 우리의 정책을 바꾸어야만 해. 제독은 온순하고 예의바르게 행동하는 것을 영원한 정책으로 삼았으니 말이야.

하지만 가끔 그들을 겁줄 필요도 있다고 생각하네. 오늘만 해도 그렇다네. 저녁 여덟 시경에 어떤 행렬이 지나갔어. 전등을 손에 든 사람들이 탄 스무 대 이상의 보트들이 큰 보트 한 대를 인양 선으로 끌고 갔지. 이 행렬은 광란의 고함 소리들과 함께 진행되었네. 이 배들은 섬에서 출발하여 도시 쪽으로 가고 있었어. 포시예트와 나지모프(정확히 하자면 이 사람은 예전에 우리 사람이었네.) 같은 우리 쪽 사람들이 두 대의 보트에 나누어 타고 전함 쪽으로 가기 위해 해양 통로를 지나고 있었다네. 이때 누군가 포시예트의 보트로 장작개비를 던졌지 뭔가. 나지모프는 물을 뒤집어 쓸 뻔했네. 민족은 순박한데 행동이 난폭하다니! 포시예트가 그 즉시 방향을 바꾸어 큰 배 쪽으로 갔다네. 그곳에는 20명가량 있었는데 모두 보트 안쪽에 몸을 숨기고 조용하게 있었어.

1853년 10월 3일

공포가 약발이 세다는 건 맞는 말이야. 어제, 그러니까 10월 2일에 우리는 일본인들에게 통지문을 보냈네. 바니오스가 계속 오지 않는다면 우리 장교 가운데 한 명이 그들을 찾으러 도시로 갈 거라고 말일세. 저녁 늦게 통역관이 와서 내일 정오에 바니오스들이 올 거라고 전해주었더군. 열한 시에 바니오스가 세 명 도착했어. 오이에사브로스키, 에도에서 온 사람, 처음 보는 어떤 이였네. 그들은 오랫동안 발걸음을 하지 않은 것에 대해 사죄하고 연락을 잘못한 통역관에게 모두 덮어씌우더군. 앞으로 더 이상은 이런 일이 없을 거라고 말했지. 어제 일본 보트 두 대를 우리 전함에서 억지로 떼어놓았네. 내가 직접 본 것은 아니지만 우리 보트가 일본 보트들 곁으로 다가가 닻을 끌어 올려서 끌고 갔는데 그때 일본인들이 양손을 마구 내젓는 광경이 너무 웃겼다는군. 바니오스들은 이 사건에 대해서 입도 벙긋하지 않았네. 우리는 그들에게 보트에 타고 있던 일본인들이 장작개비 등을 집어던지더라고 말해주었지. 그들은 자신들은 모르고 있었다고 우기면서도 사죄는 했어. 어제의 보트 행렬은 알고 보니 우리가 생각했던 종교행사가 아니라 피젠스키 공작이 네덜란드인들을 방문하는 행사였다네. 해안선 쪽으로 배를 옮기는 것과 관련해서는 일본에서는 우리 대답을 매일같이 기다리고 있다고 하더군. 오늘은 토요일이야. 항상 그렇듯 일본인들은 이날 우리에게 식품을 가져다주었고 이번에도 역시 우리의 철야기도를 방해했어. 온갖 채소 외에도 생선과 바다가재를 가져다주었어. 아참, 돼지고기가 없다며 살아 있는 그냥 사슴인가 넓은 뿔 사슴인가를 작은 것으로 한 마리 가져다주었네. 더 이상은 돼지가 없다고 했지. 새끼돼지들이 있기는 하지만 번식용이라더군.

통역관 료다와 쇼자가 바니오스들과 함께 왔네. 그들의 말에 귀를 기울여보니 일본어가 매우 낭랑한 소리의 언어라는 사실을 알 수 있었어. 모음이 자음보다 훨씬 많네. 특히 어미에서 많지. 다른 동양어에서 볼 수 있는 험한 소리나 후두에서 나는 소리는 들을 수 없었네. 그런데 바니오스들이 말하기를 러시아어가 중국어 같다는 거야. 정말 고맙군. 그래! 우리는 부채, 니스 칠한 상자 등 많은 물건을 주문했네. 가져다줄지는 모르겠지만 말이야.

1853년 10월 4일

일요일이네. 항상 그렇듯 예배로 시작되었지. 그 후에는 통역관들이 찾아왔어. 우리가 바라는 것을 들어주기로 했지. 자신들의 보트를 더 멀리 다른 곳으로 옮기겠다는 거네. 다만 절대로 우리가 직접 인양해서는 안 된다고 간절히 부탁하더군. 사실 그 전날 우리는 현지사의 명령이 잘 이행되지 않는 듯해 우리가 현지사를 도와 인양 작업을 돕겠다고 일본인에게 전했어. 오늘 저녁은 정말 아름답더군. 날이 어두워지자 우리는 도시로 이어지는 만에서 마치 두 개의 별이 우리를 향해 다가오는 듯한 광경을 목격했네. 일본인들이 들고 다니는 등불은 아니었어. 무언가 살아 있는 환하게 타오르는 것이었지. 야간 망원경을 통해 보기 시작했지만 불빛은 이미 사라지고 없더군. 두 대의 보트가 다가오는 것을 보았을 뿐이야. 그들은 배의 뒷부분 쪽으로 지나갔네. 그러다 갑자기 오선율의 아름다운 노랫소리가 들려왔지…. 바로 세레나데였네! 돛을 세 개 단 배의 장교들이 캄차카 민속 악기를 들고서 러시아 노래와 집시 노래로 세레나데를 부르고 있는 것이었어. 장교들은 달빛 아래에서 전함 주변을 한참동안 항해하다가 봉화에 불을 붙였네. 우리는 갑판에 서서 말없이 그 노래를 듣고 있었지. 노래가 끝났을 때 제독이 감사를 표한 후 차를 대접하겠다며 장교들을 초대했지. 어린 합창단원들에게도 차를 대접했네. 밝은 불빛을 본 일본 보트 한 대가 무리에서 떨어져 나와 우리 쪽으로 왔지만 가까이 다가오지는 않았다네. 그럴 용기도 없었겠지만 한 장소에 오랫동안 머물며 물결에 몸을 실었던 것으로 보아 「새로 피어난 라일락」이라는 노래에 푹 빠져버린 게 아닌가 싶더군.

1853년 10월 5일

오늘은 비가 왔다네. 하지만 여름날이라고 할 수 있을 정도로 따뜻한 날이었네. 수고양이 바시카가 갑판 위를 떠나지 않았을 정도였지. 바시카는 가름대 아래에 앉아 있었어. 우리는 표식과 뾰족한 지붕을 달고 있는 보트 두 대가 보초선들에게 어떤 명령을 내렸고 그 후 보초선들이 우리 배에서 더 먼 곳에 머무는 것을 보았네. 제독은 일본인들에게 보트 문제를 상기시키라는 명령을 더 이상은 내리지 않았지. 다만 만일 일본 보트가 다시 우리 배들을 감시하기 시작한다면 그 보트를 인양해서 끌고 다니라고 명령했어.

1853년 10월 6일

넓은 뿔 사슴을 잡아서 온갖 종류의 요리를 만들어 먹었네. 커틀릿도 만들고 불고기도 해먹었지. 얼마나 맛있던지! 최고급 쇠고기 같았어. 아니, 더 부드럽고 연했네. 티흐메네프는 큰 뿔 사슴을 좋아하지 않았네. 그는 가재도, 토끼고기도, 그 외의 다른 것들도 먹지 못했거든.

"그런 걸 먹는 걸 본적이 없습니다. 게다가 꺼림칙합니다."

큰 뿔 사슴을 보고는 개고기라더군. 디저트로 처음 보는 일본산 과일을 내어왔어. 네덜란드어로 카키[32]라고 하네. 부드럽고 달콤하며 시원한 적황색 과일인데 자두와 비슷했지. 하지만 아바쿰 사제의 말에 따르면 자두는 아니고 무화과의 일종이라네. 포르투갈

인이 일본에 들여왔다더군. 포르투갈어로는 카카오무화과라고 한
다고 했네. 아바쿰 사제의 말에 따르면 중국에 이 과일이 많다더
군…. 하지만 지금은 큰 뿔 사슴이나 과일을 논할 때가 아니지. 더
새롭고 더 중요한 것들이 많이 있다네.

1853년 10월 7일

우리가 크론시타트에서 출항한 지 정확히 1년이 되는 날이라네.
별로 떠들썩하지 않게 이 날을 기념했지. 정확히 1년 전 처음으로
바다로 나아가 새 삶을 시작했던 그때를 나는 아직도 생생히 기억
한다네. 편안한 내 방과 침대를 떠나 발아래에서 흔들거리는 갑판
위에 올랐지. 바다는 또 얼마나 험악하게 우리를 맞았던가. 휘파람
소리를 내며 거친 바람이 불었고 파도가 높은 날도 있었지. 눈도
왔고 비도 왔어. 치통이 심한 날도 기억나네. 그리고 친구들과 작
별 인사를 나누던 것도….

드디어 일본 여인들을 보았어. 남자들과 같은 치마를 입고 목까
지 올라오는 짧은 상의를 입고 있었네. 하지만 머리는 빡빡 밀어버
린 머리가 아니더군. 귀족층 남자들처럼 땋은 머리를 핀으로 고정
시키고 있었네. 모두 거무스레하게 그을려 있었고 정말로 못생겼

다네! 품행이 정숙하지 못하다고 듣긴 했지만 모르겠네. 직접 본 적이 없으니 일본 여자들의 평판에 먹칠하고 싶지는 않아. 요즘 들어 많은 일본 여자가 전함 주변으로 모여드네. 모두 못생겼고 치아가 검더군. 대부분은 당당하게 우리를 쳐다보며 웃는데 좀 더 예쁘고 옷도 잘 입은 여자들은 부채로 얼굴을 가리네.

1853년 10월 9일

하지만 이 모든 건 중요하지 않네. 뭐가 중요한지 아는가? 바로 이거라네. 10월 9일 점심 후에 무사인 고케닌들이 온다는 사실이지. 사실 이것도 중요하진 않아. 벌써 익숙한 일이니까. 항상 그렇듯 당직 장교가 포시예트에게 가서 알렸네. 고케닌들은 선장실로 안내되었지. 나도 그곳에 같이 있었어.

나는 반갑게 두 손을 내밀며 그들을 반겼네.

"아하! 오이에사브로스키! 키치베!"

하지만 그들은 아무 말도 하지 않은 채 절을 하며 내 손을 잡았네. 이건 무슨 뜻일까? 아주 부드럽고 깍듯한 사람들이 말이야. 특히나 오이에사브로스키는 더 그렇지. 농담도 잘하고 웃기도 잘하는 사람이라네. 그런데 이곳에서는… 도대체 왜 모두 이토록이

나 엄숙한 표정을 짓고 있는 걸까? 왜 아무도 미소 짓지 않지?

"오이에사브로스키가 아픈가요?"

"아니요…."

"그런데 왜 저렇게 재미없는 표정을 짓고 있지요? 다른 사람들도 그렇고요?"

대답은 들을 수 없었네. 키치베만이 항상 그렇듯 위쪽 치아를 모두 드러내놓고는 이곳저곳으로 바삐 움직이고 있더군. 바니오스들에 앞장서 뛰어가기도 하고 되돌아오기도 하며 뭐라고 소리를 지르고 억지웃음을 지어보이기도 했어. 에이노스케도 여기에 있었지. 그는 이목구비도 반듯했고 눈빛도 용맹스러웠네. 이 자리의 다른 일본인들과는 달랐어.

우리는 대화의 내용을 통해서 또한 에이노스케, 쇼자, 나라바이오시 2세가 우리에 대해, 즉 모든 유럽적인 것을 바라볼 때 그들의 눈에서 점점 드러났던 시기심을 통해서 일본인들이 자신의 처지를 느끼고 있으며 그 때문에 우울해하고 동시에 순종적인 무언의 반항을 하고 있다는 점을 알 수 있었다네. 그건 묘령의 일본[33]이었어. 사다고라는 네덜란드인에게 붙여놓은 보모이자 위험이 될 수도 있고 료다는 이와 반대로 늙고 보수적인 일본인에 속해 있었네. 이들은 구습을 고집하다 뻣뻣해져버린 전설 속 하인들과 비슷했지. 그들의 생각은 어떻게 해도 바꿀 수 없다네. 그들은 옛것은 모두 훌륭했다고 생각하며 변화를 싫어하지. 새로운 것은 모두 죄악이라고 생각하네. 사다고라는 늙고 무례한 냉소주의자이고 료다는 이와 반대로 아부와 비방을 잘 하는 협잡꾼 같아. 키치베는 모든 이에게 중립적이야. 그는 다른 일본인들보다는 사고방식이 신선한 편이네. 새로운 것에 대한 낡아빠진 증오라든가 일본 통치체계에 대한 믿음 같은 걸 가지고 있지 않지. 하지만 키치베도 새로운 것을 따라잡을 정도는 아니네. 그는 봉급을 받기 위해 일을 하고 있을 뿐이라네. 누구를 위해서건 무슨 일이건 상관하지 않아. 이밖에도 야시로라는 사람, 키치베의 아들, 많은 청소년이 있네. 모두 통역관이 되고자 하네. 일본인은 가업을 대대로 물려받는다네. 대부분의 경우 아버지가 하던 일을 아들이 물려받지.

바니오스들이 제독과 이야기하고 싶다고 말하더군. 나와 포시예트는 이들이 도대체 무엇에 대해 이야기하고자 하는 것일까 골머리를 싸매었네.

"우리에게 내어줄 땅 문제일 겁니다. 틀림없어요."

내가 덧붙였네.

"뭔가 기분 나쁜 주제일 겁니다. 분명해요!"

나는 제독에게 일본인들이 원하는 사항을 전달했네. 제독은 그들을 들여보내라더군. 모두 자리를 잡고 앉았지. 침묵에 휩싸여 있었네. 오이에사브로스키는 고개를 푹 숙이고 있었고 근시가 심한 육중한 체격의 다른 바니오스도 뚱뚱한 얼굴을 들어 흐리멍덩한 눈으로 모든 것을 쳐다보면서 가끔 하품을 하고 있었지. 작은 체구의 세 번째 바니오스는 다른 바니오스 사이에 완전히 묻혀 있었는데 동료들의 표정과 몸짓을 따라 하려고 노력하고 있었네. 에이노스케는 생각에 잠긴 채 침묵하고 있고 키치베만이 고골 동상처럼 턱을 괸 채 앉아서 자신의 발언 순서를 기다리고 있더군. 우리는 앞으로 무슨 일이 일어날지 지켜보았어.

마침내 오이에사브로스키가 깊은 한숨을 내쉬더니 두 눈을 찡그리며 마치 입술도, 혀도, 목구멍도 없는 유령마냥 극히 작은 목소리로 말하기 시작했네. 간간히 한숨을 내쉬며 말하더니 긴 한숨을 내뱉으며 말을 끝냈지. 키치베는 특유의 미소와 반짝거리는 눈빛으로 고개를 숙인 채 탄식이나 슬픔 같은 군더더기 없이 쇼군이, 사실 그대로만 말하자면 죽었다고 말했다네!

우리는 잠시 동안 굳어버렸지만 곧 괜찮아졌어.

제독이 이렇게 말했다네.

"그들의 슬픔을 통감한다고 전해주시오."

바니오스들이 절을 했고 몇몇은 또다시 한숨을 내쉬었지. 오이에가 다시 귓속말을 시작했어.

키치베가 내뱉는 숨넘어가는 듯한 소리만이 들려왔네.

"하이! 하이! 하이!"

오이에의 말을 듣고 난 후 키치베가 숨을 들이 마시더니 어떤 거절의 말을 통역할 때 그 거절을 부드럽게 들리게 하려고 항상 그렇게 하듯 목구멍 속에서 조여드는 듯한 웃음소리를 내며 천천히 통역하기 시작했네.

"에도에서… 이러한 슬픈 사건이 발생한 고로… 빠른 시일 안에 답변을 받기란… 흐흐… 불가능합니다!"

마치 누군가 그에게서 마지막 단어들을 짜내기라도 한 듯 그는 힘겹게 말을 마쳤어.

이에 대한 반박은 써서 보내주겠다고 대답하라는 제독의 명령이 떨어졌지.

키치베가 계속해서 통역을 했다네.

"모두 고인의 장례와 새로운 쇼군의 책봉식으로 바쁘답니다. 이 모든 일에는 의전이 필요하기 때문이지요…"

해안의 땅을 우리에게 빠른 시일 안에 내어줄 것인지 어떤지 물어보라는 명령이 내려졌네. 오이에사브로스키가 오랫동안 이에 대한 대답을 주더군.

그의 대답을 다 들은 후 키치베가 통역했어.

"에도에서 이에 대한…."

이때 키치베의 목구멍은 웃음으로 막혀버릴 지경이더군.

"그 어떤 답변도 받은 바 없습니다."

엄중한 질문을 그에게 했지.

"하지만 답변을 세 번이나 받을 수 있었지 않소. 도대체 왜 아직까지 답변이 없다는 거요?"

키치베가 이 질문을 통역한 후 그에 대한 반박을 듣더니 말하기 시작하더군.

"에도에서 이에 대해… 호호호… 그 어떤 결정도 들은 바 없습니다."

포시예트가 이 말을 통역했다네.

"그건 이미 들었습니다. 결정이 있을 것인지, 그 결정이 곧 날 건지가 궁금한 겁니다. 우리도 앞으로의 일정에 대한 계획을 세워야 할 거 아닙니까. 당신들은 우리의 정중함과 배려를 전혀 인정하지 않고 있습니다. 다른 사람들이었다면 이미 오래전에 에도에 직접 다녀왔을 겁니다. 이제 보니 나가사키는 수도에서 멀리 떨어져 있고 회담은 진전 없이 지루하기만 하며 손님들은 지쳐서 떠나버리니 말입니다. 그게 바로 당신들이 바라던 바지요! 하지만 이제 전

유럽이 이에 대해 알게 될 것입니다. 그래서 이리로는 단 한 척의
배도 오지 않고 모두 에도로 직접 갈 것입니다. 장담하지요."

키치베가 이 말을 통역한 후 대답 또한 통역했네.

"에도에서… 받은 것이… 호호호… 아무것도…."

그 누구라도 더는 참을 수 없을 지경이 되었다네!

이 회담을 마무리할 마지막 말이 나왔지.

"현지사에게 물어보시오. 우리에게 땅을 내어줄 건지 아닌지 말
이오. 내일까지 대답을 주시오!"

회담을 마친 후 일본인들에게 차와 과실주를 대접했어. 술을 한
잔씩들 하고 나더니 고개를 들고는 말투에서 슬픈 톤을 버렸어.
유쾌하게 이야기하기 시작했고 주변의 모든 벽, 그림, 가구를 보며
하품하더군. 완전히 흥이 올랐네. 조금 전의 비애는 흔적도 없이
사라졌어. 그래서 우리는 이들이 잔머리를 굴리고 있는 게 아닌가,
모든 걸 다 속이지는 않았다 하더라도 쇼군이 죽은 날짜는 속인
게 아닌가 하는 의구심이 들기 시작했어. 그들의 말에 따르면 쇼군
이 8월 14일에 죽었다고 했고 우리는 8월 10일에 여기에 왔거든.
어쩌면 쇼군은 작년에 죽었는데 혹시 우리가 그냥 가지 않을까 하
는 기대에서 이제 죽었다고 하는 게 아닐까 하는 걸세. 일본인들
을 신뢰하기는 힘드네. 이들은 아마 그런 사건을 자국민들에게도

오랫동안 감춘 게 분명해. 우리는 사실이 뭔지 몰랐기에 일어났을 법한 일을 해석하고 짐작해보았네. 제독은 러시아 측 편지에 대한 에도의 답신을 기다리겠다는 내용의 서신을 현지사에게 보내라고 명령했어. 일본인들의 말에 따르면 그 편지는 쇼군의 사망 소식과 맞물려 흐지부지되긴 했지만 말일세. 최고위원회는 무슨 일인지 모르고 있었기에 답신을 줄 수 없었던 거야. 하지만 어떻게 그런 소식이 두 달 이상이나 전달되어갈 수 있단 말인가? 3주면 에도까지 왕복할 수가 있는데 말이야. 뭔가 있네! 쇼군은 사실 더 늦게 죽었거나, 아니면 더 일찍 죽었는데 그들이 우리에게 숨긴 것이네. 아니면 아예 죽지 않았을 수도 있고 말일세. 사실 마지막 예상은 틀린 것 같아. 그토록 자신의 군주들을 존경하는 일본 백성이 아무리 외국인을 떠나보내기 위해서라 해도 그런 핑계까지는 대지 않을 테니까.

제독은 다음 내용을 편지에 덧붙이라고 명을 내렸네.

"이 사건은 우리가 보낸 첫 번째 문서들이 도착하기 전에 일어났으므로 우리의 일을 처리하는 데 방해가 되지 않으리라고 봅니다. 또한 러시아의 전권대리인이 현지사 등과 만나는 의례를 정하는 것에도 방해가 되지 않았으리라고 여겨집니다. 그러므로 이후의 일정에도 방해가 되지 않을 것으로 기대합니다. 그 어떤 상황에도 불구하고 일본처럼 거대한 왕국의 정무는 중지될 수 없기 때문입니다. 그러므로 우리는 애도를 표하며 답신을 기다리겠습니다. 또한 우리가 이곳까지 온 이유인 일에 대한 최종적 결정이 내려지기 전까지는 일본 해안을 떠나지 않을 것입니다."

이리하여 에도의 답변을 끝까지 기다리겠다는 제독의 의도를 바꾸어보려고 극한 방법까지 썼던 일본인들의 계획은 무산되었네. 자신의 나라에서 외국 배들을 손님으로 보아야 한다는 것은 일본인들에게 차마 눈뜨고 못 볼 일인 게 분명하네! 그토록 강한 반박은 일본인들만이 할 수 있는 일이지. 그렇기에 제독이 그렇게까지 나오리라고는 예상하지 못했던 거야. 제독이 그냥 돌아갈 거라고 생각했을 걸세. 두 해 정도가 지나고 나서 그들이 물론 안 된다는 내용으로 답신을 보내오겠지. 그런 식으로 이 일은 무기한으로 질질 끌게 될 거라네.

다음 날 해안에 자리를 내주는 것에 대한 답변이 현지사에게서 도착했다네.

키치베가 또 같은 말을 되풀이하기 시작했지.

"에도에서… 받지 못했습니다."

제독은 그 답변을 받아들이지 않았어. 포시예트는 그들에게 자신이 제독에게 그 답변을 전달하기는 했으나 그가 아무 말도 하지 않았기 때문에 제독이 어떤 행동을 취할는지는 자신도 모른다고 했다네.

이 말에 우리의 귀여운 손님들은 겁을 집어먹었어. 그들은 이미 별 것 아닌 일로 한 번 들른 적이 있네. 실은 우리가 혹시 무슨 일을 꾸미고 있는 것은 아닌지 우리와 대화를 나누다 보면 혹시 우리가 그 계획에 대해 발설하지 않을까 하는 기대에서 온 것이었어. 사실 우리도 어떤 꿍꿍이를 가지고 있긴 해. 크로노미터를 들고 우리가 직접 해안에 가보는 거지. 포시예트가 이에 대해 일본인에게 입을 뗀 적이 있네. 그들은 그런 일은 현지사가 해결할 수 있는 종류의 일이 아니며 만일 우리가 그런 일을 벌일 경우 현지사가 난처해진다더군.

포시예트가 물었네.

"만일 우리가 직접 다녀오거나 혹은 다른 이들이 그렇게 한다면 그래도 역시 현지사가 곤란해질까요?"

"그건 친구 사이에 할 짓이 아니지요."

"그렇다면 우리가 크로노미터를 검사해야 하는데 그것은 바다 위에서는 할 수가 없으니 해안에 자리를 내어 달라는데 그런 부탁을 거절하는 것은 친구 간에 할 짓인가요?"

키치베는 또 시작했어.

"에도에서… 호호호… 받지 못했습니다."

일본인들을 한번 상대해보게나! 그들은 자신들의 법규와 풍습을 항상 핑계로 댄네. 다음 날 아침 키치베가 와서 현지사에게 전해줄 답신을 받아갔지. 그가 사라지자마자 이번에는 바니오스들이 나타났네.

1853년 10월 11일

그러다 오늘 11일에 바니오스들이 다시 찾아와서 우리의 편지를 에도에 전달했으나 에도에서 아무것도 못 받았다는 등의 이야기를 늘어놓았다네. 그런 후 그들은 우리가 파펜버그 섬을 둘러가는 중이라는 것을 눈치 챘어.

우리가 그들에게 이렇게 말했지.

"그냥 그러고 싶어서요."

전함에서는 아무런 특별한 일도 일어나지 않는다네. 바니오스들이 제독의 의도를 파악하고자 매일같이 찾아올 뿐이야. 오늘은 신입 통역관 두 명과 하급 바니오스 두 명이 찾아왔어. 그들은 우리가 너무 멀리까지는 항해하지 않았으면 좋겠다고 부탁하더군. 우리를 감시하라는 명령을 받았는데 자신들의 보트로는 우리 보트를 따라잡을 수가 없을 테지.

"왜 우리를 감시하는 겁니까?"

푸른색 가운을 입은 키 큰 노인이 대답했어.

"명령이었습니다."

"당신들에게는 우리를 방해할 권리가 없습니다."

"명령이었습니다. 어쩌겠습니까! 우리도 이런 상황이 빨리 바뀌
었으면 좋겠습니다."

내가 총애하는 수병이 몇 명 있다네. 그중에는 듀핀이라는 어깨
가 넓으며 키가 땅딸막한 포병인 수병이 포함되어 있지. 그는 어깨
만 넓은 것이 아니야. 그를 화력의 사나이라고 부르는데 그가 불을
담당하기 때문이지. 누군가가 어느 구석에서든 심지를 가져와 하
고 소리치면 그는 사력을 다해 갑판 위를 달려 불을 가져다주지.
그의 주요 임무는 포탄과 산탄이 든 방현물[34]을 들어올렸다가 필
요한 자리에 다시 내려놓는 거라네. 한번 하고 나면 힘들어서 신
음소리가 저절로 나오지. 방현물은 무게가 5푸드[35]나 나가거든. 이
사람보다 더 단단하고 튼튼한 체격의 소유자는 만나기 힘들 거야.
나는 그와 자주 대화를 나누었네.

"덥구먼, 듀핀."

"그렇습니다. 따뜻합니다. 좋은 날씨입니다. 나리."

어디로 피해야 할지 모를 정도로 무더운데 따뜻하다는 거야.

나는 그에게 이런 농담을 던지곤 했네.

"일 마친 후에 차가운 걸 너무 많이 마시지 말게."

"밤에 축축한 곳에서 잠들지 말게."

그러면 그는 진지하게 대답하곤 해.

"알겠습니다. 나리."

"자네에게 긴 모직 양말을 선물할 테니 꼭 신고 다니게."

그러고는 파데예프에게 말해서 그에게 긴 양말 한 켤레를 주라고 했지. 듀핀은 열대 지방에서도 그 양말을 신고 다니며 나를 만날 때마다 감사를 표했다네.

"정말 감사합니다. 나리, 이 양말을 신으니 정말 좋습니다. 따뜻합니다."

융으로 된 프록코트를 꺼내 입어야 할 정도로 갑자기 이곳 날씨가 추워졌을 때 나는 그에게 말했지.

"웬일인지 좀 추워졌군그래. 듀핀."

그는 맨발인 채로 대답했네.

"네, 그렇습니다, 나리. 상쾌한 날씨입니다. 좋습니다."

"왜 맨발로 다니나?"

"움직이기 힘들어서 그렇습니다. 장화를 신고 갑판 위를 뛰어다닐 수는 없습니다.”

하루는 그에게 이렇게 말했지.

“일본인 한 명이 대포 방향을 트는 걸 보았네. 그런데 자네들은 대포 하나에 열 명이나 모여들어서 겨우겨우 움직이고 있군그래.”

“정확하게 보셨습니다. 나리, 하지만 그래 보았자 우리에게는 안 됩니다! 며칠 전에 파도가 해안으로 밀어닥쳤습니다. 저 낮은 포병 진지로 말입니다. 대포가 휩쓸려 버렸습니다. 바다 위를 둥둥 떠다녔습니다. 일본인 한 명이 근처로 배를 타고 가서는 해안으로 밀어붙였습니다. 일본 대포들은 그 지경입니다!”

잠시 생각하더니 이 말을 덧붙이더군.

“그런데 말입니다. 나리, 만일 일본인들과 싸워야 한다면 우리에게 총이 지급됩니까?”

“당연하네.”

“밧줄 끝 하나씩만 주셔도 충분할 겁니다.”

1853년 10월 16일

그 어떤 새로운 일도 일어나지 않았다네. 맑게 갰지만 추운 날씨야. 기가 막힌 날씨네. 모든 것이 빛을 발하는 그런 축제와도 같은 날씨라네. 언덕과 물결이 반짝이고 있지. 작은 섬들과 해협의 수면 위로 고개를 내민 바위들이 빛에 심하게 굴절되어 수면에서 완전히 떨어져 있는 것처럼 보여. 마치 허공에 매달려 있는 것 같아. 저녁노을은 모든 수평선을 황금색으로 물들이고 있네.(아침 일찍 해가 떠오르는 장면은 아마도 나는 평생 못 볼 것 같네.) 별들이 불을 밝히네. 가장 먼저 목성과 금성이 불을 밝히지. 금성은 커다란 촛불처럼 선명한 빛을 발하는군. 어제 우리는 망원경을 통해 사투르누스[36]를 보았네. 원형 고리도 확실히 보였어. 목성 주변에는 세 개의 위성도 있었네. 네 번째 위성은 목성 뒤에 숨어 있었지.

1853년 10월 17일

우리 사람들이 탄 배들을 기다리다가 걱정되기 시작했네. 수송선이야 저 고약한 북쪽에서 역풍 때문에 늦어진다고 치더라도 스쿠너[37]는 어떻게 된 것일까? 7주 이상은 머무르지 말라고 말했는데 떠난 지 벌써 두 달이 되었네. 다양한 추측이 나돌고 있네.

1853년 10월 18일

어제 18일에 제독이 바니오스들에게 특별한 용무 없이도 그저 러시아적인 사고방식과 생활양식에 더 가까워지기 위한 노력의 일환으로 손님으로 놀러오라고 전하라는 명령이 떨어졌네. 신입 통역관들이 이 내용을 전부 헷갈려버렸기에 한 번도 들른 적이 없던 두 명의 하급 바니오스가 찾아와 우리가 정확히 무엇을 원하는지 묻더군. 그들은 우리가 용무가 있어서 불렀다고 생각한 거라네.

1853년 10월 19일

오늘 19일에 다시 두 명이 찾아왔는데 그중에는 오이에사브로스키도 있었네. 현지사의 작은 부탁을 들고 왔다고 하더군. 내일, 즉 20일에 치쿠젠인가 츠쿠젠인가 하는 공작이 해협의 한 부두에서 다른 부두로 자신의 병영과 군부대를 둘러보러 출항하는데, 우리의 보트를 조금 물러나 있게 하면 안 되겠느냐 하는 부탁이었네. 공후를 호위하는 보트가 100대가량 되는데 현재 상태로는 통과하기 힘들다는 걸세. 그들에게 이렇게 말해주었네. 그들의 보트들이 우리 배를 피해서 돌아가는 것이 군사용 배가 정박한 자리를 옮기는 것보다 훨씬 편할 거라고 말이지. 그랬더니 그들은 그냥 돌아갔다네.

오이에사브로스키와 함께 온 사람은 살집이 좀 있고 키가 큰 하급 바니오스였네. 그런데 전혀 일본인 같지 않은 얼굴을 하고 있었어. 당장 7등 문관으로 임용해도 괜찮을 정도였지. 치마만 벗는다면 말이야. 그는 비단으로 만든 하늘색 치마를 입고 있었네. 안락의자에 덮개로 씌우면 정말 멋졌을 텐데! 뮤직 박스의 태엽을 돌리고 뚜껑을 열자 그는 아이 같은 그리고 약간은 멍청해 보이는 표정으로 뮤직 박스 속 인형의 춤을 바라보더군.

점심 후에 어떤 공후가 찾아왔다네. 오늘 날씨는 우리나라의 7월 날씨처럼 따뜻하고 좋았네. 그리고 러시아에서는 볼 수 없을 정도로 맑더군. 하지만 저녁이면 안개가 짙게 깔리고 밤이 되면 습해지고 매우 추워지지. 좀 지루하긴 해. 새로운 소식도 없고 하는 일들도 별 의욕 없이 진행되네. 잠을 자고 먹는 게 일상이라네. 훌륭하기 그지없는 생선으로 끓인 국, 생선 파이, 차가운 생선 요리, 구운 생선 요리를 먹지. 게로 만든 요리도 마찬가지야. 집게발이 있는 게 요리, 집게발이 없는 게 요리, 껍질이 두꺼운 게 요리, 촉수가 달린 게 요리, 촉수가 없는 게 요리, 둥근 게 요리, 길쭉한 게 요리 등을 매일같이 먹네. 나를 포함한 몇몇은 기름기 없는 이러한 수도원식 요리 때문에 위장장애가 일어날 지경이라고 불평하고 있어. 파데예프는 요즘 글을 배우고 있네. 내가 필기체를 가르쳐본 적이 있는데 그가 싫어하더군. 그러다가 아주 흉측하기 이를 데 없는 글씨체가 쓰여 있는 어떤 번들거리는 종이를 열심히 보고 베끼다 내게 걸린 적이 있네. 그 글씨체를 열심히 베껴 쓰면서 더 흉측한 글씨체를 만들어내고 있더군. 내 글씨체는 절대로 베끼지 않으면서 말이야.

"누가 이 글씨체를 자네에게 주었나?"

"아가프카가 주었습니다."

그러고는 내게도 그 글씨체를 가르쳐주려 하더군.

"자네는 그에게 대신 뭘 주기로 했나?"

"보드카 두 잔을 약속했습니다."

1853년 10월 25일

일기를 쓴 지 꽤 오래되었네. 어쩐지 지루한 나날이 계속되고 있지. 그리고 나의 몸 상태도 별로 안 좋아. 하지만 기록해두어야 할 것은 많이 있었다네. 첫째로 20일에서 21일로 넘어가던 밤에 끔찍한 뇌우가 쏟아졌어. 그 전날과 당일에 비가 오더니 저녁이 되자 번개가 번쩍이기 시작했지. 밤이 되자 점점 심해졌네. 지척을 분간할 수 없을 정도로 캄캄한 밤이었다네. 갑작스런 번개만이 눈을 뜨고 볼 수 없을 정도의 광채로 만과 산맥 전체를 뒤덮었지. 우리는 피뢰침들을 쳐다보았어. 정말로 엄청난 위력이더군! 번개가 번쩍이고 난 후 한참이 지나서야 낮은 소리의 천둥이 울려 퍼졌네. 저 멀리서 일어나는 일이란 증거였어. 하지만 잠시 후 거의 핏빛 같은 색의 광채가 다시금 번쩍이더니 거의 그 즉시 갑판 바로 위에서 천둥소리가 울려 퍼졌지. 그러고는 산에서 뭔가 떨어지는 것 같은 소리가 처음에는 낮은 소리로 나중에는 아예 화음을 맞추며 끊임없이 들려왔다네. 차마 눈 뜨고 못 볼 지경이었어. 소리를 계속 듣는 것만으로도 미칠 지경이었네. 새벽 세 시가 되어서야 멈추더군.

한번은 번개가 얼마나 가까이에 떨어졌는지 보초가 이렇게 소리 칠 정도였네.

"돛대 위쪽에 불길이 떨어졌습니다!"

그다음 번개는 파펜버그 섬에, 세 번째 번개는 배의 뒷부분 근처 물 위로 떨어졌지. 내가 직접 보았다네. 켐퍼나 골로브닌 등이 일본의 뇌우가 끔찍하다고 적은 것이 빈 말이 아니었네. 다음 날은 정말로 덥더군. 습하기 이를 데 없었네. 그러다가 서늘해졌지. 그러고는 지금까지 계속해서 좋은 날씨가 유지되고 있네.

1853년 10월 23일 아침이 되었을 때 일본인이 드디어 대포를 쏘았네.

"오! 배가 옵니다!"

무슨 배가 온다는 거지? 우리는 흥분하기 시작했네. 그 배를 맞이하러 간 사람도 있었고 돛대에 설치한 망루나 돛대 가목 위로 기어 올라간 사람도 있었어. 영국인들이 온 것일까? 세상에, 이럴 수가! 아니었네. 상하이에서 우리의 편지, 신문, 식량들을 싣고 돌아오는 우리 수송선이었네.

21일에 오이에사브로스키가 키치베와 에이노스케를 데리고 방문했다네. 에이노스케는 제독도 나도 읽어보라고 권하는 책을 단호하게 거절했어. 두려운 것이겠지. 고케닌들이 전권대리인과 이야기하고 싶다 했네. 그래서 그를 선실로 데리고 갔다네. 그들이 말하기를 마침내 에도에서 답신을 받았다더군! 우리는 기뻐했지.

질문을 쏟아부었네.

"뭡니까? 어떻게요? 어떻게 된 일입니까?"

우리는 우리를 에도로 불러주기를, 그리하여 이런저런 사항에 대해 우리에게 답을 주기를 손꼽아 기다리고 있거든….

하지만 키치베가 숨을 들이마시더니 그가 지어보일 수 있는 가장 달콤한 미소를 보이는 것이 아니겠나. 안 좋은 징조야!

키치베는 컥컥거리고 끙끙거리며 말했어.

"에도에서 답신이 도착했습니다."

"그래서요?"

무거운 짐을 제자리까지 끌어다놓은 듯 땀을 뻘뻘 흘리면서 키치베가 입을 떼었네.

"저희가 보낸 편지들이 에도에… 무사히 도착했습니다."

"그래서요?"

그가 했던 말을 반복했다네.

"그러니까… 무사히… 도착했습니다…!"

"그건 이미 들었습니다. 그리고 또 뭐라던가요?"

"그리고 또… 그게 다입니다."

"그건 답신이 아니지 않소?"

그들은 자신들의 잘못이 아니라는 등 핑계를 늘어놓기 시작했지. 제독이 며칠 후에는 이보다 나은 더 적절한 다른 답신을 받게 되기를 기대한다고 했네. 우리는 그들이 해안에 우리를 위한 땅을 줄 것인가도 물어보았어.

키치베가 끙끙거리며 미소를 지어보이며 말하더군.

"에도에서… 이에 대한 답신을 받지 못했습니다…"

그렇게 매번 늘어놓는 소리를 또 시작하지 않겠나.

"알고 있습니다. 어떻게 답신이 있을까요? 아무래도 이건 현지사의 잘못 같군요. 현지사께서 이 문제를 에도에 보고하고 싶지 않으셨나 보지요?"

바니오스들의 변명이 이어졌네. 현지사의 잘못도 자신들의 잘못도 아니라는 변명 말이야.

그러더니 또 같은 말을 늘어놓았다네.

"에도에서…"

1853년 10월 29일

우리가 덥다고 불평했던 것이 오래전 일이었나? 고기를 먹어본 지 오래되었다고, 포도주 한 잔 마신 지 오래되었다고 말일세. 이제 좀 찔리긴 하지만 춥다는 불평을 늘어놓아야겠네! 날씨는 계속 청명하고 밤에는 달이 뜨네. 하지만 북쪽에서 부는 계절풍이 날카로운 추위를 싣고 불어오고 있지. 모두 다시 남쪽으로 가고 싶어 야단이라네. 다들 마닐라로 갈 수 있기를 꿈꾸고 있어.

어제 28일에 점심 직후 낮잠을 좀 자볼까 하던 참에 보트를 타고 바다로 나가자는 제안을 받았네. 비록 조금 옥신각신하기는 했지만 우리는 바다에 나아감으로써 바다는 모두의 것이며 일본인이 이를 방해할 수는 없음을 보여주고자 했어. 그리하여 유럽인의 권리를 지키자고 말이야. 사실 우리 사람들이 바다 위에서 보트를 타고 다니며 일본인들의 심기를 건드리기 시작한 지는 꽤 되었지.

하지만 자네들은 모를 테지. 수병들이 말하는 뱃놀이라는 게 어떤 의미인지를 말이야. 아마도 자네는 못이나 호수의 잔잔한 물결 위에 부인들을 동반한 채 배를 띄워놓고 음악 따위나 들으며 느긋하게 그리고 소심하게 배를 저어가는 그림을 상상할 걸세. 사실은 전혀 그렇지 않다네. 뱃놀이를 그렇게 여긴다면 뱃놀이를 하자는 수병들의 말에는 절대로 동의하지 말라고 충고하고 싶네. 그건 미친 말 위에다 자네를 태워놓고 산책이나 조금 하자고 권하는 것과 마찬가지일 테니. 수병들은 항상 돛이 달린 배를 탄다네. 바람을 탈 수 있도록 말이야. 많은 사람이 싫어하는 짓이지. 게다가 그 바람은 이제 막 생겨난 바람이야. 무슨 말인가 하면 그 바람에 실려 배를 타게 되면 배가 거의 옆으로 누워서 달리게 되고 흰 거품이 이는 파도가 뱃전보다 더 높이 솟아오르거나 때때로 배 안으로 넘어오기도 하는 광경을 목격하게 된다는 말이라네. 북풍이 불었네. 급작스럽게 몰아치는 광풍이지. 우리가 타고 있던 보트가 옆으로 기울자마자 앞 돛대의 아랫부분에 다는 돛, 고물돛, 뱃머리에 있는 삼각돛이 날개를 펼쳤네. 그리하여 우리 배는 측면으로 완전히 누운 채 광속으로 내달리게 되었어. 우리가 파펜버그 섬과 이보시마 섬 사이에 있는 작은 만에 거의 도착하자마자 아니나 다를까 우리의 뒤를 이어 일본 보초선들이 사방에서 모여들었네. 우리는 그 보초선들을 모조리 저 멀리로 끌어가서 내버려두었어. 숨어 있던 다른 보초선들도 해안 근처에 끌어다놓았지. 사실 이 배들은 우리를 방해하고자 덤벼들었던 것이 아니야. 그들에게는 역부족인 일이네. 절대로 우리 배를 따라잡을 수가 없으니까. 그들은 오로지 윗사람들에게 자신들이 얼마나 열심히 보초선의 임무를 수행하고 있는지 보여주고자 했을 뿐이라네. 우리를 향해 돌진하며 서둘러 노를 저어오다가 망망대해로 나가는 입구에 서 있는 곶과 바위들에 이르게 되면 그 즉시 작은 만으로 숨어들어서 기다리기 시작하지. 그러다가 우리의 배들이 돌아갈 때쯤 되면 다시 우리 뒤를 쫓아오며 고함을 지르고 요란한 소리를 내네. 부두에 있는 동료들에게 자신들이 마치 우리를 뒤쫓아 저 먼 바다에까지 다녀왔다는 듯이 행동하며 말이야. 그저 웃음만 나올 뿐이네.

우리 보트가 코발스키 대문을 넘어 제3 항구로 나가자 일본 보트들이 바위들이 있는 포병중대 쪽으로 모여들어 그곳에 남았네. 파펜버그 섬이 바람을 막아주어 잠시 동안 무풍지대가 되거든. 하지만 우리가 산을 지나가자마자 배가 내달렸지. 파도가 매우 거칠었기 때문에 우리 배는 앞다리를 들고 뛰어오르는 말처럼 높이 솟아올랐네. 그러고는 바다로 다시 내리꽂혔어. 수병들은 보트 바닥에 잠자코 앉아 있었네. 우리는 양팔로 뱃전을 붙잡고 배 안의 긴 의자 한쪽에 몰려서 앉아 있었다네. 배가 기울 때마다 우리 모두를 한쪽으로 쏠리게 했기 때문이야.

춥더군. 나는 양손을 소매에 넣거나 옷소매로 가리거나, 아니면 품속 혹은 호주머니 속으로 끊임없이 숨겼네. 우리 모두의 코가 추위로 파랗게 될 정도였지. 해안으로 더 가까이 다가갔을 때 우리는 제1 항구로 들어가는 길목의 왼쪽에 자리 잡고 있는 정말 아름다운 작은 만을 둘러볼 수 있었어. 예전에 제1 항구로 들어서곤 했을 때는 보지 못했던 작은 만이었네. 그때는 해안, 포병중대, 언덕들을 둘러보느라 정신이 없었지.

작은 만은 아주 훌륭하더군. 해안에서는 마을이 보였고 매우 꼼꼼하게 경작된 계단식 땅들을 볼 수가 있었네. 이러한 땅들은 바다와 맞닿아 있는 가파른 절벽 끝까지 이어져 있었는데 일본인들은 그 어떤 야생 염소라도 기어오르지 못할 절벽에까지 단 한 뼘의 땅이라도 있는 곳이라면 모조리 경작해놓았다네. 경작되지 않은 땅덩어리는 단 한 곳도 없었지. 모든 경작지가 산으로, 산으로 뻗어 있었네. 사방에 벼와 채소가 자라고 있었어. 산등성이를 따라서 계단식 밭이 일구어져 있었는데 자잘한 돌멩이들로 그 아래가 보강되어 있었지. 해안도 모두 그렇게 되어 있었는데 이는 벼를 재배할 때 필요한 많은 양의 물이 그 계단을 따라 흘러내리다가 논을 쓸어가버리는 일을 방지하기 위해서라네. 가축도 많았고 아이들도 많이 있었네. 오두막과 별장에서 몇몇 일본인이 나오더니 무리를 이루더군. 그들은 우리가 탄 배가 멈추어 서기도 하고 해안으로 다가가기도 하며 또 해안선에서 멀어지기도 하면서 오가는 것을 구경하고 있었어. 우리는 높은 곳에 있는 벤치와 사원들을 바라보기도 하고 해안을 따라 길게 늘어 서 있는 잣나무 오솔길을 보면서 감탄하기도 했네.

사원이라고 해서 우리식 관념의 사원이라고는 생각하지 말게. 우리가 생각하는 사원은 근교 지역과 집들을 지배하는 개념이지만 일본 사원은 우리 식으로 보자면 오두막 정도라고 보면 되네. 일반적인 오두막들보다는 좀 더 크고 높은 지붕을 가지고 있는 그런 오두막 말이야. 아니면 낡고 오래된 정원에 자리 잡고 있는 세월의 흔적으로 퇴색된 정자라고 생각해도 무관할 걸세. 켐퍼는 자신의 저술에서 이러한 일본의 사원을 꽤나 그럴듯하게 묘사하고 있지. 산 위에 이러한 사원이 정말로 많이 세워져 있어. 하지만 망원경 없이는 제대로 볼 수가 없네. 이 작은 만에서 우리가 한 것처럼 해안 바로 근처로 배를 갖다 대지 않는 한 말이야.

유럽인의 손이 닿았었다면 이곳에 얼마나 훌륭한 전원주택지가 펼쳐졌을까! 그렇다네. 그런 일이 앞으로 실현될 걸세. 그것도 어쩌면 빠른 시일 안에 말이야…. 우리에게 식량을 운반해주고 있는 하급 바니오스 중 한 사람인 마타베가 며칠 전 우리에게 뭐라고 했는지 아는가? 우리는 그에게 일본인들의 배는 왜 뒤 갑판이 갈진 모양으로 만들어졌느냐고 물어보았네. 또한 키는 또 왜 그렇게 높고 느린지도 말이야.

처음에는 법규가 그렇다던 마타베가 자기네들 배가 형편없다고 인정하더군.

"일본이 계속 이런 상태로 머무를 수는 없지 않겠습니까."

그리고 이렇게 덧붙였네.

"곧 변화가 있을 것 같습니다."

마타베가 어떤 사람이냐고? 민첩하지도 의젓하지도 못한 사람이라네. 얼마나 순박하고 선량하며 정직한 얼굴을 하고 있는지! 이렇게 올바른 말을 하는 사람이라서 그럴 걸세.

어제 더 이상은 손을 댈 수 없을 정도로 경작해둔 언덕들을 보고 홍콩을 떠올리게 되었네. 특히 한 블록의 모서리를 모조리 차지하고 있는 자딘[38]과 매트슨의 쇼핑몰 말이야. 그곳에도 산들이 있네. 정말로 훌륭한 산이지! 이곳의 산과는 비교조차도 할 수가 없네. 일본의 산은 돌덩어리일 뿐이야. 하지만 작은 만은 편리한 형태로 되어 있고 해안가는 수심이 깊기에 배들이 바람을 피해 쉴 수 있더군. 자딘이 누구냐고? 그는 중국인들을 고용하여 산 하나를 아예 다 밀어버리고 그곳에 거대한 쇼핑몰을 세웠네. 경사면과 오솔길들을 만들고 모든 열대 식물을 심어놓았지. 그리고 자신이 영국에서 살던 때와 똑같은 수준의 생활을 누리며 바이트라는 섬에서 살고 있어. 나는 홍콩에서 경작된 땅을 단 한 평도 본 적이 없네. 사방으로 거리, 도로 혹은 부두를 만들기 위해 파헤쳐진 산들뿐이야. 그곳에 살고 있는 3만 명가량의 중국인은 굶어 죽을 염려 같은 것은 하지 않네. 그들은 유럽인들에게 궁전을 지어주는 것이 더 이익이라고 생각하니까. 본토인 중국에서처럼 파종만을 위해 땅을 파지 않아도 된다고 생각하네. 배에서 일하거나 점원이 되거나 아니면 직접 장사에 뛰어들거나 하는 것이 더 이익이라는 점을 깨달았던 거지. 이곳 일본에서도 반드시 그런 날이 올 걸세. 마타베가 한 말은 맞는 말이야.

나는 이 뱃놀이 때문에 꽁꽁 얼어붙었네. 여섯 시가 다 되었지. 가을날의 해는 수평선 뒤로 넘어가려 서두르고 있었고 아직 해가 있을 때 전함으로 돌아가기 위해 우리 역시 서두르고 있었다네.

우리는 일본인들이 각각의 대포들을 위한 작은 집들을 지어주고 있는 포병 진지 바로 아래에 있는 바위들을 지나갔네. 그 바위들은 산에서 떨어져 있었지. 그런데 이 대포들을 위한 작은 집들을 두고 우리의 선임 포병인 로세프가 얼마나 비웃던지! 그의 말에 따르면 대포에 씌워진 이 집 때문에 사격할 때 모퉁이 쪽 시야가 가려진다고 거야. 일본 보초병 한 명이 욕을 하면서 우리에게 돌멩이들을 던지기 시작했어. 하지만 자신의 발아래에 겨우 떨어질 정도였네. 우리는 웃었다네. 우리 뒤로 보트가 따라오고 있었는데 그곳에 탄 사람들도 같은 이유로 웃어댔지. 우리의 눈앞에 파펜버그 섬이 서 있었네. 그리고 그 밑자락에는 또다시 무풍지대가 형성되어 있었어. 보트는 바람의 영향에서 벗어나 똑바르게 서 있었어. 돛이 돛대에 매달려 펄럭이기 시작했네. 그 서쪽 측면에서 커다란 돌 하나가 작은 돌무더기들과 함께 굴러 떨어져 내렸지. 그 돌들 사이를 뚫고 파도의 흰 거품이 올라왔네. 파펜버그에서 더 멀리 떨어진 곳에 이와 같은 돌무더기들이 있는데 파도에 의해서 깎이고 마모되어 조각되더군. 정말로 아름다운 광경을 연출하고 있네. 마치 다양한 자세의 거인들 같아 보였지. 아이들과 함께 있는 거인들 말이야. 나가사키에서 『풍경집』이라는 책이 발간되면 이 돌무더기들이 반드시 들어갈 것 같아. 파펜버그 섬도, 쥐섬도, 수풀이 무성한 저 작은 섬도 그 책에 실리게 될 테지. 그 책에는 언젠 가 파펜버그 섬에서 가톨릭 수도사들과 교황의 수도사들이 바다 로 던져진 적이 있어서 이 섬의 이름이 파펜버그라고 붙여졌다는 사실도 언급될 거야. 실제로 사람들을 던져버릴 만한 장소가 이 곳에 있기는 하지. 이 섬은 사방이 가파른 바위들로 되어 있는데 그 높이가 무려 10사젠 혹은 그 이상이기 때문이네. 다만 오른편 에 있는 이 해안에서 수풀이 가장 무성한 곳에 일본인들은 자신 들의 발걸음으로 오솔길들을 내어놓고는 그곳에 포병 진지를 세워 놓았다네. 이 포병 진지는 대부분의 경우 휘장을 쳐서 가려놓으며 그 윗부분에는 희귀한 소나무들을 심어놓았어. 그 때문에 내가 언 젠가 썼던 것처럼 온 산이 머리카락을 삐죽삐죽하게 세운 모양새 를 띠고 있네. 일본인들은 언덕 위에 희귀한 나무 심는 것을 좋아 한다네. 그래서 일본의 언덕들은 우리의 부활절 케이크와 닮아 있 네. 가짜 장미꽃 나무들을 위에 꽂아놓은 그 케이크 말일세. 언젠 가 쥐 섬에서 스페인인들이 몰매를 맞은 적이 있었네. 그들의 배는 그 안에 실린 상품들과 함께 불 질러졌다지. 이 자리에는 틀림없이 언젠가 그럴듯한 정자가 세워질 걸세. 다른 건축물을 세우기에는 섬이 너무 작기 때문이야.

우리가 탄 배가 파펜버그 섬 쪽으로 다가가자마자 해안에 숨어서 우리를 기다리고 있던 일본 보트들이 우리 뒤를 빠르게 따라오기 시작했네. 일본인들은 고함을 지르며 배를 몰았으나 우리 배 쪽으로 가까이 다가오지는 않았지. 그래서 그들과 우리는 사이좋게 나란히 도착하게 되었어. 일본인들은 바람이 들지 않는 자신들의 협곡에, 우리는 우리의 전함에 말이야. 나는 오랫동안 분을 삭일 수가 없었네.

1853년 11월 1일, 2일, 3일

비가 오다가 맑았다가 따뜻해지더니만 오늘은 덥기까지 했네. 그러다가도 또 우리나라만큼 추워지기도 하더군.

3일에 일본인들이 찾아와서는 마침내 네덜란드 상인들의 배가 물건을 싣고 바타비아로 떠난다고 했다네.(우리가 바타비아에서 이미 이 배를 본 적이 있다고 내가 말했던가?) 그런데 그들이 전하기를 현지사가 우리더러 그 배에 가지 말라고 부탁했다는 걸세! 우리는 일본인들에게 이 일에 대해 유럽으로 서신을 보낼 것이며 일본 현지사가 어떻게 두 유럽 국가 사이의 교류를 방해할 생각을 할 수 있었는지에 대해 놀라움을 금할 길이 없다고 말했지. 거의 밤이 되었을 무렵 일본인 통역관들이 다시 찾아왔네. 만일 네덜란드인을 만날 거라면 적어도 바다 가까이에서, 코발스키 대문 너머에서 그들과 만났으면 한다는 걸세. 그들은 우리가 네덜란드인과 만나는 것을 자국민이 보게 될까 봐 두려워하더군. 조국의 정부가 힘이 없다는 사실을 알게 될까 봐 말이야. 일본 정부의 명령을 외국인들이 무시한다는 사실이 부끄러웠을 걸세. 우리는 싫다고 대답했네. 통역관들은 현지사가 일본 보트들에 명령을 내려 우리가 네덜란드인들의 배로 건너가지 못하도록 네덜란드인들의 배와 우리 배 사이를 가로막을 수도 있다고 단언했지.

우리는 그들에게 이런 대답을 주었다네.

"해보라고 하시지요. 그에 따른 결과에 대해선 장담할 수가 없군요. 현지사가 그로 인한 책임을 지셔야 할 겁니다."

오늘은 정말 기쁘기 그지없는 날이었네. 축제의 날이었네. 바로 오늘 스쿠너가 돌아왔다네! 오늘 3일에 일본 대포들이 발사되었지. 돛대의 기둥에 올라가서 스쿠너를 발견했던 거야. 한 시경이 되자 스쿠너는 우리 배 곁에서 닻을 내렸어. 새로운 소식을 얼마나 많이 가지고 왔을까!

1853년 11월 5일

겉으로는 모든 것이 평온하고 날씨 또한 훌륭하지만 사실은 일하고 있어도 무료하기 짝이 없네. 어제 저녁에 나는 우리 수송선으로 옮겨왔다네. 선장도 이리로 왔지. 아바쿰 사제도 내 설득에 따라왔네. 우리는 함께 저녁을 먹었어. 그런데 그때 포시예트가 갑자기 나타나서 제독이 결정 사항을 바꾸었다고 전해주더군. 마닐라가 아니라 에도로 간다는 걸네. 이런저런 논쟁이 있었네. 제독은 에도에서 곧바로 상하이로 수송선을 보내어 몇 개월분의 식량을 실어올 작정이었던 거야. 하지만 식량이 부족한 것 외에도 사나운 북풍 계절풍이 에도로 가는 길을 방해하고 있네. 오늘 바니오스들을 호출했다네. 오이에사브로스키, 키치베, 쇼자, 오이에사브로스키와 함께 또 한 명의 바니오스가 왔지.(바니오스들은 반드시 둘이 한 팀을 이루어 다니지.) 이 바니오스는 꽤나 멍청해 보이는 순박한 눈빛으로 항상 나를 대했는데 한없이 선량한 숙모나 유모 혹은 천덕꾸러기 여자를 떠올리게 되었네. 지혜나 훈계 같은 것은 기대할 수 없지만 그 대신 과일 병조림이나 사탕은 잘 만들고 또한 잘못을 저질렀을 때 잘 눈감아주는 그런 여자 말이야.

우리가 나가사키를 떠날 거라는 사실을 그들에게 알려주자 모두 좋아서 어쩔 줄 몰라 하더군. 키치베만이 다른 이들보다 더 슬퍼하지도 더 즐거워하지도 않았네. 그는 질문과 답변을 통역하기만 할 뿐 스스로는 아무것도 묻지 않았으며 무언가에 흥미를 보이지도 않았지. 왜 영어를 배우지 않았느냐는 포시예트의 질문에 그는 네덜란드어를 배운 것도 후회하고 있다고 대답했어.

"왜 후회하나요?"

"저는 말입니다. 사실 아무것도 하지 않는 것을 좋아한답니다. 그냥 옆으로 누워 있는 걸 좋아하죠."

하지만 우리가 에도로 간다는 사실을 바니오스들이 알았더라면 그들은 그렇게 기뻐할 수만은 없었을 걸세. 우리는 그 사실에 대해서는 입도 벙긋하지 않았지. 다만 내일 다시 들러 현지사들과 통역관들을 위한 선물과 문서들을 가져가고 또한 최대한 많은 양의 물과 식량을 가져다 달라고 부탁했을 뿐이야. 일본인은 우리가 그 식량을 에도로 가는 길에 사용할 것이라고는 상상도 못하고 있네. 내일 과연 어떤 일이 일어날까?

1853년 11월 6일

오늘 아침에 그리고 저녁에 또 바니오스들이 방문했네. 그들은 골머리를 썩게 되었지. 두 현지사가 모두 불안에 떨고 있으니 말일세.

"왜 갑자기 떠나신다는 겁니까? 그리고… 어디로 가실 작정입니까?"

뭔가 궁금한 것이 더 있는 듯했지만 끝내 물어보지는 않더군. 우리가 대답하지 않으리란 걸 예감한 거지. 바니오스들은 오늘 전혀 유쾌해 보이지 않았다네. 상급 바니오스인 하기바리도 함께 왔네. 그들 모두 제독실로 불려갔지. 그들의 말에 따르면 현지사들이 우리가 부탁한 문서를 위원회에서 받아주기로 결정했다는군.

이 소식을 전한 후 현지사의 비서와 바니오스들이 질문을 던지기 시작했네.

"왜 갑자기 이곳을 떠나시기로 한건가요?"

"여기서는 더 이상 할 일이 없기 때문이지요."

"현지사께 쓰신 편지에 그 이유를 적어두셨습니까?"

제독이 자신의 말을 통역하라고 시켰어.

"이 문서들에 나의 계획이 설명되어 있소."

선물과 관련하여 바니오스들이 말하기를 그들도 현지사들도 선물은 받을 수가 없다 했네.

키치베가 숨을 헐떡이며 말했지.

"절대 안 됩니다! 에도에서 이 선물들과 관련하여… 허가를 받지 못했습니다!"

"그렇다면 받지 마십시오. 하지만 나중에 함께 일하게 된다면 우리도 당신들에게 그 어떤 선물도 받지 않겠습니다."

키치베는 뱀처럼 몸을 꼬며 우리가 이곳을 떠났다가 다시 돌아올 것인지 캐묻더군. 그러면서 출발하는 날짜를 알려 달라는 등 생떼를 쓰기 시작했지. 하지만 아무런 소용이 없었네.

포시예트가 그에게 네덜란드어로 대답해주었어.

"곧 갈 겁니다, 곧."

그들은 적어도 떠나기 하루 전에는 자신들에게 알려 달라고 부탁했지만 우리는 그마저도 거절했다네. 그들이 우울해하는 것이 한눈에 드러나더군. 이제는 그들이 장난감이 될 차례였어. 우리는 교묘하게 답변들을 피해가며 그들을 알쏭달쏭하게 만들었네. 그렇게 불안에 떨면서 아무런 소득도 없이 그들은 자리를 떠났지. 하지만 우리는 편안한 마음으로 점심 식탁에 앉았네.

도대체 일본인들은 왜 저리도 갑자기 우리의 출발을 걱정하는 걸까? 왜 하루 전에는 알려 달라는 것일까? 그들에게 이에 대한 정답이 있겠지. 다만 항상 그렇듯이 우리에게 가능한 한 오랫동안 숨기고자 할 뿐. 저녁에 다시 일본인들이 찾아왔네. 이번에는 에이노스케를 데리고 왔더군. 그는 더 영리해서 자신들이 원하는 정보를 우리에게 캐낼 수 있을 거라고 기대하고 왔을 테지. 하지만 에이노스케도 아무런 도움이 되지 못했네. 도대체 어디로 가는 거야? 일본인들은 이것을 궁금해한 거라네.

우리는 그런 그들에게 미소를 띠며 대답해주었지.

"바람이 이끄는 대로 가지요."

그러다가 마침내 어디든 멀지 않은 곳으로 갈 거라고 말해주었다네. 제독이 그들에게 말했던 대로 일을 마치지 않고는 일본의 해안을 떠나지 않을 거라고 말일세.

"그렇지만 그 일과 관련된 답신은 나가사키에서 받게 되실 텐데요?"

우리는 아무 말도 하지 않았네. 이 일본인들을 기다리고 있는 것은 고난뿐이야. 오로지 고난뿐이지!

에이노스케가 말했어.

"우리 입장도 좀 생각해주시기 바랍니다. 어디로 가시는지 알아오라고 명령을 받았는데 아무런 소득도 없이 다람쥐 쳇바퀴만 돌고 있는 우리 입장을요."

포시예트가 대답했네.

"내 입장도 좀 생각해주시오. 제독은 자신의 계획에 대해 단 한마디도 더 해주지 않는데 내가 뭘 말해줄 수가 있겠소."

그들은 그렇게 돌아갔다네.

1853년 11월 7일

나가사키항을 배경으로 우리는 일본인들과 희극을 공연하고 있다네! 시계가 여덟 시를 울리자마자 우리는 깃발을 올렸고 그 즉시 일본인 통역관들이 나타났지. 그들의 뒤로 상급 바니오스들, 하기바리, 오이에사브로스키, 소심하며 볼품없어 보이는 또 다른 한 명이 들어왔네. 그들은 우리에게 무슨 불만이라도 있냐고 캐물었어. 그러더니 제독을 뵐 수 있겠느냐고 부탁했지. 여느 때처럼 우리 모두는 제독의 선실에 자리를 잡고 앉았고 적막이 흘렀다네.

하기바리가 한 10분쯤 말을 했네. 우리는 말에 끝이 없을 것이라는 생각까지 하게 되었어. 키치베가 그의 말을 자기 식으로 짧고 뚝뚝 끊어지게 통역했지. 요점만 통역하는 것 같았네. 표현 방식이나 상세한 내용들과 말의 뉘앙스는 모조리 다 사라져버렸네. 키치베는 능력은 부족한데 고집은 세다네. 우리가 눈치 챈 바에 의하면 그는 우리 측의 날카로운 발언을 네덜란드어로 들으면 그 말을 통역하면서 표현을 완화하거나, 아니면 아예 입을 다물어버리지. 제독은 그 점이 불만이었고 키치베를 회담에서 제외시켜버리라고 요청할 생각까지 했어. 에이노스케는 이와는 반대로 네덜란드어를 모두 이해하고 자세한 부분까지 통역하려 애썼지.

그들이 이렇게 말을 시작했네.

"제독께서 이곳에 남아계시라는 제안에 동의하지 않으시니 현지사께서도 제독을 더 이상은 잡으실 수 없으십니다. 하지만 현지사께서는 10일쯤 후에, 절대로 11일을 넘기지는 않고 어쩌면 7일 후가 될 수도 있습니다만, 그때까지는 무슨 이유에서인지 중도에 시간을 끈 답신이 반드시 도착할 거라는 상황을 염두에 두어주시기를 부탁하셨습니다."

이 말을 들은 후 제독은 다음과 같이 대답했어.

"3개월을 기다렸는데 7일을 더 못 기다리겠습니까. 하지만 반드시 저희에게 해안에 땅을 내어주셔야 합니다. 배들도 손을 좀 봐야 하고 크로노미터도 검사해야 하며 해야 할 일이 많답니다. 또한 만일 도착할 거라는 그 답신이 이후 일을 진행시킬 수 있도록 하는 내용의 답신이라면 남겠습니다만 만일 그렇지 않다면 우리는 계획한 그곳으로 떠나도록 하겠습니다."

이런 대화가 오가는 중에 우리는 선장의 선실에 머무는 동안 통역관들이 번갈아가며 자기네 보트에 다녀오는 것을 알아챘다네.

바니오스들이 이에 대해 대답했지.

"그들은 제독의 말을 현지사에게 전달하기 위해서 나갔던 겁니다. 그리고…"

갑자기 선실 문 근처에서 소음이 나며 사람들의 목소리가 들려왔네. 에이노스케가 일어나더니 문 쪽으로 갔어. 그러고는 급히 돌아와서는 알리기를 두 명의 바니오스가 더 왔는데 보초가 그들을 들여보내지 않는다더군. 그 두 명을 들여보내라는 명이 떨어졌네. 이름은 기억나지 않지만 낯익은 두 사람이 들어왔어. 그들은 절을 하고는 하기바리 쪽으로 다가가 그에게 문서를 내밀었네. 난 이들이 에도의 답신을 가져왔다는 사실을 알아챘지. 하기바리는 놀라는 척하며 그 문서를 읽고 나더니 오이에사브로스키에게 건네주었네. 오이에사브로스키 역시 문서를 읽고 난 후 다음 사람에게 넘기는 식으로 그 문서는 마침내 키치베에게 전해졌어. 그들은 놀라면서 감탄하기 시작했네.

키치베는 첫마디부터 벌써 숨이 넘어갈 듯하더군.

"편지가… 편지가… 에도에서 도착했습니다!"

더 이상 참을 수 없었던 나는 그들에게서 돌아앉아 버렸네. 미친 듯이 비웃어주고 싶은 마음을 겨우 억눌렀어. 사기꾼들 같으니라고! 정말 영악하기 짝이 없지 뭔가. 우리의 출발을 늦추려고 애쓰면서 열흘 말미를 달라더니 알고 보니 에도에서 벌써 답신을 받았던 걸세. 문서는 항상 그렇듯 6~7줄의 문장으로 되어 있었어.

"전권대리인인 네 명의 고위 관리가 제독을 만나 협상하기 위해 에도에서 그곳으로 가고 있는 중임."

이것 한번 보게! 이게 바로 에도라네! 우리는 태산 같았던 부담감을 내려놓게 되었네! 식량을 구해 에도로 가려 했는데 에도가 직접 우리에게 온다니 말일세!

우리는 그 관리들이 언제 도착하느냐고 물어보았네.

"에도에서… 이에 대해… 들은 것이 없습니다."

그러고는 같은 넋두리를 또 늘어놓기 시작했지. 하기바리와 오이에사브로스키가 답신을 가리키며 이런 기적 같은 일이 어디 있느냐는 듯한 시늉을 하더군. 에도에 대해 이야기가 오가자마자 어떻게 짜기라도 한 듯 답신이 떡하니 도착하느냐는 식으로 말일세. 그 순간 일본인들조차 더 이상은 참지 못하겠던지 결국 우리 모두 함께 웃어대기 시작했지. 이 답신은 최고회의의 수장인 아베이센 오카미사마가 직접 두 명의 현지사들을 위해 작성한 것이었네. 그는 전권대리인들이 가고 있는 중이라고는 알려주었지만 정확히 누가 그리고 언제 오는 것인지에 대해서는 또한 이제 막 길을 나섰다는 것인지 아니면 한참을 가고 있는 중이라는 것인지에 대해서는 일절 언급하지 않았지.

일본인들은 우리에게 해안의 땅을 내어줄지 말지에 대한 현지사의 대답을 들고 저녁에 다시 오겠다고 약속하고 떠났네.

그들은 돌아가면서 이렇게 말했다네.

"어쨌건 간에 이제 어디로도 떠나지 않으시는 거지요?"

그러고는 이마에서 땀방울을 훔쳐내더군. 그 전까지 내뱉은 자신들의 말을 지우기라도 하려는 듯 말일세. 우리는 이후 계획에 대해 논의하기 시작했지. 선장이 돛의 상태를 점검했네.

나는 선장에게 이렇게 말했네.

"쓸데없는 짓입니다. 다시 돛을 거두라고 명하십시오. 여기에 머물도록 합시다."

점심이 지나자마자 일본인들이 나타나서 말하기를 비록 현지사가 허가를 받은 것은 아니지만 현지사가 모든 책임을 지고서 우리에게 해안의 땅을 내어주기로 했다더군.

이들은 저녁에 다시 들러 물었어.

"예전에 러시아 공사인 레자노프가 점유한 작은 만인 키바치에 자리를 잡을 생각이 있으신지요?"

제독은 일단 그 땅을 보고 난 후 결정을 내리겠다고 말했네. 페수로프, 코르사코프, 고시케비치가 그 땅을 둘러보러 갔지. 이들은 잔뜩 화가 난 상태로 조소를 띠며 돌아왔어. 알고 보니 우리에게 내어주겠다던 그 땅은 풀 한 포기 없는 돌과 모래로 가득 찬 맨땅이라네. 도저히 사용할 수 없겠다고 하더군. 도대체 이런 민족을 언제까지 참아주어야 하는 걸까? 해안에 머물 땅을 얻는 문제로 우리는 사흘째 토론중이라네. 비록 돛을 거두어버리긴 했으나 제독은 그만 떠나자고 했어. 에도가 아니라 상하이로 말이야. 그곳에서 유럽의 정세를 알아보고 신선한 식량을 몇 개월치 준비하자는 것이네. 우리는 일본인들에게 그들이 권해준 해안가의 땅에서는 도저히 머물 수 없다고 했어. 현지사가 다른 땅은 없다고 했네. 화가 나 있는 것이 눈에 보이더군.

우리는 이 땅도 있고 저 땅도 있지 않느냐며 현지사의 말에 반박했네. 이곳에는 아름다운 장소들이 많지 않느냐고 말이야.

"만일 땅을 내어주지 않는다면 떠나겠습니다. 식량을 보내주십시오."

"예전처럼 식량을 조금씩 요구하십시오."

그는 식량 때문에 우리가 떠나지 못하기를 바란 거라네.

우리는 현지사에게 말했지.

"그렇다면 식량 없이 떠나지요, 뭐."

1853년 11월 10일

오늘 갑자기 작은 만인 키바치로 들어가는 입구에 일본인들이 무리 지어 있는 것을 보았네. 바니오스와 통역관들도 함께 있었는데 밧줄을 줄이기 위한 매듭의 길이를 재어보고 찔러보고 하더군. 우리에게 내어줄 다른 땅을 준비하려는 것이 분명했어. 하지만 그 땅 역시 형편없었네! 이번에도 맨땅이었는데 벼, 채소, 모종들이 자라고 있는 땅이었거든. 발을 디딜 수 있는 곳이 없었네.

우리가 이 땅마저 거절할 것이라는 사실을 알게 된 현지사가 대답하기를 자신에게는 더 이상 내어줄 수 있는 땅이 없으며 우리가 원하는 땅은 오무레 공후의 소유지이기에 자신에게는 그 땅에 대한 권리가 없다 했네. 일이 이쯤 되자 두 명의 현지사 모두 마음을 놓을 수 있게 되었어. 우리와 관련하여 전권대리인들은 상부에서 이미 정해주었고 또 자신들은 우리가 상륙할 땅까지도 내어주었는데 그럼에도 만일 우리가 이 모든 것을 거절하고 떠난다면 그때는 이미 자신들의 잘못이 아니었기 때문이야.

제독은 전권대리인들이 만일 우리보다 먼저 나가사키에 도착하게 된다면 전해주라고 하면서 그들에게 문서 하나를 건넸다네. 그 안에는 현지사에게 쓴 메모도 같이 들어 있었지.

그 메모에는 다음과 같은 내용이 적혀 있었네.

"제독이 곧 일본으로 돌아와 나가사키에 들를 것이다. 만일 나가사키에 전권대리인들도 없고 제독의 제안에 대한 에도에서의 답신도 없을 경우 제독은 지체 없이 에도로 향할 것이다."

바니오스들이 메모에 무슨 내용이 적혀 있느냐고 물었지만 우리는 대답해주지 않았네. 현지사에게도 우리가 어디로 가는지 오랫동안 다녀올 것인지 등에 대해 말해주지 않았지. 우리는 그들이 우리를 붙잡을 것이고 땅을 내어줄 것이며 전권대리인들이 지금 오는 중이라고 우리에게 말할 것이라고 계속해서 기대하고 있었네. 하지만 그런 일은 일어나지 않더군. 우리가 에도로 가는 것은 아니라는 사실을 눈치 챈 현지사들은 안도하는 듯했네. 순풍이 분다면 오늘 즉시 떠날 거라고 그들에게 말해주었지. 세 시경에 닻을 거둬들였네. 나가사키에 머무른 지 정확히 3개월이 되었네. 8월 10일에 와서 11월 11일에 떠나니 말이야. 잠자리에 들었지만 출항을 준비하는 사람들의 발자국 소리와 닻줄을 감아올리는 소리가 나를 깨웠네. 내가 선실 밖으로 나갔을 때 마침 배는 코발스키 대문이라고 불리는 제1 항구 쪽으로 향하는 중이더군. 우리가 둘러보았던 작은 만도 보이고 저 멀리에서는 파펜버그 섬이 그리고 익숙한 수레바퀴 자국과 얕은 골짜기들도 보였네. 가메노시마 섬과 이보시마 섬이 바로 앞에 서 있었네. 그 왼편으로는 노모 곶이 푸르스름한 빛을 띠고 있었고 눈앞으로는 끝이 없는 광활한 바다가 펼쳐져 있었다네!

제 2 장
상하이

1853년 11월 11일부터

바람의 의지로 움직이거나 바람의 자비로 평온해지는 바다 위의 생활이 또다시 시작되었다네! 요즘 들어 바람이 얼마나 차갑고 세찬지 모르겠네! 나는 3개월 만에 바다 위의 삶이 너무도 어색해져버렸지. 다른 모든 이가 선상의 삶에 다시 잘 적응해나가는 것이 불만스러울 정도였어. 네 명의 조타수가 마치 조타륜과 한 몸처럼 보이는 것도, 수병들이 돛대에 설치한 망루들 위를 기어오르는 것도, 전함이 추진기의 날개를 활짝 편 것도, 노인이 뒤 갑판에서 지도 사이를 왔다 갔다 하는 모습조차 보기 싫어졌네. 우리는 측면에서 부는 역풍에 몸을 싣고 6~7노트로 배를 몰았어. 우리가 어디로 향하는지 보기 위해 일본 정크선[39]이 우리 뒤를 오랫동안 따라왔네. 나는 너무 추워서 어찌할 바를 몰랐어. 융으로 된 외투를 입은 채 침대에 누워서 솜이불을 덮었지. 그래도 추운 건 마찬가지더군. 앞으로 더 따뜻해질 것 같지도 않네. 상하이는 북위 31도 아래에 있지만 영하로까지 내려가기도 하는 곳이니까.

오늘 아홉 시경에 갑판으로 나가보았네. 안개가 자욱한 왼편에 어떤 섬이 있더군. 그 위로 빗줄기를 머금은 잿빛 먹구름이 거인의 병풍인 양 드리워져 있었네. 흐린 날씨야. 비가 보슬보슬 내리고 있었네. 축축한 공기 사이로 늪에서 나는 냄새가 조금씩 풍겼지. 코감기가 걸릴 것 같은 예감이 들었어. 여름이 끝나갈 무렵 핀란드 만이나 네바 강에서 볼 수 있는 바로 그런 날씨였네.

"이 섬은 무슨 섬인가요?"

"교토입니다."

"오른쪽에 있는 이건 뭡니까?"

"당나귀 귀랍니다."

풀 한 포기 없는 어두운 색 돌무더기를 바라보며 나는 생각했지.

'뭐라고? 이게 왜 귀 모양이라는 거지? 게다가 당나귀 귀라고?'

내 옆에 서 있던 누군가 대답을 해준 것을 보니 내가 이 생각을 입 밖으로 냈던 것이 분명하네.

"그렇게 불리는 이유는 이 섬이 바다에서 위로 솟구쳐 있기 때문입니다. 보이십니까?"

보이긴 보였네. 하지만 그건 모자 같기도 하고 대문 같기도 했어. 전혀 당나귀 귀 같아 보이지는 않았다네. 테이블 산은 탁자를 닮았고, 사자 산은 사자를 닮았다고들 하지 않나. 그러니 이 돌무더기가 당나귀 귀를 닮았다고 해도 그리 이상할 건 없겠지? 아, 그리고 저기 더 오른쪽에는 세 개의 암석이 있네. 우리 수송선의 대장인 푸루헬름 선장이 이 암석들을 최초로 발견했어. 이 암석들은 지도에도 나와 있지 않아서 우리가 그 위치를 기록해두었지. 이 암석들은 일본을 등지고 볼 때, 당나귀 귀 섬에서 조금 더 오른쪽에 그림의 배경처럼 있네. 어떤 이는 팔라다 섬이라고 이름을 붙이자고 하고, 또 어떤 이는 세 보초라고 부르자고 하더군. 결국엔 이름을 지어주지 못했네.

바람이 시원해지기 시작했어. 윗돛을 치우고 곧 2단돛을 폈네. 이제 육로로의 여행이 기다리고 있어. 내가 러시아의 육로를 따라 여행하는 것을 얼마나 좋아하는지 자네들은 모를 걸세! 느긋이 마차를 타고 다니는 여행 말이야. 기한도 특별한 용무도 없이 좋은 길동무와 함께하는 거지. 마차도 흔들리긴 하지만 멀미가 나지는 않지 않나. 멀미가 난다고 해도 괜찮네. 마차의 종소리가 바람 소리를 덮어버릴 테니. 추운 밤이면 마차 안으로 몸을 숨긴 채 깃털이 들어 있는 요에 몸을 묻고 이불을 덮겠지. 그러면 세상만사 온갖 근심이 다 사라질 걸세. 평상시보다 두 배나 더 자고 난 후 아침 늦게야 이 여행자는 깨어날 거야. 비밀스러운 장소에서 겨우 고개를 들 테지. 벌떡 일어나면 머리 모양은 정신없는 모양일 거야.

나는 어리둥절하게 사방을 둘러보며 생각할 걸세.

'저 나무들은 뭐지? 어디서 온 거야? 그리고 나는 왜 여기에 있지?'

정신을 차리고 난 후 이리저리 눈동자를 굴리다가 모자를 찾아보면 그 안에서 머리 대신 발을 발견하게 될 걸세. 혹은 여기저기 더듬으며 찾아보다가 끝내는 발견하지 못하는 경우도 있을 테지. 그러고는 궁금증들이 생겨나기 시작할 거야. 멀리까지 온 걸까? 역에는 곧 도착할 수 있을까? 저기 저 나무의 이름이 뭐였더라? 협곡에는 뭐가 있지? 그리고 역에 도착해서 차를 마실 걸세. 아침의 한기를 약간 느끼고 난 후 그림 같은 풍경을 보겠지. 그리고 또다시 그림이 아니라 실제로 존재하고 있는 다양한 나무, 경작지, 저 멀리 있는 촌락과 마을이 어우러져 만들어내는 경치를 구경하고 나면 타오르는 태양, 하루살이들, 그리 길지 않은 무더위가 이어질 거야. 그러고는 다시 역에 도착하여 점심을 먹고 머리를

양 갈래로 땋아내린 상냥한 얼굴들을 마주하게 될 걸세. 그 후에
는 다시 잠을 청할 테고. 그리고 마침내 친근한 관문, 친근한 거리,
친근한 집을 볼 수 있을 거야. 그곳에는 그녀가 혹은 그가 아니면
그것이 있을 걸세…. 아! 사랑스럽고 친근한 그 모든 것은 다 어디
에 있는 것일까? 그리고 이곳에는 도대체 무엇이 있단 말인가? 한
손으로 선실 벽을 짚은 채 다른 한손으로 글을 쓰고 있지. 책상에
짓눌린 채 벽에 기대어 이 글을 쓰고 있다네…. 잘 있게.

1853년 11월 14일

마침내 안장 섬에 도착했네. 우리는 상하이로 바로 가지 않기
위해 배들을 이곳에 정박시켰다네. 암초에 부딪히는 것을 방지하
고 또한 만일 우리가 영국과 전쟁 중이라면 영국인들과 맞부딪치
지 않기 위해서지. 우리는 아직 아무것도 모르고 있네. 어차피 큰
배를 끌고서는 상하이까지 갈 수도 없네. 양쯔강 바닥은 암초로
뒤덮여 있기 때문이야. 증기선과 수로 안내인이 필요해. 상하이에
공자호라는 이름의 증기선이 있기는 하지만 그 배는 우리 배를 상
하이로 인양해가는 비용으로 400달러를 요구하더군. 덕행을 행했
던 공자가 만일 자신과 동명인 이 배가 상하이에 오는 배들에서

그만큼이나 돈을 뜯어간다는 사실을 알게 된다면 뭐라고 할까? 물론 타지인들을 저주했을 것이네. 만일 공자가 이 인양선 회사의 주식을 갖고 있었다면 두 배를 달라고 했을지 누가 알겠는가. 상하이에서는 석탄이 믿을 수 없을 만큼 비싸다네. 한 통에 10파운드나 하지. 그렇기에 인양료가 비싼 거라네.

안장 섬은 양쯔강의 사구 혹은 하구에서 64킬로미터가량 떨어져 있다네. 그 강을 타고 그만큼 더 가야 하지. 그 후에는 우숭 혹은 영국인들이 표기하는 대로 우성이라고 불리기도 하는 우쑹 강을 따라서 더 가야만 하네. 자네들 편한 대로 발음하도록 하게나. 중국에서 산 적이 있는 아바쿰 사제는 중국인들에게는 기역 발음이 없으니 보순이라고 불러야 한다더군.

새들 아일랜드는 안장 섬을 뜻하네. 영어로 된 섬의 이름만 보아도 영국인이 이곳에서 주인 행세를 했음을 알 수 있지. 중국전쟁 당시 영국군 선박들도 이곳에 정박했어. 이제 나는 내 선실의 창문을 통해 해안을 볼 수 있네. 해안은 온통 섬과 바위로 이루어져 있어서 마치 점과도 같은 모양을 하고 있어. 지도에서도 점 모양으로 표시되어 있지. 이 섬과 바위는 중국 근방에 있는 대부분의 섬들처럼 척박하더군. 바람이 강변을 그렇게 만든다네. 아 참, 이곳에는 굴이 많이 자라고 있어. 자네들 생각에는 또 뭐가 많을 것 같은

가? 바로 자아도취에 빠진 인간들이라네!

　방금 포시예트가 어선단을 구경하자고 나를 불렀네. 나는 어선을 20척쯤 보게 될 거라고 생각해서 나가지 않으려고 했다네. 그런데 상상이 되는가? 어선이 500척가량 모여 있지 않겠나. 이 어선들은 모두 한 줄로 나란히 서 있었는데 우리 배에서 약 3카벨토프[40] 떨어진 곳에, 즉 약 300사젠 정도 떨어진 곳에 있었어. 이 어선들은 우리 왼편에 있었네. 우리 오른편으로는 섬들이 보였는데 정말로 바다 괴물 같은 모양이더군. 바다 위로 어두운 무채색 등줄기가 솟아올라 있었네. 풀 한 포기 언덕 하나도 보이지 않았어. 이 섬들에 가기 위해 19킬로미터 정도 더 가야 하네. 나는 중국 보트들의 말뚝 울타리를 계속해서 바라보았지. 이 어부들이 무엇을 하는지 지켜보았네. 섬에 사는 대부분의 중국인이 그렇듯 어쩌면 이들도 해적이 아닐까. 해적들은 통제가 불가능하다네. 중국 정부는 너무도 무기력하기에 이 어선단 없이는 해적들을 어떻게 처리 못하지. 해적들은 해상에서 더 강력한 힘을 가지고 있는 영국인들이나 다른 이들은 건드리지 않아. 그렇기에 그들은 아무 걱정도 할 필요가 없어. 영국인들이 이 해적들을 다양한 용도로 활용하고 있다는 말까지 돌고 있네. 하지만 대형 상선이 아닌 상선들은 해적들에 피해를 입는 경우가 종종 있다네. 이 해적들을 잡기란 쉽지 않은

데 이들이 배를 약탈하고 난 후 그 배에 있던 모든 사람을 익사시켜버리기 때문이야. 만일 자신들이 진다면 그때는 얼마나 빨리 도망가는지 가까이의 모든 섬을 뒤져보아도 절대로 찾아낼 수 없을 정도라네. 그들은 승리를 확신할 때만 공격을 한다는군. 이들을 잡기 어려운 이유는 바로 이들이 여러 가지 업에 종사하고 있기 때문이지. 오늘은 상인이었다가 내일은 어부로 일한다는 말이네. 그러다가 기회만 있으면 강도로 돌변하는 거지. 우리 수병들은 이들이 오크통 모양으로 된 붉은색 보트와 거적으로 만든 돛을 능수능란하게 다루는 모습에 감탄을 금치 못했네. 그들이 타고난 뱃사람들이란 걸 인정해야만 한다네. 이들 위에는 아무도 없는 듯했어. 동에 번쩍 서에 번쩍 하면서 항상 당국의 손아귀를 빠져나가지. 가득 찬 자루 속의 완두콩처럼 중국인들은 중국을 벗어나 사방으로 뿔뿔이 흩어지고 있네. 근방의 모든 섬과 저 멀리 있는 섬들로 말이야. 한쪽으로는 자바 섬까지이고, 다른 쪽으로는 캘리포니아에 이르는 곳까지라네. 모든 곳에서 많은 중국인을 볼 수 있지. 그들은 장사하기도 하고 훌륭한 기술자로 일하기도 하며 막일을 하기도 하네. 희망봉에 왜 아직까지 중국인이 없는지 이상하다는 생각이 들 정도야. 이 민족은 교역 분야에서 크나큰 역할을 할 운명을 타고났네. 어쩌면 다른 분야에서도 그럴 걸세.

이틀을 예정으로 한 우리의 항해는 아직까지는 순조롭다네. 수요일에 출항하여 오늘 토요일에 목적지에 거의 다다랐어. 720킬로미터 정도 항해한 것 같아. 700베르스타가 좀 넘는 거리야. 배가 좀 흔들리기는 했지만 심한 정도는 아니었네. 비록 어제는 바람이 좀 불기는 했지만 말이지. 상쾌한 바람이 고르게 불어오다가 날카롭고 차가운 바람으로 바뀌어 불더군. 파도가 심하지는 않았지만 사납고 지속적으로 몰아치는 파도였네. 마치 화가 난 사람이 험하게 욕설을 퍼붓는데 그게 곧 끝날 것 같아 보이지는 않는 그런 상황이었지. 전함이 왼편으로 기울어진 채로 가고 있었기에 살짝 부르르하는 떨림이 있곤 했네. 발밑으로 무언가 살아 있는 조금만 더 힘을 주면 곧 끊어져버릴 것 같은 팽팽하게 당겨진 상태의 힘줄이 있는 것처럼 느껴졌어. 그렇게 돛대, 돛, 배의 골조 전체에 가해지는 공기의 압력이 느껴졌는데 특히 발을 통해서였네.

오늘은 모두 아침에 일어났네. 어제보다는 따뜻했어. 순풍에 돛을 맡기고 달렸네. 즉 바람이 배의 뒷부분에서 곧바로 돛을 향해 불어왔다네. 그 덕분에 5노트의 속도로 전진할 수 있었고 바람도 적당했지.

다음과 같은 말이 들렸어.

"모두 갑판 위로 나와라. 닻을 내릴 것이다!"

방금 전 이 말을 듣고 갑판으로 달려나왔네. 드디어 닻을 내린 다네. 하지만 이 무슨 암울한 바위들이란 말인가! 이 무슨 험난한 장소란 말인가! 나무 한 그루도 볼 수가 없었어. 이곳에 마을이 있다고 들었지만 도대체 어디에 있단 말인가? 바위밖에는 아무것도 볼 수가 없었네.

1853년 11월 16일

어제 몇 명이 스쿠너를 타고 상하이로 떠났다네. 나는 다음을 기약하며 이번에는 그들과 함께 출발하지 않았지. 우리는 앞으로 한 달 이상을 이곳에 머무를 예정이야. 함께 가자는 제안을 받기는 했으나 그때 나는 길을 나설 채비가 되어 있지 않았네. 뭐, 다른 이들이 상하이가 어떤 곳인지, 상하이의 어느 곳에 우리가 머무를 건지, 무엇을 할 것인지에 대해 먼저 알아봐준 다음에 가는 것도 괜찮지 않겠나? 중국 도시로 우리를 들여보내줄지에 대해서도 말이야. 만일 유럽인 교역촌에나 머물면서 그곳만을 보아야 한다면 아예 가볼 필요도 없지 않을까. 상하이까지 와서 똑같은 영국인들을 보고 똑같은 로스트비프를 먹으며 똑같은 말들을 들을 필요는 없지 않겠는가. 중국인들은 혼란과 무질서 속에 있네. 시내에는 무장봉기자들이 있고 도시 외곽으로는 군대가 진을 치고 있거든. 중국 공연을 볼 수 있는 극장에 가본다든가, 중국식 만찬에 초대를 받는다든가, 새둥지 요리를 먹어보는 것은 꿈도 못 꾸게 생겼네. 우리 앞에서 싸운다면야 싸움 구경이라도 할 수 있을 텐데 말이야! 여기서 상하이까지 130킬로미터라고 들었는데 알고 보니 170킬로미터였네. 즉 184베르스타나 떨어져 있단 말이지.

오늘 우리 쪽 사람들이 이곳 해안에 다녀왔어. 중국인들이 사는 마을에도 가보았다네. 생선을 사려 했는데 지금 잡히고 있는 것도 나중에 잡힐 것도 모두 이미 팔렸다더군. 이곳은 별로 즐겁지 않아. 하긴 이미 오래전부터 즐거운 일이라곤 찾아볼 수 없지. 우리에게는 지금 영국인의 항구들을 따라가거나 일본에서처럼 정박이 금지된 해안을 따라가거나, 아니면 이곳에서처럼 정박할 필요가 없는 해안을 따라가거나 하는 일이 있을 뿐이야.

하지만 우리는 침울해하지 않았네. 어제는 호위함 사람들까지도 풀밭에서 차를 마시기 위해 해안으로 갔어. 러시아의 자작나무 숲에서 그랬던 것처럼 말이야. 다만 이곳에서는 장작과 물을 직접 가지고 가야만 했네. 그 해안에서는 구할 수 없는 것들이니까. 이곳 시골에서 누릴 수 있는 즐거움이지만 약간은 억지스러운 데가 있긴 하지?

바다에서

고백할 때가 되었네. 사실 나는 상하이에 가지 않았어. 우리가 닻을 내렸던 그 이름 없는 바위는 북풍에서 우리를 보호해주었지만 남풍은 전혀 막아주지 못했더군. 오늘 갑자기 남풍이 불었다네. 기압이 떨어지기 시작했지. 황급히 닻을 거둬올렸어. 한 시간 후에는 위험한 암석들에서 멀리 떨어진 바다에 떠 있게 되었지. 용감한 어선들도 작은 만으로 모두 피신했네. 우리는 조류에 몸을 맡기거나 속도를 2노트씩 줄이거나 늘이거나 하면서 손으로 더듬으며 가다시피 느릿느릿하게 배를 몰았어. 끔찍하도록 어두웠기 때문이야. 페테르부르크에서처럼 음울한 비는 끝없이 퍼붓고 있었네. 하지만 페테르부르크에는 환하게 불이 켜진 홀들, 음악, 극장, 클럽이 있지 않은가. 비 따위는 잊어버릴 수 있네. 하지만 이곳에는 밧줄들이 삐걱거리는 소리, 활대에 서 있는 어두침침한 전등, 매일 보는 사람들, 매일 나누는 대화만이 있을 뿐이야. 내가 왜 상하이로 가지 않았을까!

1853년 11월 19일

오늘은 강풍이 우리를 밀어내어 10노트 정도로 속도를 줄여 항해했다네. 나는 밤새도록 잠을 이룰 수 없었어. 항상 그렇듯 새벽 네 시까지 글을 쓰다가 이제 막 잠자리에 들려던 찰나에 다른 진로로 배가 심하게 회전하는 것이 아니겠나. 호각 소리와 명령이 들려오기 시작했어. 고물 돛대와 기본 돛이 선로로 끌려갔지. 그런데 이 선로는 내 선실의 지붕에 고정되어 있었네. 그래서 이 두 기구를 끌고 갈 때면 마치 두 대가 내 머릿속을 지나가는 듯이 느껴질 정도라네. 그사이에 바람이 잠잠해졌기에 우리는 제자리로 돌아왔어. 호송선이 우리 배를 따라잡고 밤에 비상등을 밝혀주었네. 여덟 시쯤 우리는 다시 양쯔강의 황색 물줄기 위로 돌아와 있었지. 양쯔강의 본 강줄기로 가려면 여기서 64킬로미터가량 더 가야 하지만 물줄기가 얼마나 빠르던지 우리는 이 안장 섬에 도착하기 몇 마일 전에 황색 물줄기를 볼 수가 있었다네.

1853년 11월 21일

8월 5일부터 그러니까 우리가 일본에 도착한 이후 나가사키 현 지사를 방문했던 걸 제외하고는 한 번도 해안에 발을 내딛은 적이 없다는 사실이 끔찍하게 느껴졌다네. 정확히 3개월 만이었지. 하지만 아직까지도 언제 배에서 내리게 될지 몰라. 스쿠너가 우리를 따라 이곳으로 올지 내가 상하이에 가보게 될지도 알 수 없네. 갑판 위를 걷다 보면 거의 잠시도 사그라지지 않는 바람소리가 들려오는데 특히 저녁때 그렇다네. 그리고 마치 외부에서 들려오는 듯한, 바로 여기에서 섞이는 듯한 어떤 목소리도 듣게 돼. 또는 눈앞에서 저 멀리서 쏘아올린 대포 불빛도 산들을 따라 헤매다니는, 불빛도 아닌 것 같은 어떤 불빛이 광속으로 지나가네. 어쩌면 이건 몸이 허약해지거나 어딘가에 병이 났을 때 순간적으로 나타나는 유령일지도 모르겠군…. 호위함은 오늘에서야 우리의 짧은 탐사여행을 마치고 혹은 남풍에서의 피신을 마치고 돌아왔다네.

1853년 11월 22일

나는 아직 해안으로 내려가보지 않았네. 그리고 싶은 생각도 없어. 첫째로는 맨 바위 위로 다니기 싫어서이고 둘째로는 신고 갈 만한 부츠가 없기 때문이야. 저렇게 많은 부츠에서 단 한 켤레도 내 발에 맞지 않더군. 가죽은 바닷물에서 가장 빨리 상한다네. 바닷물에 닿으면 처음에는 눅눅해지고 곰팡이가 피다가 그 후 뜨거운 기후에 말라비틀어져서 필기용 종이처럼 쉽사리 부서지지. 자네들이 만일 먼 곳으로 여행을 가게 된다면 부츠는 아예 신고 다니지 말든가 아니면 발에 잘 맞는 걸 신고 다니게나. 하지만 그래도 역시 장화와 단화를 더 들고 가는 것이 좋을 거라네…. 하긴 그럴 필요도 없겠네. 어디를 가든 돈을 주고 맞춰 신을 수 있으니 말이야. 나는 중국인이 홍콩에서 만든 단화를 신고 다니지…. 지루함이란 바로 장화를 신은 채로 일광욕을 하는 이런 것이네.

1853년 11월 23일

어제 아침에 스쿠너를 보았네. 우리 측 스쿠너인 줄 알았어. 그런데 아니더군. 돛대 장비가 지나치게 높았네. 그런데 우리 쪽으로 배를 몰아오는 게 아닌가. 선장과 아바쿰 사제, 나는 선장실 창을 통해 사방에서 물을 뒤집어쓰고 있는 그 스쿠너를 보았네. 물에 빨려 들어가는 것 같더군. 방향을 틀고 싶은데 그게 안 되니까 애들 먹는 것 같더니만 결국은 방향을 틀고 다섯 시경에 우리 전함 근처에 닻을 내렸네. 우리는 이 스쿠너가 우리와 관계가 있는 배일 줄은 생각도 못했다네. 그 안에는 포시예트와 시바르츠가 타고 있었어. 그들은 상하이에서 채소, 살아 있는 소, 닭, 오리를 싣고 온 거야. 식료품은 신선했으나 그들이 싣고 온 신문은 그렇지 못했네 더군. 지금이 11월인데 8월 신문들이었네.

중국에는 지금 폭동이 일어나고 러시아는 터키와 전쟁을 준비하는 중이네. 사적인 편지는 두 통밖에 없었네. 나더러 상하이로 오라는. 또다시 생각에 잠겼고 또다시 결정을 내리기가 힘들었네. 어떻게 해야 할까? 무엇을 해야 할까? 추위와 게으름이 나의 발목을 잡고 있었네. 특히 추위가 말이야. 사실 게으름도 마찬가지였다네. 어제 나는 선장실에서 잤네. 내 선실에서는 옷도 못 벗을 지경이지. 글을 쓰고 있는 지금도 한쪽 손은 조끼 속으로 집어넣어 품 안에 넣어두고 있다네.

사흘째 강력한 서북풍이 몰아치고 있거든. 우리 배에서는 밧줄을 조금씩 늦추고 있네. 스쿠너는 고정대에 묶어두었어. 무슨 말인가 하면 이 스쿠너가 전함에서 내려준 밧줄로 고정되어 있다는 말이야. 마치 유모의 치마 뒤로 아이를 숨겨 바람을 막아주듯이 말이네. 이 스쿠너는 미국 배로 남극에 다녀왔고 혼 곶[41]을 돌아왔다더군. 이 스쿠너의 이름은 점이었네. 바다와 비교했을 때 점도 못 될 정도의 크기를 가진 배라는 의미거나 점이라면 수학에 나오는 점이라는 의미이네. 이 배가 혼 곶까지 다녀왔다고는 믿기 힘들 정도야. 커다란 보트 정도의 크기였고 그 안에는 열두 명밖에 타지 않았거든. 그것도 선장을 포함해서 말이야. 어제 이 배의 돛이 갈기갈기 찢어졌네. 우리의 모든 식료품과 닭, 오리가 바닷물에 젖어

버렸지. 소 한 마리는 아예 파도에 휩쓸려가 버렸고 말이야. 게다가 우리 전함에 여행자들이 찾아오기도 했다네. 넵튠이 보낸 손님들이 틀림없어.

내 생각대로 상하이는 봉쇄되었네. 그곳으로 들어갈 수 없다는 말이지. 무장봉기자들이 빠져나갈 수 없도록 한 조처였네. 우리 측 사람들이 보니 무장봉기자들이 군대와 싸우고 있는 중이었다네. 상하이로 가보아야겠어. 중국 해안에서 150베르스타밖에 떨어지지 않은 곳에 머물면서 상하이에 가보지 않는다는 사실이 양심에 걸려서라도 말이야. 우리나라와 터키 사이의 전쟁도 아직은 아무것도 결정된 바가 없다고 하더군. 우리가 원래 예정대로 이곳에 한 달간 더 머무를지 아니면 마른 빵이 더 이상은 남아 있지 않음에도 지금 일본으로 돌아갈지에 대해서도 결정된 바가 없네.

양쯔강과 상하이

상하이로 가고자 하는 사람들이 모이기 시작했네. 나는 항상 그렇듯이 갈지 말지 고민을 계속하고 있었어. 그러다가 결국은 가지 않기로 결정했지. 아침이 되니 여덟 시에 출발하자고 하더군. 나는 여섯 시에 일어났네. 그래서 뭐, 같이 출발했네. 파도도 적당하고 근사한 날씨였지. 전함에 있었더라면 못 느낄 정도의 파도였지만 작은 스쿠너를 타고 있으니 파도가 느껴지더군. 나는 스쿠너에서 바라보는 경치 구경에 푹 빠져버렸네. 전함을 벗어나니 전경이 확연히 달라졌네! 전함에 앉아서는 다른 곳에서 무슨 일이 일어나는지 알 수가 없다네. 외부 사람들이 며칠씩 찾아온다고 해도 마찬가지야. 모든 것이 정상적으로 돌아가고 청결이 유지되니 말이네. 스쿠너를 타고 가는 건 보트를 타고 가는 것과 마찬가지였어. 갑판에는 온갖 오물이 넘쳐나고 있었네. 돛대와 돛에서 몸을 돌릴수도 없더군. 칙칙하고 더럽고 미끄러웠네. 갑판에 발이 들러붙을 정도였지. 이 스쿠너의 선장인 영국인은 예전에 상선에서 근무하다가 한 달에 25달러를 받기로 하고 이 스쿠너의 선장으로 임용되었다네. 다양한 일을 위해 근교 지역을 돌아다니는 것이 그의 임무라네. 키잡이는 말레이 전통 의상을 입은 말레이인이었고 수병은 모두 중국인이었어.

우리는 열 명쯤 되었네. 지나갈 수 없을 정도로 좁더군. 장교인 포시예트, 나지모프, 크로운, 벨라베네츠, 볼틴, 오브샨킨, 우루소프 공작을 제외하고 나면 장교가 아닌 사람은 모두 세 명이었네. 아바쿰 사제, 고시케비치, 나였어. 이 열 명을 제외하고도 우리 쪽 수병 다섯 명이 더 있었네. 기술공들인데 우리 측 스쿠너 보스토크호에서 다양한 수리를 하고 있었지. 이 스쿠너를 타고 온 포시예트는 영국인이자 뱃사람인 이 스쿠너의 선장도 그의 밑에서 일하는 수병들도 배의 조종에 관해 무지하다는 사실을 이미 눈치 채고 있었네. 키잡이는 가죽으로 된 긴 의자에 앉아 내키는 대로 키를 돌리고 있더군. 그는 배의 조종에 아무 관심이 없었는데 계속해서 한쪽 다리를 흔들어대며 파이프에 담뱃가루를 채워 넣으며 담배를 피워대다가 갑판 위에 거리낌 없이 담뱃재를 털어내고는 다시 담뱃가루 채우기를 반복하고 있었네. 나침반에는 전혀 주의를 기울이지 않고 있었는데 나침반의 유리가 먼지, 곰팡이, 온갖 오물로 뒤덮여 있었기에 어차피 아무것도 보이지는 않았다네.

키잡이보다는 선장이 그래도 배를 조금 더 아꼈네. 선장은 키가 작고 조금 마른 사람이었는데 융으로 만든 점퍼를 입고 나사지로 된 모자를 쓰고 있었지. 이 모자는 밤에 쓰는 머리쓰개와 비슷하게 생겼네. 선장은 골라서 가지고 온 지도를 꺼내들고 왔는데 이지도에는 추산 제도와 안장 섬이 그려져 있었지. 선장은 이 지도를 승강구의 덮개 위에 얹어놓은 후 추워서 몸을 잔뜩 웅크린 채앉았기에 눈에 잘 띄지 않을 정도의 자세가 되었네. 정말로 마치 어디로 사라진 것 같더군. 한 다리 위에 다른 다리를 얹어 다리를 꼬고는 양팔을 소매 속에 숨겨 넣은 채 씹는담배를 꺼내 씹기 시작했지. 가끔 입을 벌렸다네…. 그런데 그걸 선장의 입이라고 할 수 있을까! 그 어떤 것에도 주의를 기울이지 않는데 말이야. 장교들이 끊임없이 그를 자극하며 바람과 조류에 관해 상기시켰으나 그는 영어인지 중국어인지 모를 명령을 내린 후 또다시 사라지곤 했네. 키잡이는 되는대로 배를 조종했고 중국인 수병들은 서로 코가 맞닿을 듯 가깝게 붙어 앉아서 놀랍도록 능수능란하게 젓가락질을 하며 쌀밥을 먹어댔지.

우리 측 장교들은 이런 식으로는 장거리 항해가 불가능하다는 것을 깨닫고 직접 배의 주인 노릇을 하기 시작했어. 한 장교가 키잡이를 밀어내고 직접 배를 조종하기 시작했다네. 원래의 키잡이가 조종하는 동안 이 스쿠너가 마음대로 움직였기 때문이야. 다른 장교는 지도를 보았네. 우리 수병들은 중국인 수병들을 대신했지. 그들은 명령에 따라 밧줄을 당기기도 하고 풀기도 했어. 그 밧줄은 풀로 만들어져 있었는데 눈 위를 굴러가는 짐마차처럼 삐거덕거리는 소리를 냈네. 다행히도 바람과 조류가 우리와 같은 방향을 향하고 있었지. 우리는 7노트 이상을 항해해갔네. 벌써 점을 지나갔네. 그 안장 섬 말이야. 저 멀리 왼편에는 원형 지붕 모양을 하고 있는 구츨라프 섬이 보이는군. 저명한 선교사인 구츨라프를 기리기 위해 그의 이름을 붙인 섬이지.

아무리 춥고 좁아터져도 그 또한 여행이었네. 약간은 부족하고 불편한 점들이 있기는 했어도 재미있는 여행이었네. 단조로운 우리의 일상에 약간의 색다름을 불어넣어주었기 때문이야.

갑판 위에 좀 앉아 있다가 우리는 아래로 내려가 선장실을 차지하고 앉았네. 선장실은 두 개의 작은 창고로 되어 있었는데 굴 같아 보이긴 했으나 그 검정색과 조잡함으로 미루어 사실은 여우 우리인 듯했어. 내 속을 가장 메슥거리게 했던 것은 중국인들이 음식에 넣어 먹는 그 망할 식물성 기름 냄새였지. 그 냄새는 자바 섬부터 나를 괴롭혔어. 자바 섬의 중국식 긴 의자에서 처음 이 냄새를 맡았던 그 순간부터 나는 이 냄새를 증오하게 되었네. 싱가포르와 홍콩에서 이 냄새는 마늘과 백단나무 냄새와 뒤섞여 더욱 혐오스러워졌네. 일본에서는 3개월 동안 맡은 적이 없었는데 또 시작이군! 어디서 나는 냄새인지 알아보기 위해 주변을 둘러보았으나 아무것도 찾아내지 못했네. 중국인들이 사용하는 긴 의자에는 우비로 사용하는 가죽 점퍼만 널브러져 있었네. 선장의 것 같더군. 나는 모든 서랍장과 찬장을 열어보았으나 찻잔과 차만 있을 뿐이었네. 하지만 그 냄새는 계속해서 내 코를 찔러댔지!

우리는 그 좁아터진 선장실에서 거의 서로의 무릎 위에 앉다시피 앉아 있었네. 여섯 명밖에 안 되었는데도 말이야. 나머지 네 명은 갑판 위에 남아 있었네. 아침 식사 때가 되면 그들도 내려올 걸세. 식량을 꺼내라고 수병 한 명을 부르자마자 나머지 수병도 모여들기 시작한 것을 어쩌겠는가? 저기 선실에서 갑판으로 나가는 승강구에서 누군가의 양다리가 보였네. 한참이나 내려왔어. 그 후다른 부위들이 보이기 시작했고 얼굴이 가장 나중에 보였지. 그러고는 또다시 양다리가 보였네. 그런 식으로 계속들 모여들었다네. 처음에 나는 갑판에서 선실로 내려가는 승강구를 들여다보고 어떻게 해야 할지 몰랐어. 줄사다리 상부의 발 디딤대가 두 개 없었기 때문에 줄사다리를 타고 내려오기 위해서는 먼저 승강구 턱에 앉아 양다리를 아래로 떨어뜨린 채 세 번째 발 디딤대를 짐작으로 찾아내야만 했거든. 그런 후 줄사다리 양측의 밧줄을 잡고 그 발 디딤대에 정확히 발을 디디도록 뛰어내리는 위험을 감수해야만 하지. 나갈 때에는 양팔을 사용해야 하고. 무슨 말인가 하면 승강구의 턱에 양 팔꿈치를 올려놓고 떨어지지 않도록 버티면서 뛰어올라 양 무릎을 먼저 들어올린 후 나머지 부분을 다 끌어올려야만 한다는 말일세. 이처럼 선실에 다녀온다는 건 전반적으로 위험한일이었지. 하지만 아침 식사 시간과 저녁 식사 시간에는 모두 위험을 무릅쓰고라도 내려왔네. 점심때에는 선실 출입을 모두 자제했는데 점심 식사가 없었기 때문이야.

교외나 여행 중에 풀밭에 앉아 점심을 먹어보지 않은 사람이 한 사람이라도 있을까? 긴 파이과 바구니나 상자에서 나이프, 포크, 빵, 구운 칠면조, 파이를 꺼내던 걸 기억하는가? 이곳에서 본 컵 세 개와 술잔 두 개를 그때 그 풀밭에서 본 게 아닌가 착각이 들기까지 했다네. 중간 날 하나가 부러져버린 포크도 예전의 그 포크 같고 말이야. 이 포크는 모스크바 근교나 니즈니노브고로드 같은 곳에서 이곳까지 굴러들어왔을 걸세. 저기 종이 위에 놓인 소금이 보이네. 햄도 있지만 겨자를 깜빡 잊고 안 가져왔군. 이곳에서는 다른 때 지켜지던 온갖 규범이 자연스럽게 사라져버리지. 한 사람은 파이를 맛보기 위해 오리 날개를 급하게 먹고 있네. 파이는 정말 눈 깜짝할 사이에 사라져버리네. 다른 이는 자신이 제일 좋아하는 부위인 날개가 혹시 남아 있지 않나 하는 기대감에 오리 고기를 이리저리 뒤적거리고 있어. 누군가는 막 아침 식사를 시작했고 또 누군가는 식사를 끝낸 후 벌써 차를 마시고 있네. 그리고 여기 이 사람은 식탁에서 사람들이 좀 물러나고 나면 뭔가 좀 더 맛있는 음식을 차지해보고자 하는 기대감에 일단은 당장 손에 잡히는 오렌지 하나를 쪽쪽 빨아먹으며 기다리는 중이네. 어떤 이는 가장 먼저 식사를 끝낸 후 이지적이게도 혼자서 담배를 피우고 있어. 구운 고기 냄새를 맡고 달려온 개 두 마리가 갑판 위에서 승강구 구멍을 통해 선실을 내려다보고 있더니만 누군가 내 밀어준 뼈다귀를 탐욕스럽게 낚아챘네. 뭐, 괜찮네. 다 참을 만했네. 저 찌르는 듯한 중국 기름 냄새만 아니라면 말이야! 몸이 안 좋아질 정도였어. 나는 갑판 위로 다시 올라갔네.

고시케비치만이 아침 식사에 참여하지 않았네. 그 순박함으로 말할 것 같으면 트로이 시대에 살았어야 할 것 같은 인물이야. 그는 지금 군용 외투를 둘둘 감고 누워 있는데 조금이라도 움직이기만 하면 군용 외투를 처음 보는 개들이 미친 듯이 짖어대곤 했하더군 마침내 작은 섬과 바위로 이루어진 제도를 벗어나 구슬라프 섬에 도착했네. 탁 트인 바다인 이곳에서 배가 심하게 흔들리기 시작했네. 파도가 여러 번 갑판 위를 덮쳤어. 부슬비가 내리기 시작했지. 선장은 자신이 우비로 사용하는 점퍼를 꺼내 입더군. 그 순간 그 점퍼에서 끔찍한 기름 냄새가 풍겨오는 것이 아니겠나. 아, 그 냄새가 점퍼에서 나는 것이란 사실을 진작 알았더라면…! 바닷물은 점점 황색으로 변해갔네. 곧 여울을 넘어, 즉 바다 경계선을 넘어 강으로 진입한 거야. 나는 강변을 보기 위해 선실에서 튀어나갔네.

"도대체 어디가 강변인가요?"

"없네요."

"이건 강이 아닙니까?"

"그렇습니다."

"양쯔강입니까?"

"네, 중국어로 바다의 아들이지요."

"그런데 강변은 어디에 있는 겁니까?"

"저기, 저곳에 있답니다."

하지만 선장의 대답과 달리 아무리 보아도 내 눈에는 아무것도 보이지 않았네.

왼편에서 마침내 강변이 보이기 시작했지만 오른편으로는 여전히 강만 보일 뿐이었어. 오른쪽 강변은 전혀 보이지 않았지. 왼편 강변이 점점 명확히 드러나기 시작했네. 강변은 굉장히 낮았는데 수평선보다 아주 조금 높은 정도였네. 그리고 회색의 진흙으로 되어 있었지. 강변 전체가 제방으로 보강되어 있었는데 그 뒤편으로 지붕들이 보였고 구부러진 골목들 뒤로 희귀한 나무와 들판의 밭이랑도 볼 수 있었네. 하지만 이것은 상하이 근처에 다가갔을 때의 일이고 그 전까지는 저 멀리로 보일 듯 말 듯한 어두운 변두리가 주변 풍경의 모든 것이었어. 오른편으로는 섬이 보이더군. 선장에게 이 섬의 이름을 물어보았으나 뭐라고 공허한 소리만 왈왈댔네. 자음은 전혀 들어 있지 않은 것 같은 그런 이름이었지. 지도에서 직접 찾아보려 했으나 지도에는 섬들의 도면 외에도 어떤 얼룩으로 가득 차서 양쪽 해안 모두 보이지 않더군. 그러다가 아무것도 보이지 않게 되었네. 저녁 어스름이 이 모두를 덮어버렸기 때문이야. 그래서 우리는 바다의 아들을 짐작으로 돌파하기 시작했다네. 두 명의 중국인이 끊임없이 측심기를 던졌지.

한 사람이 소리쳤네.

"3하고 반이요."

또다시 소리쳤어.

"반하고 4요."

이런 식으로 고함 소리는 계속해서 달라지더군. 물의 깊이는 8사젠에서 3사젠 반에 이르기까지 끊임없이 달라졌네. 마지막 측정치가 나왔을 때 선장은 무관심에서 조금 벗어났으며 가끔 직접 키를 잡기도 했어.

우리 배 중에서 작은 배도 여기서는 항해하기 어려울 걸세. 팔라다는 아예 불가능하다고 보아야 해. 강력한 증기선이 끌어준다면 혹시 모를까. 전함은 물속으로 23피트가 잠기네. 그런데 양쯔강과 양쯔강에 합류하는 강이자 상하이가 위치하고 있는 강인 우쑹강의 깊이는 가장 깊은 곳이 24피트밖에 되지 않거든. 게다가 강의 폭도 매우 좁지. 우쑹 시까지는 이제 얼마 남지 않았네. 이곳은 우쑹 시와 같은 이름을 가진 강인 우쑹 강이 양쯔 강과 합류하는 지점이네.

아편을 실은 배들은 주로 우쑹 강에서 머무르게 되며 이곳에서 아편을 보트들에 실어 상하이나 난징 또한 그 밖의 다른 도시들로 운반한다네. 날이 점점 어두워져갔어. 우리는 조심하며 배를 몰았지. 흐린 날씨였네.

누군가 말했지.

"노을이다!"

정말로 왼쪽 수평선 위로 자주색 얼룩이 붉어져가더군. 그러고는 점점 커지고 밝아졌네. 곧이어 발포로 인한 화염과 번쩍임을 볼 수 있었어. 상하이에서는 전투가 진행 중인데 화재가 일어난 것이네. 틀림없어! 이것은 우리가 길을 찾는 데 도움이 되었네. 마침내 노을빛 아래서 마치 이스라엘인의 불기둥의 빛 아래서처럼 저녁 여덟 시쯤 되었을 때에는 배들의 실루엣을 보게 되었다네. 이 중에서 우리 수송선을 찾아내었고 그로부터 50사젠 정도 떨어진 곳에 닻을 내렸지. 중국인들은 우리 수병들의 도움을 받아 잽싸게 돛을 거두고는 밥을 먹기 시작했네. 우리는 오리 고기를 먹고 차를 마셨어. 몇 명은 수송선으로 갔네. 나는 졸았다네. 선장은 차를 마시러 밑으로 내려와서는 자신의 스쿠너에 대해서 이야기해주더

군. 이 스쿠너가 어디에서 왔으며, 어떤 곳을 다녔는지 말이야. 선
장의 말에 따르면 이 스쿠너와 함께 자매선인 스쿠너가 한 척 더
만들어졌다고 거야. 하지만 그 배는 침몰했다고 하네. 배에 탄 사
람들과 함께 말이야. 그러고는 살아남은 이 스쿠너가 겪은 해적들
의 공격과 그 외의 사건들도 이야기해주었네. 나는 졸음에서 깨어
나면서 마치 안개 속에서처럼 멀리서인지 가까이에서인지는 잘 모
르겠지만 나사지로 된 나이트캡과 여윈 듯한 얼굴, 주석 빛을 발
하는 두 눈, 기름기가 번질번질한 점퍼, 안으로 들어서고 있는 중
국인 하인의 땋은 머리를 보았어. 고약한 기름 냄새도 느꼈고 말
이지. 긴 의자에서는 눈을 붙이기가 불편하더군. 선장은 자기 잠
자리인 벽장에서 자면 어떻겠냐고 했어. 벽장 안에 그의 잠자리가
있었지. 더 정확히 말하자면 선반에 선장의 잠자리가 마련되어 있
었네. 옆방에서 더 정확히 말하자면 창고에서 코 고는 소리가 들
려왔네. 그 창고 안의 이런 선반들 위에서 벌써 두 명씩 누워 자고
있었고 긴 의자에서도 두 명이 자고 있었지. 여기는 작은 무기고
라네. 문과 마주하고 있는 벽면 전체가 총과 창, 긴 칼로 장식되어
있더군. 아침이 되자 선장은 벽면에서 권총 두 자루를 들고 위로
올라가더니 경고 차원에서 공중으로 두 발을 쐈지.

창과 검, 총을 가리키며 내가 물어보았어.

"왜 이런 무기들을 가지고 계신 거죠?"

"이건 오래된 것들이랍니다. 이곳에서 구한 것들이죠. 이런 무기 없이는 이곳에서 다닐 수 없답니다."

나는 입고 있던 따뜻한 외투를 벗지 않은 채 선장의 잠자리로 기어들어가서 한 모퉁이를 차지하고 누웠네. 수송선으로 간 동료들이 돌아와서 누울 수 있도록 다른 한쪽은 남겨두었지. 우리가 어디서 어떻게 누워 잤는지 자네들이 본다면 뭐라고 했을지 모르겠네. 한쪽 측면을 떼어낸 커다란 궤짝을 상상해보게. 그것이 바로 우리의 특별한 2인용 침대가 되었네. 나는 눕자마자 바로 잠이 들어버렸어. 밤에 누군가 내 옆에서 굉장히 부스럭거리는 소리가 들렸네. 누군가 잠자리를 펴는 듯했는데 알고 보니 수송선에서 돌아온 크로운이었더군. 사방은 고요했고 우리는 곧 잠이 들었네. 그 후에 나는 심한 무더위와 고약한 기름 냄새 때문에 잠에서 깼다네. 아, 잠깐만이라도 신선한 공기를 쐴 수 있다면 얼마나 좋을까! 나는 나가려고 시도해보았지만 아무 소용이 없었어. 크로운이 마치 화강암처럼 누워서 꼼짝도 하지 않았기 때문이야. 옆에서 아무리 밀어봐도 헛수고더군. 그가 나의 출구를 완전히 막아버린 셈이었어. 나는 어떻게 해야 할지 생각하다가 그대로 잠이 들어버렸네. 눈을 뜨니 아침이었지. 한 중국인이 찻잔을 식탁에 차리고 있었고 수병 한 명은 뜨거운 물을 가지고 오는 길이었네. 흐리고 바람이 많은 날씨였어. 보슬비가 내리고 강풍이 불었지. 우리는 우쑹 강을 따라가고 있는 중이었네. 이 강은 매우 넓은데 일부분은 우리나라의 오카 강을 닮았어. 양쪽 강변이 선명하게 시야에 들어왔지. 제방으로 보강된 낮은 강변이더군. 제방 너머로 집들이 모여 있었고 기도실인지 아니면 어떤 특수한 용도로 사용되는 장소인지 모를 건물들도 보였네. 이러한 건물은 다른 건물보다 높고 화려했지. 들판은 모두 경작되어 있었네. 곡식과 채소가 모두 수확되긴 했지만 반듯한 경작지들이 이루어내는 무늬 또한 아름다웠어. 아름다운 무늬의 마룻바닥처럼 말이네. 나무들이 있긴 했지만 드물었고 가지에는 잎사귀도 별로 없었지. 내가 보기에는 버드나무 같았네. 저 멀리로는 아무것도 보이지 않았어. 산도 언덕도 아무것도 없더군. 질척해 보이는 평평한 분지만 펼쳐져 있을 뿐이야.

상하이 쪽으로 가까이 다가가자 강은 눈에 띌 정도로 활기차 보이기 시작했네. 정크선이 끊임없이 보였는데 나무의 섬유질과 껍질로 만든 붉은 갈색의 돛을 달고 있었지. 중국 배도 그 구조가 약간은 일본 배들과 비슷했으나 중국 배의 뒷부분에는 개방되어 있는 부분이 없더군. 중국 배 가운데 일부는 배의 앞부분과 뒷부분이 텅 비어 있고 중간에 정자와 선실을 만들어놓았네. 또 어떤 배들은 이와 반대로 정자가 배의 앞부분에 설치되어 있기도 했어. 커다란 보트들은 거무스레한 황색의 대나무 밑동으로 만들어졌고 거적이 씌워져 있었는데 매우 깨끗하고 편리했으며 아름답기까지 했네. 가구나 나무로 만든 장난감처럼 꾸며져 있었지. 그들이 배를 조종할 때 쓰는 장대와 노도 모두 대나무로 만들었어. 그런데 이런 배를 만드는 데는 많은 양의 캄파나무가 사용된다 했네. 잘 갈라지지 않는 이 나무는 중국과 일본에서 많이 자라는데 특히 존드 군도에서 많이 볼 수 있다더군.

이러한 배는 바다에서 사용하기에 매우 적합하게 만들어졌네. 이 배에는 긴 돛이 달려 있는 한 개의 기다란 돛대가 있을 뿐이야. 측면에서 바람이 불어올 때 뱃전은 수면과 나란히 가게 되고 배의 앞부분은 파도 속으로 숨겨지네. 하지만 절대로 가라앉지 않지. 마치 오리가 헤엄칠 때처럼 말이야. 중국인은 이런 배 위에 누워서 아무런 걱정 없이 주변을 둘러본다네. 이런 큰 보트를 타고 어부들이 바다로 나가 고기를 잡네. 열심히 방향을 틀어도 아무 문제가 없지. 이 배들이 상하이에서 닝보로 상품과 승객들을 실어 나르네. 그 거리가 140해리 정도였던 것 같아. 그러니까 250베르스타 정도라네.

상하이에서 4.8킬로미터 떨어진 곳에서 우리는 돛대가 세 개 달린 대규모 상선단을 보게 되었어. 우쑹 강 양쪽으로 빽빽이 밀집되어 있더군. 세어보니 배가 모두 스무 줄이나 있었는데 한 줄에 아홉 척에서 열 척 정도 서 있었네. 다른 곳에는 클리퍼선[42]이라고 불리는 미국 배들이 닻을 내린 채 정박해 있었는데 이 배는 돛대가 세 개 달려 있는 대형 선박이라네. 앞부분과 뒷부분은 뾰족한 모양으로 되어 있으며 다른 배보다 훨씬 아름답고 빠른 배야.

정오부터 썰물이 시작되었다네. 물살이 우리가 가는 방향과 반대가 되었으며 바람 역시 역풍이었네. 강력한 서북풍이 이마에서 바로 느껴졌지. 선장은 맞바람을 피하기 위해 돛의 방향을 이리저리로 바꾸어가며 배를 몰았어. 우리는 모두 갑판 위에 서 있었네. 돛의 방향이 오른쪽과 왼쪽을 왔다 갔다 하며 끊임없이 바뀌더군. 돛에 부딪혀 넘어지지 않도록 매번 몸을 숙여야만 했지. 배가 갑자기 오른쪽으로 향하더니 강변으로 곧바로 들어가기 시작했어. 잠시 후면 강변과 부딪칠 것만 같더군. 그러나 바로 그때 선장이 목구멍 깊숙한 곳에서 올라오는 고함을 질렀고 중국인들이 그리고 중국인보다 빠른 속도로 우리 쪽 사람들이 덤벼들어 밧줄을 풀었네. 잠시 동안 풀려난 돛이 펄럭이더니 돛대를 내리치면서 수병들의 손아귀를 벗어나려 애썼지. 하지만 곧 수병들의 손에 제어되었다네.

수병들이 소리쳤어.

"조심들 하시오!"

우리는 몸을 숙였지. 돛은 왼쪽으로 틀어졌고 배는 빠르게 방향을 틀었어. 10분쯤 후에 똑같은 일이 다시 일어났다네. 바닥은 축축하고 미끄러웠네. 돛을 피해 이리저리 옮겨다니다가 선실로 내려가는 승강구 밑으로 떨어져버릴지도 모를 일이었어. 우리는 벌써 열 번이나 급회전을 했다네.

저기 드디어 상하이가 보이는군. 선박, 정크선, 아주 근사한 유럽식 건물, 금도금이 많이 입혀진 기도실, 기독교 교회, 정원, 이 모든 것들이 복잡하게 무리 지어 있는 모습이 아직까지는 선명하지 않은 채로 원근감 없이 시야에 들어왔네. 교회가 바다 위에, 배가 거리에 있는 듯 보일 정도였어. 우리의 참을성은 바닥을 드러냈다네. 빨리 옷을 입고 따뜻한 햇살 아래에서 산책하고 싶었지. 상하이까지의 해로는 앞으로 곧장 뻗어 있었으나 우리는 계속해서 오른쪽으로 왼쪽으로 배를 틀어가며 전진했네. 오, 이럴 수가! 그러다가 제때 방향을 틀지 못한 배가 갑자기 물결에 휩쓸려 뒤로 밀려났다네. 거대한 크기의 굼뜨기 그지없는 알록달록한 정크선을 향해서 말이야. 겨우겨우 빠져나와서 다시 좌우로 돛을 틀어가며 전진하기 시작했네. 바람은 거세게 불어닥쳤고 세찬 빗줄기가 얼굴을 때렸지.

마침내 하느님이 보호하사 상하이로 진입하는 데 성공했다네. 항구로, 도크[43]로 다가가기 시작했지. 벌써 우리 스쿠너의 굴뚝이 보이더군. 중국의 소형 운반선들이 앞뒤로 분주히 움직이고 있었네. 수많은 선박 중에 클리퍼선도 보였어. 약간 떨어진 강이 굽이치고 있는 곳에 대포가 26문 장착되어 있는 영국의 소형 전함인 스파르탄호가 정박해 있었고 그 너머로는 프랑스와 영국의 증기선들이 있었어. 여러 건물에 유럽 각국의 깃발이 펄럭이고 있었는데 모두 영사관이었지.

우리는 호기심에 가득 찬 눈으로 모든 것을 바라보았네. 내 눈은 중국적인 어떤 것을 찾고 있었고 선장은 우리와 함께 어떤 사람을 찾고 있었어.

우리 가운데 누군가 다급하게 말했네.

"강변이 매우 가까이 있습니다. 배를 돌려야 하지 않을까요?"

선장이 재빨리 키를 잡고 고함을 쳐서 신호를 주었다네. 우리는 황급히 몸을 숙였고 돛은 방향을 틀었지. 하지만 배의 방향은 바뀌지 않았네. 바람이 너무 셌기 때문이야. 배는 꼼짝도 않고 서 있기만 했네. 우리는 암초에 걸린 거야.

장교들이 우리 수병들에게 소리쳤네.

"돛줄을 풀어!"

수병들이 그렇게 하자 한쪽으로 기울어져 있던 배가 바로 섰네. 하지만 암초에서 벗어날 수는 없었다네.

선장은 다리를 꼬고서 양손을 소매 속으로 찔러넣은 채 사방을 둘러보면서 긴 의자에 차분하게 앉아 있었네. 중국인들이 민첩하게 돛을 거두었지. 우리 수병들은 갈기갈기 찢어진 삼각돛을 낚아채고 있었어. 그 삼각돛은 뱃머리 돛대에 걸려 펄럭이고 있었네. 다른 모든 선박과 정크선이 우리를 비웃으며 바라보는 것만 같더군. 헤어나올 수 없는 진흙탕 속에서 마차 굴대가 망가졌을 때와 똑같은 상황이었네. 마차는 진흙 속에서 앞머리로 버티고 서 있고 망가진 바퀴는 그 옆에 누워 있으며 한 무리의 마부가 무관심하고 멍한 시선으로 그 바퀴와 우리를 번갈아가며 바라보는 상황 말이야. 자네들은 주저앉아 있는데 자네들 곁을 걸어서 혹은 말을 타고 지나가는 거지. 어떤 이들은 자네들이 마차 안에 앉아 창밖을 우울하게 내다보는 것을 쳐다보며 비웃기도 하고, 또 다른 이들은 호기심에 가득 찬 눈으로 자네들을 쳐다본다네. 하지만 대부분은 지극히 냉담한 시선으로 바라볼 뿐이지. 중요한 것은 모든 이가 자네들을 그냥 지나쳐간다는 것이란 말이네. 암초에 걸린 우리도 완전히 똑같은 신세였어. 보트를 구해야 했네. 저 멀리서 보트들이 짐을 싣고 왔다 갔다 하며 강을 건너고 있었지만 우리 쪽에는 별로 관심을 보이지 않더군. 코르사코프가 우리를 도와주었네. 그는 도크에서 우리를 발견하고는 즉시 배를 타고 다가왔지. 우리 두 명은 그와 함께 배를 타고 갔고, 다른 이들은 남아서 보트를 보내줄 때까지 짐을 지키며 기다리기로 했네.

퍼붓는 빗줄기 속에서 세찬 바람을 맞으며 지붕이 있는 작은 중국 보트를 타고서 우리는 우쑹 강을 따라갔어. 배는 마치 나무 장난감처럼 매끈하게 만들어져 있었고 대나무로 장식되어 있었지. 또한 바닥에는 흰색 돗자리가 깔려 있었네. 중국인은 선 채로 한 개의 노만 사용해 배를 조종하더군. 그는 조류와 바람에 맞서 힘겹게 노를 저어갔네. 코르사코프가 내게 외국 배들을 보여주었다네. 프랑스와 영국의 증기선 그리고 중국인들이 사들인 유럽의 브릭선[44]을 말이야. 이 배는 영국인 선장이 몰고 있었는데 돗만 이용해서 움직인다네. 무장봉기자과의 전투에서는 사용되지 않았지. 그 후 우리는 군사용 중국 배들 옆을 지나갔어. 무장봉기자 진압에 사용되는 배들이었네. 그곳 갑판에서 무슨 일이 벌어지고 있더군. 중국 제독이 훈련을 지휘하는 중이었네. 어제 전투에서 배두 척이 폭파되어 공중으로 날아갔다고 했어. 중국인은 최루 항아리를 사용한다네. 그들은 돗대에 설치한 망루에서 어떤 특수한 매운 성분이 들어 있는 이 항아리들을 적군들이 타고 있는 배의 갑판을 향해 던지지. 항아리에서 뿜어져 나오는 가스가 얼마나 독한가 하면 적들이 잠깐도 견디지 못한 채 배에서 바닷물로 뛰어내린다고 했네. 중국 해적은 이러한 최루 항아리를 이용하여 상선뿐만 아니라 군함도 덮치곤 하지. 30분 후에 우리는 호텔의 깨끗한 방 안에 앉아 있게 되었어. 벽난로 옆 식탁에 말이네. 영국식 풍습에 따라 식탁에는 수많은 음식이 차려져 있었지. 하지만 우리보다 일찍 상하이로 떠나온 동행들은 우리를 별로 반기지 않았네.

그 어떤 환영 인사도 없이 그들은 우리를 이런 말로 맞이했어.

"정말 많이들 오셨군요!"

우리 역시 불만을 숨기지 않으며 그들에게 대답했다네.

"이게 다가 아니랍니다. 한 시간 후에는 여섯 명이 더 올 테니까요! 왜요, 무슨 문제라도 있나요?"

"어디에 묵는단 말입니까? 방이 모두 나가버려서 더 이상은 공간이 없단 말입니다. 우리는 지금도 한 방에 두 명씩 아니면 세 명씩이나 묵고 있습니다."

"괜찮습니다. 뭐, 네 명씩 묵도록 하지요."

정말로 그렇게 묵게 되었다네. 호텔 주인은 겉으로는 절망에 빠진 듯 보였지만 속으로는 만족해하더군.

"제 호텔을 공격적으로 점령하셨군요!"

그러고는 이리저리 분주히 뛰어다니기 시작했어. 도대체 어디서 침대 겸용 소파, 일반 소파, 베개를 가지고 오는 것일까? 그렇지 않아도 야영장 같던 호텔 방이 역마차 정류장 같아졌다네.

우리가 머무는 호텔인 커머셜 하우스는 상하이의 다른 모든 건물이 그렇듯이 별장을 닮았어. 커다란 2층짜리 석조 건축물로, 역시나 석조로 만들어진 베란다나 회랑이 저택을 휘감고 있으며 크고 넓은 현관이 있었네. 또한 앙상한 도금양나무, 삼나무, 다양한 관목들로 이루어진 정원으로 둘러싸여 있지. 모든 창에는 발이 쳐져 있었어. 건축할 때 겨울보다는 여름을 더 대비해 집을 지은 것을 알 수 있었네. 벽은 얇았는데 벽돌 두 개 정도의 두께밖에 되지 않았거든. 창문이 크게 만들어져 있어서 사방에서 바람이 들어왔네. 꼼꼼히 지어진 구석이라고는 찾아볼 수가 없었어. 한 사람이 방에서 돌아다니는 데도 집 전체가 흔들릴 정도였지. 벽 너머에서 누군가 말하는 소리까지도 다 들리더군. 우리가 이곳에 도착했을 때는 추웠어. 우리는 벽난로에 바싹 붙어 서 있었는데 벽난로에서 매캐한 검은 연기가 심하게 났다네. 어쨌든 겨울이란 계절은 상하이와 별로 어울리지 않는 것 같아. 우리 러시아가 여름과 어울리지 않는 것과 마찬가지로 말이야. 하늘은 열대지방 같은 색조로 푸르렀고 머리 위에서 녹아들었네. 풀은 생기 있고 많은 꽃이 절대로 시들지 않을 기세라네. 추위라고 해도 고작해야 한 달 정도밖에 되지 않아. 길어도 6주를 못 버티지. 겨울은 활개를 치지도 못한 채 사라져버린다네.

우리는 저녁 내내 숙소에 모여 앉아 대화를 나누었네. 유럽 관련 뉴스와 어제 일어난 화재, 무장봉기자들이 잡혀 있는 수용소와 실패로 돌아간 그들의 어젯밤 계획, 감금된 무장봉기자들, 상하이 구역의 통치자인 타오타이[45] 삼크바에 대해서 말이야. 그는 궁정의 미움을 받는 자였으나 만일 상하이를 점령하는 데 성공한다면 용서를 받을 것이라는 약속을 받았다는군. 이날 저녁에 대포 소리를 들었네. 굉장히 자주 들려왔지. 황제의 군사들이 무장봉기자들과 싸우는 소리라네. 무장봉기자에게는 아무런 피해도 입히지 못하는 짓이고 황제의 군사들에게는 아무런 쓸모 없는 행위였지.

1853년 11월 28일(12월 10일)

다음 날 아침에 나는 잠자리에서 일어나⋯ 점심 식사를 하러 갔네. 믿을 수 있겠나? 점심 식사가 아니면 뭐라고 부를 수 있겠는가? 식당에는 20명가량 먹을 수 있는 식탁이 차려져 있더군. 어떤 사람 앞에는 로스트비프 조각이 김을 피우고, 다른 사람 앞에는 햄이 들어간 계란 프라이가 있었으며 그다음에는 소시지들과 구운 양고기가 놓여 있었어. 이 모든 걸 먹은 후에야 차가 나온다네. 영국인은 이걸 아침 식사라고 부르지. 이런 아침 식사 후에는 저녁 식사 후처럼 다시 잠자리에 들어도 될 걸세.

찻잔을 들고 온 중국인에게 물어보았지.

"이건 차인가, 아니면 커피인가?"

아무 생각 없이 그가 질문을 반복했다네.

"차나 커피입니다."

그런 후 무슨 질문이었는지 깨닫고는 중얼거리기 시작했어.

"차입니다. 차요."

"그럴 리가. 그런데 어째서 이토록 검단 말인가?"

맛을 보았더니 내가 런던에서, 그 후에는 케이프타운에서 마셨던 바로 그 물약 같은 차였네. 그곳에서야 그러려니 하고 참았지만 중국에서는 중국인이 직접 우려내고 중국인이 주는 차일 것인데 어떻게 이 따위일 수가 있단 말인가!

상하이에는 좋은 차가 없단 말인가? 그럴 리가! 이곳에는 중국 내에서만 생산되는 온갖 종류의 차가 있다네. 문제는 바로 좋은 차라는 말에 있지. 우리는 부드러운 맛의 향기로운 꽃향기가 나는 차들을 좋은 차라고 부르지 않나. 하지만 모든 코가 이런 차의 향기와 향의 조화를 느낄 수 있는 것은 아니네. 그건 아주 섬세한 일이기 때문이야. 이곳에서는 그런 차를 베이징 차라고 부르네.(혹은 베이징 꽃이라고 부르지.) 영국인들이 좋은 차, 아니 그저 차라고 부르는 것은 거친 맛의 검은 색 홍차 종류거나, 아니면 그런 홍차를 녹차와 섞은 차를 말한다네.(영국인에게 차는 단 한 종류밖에 없어.) 이런 차는 매우 중독성이 강한데 마시는 사람에게 강한 인상을 남기며 혀와 입천장을 떫게 만들지. 영국인들이 먹고 마시는 것이 대부분 그러하듯 말이야. 영국인들은 목구멍을 칼칼하게 만들 수만 있다면 자신들이 먹고 마시는 모든 것에 독을 탈 준비가 되어 있어. 그래서 인도의 콩이나 고추에서 요구되는 맛을 차에서도 요구하는 걸세. 즉 독과 비슷한 어떤 맛을 말이야. 그런 주제에 영국인들은 우리 러시아인을 비방한다네. 우리가 차가 아니라 재스민 꽃을 마신다고 말이야.

누구든 원한다면 반박해보라고 말할 수 있는 것은 영국인들이 식도락에서는 절대로 명함을 내밀 수 없다는 사실이라네. 한 가지만 언급하고 지나가자면 중국에서는 실제로 일부의 차 애호가들이 차를 마실 때 꽃이나 향기가 짙은 어떤 향신료를 첨가하곤 하지. 일본에서는 차에 정향나무 꽃봉오리를 첨가하곤 하네. 이오아킨프 사제도 이런 전형적이지 않은 혼합 차에 대해 말했던 것 같아. 중국인들이 홍차에 재스민 꽃잎을, 황차에 장미 꽃잎을 더한다고 말이지. 하지만 이렇게 심한 정도는 중국인의 변태적인 취향인 듯해. 차가 넘쳐나서 생겨난 권태의 결과가 아닐까. 하긴 우리나라에도 담배에 베르가못을 넣어 냄새를 맡거나 청어절임을 말린 자두와 먹는 짓을 하는 사람들이 있지. 영국인들은 그들만의 홍차를 마시며 차가 원래 무색이라는 사실을 무시해버린다네.

우리나라에서 차를 마시는 것은 독립적인 시간이 반드시 필요한 일이야. 하지만 영국인은 이와 반대로 차 마시는 것을 아침 식사를 보충하는 부가적인 일 정도로 생각하지. 영국에서 차는 소화제 기능을 한다고 보면 거의 정확할 걸세. 그렇기에 영국인들은 차가 흑맥주를 닮아 있든, 거북이 수프를 닮아 있든 전혀 개의치 않아. 그저 검고 진하며 혀를 얼얼하게만 만들면 되는 거네. 그리고 그 어떤 다른 차와 섞이지만 않으면 괜찮다고 생각해. 미국인은 아무것도 섞지 않은 채 녹차만 마시네. 우리는 영국인의 이러한 야만적인 취향에 놀라워하지만 영국인은 우리가 차라는 이름으로 어떤 느끼한 음료를 마시고 있다며 비웃더군. 내가 직접 보았지만 중국의 서민들은 단순하고 거친 차를 마시네. 하지만 아바쿰 사제에게 들은 바로는 베이징에 사는 부유층은 물론 설탕도 넣지 않은 채로 황차만 마신다더군. 하지만 나는 러시아인으로서 캬흐타[46]에서 핀란드 만에 이르는 땅에 거주하고 있는 엄청난 수의 차 마시는 사람에 속하고 있기에 베이징 차를 지지하는 바일세. 우리는 꽃을 넣어 차를 마시는 것이 아니라 꽃으로 향을 낸 차를 마시도록 하세. 그리고 영국인이 감각과 취향을 길러 베이징 꽃차를 음미할 수 있는 능력을 기르는 그날까지 또한 이에 덧붙여 그들이 평소에 하듯이 차를 무슨 양배추 삶아내듯이 삶아내는 것이 아니라 차를 차답게 우려낼 수 있는 능력을 갖추게 되는 그날까지 기다리도록 하세나.

사실 다른 민족은 좋은 차를 만끽하는 능력을 굳이 갖추지 않아도 되기는 하지. 쩍쩍 갈라지는 영하 30도의 추위 속에서 따뜻한 방으로 들어가 러시아 주전자인 사모바르 곁에 앉을 때 그때 한 잔의 차가 어떠한 의미인지 알아야만 좋은 차를 만끽할 수 있기 때문이야. 푸루헬름 선장이 우리에게 주기 위해 나가사키로 운반해온 그 차를 우리가 얼마나 만끽하며 마셨는지 아는가! 한 상자에 스페인 돈으로 16탈러라네. 그 상자 안에 러시아식으로 70푼트 정도의 차가 들어 있지. 얼마나 훌륭한 차였는지! 러시아에서 그 차는 1푼트에 은화 5루블 이하로는 살 수 없을 정도라네.

점심 식사 후에… 미안하네. 아침 식사 후에 우리는 밖으로 나왔다네. 우리가 묵는 호텔은 길모퉁이 교차로에 있었어. 호텔 정문에서 거리가 쭉 뻗어 있었지. 집은 한 채도 없고 석조로 된 담장만이 양쪽으로 끝없이 이어져 있더군. 그 안에는 수풀이 고개를 내밀고 있었네. 오른쪽으로도 왼쪽으로도 그런 거리들이 뻗어 있었네. 모두 같은 모양이었어. 집들은 모두 마당을 끼고 있었는데 대부분의 집이 아름답더군. 건축양식은 모든 집이 거의 동일했다네. 모두 별장처럼 지어져 있었지. 나는 함께 오랜 시간 산책할 생각으로 업무할 거리를 들고 제독을 찾아갔네. 거리는 화려한 옷차림의 사람으로 가득 찼네. 유럽인은 마주치기 힘들었지… 유럽인은 이곳에서 극히 드물다네. 온통 아시아인, 인도인이지. 인도 반도나 티베트에서 온 조로아스터교 신자들은 무리 지어서 다녔어. 그들은 이곳에서 부자들의 만찬 때 떨어지는 음식을 먹고 사는 개와 같은 역할을 하고 있네. 즉 이들은 유럽인이 전혀 관심을 두고 있지 않은 자잘한 공산품들을 만들어내는 일을 하고 있어. 이들은 우리가 싱가포르에서 보았던 그 조로아스터교 신자들과 거의 비슷하더군. 이들은 긴 원피스를 입고 다녔는데 모스크바에 사는 그리스인들이 입고 다니는 옷과 비슷하게 생겼네. 머리에는 방수포를 닮은 유색의 광택이 나는 채로 만든 좁은 여성용 모자 같은 걸 쓰고 있었어. 정말 아르메니아 사람들 같았지. 중국인은 활기 넘치고 실용적인 민족이라네. 아무것도 하지 않고 그냥 앉아 있는 사람은 단 한 명도 볼 수 없었어. 소음, 복작함, 움직임, 고함, 말의 소리가 주변에 가득하더군. 사방에서 짐수레를 끄는 사람들을 만날 수 있네. 그들은 일정한 고함 소리를 내면서 그리고 박자를 맞추어 가면서 뛰는 듯한 걸음을 성큼성큼 걸어 짐들을 끌고 다니지. 이곳 사람들은 우리가 홍콩이나 싱가포르에서 본 사람들과는 다르다네. 이들은 더 온순하고 겸손하며 매우 정결해. 모든 남녀는 깨끗한 옷차림이며 곳곳의 거리에서 풍기는 냄새도 홍콩에서보다는 덜하고. 물론 시장은 예외지만 말이야. 홍콩에서와는 달리 이곳에서는 짐꾼들이 우리나라에서처럼 한 무더기의 벽돌을 어깨에 바로 짊어지고 다니네. 하지만 짐꾼의 셔츠 혹은 카프탄[47]은 이로 인해 더러워지지 않아. 그의 양 어깨에 대나무로 만든 멜대가 있기 때문이지. 이것은 저울처럼 생긴 두 개의 작은 판자를 지탱하고 있는데 이 판자에는 아름답게 쌓아올려진 벽돌 두 무더기가 올라 있네. 이 짐꾼을 길에서 마주친다 해도 걱정할 필요는 없다네. 그는 자네를 밀어젖히고 지나가지 않을 거라네. 일정하게 들려오는 고함 소리로 자신이 지나간다고 경고할 뿐이야. 만일 자네들이 그의 목소리를 못 들었거나, 아니면 길을 비키고 싶지 않을 때에는 그 짐꾼이 멈추어 서서 자네들에게 길을 양보할 걸세. 이 모든 일은 간결하게 정리된 형태로 일어나는데 한 폭의 그림과 같다고 할 수 있을 정도야. 대나무도, 벽돌도, 짐꾼의 의복도, 그의 땋은 머리도, 그의 머리에 가뿐히 앉아 있는 회색의 얇은 펠트 천으로 만들어진 모자도 말이지. 이 모자는 리본이나 우단으로 테가 둘러져 있네. 사공이 앉아 있는 운송용 나룻배를 한번 들여다보게 되면 보기에 흐뭇하여 자꾸 그곳에 앉아보고 싶어진다네. 나무로 만들어진 나룻배에는 니스 칠이 되어 있지. 나룻배는 대나무 밑동으로 만들어져 있으며 처마와 긴 의자는 깨끗한 돗자리로 덮여 있어. 그렇기에 국물이 들어 있는 단지나 찻잔 같은 그릇에 담긴 것을 이곳에서 먹어도 별로 걱정되지 않지. 주변이 매우 청결하기 때문이야. 더러움을 걱정할 필요가 없네.

나는 한 행렬의 짐꾼을 보게 되었는데 모두 커다란 차 상자를 두 개씩 짊어지고 가고 있었지. 그들의 뒤를 따라가보았네. 그들은 강에서 오고 있었지. 그곳에 있는 보트에서 상자들을 받아들고 상인들의 집까지 옮겨가고 중이었어. 차 상자를 질질 끌고 가고 있어서 그들의 뒤로 길이 났다네. 우리나라에서 밀을 끌고 가서 길을 내어놓듯이 말이야. 지역적 특색이라고 할 수 있지! 창고에서 이 차 상자들을 밀폐하고 마지막 포장을 하여 미국의 클리퍼선들이나 영국 선박으로 가게 된다네.

우리는 강변에 내렸어. 그곳 사람들은 더욱 활기가 넘치고 더욱 그림 같은 광경을 만들어내고 있더군. 이곳에서는 유럽과 극동이 더욱 가까워진다네. 해안을 따라 둥근 기둥, 발코니, 귀족적인 현관을 가지고 있는 훌륭한 유럽식 집이 늘어서 있는데 문지기와 하인들은 상하이식 상의, 가운, 폭이 넓은 바지 차림이지. 거리에서도 이와 똑같은 옷차림의 많은 사람이 돌아다니네. 이들은 더 이상은 말끔하게 할 수 없을 정도로 깨끗이 면도하고 머리는 꼼꼼하게 땋아내렸어. 흰색이거나 회색이며 테가 안으로 구부러진 원형 지붕 모양의 작은 모자를 쓰고 다니지. 그리고 비단 카프탄이나 우리나라에서 부인들이 입고 다니는 짧은 겨울 외투와 비슷하게 생긴 양털 외투를 입고 다닌다네. 막일을 하는 사람은 모자를 쓰지 않아. 머리를 빗을 시간도 없기에 이들은 땋은 머리를 백옥 같지는 않은 자신의 이마에 두 번에 걸쳐 휘감고 다니네. 이곳에는 이런 일꾼이 아주 많이 있더군. 고용되거나 일거리를 얻기 위해 대기하고 있지. 이들은 불협화음을 이루는 자신들의 언어로 소리를 질러대네. 이곳에는 작은 나무 서랍장을 가지고 있는 이발사도 있어. 그 서랍장에 이발용 기구들이 들어 있지. 이발사는 자신의 가게를 이곳에 차려놓고 긴 의자를 놓아두었네. 그 의자에는 다른 중국인이 앉아서 황홀한 듯한 표정으로 수고양이처럼 실눈을 뜨고 있지. 이발사는 그의 얼굴과 머리를 면도하고 나서 귓속에서 길게 자라는 털을 뽑아내는 등의 일을 해주네. 이곳에는 이동식 부엌도 있고 좀 더 가면 담장 옆으로 도자기를 파는 곳도 있어. 항구에서는 뱃사공들이 자신의 보트 근처에 무리 지어 서 있네. 그 보트들은 강변에 바싹 달라붙어 있지. 유럽인이 걸어오면 그 무리는 조심스레 움직이며 자리를 양보한다네. 항구에는 군함들이 가벼운 실루엣을 만들어주고 있었으며 그 옆으로는 대형 바크선[48]들이 정박해 있네. 거기서 멀지 않은 곳에는 중국 군함들이 있었는데 각기 다른 방향을 가리키고 있는 가느다란 돛대들이 달려 있었어. 유럽 상선은 늘씬한 뒤 갑판의 뒷부분에 중국 배처럼 물고기의 눈을 그려두었더군. 항구 전체가 꿈틀거리고 있다네. 물건을 배에 내리는 사람들도 있고 싣는 사람들도 보여. 어디론가 서둘러 가는 사람, 무언가를 말하는 사람, 누군가와 고함 소리를 주고받는 사람이 보이네…

나는 건너편 강변에 있는 우쑹 쪽을 바라보았네. 하지만 그곳은 낮은 지대로 밋밋한 풍경만이 이어질 뿐 그 어떤 흥미로운 것도 발견할 수가 없었지. 들판과 오두막이 전부라네. 강변에는 고기잡이를 위한 장소가 울타리로 구분되어 있고 그 외에는 아무것도 없었어. 그보다 더 단조롭고 별 볼일 없는 지역은 찾기 어려울 것 같아 보일 정도였네. 사람들의 말로는 나중에 떠올리면 많은 장소가 좋았던 것처럼 느껴진다더군. 상하이가 바로 그런 곳이야. 거기서 벗어나고 난 후에야 좋은 곳처럼 느껴지는 그런 장소 말이네. 강에 질려버렸던 나는 상하이의 훌륭한 건물들인 상하이의 영사관들과 세관을 그냥 지나쳐버렸다네. 세관 건물은 지금은 세관 역할을 하지 않아. 현재는 군함들을 타고 온 영국군의 숙소로 사용되고 있었네. 이 건물은 옛날에 기도실로 사용되었는데 이 때문에 다른 건물들과 확연히 다르더군. 매우 현란한 건축술이 사용되었네. 나도 모르는 새에 미국 영사의 집까지 오게 되었어. 이 집은 거리의 이쪽 편에 있는 마지막 유럽식 건물로 이 건물 뒤에서 중국인 구역이 시작되고 있었네. 유럽인 구역과 중국인 구역은 좁은 수로를 경계로 나눠진다네.

미국 영사인 커닝햄의 집은 이곳 상하이에서 가장 좋은 건물 중 하나라네. 커닝햄은 당시에 이곳에서 유명했던 미국 상업회관인 로셀과 케의 대표이기도 했어. 이런 건물을 지으려면 5만 달러가 필요하지. 이 건물 주변으로는 공원이 있는데 사실 공원이라기보다는 나무들이 많이 있는 마당이라는 표현이 더 맞을 것 같아. 이 집의 넓은 베란다는 아름다운 회랑으로 지지되고 있네. 집안은 여름에 서늘할 게 틀림없어. 유리창에 햇빛을 막기 위한 발이 설치되어 있기 때문이야. 발코니 아래에 있는 현관에는 거리 쪽으로 커다란 대포가 세워져 있더군.

집을… 품격 있는, 그러니까 부유한 집을 어떻게 청소하는지 자네들도 잘 알 걸세. 이곳에서도 우리나라에서와 같은 식으로 청소를 한다네. 바닥까지 내려오는 비단 커튼, 마치 호수처럼 깨끗한 거울, 벽 끝까지 밀어넣어진 양탄자, 청동 제품 말이야. 우리나라에서처럼 이것이 다가 아니야. 조각을 입힌 장식 판자도 있고 육중한 장롱, 테이블, 침대가 있네. 이곳 침대들은 중국 예술의 진수를 보여주는 작품으로, 정말로 훌륭한 검은색 나무에 모자이크 문양과 함께 아주 작고 섬세한 조각들이 들어가 있지. 만일 자네들 가운데 누군가의 할아버지가 옛날식으로 꾸며진 집을 갖고 계시다면 그곳에서 이 모자이크 가구와 비슷한 것을 볼 수 있을 거야. 침대는 특히나 더 훌륭했네. 대부분 2인용 침대야. 영국식 침대가 항상 그렇듯 휘장이 드리워 있지. 집에서든 호텔에서든 어느 곳에서든 2인용 침대를 주더군. 정말로 외롭다는 생각이 드네. 알록달록한 휘장이 쳐져 있는 상여 같은 영국식 침대로 들어간다는 것이 꺼림칙하더군. 게다가 너무 넓은 침대 위에 놓인 낮고 둥근 베개 위에 머리를 두는 건 정말 불편했어. 뇌출혈에라도 걸릴 것 같았지. 하지만 세상에 익숙해지지 못할 일이란 게 있겠는가!

중국인들은 잘 알려진 바와 같이 나무나 돌, 뼈 조각술에 매우 뛰어나다네. 그 어떤 민족도, 심지어 독일인까지도, 그만큼이나 세밀하게 그리고 깔끔하게 조각할 수 있는 참을성이 있지는 않을 걸세. 만일 그럴 수 있다 하더라도 그런 조각품의 가격은 엄청날 테지. 이곳에서는 인간의 양손과 그가 쏟아붓는 시간이 전혀 값어치가 없는 것 같아. 이런 노력과 참을성이 뭔가 중요하고 필요한 것에 사용된다면 모르겠으나 이곳에서는 그런 노력과 참을성이 얼마나 쓸데없는 것에 허비되는가 하면 그 작업을 하고 있는 중국인의 놀라운 실력과 그가 만드는 물건의 쓸데없음 가운데 어디에 더 놀라야 할지 모를 지경이었다네. 예를 들자면 중국인들은 호두나무나 아몬드 나무의 껍질에 행진하고 있는 다양한 자세의 사람들, 불교 사찰들, 집들, 정자들을 새겨넣어. 그 사람들의 얼굴생김을 다 다르게 할 정도의 수준으로 말이야. 껍질이 두꺼운 아몬드에는 중국 돛배를 새겨줄 걸세. 온갖 부속품을 포함해서 말이네. 그 배를 타고 있는 사람들도 모두 새겨줄 거네. 돛에 그려진 그림까지도 볼 수 있을 테지. 그게 다가 아니네. 안에는 사람이 앉아 있는 열고 닫히는 작은 문이나 창문도 만들어주지. 이런 작품을 갖기 위해 얼마의 돈이 필요할 거라고 생각하는가? 우리는 가락지 모양의 마른 빵처럼 실에 꿰어져 있는 이 아몬드 조각품 꾸러미들을 단돈 5~6달러에 샀네.

나는 커닝햄 집에 자주 들르게 되었다네. 제독이 그 집에 머무르기로 했기 때문이야. 그렇기에 나는 의례적으로 그에게 들렀네. 전통 의상을 화려하게 차려입은 중국인 하인이 커닝햄이 그의 서재에 있다더군. 우리는 그리로 갔네. 키가 작고 밝은 금발의 커닝햄은 외모는 별로였는데 나를 매우 다정하게 맞아주었지. 영국식이 아니었네. 내게 악수를 강요하지도 않았고 양 어깨를 꽉 쥐지도 않았어. 그는 인사를 나누며 영국인을 제외한 다른 모든 이들이 하는 식으로 행동했네. 서재라고는 말했지만 이름만 그랬지 사실 무슨 사무실 같더군. 이 집의 주인인 커닝햄이 앉아 있던 책상 빼고는 아무것도 없었네. 등받이가 없는 굉장히 높은 크기의 의자 두 개와 상하이에 살면서 없어서는 안 될 벽난로도 있긴 했지만 그뿐이었지. 커닝햄은 내게 앉으라고 권했다네. 나는 거기에 앉아 있으면 치질에는 절대로 걸리지 않을 것처럼 생긴 그 의자에 겨우 앉았네. 커닝햄도 같은 처지였지. 우리는 높은 곳에 앉아서 자유로운 시선으로 서로 바라보았네.

커닝햄이 묻더군.

"뭘 타고 오셨습니까?"

대답하려던 그 순간 나는 실수로 헛발질을 했다네. 둥근 회전의

자는 마치 버터 위를 미끄러져가듯 내 밑에서 빙글빙글 돌았고 내가 정신을 차렸을 때는 벽에 처박히기 직전이었어.

나는 벽면을 바라보며 대답했지.

"스쿠너를 타고 왔습니다."

그와 동시에 화가 치밀어 올라 이렇게 생각했네.

'이건 도대체 누가 만든 거야. 영국이야, 미국이야?'

그러고는 양쪽 다리를 열심히 움직여 원래 자리로 돌아왔지.

"이곳에서 오랫동안 머무를 건가요?"

나는 또다시 내 밑에서 움직이기 시작하던 방석을 한손으로 움켜쥐며 대답했네.

"상황을 봐서요."

그가 친절하게 말했어.

"내일 오찬을 함께할 수 있는 영광을 주십시오."

정말 솔직히 말하자면 그때 그는 아마도 그러니 이젠 꺼져주시죠 하고 말하고 싶었을 걸세. 그보다 적합한 표현은 없었을 거야.

나는 영사네 집에서 나와 크류드네르 남작과 함께 산책을 갔네.

나는 그에게 부탁했어.

"이곳에서 볼 만한 건 다 보여주시지요. 당신은 이곳에서 지내셨잖아요. 이 길을 따라가면 뭐가 나오죠?"

그가 그 길을 고개로 가리키며 말했다네.

"이 길 말입니까…? 글쎄요."

나는 질문을 쏟아냈지.

"도시는 도대체 어디에 있습니까? 무장봉기자는요? 진영은요?"

그가 허공을 가리키며 대답했네.

"저기 어딘가에 있답니다. 저쪽에요."

"그런데 저기 저곳에 있는 건 뭡니까? 다른 건물보다 높은 건물들 말입니다. 기도실인가요? 아니면 궁전입니까?"

"아마도 저건…."

"여기 어디에 상점들이 있습니까? 그리로 좀 데려가주시지요. 뭘 좀 사야 해서요."

"물어보도록 합시다."

그러고는 질문을 던질 만한 사람을 두 눈으로 찾기 시작했다네. 나는 웃기 시작했고 크류드네르 남작은 헛기침을 하기 시작했어. 내 뒤를 이어 그도 웃기 시작했다는 말이야.

"도대체 열흘 동안 이곳에서 뭘 하셨던 겁니까?"

"내일 영사님 댁에서 점심 식사를 하신다고요?"

"저녁 식사지요. 좀 이르긴 하지만 말입니다. 오후 일곱 시니까요."

생각에 잠긴 채 크류드네르 남작이 말했네.

"특별히 더 훌륭한 오찬일 겁니다. 손님을 모시는 식사이니 대형 오찬장에서 식사를 하겠군요. 연미복을 입고 가십시오."

이렇게 대화를 나누며 우리는 강에서 운하 쪽으로 방향을 튼 후 작은 다리를 건넜어. 그리고 이리저리 움직이고 있는 화려한 색의 옷차림을 한 군중 속으로 들어가게 되었지. 여기저기서 말하는 소리와 다양한 고함이 들려오더군. 이리저리로 밀려다니며 다양한 냄새와 옷차림을 보게 되었네. 한마디로 시장 바닥에 서 있게 된 걸세. 이곳에서 나는 전혀 꾸밈없는 중국인들의 실상을 보게 되었네. 있는 그대로의 모습을 말이야.

내가 무얼 보고 가장 먼저 놀랐는지 아는가? 첫인상이 어땠는지 상상이 되는가? 나는 갑자기 우리 모스크바의 어떤 고물 시장에 와 있는 줄 알았다네. 아니면 페테르부르크에서 멀리 떨어져 있는 어떤 현의 시장에 서 있는 것 같았지. 큰길도 아직 나 있지 않고 상점도 없는 그런 곳 말이야. 한쪽에서는 흥정을 하고, 다른 쪽에서는 음식을 만들며, 또 다른 구석의 판매대에서는 비단 상품을 팔고 있는 그런 장소 말이네. 펄펄 끓어오르는 주전자 사모바르와 꽈배기 모양 빵 더미 사이에서 말이지. 한쪽 판매대에서는 과일을 팔고 그 옆 판매대에서 짚신과 멍에를 파는 그런 곳이네. 파는 물건들의 종류에서나 조금 차이가 있을 거야. 우리는 타르와 나무에서 추출한 섬유들을 팔고 있다면 이들은 비단과 차를 팔고 있다네. 우리는 나무 그릇이나 유약 칠한 질그릇 더미들을 팔고 있다면 이들은 도자기를 팔지. 하지만 중국인들이 평소에 먹는 음식은 그 양, 종류, 냄새, 진기함에서 우리의 음식을 능가하네. 이곳에 없는 건 도대체 뭘까? 이곳을 다 둘러볼 수 없음이 안타까울 뿐이야. 마음을 잡아당긴다고 파데예프가 말했듯이 나는 그 모든 것을 보고 싶어 미칠 지경이었네! 바다, 강들, 대지, 공기가 이곳에서는 누가 더 많은 선물을 인류에 전해주었는가로 싸우고 있네. 그리고 그 선물들은 바로 눈앞에 펼쳐져 있지…. 더 힘든 점은 눈으로뿐만 아니라 코로도 그 모든 것을 느낄 수 있었다는 걸세.

끝없이 길게 이어진 지붕이 달린 골목들이, 아니 더 정확히 말하자면 복도들이 사방으로 뻗은 채 완벽한 미로를 만들고 있었네다. 그게 뭔지 궁금해할 수도 있겠군. 이 모든 것은 빽빽하게 지어진 집들로, 아래에는 작은 상점이 있고 위쪽으로는 주거 공간이 들어서 있네. 양쪽 집 위로는 지붕이 서로의 끝자락을 간신히 피해가고 있지. 그 때문에 이곳은 항상 어두침침하네. 이 미로 안에서 엄청난 무리의 사람들이 돌아다니고 있어. 상인들만으로도 미어터지기 때문에 그들 사이를 지나간다는 것은 불가능할 것 같아 보이지. 하지만 이곳에서는 항상 사람들이 들락날락하고 있네. 짐꾼들은 이곳에서 거의 건초 더미만 한 엄청난 크기의 짐과 차 상자, 비단 꾸러미, 면직물 보따리를 들고서 놀랄 만큼 능숙하게 이 사람들 사이를 빠져나가더군. 저 멀리서는 두 명의 고인을 모셔나가고 있어. 이들은 우리나라에서처럼 어깨로 들어 모셔나가지 않고 팔로 받쳐서 모셔나가네. 저기서는 전령이 편지를 들고 달려가고 있고 이곳에서는 암탉들이 들어 있는 커다란 광주리를 사람들이 끌고 가고 있네. 모두 고함을 지르거나 콧노래를 흥얼거리면서 달려가고 있지. 다른 사람들이 자신과 부딪치지 않도록 길을 피해 달라는 뜻이라네. 여기 이 사람은 지팡이로 판자를 두드리고 있네. 명주를 팔고 있다는 뜻이야. 저기 저 사람은 살아 있는 야생 오리와 그의 어깨에 축 늘어진 채 걸려 있는 죽은 꿩을 팔고 있어. 그 반대일 경우도 있고 말이네. 물건을 지고 다니며 파는 행상들은 고함을 지르더군. 우리나라에서와 똑같이 말이야. 상상해보게. 방금 한 사람을 피했는데, 다른 사람이 자네들의 어깨를 살짝 부딪치더란 말이네. 그래서 뒷걸음을 치고 있는데, 또 다른 사람이 급하다는 듯 자네들에게 고함을 지르는 걸세. 자네들은 껑충 뛰어오르며 황급히 물러난다네. 그 사람의 양손에는 어떤 동물의 내장 아니면 땅 위에서 기어 다니는 기다란 물고기 같은 것이 들려 있기 때문이지.

크류드네르 남작이 말했네.

"어디로 피하죠? 암소 두 마리가 오는데요."

우리는 상점 안으로 뛰어들었지. 암소들은 계속해서 제 갈 길을 갔네. 상점들 안에는, 정확히 말하자면 상점의 열린 문 근처에는 사람들이 볼 수 있도록 식품들이 진열되어 있더군. 다양한 종류의 생선이 있었네. 햇볕에 말린 생선, 소금에 절인 생선, 바싹 말린 생선, 신선한 생선을 볼 수 있었지. 긴 칼을 닮은 생선이 한 마리 있었는데 이름도 칼[49]이더군. 머리가 갈라진 생선도, 둥근 생선도, 납작한 생선도 있었네. 그다음으로는 가재, 새우, 조개가 있었어. 들새들은 눈으로 보고도 믿기 힘들 정도로 많았다네. 꿩과 오리들이 특히 많았네. 이 새들은 문에 걸려 있거나 바닥에 무더기로 쌓여 있었지.

여기는 속이 깊은 가게인데 사내들과 여인들로 가득 차 있네. 바로 주점이라네. 멋지군. 먹을 게 이렇게 넘친다니 하고 말하고 싶은 걸 억지로 참았어. 우리나라에서와 마찬가지로 사람들은 각각의 테이블에 몇 명씩 무리 지어 앉아 있었지. 손잡이가 없는 푸른색의 작은 찻잔으로 차를 마시고 있었네. 하지만 넓은 어깨를 가진 마부는 우리나라에서처럼 차를 마신 후 설탕 가루를 찍어먹는다든가 하지는 않았어. 설탕은 없었거든. 이들은 차에 설탕을 타

마시지 않네. 하지만 모두 작은 대통이 달린 가늘고 긴 담뱃대로 담배를 피워대고 있었어. 이건 또다시 우리의 비위를 건드렸다네. 우리는 대통이 길고 담뱃대가 짧은 파이프를 사용해 담배를 피우니 말이야. 그들의 머리 위로 주점의 구석 곳곳에 세워진 작은 난로에서 나오는 김이 구름처럼 모여들고 있었네. 이렇게 주점 안에서 뭉쳐진 구름은 밖으로 빠져나가서 지나가는 행인의 심한 냄새에 덮여 사라져버린다네. 마치 연기가 사라지듯이 말이야. 여기에는 정말 없는 게 없네! 납작한 빵들이 소복이 쌓여 있어서 원한다면 끓는 물에 넣어서 데운 후 몇 분 내로 가져다주지. 그 옆에서는 검정색 국 같은 것이 끓고 있는데 스파르타식 국보다 조금 나은 정도라고나 할까. 돼지고기나 생선을 잘라 넣고 만든 국이네. 나는 양배추 수프도 보았어. 빨리 끓여낸 수프였네. 굉장히 좋은 배추 한 통과 양고기 같아 보이는 고기 한 덩어리를 끓여내는 것이네. 올라디야[50]도, 구운 돼지고기도, 파이도 있었어.

나는 여기서 익숙한 것도 많이 보았지만 이전에 보지 못한 것도 많이 보았네. 특히 후각적으로 많은 새로운 것을 접할 수 있었지. 하느님 맙소사, 사람이 먹지 못할 것은 정말이지 아무것도 없다네! 물론 나는 자네들에게 사람들이 다 보는 시장 한가운데서 중국인 한 사람이 무얼 먹고 있었는지 말해주지 않을 걸세. 예전에 나는 여행가들이 쓴 책의 내용 가운데 많은 부분이 지어낸 것이라고 생각했다네. 하지만 이제는 경험으로 알고 있네. 어떤 부분은 삭제해 버려야 한다는 것을 말이야. 이곳에는 소스 종류도 없는 게 없네! 모든 요리는 삶거나 튀기거나 구워지거나 끓여져서 나가지. 요란한 소리를 내며 따뜻한 채로 김이 모락모락 피어오르며 냄새를 풍기면서 사방으로 배달된다네. 무언가로 그 냄새를 덮을 수 있을 거란 생각들은 말게나. 파슬리 향기도 강력한 향수인 네 명의 강도들조차 이 냄새는 가릴 수 없어. 두 종류의 역겨운 냄새가 특히나 끈질기게 따라다니는데 참깨로 만든 것 같은 식용유 냄새와 마늘 냄새라네.

과일가게 옆에서는 휴식을 취할 수 있을 거네. 이곳에서는 눈도 즐겁고 코도 즐겁지. 엄청나게 큰 레몬 오렌지들을 보게 된다면 놀라움을 금치 못할 것이네. 영국인들은 이 과일을 자몽이라고 부르지. 이 과일은 예닐곱 살 정도 먹은 아이의 머리만 한 크기인데 그 껍질이 손가락 하나 반 정도로 매우 두꺼워. 여기서는 디저트로 이 과일을 주는데 왜 그러는지는 모르겠네. 못 먹을 정도로 맛이 없는데 말이야. 우리가 먹어본 적이 있는 과일인데 아무 짝에도 쓸모없는 맛이었네. 레몬 같은 신맛도 오렌지 같은 달콤함도 없으니 말이야. 사람들의 말로는 지금은 덜 익어서 그렇고 충분히 익고 나면 껍질도 얇아지고 과육도 그제야 달콤해진다고 하더군. 과연 그럴까 싶다네. 그 외에도 우리나라에서 감자를 쌓아놓듯이 여기서는 귤을 무더기로 쌓아놓고 파네. 크기가 작은 종이지만 아주 달고 향기로운 오렌지 종류의 과일이야. 여기 귤의 장점은 겉껍질을 벗기면 속껍질이 함께 달려 나오기 때문에 과즙이 많고 투명하다고 할 정도로 깨끗한 계란처럼 생긴 속 알맹이만을 먹을 수 있다는 것이네. 이곳에는 타원형 과일도 있었어. 탱자를 닮았는데 호두보다 좀 더 작은 크기였네. 이름이 무엇이었는지는 기억나지 않아. 맛을 보려 집어들고 한입 베어 물었다가 내던져버렸네. 자몽보다도 맛이 없더군. 나중에 들었는데 내가 그 과일을 맛보려 했을 때 내 주위의 중국인들이 웃고 있었다네. 그럴 만했어. 대추라는 과일도 있었네. 아주 작은 크기로 안에는 작은 씨가 하나 들어 있는 말린 무화과와 비슷한 것이었지. 이 과일은 아주 달콤했는데 더 이상 말할 게 없을 정도였네. 대추야자 맛을 좀 닮았다네. 무척 달았는데 먹을 때 이 사이에 끼더군. 견과류는 아주 많았네. 호두, 아몬드, 피스타치오 등이 있었어. 채소는 정말 훌륭했네. 길쭉하게 생긴 녹색 배추가 특히 신선하더군. 기다란 홍당무와 커다란 양파 등도 있었네.

우리는 줄지어 늘어선 상점을 빠져나온 후 미국인 포그의 상점

쪽으로 나갔다네. 완전히 벌거벗은 채 자신의 상점에서 면직물을 매끈하게 두드리고 있던 일꾼들의 고함 소리와 무언가를 두드리는 소리를 지나서 말이야. 포그의 상점에는 없는 게 없었네. 기성복 원피스, 식기, 옷감, 포도주, 치즈, 청어, 담배, 도자기, 은을 팔고 있었지. 식료품 상점들 틈에서 우리는 중국식 잡화상 같은 곳을 보게 되었네. 온갖 잡동사니를 팔고 있더군. 나는 부드럽고 다양한 색상의 청람석으로 만들어진 조각품을 30개나 샀네. 이 돌은 등잔이라고 편하게 불리기도 하지. 이 돌은 중국 외에도 헝가리와 작센의 일부 지역에서도 발견되는 것이네.

값을 과도하게 올려서 부르기 시작하지 않는 나라가 있을까? 중국인은 그 돌 조각품의 값으로 22달러를 요구했네. 하지만 그 후에는 8달러까지 양보했다네. 물건 값을 깎는 풍습은 완전히 계몽된 민족도, 반쯤 계몽된 민족도, 그뿐만 아니라 야만인까지도 가지고 있지. 누가 누구에게서 배운 풍습일까? 우리가 동양인에게서 배웠을까, 아니면 그 반대일까?

우리는 마침내 더러운 물이 흐르는 작은 강으로 나올 수 있었다네. 나무로 만들어진 좁은 다리로 말이야. 다리는 활 모양으로 휘어져 있었네. 여기에는 작은 암자가 있었고 그 안에는 부처상이 있었지. 발아래를 보니 거지가 구걸을 하고 있었네. 군모를 쓰고 수병용 셔츠를 입은 영국 증기선 스파르탄호의 보초가 총을 어깨에 둘러맨 채 돌아다니고 있더군. 다리 끝 부분에서는 중국인이 밥이 든 솥 앞에 앉아 있었네. 솥 근처에는 사람들이 득실거렸고 말이지. 많은 사람이 몇 닢씩 판자 위에 올려놓았네. 그 판자는 솥을 덮고 있었어. 중국인은 헝겊을 들어올려 맨손으로 밥을 한 줌 퍼서 자신의 앞치마에 얹고는 물을 짜낸 후 물기가 다 빠지고 나면 손님에게 내어주었네. 중국 음식들은 별로 매력적이지 않다네. 특히 그들이 요리할 때 쓰는 기름이 사용되는 음식은 더욱 그렇지! 이곳에는 원래 버터가 없네! 유럽인을 위해 영국에서 들여오는 버터가 있을 뿐이야. 하지만 그것조차 신선하지는 않네. 중국인들은 가끔 돼지 비계를 요리에 이용하기도 하더군.

이번에는 이곳의 돈에 대해서 말해보겠네. 상하이에는 두 종류의 돈이 통용되고 있어. 지폐인 스페인 달러와 미국 달러 그리고 중국의 동전이 바로 그것이네. 스페인 달러는, 더 정확히 말하자면 카를 4세의 스페인 달러는 다른 종류의 화폐들보다 가장 선호되며 왜인지는 모르겠지만 상하이 달러라고 불리더군. 이 화폐들에는 상하이 상인 조합의 직인이 찍힐 정도인데 이렇게 위조지폐가 아니라는 것을 표시하네. 내란 때문에 은행가들은 달러 값을 정말 많이도 올렸다네. 우리나라 돈으로 환산해보면 평소에 1루블 33코페이카 하던 달러 환율이 이제는 거의 2루블이 다 되었네. 하지만 그건 은행가들에게 그 돈을 받을 때이고 현실적으로 달러는 예전과 똑같은 가격으로 통용되고 있지. 무슨 말인가 하면 달러를 주어도 예전보다 많은 상품을 주지는 않는다는 말이네. 모든 사람이 환전업에 뛰어들었어. 즉 여러 곳에서 이리로 달러들을 들여왔단 말이네. 그러고는 그 달러들에 대해 런던을 비롯한 다른 지역들의 어음을 받았다네. 그런 식으로 1달러당 2실링씩을 남겼네. 물건을 살 때는 어떤 물건이건 거의 두 배 가까이나 되는 돈을 더 내야 했어. 이곳에서는 유럽에서 들여오는 모든 물건이 그렇지 않아도 비싸게 팔리고 있었는데 말이네. 대규모로 물품들을 구매해 쌓아두어야 하는 사람들은 정말 큰일이었다네. 손실이 이만저만이 아니었지! 다른 달러들은, 그러니까 같은 스페인 달러이긴 하지만 카를 4세의 달러가 아니라 페르디난트 등 다른 왕들의 스페인 달러와 멕시코 달러는 1달러당 80센트의 가치로 통용되고 있네. 이밖에도 50크론짜리와 실링이 사용되고 있긴 하지만 그건 매우 드문 일이라네. 하지만 죽이라고 불리는 동전은 많이 사용되네. 이 중국 동전은 정제되지 않은 황동으로 만드는데 거의 자연광물 그대로 만들어진다고 보면 되지. 외관이 매우 불결하게 생겼네. 우리의 25코페이카 동전 정도 되는 크기인데 동전 표면에는 중국 글씨가 조잡하게 새겨져 있고 중간에는 구멍이 있어서 끈에 꿰어놓을 수 있어. 처음에는 나도 중국인들이 손에 들거나 어깨에 걸치거나, 아니면 목걸이처럼 목에 걸고 있는 기다란 그 연결고리가 무엇인지 모르고 있었다네.

상점에서 무언가를 샀는데 30센트짜리였네. 그런데 내게 거스름돈으로 동전을 1,000개나 주는 게 아니겠나. 그 동전 1,500개가 1달러였던 거지. 나는 어쩔 줄을 몰라 했네. 하지만 거지들이 나를 도와주더군. 그 동전들을 거의 모두 거지들에게 나누어주었네. 한 50개 정도는 자네들에게 보여주려고 다른 흥미로운 물건들과 함께 가지고 간다네.

크류드네르 남작이 말했네.

"이제는 시간이 없네요. 돌아가야 할 것 같지요. 나는 아침 식사를 하러(그는 유럽식 호텔에서 묵고 있었네.) 그리고 당신은 점심 식사를 하러 가야지요."

우리는 왔던 길이 아니라 운하를 따라 걷다가 첫 번째로 부딪히게 된 길고 꽤 좁은 거리로 방향을 틀었다네. 그 길은 주점으로 곧장 나 있었지. 그 거리를 따라서도 높은 담과 정원을 가진 상인들의 저택이 늘어서 있었네. 짐꾼들도 짐을 싣고 껑충껑충 뛰어가고 있었어. 우리는 일찍 도착하게 되었네. 우리 사람들은 아직 다 모여 있지 않았더군. 업무를 처리하러 간 사람도 있었고 시간을 때우려 간 사람도 있었으며 중국군 진영에 들어가보려 나간 사람들도 있었네.

한 시간 후에 벨소리가 온 집안에 울려 퍼졌다네. 식당으로 내려올 준비를 하라는 신호였네. 30분 후에 우리는 모두 식탁 쪽으로 모여들었네. 식탁 근처에서는 하인들이 바삐 움직이고 있었는데 모두 중국인이었지. 사내아이들을 바라보는 것이 특히나 유쾌하네. 약간 간격이 벌어진 눈 그리고 타타르인을 닮은 튀어나온 이마와 광대를 가진 그들은 활기차게 뛰어다니며 다 먹은 접시들을 새 접시로 바꾸어주거나 빵과 물을 가져다주곤 했어. 그러면서 그렇지 않아도 망가진 영어를 더욱 망가뜨렸네. 그런데 우리는 여기서 어두운 갈색 얼굴을 보게 되었지. 그는 터번[51]을 쓰고 있었는데 그의 치아는 그 터번 색보다 더 희게 빛나고 있었네. 나는 그가 왠지 낯이 익다는 생각이 들더군. 그 역시 상냥한 미소로 우리를 바라보고 있었지. 나는 그에게 누구이고 어디서 왔는지 물어보았네.

"제 이름은 마드라스만입니다. 당신들을 알고 있습니다. 싱가포르에서 뵈었지요."

"여기는 도대체 어떻게 오게 되었나?"

"그냥, 일하러 왔지요."

"싱가포르에서는 뭘 하며 먹고 살았었나?"

"저는 장사꾼입니다."

'오, 거짓말을 하고 있군. 자랑을 하고 있는 거야. 절반은 야만인인 자연의 아들이 말이야!'

나는 지금 막 기억해냈네. 그는 작은 마차를 타고서 싱가포르 시내를 돌아다니고 있었지. 그러다가 어느 날 어느 거리에서 처음부터 끝까지 나와 나란히 걸어가게 되었네. 그때 자신의 마차 번호를 기억해 달라고 부탁했어. 다른 마차는 타지 말라면서 말이네. 이곳에서 그는 종업원으로 있지. 손님들에게는 음식을 날라다 주고 중국 소년들에게는 욕을 퍼붓으면서.

이곳에서 먹는 두 번째 점심 식사는 첫 번째 점심 식사보다도 풍성했다네. 수프 외에도 삶은 양고기와 구운 양고기, 삶은 쇠고기와 구운 쇠고기, 삶은 닭고기와 구운 닭고기, 기러기, 오리고기, 햄, 채소가 있었네. 이건 맨 처음 차려진 음식일 뿐이었어. 두 번째로 내온 음식과 마지막인 세 번째로 내온 음식은 들새 고기와 파이 종류였네. 본 요리와 후식이 함께 나왔는데 손님들이 후식을 먹는 팀과 본 요리를 먹는 팀으로 나눠지기를 기대했기 때문인 듯했어. 파이는 내가 런던, 포츠머스, 희망봉에서 먹었던 것과 같은 것이었네. 애플파이, 달콤한 계란 프라이, 계피가 든 푸딩이었지. 점심 후에 크류드네르 남작이 찾아왔기에 도시와 근교를 보여 달라며 데리고 나갔네. 우리는 우쑹 강변으로 나와서 왼쪽으로 가보았어. 영국 영사관인 훌륭한 저택을 지나고 나니 포르투갈 영사관이 나왔네. 그다음에는 덴마크 영사관 등이 이어지더군.

거리에서 다음과 같은 일정하게 외치는 소리가 들려왔네.

"아, 아! 아, 아!"

그리고 차를 싣고 가는 짐꾼들이 나타났네. 이들은 인심 좋게도 그 차를 거리에 넉넉히 흘리면서 가고 있었지. 프랑스 선박들에서 내린 수병들은 이곳에서 산책을 하고 있었네. 그들은 잘생긴데다가 키도 컸으며 옷도 잘 차려입고 다녔어. 우리는 우쑹 강에 합류하는 작은 강의 나루터 쪽으로 다가갔네. 일터에서 집으로 돌아가는 평범한 많은 사람이 나루터에서 북적거리더군. 이들은 강 건너편으로 가는 증기선을 타기 위해 줄을 서 있는 중이었네. 강 건너편 풍경에서 가장 먼저 눈에 들어온 것은 거름 더미, 더러운 강변, 더러운 오두막 두세 채, 말라비틀어진 나무 두세 그루였어. 그리고 이 모든 것 뒤로는 경작된 들판이 펼쳐져 있었네. 우리는 덩굴과 텃밭을 지나고 목화나무들이 무성하게 자라 있고 다양한 곡식들이 심어져 있는 들판을 지나, 도시에서 가장 가까이 있는 촌락으로 먼저 들어가 보았다네. 대나무로 만든 오두막들은 창문 하나 없이 서로 연결되어 있는 문들만 달려 있었지. 마을을 따라 더러운 도랑이 구불구불하게 나 있었으며 논밭에 비료로 사용하기 위해 모아둔 거름을 담고 있는 나무통들이 늘어서 있었네. 그 냄새에서 도망칠 수 있는 곳은 아무데도 없었어. 우리는 괜히 들어왔다고 생각했네. 질퍽한 진흙 위를 기다시피 걸어가고 있노라니 개들이 우리를 향해 짖어더군. 그러자 그 개들을 진정시키기 위해 중국인 노파가 뛰쳐나왔네. 몇몇 중국인은 문지방에 걸터앉아 저녁을 먹고 있었어. 민첩하게 젓가락질을 하며 그릇에 담긴 쌀밥을 입으로 집어넣고 있었네. 입 속으로 얼마나 많은 밥을 밀어넣었는지 우리가 하는 안녕하세요에도 대답을 못할 정도였지. 상냥하게 고개를 끄덕여줄 뿐이었네.

그러나 역한 냄새, 애처로운 가난, 진창에도 불구하고 이들이 가지고 있는 높은 지능, 규율, 명확성을 눈치 채지 않을 수가 없었다네. 시골에서의 경작 생활과 관련된 사소한 부분에서까지 이러한 점이 드러났네. 그다지 열심히 들여다보지 않아도 이 나라가 전반적으로 농업 국가라는 사실을 그리고 1년 가운데 어느 날엔가는 중국 황제의 손에 이 나라의 가장 중요하고 위대한 일꾼인 쟁기가 들려 있는 데에는 다 그만한 이유가 있다는 사실을 알 수 있었어. 모든 물건이 대충 만들어진 것이 아니라 심사숙고 끝에 만들어져서 실용적으로 사용되고 있네. 모든 것이 다 다듬어졌고 마무리까지 깔끔하게 되어 있어. 아무렇게나 아무데나 널브러져 있는 짚 더미 같은 것은 볼 수 없네. 쓰러져 있는 울타리나 파종된 밭 위에서 헤매고 있는 염소나 암소 같은 것 또한 발견할 수 없지. 통나무 따위의 어떤 유용한 물건이 아무런 계획 없이 남겨져 있거나 쓸데없이 썩어 들어가고 있는 것은 그 어디에서도 볼 수 없네. 이곳에서는 톱밥, 작은 돌멩이, 먼지 하나하나에까지도 본연의 임무가 있고 그렇기에 이 모든 것이 실용적으로 사용되고 있는 것만 같더군. 이곳의 땅은 원래 질퍽한 토양이지만 그러하다는 것은 전혀 눈치 챌 수 없었네. 단 1아르신의 땅도 끝까지 경작되지 않은 땅이 없었거든. 밭의 모든 이랑과 고랑까지도 완전히 똑같은 폭으로 일구어져 있을 정도였네. 작은 집들 또한 제아무리 가난하고 더럽다고 할지라도 매우 지혜롭게 지어져 있어. 그 안의 모든 것들은 다 치밀하게 계산되어 있네. 이들은 집안 구석구석을 잘 이용할 줄 안다네. 모든 것이 제자리에 있으며 모든 것들이 가능한 한 질서 있게 배치되어 있었지.

우리는 그 시골 마을을 벗어나 산책로라고 불리는 곳으로 나왔네. 이곳은 마차를 타고 다니거나 산책할 수 있도록 유럽인들에게 내어준 도시 근교에 있는 장소야. 이 산책로는 도시에서 출발해 들판들 사이로 나 있는 넓은 길인데 제국주의자들의 진영과 도시를 나누고 있는 흙벽 곁에 있다네. 이 길은 모두 서커스 장을 떠올리게 하지. 이곳의 땅도 서커스 장의 땅처럼 말발굽들에 의해 파헤쳐져서 부드러워져 있기 때문이네. 이곳에서 우리는 진짜 경마장 또한 볼 수 있었어. 이곳에서는 상하이에 사는 유럽 남자들과 유럽 여자들이 말을 타고서 왔다 갔다 하며 달리네. 어떤 이들은 영국에서 실어온 최고의 영국 혈통을 자랑하는 훌륭한 말을 타고 달리고, 또 어떤 이들은 키가 작은 중국산 말을 타고 달리더군. 한 가족만이 말 한 필이 끄는 두 바퀴의 마차를 타고 있었으며 목사 부인으로 보이는 한 부인은 네 명의 중국인이 들고 있는 철재 의자를 타고 왔는데 이 의자는 두 개의 대나무 장대 위에 놓여 있었네. 몇몇 보행자와 장교들, 우리는 관중으로 있었어. 아니지, 우리 모두 등장인물이었네. 진정한 관중은 하루 일과를 마친 온화한 시민 혹은 시골 주민, 상인, 농부인 중국인들이었다네. 이곳에서는 여러 종류의 옷이 뒤섞여 있었어. 비단으로 만든 짧은 여성용 상의도, 상인의 통이 넓은 바지도, 농부의 푸른 가운도, 원형이나 철자가 옷의 등 부분에 꿰매어져 있는 제국주의자가 입고 있는 조끼, 딱 달라붙는 바지도 볼 수 있었네. 이 모든 관중은 그야말로 강 건너 불구경하듯 그러나 호기심에 가득 찬 눈으로 외지인들을 바라보았어. 이 외지인들은 그들의 영토에 무력으로 치고 들어온 것도 모라자서 그들의 들판에서 자유롭게 산책을 즐기고 있었네. 더 심한 것은 이 들판의 원래 주인들은 출입을 금한다는 푯말을 보란 듯이 세워놓기까지 했다는 걸세. 중국인들은 이 산책로에 들어오는 사람과 나가는 사람들을 바라보며 한마디씩이라도 했네. 특히 말을 타고 있는 여성은 그들의 관심을 고조시켰지. 이곳에서는 있을 수 없는 일이었으니까! 그들에게 여성이란 아직은 그저 그런 존재였네. 살림살이의 일부 같은 것이었지. 우리나라 여성들과는 달리 절대로 암사자 같은 여자들이 아니었네.

우리와 함께 배를 타고 왔던 다른 이들이 우리와 합류했다네. 우리는 호기심에 충만한 그 중국인 무리 사이를 뚫고 지나가 둔덕 쪽으로 다가가서 다리 위로 올라갔어. 그 다리는 활 모양으로 작은 운하 위에 걸쳐져 있었는데 우리는 그 위에서 진영을 바라보기 시작했네. 다리 위에서는 가마꾼들이 관리들과 상인들을 실어 나르느라 쉴 새 없이 왔다 갔다 하고 있었지.

무더기로 세워진 천막들 위로 색색의 깃발과 휘장이 수천 개나 펄럭이고 있었네. 모두 가문의 문장이거나 귀족 관리 층의 훈장이었어. 때때로 총소리가 들렸지만 대부분은 공포탄이었네. 영국군 장교들의 말에 의하면 이들은 그런 식으로 자신들이 밤이나 낮이

나 경계하고 있다는 것을 상대에게 보여준다더군. 사실 이들은 서로 겁을 주며 경계만 하고 있었네. 이들은 적이 보이지도 않는 안개 속에서 또 밤에 총을 쏘아대고 있어. 우리가 우쑹 강에서 보았던 야간 급습이나 불길 같은 것이라도 있었으면 좋으련만 실상은 전투 흉내만 내는 것이었네.

이곳에서 제국주의자들을 지휘하고 있는 것은 상하이 관구의 타오타이인 삼크바야. 그는 군대를 모아서 도시의 외곽 벽 곁에 진영을 만들고 스스로는 정크선에 거주하면서 강에서 활동했네. 어떻게 하면 이 떠돌이 거지들을 내쫓을 수 있을까 고민하면서였겠지. 하지만 이제까지 그가 한 모든 노력은 아무런 결과도 얻지 못했네. 또한 유럽인들은 엄격하게 중립을 유지하고 있었어. 그가 자신을 위해 일해주면 일당으로 20달러인가를 주겠다고 했음에도 말이야. 그 일을 하겠다는 유럽인은 아직 별로 없네. 야간 급습은 실패로 돌아갔지. 그는 도시를 불태워버리려는 시도도 해보았으나 그 역시 성공적이지 못했네. 바람이 태워버리고 싶은 장소의 반대 방향으로 불었고 그 때문에 불길은 번져나가지 못했다네. 얼마나 많은 보잘것없고 전혀 도움도 되지 않았던 잔인한 수법이 사용되었는지! 하지만 그 모든 것조차 무장봉기자들을 몰아낼 수는 없었네. 이들은 요새에 들어앉아 문을 걸어 잠그고 도시의 외곽 벽에서 건네는 식량들을 받아먹으며 밖에서 무슨 일이 일어나고 있는지에 대해서는 관심을 껐으니 말이야.

내가 둔덕에 서 있는 동안 몇몇 제국주의자들이 군중 속에 있던 한 사람을 갑자기 체포했네. 겉보기에는 매우 온순하게 보이는 사람이었는데 제국주의자들이 그를 잡아서 자신들의 진영으로 끌고 갔어. 나는 거리에서 흔히 볼 수 있는 어떤 다툼이 있었으려니 하고 생각했네. 그런데 한 영국인의 말에 따르면 제국주의자들은 사소한 잘못을 저지르는 사람들을 잡아다가 폭도라면서 자기네 진영으로 데려간다고 했네. 그러고는 국가에 대한 저항을 의미하는 붉은색 천 조각 같은 걸 아무거나 동여매 놓는다더군. 그 후 그의 목을 쳐서 머리를 창에 꽂아 둔다고 했네. 무장봉기자를 한 명씩 잡아올 때마다 상을 준다고도 했어.

영국인은 자신의 말을 이렇게 끝맺었지.

"오, 정말 나쁜 짓입니다. 정말 나빠요!"

그러고는 손사래를 친 후 제 갈 길을 갔네.

하지만 무장봉기자들도 이런 일의 대가를 후하게 쳐준다네. 얼마 전에 그들은 도시를 내어줄 준비가 되어 있으니 협상을 위해 전권대표들을 보내 달라고 부탁했지. 타오타이는 기뻐하며 아홉 명의 관리인지 만다린[52]인지를 수행원들과 함께 보냈네. 이들이 도시로 들어서자마자 무장봉기자들은 모든 내란에서 명성을 날렸던 끔찍하고 정교한 고문들을 그들에게 가했어. 내가 언급했던 그 영국인은 감동과 모험을 찾아다니고 있었네. 그는 매일 아침 실탄이 장전된 권총을 주머니에 꽂고는 무슨 일이 일어나는지 보기 위해서 황제군의 진영이나 포위된 도시로 향하더군. 특별한 허가나 예방책 없이 전장으로 들어가는 유럽인들에게 일어날 수 있는 모든 불미스러운 일에 대해 그 어떤 책임도 지지 않겠다고 중국 수뇌부가 단언했음에도 말이지.

우리와 함께 온 사람들도 제국주의자들의 진영에 가볼 생각을 했다네. 나는 그들이 멀리까지 가지 못할 줄 알고 있었네. 그래서 길가의 나무 그루터기에 앉아 영국인들이 말을 타고 오가는 것을 구경하며 그들을 기다리고 있었지. 저기 체격이 좋고 위엄 있어 보이는 여자 한 명이 말을 타고 가고 있네. 화려한 큰 숄을 걸치고서 위풍당당하게 가고 있는 여자 말이야. 저런 여자들이 지나가면 자기도 모르게 뒷걸음을 치게 되네. 그 여자는 키가 큰 말 위에 마치 조각상처럼 굳건히 앉아 있었어. 그 말은 자신의 등허리에 어떤 분을 모시고 가는지 알기라도 하는 듯 아주 능숙하게 가고 있네. 그녀의 곁에서 양다리를 바닥까지 늘어뜨린 채 영국인 한 명이 말을 타고 있었지어. 자신의 부인이 체격도 좋고 위엄 있는 데 비하여 그는 매우 허약하고 왜소한 사람이었네. 또 다른 여성은 키가 작고 볼품이 없었는데 소년이라고 해도 믿을 정도였다네. 작은 붉은색 말을 어설프게 타고 있었네. 그녀가 말 위에서 털썩대는 소리가 내 귀에까지 들릴 정도였지. 세 번째 여성은 말 그대로 그림처럼 아름다운 미녀였네. 뺨은 분홍색으로 물들어 있고 하트 모양의 입술은 붉더군. 그녀의 푸른 눈동자에서는 백치미까지 보였네. 이 부인들은 모두 늘씬하다 못해 허리가 가냘프고 그들이 입은 부인용 승마복이 무척 조여서 중국인들은 흐뭇함보다는 안타까운 마음으로 이들을 바라보았어.

길을 나섰던 일행을 오래 기다릴 필요는 없었네. 내 예상이 적중했다네. 제국주의자들은 그들을 자신들의 진영에 들여보내주지 않았네. 우리는 다른 길로 돌아가기로 했어. 또다시 들판과 텃밭을 지나게 되었네. 몇몇 곳에서는 양동이로 거름을 뿌리고 있었지. 우리는 이 목가적인 악취에서 도망가기 위해 사력을 다해 달렸네. 벌써 저녁이 다 되었군. 해가 졌다네. 나는 하늘을 올려다보고는 회귀선의 하늘과 닮은 구석이 있다고 생각했네. 그곳의 하늘은 머리 위에서 황금빛을 띠고 있는 희멀건 녹색의 큰 술잔과 같아. 하지만 공기의 강렬한 고요함 속에 녹아드는 구름들이 만들어내는 그림 같은 문양들은 이곳에 없었네. 바르르 떨며 반짝거리는 별들이 군데군데 있을 뿐. 달은 거리와 도로를 흑과 백으로 반반 나누었네.

말라비틀어진 목화나무 사이를 헤치고 지나가며 내가 말했지.

"이게 겨울이라니! 아, 우리나라 겨울도 이랬으면 좋으련만!"

나뭇가지에 군데군데 남아 있던 목화가 눈송이처럼 반짝였네. 융으로 된 코트를 입고 걸어가는 것이 더울 지경이야. 저 멀리서 신사 숙녀들이 점심 식사에 늦지 않기 위해 말을 재촉했네.

여섯 시에 우리는 벌써 집에 도착했다네. 세 번째 점심 식사가 차려진 식탁에 앉았네. 차도 함께 나오는 점심 식사였어. 이 점심 식사, 혹은 아바쿰 사제의 직설적인 표현에 따르자면 저녁 식사가 이전의 식사들과 달랐던 점은 이번 식사에서는 수프가 빠지고 후추를 넣은 소시지 혹은 소시지를 넣은 후추가 나왔다는 거야. 후추를 정말 많이도 넣었네. 차에서도 후추 맛이 나는 것 같았을 정도였지. 하지만 우리는 이전의 식사도 소화가 덜 된 상태였기에 더는 먹을 수 없었네. 선장들의 둔감한 위만이 점심 식사를 한 지 세 시간 만에 또 고기를 받아들이더군.

저녁에 우리는 클럽에 모였네. 여기서 클럽은 가장 큰 방 가운데 한곳을 말하는 걸세. 이 큰 방들에는 대부분 장기투숙객들이 머물고 있었는데 전등도 더 밝았으며 벽난로에서 연기가 나지도 않았네. 석탄도 다른 방들에 비해 더 많이 가져다주었어. 엄격히 말한다면 이곳에는 극장도 없고 사교 모임도 없네. 영국인들이 모여드는 모든 곳에서 자네들은 깨끗한 방, 석탄이 들어 있는 벽난로, 훌륭한 고기 요리, 셰리주[53], 포트와인[54]을 발견할 수 있을 거야. 하지만 사교 모임이라고 부를 만한 것은 없네. 그러니 찾지 말게나. 영국인은 모든 곳에서 심하게 격식을 차리면서 자신들의 유연하지 못한 기질과 권태로움을 퍼트리네. 만일 그들이 자네들을 오찬에 초대한다면 자네들은 연미복과 흰색 조끼를 갖춰 입고 가야 할 걸세. 만일 식욕이 있다면 식사를 하게. 신화 속의 인물들이나 요즘 시대의 마부들처럼 많이 먹고 술은 그보다 더 많이 마시지만 말은 적게 하지. 그것은 꼭 필요한 일이 아니니. 그러고 나서 조용히 사라지네. 그러나 초대도 받지 않았는데 자발적으로 찾아와서는 절대로 안 된다네. 일이 있어서 찾아오는 거라면 괜찮지만 그 경우에도 시간을 꼭 지키지. 그저 대화를 나누려는 목적으로 마음대로 찾아가서는 절대로 안 되네. 어차피 영국인들은 하루 일과가 꽉 채워져 있어. 아침에는 모두 바쁘고 그 후에는 산책을 하네. 오후 일곱 시부터 열 시나 열한 시까지는 점심처럼 풍성한 저녁을 먹고 그 후에는 잠을 자지. 영국에도 클럽들은 있네. 그곳에서는 함께 있는 것이 익숙한 이들을 만나게 된다네. 하지만 이곳에서는 유럽식 생활이 너무도 빠른 속도로 다른 토양으로 옮겨진 까닭에 아직 완전히 뿌리를 내리지 못했네. 아마도 이런 이유로 클럽에 가도 재미가 없는 거겠지. 젊은이들이야 뭘 하는지 모르겠지만 젊지 않은 이들은 돈벌이로 바쁘다네. 커닝햄이나 아니면 그와 같은 상점의 주인이 5년 정도를 살면서 20만 달러 정도를 벌어서 고국으로 돌아가고 상점은 함께 일하던 동료에게 넘겨주지.

우리는 클럽에서 매우 다양한 활동을 하며 시간을 보냈네. 누군가는 글을 쓰고 또 누군가는 책을 읽었어. 이야기를 하는 사람도 있었고 잠자코 담배를 피우며 그의 이야기를 들어주는 사람도 있었네. 하지만 모두 벽난로 쪽으로 모여들었지. 제아무리 하늘이 아름답고 밤하늘이 반짝거린다 해도 겨울은 겨울이었네. 특히나 이곳의 대충 지어진 집들에서는 추위가 더욱 잘 느껴지더군.

상하이에 혼자서 더 남아 있게 된 티흐메네프만이 더 좋은 방으로 옮겨갈 수 있었네. 또한 전함 내에서도 인기를 한몸에 끌던 만큼 이 저택에서도 관심을 한몸에 받았다네. 그는 남들보다 더 좋은 방을 남들보다 더 빨리 받았네. 석탄도 다른 이들보다 더 많이 받았지. 나를 포함한 다른 모든 이들의 방으로는 고작 한 줌의 석탄만 가져다주었고 나중에 부탁해도 더 주는 일이 없었네. 이런 불공평함이 또 어디에 있겠나! 우리 네 명은 티흐메네프의 방에서 석탄을 얻어오기 위해 팀을 만들었네. 하지만 그에게 부탁하면 그는 한마디로 거절해버리거나 그 자신이 표현하는 대로 최소한으로 주더군. 우리는 그 석탄을 받아 두 방에 사용해야 했네. 우리는 이렇게 해보기로 했어. 푸루헬름 선장이 티흐메네프가 가장 좋아하는 주제인 경제에 관해 티흐메네프와 대화를 나누기 시작하면 이때 코르사코프와 크로운이 석탄 바구니를 들고 나가는 걸로 말이야. 내게는 가장 쉬운 역할이 맡겨졌네. 이 둘이 석탄 바구니를 들고 나가는 것을 티흐메네프가 보지 못하도록 가리는 역할이었지. 나는 벽난로에 등을 대고 서서 연미복 자락을 펄럭이는 걸로 그 역할을 해냈네. 영국인들은 왜 그런지는 모르지만 연미복을 그런 식으로 펄럭이더군. 푸루헬름 선장은 상하이의 배추에 대해 말하기 시작했네. 상하이 배추가 얼마나 푸르고 즙이 많은가에 대해서 말이지. 그러고는 그 배추로 시를 끓일 수 있을지 등에 대해 질문을 퍼붓기 시작했네. 석탄은 벽난로에서 이미 활활 타오르고 있는데 티흐메네프는 배추 이야기를 계속해댔어. 우리는 예의를 갖추기 위해 그 이야기를 끝까지 들었네. 푸루헬름 선장은 주의 깊게 들었고 나는 건성으로 들었지.

다음 날 나는 일어나 점심을 먹은 후 이미 익숙해진 거리들을 따라 걷기 시작했네. 상점에서 사야 할 것도 있고 주문해야 할 것도 있었어. 호텔에서 왼쪽에 있는 거리에 상점이 있다고 들었네. 네 번째 건물 아니면 다섯 번째 건물이라고 했지. 나는 여섯 번째 건물을 지나쳤지만 상점은 여전히 찾지 못했다네. 그래서 두 번이나 왔다 갔다 해보았네. 나무로 가려진 넓은 현관 하나에 상점으로 들어가는 출입구가 있다는 사실은 전혀 모르는 채 말이야. 중년 남자가 나를 맞이했네. 머리칼이 검고 쐐기 모양의 턱수염을 한 남자였는데 긴 실내용 프록코트를 입고 있더군. 그런데 영어 발음이 정확하지 않았네.

나와 함께 있던 고시케비치가 속삭였어.

"유대인 놈입니다!"

고시케비치는 이미 유럽인 구역을 다 돌았네. 이 상점에는 포그의 상점이 그렇듯이 그리고 촌 동네에서는 항상 그렇듯이 상점 안에 온갖 종류의 물건들이 다 있었지. 우리는 장화와 단화를 많이 샀네. 그러고는 담배를 사기 위해 포그의 상점으로 갔지. 그런데 상점 입구에서 키가 크고 머리칼이 검은 남자와 부딪혔네.

고시케비치가 말했다네.

"바로 이자가 포그입니다. 유대인 놈입니다!"

고시케비치는 들새 사냥개처럼 유대인 놈들을 가려내지.

우리는 직진한 다음 강 쪽으로 나갔네. 나는 크류드네르 남작을 데리러 갔다네.

"가십시다. 제가 이 도시를 구경시켜드리지요."

그는 잠자코 나를 따라왔네. 유럽인 구역과 중국인 구역을 가로지르는 강은 그 폭이 겨우 5사젠밖에 되지 않는데 양쯔강과 우쑹강처럼 혼탁하더군. 강에는 정크선들이 북적거리고 있었는데 그 정크선에서는 중국인 가족들이 거주하고 있었네. 강변을 따라 상인들, 뱃사공들, 다양한 분야의 숙련공들이 떼로 몰려다니고 있었어. 한곳에서 기분 좋은 냄새가 우리의 발목을 잡았네. 캄파나무 제품을 만드는 곳이었지. 우리는 이곳의 창고와 상점 안으로 들어가보았네. 그 안에는 관, 궤짝, 보석함이 널려 있더군. 우리가 이곳으로 들어섰을 때 멀리서는 좋게 느껴졌던 캄파나무 냄새가 얼마나 강해졌느냐면 갑자기 캄파나무가 든 베개를 베고 있는 것처럼 느껴질 정도였네. 우리는 캄파나무 궤짝을 사고 싶었으나 이러한 의사를 중국인들에게 전할 수 없었지. 우리는 그들에게 영어로 이야기했고 그들은 자기네 중국어로 말했으니 말이야. 손가락들을 사용해 몸짓을 해보았으나 그 역시 아무런 도움이 되지 않았어. 이곳에서 일하고 있던 아가씨 두 명이 우리를 보고는 몰래 비웃었네. 그중 한 명은 정말로 예뻤다네. 붉은색 개는 우리를 흘겨보며 짖어댔네. 캄파나무 냄새가 코 안을 심하게 간지럽혔지. 우리는 대팻밥 사이를 걸어서 빠져나온 후 포그의 상점으로 갔네. 그리고는 프랑스 상점을 찾아보러 나갔어. 그런 상점은 없다는 회의적인 소문이 있었네. 오늘이 아니면 그 상점에 가 볼 수 있는 시간은 더 이상은 없었거든.

우리는 빠르게 그 모든 냄새들이 풍기는 시장을 빠져나와 면방직 공장, 주점, 배달원, 부처가 모셔진 사찰을 통과하여 작은 다리를 건넜네.

내가 크류드네르 남작에게 물어보았지.

"이제 어디로 가야 합니까? 왼쪽인가요 아니면 오른쪽인가요?"

"어디로든 일단 갑시다. 왼쪽으로라도 갑시다!"

우리 바로 앞에는 너무나도 좁고 어두우며 더러운 골목이 있었네. 그곳에서 마치 벽 틈에서 기어 나오는 바퀴벌레들처럼 중국인들이 줄줄이 나오더군. 오른쪽에는 커다란 유럽식 석조건물이 있었네. 활짝 열어젖혀진 대문은 나무들이 심겨진 깨끗한 마당과 넓고 깨끗한 현관으로 우리를 안내하고 있었지. 왼쪽으로는 새로운 중국인 구역 전체가, 새로운 상점들의 미로가, 우리가 들렀었던 곳보다 좀 더 깨끗하고 좀 더 풍요로운 중국인 구역이 우리 앞에 펼쳐져 있었네. 이곳에는 천과 가구들을 파는 상점들이 있었어. 나는 앞서 말했던 것처럼 부조와 나무 모자이크로 장식된 중국 가구에 감탄한 적이 있네. 이곳에는 주점도 없었고 서로 밀칠 일도 적었지. 상점들이 적어지기 시작했네. 우리는 요새의 담장만큼이나 높은 대나무 울타리 옆을 지나왔어. 그 울타리 안에는 벽돌 더미가 있었네. 그리고 부분적으로 파헤쳐졌으며 군데군데 수풀이 무성한 거대한 뜰을 지나 마침내 포위된 도시의 외곽 벽에까지 오게 되었다네.

중국인들이 끔찍할 정도로 형식주의자라는 사실은 널리 알려진 사실이지. 그들은 담장으로 둘러싸여 있지 않으면 도시로 인정하지 않네. 이런 이유로 중국의 모든 도시는 벽으로 둘러져 있고 상하이 역시 마찬가지야.

그런데 우리 앞에 나타난 광경은 정말로 놀라웠다네! 우리는 멀리서부터 사람들의 목소리가 뒤섞여 만들어내는 소음을 들었네. 도대체 그게 뭔지 이해할 수 없었어. 그러나 이제는 알아차렸네. 우리와 그 벽 사이에는 참호가 있었지. 참호의 반대편인 도시의 외곽 벽 바로 아래에서는 1,000명이 넘는 사람들이 북적거리고 있었네. 참호 안에도 사람들이 가득 차 있었어. 또 다른 1,000명의 사람, 즉 무장봉기자들이 벽면에 마치 파리 떼처럼 들러붙어서는 고래고래 소리를 질러댔네. 그 아래에는 배달꾼들이 있더군. 그들은 도시 내부에서 들고 나오거나, 끌고 나오거나, 싣고 나오거나, 몸에 붙여 나올 수 있는 모든 것을 다 가지고 나왔네. 동물, 채소, 과일, 장작, 통나무가 벽을 타고 천천히 위로 기어 올라갔어. 회색 벽돌로 만들어진 벽은 매우 높았는데 눈짐작으로 재어보아도 6사젠 정도는 될 것 같았네. 게다가 무척이나 두꺼웠지. 봉쇄된 사람 가운데 누군가는 돼지고기를, 다른 누군가는 양배추를, 또 어떤 이는 닭고기를 달라고 목청이 터져라 외쳐댔네. 흥정과 욕설이 오가더니 마침내 거래가 이루어졌다네. 위에서 밧줄에 매달린 바구니에 돈이 담겨 내려오면 닭, 오렌지, 옷이 담긴 바구니가 다시 올라갔어. 저곳에서는 판자들을 끌고 갔고 이곳에서는 논쟁이 오갔네. 모든 게 뒤죽박죽이었다네! 거래 당사자가 아니라면 뭐가 뭔지 아무것도 모를 정도였지. 내가 확신하게 된 유일한 것은 상인들이 제국주의자들보다 훨씬 적극적으로 도시를 포위하고 있다는 사실이었네. 제국주의자들의 진영에서는 나태해 빠진 총성이 들려왔어. 그들은 봉쇄된 사람들을 모두 없애버리기 위해 봉쇄하고 이 상인들은 그들의 생명을 연장시키기 위해서 봉쇄하고 있었네.

우리 사람들이 영국인 장교들과 함께 마침내 제국주의자들의 진영을 뚫고 들어갔다네. 그리고 거기에서 구운 돼지고기, 닭고기, 빵 등이 쌓여 있는 것을 보았지. 대포에 희생되어 포구 옆에 놓여 있더군.

도시를 봉쇄하고 있는 자들은 물론 도시 내부로 식량이 유입되는 것을 방해할 수도 있었네. 봉쇄당하고 있는 자들보다 더 많은 자유를 누리고 있었다면 말이야. 그러나 그들은 자신의 진영을 벗어날 생각 같은 것은 감히 하지 못하네. 우리가 본 바에 의하면 무장봉기자들은 유럽인 구역에서 자유로이 산보를 즐기고 있었고. 이들은 옷차림도 달랐네. 그들은 이미 더 이상은 이마를 밀지 않았는데 이것이 만주인에 의해 도입된 굴욕적인 풍습이라고 생각해서였지. 그러나 제국주의자도, 무장봉기자도 모두 영국인과 미국인의 손아귀에서 놀아나고 있었네. 포시예트가 중국인 두 명이 도시에서 진영으로 돌아가는 길에 영국인들의 산책로를 통과해 가는 것을 보았다고 하더군. 그 대가로 스파르탄호에서 온 영국인 장교가 이 중국인들을 얼마나 막대기로 때렸느냐면 한 명이 말에서 떨어질 정도였다네. 배달꾼들이 물건을 팔고 있는 참호와 벽은 도시 쪽을 향해 있지. 만일 대포가 한 방이라도 유럽인 구역에 떨어진다면 그때는 봉쇄당하고 있는 자들과 봉쇄하고 있는 자들 모두 외국 영사들에게 엄청난 곤란을 겪게 되는 것이라네. 그런데 언젠가 정말로 대포 한 방이 프랑스 증기선의 바퀴들이 있는 쪽으로 떨어진 적이 있다더군. 그 후 어떤 식으로 그 일이 해결되었는지는 모르겠네.

영국인들이 중국인이나 다른 민족을 대하는 방식은, 특히나 그들에게 종속되어 있는 민족을 대하는 방식은 잔인하기보다는 권위적이며 무례하거나 차갑게 경멸하는 방식이네. 옆에서 보기에 마음이 아플 정도로 말이야. 영국인은 이들을 인간으로 취급하지 않네. 집에서 부리는 가축 정도로 생각할 뿐이야. 때리지는 않네. 아니, 사실은 매우 알뜰살뜰 거두기까지 해. 즉 잘 먹이고 월급도 정기적으로 넉넉히 준다는 말이네. 하지만 영국인들은 이들을 향한 경멸을 숨기지는 않더군. 우리가 묵는 호텔에 스파르탄호 함대가 아닌 다른 함대의 군관 한 명이 자주 드나들었네. 그의 이름은 스톡스라네. 그는 포위된 도시와 제국주의자들의 진영을 끊임없이 찾아갔네. 우리는 그와 함께 산책을 했지. 그런데 우리 앞에 어떤 중국인이 우리의 존재를 눈치 채지 못한 채 길을 비켜서지 않고 계속해서 우리를 막아서며 걸어가고 있을 때면, 그는 아무렇지도 않게 그 중국인의 땋아 내린 머리채를 잡고서는 한쪽으로 밀어 내버렸다네. 처음에는 황당해하던 그 중국인은 곧 화를 억누르고는 뒤를 돌아보며 미소를 지어보였네. 물론 중국인들보다 더 온화하고 순종적이며 예의바른 민족은 없을 것 같아. 도시의 천민들이 대부분 그렇듯 무례하고 사나운 광동인들은 예외네. 하지만 나는 이곳에서 중국인들이 조소 섞인 눈빛으로 유럽인을 보는 것을 본 적이 없다네. 그들의 얼굴에서 볼 수 있는 것은 경의를 담은 소심한 친절이었지. 하지만 영국인들은 이런 중국인들을 형편없이 대우하고 있네. 중국인들 덕분에 부를 축적하는 주제에 그들에게 해를 끼치는 것도 모자라서 자신들에게 희생당하고 있는 그들을 경멸하기까지 한다네! 우리가 들렀던 집의 주인인 도널드는 모든 영국인 가운데 가장 초라한 거지임이 틀림없네. 성공할 가망이 없어 보이는데도 주점을 내어보겠다며 타지로 향했으니 말이야. 티흐메네프의 말에 따르면 도널드가 한번은 자기 주점에서 일하는 중국인 하인을 얼마나 심하게 때렸는지 우리의 착한 티흐메네프가 그 중국인이 너무 불쌍하다고 느낄 정도였어. 누가 누구를 계몽시킬 수 있을지는 나도 모르겠네. 아마도 중국인들이 그들 특유의 예의 바름과 온순함으로 영국인들을 계몽시키지 않을까 싶다네. 장사 수완에서도 마찬가지인 것 같아.

상인들이 도시를 포위하는 것을 재미있게 구경한 후 우리는 프랑스 영사의 집과 프랑스 상점을 찾으러 참호 강변으로 갔네. 아침에 비가 내렸기 때문에 우리의 발은 질퍽거리는 진흙탕 속에 빠지고 말았지. 가까스로 작은 다리 쪽으로 나와서 수많은 지붕 위에서 펄럭이는 프랑스 국기를 발견하게 되었네. 하지만 어떻게 해야 그곳까지 다다를 수 있는지는 여전히 알 길이 없었어. 우리는 어찌할 바를 모른 채 작은 다리 곁에서 멈추어 섰네. 대문이 활짝 열려 있는 커다란 유럽식 석조 저택 옆에서 말이야. 나는 그 집의 뜰 안으로 들어가 보았네. 집으로 들어가는 문을 여니 밝고 깨끗하며 훌륭한 상점 안으로 들어가게 되더군. 유럽 국가들의 수도에 있는 모든 상점과 비슷한 상점이었네.

내가 소리 내어 물었지.

"여기가 어디지요?"

우리보다 먼저 이곳에 들어와 있던 고시케비치가 알려주었네.

"프랑스 상점인 레미 안입니다."

키가 크지 않은 검은 머리의 중년 남자가 내게 다가오더니 프랑스어로 말하기 시작했어.

고시케비치가 내게 러시아어로 이야기해주더군.

"상점 주인을 한번 보시지요."

나는 시키는 대로 했네.

"봤습니다. 그런데 뭐가요?"

"보고도 모르겠단 말입니까?"

"보고 있는데… 그런데 뭐가 어떻다는 거지요?"

"유대인 놈이지 않습니까!"

자네들은 현재 상하이가 얼마나 눈부신 역할을 하고 있는지 또한 이후 얼마나 눈부신 역할을 하게 될지 알 수 없을 걸세. 지금

상하이는 이 근해에서 가장 큰 교역량을 자랑하고 있네. 홍콩, 광저우, 시드니를 앞설 정도라네. 캘커타를 제외하고는 가장 높은 교역량을 자랑하지. 그러나 교역하는 모든 것은 아편이네. 아편을 위해서라면 중국인들은 차와 비단, 금속, 약과 염료, 땀, 피, 에너지, 지혜, 한마디로 삶 자체를 모두 내어주고 있더군. 영국인들과 미국인들은 비열하게도 이 모든 것을 받아가서 돈을 벌고 있네. 아편에 대한 비판 따위에는 별 반응을 보이지 않아. 그들은 전혀 부끄러워하지 않네. 서로에게 비난의 화살을 돌리고 있을 뿐이야. 영국 정부는 아편과 관련해서는 아무 말도 하지 않고 있네. 그것밖에는 무엇을 할 수 있겠는가. 영국 행정부의 많은 고위 관리가 인도에 있는 자신들의 농장에서 양귀비를 기르고 있는데 그들이 무슨 말을 할 수가 있겠나. 그 양귀비들은 배에 실려 양쯔강으로 보내진다네. 상하이에서 26킬로미터쯤 떨어진 우쑹 강에는 아편 배라고 불리는 선단이 있지. 그곳에는 아편을 보관하는 장소가 있네. 다른 배들은 짐을 싣고 와서 내리기만 하는데 이 아편 배들은 불법인 아편이 든 자신의 짐들을 팔기만 해. 이런 매매는 금지되어 있고 중국 정부조차 이들을 비난하고 있네. 하지만 힘이 실리지 않은 비난이 무슨 소용이 있겠는가? 물론 세관으로는 아편을 가져가지 않네. 하지만 누군가 몰래 그곳으로 아편을 실어 간다면 엄청난 돈을 벌게 될 뿐 그 어떤 처벌도 받지 않아.

이곳의 세관들은 중국 정부에 별 도움이 되지 않네. 세관에서 일하는 관리들은 예전에 부처가 그랬던 것처럼 쓸데없이 자리나 차지하고 있을 뿐이야. 중국인들은 돈 욕심에 눈이 멀어 아편 사업에 덤벼들었네. 그들은 중국 시장 안에서 재빨리 아편을 팔아치우고 있지. 중국 정부는 아편이 있는 곳을 정확히 알고 있을 때에만 배에서 검색을 할 수 있는 권한을 가지네. 하지만 어차피 중국 정부가 아편을 찾아내는 것은 불가능하다네. 매수된 관리들이 아편 주인에게 정보를 미리 알려주기 때문이야. 그럴 경우 아편 주인들은 자신들의 상품을 강으로 던져버리거나 아니면 다른 곳으로 멀리 보내버리네. 그렇게 되면 중국 정부는 외국인 상인들 앞에서 곤란한 입장에 처하게 되지. 그렇기 때문에 상품들 중에 아편이 있는지 검사하지 않는 거라네. 영국 정부는 자신들이 인도에서 양귀비를 심는 것까지 막을 힘은 없다고 말하지. 그리고 중국에서 아편을 근절하는 것은 자신들의 일이 아니라 중국 정부의 일이라고 하네. 이것이 흑인 매매에 반대하는 신성한 동맹에 참가하고 있는 영국 정부의 실상이라네!

이미 1,000개의 돌을 던져도 소용없던 일에 작은 돌맹이 한 개를 더 던져본다고 한들 무슨 소용이 있겠나? 정말 웃기는 일이네.

모든 것이 명백하지 않은가. 피고 측은 자신의 죄는 인정하면서도 침묵을 지키고 판사는 선고를 내렸으나 이를 이행할 만한 힘을 가진 자는 그 어디에도 없으니 말이야.

동물을 부리듯 식민지 두기를 좋아하는 이 영국이라는 나라의 뻔뻔함은 특히 설사 그것이 독이라 할지라도 교역에 관련되는 일이면 영웅주의라고 부를 만큼 지독해지네. 이들의 속물근성은 실로 놀라울 정도야.

만일 동남아프리카인들에게 총과 화약이 없었다면 영국은 일격으로 그들의 약탈과 분노를 종결시킬 수 있었을 걸세. 이 때문에 이들에게 총기를 파는 일은 사형으로 다스릴 정도로 엄격히 금지되었네. 그런데 이 아프리카인들은 계속해서 총을 사용했지. 도대체 그들이 어디에서 그런 무기들을 사오는 것인지 오랜 세월동안 그 누구도 모르고 있었네. 그러던 어느 날 한 항구에 정박해 있던 영국 상선에서 이 아프리카인들에게 팔기로 한 화약 상자들이 다른 상품들과 함께 폭발해버렸어. 영국인들은 동족 살상용 무기까지 팔아먹었던 걸세. 정말 지독하게 악독한 장사꾼들이지 뭔가.

이곳에서의 교역 상황을 말해주기가 겁날 정도라네. 유럽인들은 35년 전에 약 1,500만 정도 은의 가치에 해당하는 상품을 중국 전역에 팔아치웠다네. 그중 4분의 1을 조금 넘는 양이 아편이었지.

중국 전쟁이 발발하기 전인 12년 전쯤에 수입은 그 두 배가 되었네. 즉 교역량이 3,000만 은을 넘어선 걸세. 이 가운데 아편은 이미 5분의 4를 차지하고 있었고 고작 5분의 1만이 다른 상품이었네. 중국 전역에서 이러한 일이 벌어지고 있었지. 그러나 오늘날에는 상하이만 해도 이보다도 훨씬 많은 아편이 들어오고 있네. 상하이는 중국 교역에서 핵심적 역할을 하는 장소라네. 근처의 아모이, 닝보, 푸저우를 뺀다고 하더라도 교역에서 절대적인 지위를 차지하고 있지. 이 세 도시들은 여전히 고유의 상품들을 가지고 일정한 범위 안에서 활동을 하고 있네. 하지만 광저우와 홍콩은 북쪽과 거래를 튼 이후로 조금 쇠락한 감이 있어. 북쪽 지역의 생산품 가운데 많은 것이 더 가까운 거래처를 찾았기에 상하이와의 거래가 감소될 수밖에 없었던 거야. 하지만 완전히 망할 염려는 없다네. 100만에 가까운 주민들이 벽으로 둘러싸인 도시 안에 있고 그 근교에 열 배 이상의 주민들이 또 있기 때문이야. 광저우는 이렇듯 자체적으로 광범위한 시장을 형성하고 있기에 주민들이 다른 지역으로 눈을 돌릴 필요가 없네. 게다가 광저우는 방직업이 잘 발달되어 있지. 그렇기에 광저우에서 중국의 남쪽 항구로 보내는 대량의 물품들을 다른 쪽으로 이동시키는 것은 쉬운 일이 아니네. 특히 남쪽 항구는 광저우와의 교역을 먼저 시작했기에 더 우선이라네. 홍콩 역시도 상하이가 부상함에 따라 망하지는 않겠지만 그래도 역시 약간의 피해는 입을 걸세. 그리고 이러한 상황은 이미 시작되었네. 예전에는 많은 배들이 물건을 내리거나 싣기 위해 홍콩으로 갔으나 이제 이 배들은 상하이로 직행해버리거든.

상하이가 급부상한 요인은 유리한 지리적 조건에 있다네. 큰 강을 끼고 있기 때문이지. 이 강 상류에는 난징이나 쑤저우 같은 대형 교역 도시들이 있네. 상하이 자체에는 인구가 많지 않아. 전부 30만 명 정도니까. 중국의 다른 도시들과 비교했을 때 절대로 많은 수가 아니네. 그러나 상하이는 질 좋은 비단과 차를 생산하는 다른 도시들 그리고 특히 지방들을 위한 교역 지구 역할을 하고 있어. 중국은 비단과 차로 유럽과 미국의 목면이나 모직 같은 상품에 대한 대가를 지불하네. 하지만 아편을 사고 팔 때는 이러한 현물이 아니라 금속 화폐가 많이 쓰이지. 주로 은화가 사용되네.

스텐 빌 장군이 이끄는 덴마크 군함 갈라테아호를 타고 세계 일주를 했던 노피치 장군은 새로운 시대의 여행가 가운데 한 명이었어. 그는 자신이 방문한 지역의 교역에 관한 정보를 수집하여 특별 부록으로 책을 내었네. 매우 성실한 작업이었으며 많은 이들에게 유익한 일이기도 했지. 그가 중국에 머문 것은 1847년부터 1848년에 이르는 기간이었기에 그 이후의 교역 관련 통계는 나와 있지 않다네. 교역 총계 부분이 특히 그렇지. 그러나 일반적인 몇몇 결론과 정보는 아직도 유용하게 쓰이고 있네. 즉 그의 유익한 조언들을 자네들에게 적어 보내지 않을 수가 없다는 말이야. 그의 말에 따르면 중국으로 상품을 보낼 때에는 중국인들의 취향 및 관습을 엄격하게 지켜야 하네. 예를 들어 옷감 등의 상품은 중국인들이 선호하는 형태와 그들이 익숙하게 생각하는 색상과 치수로 만들어져야만 해. 노피치는 어떻게 상품을 진열해두어야 하고, 어떤 상표를 제공해야 하는지에 대해서도 유익한 조언을 주고 있네. 또한 그는 중국인들에게 상품 견본을 보여주며 원한다면 다음에 가져오겠다느니 하는 소리는 절대로 하지 말라고 충고하더군. 중국인들은 물건을 보고 마음에 들면 그 자리에서 당장 사는 것을 좋아하기 때문이라고 했네.

현재 중국의 폭동으로 미루어 짐작하건대 중국의 교역은 정점인 이 순간 위기를 맞게 될 것 같아. 그리고 이는 멀리까지 그 여파가 있을 거야. 홍콩, 싱가포르, 인도, 영국, 미국은 지진과도 같은 엄청난 충격을 느끼게 될 걸세. 비록 교역, 특히 아편 거래가 중단되지는 않았지만 중국의 자본가들은 모두 다른 지역들로 도망가버리거나 중국 내부로 숨어들었네. 거래는 예전에 비해 현저하게 떨어졌지. 상하이의 상점과 집들은 문을 닫았고 부유한 상인들은 도망쳤으며 나머지 상인들은 무장봉기자들에게 배상금을 지불했네. 이 상인 중 한 사람은 가톨릭 신자였는데 스페인의 화폐로 8만 피아스타를 징수당했어. 하지만 결국 6,000인가 7,000피아스타 정도를 내는 선에서 매듭이 지어졌네.

예전만큼은 아니지만 배들은 도시와 그 외곽 지역들로 상품들을 실어 나르고 있네. 세관을 지나쳐서 말이야. 그러나 타오타이가 관세법을 어기는 행위에 대해 영국 영사를 걸고넘어지며 세금을 지불할 것을 요구했네. 영국 영사는 지방 정부가 교역을 보호할 만한 힘이 없기에 상인들 스스로 안전을 도모하는 판국에 지방 정부에 세금을 줄 수 없다고 버텼지. 이 일은 아마도 전쟁이 끝나야 해결될 것 같네. 그러나 전쟁은 곧 끝날 것 같지 않아. 적어도 이곳 상하이에서는 말이야.

양쯔강에서 상하이보다 더 상류에 있는 난징은 현재 무장봉기자들의 근거지가 되고 있다네. 그곳에 그들의 우두머리가 왕위 요구자인 홍수전과 함께 살고 있지. 무장봉기자들은 상하이를 아주 하찮게 여기고 있었기에 그리로 지원병도 보내지 않고 있네. 프랑스 전권대리인 부르불롱이 수행원들과 함께 배를 타고서 난징으로 간 적이 있어. 홍수전은 자기 대신 비서를 보냈네. 부르불롱은 만일 새 정부가 정권을 잡게 된다면 앞으로 어떤 행동을 취할 것인가에 대해 질문했지. 홍수전은 자신의 국민들은 기독교인으로, 유럽인들에게 형제와 같다고 대답했네. 하지만 그들은 유럽인들에게 아무런 의무사항도 가지지 않는다고 했다는군. 부르불롱은 아무런 소득 없이 그냥 돌아갔네. 하지만 유럽에서는 홍수전의 말에 큰 의의를 두었지. 무기를 들고 봉기한 이 망나니가 자신을 기독교인이라고 공포한 것을 두고 말이야. 중국의 기독교는 개신교도들이, 아니면 동방에서 온 네스토리우스 교도들이 정착시킨 것 같은데 정착된 이후 불교와 융합되었네.

하지만 기독교는 가능한 한 모든 방법을 사용하며 중국에 뿌리를 내리고 있네. 그런데 이에 도움이 된 것이 무엇인지 아는가? 바로 중국인의 종교적 무관심이었다네. 중국인에게는 광신도적인 면이 없어. 불교도 이 부분에서는 실패했다고 볼 수 있네. 공자의 가르침은 종교가 아니라 일상에서 지켜야 할 도덕이자 종교의 영향권에 들지 않는 실용적인 철학이야. 가톨릭은 신자들에게서 요구되는 열렬한 신앙심을 중국에서 발견할 수 없을 것이네. 중국인들이 완전히 재교육되지 않고서는 불가능한 일이야. 그런 일은 아주 오랫동안 일어나지 않을 것이네. 하지만 그 대신에 자신들을 향한 광신도적인 저항에도 부딪히지 않을 걸세. 아직까지 그런 일은 없었네. 저항이라고는 중국 정부의 게을러터진 체계상의 저항이 있을 뿐이긴 하나 이는 정치적인 경계심에 따른 것뿐이네.

중국인들의 실용적이며 상업적인 정신은 가톨릭보다는 개신교에 가까운 것 같아. 중국인들과 교역을 시작한 개신교도들은 마지막에 가서는 종교를 들여왔네. 중국인들은 그들과 교역하는 것에 대해 기뻐하면서 자각하지 못하는 사이에 종교 또한 받아들이고 있지. 가톨릭은 이와는 달랐네. 그들은 순수하고 깨끗한 마음으로 중국인들에게 종교를 먼저 전파하려고 했어. 그러나 중국인들에게는 종교적인 사상이 전무했네. 중국인들도 천지신명에 대한 숭배가 있기는 하지만 이것은 일반인들의 역할이 아니라 언젠가 내가 이야기했던 것처럼 보그드이한[55]의 특권이자 임무라는 생각이 지배적이라네.

나는 상하이에서 중국어로 된 책 세 권을 선물받았다네. 신약성서, 지리책, 이솝우화였지. 이 책들은 개신교 선교사들이 이룩한 업적이네. 그들은 이 책들을 런던에서 번역하고 출간했는데 얼마나 많은 부수를 인쇄했는지는 상상을 초월한다네. 이러한 수백만 부의 번역서들이 중국으로 실려 와서 무료로 배부되고 있네. 내가 이름을 들었던 영국의 어느 부자는 다른 사람들과 함께 이러한 선교 사업에 거액을 기부했어. 중국에서 가장 적극적인 선교사 가운데 메드허스트라는 사람이 있네. 그는 30년 동안 중국에 머물며 열심히 기독교를 전파하고 있지. 유럽 서적들을 중국어로 번역하기도 하고 중국의 여러 장소들을 돌아다니기도 하네. 현재는 상하이에 살고 있기에 우리는 그의 집으로 찾아가보았다네. 우리와 함께 온 중국학자들이 그가 출간한 많은 책을 선물받았는데 이 책들은 유럽에서는 구하기 힘든 것들이더군.

중국 내에서 기독교가 거두는 성공은 나를 약간 불안하게 만드네. 종교를 전파하는 무리들 사이에서 경쟁심이 나타날 수 있기 때문이야. 안타깝게도 이미 그런 일은 일어나고 있네. 가톨릭 선교사들은 신자들에게 개신교 서적을 금지시키고 있지. 그런데 개신교도들이 상하이에 뿌린 몇만 권의 책은 대부분 중국인 가톨릭 신자들에게 전달되었고 이들은 이 책들을 자신의 스승들께 바쳐버렸네. 그리고 그 스승들은 이 책을 불태워버렸다더군.

나와 크류드네르 남작이 미국 영사관의 오찬에 갈 준비를 시작했을 때는 벌써 여섯 시를 넘긴 후였네. 면도도 하고 옷도 입어야 했지. 이 모든 것을 이렇게 춥고 좁아터진 야영장 같은 곳에서 해야 했다네.

크류드네르 남작이 이곳저곳을 눈으로 훑으며 말했지.

"내 면도기를 가져가셨지요?"

"아니요. 가져가지 않았는데요. 그런데 혹시 당신이 내 장화를 신고 있는 것 아닌가요? 내 것이 없어져서요. 여기에 무더기로 놓여 있었는데 지금은 하나도 없네요."

하인이 없으니 꽉 들어찬 트렁크 구석에서 옷을 꺼내는 것도 쉽지가 않더군.

옆방에서 누군가 소리쳤어.

"이놈의 여행은 정말이지!"

그 역시 우리처럼 오찬에 가기 위해 끙끙거리며 연미복을 직접 손보는 중이었네. 익숙하지 않은 손에서는 옷솔이 옷과 함께 자꾸만 바닥으로 나가떨어졌고 욕설이 튀어나왔지.

우리는 오찬 장소에 가장 적당한 시각에 도착했네. 즉 맨 마지막으로 도착했다는 소리라네. 응접실에는 여덟 명 정도가 모여 있었지. 우리 외에도 영국과 미국 배들의 선장과 교역상이 네다섯 명, 커닝햄의 사무소에서 일하는 젊은이들도 있었네. 이들이 미래의 교역상이야.

식탁에는 음식으로 가득 채워져 있었네.

영국인이나 미국인이 아닌 모든 이에게 이런 질문을 던지고 싶은 생각이었어.

'이 많은 고기와 새고기, 생선 더미를 누가 다 먹는단 말이지?'

하지만 알아두어야 할 사실은 영국과 미국에서는 하인들을 위한 상을 따로 차리지 않는다는 걸세. 그들이 지금 이 식탁에 남는 것들을 먹게 될 테니 소와 양들이 거의 한 마리가 통째로 올라와 있다고 해도 놀랄 건 없네.

식탁 주변으로 포트와인, 셰리주, 마데이라 포도주가 든 술병을 든 하인들이 끊임없이 돌아다니면서 각각의 손님들 앞에 잠깐씩 멈추곤 했네. 사람들은 별로 생각하지도 않고서 닥치는 대로 포도주를 받아 마셨어. 샴페인은 오찬 내내 제공되었네. 잔이 비자마자 채워주더군.

매우 말끔하게 차려입은 중국인이 내게 샴페인을 따르며 완벽한 영어로 말해주었네.

"커닝햄께서 당신과 함께 포도주 한 잔 드시고 싶어 하십니다."

유니폼을 차려입고 있는 그 중국인은 야로슬라블의 부자 마나님을 닮았다네. 그는 이 말을 거의 모든 손님들에게 했지. 누구와 함께 포도주를 마신다는 말은 그에게 술잔을 들어 보이는 것을 의미하는 것이네. 그 사람 역시 자신의 술잔을 들어 보였어. 그러고 나서 서로 목례를 하고는 잔을 비우는 거지. 잠시 후 내 옆자리에 앉아 있던 사람들이 나와 함께 그런 식으로 술을 마시기 시작했어. 그때는 벌써 닥치는 대로 서로 고개를 끄덕여가며 술잔을 비우는 것이었네.

술을 못 마시는 사람이었다면 정말로 죽을 맛이었을 걸세. 그것도 매번 잔을 끝까지 비워야 하니 말이야. 그러나 단 한 명도 술을 거절하지 않았네. 술잔을 가득 채우든 조금만 따르든 아무런 상관이 없었기 때문이야. 단 한 방울이라도 들어 있는 잔을 비우기만 하면 그만이었으니 말이네.

커닝햄의 포도주는 물론 레드 와인으로 유럽에서 들여온 것이었다네. 대체로 이 지역들의 포도주, 즉 싱가포르, 홍콩, 상하이에서 파는 포도주는 정말 형편없었지. 셰리주, 마데이라 와인, 포트와인은 알코올이 강화되어 있어 피레네 반도의 포도주가 지닌 부드러운 향기를 죽이고 있었네. 그런데 이곳에서 파는 포트와인은 대부분 피레네 반도가 아니라 희망봉에서 들여오는 거야. 샴페인은 미국에서 들여오는데 정말로 형편없지. 이 미국 샴페인은 샌드위치 제도에서 기승을 부리더니 이제 중국까지 뚫고 들어왔다네.

포도주를 제외하고 모든 음식을 다 치우더니 디저트를 내왔네. 주점에서 파는 것과 똑같더군. 석류, 말린 무화과나 대추, 견과류, 귤, 자몽, 내가 시장에서 먹고 혼이 난 그 작은 오렌지처럼 생긴 탱자가 있었네.

나는 옆 사람에게 물어보았지.

"이게 먹는 겁니까?"

"네. 오, 물론이지요!"

그러고는 탱자 하나를 들어 윗부분을 깎아낸 후 내용물을 모두 씨까지도 접시에 짜내더군. 그리고 나서 빈 껍질을 먹었네.

"뭡니까? 그렇게 먹어도 되는 겁니까?"

"맛을 한번 보세요!"

먹어보니 껍질은 부드럽고 향기롭더군. 그 알맹이는 시어빠졌는데 말이야. 완전히 반대였네. 껍질은 먹고 속 알맹이는 버리는 과일이라니!

나는 황당해서 멍해 있다가 겨우 정신을 차렸네. 커피와 시가를 내오더군.

"영국 풍습이 무척이나 마음에 듭니다. 음식을 다 먹은 후 식탁에 앉아서 과일을 먹고 포도주를 마시며 그리고 담배를 피우며 대화를 나누고…."

옆 사람이 적극적으로 내 말을 가로막았네.

"영국인들은 식탁에서 담배를 피우지 않습니다. 이건 우리 풍습이지요."

나는 그게 무슨 소린가 하며 그를 바라보았지. 내 실수였네. 그는 영국인이 아니라 미국인이었네. 미국인들과 동석한 자리에서 영국인 칭찬을 늘어놓은 것이었다네. 내 맞은편에 앉아 있던 크류드네르 남작은 웃다가 기침이 날 지경이더군. 하지만 말하는 것도, 기도하는 것도, 먹는 것도 똑같은데 누가 미국인과 영국인을 구분할 수 있겠나. 게다가 똑같이 서로를 미워하기도 하네!

점심 후에는 우리를 특별한 화랑으로 데려가서 당구를 치게 해 주었어. 집주인과 몇몇 손님들은 우리가 공 다섯 개를 가지고 하는 러시아식 당구를 치려 한다는 것을 알고는 그게 뭔지 구경하러 왔네. 하지만 나와 포시예트가 30분 동안 단 한 번도 공을 맞추지 못했기 때문에 그들은 모두 흩어졌지. 아마도 러시아식 당구에 대해 바르지 않은 개념을 가지게 될 것 같아.

상하이의 세 번째 날도, 다섯 번째 날도, 열 번째 날도 단조롭게 흘러갔네. 우리는 독서와 산책을 했으며 무장봉기자와 제국주의자의 발포 소리를 건성으로 들었지. 하루에 세 번 식사를 했고 모든 개인 업무들을 다시 보았으며 편지를 보냈네. 아참, 제독이 크로운 중위를 페테르부르크에 전령으로 보내 지금까지 우리가 여행하며 얻은 정보와 상품 견본 등의 결과물을 전했어. 슬슬 지루해지기 시작했네.

'어디로든 다른 곳으로 떠나야 할 때야! 우리는 이곳의 모든 사람들을 알게 되었고 그들 모두는 우리를 알고 있으니 말이야. 온 동네 사람들과 다 인사를 나누고 대화를 나눌 정도니까.'

1853년 12월 6일 아침

겨울의 한 중간인 가장 화사하고 맑은 날이었네. 기온은 15도였지. 우리는 넷이서 하루 종일 산책하기로 했어. 아바쿰 사제, 코르사코프, 포시예트, 나였네. 우리는 해안을 따라 오랜 시간을 걸어가 도크에 다다랐네. 그 맞은편에 스쿠너가 정박해 있었지. 우리는 뗏목을 타고 우쑹 강의 지류를 건넜네. 다른 뗏목을 타고서 많은 중국인이 그렇게 오가고 있었네. 우리 뗏목이 벌써 강변을 떠났을 때 어떤 늙은 장사꾼 한 명이 우리 뗏목으로 뛰어오르려고 하더군. 하지만 뗏목 위로 착지하지 못하고는 물속에 빠지고 말았네. 강변에 모여 있던 모든 사람이 재미있게 그 광경을 지켜보았어. 그 노인은 아들인지 손자인지는 모르지만 7세가량 되어 보이는 아이의 손을 쥐고 있었네. 그 아이도 함께 물에 빠지고 말았다네.

그 아이는 물속에서 소리쳤네.

"아빠, 아빠!"

나와 한 방을 쓰는 열정적인 포시예트는 도움이 필요한 곳에 항상 나타나는 그답게 이번에도 소년을 도와주더군. 다른 이들도 노인을 도와주었네.

우리는 뗏목을 몰아 스쿠너에 들렀네. 스쿠너 뱃전 옆에서 다양한 잡동사니가 실려 있는 커다란 중국 보트를 발견했어. 나무로 만든 조각품, 화병, 대나무 지팡이, 돌로 만든 우상 등이 있었네. 나는 유혹을 참고 그냥 지나가기 위해 눈을 감고 귀를 막고서 노력했으나 이 잡동사니들을 거의 10달러어치나 사버렸다네. 우리는 스쿠너에서 가볍게 아침 식사를 한 후 강변으로 돌아온 후 도크를 통과해 걸어왔지. 도크는 문 없이 통로로만 되어 있었네. 배가 그리로 들어가야 할 때는 침전물을 도크에 쌓아 내리고 배를 내보내야 할 때는 침전물을 내버려 도크를 올리는 방식이었어. 이 얼마나 간단한 원리인가! 중국인들에게 어려운 일이란 게 있을 수 있겠나? 이 도크는 개인 소유로 어느 영국인의 것이었던 걸로 기억하네. 도크 주변의 넓은 장소에는 캄파나무들이 굴러다니고 있었네. 굉장히 길고 굵은 나무들이었지. 이 목재는 배들을 위해 다양한 용도로 쓰일 것들이었네.

그곳에서 우리는 도크를 둘러싸고 있는 촌락으로 빠져나왔다네. 그러고는 작은 상점, 연기를 피우는 주점, 서로 밀치며 물건을 사고파는 사람들로 가득 찬 좁은 거리를 따라 강으로 나와서 간간히 멈추어 구경도 해가며 식료품 시장을 통과했어. 이전에는 본 적이 없는 과일인지 채소인지 모를 어떤 것을 보게 되었는데 어두운 색이고 건조된 것이었네. 겉으로 보기에 밤을 좀 닮은 것 같기도 했는데 작은 뿔 같은 것이 달려 있더군. 아바쿰 사제는 어떤 견과류를 가리키며 물에서 나는 배라고 불렀네.

고래 고기든 바다사자 고기든 그 어떤 것도 찡그리지 않고 닥치는 대로 먹을 수 있는 코르사코프는 보기 드문 희생정신으로 모든 것들을 맛보면서도 전혀 잘난 척하지 않았지. 견과류, 당밀 과자, 양갱 같은 수많은 달콤한 음식을 중국 거리에서 팔더군.

우리는 강에서 오른쪽으로 방향을 바꾸어 들판으로 깊숙이 들어가보았네. 밭이라기보다는 거대한 홀 같았어. 우리는 밭 사이로 올라와 있는 작은 오솔길을 따라 걸어갔네. 간간히 커다란 나무가 자라고 있었지. 마을은 없었고 농장들만 있었네. 모든 농부가 자신들이 경작하는 밭 중간에 세워진 울타리가 쳐진 집에서 살고 있었어. 영국과 비슷한 풍경이었네. 많은 밭에서 묘비들을 볼 수 있더군. 너무 단조로운 것도 있었고 굉장히 기발한 것도 있었네. 대부분은 네모나거나 길쭉한 돌이었는데 어느 밭에선가 말들과 그 위에 타고 있는 사람들을 흰 돌로 조각해놓은 것을 볼 수 있었지. 섬세하지 못한 작업이었네. 하지만 이 작품을 만든 이들이 농부라는 사실을 잊지 말아야 할 걸세!

우리 네 사람은 좁은 오솔길을 따라 넓은 들판을 한 줄로 서서 가로질러 가면서 갑자기 멈추어섰네. 저 멀리서 행렬이 지나가고 있기 때문이었어. 짐꾼들이 들고 가는 것이… 궤짝일까 아닐까.

그때 누군가 말했네.

"관이군요."

우리는 그 방향으로 달려가보았네. 그 행렬은 어느 들판 위에 멈춰섰어. 관 뒤로는 여자 몇 명이 따라오고 있었는데 모두 통이 넓은 흰색 원피스를 입고 있었으며 그 원피스는 같은 흰색의 숄로 묶여 있었네. 그리고 아이들 몇 명과 개 한 마리도 있었지. 짐꾼들이 관을 내려놓자 여자들은 통곡했다네. 우리나라 시골에서 말하듯 울부짖었다고 표현할 수도 있겠지. 그중 네 명은 무덤덤하게 곡소리를 내고 있었는데 예의범절을 지켜야 한다는 의무감에서 그러는 것 같았네. 어쩌면 그들은 곡을 하라고 돈을 주고 고용된 사람들일지도 몰라. 하지만 다섯 번째로 서 있던 중년 여자는 애통한 눈물을 한없이 흘리고 있었네. 그들은 우리를 보고는 부끄러웠는지 목소리를 낮추더군. 아이들은 겁먹은 눈으로 관을 보고 있었네. 꼬리를 밑으로 늘어뜨린 개는 우리를 발견하고는 짖기 시작했어. 다섯 번째 여자는 우리에게 그 어떤 관심도 주지 않았네. 그녀는 비통함에 빠져 있었지. 울부짖으며 뭐라고 말을 했네. 우리는 물론 그 말을 알아들을 수는 없었지만 애통함은 만국공통어가 아니겠는가. 그녀는 관 위로 몸을 던져 관을 양손으로 부둥켜안고는 관에 머리를 기대었네. 그러고는 잠시 동안 아무 말이 없더니 다시 신음하며 곡소리를 내기 시작하더군. 보고 있기에 너무나 마음이 아팠네. 우리는 올 때보다 더 빠른 속도로 그곳을 떠났다네. 그러나 그녀의 곡소리가 우리를 멀리까지 배웅했지. 흐느낌과 통곡으로 간간히 끊기곤 하던 그녀의 곡소리가 말이야. 관을 둔 곳에는 무덤이 없었네. 중국인들은 관을 그냥 두었다가 매장하는 풍습을 가지고 있기 때문이야. 가끔은 뚜껑을 연 채로 두기도 하네.

우리는 들판을 따라 걸었네. 다양한 채소들이 파종되어 있었어. 농장들은 150에서 200사젠 정도의 거리를 두고 서로 떨어져 있었네. 집들을 들여다보았지.

우리는 주민들에게 인사를 했다네.

"칭칭."

그들은 웃으며 안으로 들어오라고 권했네. 한 농장의 문 뒤에서 머리가 하얗게 센 중국인이 보였어. 그는 커다란 둥근 알이 박혀 있는 안경을 쓰고 있었는데 콧대로만 지지되고 있더군. 손에는 책이 들려 있었네. 아바쿰 사제는 그의 책을 들어보고 그의 코에서 안경을 벗겨 자신의 코에 써보더니 모국어를 하듯 중국어로 소리 내어 책을 읽기 시작했어. 그 중국인은 너무 놀라서 입을 다물지 못했네. 그 책은 공자의 저술이었지.

우리는 다시 도시로 돌아왔네. 간간히 멈추어 서기도 하고 파종된 밭의 짙은 녹음과 모와 목화가 심어 있는 논밭들의 반듯함에 감탄하기도 하면서 말이야. 목화가 피어 있지 않은 목화나무는 아주 볼품이 없었네. 불태워진 장소에 남아 있곤 하는 가지들 같았어. 중국인들은 맨다리를 무릎까지 논에 담근 채 모종을 뽑아 다른 장소로 옮겨 심고 있었네.

근교로 들어서자 우리는 또다시 중국의 도시생활이 주는 매력에 빠졌다네. 다양한 냄새들이 우리를 다시금 사로잡았네. 배달꾼들의 고함 소리, 뭔가가 갈라지거나 끓어오르는 주방의 소리들, 방직공장에서 나는 옷감 두들기는 소리들이 귓가에 울려 퍼졌어. 아, 정말 무덥군! 저리로, 저리로, 이 흥미로운 장면들을 지나쳐서 빨리 깨끗한 공기 속으로 가야지! 그러나 이런 상황 속에서도 나는 어떤 상점 옆에서 부유해 보이는 상인 한 명이 거리에 앉아 실눈을 뜨고 있었고 부인이 그의 하얗게 세어버린 머리를 빗질해가며 땋아주는 장면을 놓치지 않았네. 다른 이들은 상점들에서 먹기도 하고 면도도 하더군.

나루터로 다가가면서 우리는 굉장히 흥미로운 기계를 보기 위해 멈추어섰네. 그 기계는 저수지에서 물을 퍼 올려서 들에 뿌리고 있었어. 회전축을 중심으로 움직이는 기다란 사다리 같은 것이 있는데 그 디딤판들은 물을 퍼서 위로 올려 보냈네. 기계가 돌아갈 수 있도록 하는 것은 암소였는데 한곳에서 빙빙 돌기만 하면 되더군. 이곳 사람들도 일본인들처럼 쇠고기를 먹지 않았네. 중국인들을 다 먹일 소를 기르려면 땅이 부족하지 않을까 싶어. 가축은 농사를 짓는 데 필요한 정도만 기르고 있었네. 그렇기 때문에 암소는 멍에를 벗을 때가 없었지.

우리는 12월 15일까지 지루하고 태평한 생활을 영위했네. 우리나라가 서양 강국들과 곧 파국에 직면할 것이라는 소식을 우편으로 받기 전까지는 말이야. 남인도에서 우편물을 가지고 올 증기선을 애타게 기다렸네. 만일 전쟁이 일어났다는 소식이 들릴 시에는 영국 군함이 우리의 스쿠너를 포위할지도 모르는 상황이었어. 우리가 타고 온, 대포 52문이 배치되어 있는 전함이나 대포 20문이 있는 군함이 물론 이곳의 배들보다 강력하기는 하지만 그 선박들은 지금 145킬로미터나 떨어진 곳에 있었네. 우쑹으로는 물이 너무 얕아 진입할 수 없고 말이야. 스쿠너의 선장과 상하이에 있는 장교들은 안장 섬으로 급히 돌아와 부대에 합류하라는 명령이 떨어졌네. 내게는 자유가 주어졌다네. 이곳에 남아 있어도 되고 나중에 중국 보트를 타고 돌아와도 된다더군. 이 보트는 대나무로 만들어진 지붕이 있는 커다란 보트라네. 매끄럽고 니스 칠이 되어 있는 보트로 조각들과 다양한 장식품들로 꾸며져 있지. 그러나 그 배를 타고 145킬로미터를 간다는 것은 너무나 힘든 일이야. 좁고 불편하고 게다가 짠 바닷물을 뒤집어쓰는 것도 한두 번이 아니라네.

나는 어떤 결정을 내려야 할지 감을 잡을 수 없었지. 내 동료들이 주점에서 요란하게 빠져나올 동안 내 트렁크 위에 침울하게 앉아 있을 뿐이었네. 짐꾼들이 들락날락하면서 짐들을 끌어가고 있었지. 모두 떠났네. 여덟 시를 넘긴 시각이었는데 스쿠너는 열 시에 떠나라는 명령이 내려진 상태였어. 우리 가운데 많은 이들이 커닝햄의 집에서 식사를 하고 있었네. 나를 포함한 다른 이들은 제안을 거절하고 가지 않았지. 그건 송별 만찬이었네. 마침내 나는 재빨리 짐을 챙긴 후 주점에서 살다시피 하고 있던 비서를 불러내냈지. 편지를 쓸 생각이었어. 그러고는 짐꾼 두 명을 데려오게 한 후 길을 떠났네.

두꺼운 대나무로 만들어진 장대에는 색칠된 커다란 등불들이 달려 있었는데 짐꾼들은 그 장대로 나의 트렁크를 실어 갔네.

그들은 계속 소리를 질렀어.

"아아, 아아, 아아."

나와 비서는 그들의 뒤를 겨우 따라갔네. 부두에 도착했다네. 사방은 깜깜했고 사람도 배도 없었지. 짐꾼들이 고함을 질렀네. 수많은 정크선에서 누군가가 힘없이 대답을 하더니 입을 닫더군. 그러고는 아무도 오지 않았네. 짐꾼들이 방향을 틀어서 더욱 큰 소리로 고함을 쳤어. 한 배 근처에서 부스럭거리는 소리가 나더니 노가 움직이기 시작했네. 보트가 우리 쪽으로 왔다네. 이와 동시에 정크선들에서도 노를 젓는 소리가 힘차게 들려왔네. 마침내 우리는 출발할 수가 있었지. 사방은 암흑이었네. 별빛을 받은 강만이 거울처럼 반짝이더군. 30분 후에 우리는 겨우 스쿠너에 다다를 수 있었네. 저 멀리 도시에서는 간간히 총소리가 들려왔어.

스쿠너는 사람들로 꽉 차 있었네. 몇 명은 앉을 자리도 없었지. 그러나 우쑹에서 많은 이들이 다른 배로 옮겨갔기에 스쿠너 안은 조금 여유가 생겼네. 바닥, 선실, 긴 의자 위 등 어디나 우리는 가리지 않고 누울 자리만 있으면 잠을 청했다네. 나는 선장실에서 잤는데 그 안에는 상자, 보따리, 트렁크가 산처럼 쌓여 있었네. 우리에 갇힌 양들과 암탉들이 소리를 질러대며 끊임없이 자신들의 존재를 각인시키더군. 살아 있는 공작새도 한 쌍 있었는데 이런 민주적인 집단에는 아마도 처음으로 있어보는 것일 거네. 내 맞은편에는 아바쿰 사제가 누워 있었네. 무언가에 대해 생각하다가 내게 뭔가를 말하려고 했던 것 같은데 그러다가 그만 잠이 들어버렸어. 그의 얼굴에는 그가 어떤 생각에 몰두했던 흔적이 남아 있었네. 입은 열려 있었고 팔꿈치로 몸을 지지하며 누워 있는 그의 손에는 담뱃갑이 들려 있었지.

나는 생각했네.

'떨어지고 말 거야. 배가 조금만 더 심하게 흔들리면 말이야.'

그런데 정말로 배가 흔들렸어. 나는 내가 언제 떨어지게 될까 생각하다가 잠이 들고 말았네. 잠결에 크류드네르 남작이 온 걸 보았지. 그는 우리와 남겨진 자리를 번갈아가며 바라보다가 그의 키보다 한참이나 모자란 그 자리에 그대로 누웠네. 다리는 바닥에 놓고 머리는 어딘가에 아마도 선반에 얹었던 것 같아.

티흐메테프가 왔다네. 우리에게 바닥에 누워도 되겠냐고 정중하게 물었네!

그는 항상 하던 식으로 유창하게 말을 시작했지.

"제가 자리를 조금 차지할 수 있도록 허락해주실 거라고 기대해도 될까요? 저는 누구에게도 피해를 주고자 할 생각은 없습니다만, 상황이 상황인지라 비좁음을 피해갈 수는 없을 것 같군요. 그래서…"

뭐, 이런 식으로 계속되었네. 아무도 그에게 대답하지 않았어. 모두 잠들거나 조는 중이었거든. 그는 한숨을 내쉬고는 어떤 가죽 같은 것을 깔더니 그 위에 자신의 외투를 깔았네. 그러고는 비탄에 빠진 게 분명해 보이는 모습으로 잠자리에 누웠지. 그리고 아침에 일어나서 내 이불이 그의 머리 위로 떨어져서 얼굴을 간질였다고 내게 한없이 불평을 늘어놓더군.

해안의 여울을 벗어나자마자 탁 트인 바다가 나타났네. 고시케비치는 늘 그렇듯 바다에 자신의 공물을 바쳤어. 그를 쳐다본 후 아바쿰 사제도 정말 싫지만 똑같은 짓을 저질렀네. 수병이 아닌 사람 가운데 나 혼자만 멀미 때문에 고생한 적이 없네. 나는 멀미를 느껴본 적도 없고 그게 뭔지 이해도 안 되었네.

저녁이 되자 항구에서 흔들거리고 있는 배들이 우리의 눈에 들어오기 시작했다네. 일곱 시경에는 닻을 내리고 집에 있을 수 있었지. 집에 말이네! 자네들은 가끔 어디를 집이라고 부르나? 미안하네. 장난이라네!

잘 있게! 혹시 자네들이 보기에 이 편지의 내용이 맥 빠지고 관찰한 내용이 부실하거나 무미건조하게 묘사되어 있다 하더라도 너무 야단스럽게 굴지 말게나. 나를 탓하기 전에 양쯔강과 그 강변을 탓하게. 그곳은 무미건조한 정도가 아니라 빈약하고 아무런 재미도 없는 곳이었네. 그러니 내 편지에 그렇게 묘사되어 있다 하더라도 이상할 것 없는 일 아닌가.

제 3 장
일본에 있는 러시아인들

또다시 나가사키 항구

나흘 걸려서 우리는 안장 섬에서 집으로 되돌아갔네. 집이라 하는 곳은 우리가 3개월 동안 집처럼 편하게 살았던 나가사키를 말한다네. 예상으로는 이틀 걸릴 줄 알았는데 그렇지 않았어. 역풍을 만날 줄 몰랐네. 이 역풍 때문에 우리는 약 40시간 동안 한 자리에 머물러 있었지. 이 짧은 여행 동안에 특별한 일은 없었지. 요동치는 것은 언급하지 않겠네. 바다에서는 특별한 일이 아니기 때문이야. 나흘째 밤에 고토 열도[56]를 보았는데 조금 후에 전부 어둠 속에 사라지더군. 지금까지는 더 빨리 도착하려고 애를 썼지만 이곳에서는 빨리 도착하지 않으려고 노력하기 시작했네. 해가 뜨기 전에 도착하지 않도록 돛을 내려 시속 8킬로미터 정도로 갔어. 그러는 사이에 마침내 나가사키에 도착하게 되었네.

이른 아침에 소음과 발걸음 소리를 들었지. 때때로 내 선실의 창문에 낯익은 언덕의 푸른 꼭대기가 햇빛에 드러나 보였네. 파데예프가 차를 갖다 주었지. 그는 일본인이 형식상 모든 외국 전함에게 가져다줘야 하는 서류를 들고 왔다갔다고 말했네.

"우리 정박한 거야?"

"아직 아닙니다."

"항구에 있는 거지?"

"네, 그렇습니다."

"무슨 문제가 있나?"

"우리 배가 바람에 거슬러 지그재그로 가고 있는 중입니다. 역풍 때문입니다. 이제 반 베르스타가 남았습니다."

바로 그 순간 도착했네.

명령이 들렸지.

"밧줄에서 물러나라!"

"닻을 내려라!"

정박했네. 나는 갑판으로 나갔어.

조금 추웠지. 러시아의 9월 날씨처럼 태양이 있었으나 고요했네.

나가사키항은 하늘처럼 파랐더군. 물이 찰랑거리며 밀려왔네. 언덕들이 같은 듯 달라 보였어. 햇빛으로 태워진 듯이 붉은색을 띠고 있었네. 작년에 마데이라의 산들도 내게는 이와 똑같이 여겨졌지. 여기도 거기처럼 곳곳에 신록이 보이는데 차이가 많다네! 거기에는 꽃이 만발한 정원들이 있고 송악과 포도나무가 벽들을 타고 올라가고 있으며, 꽃들은 담장에서 수줍게 얼굴을 내밀고 있었지. 1월에 따뜻한 바람이 불어왔고, 그 바람은 측백나무, 도금양나무 향이 나고 있었네. 거기는 성당, 별장, 포도주, 여인들이 있는 완벽한 삶의 공간이었네! 그런데 여기는 무와 당근이 자라는 밭, 꽃이 없는 담장, 성당이 아니라 나무로 만든 사당 집, 포도주를 대신한 사케[57]가 있지. 물론 여인들도 있네. 그런데 어떤 여인들인가? 인생 시작부터 가시밭길이 기다리고 있는 여인들이네!

또다시 예전과 똑같이 되었네. 일본인들도 왔다네. 바니오스들이지. 그들과 함께 시오자도 왔네. 그들은 우리의 도착을 환영하러 왔어. 선장실에서 포시예트와 이야기를 나누고 나서, 그들은 뒤 갑판으로 제독을 뵈러 나왔네. 어린아이와 같은 표정을 짓고 있는 오이에사브로스키가 대표였지. 제독 앞에 앉자, 그는 눈을 굴려가며 주변에서 무언가를 찾고 있더군.

그가 나를 보고 어린아이 같은 목소리로 외쳤네.

"아, 곤차로프! 곤차로프군요!"

그가 웃기 시작했어.

그러나 심각한 질문이 그 웃음을 멈추게 했네.

"전권대리인들이 왔습니까?"

그가 시오자를 통해서 대답했지.

"올 겁니다. 사흘 후에요."

통역관에게 말하라고 명령했네.

"안 오면 우리가 계획대로 에도에 갈 겁니다. 시간이 귀중하니까 낭비하지 않겠습니다. 전권대리인들이 이미 왔지만 말을 안 하는 거 아닙니까?"

그들이 확신에 찬 목소리로 대답하기 시작했다네.

"아닙니다. 안 왔습니다."

협박이 큰 영향을 끼쳐서 그들은 바로 자취를 감추었지.

저녁에 나는 내 선실에서 책을 읽고 있었네. 그때 벽 뒤에서 나무를 쪼개는 것 같은 소리를 들었어.

"거기 무슨 일이요?"

"일본인들이 왔어요."

"또? 누가 나무를 쪼개는 거요?"

이것은 키치베가 이야기하는 소리였네. 나는 선장실로 갔어.

그곳에서 에이노스케, 바니오스의 대표인 키치베, 하기바리 마타사, 다시금 오이에사브로스키 그리고 두 명의 보초병을 보았네. 모두 낯익은 사람들이지.

"에이노스케, 안녕하세요?"

"키치베, 안녕하세요?"

키치베는 내 이름을 외쳤고 에이노스케는 악수를 청했으며 오이에는 웃기 시작했지만 하기바리는 소처럼 고개를 숙이며 주먹을 내밀었네. 바로 거기에는 언젠가 착한 이모처럼 상냥하게 나를 바라본 적이 있는 바로 그 보초병 바니오스도 있었다네.

그들을 제독에게 데려갔어.

하기바리가 말했네.

"현지사들께서 인사 전하고 잘 도착하신 것을 축하드리라고 명령하셨습니다."

키치베는 의자에 앉아서 네 번 돌아보면서 한 음절 한 음절씩 떼어서 말하며 웃었다네.

"관심을 가져주셔서 감사하다고 현지사들께 전해주시오."

키치베가 대답을 통역했네. 그러자 면도된 바니오스의 네 머리가 일시에 절을 했다네. 다시금 하기바리가 무엇인가 말했어.

키치베가 통역했네.

"현지사들께서 건강 상태를 여쭈라고 명령하셨습니다."

그들에게 대답을 하라고 명령했다네.

"감사 말씀을 전해주세요. 현지사들도 건강하시길 희망합니다."

그들이 절하고 대답했어.

"매우 건강하십니다."

키치베가 계속해서 말했네.

"현지사들께서는 전권대리인께서 앞으로도 계속 건강하시길 바라십니다."

우리는 현지사들께도 똑같은 것을 바란다고 말했지.

바니오스들에게 술을 대접하지 않고 전권대리인들이 언제 올 거냐는 질문을 반복하지 않았다면 이 대화가 언제 끝날지 아무도 모른다네. 그들은 전권대리인들이 아직 안 왔고 아침에 우리에게 말했던 것은 실수였다고 사흘 후가 아니라 닷새 후에 올 것이라고 설명하더군. 더구나 이 닷새를 12월 8일이나 9일부터 세야 한다고…. 하지만 그들은 동의를 얻어내지 못했네.

그들에게 말했다네.(그날은 수요일이었네.)

"토요일에 안 오면 우리는 떠날 겁니다."

그들은 흥정하기 시작했네. 전권대리인들이 올 때까지만 기다려달라고 간청하더군.

이 말을 덧붙였네.

"그 후에는 마음대로 하십시오."

명백한 사실은 현지사가 우리를 잡아놓으라는 명령을 받았다는 거야. 현지사가 고위층 사람들을 기다리고 있었네. 우리가 행할지도 모르는 모든 일에 대한 책임을 자신이 지지 않기 위해서였지. 긍정적으로 어떤 것도 말할 수 없네. 어쩌면 전권대리인들이 실제로 그곳에 있었을지도 몰라. 어떻게 진실에 도달할 수 있단 말인가? 그들은 거짓말을 할 수 있는 모든 조건을 가졌네. 어떤 전권대리인이 오다가 아파서 나머지 세 명이 그 한 명 없이는 일을 시작할 수 없다고 할 수도 있지. 그래서 그들을 믿을 수 없네.

아침부터 이미 우리는 에도에 갈 수 있을 정도로 오랫동안 먹을 수 있는 물과 양식을 요청했네. 바니오스들이 많은 가축, 채소, 과일, 현지사가 선물해준 사탕으로 가득한 조그만 상자가 아닌 큰 궤짝을 가져왔다네. 우리는 현지사가 우리한테서 어떤 것도 받길 원하지 않았기 때문에 선물을 받을 것을 거절했다는 사실을 지적했지. 그들은 또다시 설득하기 시작했네. 키치베는 설득하려고 애를 쓰다 자기가 입고 있던 모든 가운을 벗더군. 겨울이어서 다섯 개 정도는 입고 있었네. 그러나 소용없는 일이었지. 양식을 다시 보트에 옮기라는 명령이 하달되었네.

이때 통역관들이 답변을 알아보기 위해서 현지사들에게 다녀 오기를 허락해 달라고 요청했어. 바니오스들은 남아 있었네. 그들 에게 그림들을 보여주고 작은 오르간 소리를 들려주며 백방으로 흥미를 끌게 하려고 애를 쓰는 동안에 현지사의 선물은 피라미드 모양으로 갑판에 쌓여갔지. 돼지들은 다리가 묶인 채 먹따는 소리 로 울면서 서려고 필사적인 노력을 했네. 바구니에 꽉 차게 들어 있는 수탉들은 비좁았음에도 서로 싸우고 있었지. 암탉들은 미친 듯이 꼬꼬댁거렸네. 갑판에는 마늘, 무, 오렌지 냄새가 풍겼다네.

선실에서 키치베가 여전히 되풀이했지.

"하이, 하이, 하이!"

에이노스케는 작고 알랑거리는 목소리로 우리가 어디 있었는지 서툰 영어로 캐묻더군.

내가 말했네.

"중국에요."

"무엇을 보셨습니까?"

"많이요. 이야기가 났으니 말이지 무장봉기자들이 침략자들과 벌이는 전쟁을 보았어요."

"그것 말고는요?"

"또…"

그가 무엇을 원하는지 알고 있었지만 그를 괴롭혀주고 싶었네.

"미국인들도 보았어요."

그가 내 말을 힘차게 잘랐다네.

"누구를요?"

"페리 해군준장[58]…."

그가 더욱 힘차게 되물었지.

"페리 해군준장을요…?"

"못 보았어요. 그러나 미국 군함 사라토가호의 선장을 보았죠!"

"사라토가라고요…!"

이 모두는 일본인들이 잘 알고 있는 선박의 이름이지. 에도에 머문 선박들의 이름이거든.

그가 내 코까지 닿도록 코를 바싹 디밀고 물었네.

"페리는 도대체 어디 있단 말입니까? 미국에 있단 말입니까?"

"아니요, 미국이 아니고 아모이에 있지요."

"아모이요?"

"아니면 닝보에 있거나."

"닝보요?"

내가 무관심하게 말했네.

"홍콩에 있을 수도 있어요."

30분 후에 그는 이 대화 내용을 하기바리에게 전달했다네. 내가 아모이, 닝보, 홍콩 등의 명칭을 말한 것을 기억해두었다가 전달한 걸세. 하기바리는 다 받아 적었네.

내가 에이노스케에게 말했지.

"상해라도 갔다 오셨다면 거기에서 유럽식 도시의 본보기를 볼 수 있었을 거예요."

"네. 더 많은 것을 원합니다. 세계 여행을 가면 좋을 텐데 하는 생각으로 꽉 차 있어요."

"러시아나 가시죠. 무척 멋있는 도시, 성전, 궁전, 군대도 볼 수 있을 텐데요!"

그가 내 말을 힘차게 잘랐다네.

"러시아는 가면 안돼요. 거기는 여자가 없어요!"

"누가 그랬어요? 어떻게 여자가 없을 수 있나요? 많아요! 결혼하셨죠?"

"네. 10개월 된 딸이 있어요. 며칠 전에 천연두 예방 주사를 접종시켰어요."

"그럼 여자가 무슨 상관이에요?"

그는 이상한 미소를 짓더군. 이런 일본의 돈 주앙 같으니!

저녁 무렵에 현지사가 선물을 받을 것이라는 소식이 전달되었지. 덧붙여서 전권대리인들의 도착에 관해서는 토요일까지가 아니라 목요일까지로 기한을 늘려 달라고 했으며 그들이 정부의 신임을 얻어 큰 권력을 가지고 있다고 말했네. 이것은 모두 전권대리인들이 오는 것에 대한 우리의 관심을 끌기 위한 것이었지. 바니오스들은 전권대리인들이 동료 600명과 함께 오기 때문에 천천히 오고 또한 네 명이 한꺼번에 오는 것이 아니라 한 명씩 따로 온다고 하더군. 현지사가 목요일에 약속이 잡힌다고 장담하면 우리는 기다리고 그렇지 않으면 우리는 에도로 떠날 것이라고 답하라는 명령이 하달되었네.

이 결정은 그들을 매우 기쁘게 한 듯했어. 전권대리인이 네 명 모두는 아니더라도 한 명만이라도 왔구나 추측할 수 있었네.

현지사한테서 받은 사탕과 양식을 갑판에서 빨리 치웠지. 우리는 선물을 나누기 시작했네. 바로 그날 저녁에 바니오스들을 통해서 첫 현지사 오보사바에게만 선물을 보냈다네. 공작석으로 만든 시계, 몇 개의 청동조각, 크리스털 꽃병 두 개였어. 그 외에 알코올 음료, 셰리주, 각설탕 몇 개도 보냈네. 일본에는 각설탕이 없고 가루설탕만 있거든.

우리는 다른 현지사, 상급 바니오스들, 상급 통역관 두 명, 하급 통역관 스무 명 정도에게 모두 선물을 준비해야 했어. 할 일이 많왔지. 배를 온통 뒤엎어서 거울, 나사지, 천, 시계 등을 꺼낸 다음에 누구에게 무엇을 주어야 할지 정해야 했네. 이는 큰 문제라네. 중요한 사람의 이름은 모두 알고 있었지만 그들의 취향에 대해서는 모르고 단지 그들의 얼굴만 알고 있었으니까. 그래서 우리 리스트에는 그들의 이름이 사팔뜨기, 홀쭉이, 곰보, 절름발이라고 적혀 있었네. 또 다른 사람의 이름을 닮은 우리 동향인들의 이름으로 적어두었지. 이 문제 역시 겨우 해결했네. 선물 때문에 약 이틀 동안 부산을 피웠다네. 다른 현지사에게는 경대와 카펫, 두 개의 알록달록한 실내등을, 바니오스들에게는 거울 하나씩, 나사지, 가운을 만들 천을 선물해주었어. 도움이 된 한 명도 잊어버리지 않았네. 물과 양식의 운반을 지켜보는 하급 관리에게 가운과 어떤 물건을 주었지.

　일본에는 나사지가 없어서 대부분이 어떻게 쓰는지도 모르네. 나사지가 무엇인지 알고 이것을 쓰는 데 익숙하도록 그들에게 나사지를 일부러 선물해주었다네. 나사지를 쓸 필요가 있네. 겨울에 이들은 서너 개의 리넨 가운을 입지. 이는 나사지 가운 하나를 대신하지 못하네. 백성들은 햇볕이 따뜻하면 벌거벗은 채 다니고 추우면 어깨를 어떤 헝겊으로 덮더군. 바니오스들이 선실에 있는 동안에 가난한 이들이 자신의 배 위에서 추위로 얼굴빛이 파란색으로 변하고 덜덜 떨며 세 시간씩 가슴과 어깨와 다리를 드러낸 채 기다리는 모습을 보면 참으로 안되었거든.

또 그들에게 거울도 선물해주었지. 그들은 거울 대신 연마된 철이나 사기를 사용하네. 그림, 온도계, 나침반, 여성 화장도구 케이스 등을 나누어주었어. 흥미를 일으키거나 필요하겠다 싶은 것은 모두 나누어주었네.

1853년 12월 24일

다음 날 크리스마스 전날인 24일에는 날씨가 참 좋았다네. 그런 날은 잊기가 힘들지. 하늘과 바다는 빛으로 하나가 되고 공기는 따뜻하고 바람도 잔잔하였네. 나가사키항은 참으로 멋지지! 햇빛이 비친 나가사키도 의미 있는 것처럼 보였네. 붉은 언덕 사이에 새로 심은 벼와 밀이나 채소의 새싹이 푸르게 보였어. 바다를 바라보니 끝없이 펼쳐진 감청색 장막과 같았네.

그날 바니오스들과 함께 시노차라 도모타로라는 이름의 새로운 관리가 왔네. 그는 전권대리인들보다 먼저, 더 정확히 말하면 전권대리인들과 같이 온 동행 중 한 명이라네. 그들은 현지사가 약속을 장담한다는 확언을 전달했어. 즉 목요일에 그 만남이 성사되는 거라네. 그래서 우리는 여기 머물기로 했어.

드디어 일본 체류에서 제일 흥미로운 때가 되었네. 두 국가의 탐험대가 동시에 오게 된 이유인 일이 시작되었기 때문이야. 어리석고 시대와 떨어져 있으며 간사한 민족에 관한 정답이 없기 때문에 우리는 어떻게 될 건지 이야기하고 논쟁했네. 이들의 행동 방식에 대해서는 내가 이미 이전 편지에서 언급한 적 있지. 여기에서는 사람의 마음을 아무리 잘 알아도, 또 아무리 경험이 많아도 한 민족의 세계관, 도덕, 성질에 대한 단서를 못 잡으면 안 되네. 일반적인 생각과 논리의 법칙에 따라 행동하기가 얼마나 어려운지 몰라. 또 문법과 어휘를 모르면 그 민족의 언어로 말하기가 얼마나 어려운지.

어제 우리는 예전에 보여준 것 말고 다른 좋은 숙소를 우리에게 내주어야 한다고 일본인들에게 예고했다네. 그들은 이에 대한 준비를 했지. 하기바리는 그들이 마련한 숙소가 어디 있는지 자신의 품속에서 도면을 꺼내어 보여주더군. 도시 가까이에 있는 어느 곳이었네.

그가 덧붙여 말했어.

"거기는 사당 집이 있는데 스님들을 임시로 거기에서 내보내게 될 겁니다."

이 외에 주택이 한두 개 있는데 거기서도 어떤 관리들을 내보 낸다고 했네. 제독의 명령에 따라 내일 포시예트가 살펴보러 갈 거 네. 현지사들이 우리를 만족시키려고 전력을 다하는 것 같아. 아니 면 적어도 만족시키는 척은 하는 것 같네. 3개월 전 상황과는 너 무 다르군! 우리의 도착이 에도에 주는 인상, 고위 관리들에게 우 리와의 교섭이 위임된 것, 우리를 어떻게 대할지에 대해 현지사에 게 내려진 명령 등 모든 것이 그들의 상관들에게서 보이는 교만을 좀 낮추게 한 걸세.

이번에는 어둠 속에서 아주 조용히 나가사키에 도착했기에 노 모 곶에서도 우리의 도착을 알아채지 못했어. 우리가 이미 정박했 을 때 포대에서 도시 쪽으로 발사하여 우리의 도착을 알리기 시작 했네. 일본인들을 놀라게 한 거지. 항구에 지키는 배도 없었네. 약 세 시간 후에 그들이 나타나기 시작해서 우리와 꽤 가까워졌다네. 그러나 우리는 그들을 멀리 끌어가도록 배들을 보냈어. 스쿠너와 수송선이 나가사키 만으로 깊이 들어갔네. 우리는 집에 있는 것처 럼 자리를 잡았지. 배들은 사라졌고 이제는 더 이상 나타나지 않 았네. 현지사들이 우리가 바라는 것을 만족시켜주었어.

1853년 12월 26일

오늘 26일에 관리들이 또 선물에 대한 감사 인사를 하러 왔다네. 숙소의 도면을 또 보여주었지. 우리도 그들에게 양식을 가져다준 데 대해 인사를 했네.

우리는 크리스마스를 러시아에 있듯이 보냈다네. 일본인들을 보내고 나서 철야예배를 드렸네. 어제는 성찬예배와 감사기도를 드리고 서로 축하한 다음에 제독의 선실에서 식사를 했어. 그 후에 음악을 연주했네. 에이노스케는 모두 정복을 입는 것을 보고 오늘 무슨 명절이냐고 물어보더군. 우리는 그들과 그리스도교에 대한 이야기를 피하려고 했지만 내가 설명해주었네. 우리의 모든 것을 점점 익혀야 되지 않겠는가. 그렇게 하려고 여기 온 것이니까.

하느님의 말씀이 여기에 들어와서 십자가를 세울 수 있을 때가 멀지 않은 것 같네. 어떤 힘도 이 십자가를 뽑지 못할 정도로 말이야. 언젠가는? 하느님께서 우리가 이를 향해 첫걸음을 내딛을 수 있도록 해주시지 않겠는가? 이 지역 정부와 문제가 적지 않을 거야. 다른 세계에서 새로운 것을 수용한다는 것은 참 어려운 일이니까! 친교에 반대하는 모든 조치가 취해졌네. 그래서 이 사람들에게 우리의 생활방식을 소개하고 유럽인들의 편으로 끌기가 쉽지 않다네. 미끼가 없으면 유혹도 불가능하지. 정부는 이 점을 잘 알고 있어. 그래서 사치품, 특히 새로운 사치품의 수입을 금지하고 있는 거라네. 관리들은 우리가 선물해준 것을 아직 못 받았네. 어제 에이노스케는 선물 목록을 에도에 보내고 거기서 허락이 내려오면 선물을 나눠준다고 말하더군. 모든 것이 금지되어 있네. 오늘 포시예트는 사흘 전에 보내려다 잊고 있었던 은시계를 바니오스들에게 나눠주었어. 다른 선물도 여기에 덧붙여주면 되지, 뭐가 어렵지? 아니, 그건 어려울 거라네. 현지사에게 물어보아야 하고 현지사가 위원회에 신고하면 거기서는 쇼군에게 신고하고 쇼군은 미카도에게 신고해야 하니까. 더구나 오늘은 예전에 말했듯이 두 명이 아니라 세 명이 포시예트와 같이 숙소를 보러 간다고 했네. 이런 시시한 일도 의심스러워. 긴 회의를 하고 난 다음에 거절하려고 했지만 그들은 듣지 않더군.

이처럼 이곳에는 하나의 변하지 않는 질서가 있지. 이 질서를 위반하고 상식으로 변화시킬 수 있는 것은 힘 외에 어떤 것으로든 불가능하다네. 그들은 심지어 외국인들과 교역하기로 마음먹었을 때도 오랫동안 자신의 도시를 자유롭게 돌아다니거나 국내에 들어가거나 개인적 관계를 맺는 것을 허용하지 않을 걸세. 외국인들이 이 교역을 지배하지 못하면 일본인들이 자발적으로 완전 유럽식으로 행동하도록 만들지 못하게 될 거야. 네덜란드인과의 관계를 보면 자명하지. 간교함도 설득도 힘이 되지 않을 거라네. 그들의 비겁성에만 희망이 걸려 있네. 유럽인들의 협박과 일본인들의 평화에 대한 소망이 어떤 제약을 없애는 데에 도움이 될 거야. 다시 말하면 예전에 말한 것처럼 민족 그 자체가 개혁할 수 있지만 그들의 질서는 급박한 대외 상황만이 무너뜨릴 수 있다네.

1853년 12월 28일

오늘은 러시아 달력[59]으로 12월 28일이야. 하기바리, 오이에사브로스키, 사브로는 전권대리인들이 왔다고 전하러 왔네. 에이노스케와 키치베조차 예쁜 비단 가운, 새로운 셔츠, 비단 치마를 입었더군. 첫 만남은 목요일로 정해졌네. 제독은 전권대리인들이 전함에 오기를 원한다네. 그는 해안에 내려서 정부에서 준 서류를 전했기 때문이지. 이제 전권대리인들에게 제독에게 전해줄 답장이 있어서 이를 가져다주어야 하네. 그러나 이것은 어떻게 이루어져야 하는지 아직 안 정했어.

숙소는 좋다고 하네. 포시예트와 함께 림스키코르사코프, 푸루헬름, 로세프가 갔다왔네. 숙소는 해협에서 항구로 나가면 왼쪽에 있지. 오늘 바니오스들에게 숙소까지 가깝게 전함을 해안 쪽으로 옮겨야 한다고 했네.

또 난관, 회의, 항상 하는 대답이 이어졌네.

"현지사에게 여쭤보겠습니다."

현지사에게도 물어보았더니 그는 정리를 해야 한다고, 관리들과 스님들이 거기에서 아직 안 나갔다고 했어. 어제와 오늘 전권대리인들과의 만남에 대한 이야기만 했네. 제독은 1월 1일(13일)에 이 만남이 성사되지 않으면 나가사키를 떠난다고 단언했지. 제독은 전권대리인들을 전함에서 기다린다고 하라고 명령했네. 그런데 전권대리인들이 먼 길을 와서 피곤하다고 하면서 오히려 제독을 초대한다고 대답하더군. 제독은 어떤 요건을 제안했네. 그리고 그들에게 늦출 기회를 주지 않으려고 저녁까지 시간을 준다고 했지. 바니오스들은 저녁에 와서 전권대리인들이 동의한다고, 요건에 대한 노트를 달라고 해서 주었네.

1853년 12월 30일

아침에 일어났더니 키치베와 에이노스케가 아침 여섯 시부터 여기 있다고 하네. 이렇게 빨리 오다니! 키치베가 특별히 힘들겠군.

키치베는 항상 말했다네.

"누워서 아무것도 안 하는 것이 좋아요!"

바니오스들이 네덜란드어와 일본어로 작성된 서류를 가지고 왔네. 이 서류에는 두 개를 제외하고 모든 요건을 충족시킨다고 적혀 있었어. 첫 번째는 우리가 내일 숙소로 이사한다는 걸세. 숙소가 아직 다 준비되지 않아서 며칠 기다려 달라는 것이었네. 두 번째는 전권대리인들이 다음 날이 아니라 이틀 후에 우리한테 온다는 것이었어.

제독은 일본인들이 길일과 흉일을 믿기 때문에 왜 그런지 추측해보지도 않았네. 그래서 작은 일 때문에 미루지 않고 일을 진행하기 위해서 전권대리인들에게 가는 것에 동의했어.

만남의 주요 요건은 전권대리인이 집 앞에서 제독을 영접해야 하는 것, 점심 식사나 아침 식사를 대접할 때 아보사바가 참여해야 하는 것이었네. 다음은 군악대를 제외하고 우리 보초병 40명이 있어야 하는 것, 장교들이 예전보다 세 배로 많아야 하는 것, 우리가 아홉 척의 배를 타고 가야 한다는 것이었네. 마지막으로 우리는 전권대리인들을 제대로 예우하고 그들이 원하면 축포를 쏠 거라는 것이었지.

후자에 관해서는 전권대리인들이 도착하기 하루 전에 알려 준다더군. 하지만 제독은 축포에 대한 대답을 기다리지 않았네. 우리 배들이 전함에서 출발하면 축포를 쏘기로 결정했다네. 그들이 많이 혼란스럽겠지! 나머지는 예전과 똑같이 할 걸세. 즉 깃발로 배들을 꾸미고 사람들이 줄 맞추어서 대기할 것이네.

1854년 1월 1일(13일)

새해 복 많이 받게! 지난해를 어떻게 보내고 새해를 어떻게 맞이했나? 항상 하는 것처럼 모여서 춤추고 시끌벅적 이야기하며 카드놀이를 한 다음에 시계가 열두 시를 알리는 소리를 기다리면서 몇 번 하품한 다음 기다렸다는 듯이 술잔을 들었겠지? 5년, 10년 전하고 똑같은 것을 했겠지?

내 인생에 최초로 연말을 다르게, 예전과 같지 않게 보낼 수 있었네. 그날 나는 일본 귀족 집에서 식사했다네! 지루하지 않다면 어제 무엇을 보았는지 자세한 이야기를 들어보게나. 원래의 색깔대로 어제의 모든 장면을 묘사할 자신감은 없지만 하나만은 약속하겠네. 어제 저녁을 어떻게 보냈는지 진실하게 이야기할 거라고 말이야.

전함을 오전 열한 시에 떠나라고 지시했네. 하지만 시간을 지정하는 것은 오직 지정 시간보다 얼마나 늦을 건지 알기 위한 것임을 모두 잘 알고 있지. 상류사회에는 이런 규정이 있네. 그래서 우리는 상류사회의 사람으로서 열두 시 반에 전함을 타고 꺼졌다네.

자네는 꺼지다라는 말을 들으면 비웃을 걸세. 상류사회에선 이 단어를 사용하지 않지. 그러나 여기서는 고급스러운 단어라네.

우리는 배 아홉 척을 타고 떠났네. 행렬이 1킬로미터 정도 길게 이어졌지. 순서는 첫 번째로 도시에 갔던 것과 똑같았네. 즉 부선장인 포시예트가 해안에서 보초병들을 마중하기 위해 앞서서 소형 보트를 타고 갔어. 다음으로 보초병 50명이 탄 대형 보트가 뒤따랐고 그다음에 군악대들이 타는 커터[60]와 하인과 의자가 있는 커터가 갔네. 다음은 모든 배에서 온 열다섯 명 가량의 장교들이 타는 커터가 두 대 갔고 마지막으로 제독의 커터가 갔지. 제독 외에 배 네 척의 선장인 운콥스키, 림스키코르사코프, 나지모프, 푸루헬름도 같이 탔네. 중위인 크류드네르 남작, 중국어 통역관인 고시케비치와 나도 이 배를 탔다네. 다음에 양끝이 뾰족한 두 대의 보트와 장교 몇 명이 탄 소형 보트가 따라갔어.

사람들이 줄 맞추어 서서 예전과 똑같이 만세를 세 번 외치면서 우리를 배웅하더군. 얼룩덜룩한 깃발들이 위에서 갑자기 떨어진 꽃다발처럼 어느 순간에 풀어져 삭구에 떨어졌네. 애국가를 연주하기 시작했어. 인상은 첫 번째와 똑같았네. 나는 축포를 기대했지. 일본인들의 반응이 궁금했거든.

아 참! 약속시간 30분 전에 현지사 다음 위치의 상급 관리가 전권대리인들이 우리를 도시에서 기다린다고 전하러 왔네. 일본 관습대로 바니오스와 다른 관리들의 행렬이 그를 따라왔어. 관리는 차를 한 잔, 체리브랜디를 두 잔 마시고 떠났네.

일본인들이 배에 타자마자 제독은 포시예트한테 통역관에게 전달하라고 명령했다네. 그것은 바니오스로 하여금 모든 일본 보트들이 전함에서 멀리 떨어지도록 명령을 내리도록 하는 것이었어. 축포를 쏠 것이기 때문이야. 그는 일본인들이 반대할 것을 예상했기 때문에 미리 알려주길 원치 않았네. 이 갑작스러운 소식에 바니오스들 얼굴이 굳어졌어. 그중 한 명이 내려가려고 줄사다리에 한 발을 올리고선 몇 초 동안 있었네. 온 무리는 그 뒤에 멈추었고 상급 관리는 벌써 배를 타고 나머지 사람들을 기다리고 있었지. 바니오스는 정신을 차려 그에게 소식을 전하려고 뛰었다가 금방 돌아왔네. 축포를 쏘지 말고 현지사에게 알려줄 때까지 기다려 달라는 걸세. 그들이 원하는 것이 바로 이것이었어.

우리가 그들을 재촉했다네.

"시간 없어요. 빨리 가세요. 우리도 곧 출발할 겁니다."

보트를 타지 않고 줄사다리 앞에 서서 간청하더군.

우리는 그들이 당황할 줄 알았기에 겨우 웃음을 참았네. 오해했다는 말이 들려왔어. 내가 통역관에게 가서 이게 뭐냐고 물어보았네. 그들의 포대가 축포에 대해서 모르기 때문에 당황하면 발사할 수도 있다는 대답이라더군.

"상관없어요. 발사해도 됩니다. 원래 축포에 이렇게 답례해야 합니다."

그들이 계속 떠날 결심을 못 하고 있었어.

그들을 재촉했다네.

"갈 때가 됐어요. 곧 발사하기 시작할 겁니다. 벌써 대포를 준비하러 갔어요."

진작 이렇게 말할걸 그랬군. 지금까지 듣지 못한 짚신 퉁기는 소리가 줄사다리에서 울렸네. 그들이 모든 배를 가지고 떠났다네.

우리도 출발했네. 우리가 탄 배들이 전함의 뱃머리를 지나가자 전함 측면에서 갑자기 연기가 확 나고 대포가 울려 퍼졌지. 그 순간 산이 갑자기 깨어나 어떤 거인이 하하 웃는 듯한 산울림이 울려 퍼졌네. 또 발사, 그다음에 코르벳에서 발사, 또 우리 쪽에서 발사, 또 그 쪽에서 발사했다네. 산에서 하하거리는 소리가 더욱 강하게 들렸네. 발사가 계속 반복되었네. 발사는 두 배에서 동시에 이루어기도 하고 서로 추월하기도 했지. 산은 정신이 없었고 현지사는 산보다 더더욱 정신이 없었을 거야.

만약에 일본인 눈에 일본 항구들에서 타인의 배들을 보는 것이 아프다면 첫 번째 회견에서 현지사가 표현했던 것처럼 나는 일본인의 귀에 타인의 대포 아우성을 듣는 것이 더 아플 것이라고 생각하네. 그들의 대포는 적어서 포성이 산을 깨우지 못했지.

나는 보트와 일본인들의 포대들을 보았다네. 아무데서도 어떠한 동작도 없었고 오직 개 두 마리만이 앞으로 뒤로 갈팡질팡하다가 숨을 장소를 찾았지만 그럴 곳이 없었지. 개들은 포성을 피해 산으로 향해 달리기 시작했지만 그곳에서는 메아리가 개들을 쫓았네. 하지만 끝이 났다네. 포성은 그쳤고 산들은 또다시 잠들기 시작했으며 개들은 진정했고 옷자락이 긴 일본인들의 모습이 산등성이에서 보였네.

우리의 사공들은 묵묵했지만 가슴에 노를 꽉 안고 있더군. 우리는 이미 멀리 만으로 깊이 들어왔고 총성은 바다를 향하면서 조용하게 아직까지도 물을 따라 느긋한 무늬로 살금살금 다가왔네. 먼 곳에 있는 선두의 함대에서 우리에게까지 약하게 음악이 들려왔지.

우리는 이미 익숙한 아름다운 언덕, 암석, 작은 숲을 지나서 빠르게 앞으로 나아갔네. 나는 처음으로 보는 것처럼 열중해서 보았어. 즉 마음속으로 이러한 작은 언덕, 사원, 숲, 별장, 정자, 조각상을 모두 배치했다네. 그리고 만의 물을 기선들과 돛대의 밀림이라고 여겼네. 해변에는 유럽인들이 정착해 살고 있었지. 그리고 공원의 보도들과 질주하고 있는 아마존 여자들[61]이 너무나도 잘 보였네. 도시에 더 가까운 곳에는 유럽 상인의 식민지 거류단, 러시아 여자, 미국 여자, 영국 여자 들이 꿈처럼 보였고 말이야….

일본인 보트들은 옹기종기 갔으며 우리를 앞지르려고 서두르면서 또다시 등골이 빠졌네. 그들의 사공들은 때로는 침묵을 하고 때로는 갑자기 절망적으로 소리를 내며 울더군.

그들의 외침에 우리는 본능적으로 사로잡혔다네.

"영차! 영차!"

노를 가지고 놀다가 갑자기 마치 마음이 가라앉은 것처럼 다시 조용히 물을 헤쳐나가기 시작했어.

늦어도 양심은 있어야지. 벌써 왔어야 하네.

이 일본에서, 멀리 떨어져 있는 이 나라에서는 다음과 같은 말이 아직 통할 수 있다네.

"이야기가 빠르게 진행되지만 사건이 그렇게 빨리 해결되지는 않는다."

이 격언이 이 지방에서 나오지 않은 것은 확실하지만 우리가 동쪽과 가까이 있는 까닭에 다른 격언들과 함께 우리에게 통하였네. 하지만 우리는 성장했고 속담은 우리에게 옛 이야기로 남아 있지.

반대로 일본에서는 아직까지도 빠르게 일들이 행해지지 않고 심지어는 이 경향을 보이는 사람을 싫어하기도 해. 우리 배들에서 나가사키까지 45분이면 충분히 간다네. 일본인들은 자주 우리에게 왔다 가지. 도시에 있도록 우리를 초대하면 이동하는 데 시간을 헛되이 쓰지 않을 수 있지 않을까? 불가능하네. 왜냐고? 최고회의에게 물어보아야 하고 최고회의는 쇼군에게 그리고 쇼군은 일본 천황에게 묻기 때문이야.

일본 보트들은 확실히 우리 배들과 다같이 어울리는 것을 원했어. 이로부터 보이는 것을 상상할 수 있네. 보트 한 대가 다른 보트를 가로질러 정박했으며 모든 보트가 간격을 좁혀 있었지. 만약에 그들에게 우리를 해변으로 가지 못하도록 하는 임무가 주어졌더라면 통과시키기 위해 지금 했던 것을 하지 않도록 하는 편이 나았을 걸세.

그 후에 이전처럼 출발했네. 즉 군악대와 호위병 모두 자신의 자리에 서 있었네. 일본 부대는 길 양쪽을 따라 배치돼 있었지. 즉 군인들은 판지로 만든 모자를 머리에 쓰고 총을 잡고 있으며 발은 팔자로, 무릎은 앞으로 모은 거지. 그리고 이곳에 말이 있더군. 나는 또 노리모니[62], 졸린 듯한 눈을 지닌 노인, 통역관 무리, 바니오스들이 있던 것을 눈치 채지 못했네. 일본인들이 우리보다 앞서 집으로 서둘러 가기 위해 실내복을 걷어 올린 후 우리 뒤에서 잇따라 뛰어들었고 신을 잃어버리기도 했다네. 대기실에서 그들은 무릎을 꿇고 앉아 있었고 전권대리인 중에 젊은 사람은 이상한 복장을 하고 있었지.

우리는 그들을 충분히 보지는 못했네. 그들은 앞으로 갔고 우리는 그 뒤에 있었어. 곧바로 이어진 방을 따라 첫 번째 방문보다 더 적은 관리들이 자리에 앉아 있었네. 우리는 무리 지어서 응접실로 들어갔지. 이 평화로운 회랑에는 전혀 소음이 없었으며 움직임도 없는 것 같았네. 일본인들은 여기에서 하얀 양말로 미끄러지듯이 움직이더군. 정확하게 그림자처럼 스스로도 알아차리지 못하게 때로는 기어서 몰래 지나가는 듯했네. 그런데 바로 여기에서 튼튼한 걸음걸이가 울리다니!

우리가 응접실로 들어가자마자 그 순간 정확히 반대 방향에서 병풍 뒤로 이동하였고 거기에서 모든 전권대리인이 차례차례 천천히 앞으로 옮겨 나갔네. 등이 굽은 노인이 약간 보였어. 파리해진 그의 입은 계속해서 조금씩 열렸네.

그의 뒤를 이어 45세쯤으로 보이는 큰 갈색 눈과 똑똑하고 민첩한 얼굴을 지닌 사람이 보였네. 세 번째는 나이가 지긋한 사람으로 여위고, 거무스레하며 시선은 밑을 향했는데 마치 모든 삶을 고난 속에서 보낸 것처럼 여겨졌으며 새를 닮은 얼굴이었어.

네 번째 사람은 중년이었네. 매우 평범한 얼굴이었으며 마치 삽처럼 많은 것을 표현하지 않더군. 그러한 얼굴에서 그의 평범한 생활을 쉽게 짐작할 수 있었는데 그러한 얼굴의 사람들은 다른 것에 대해 생각을 많이 하지 않는 편이라네.

네 사람은 한 줄로 섰고 우리는 서로 인사를 나누었지. 전권대리인 근처의 오른쪽에서 두 명의 나가사키 현지사가 자리를 잡았고 왼쪽에는 에도에서 도착한 중요한 인물로 보이는 네 명이 자리를 잡았네. 그들의 부하들이 전권대리인들 뒤에 앉았어. 그들의 손은 화려한 칼을 지니고 있었네. 왼쪽 창가에는 한 줄에 관리들이 앉아 있었는데 아마도 그들 또한 에도에서 왔을 걸세. 다만 우리는 그들 사이에서 낯이 익은 얼굴을 알아차리지 못했네.

전권대리인 네 명 모두 수놓은 무늬가 있는 두툼하고 화려한 비단으로 된 넓은 외투를 입고 있었네. 그 재질은 주름을 잡기 힘든 것이었어. 소매의 끝은 몹시 넓었으며 앞쪽은 턱에서 허리까지 앞치마의 재질로 되어 있었네. 외투 안에는 보통의 가운과 치마가 있었는데 이것 또한 비단이더군.

노인은 녹색을 입었고 두 번째 사람은 흰색으로 아마도 진귀한 물결 무늬가 있는 천으로 된 옷을 입었던 것 같네. 전권대리인 네 명과 현지사들도 머리에 관을 쓰고 있었는데 손바구니와 닮은 작고 검은 테두리가 있는 금박이 박혀 있었어. 그런 모양의 손바구니를 가지고 러시아 아낙네들은 버섯을 따러 다니지. 후에 안 바로는 이 금박이 한지로 만들어진 것이었네.

전권대리인에서 왼쪽으로 자리를 잡은 두 관리에게도 그러한 형상의 동일하게 된 금박이 있었네. 그리고 위의 두 명에게 있는 금박 하나는 삼각형이었고, 다른 하나는 사각형으로 두 개 다 평평했지. 노인들에게는 하얀색으로 된 금박이 붙어 있었네. 그리고 젊은이들에게는 검은색 끈이 이를 대체하고 있었어. 모든 것이 아직 나쁘지 않은 것 같았네. 하지만 세 번째 전권대리인, 두 명의 현지사, 한 명의 관리는 명주로 된 통 넓은 바지를 입고 있었는데 그 바지는 1아르신 정도로 다리보다 더 길더군.

현지사들은 힘겹게 발을 올리면서 아주 천천히 움직였네. 이 옷은 어떤 관등 혹은 직책에 따라 수여되는 것이라네. 이 옷은 마치 우리의 완벽한 제복과 유사했는데 아주 화려했어.

일본인이 의관을 완벽하게 입고 있는 모습, 즉 머리를 약간 떨군 채 망토를 입고 이마에는 띠를 두르고 끝 모를 긴 바지를 입고 서 있는 모습을 보게 되면 한 익살꾼의 이야기를 떠올릴 수밖에 없다네. 그는 언젠가 일본인이 걷는 것과 뛰는 것뿐만이 아니라 심지어 움직이는 것도 못하게 하려고 어떻게 더 불편하게 사람에게 옷을 입힐 수 있을지 질문을 던졌다더군.

일본인들은 입고 움직일 수 있는 가능성이 적은 옷을 입네. 옷은 입고 뽐내며 앉아 있기 위해서 만들어졌지. 무릎을 꿇고 앉은 일본인들을 볼 때 이 모든 장비는 앉아 있는 상황에 더 적합할 수 있게 만들어졌다는 것을 말할 수 있을 거야. 옷은 자신의 위엄성을 나타내며 아름다움도 잃지 않고 있네.

이러한 화려한 비단 재질의 밑단은 물결 모양으로 몸을 풍성하게 감고 나태한 사람들이 아름다움을 나타내기 위해 걸치는 것이라네. 그들은 이와 같은 옷을 입고 움직이지 않는 조각상의 모습을 보여주지.

양측은 잠깐 동안 잠자코 서로 보았으며 발부터 머리까지 관찰했다네. 우리는 그들을, 그들은 우리를 말이네. 우리의 지인인 오보사바 현지사 또한 얼마 전에 이러한 품위를 유지하며 자랑스레 우리를 받아들였고 두 번째 계획으로 넘어갔지. 그는 눈을 내리떴고 왼쪽으로도 오른쪽으로도 돌아서지 않았네.

그는 그저 잠깐씩 슬며시 우리를 곁눈질로 보았네. 그가 근무를 마치는 데 약 한 달 정도가 남아 있었고 그 후에 에도로 떠날 걸세. 우리가 친절을 베푼다면 그는 반 년 정도 더 있을 수도 있겠지만 하느님만이 그가 얼마 동안 머물러 있을지 아실 테지. 다른 현지사 미즈누 치카코노는 얼굴이 똑똑해 보이진 않았지만 성이 난 표정을 짓고 있었네.

전권대리인들은 그들이 말하고 싶다고 표시하자 순식간에 어디에서라고 할 것도 없이 에이노스케와 키치베는 그들의 발쪽으로 기어왔는데 마치 두 개의 다른 모퉁이에서 나타난 두 마리의 뱀 같았네. 그들은 이마를 바닥에 박았고 숨소리도 들리지 않았어. 노인이 시작했다네. 우리는 그를 상당히 눈여겨보았지. 노인은 우리를 처음부터 황홀하게 했네. 그러한 노인은 모든 민족에 있지. 빛이 나는 주름살은 눈과 입을 둘렀고 눈, 목소리, 모든 특징에서 노인다운 지혜롭고 친절한 선함이 빛났네. 오랜 삶과 실질적인 지혜의 열매였어. 이 노인을 보면 누구든 그를 할아버지로 고르고 싶어질 걸세. 그 외에도 그는 존경할 만한 품격이 드러나는 예의범절을 지니고 있었네.

그는 말하기 시작했지만 입과 입술에 힘이 있지는 않았네. 그는 천천히 말했지. 목소리는 조용하고 균등한 병에서 병으로 액체를 옮겨 붓는 것과 닮았어.

키치베는 머리를 올렸고 약간 긴장한 후에 이미 인사말을 통역했네. 노인은 제독의 도착을 축하했고 그에게 건강하길 빌었다네. 제독 또한 인사말로 응답을 했지. 키치베는 바닥으로 절을 하였고 통역했네. 노인은 배의 선장에게 또다시 그러한 의례적인 인사말을 하기 시작했네.

하지만 오보사바 현지사의 입을 통해 나온 이러한 공식적인 감정의 표현은 매우 좋은 것이었다네. 그런데 어쩐지 좀 전달되지 않은 것 같았지. 그는 상냥하고 호의적으로 우리를 보았고 마치 더 진지한 무언가 다른 것을 말하고 싶어 하는 것 같더군. 그리고 정말로 그 후에 말했네. 하지만 그는 이제 포시예트에게 인사말을 제안했지. 통역관이 되는 것을 자처한 포시예트에게 인사말을 계속했고 마지막으로는 모든 장교에게 말했네.

노인이 끝내자마자 왼쪽에 서 있는 관리 같은 이전의 어떤 의전관이 큰 소리로 외쳤다네.

"에이노스케!"

그리고 두 번째 전권대리인을 보여주었지.

에이노스케는 빠르게 두 번째 전권대리인의 발로 기어왔고 바닥에 이마를 조아렸네. 그는 앞에서 한 절차대로 그 인사말을 반복했다네. 통역관들은 굽실거리며 세 번째 그리고 네 번째 전권대리인들에게 뛰어갔으며 마지막으로 현지사들에게 뛰어갔어. 그들 모두는 순서에 따라 축하 인사를 반복했으며 꿋꿋하게 러시아인들의 이름을 한 음절 한 음절 똑똑히 발음하였네. 모두에게 감사의 뜻을 표하는 인사를 하는 현지사가 그들에게 대답했지.

이 모든 것은 일어서서 행해졌고 모두 행렬 속에 있었네. 비단으로 만든 치마는 다루기 조심스러워 보였어. 회의는 아주 엄숙한 가운데 진행되었네. 키치베와 에이노스케 또한 안감을 댄 비단 재질의 옷을 입고 있었지. 검거나 하늘색의 짧은 망토에는 하얀색의 문장 박힌 겉옷이 등과 어깨에 있었으며 비단으로 된 가운은 또한 치마와 흰색의 면으로 된 양말과 같았네.

인사말을 하는 동안 나는 현지사와의 첫 번째 만남이 어땠는지 또다시 잊어버렸다네. 이 만남이 그런 종류로는 겨우 두 번째지만 이번 만남이 훨씬 명확한 색채를 지니고 있더군. 눈과 사고는 진기한 광경에 적응하지 못했네. 나는 이 모든 것이 현실에서 일어나고 있음을 믿지 못했어. 다음 순간에는 내가 아이여서 유모가 내게 전례 없는 사람들에 대해서 놀라운 이야기를 해주는 것 같았네. 그리고 나는 그녀의 팔에서 잠들었고 이 모든 것은 꿈속에서 보았지. 그런데 실제로 이것이 어디에서 가능할까? 내 주위에 있는 이 사람은 누구인가? 수염이 없는 이마, 마치 미라처럼 거무스레한 양 뺨과 고개는 숙이고 반쯤 감긴 눈꺼풀을 하고 있으며 길고 넓고 움직일 수 없는 옷을 입고 있는 이 사람은 누구인가? 살짝 움직이는 입들을 통해 어렵게 숨을 내쉬더군. 우리 귀로는 알아차릴 수 없을 만큼의 약한 소리였네. 고대의 고인들이 천 년이 된 무덤에서 깨어나 회의에 참석한 것이 정말이 아니란 말인가? 그들이 걸어 다니고 웃으며 노래를 부르고 춤을 춘단 말인가?

그들은 우리의 삶, 우리의 슬픔, 우리의 기쁨을 알고 있을까? 혹은 오랜 꿈속에서 어떻게 사람들이 사는지 잊었단 말인가? 이것이 무엇을 위한 집과 방인가. 창문은 종이로 붙여졌고 납골당처럼 방은 음침하며 습기가 차 있네. 도금된 문짝들 주위로 그려져 있는 황새들은 장수의 상징인가? 간단하면서 네 모퉁이가 있는 나무로 된 기둥의 열들은 지붕을 지탱해주고 있네. 지붕에는 천장이 없고 깎은 판자로 되어 있는 집은 미개한 건축물이야. 원시시대 사람들이 고안해낸 것 같은 건축물이지. 대체 내가 어디에 있단 말인가?

나를 위안해준 환상은 오랫동안 계속되지 않았네. 시대에 뒤떨어져 보이는 가장 늙은 사람 한 명이, 즉 노인이 가슴팍에서 면 손수건 묶음을 꺼내서는 한 장을 빼내고 거기에다 코를 풀었네. 마치 자신의 길이를 잴 수 없는 무저갱에 푸는 것 같더군.

나는 생각했네.

'아! 살아 있는 사람이구나.'

아직 점심 식사 준비를 기다리는 동안 우리에게 차를 마시며 쉬는 것을 부탁했어. 다행이네! 우리는 살아 있는 사람들 중에 있었네. 여기에서 먹을 거야. 일본식 점심을! 나는 외국의 점심 식사를 묘사하는 글을 오랫동안 읽었네. 즉 외국 민족, 모든 사소한 것까지도 자세히 알아보았고 말해왔지. 이해하겠는가. 마치 내가 중국인들 집에서, 일본인들 집에서 점심 식사를 하는 것을 원하는 거라네. 바로 여기서 나의 꿈은 이루어졌네. 나는 런던에서 에도까지 식객이었다네. 음식 앞에 앉으면 입을 다물게 되지. 이 모든 것은 우리를 흥미롭게 했어.

휴식을 취하는 동안 특별한 관심을 갖게 하는 그러한 차를 주더군. 찧어서 만든 차가 가장 높은 품질이야. 차는 켐퍼가 자세하게 말한 산에서 자라네. 이 차의 일부는 쇼군과 일본 천황을 위해서 특별하게 생산되고 있어. 낮은 품종의 일부는 상류층을 위한 것이고. 차를 가루로 빻고 물이 끓고 있는 찻잔에 넣네. 그러면 차는 완성되지.

차는 아주 우수하고 진하며 향이 있었지만 우리에게는 완전히 맛없게 보였네. 설탕이 없었기 때문이야. 그래도 우리는 차에 대한 극찬을 아끼지 않았네.

차를 마신 후에 담배와 연초를 주었고 그 후에는 사탕을 주었
는데 그 사탕들은 대단히 매끄러운 소나무로 만들어진 평평한 상
자 속에 들어 있었지. 그 상자들은 끼워맞춘 것이 아니라 통나무
였네. 장식물에서 드러나는 청결과 치밀성은 무엇을 위해서인가!
이 상자는 약 1분 정도면 만들어진다네. 그 후에 사탕을 상자에
담아서 손님 집으로 보내네. 상자는 내버리지. 사탕들은 설탕 알맹
이들이 있는 세 개의 완두콩과 당근 모양이었네. 생선과 사과 모
양도 있었던 것 같아. 모두 흰 쌀과 붉은 쌀로 만들어진 것이네.

우리 근처에서 통역관들이 마루에 앉아 있었네. 바니오스 중에
서 나는 오직 하기바리와 오이에사브로스키만 알아보았네. 현지사
들 앞에서 그들은 우리를 쳐다보는 것을 두려워하더군. 우리에게
정중하고 장엄한 파티를 열어주라고 에도에서 전권대리인들을 보
내지 않은 것이 그다지 마음에 들지 않은 듯했네. 그때 다른 사람
들이 움직이기 시작했을 때 통역관들은 어디에 앉을지 몰라서 손
을 틀어쥐고는 웃으며 대접을 시작했지.

30분 후에 의전관이 우리를 점심 식사로 부르기 위해 왔네. 공
간이 좁아서 다같이 점심 식사를 못하게 된 것에 사죄했어. 그래
서 우리 일행은 각각 다른 방에 앉았네. 제독, 운콥스키 선장, 포시

예트, 나를 또다시 그 응접실로 안내했다네. 우리와는 오직 두 명의 상급 전권대리인들이 식사를 했고 나머지 사람들은 밖으로 나갔지. 홀은 상당히 넓어서 공간을 줄혀 앉으면 홀에서 60명이 점심 식사를 할 수 있을 것 같았네. 일본인들은 우리를 위한 특수한 식탁을 각각 설치했지. 전권대리인들은 높은 곳에 앉았는데 이곳에 그들의 점심이 차려졌네.

그리고 정확히 손님들의 수에 따라 시종이 여섯 명 나타났고 그들은 각각 쟁반을 들고 있었어. 그 쟁반에는 면 보자기에 싸여진 무언가와 생선 같은 것이 있는 것 같더군. 그들은 쟁반들을 놓고 잠시 나갔다가 다시 들어와서 쟁반들을 가지고 나갔네. 그래서 우리 앞에는 아무것도 없었지. 아무것도 차려진 것이 없는 삼나무로 만들어진 식탁이 특별히 우리를 위한 거였네.

'풍속은 존경할 만한 것이 전혀 아니군. 이게 무슨 의미를 가진단 말인가?'

대표가 말하더군.

"이것이 우리 풍속입니다. 음식을 지금 가지고 올 것과 함께 줍니다. 이것은 우정의 상징입니다."

처음에 이것은 생선이 아닌 것처럼 보였고 어떠한 끈 같았네. 생긴 걸로 봐서는 뱀과 닮았거든. 나는 그것을 바다의 약초로 받아들였지만 그것은 암석에 붙어 있는 얇은 막의 어패류로 보였네.
자, 한번 보게나. 그들에게 이것은 호의와 애착의 상징이라네. 정확
하게는 아첨이라고 하지.

또다시 여섯 명이 나타났는데 이들은 민담에서와 똑같은 멋진
이들이었네. 늠름한 모습이 아주 조금만 있다고 해도 나는 훌륭한
이들이라고 말했을 걸세. 나는 대단히 관대해져서 많은 것을 요청
하고 싶지 않았을 거네. 하지만 우리 개념으로 보았을 때 인간적
인 아름다움을 닮은 것은 하나도 없었지. 대표는 자신의 모든 노
인다움과 매력 있는 아름다움에서 나오는 지혜와 선량한 마음 때
문에 그 누구보다 아름다웠네. 두 번째 전권대리인은 지혜와 용감
한 얼굴이 마음에 들었어. 얼굴에 숨겨진 생각과 감정을 가진 오
보사바 현지사 또한 좋은 사람이지. 하지만 그의 감정은 아마도
우리에게 적의를 가지고 있었던 것 같네. 남은 사람들은 모두 볼
필요도 없네. 에이노스케는 정말로 미남자라네. 유럽인과 닮았고
얼굴에는 사상과 교육의 흔적을 지니고 있지. 그러나 이럴 수가!
에이노스케는 키치베와 똑같은 모습을 하고 있었네! 그들은 우리
들과 전권대리인들 사이에서 납작 엎드려 있는 걸세. 마치 사냥감
의 냄새를 맡고 먹을 준비가 되어 있는 두 마리 사냥개처럼 말이
야. 자네들은 이들이 먹을 거라고 생각하는가? 아니네. 이들은 통

역을 해야 하지.

시종들은 각 손님 앞에 작은 의자 크기 정도의 빨간색으로 니스 칠한 버팀대를 세웠네. 여인들은 우리 발밑에 서 있었어. 하인이 다가와서 능란하고 절도 있게 받침대를 들어올렸고 존경의 표시로 머리를 무릎에 닿게 절을 했네. 손님들 앞에서 능란하고 절도 있는 동작을 하며 조용하게 서 있었지. 시종들은 여섯 번 다가와서 쟁반을 여섯 개 놓았네. 하지만 그 누구도 아무것도 건드리지 않았어. 모든 쟁반은 나무로 된 니스 칠한 그릇들로 좁게 배치되어 있었네. 크기와 모양으로는 손잡이가 없는 차를 담는 잔과 닮았다네. 각 그릇은 나무로 된 작은 접시로 덮여 있었어. 그리고 파란색 자기로 된 평범한 그릇들이 있고 거기에는 음식이 담겨 있었네. 콩이 담겨 있는 자그마한 그릇들도 있었지. 이 모든 사람에게 젓가락 두 짝이 주어졌네.

부드러운 것도 단단한 요리도 가져올 수 없는 매끄럽고 하얀색의 넓적한 막대기 두 개를 훑어보면서 나는 생각했네.

'이것은 점심 식사가 없을 거라는 뜻이군.'

뭐로 어떻게 먹으란 말인가? 내 옆에 있는 운콥스키 선장에게서 그러한 주저함이 보였네. 아마도 그는 배가 고픈 듯이 두 개의 막대기를 집어들고 우울하게 그것들을 살펴보고 있었지. 전권대리인들은 웃어대기 시작했으며 결국에는 점심 식사를 시작하였네. 그 시간에 또다시 시종들이 들어왔으며 각각 쟁반에 우리를 위한 은으로 된 숟가락과 포크를 들고 왔다네.

대표가 말하더군.

"주어진 것은 모두 먹는 것에 사용되는 것입니다. 우리가 먼저 시작하겠습니다. 그릇을 열고 먹는 것이 불편한 분은 계신지요?"

나는 그릇을 열면서 옆 사람에게 속삭였네.

"아니, 이 그릇 안에 있는 것은 뭐란 말입니까?"

거기에는 지어진 밥이 있었고 소금은 없었어. 빵 또한 없었네.

나는 밥이 들어 있는 그릇을 손에 움켜잡았다가 그것을 제자리에 놓았다네. 다른 그릇을 열면서 생각했지.

'이 안에는 뭐가 들어 있을까?'

그 속에는 검은색 감잣국이 조금 있었네. 나는 숟가락을 들어 먹어보았지. 맛있더군. 우리나라의 비트와 같았고 뿌리가 있었네.

두 번째 전권대리인이 말했다네.

"우리는 모든 음식과 같이 쌀을 섭취하지요. 만약에 제공해드린 음식들이 이미 식었다면 바꿔도 괜찮겠습니까?"

넓고 둥글며 평평한 얼굴에 약간 넓은 들창코에 아라비아인의 코를 지닌 의전관은 두 명의 전권대리인들이 앉아 있는 높은 자리 근처에 서서 눈에 띄지 않는 몸짓을 하면서 하인을 내려다보고 있더군.

에이노스케 뒤에는 하인 두 명이 무릎을 꿇고 앉았는데, 한 명은 주전자를, 다른 한 명은 나무로 된 니스 칠해진 그릇을 갖고 있었네. 그 안에는 뜨거운 밥이 있었지.

우리는 그러는 중에 국 한 번 밥 한 번 떠먹으면서 서로 드물게 말을 주고받았네.

포시예트가 낮은 목소리로 말했어.

"드셔보십시오. 파란색 접시에는 새우로 만들어진 생채 요리가 있는데 매우 좋답니다. 채로 쳐진 생선 혹은 알로 덮여 있습니다. 거기엔 채소도 있고 또 뭔가가 있습니다."

내가 대답했지.

"나는 그것을 다 먹었어요. 그런데 날생선은 드셔보셨습니까?"

"아뇨, 그건 어디 있습니까?"

"여기요, 길게 채로 썰어져 있습니다…"

그가 우거지상을 하며 말했네.

"아이고, 정말로 이게 날생선이란 말입니까? 그런데 저는 이것을 반이나 먹어버렸습니다."

다른 그릇에는 생선으로 된 국이 들어 있었네. 러시아의 살랸카[63]와 비슷해. 나는 다섯 번째인지 여섯 번째인지 기억은 못하지만 그릇의 뚜껑을 열었네. 거기에는 생선 한 덩어리가 완전히 밝은 색의 맑은 국에 둥둥 떠다녔고 마치 뜨거운 물 같더군. 나는 이것은 생선을 우려낸 수프라고 생각했고 네 숟가락 정도를 떠먹었지만 내게는 맛없게 여겨졌네. 정말로 뜨거운 물이었어. 그 이상은 아무것도 없었을 뿐.

나의 옆 사람은 젓가락으로 먹으려고 노력했고 우리를 둘러싸고 있는 일본인들에게 여러 번 웃음을 자아냈네. 우리 또한 그랬지. 많은 이가 손으로 입을 여러 번 가렸네. 조사하는 듯한 의심에 찬 눈빛으로 바라보았어. 우리는 식사할 것들을 보았네. 처음에는 조심스럽게 그것들을 먹어보았네. 하지만 나는 세 번째 접시에서 먹어보는 걸 멈추었고 남은 것들은 어떠한 분석도 하지 않고 다 먹었어. 모든 것을 같은 숟가락으로 먹었고 빵이 없었기 때문에 밥을 자주 먹을 수밖에 없었네. 튀겨진 생선이 있었던 것으로 기억하네. 또한 끓인 굴도 있었어. 굴조개의 맛과 닮은 어떠한 연체동물도 있었던 것 같아. 고시케비치는 이건 해삼이라고 말하더군. 나는 무언가 거무스레하고 부드러우며 점막이 있는 것을 먹었지만 무엇인지 모르겠네. 뭔가 단 것을 맛볼 수 있었는데 달콤한 소스가 끼얹어진 배인 것 같았지. 그건 절여서 물에 담겨 있는 것인데 입에서 아삭아삭 소리를 내더군. 이 절임은 무였네. 일본인들은 소금 대신 그것을 먹지. 그리고 파란색 자기 그릇에는 어떠한 반죽이 있었는데 오믈렛으로 보였네. 거기에도 삶은 당근이 있었어. 그리고 뜨거운 물에는 오리 날개가 끓인 채소와 같이 떠다녔네.

모든 받침대 뒤에는 특별히 또 하나의 받침대가 각 손님 앞에 놓여 있었고 받침대에는 완전히 구워진 생선이 꼬리와 머리가 위를 향해 올라가 있었네. 나는 오랫동안 그것을 내게 끌어오려고 했지만 손만 끌게 되었다네. 하지만 두 번째 전권대리인은 나의 행동을 눈치 챘네.

"우리는 점심 식사에 이 생선을 항상 낸답니다. 하지만 이것을 여기에서는 결코 먹지 않아요. 그리고 손님들에게 그것을 사탕과 함께 보내지요."

하나의 의미 있는 음식이 있는데 그것을 아무도 먹지 않는다니! 이것이 표시이자 상징이란 말인가!

시종은 내게 다가왔고 나는 손을 내뻗었네. 나는 그가 빈 그릇들을 치우고 싶은 거라고 생각했어. 나는 그에게 그릇을 세 개 주었고 그는 잠시 후에 내게 또다시 같은 음식들을 가지고 왔네. 무엇을 내가 해야 하는가? 나는 생각했지. 국을 다시 먹고 찐 생선을 또 먹어야 하는가. 하지만 내 옆에 있는 사람들은 먹는 것을 멈추어서 나도 그만 먹었네. 주인들은 우리가 먹는 것을 매우 마음에 들어 하더군. 대표는 우리를 각각 상냥하게 보았고 내 옆 사람이 젓가락으로 먹으려는 노력에 진심으로 미소를 지었네.

점심 식사가 끝날 무렵에 시종들은 연기를 내는 주전자들을 가지고 나타났어. 우리는 호기심에 차서 거기에 무엇이 있는지 쳐다보았네.

대표가 말했지.

"이제 사케를 마셔야 합니다."

그러자 하인들이 니스로 칠한 거의 평평하고 붉은 잔에 데운 음료를 따르기 시작했네. 우리는 한 잔씩 마셨어. 사케가 들어 있는 몇 개의 주전자를 날라왔네. 우리는 그것이 마음에 들지 않았어. 따뜻한 것이 나왔네. 맛은 도수가 약한 김빠진 럼주와 비슷했거든. 사케는 쌀로 만든 증류된 술이라네. 그 후에 또다시 마셨지. 우리는 구실을 만들어 거절하기 시작했지만 대표는 세 번까지 마셔야 한다고 설명하더군. 우리는 세 번째 마셨으며 우리의 주인들도 그랬네. 우리가 먹고 있는 동안 뜨거운 밥을 끊임없이 더 주었지. 사케를 마시고 난 후 새롭게 연기가 나는 주전자를 가지고 왔네. 나는 또다시 사케가 아닌가 생각했어.

하지만 대표가 우리에게 물었네.

"뜨거운 물을 마시기 원하는지요?"

이게 무슨 농담인가! 맛있는 것이 아니라 맹물을!

"아니요, 우리는 원하지 않아요."

하지만 나는 생각했네.

'이왕 우리가 일본식으로 점심을 먹은 거라면 완전히 일본식으로 먹어야 하지 않겠나.'

그래서 나는 뜨거운 물도 맛보았지. 역시나 그렇듯 좋지는 않았네. 마치 내가 그것을 러시아의 식탁에서 맛본 것과 같았네.

대표가 제안하더군.

"밥에 뜨거운 물을 따라서 드시는 것을 원하십니까?"

이것은 원하지 않았네. 그사이에 두 명의 전권대리인들이 평평한 그릇들을 놓자 그들에게 끓인 물을 따라주어 그들은 마셨지. 그들은 뜨거운 물로 갈증을 완화할 수가 있다고 설명하더군.

주인들은 친절했다네. 그들의 이름을 열거해보겠네. 대표는 추추이 히제노카미사마였고 두 번째 전권대리인은 카바지 소이에몬 노카미였네…. 아니네. 카미가 아니라 지오사미야. 매한가지라네. 지오와 카미는 다양한 칭호를 뜻하지. 세 번째 전권대리인은 알라오 토산노카미사마이고 네 번째 전권대리인은…, 잊어버렸네. 나중에 말해주겠네. 그렇기는 하나 마지막 두 명은 그저 숫자와 큰 중요성을 위해서 더해진 듯 줄곧 그들은 머리를 수그리고 앉아서 잠자코 두 상급 전권대리인들의 말을 들었네. 아마도 듣는 게 아니라 생각에 잠긴 것 같았어.

점심 식사 후에 특색 있는 향기가 나는 차를 내왔네. 살펴보니 아래에는 연분홍색 꽃송이가 있네. 얼마나 이질적인지! 차의 나라에서도 말이네!

대표가 미소를 지으며 친근하게 우리를 바라보았어.

그가 분명하지 않게 말했지.

"우리는 수백 마일 밖에서 왔지요. 그런데 당신들은 수천 마일 밖에서 왔네요. 우리는 결코 만난 적이 없는 사람들로 무척 멀리 떨어져 있었지요. 그런데 이제 알게 되고 같이 앉아 논의하며 점심을 먹고 있네요. 이상하기도 하지만 이 얼마나 좋은 일인가요!"

우리는 그의 친절한 전반적인 인사말에 대해 어떻게 감사를 표할지 몰랐네. 우리에게도 그러한 생각이 있었으며 이러한 이상한 친밀함에 대해 감흥이 있었지. 우리는 환영회에 감사를 표했고 점심 식사에 대해 칭찬했네. 나는 의견을 말했다네. 몇 가지 음식 속에서 유럽의 음식과 닮은 점을 찾았다고. 그리고 존경할 만한 사람들인 일본인들이 요리를 경시하지 않는다는 사실을 알게 되었다고 했지. 실제로 흰 소스에 찍어 먹는 생선은 어디에서도 어울리네. 만약 모두에게 각각 빵을 주었더라면 배가 터질 때까지 실컷 먹을 수 있었을 걸세. 빵 없이는 어쩐지 좀 위장에서는 이상할 것 같았네. 배가 부른 듯했지만 뭔가 부족하더군. 하지만 더 이상 먹을 수는 없었네. 점심을 먹고 나니 평상시처럼 졸음을 이기지 못했지. 그저 생각에 잠기게 되네. 하지만 일본의 식탁에 대해 사람들이 쓴 것을 상기한 후에 나는 웃었다네. 특히 그들은 피마자 기름에 요리를 준비하는 것 같았네. 그들은 보통의 나무에서 얻어진 기름은 거의 사용하지 않고 오직 채소와 함께 사용하더군. 이밖의 모든 것은 물에서 구워지고 튀겨지며 콩과 사케도 들어가네. 그 후 우리는 주인들에게 말했지. 러시아에서 묘사하는 바에 따르면, 모든 극동 민족 가운데서 일본인들이 살아가는 능력과 기질의 섬세함에 있어서 최고의 자리를 차지한다고 말이야. 그리고 그것을 지금 실제로 보고 있다고도 했네.

드디어 점심 식사가 끝났다네. 모든 것을 들고 갔으며 5분 후에 차와 익숙한 상자에 들어 있는 사탕을 주더군. 거기에는 대나무 잎 모양이 있었네. 알사탕, 리본, 심장, 물고기 등의 모양이 고루 갖추어져 있었지. 완두콩과 쌀로 만들어진 사탕도 있었네.

마지막으로 모든 것을 치웠을 때 제독은 전권대리인들에게 자신이 이곳으로 온 이유에 관해 두 개의 질문을 하고 싶다고 말했다네. 오늘이라도 답해주기를 요구했지. 대표는 면 손수건 묶음을 빼내었고 세심하게 손수건 한 장을 잡아당겼으며 코를 세게 풀었고 그 손수건을 소매 속에 감추었네. 그러고는 점잖게 대답했어. 일본의 풍습에 따르면 첫 번째 만남에서는 일에 대한 이야기는 통상적으로 미루어지며 환대의 관례와 예의범절이 요구된다고 말이야. 제독은 이것이 결코 우리 사이에서 나타난 호의를 방해하지 않을 것이라고 말했다네. 그리고 이러한 질문들은 그 어떠한 현명한 대답도 요구하지 않으며 예나 아니오로 간단하게 한마디로 대답하면 되는 것이라고 말했지. 그들은 일에 대해 말하는 것에 권태로움을 느끼는 것 같았네. 대체로 상급 고관들과 하급 고관들은 점심을 먹고 난 후에 더 많은 감탄을 표현했지. 그런 감탄은 말로 전할 수 없네. 가슴속에서 우러나온 말들이 이곳저곳에서 울려나왔어. 일에 대해 말하는 것이 예의범절에 어긋나다니!

제독은 다음 날 두 개의 질문이 적힌 종이를 보내는 것에 동의했네. 그러나 일본인들이 이 질문에 대한 답을 저녁때까지는 준다는 조건을 걸었지.

그들이 반박했다네.

"질문이 어떤 내용인지 모르는데 도대체 우리가 어떻게 이것을 약속할 수 있겠어요?"

우리는 그들에게 우리가 질문을 알고 있으며, 어떤 대답을 할 수 있는지도 알고 있다고 말했네. 그들은 우리에게 질문을 해도 된다고 약속했어. 우리들은 더 좋은 친구가 되어서 헤어졌네.

우리가 도착했을 때와 같은 질서정연함 속에서 맑고 따뜻한 날씨에 음악과 함께 우리는 팔라다호로 돌아갔네. 선착장으로 가는 길에서 우리는 휘장 너머를 엿보았는데 그곳에서는 좁다란 길, 척박한 나무들, 눈을 피해 숨는 여성들이 보이더군.

몇몇 사람이 말했네.

"검은색 치아를 가진 이들이 잘 숨고 있네요!"

그런데 여성들은 정말로 치아가 검었어. 시집을 가기 전까지만 백색 치아를 보존하고 있다가 결혼을 하자마자 어떠한 성분을 발라서 치아를 검은색으로 만든다지.

경호병에 들어 있던 파데예프는 자기들도 모두 대접받았으며 이번에도 좋았다고 말했네.

"도대체 무엇을 자네들에게 주던가?"

"붉은색과 흰색 죽이었어요. 완전히 메스꺼운 것도 있었어요."

"뭐가?"

"물론 생선이지요. 소금도 빵도 없이 걸쭉했어요."

우리 뒤를 따라서 팔라다 쪽으로 많은 보트가 나타났네.

상급 관리가 물었지.

"만족스러우신지요?"

이건 그저 구실일 뿐이네. 사실은 우리를 바래다주고 우리를 문제없이 팔라다호까지 데려다주었음을 보고하기 위해서였어. 만약에 우리가 돌아오는 길에서 무슨 일을 당한다면 그 관리가 문책을 당할 수 있기 때문이었지.

한 시간 후에 우리 선실에는 상자가 가득 쌓여 있었네. 한 상자속에는 식사에 나왔던 생선이 있었고, 다른 것에는 달고 매우 맛있는 빵, 또 다른 것에는 사탕들이 있었어.

나는 파데예프에게 말했네.

"생선을 저리 치워라."

저녁에 그에게 어디로 생선을 치웠는지 물었지.

"동료들과 함께 다 먹었어요."

"뭐라고, 괜찮더냐?"

"썩은 냄새가 나긴 했지만 괜찮았어요."

다음 날 1854년 1월 1일에 에이노스케가 다음 날 만날 약속을 하러 왔다네. 명절 의복을 입은 우리 모두를 보고 그는 이유를 물었지. 그에게 우리가 새해를 맞았다고 말했네. 축하해주더군. 우리는 샴페인을 그에게도 주라고 명령했네. 그와 함께 두 명의 바니오스들이 술을 약간 마셨다네. 그들은 얼굴이 붉어졌지만 에이노스케는 영어, 네덜란드어, 프랑스어, 나가사키 방언을 섞어가면서 자신이 많이 마셨다고 사과했지. 많이 마신 것을 확증하듯 그는 개털로 만든 자신의 망토를 이곳에서 잃어버렸네. 그는 미국인들에게 샴페인을 마시는 법을 배웠지. 미국인들이 기껏 엿새 동안 머물렀는데 상당히 빨리도 배웠군!

그런데 서늘했네. 온도가 최고로 올라가는 겨울에 영상 6도에 달했지. 하늘은 맑았으며 밤은 밝았네. 물은 강하게 빛이 났어. 대체로 우리가 지금까지 경험해본 바에 따르면 나가사키는 세계에서 기후의 은총 입은 구역 가운데 하나라네. 날씨가 고른 곳이지. 북쪽에서 바람이 불 때는 맑고 서늘하며 남쪽에서는 비를 몰아오네. 하지만 우리는 맑은 날씨를 더 많이 보았다네.

다음 날 만남은 성사되지 않았네. 즉 우리에게 전례가 없는 본 적이 없는 축제가 준비되었지만 실현되지 않았다네. 이 휴일은 시간과 상황 앞에서 모든 것이 기운 빠지는 것을 증명해주는 중요한 사실이야. 모든 극동 지방의 민족, 특히 일본인들이 유럽인과 미국인을 개보다 더 나쁜 존재로 생각한 것이 오래된 일은 아니었을까? 그들은 교제하기 싫어했으며 겸연쩍어서 피했던 것이 아닐까? 그동안 현지사가 우리가 그렇게 그런 어리석은 생각을 가지고 받아들이기를 원했네. 그런데 이제는 일본의 중요한 관리 네 명이 스스로 우리에게 손님으로 오고 있네! 외국인들과 교류하지 않는 일본인들에게 전례 없는 일인 듯해. 그들은 처음에 약속했던 금요일 대신 이틀을 연기하는 것을 요구했으며 일요일로 정하더군. 여기서 그들에게 어떠한 축제가 있었는데, 그 때문에 연기한 걸세.

에이노스케는 하기바리와 같이 축포에 대해 의논하려고 왔다네. 우리는 어제 만났을 때 그들이 우리에게 이에 대한 무언가를 말해줄 것을 기대했지. 하지만 한마디도 하지 않았네. 주인들은 완전히 손님의 환대에 대한 관례를 존중했어. 그래도 지금 하기바리는 축포에 대한 현지사의 질책을 가지고 왔네. 처음에는 그에게 농담으로 대답했지. 그러고 나서 그들 자신이 우리의 축포를 받아들일지 말지에 대해 아무것도 결정된 것이 없다고 그들 스스로 말하지 않았고 그렇기 때문에 우리는 그들이 축포를 허가하며 스스로도 축포를 쏠 거라고 생각했다고 말했다네. 그들은 축포를 더 이상 쏘지 않기를 요구하더군.

포시예트가 대답했지.

"이제는 이유가 없습니다. 전권대리인들은 그들에게 발사하는 것을 원하지 않습니다."

그들이 확언했다네.

"원하지 않아요, 원하지 않지요!"

에이노스케가 근심스레 물었지.

"그런데 만약 다른 제독이 이곳으로 온다면 발사할 건가요?"

"우리는 그 어떤 제독도 이곳으로 올 거라고 생각하지 않아요. 그런 까닭에 우리는 발사가 필요하다고 여기지 않습니다."

이 질문에는 다른 것이 내포되어 있는 것 같았네. 영국인들이 올까? 어느 날엔가 일본인들이 아마도 다른 민족들도 교역할 목적으로 우리를 따라서 올 것이라는 의견을 이미 표명했지.

새해 저녁에 모두 우리 전함에서 잠을 잤네. 전권대리인들에게서 두 명의 관리와 두 명의 2급 통역관이 왔지. 시오조이와 리오도 이였네. 그들은 두 개의 질문에 대한 답을 가지고 왔어. 포시예트는 자고 있었고 갑판을 거닐던 내가 그들을 맞았네. 서류에는 전권대리인들이 러시아에서 온 편지에 대한 최고위원회의 답변을 기다려야 하기 때문에 질문에 답할 수 없고 이 편지를 읽은 후에는 아마도 이 질문에 대한 대답을 제독에게 할 필요가 없을 것이라고 적혀 있더군. 아무것도 할 게 없었으며 그저 기다려야 했네.

우리는 유럽풍 배를 싫어하는 손님들을 맞을 준비를 했네. 이 이틀 동안 얼마나 많은 소동, 걱정, 생각을 했던가. 유럽에서처럼 모든 손님을 섞어 한 식탁에 앉히는 것은 불가능해. 여기에서는 이러한 엄격한 위계질서가 지켜지고 있어서 그것을 한 번만이라도 어기게 되면 적으로 살아야 하네. 그들과 교제하는 데 있어서 많은 세심함이 필요하지. 하물며 그들에게는 다른 것들이 결여된 대신 예의의 습득이 중요한 학문이 형성되었어. 또한 일본인에 대해 말했던 그발리테리에 의하면 우리의 예의는 그들에게 예의가 아니라 그 반대라네. 예를 들어 손님 앞에서 일어서는 것은 그들에게는 예의가 아니어서 앉아야 한다는 거야. 우리는 존경의 표시로 모자를 벗지만 그들은 신발을 벗네. 우리는 집에서 나올 때에 망토를 입지만 그들은 거대한 헐렁 바지 혹은 집에 들어갈 때 벗는 것 같은 치마를 입지. 그들이 우리를 방문했을 때 그들은 그것을 벗지 않았네. 그발리테리 이후 시간이 지나면서 일본 자체에서 풍습이 바뀐 것이 아닐까. 우리의 아마색 머리와 하얀 치아는 그들에게 적대적이라네. 일본 여성들은 치아를 몹시 검게 칠하지. 머리도 또한 검게 물들이는 것 아닐까. 먹물보다 더 검게 물들이는 것 같아. 러시아 여성들은 중요한 장소에 갈 때 넓은 블라우스를 입지만 일본 여성들은 꽉 쪼이는 옷을 입네. 아이를 해산한 후에 우리 엄마와 아이들은 따뜻한 물에서 씻지만 그들은 차가운 물에서 씻지. 무엇 때문에 그발리테리가 이러한 대비를 들었는지 모르겠지만 여기서는 그들이 앞서 말했듯이 식사를 할 때 따뜻한 물을 마신다는 것을 언급하지 않았네. 우리는 차가운 물을 마시지. 또는 이것은 그들이 얼마 전에 생각해낸 것일 수도 있네.

그렇다네, 모든 것이 이랬네. 이곳에서 평행선은 아마도 계속될 수 있을 거야. 예를 들어 일본인이 왔다가 그냥 가는 경우를 보지 못했네. 일본인은 오면 반드시 몸을 반쯤 굽히고 손을 항상 무릎 위에 올려놓고 있으며 누구에게 인사할 수 있는지 없는지를 알려고 사방을 보더군. 자신과 평등한 사람을 찾아내려 하지. 그는 무릎을 구부려 재빠르게 몸을 반으로 접는 것처럼 몸을 구부리네. 무릎 앞으로 두 팔을 곧게 뻗치고 잠깐 동안 그 상태로 움직이지 않아. 이후에 갑자기 자세를 바로잡고 또다시 구부리지. 이 일을 세 번 이상 하네. 가끔 일본인 두 명이 만날 때는 그들은 이렇게 하고 흩어지네. 다시 말해 만약 함께 이야기를 나눌 필요가 없을 때는 몸을 구부려 절을 하고 헤어진다네. 그들의 하인은 거의 뛰어다니네. 필요할 때 잠시 바닥에 엎드리기 위해서 몸을 반쯤 굽히고 두 손바닥을 무릎 앞에 대지. 가장 높은 사람 앞에서 일본인은 빠르게 바닥에 납작 엎드려서 무릎을 꿇고 앉아 머리가 땅에 닿도록 절을 한다네. 전권대리인들도 머리를 항상 아래로 숙이고 절을 하고 말이야. 그들 모두는 머리를 숙이고 습관대로 자신의 차례에 가장 높은 사람 앞에 납작 엎드리기 위해서 앉아 있네. 전권대리인들은 나가사키에 있는 동안 물론 이렇게 하지 않아도 된다네. 그런데 에도에서는 어떨까?

1854년 1월 4일

1월 4일 아침 전함은 마치 축제가 열린 것 같았네. 그동안 낡아졌던 갑판이 밤새 모래와 돌로 깨끗이 씻겨 마치 리넨처럼 하얗게 되어 있더군. 물론 이것이 내가 누려야 했던 평온을 방해하긴 했지만 말일세. 구리는 햇빛에 밝게 빛났고 도구들은 아름답게 닦여 있었네. 우리 모두의 응석꾸러기인 고양이 바시카는 뒤 갑판의 한 곳에 있었어. 모든 사람이 예복을 갖춰 입었더군. 뒤 갑판에는 텐트가 쳐 있었는데 텐트 안에는 네 명의 전권대리인을 위해 융단으로 만들어진 자리와 그 일행을 위한 의자들이 놓여 있었네. 제독의 선실에는 식탁으로 사용할 자리를 호화스럽게 만들어놓았더군. 제독과 그의 수행원 가운데 세 명을 위해 또 다른 식탁도 준비되어 있었고 일본의 의전관이 앉을 수 있도록 특별히 작은 식탁도 마련해놓았지. 통역관들을 위해서도 의자 두 개를 준비했는데 그들은 감히 의자에 앉을 수도 없고 점심 식사를 할 수도 없다더군. 그래서 바닥에서 무릎을 꿇고 앉아 있었네.

약 열한 시에 바니오스들은 전권대리인들이 제독에게 보내는 선물을 들고서 도착했네. 모든 물건이 단순한 목재 상자 안에 있었는데 상자들은 다리가 달린 들것 비슷한 목재 버팀목 위에 놓였어. 이 버팀목은 우리의 식탁을 대신하기도 했네. 일본인들은 바닥에 선물을 두는 것을 무시당하는 처사라고 여기더군. 모든 상자 위에는 목면꾸러미들이 놓여 있었네. 이것은 아첨을 상징한다네.

그들이 보낸 물건들이란 어떤 것인지! 눈요기감이네! 어떤 이는 성당, 원두막, 산, 나무가 금빛으로 그려지고 검은색 니스 칠이 되어 있는 작은 상자를 보냈네. 니스는 보기 드문 짙은 검은색이었는데 벗겨지지 않더군. 마치 거울처럼 10년 동안 깨끗하게 유지된다고 했네. 이런 니스 칠을 한 것은 어느 곳에도 없을 거야. 다른 작은 상자는 빨간색으로 니스 칠이 되어 있고 금빛이 도는 불꽃이 알록달록 그려져 있었네. 작은 상자 옆에는 여러 가지 사소한 물건들이 있었어. 일본인들이 허리띠에 차는 가루담배용 재떨이와 그에 따른 부속품들이었지. 다른 사람은 금색 장식이 달린 잉크병을 선물했네. 그것과 함께 문방구, 먹, 붓, 종이 묶음, 심지어 밀랍으로 만들어진 채색된 양초들을 선물했지.

그런데 기품과 그 의미에 있어서 가장 뛰어나고 비싸다고 할 수 있는 선물은 군도였다네. 그들이 군도를 선물한다는 것은 의심의 여지 없이 우정의 표현이라고 할 수 있거든. 일본 군도의 칼날은 확실히 세계에서 가장 우수하네. 그래서 그들은 군도 반출을 엄격하게 금지하고 있지. 만약 에이노스케가 거짓말한 것이 아니라면 이 칼들을 형리가 죄수들에게 써서 직접 검사한다네. 장인은 칼을 제조해서 곧바로 형리에게 주지. 형리는 동시에 몇 명을 참수할 수 있는지를 시험해보는 걸세. 장인은 벤 머릿수를 칼날에 새기는데 이것은 일본인들에게 군도의 기품을 판단하는 기준이 된다는군. 제독에게 선물한 군도는 에이노스케가 말한 것에 따르면 세 명을 참수한 걸세. 일본인들은 군도를 귀중품으로 여기기 때문에 칼날은 항상 거울처럼 반짝반짝 빛나네. 에이노스케가 친구에게 선물 받은 군도는 그의 말에 따르면 약 500년 되었다고 하더군.

나는 군도에 대해 잘 모르지만 카바지의 선물인 칼의 광택과 마무리가 아무리 보아도 싫증이 나지 않았네. 칼집은 상어가죽으로 만들어진 것 같았어. 모든 것은 녹이 스는 것을 막기 위해서 비단으로 보호되고 있더군. 대표 추추이는 이 군도에 달 수 있는 비싼 장식품들을 선물했다네. 우리의 일이 시작되는 지금 시점에 뜻깊은 선물이었지! 전권대리인들은 우리가 이해할 수 있도록 이 선물이 일본과 러시아의 관계를 표현하는 것이라고 직접 여러 번 말해주었네. 이 선물이 정부의 동의로 이루어졌고 심지어 명령을 받아서 만들어졌다는 것은 더욱더 가치 있는 일이라 할 수 있을 거야. 왜냐하면 정부의 의지 없이는 그 어떤 일본인도 그가 누구라 하더라도 무엇도 감히 받거나 줄 수 없기 때문이지. 한번은 에이노스케가 우리의 수병이 한 일본인에게 빈 유리병을 선물하는 걸 봤다고 포시예트에게 조용하게 말했네.

포시예트가 물었어.

"그래, 그것이 어쨌단 말입니까?"

에이노스케가 간절하게 부탁했네.

"유리병을 본래의 자리로 돌려보내도록 허락해주세요. 그렇지 않다면 안 좋은 일이 생길 거예요. 선물을 받은 사람은 비난을 받을 거예요."

"당신이 물에 던지세요."

"그렇게 해서는 안 돼요. 우리가 가져오면 당신이 직접 버려주실 거죠."

이런 민족이라니! 온갖 종류의 밀수가 금지된 체계가 정말 대단하지 않은가! 건물이 잠겨 있는데 열쇠를 잃어버렸다면 교역, 기독교의 수용, 교육에 대한 어떤 희망이 있을 수 있을까? 어떻게 그리고 언제 이 모든 것이 가능해질까? 그런데 가능해진다 하더라도 금방은 아닐 거라는 사실에 의심의 여지가 없네.

중국에서는 이런 일이 시작되어 활발히 지속되고 있어. 상하이에 갔을 때 나는 난징 조약을 체결한 그곳에서 우리 같은 외모의 유럽인은 걸음도 뗄 수 없을 거라고 생각했네. 그런데 지금 우리는 모든 지방을 돌아다니며 그곳에 대해 페테르부르크 부근처럼 잘 알게 되었지 않은가. 중국에서 다섯 곳의 항구가 개항된 지 기껏 10년이 지났는데 유럽인이 거의 완전히 그곳을 차지해버렸네. 물론 모든 것은 천천히 조금씩 이루어지고 있지. 예를 들어 중국에서 외국인들에게는 하루에 말을 타고 갔다가 돌아올 수 있는 만큼의 거리에 달하는 깊숙한 내륙 안쪽까지 들어가는 것이 허락되었네. 상하이 주재 미국 영사는 바다에서 약 128킬로미터 떨어져 있는 산 어딘가에 자신의 별장을 지었다네. 현지사가 항의하자 영사는 다른 곳들에서 가톨릭 선교사들은 더욱더 깊숙한 내륙에 수도원을 세우지 않았느냐고 대답했지. 그런데 선교사들을 추방할 수는 없어. 그들이 깊게 뿌리를 내리고 있기 때문일세. 홍콩에 있는 가톨릭 주교는 중국에 50만 명에 달하는 가톨릭 교도가 있다고 말하더군. 가톨릭 교도 모두 비밀스럽게 선교사들을 보호하고 정부의 감시에서 그들을 숨겨주며 그 속에서 거주할 수 있도록 갖은 방법으로 이들을 돕고 있지. 관청이 매수되고 선교사들은 자신의 일을 분명하게 해내네. 현지사가 선교사에 대해서 알게 되었지만 영사의 반박에 침묵하고 말았지.

다음 번에 현지사는 바로 이 영사에게 왜 아편을 실은 듯한 배를 베이징으로 보내지 않고, 어떤 여섯 번째 항구로 배치했는지 끈질기게 물었네. 단지 다섯 항구만이 열려 있던 때에 말일세.

현지사가 반박했어.

"그럼 왜? 유럽인에게 개방하지 않은 추산 섬에 영국의 배들이 오래전부터 서 있는 것인가요? 그 배들을 추방하시오. 나는 배를 베이징으로 보내지 않을 것이오."

현지사는 왜 추산에 영국의 배들이 서 있었는지 물론 안다네. 그리고 그 배들을 추방하지 않았지. 이렇게 미국의 배는 원했던 곳으로 갔네.

이렇게 한 번 묵과한 후에 현지사는 열 척의 배가 통과하도록 허락해야 했고 이에 대해 침묵을 지켜야 했네. 다른 방법을 쓸 수 없었어. 결국 그는 스스로 법의 첫 번째 위반자가 된 거지. 이렇게 유럽인들은 모든 것을 원래 계획보다 더욱 많이 달성하고 있어. 아마 유럽인들은 베이징의 벽에 가로막혀 타인에게 영향을 퍼트리지 못 하게 해야만 이를 그만둘 걸세.

그러나 지금은 다른 상황으로 인해 이것조차 기대할 수 없다네. 중국 곳곳의 주민들은 나태하고 무례해서 유럽인에게 기꺼이 후견인 임무를 맡기고 있거든. 그러면 유럽인들은 곧 주민들에게 주인 행세를 하네. 반대로 상인인 중국인들은 우세와 잇속을 차리는 성품과 투기 능력이 영국인과 미국인을 능가한다네. 그리고 국내 교역을 자신의 손에서 놓지 않고 있지. 그리하여 아직은 누구도 중국 내부에서 성과를 내지 못하고 있고 심지어 그곳에서 어떤 직접적인 거래를 시작하지도 못했다네. 교역은 중국의 중개인만을 통해서 이루어지고 있어. 이 중국의 중개인들은 차 경작자와 비단 제조업자들에게서 물건을 사기 위해 내륙으로 왔다 갔다 한다네.

일본 역시 외국인들 앞에서 문을 활짝 열어젖히는 운명에 놓인다 하더라도 이것은 중국보다 더욱 느리게 일어날 걸세. 일본이 문을 열도록 하려면 전쟁이 필요할지도 모르지. 하지만 이 점에서 일본은 중국보다 훨씬 우월하네. 만약 일본이 유럽인들이 가진 군의 방식을 따르고 자신의 항구들을 강화한다면 일본은 모든 침략에서 안전할 걸세. 그 대신 배신 하나만으로도 일본을 부술 수도 있어. 다시 말해서 만약 누군가 내전을 일으키고 본국에 대항하여 지방 영주들을 무장시키게 된다면 일본은 무너지게 될 걸세. 그러나 일본은 당분간 지금의 체계를 지속해나갈 거야. 외국인들의 영향을 피하고 무엇인가 그들에게 양보하며 여전히 공포 속에서 있으면서 그들에게 허가 없이는 심지어 텅 빈 유리병도 가지는 것을 허락하지 않으면서 말이지. 일본은 아직 오래된 자신의 원칙, 오래된 종교, 평범한 기질, 생활방식의 공손함, 절제로 살아갈 걸세. 물론 지금은 단 한 번의 침략으로도 일본의 문을 열 수 있네. 일본은 너무 약해서 어떤 전쟁도 참아낼 수 없기 때문이지. 하지만 이러려면 영국식으로 상대해야 하네. 예를 들면 일본의 항구들로 무작정 가서 어떤 요청 없이 해안으로 그냥 들어가는 거야. 그리고 들여보내주지 않으면 싸움을 시작한 후 그다음에 모욕받은 것에 대해 불평하며 전쟁을 시작해야 하네. 아 다른 방법도 있네. 아편을 들여오는 거지. 이것에 반대하여 엄격한 조처를 취하기 시작하면 역시 전쟁을 선언하면 된다네.

전권대리인들은 자신을 기다려달라고 오랫동안 고집했네. 우리는 오래전부터 뒤 갑판에서 서성거렸고 거의 두 번씩 배의 주방 쪽으로 뛰어갔어. 뜨거운 작은 파이와 커틀릿을 먹기 위해서였지. 하지만 이 모든 것이 아직 없었다네!

열두 시가 넘어서 마침내 해안에서 일련의 소함대가 우리를 향해서 출발했네. 50대나 60대의 보트 사이에서 지붕이 있는 거대한 보트 두 대가 느리게 항해하는 게 보였어. 이 두 보트는 빨간 직물들로 덮여 있고 도금된 양파, 화살, 창, 갈고리 달린 철퇴로 가득 채워진 관과 같았네. 보트들은 이층으로 되어 있었고 주위에는 사공들이 있는 회랑이 있더군. 위쪽에는 수행원들이 있고 아래쪽에는 전권대리인들이 있었지. 밧줄로 묶인 큰 배들이 많은 작은 보트들을 끌고 오고 있었는데 큰 배 뱃머리에는 일본인이 어떤 하얀 깃발을 들고 서 있더군. 그는 그 깃발을 흔들면서 배를 끌기 위한 밧줄을 징 소리와 고함 소리에 맞추어서 조종했네. 소음은 무시무시했어. 두 개의 관을 앞쪽의 줄사다리에 연결해 나란히 두었네.

바니오스와 통역관들은 마치 자루에서 나오듯이 기어 나왔어. 그리고 갑판을 물로 적셨지. 그들 뒤로 보초병이 60명 가까이 나오더군. 일본인들은 의례에서 우리에게 양보하고 싶어 하지 않았네. 몇몇 장교들에게 수행원들과 사람들을 대접하고 질서를 유지하는 임무가 주어졌고 마침내 전권대리인들도 나왔어. 포시예트와 나는 입구 옆에서 전권대리인들을 맞이했고 제독은 자신의 선실 문 옆에서 맞이했네. 뒤 갑판에는 음악을 맡은 보초병들이 있었지. 일본인들에게 전함을 보라고 제안하자 그들은 기꺼이 동의했네. 나는 결코 대표가 직접 올 거라고는 생각하지 않았어. 그가 어디로 올 수 있단 말인가? 그런데 그는 놀라운 원기를 보이며 갑판을 돌아다녔다네. 병기고에서 가장 낮은 곳으로 내려오며 둘러봤고 어떤 피로한 기색도 보이지 않더군. 그리고 만약 무엇인가 덮여 있거나 막을 친 것을 발견하면 들어 올리고 이러한 것이 그곳에 왜 있는지 모든 곳에 멈추어 서서 물었다네.

그들을 제독의 선실로 데리고 왔네. 선실은 매우 눈부시게 청소되어 있었고 선실의 벽, 바다에서 말하는 칸막이와 문은 빨간색 나무로 되어 있었어. 바닥과 갑판에는 양탄자를 깔아 놓고 창문에는 빨갛고 녹색인 커튼이 달려 있더군. 전권대리인 네 명을 위해 넓고 높지 않으며 알록달록한 영국식 융단이 덮인 소파가 준비되었다네. 그들은 몇 분 동안 앉아 있다가 모두 위쪽의 텐트로 갔는데 전권대리인들은 마치 이 세상에서 100년은 산 사람처럼 능숙하게 행동했다네. 모든 것이 그들에게 감동을 준 것이 틀림없었다네. 그들은 유럽의 배, 가구, 장식품을 결코 본 적이 없었거든. 그들에게는 내딛는 한 걸음 한 걸음이 다 새로운 것이었지. 그들은 이런 사실을 그 다음 날 자백했는데 이곳에서는 어떠한 몸짓이나 놀람, 환희의 시선을 보여주지 않았다네. 그들은 음악도 처음으로 들었는데 그중 한 명만이 박자에 맞추어 머리를 흔들더군. 마치 오페라를 보며 음악광인 우리가 하는 것처럼 말일세.

그들에게 차를 내주는 사이에 모든 팀은 갑판에 정렬되었어. 소총 훈련이 시작되고 그다음에 행진이 있었네. 전함의 400명은 돛대 주위로 뒤 갑판부터 앞 갑판까지 왕복으로 행진했어. 불안하게 만드는 데 딱 좋더군. 모든 갑판의 승강구에서 사람들이 쏟아져 나와 뛰어가며 흩어졌네. 마치 쥐들처럼 모든 방향을 따라 자신이 맡은 도구를 향해서 말일세. 이 광경에 익숙해 있던 나도 재미있었는데 이런 비슷한 것을 전혀 보지 못했던 사람들은 어떻겠는가! 그런 다음 그들에게 무기를 작동하는 것을 보여주었네. 그들은 제독에게 감사했고 사람들에게 감사 인사를 전해달라고 부탁했다네.

제독이 말했지.

"제군들, 수고했다."

400명의 목소리가 울려 퍼졌어.

"최선을 다하겠습니다!"

다시 감동을 받았다네.

곧 식탁이 차려졌어. 전권대리인들과 의전관을 위해서 제독의 선실 응접실에 식탁을 차렸지. 다른 식탁 앞에 제독이 앉았고 우리 세 명도 함께 앉았네. 식당에는 전권대리인들의 수행원 열한 명이 상급 사관실에는 열 명이 앉아 있었어. 보초병을 위해서 연료를 보급하는 갑판에 자리를 내주었지.

비록 일본인들이 유럽식으로 점심을 차려달라고 부탁했지만 포크와 칼을 줄 수는 없었네. 그리하여 젓가락을 많이 만들었고 그들은 빵을 먹지 않는다 하여 뜨거운 밥을 끊임없이 내주었지. 그들은 접시에서 먹는 것도 익숙하지 않았네. 그들에게는 찻잔에 수프와 생선수프인 우하를 차려주었지. 수행원들이 점심 식사를 하는 식당의 식탁 위에는 잼과 작은 파이들이 담긴 접시들을 차려놓았어. 손님들은 이것부터 먹기 시작했고 수프와 달콤한 작은 파이와 사탕을 모두 먹어치웠다네. 만약 놓여 있다면 꾸물거릴 필요가 없다고 생각하면서 말일세.

그들은 모든 음식에 대해서 묻더군.

"이것은 무엇입니까?"

그리고 무엇인가 기대하는 것 같길래 생선 말고 다양한 것을 내주었네. 그런데 통역관이 말했어. 그들은 없어서 거의 먹지 못하는 고기를 기다리고 있다고 말일세. 그들은 고기를 싫증내지 않네. 반대로 매우 좋아하지. 단지 자주 먹지 못할 뿐이야. 일할 때 사용하는 가축이 부족하여 먹는 것이 허락되지 않았기 때문이지. 우리는 보통 먹는 고기 음식에다 일부러 양고기 필래프와 햄까지 준비했네. 그게 전부였다네. 그때 전함에는 쇠고기가 없었거든. 그 밖의 다른 음식은 생선이나 가금류로 만들어진 거였네. 그들은 만족스럽게 양고기를 먹더군. 특히 네 번째 전권대리인이 아주 만족스럽게 먹었네. 한 접시를 다 먹은 후에 그는 그 접시를 직접 하인에게 주었어. 또 달라는 표시지. 식탁보, 휴지, 소금통도 그들의 관심을 끌었네. 그중 한 명인 카바지는 일본의 습관을 계속 내보이더군.

크림 스펀지케이크와 비슷한 어떤 얇은 작은 파이를 차려내자 카바지가 그것을 맛보았어. 파이가 마음에 들었던 모양이야. 주머니에서 면 손수건을 꺼내더니 접시에 남아 있는 모든 파이를 그 손수건에 옮기고 꼭 싸서 품속에 숨겼다네.

그가 말했어.

"내가 이것을 어떤 미인을 위해 가지고 간다고 생각하지는 마십시오. 아닙니다. 부하들을 위한 것입니다."

이로 인해 대화는 어느덧 여자들 쪽으로 바뀌었네. 일본인들은 냉소적이야. 모든 아시아 인종처럼 그들은 감성을 배신하지. 그리고 그들은 이 약점을 숨기지 않는다네. 만약 이것에 대해 무엇인가 자세하게 알고 싶다면 툰베리[64]를 읽어보게. 툰베리는 이 문제에 대해 자신의 여행기의 한 장 전체를 바쳤네. 나는 일본 내부에는 가본 적이 없고 일본인들과 살아본 적도 없어서 이 주제에 대해서는 그들의 대화를 통해 단지 몇 가지만 이해할 수 있었을 뿐이야.

나와 포시예트는 끊임없이 식탁에서 나와 왔다 갔다 했네. 때로는 그들에게 샴페인을 따라주고 때로는 어떤 음식을 어떻게 먹는지 보여주거나 음식은 무엇으로 만들어졌는지 설명해주기 위해서였지. 그들은 우리의 공손함과 배려에 당황스러워했고 어떻게 감사해야 할지 몰라 하더군.

그들은 절제하며 마셨네. 무척 궁금해하면서 호기심으로 포도주를 맛보았지만 조금만 마셨어. 하지만 키가 크고 뚱뚱한 네 번째 전권대리인을 제외하고는 포도주를 한 잔 모두 마신 사람이 없더군. 네 번째 전권대리인은 포도주를 네 잔가량 마셨다네.

그들에게 일과 내일의 만남에 대해 슬쩍 말했지만 전권대리인들은 우리의 축일, 그들에게 베풀어준 환영, 유쾌한 담소에 반했고 일에 대해서는 완전히 잊었다고 대답하더군.

통역관들은 바닥을 따라 기다시피 했네. 내가 그들을 다른 방으로 초대한 것은 쓸데없는 일이었어. 그들은 점심 식사를 손과 발로 완강하게 거절했네. 마치 중요한 인물의 면전에서 해서는 안 되는 일을 피하는 것처럼 말일세. 하지만 그들의 목은 바싹 말랐을 거야. 키치베는 바닥에서 거의 사방으로 빙빙 돌더군. 마치 그의 주위에서 개들이 그를 세게 잡아당기는 것처럼 말일세.

그는 끊임없이 때로는 이 사람에게, 때로는 저 사람에게 소리를 질렀네.

"하이, 하이!"

참석하지 않았던 점심 식사가 끝났을 때 그는 완전히 목소리가 잠겼고 녹초가 되었네. 나는 그와 에이노스케에게 샴페인 한 잔씩을 따라주었어. 그들은 이것조차 거절하더군. 하지만 카바지가 고개를 끄덕여 신호하자 그들은 카바지에게 땅에 닿도록 절을 한 후에 갈증 난 듯이 마셨네. 그다음에 감사의 눈빛을 내게 보내고 감사 표시로 잔을 이마까지 들어 올렸다네.

나는 다른 방을 슬쩍 들여다보았어. 그곳에서는 축제가 절정에 달해 있더군. 얼굴이 빨개진 채 유쾌하게 웃는 사람들이 그들 역시 우리의 포도주를 맛보았다는 사실을 얼굴로 증명하고 있었네. 그들 사이에서 머리 윗부분을 미는 대신 완전히 머리를 깍은 한 사람을 보았어. 의사였는데 일본에서 의사와 승려는 완전히 머리카락이 민다더군. 그는 우리 의사들에게 자기소개를 하고 있었네. 그는 매우 활기차 보였는데 네덜란드어를 조금 할 줄 알더군. 디저트로 뜨거운 사케를 모방해본 데운 포도주를 주자 전권대리인들은 약간 호기심을 가지고 쭉 들이켰다네. 그다음에 역시 그들의 습관을 따라서 우리도 모든 전권대리인들 앞에 상자마다 사탕을 두었지. 그들은 벌써 이 부분에서 자신의 만족스러움이나 놀라움을 숨길 수 없어 탄식 소리를 냈네. 귀중한 붉은 나무에 모자이크 세공이 있는 상자들은 훌륭했기 때문이네. 다채로운 사탕들 역시 훌륭했지. 그다음에 그들에게 많은 채색 판화들을 보여주고 선물했다네. 모스크바, 페테르부르크, 우리의 군대, 영국에서 샀던 여성의 얼굴과 열매, 꽃들이 그려진 것 말일세. 만족함과 경악함의 외침이 또다시 들렸네!

마침내 황혼이 가까워졌을 때 일본인들은 자신들을 방문해달라는 부탁을 남기고 우리들에게서 사라졌다네.

1854년 1월 5일

다음 날 1월 5일 이른 아침에 통역관들은 손님들의 숫자를 물어보기 위해 도착했네. 우리가 조금만 참석한다고 말하자 통역관들은 더 많이 적어도 되니 모든 상급 장교들을 초대한다고 부탁했다네. 그들은 진정하고 성대한 접대는 틀림없이 이날에 있을 점심 식사일 거라고 말했어. 중요한 점심 식사에 어떻게 안 가겠는가? 물론 누군가는 가길 싫어했지만 많은 사람이 갔다네.

사실 부두에 가니 더 밀집한 군중이 우리를 기다리고 있었네. 완전히 북새통이었어. 마중 나온 주요 관리들은 매우 알록달록한 치마를 입고 나왔더군. 이번에 나는 원뿔 모양 모자를 쓴 군인들 외에도 긴 대나무 막대기에 생선의 등피로 만들어진 하얀 등불을 든 어떤 하녀를 보았네. 부두 반대편에는 위병소와 비슷한 막 지어진 회랑이 있었어. 그곳에는 4열로 50명쯤 되는 일본인이 무릎을 꿇고 앉아 있더군. 위쪽 테라스나 왼쪽과 정면 어느 곳에든지 이런 회랑들이 있었네. 이전에도 그들이 이곳에 있었는지 없었는지는 기억나지 않는군. 아! 바로 여기에는 말도 있었네! 드디어 나는 말도 본 거야. 가여운 암갈색 말은 음악에 놀라 날뛰면서 계단 쪽으로 벗어나려고 애썼네. 말을 탄 사람이 제어할 수 없을 정도로 말이지. 일본 기병대장인 것 같았지만 우리와 함께했던 보초병은 수가 적었고 그 행렬도 그렇게 장엄하지 않았다네.

일본의 전권대리인들과 수행원들은 예전처럼 매우 화려하게 입고 있더군. 추추이와 카바지는 최고위원회에서 온 편지를 건네주기 위해 가져 왔다고 말했네.

그들에게 물었어.

"편지는 어디에 있나요?"

그들은 우리나라 어느 상인의 집에서나 볼 수 있는, 철로 덮인 하얀색 궤와 수술이 달린 비단 상자를 가리키며 대답했네.

"바로 여기 있습니다. 누가 편지를 받을 것인가요?"

고시케비치가 제독의 지시에 따라 중앙으로 나갔네. 의전관이 절을 하면서 다가와 비단으로 만들어진 상자를 열었지.

나는 호기심에 상자를 바라보며 생각했네.

'정말 이렇게 큰 편지가 있단 말인가?'

통역관이 말했어.

"받으세요."

고시케비치는 상자를 받아 간신히 손으로 잡고 있었네. 그가 휴게실로 들어가자 우리는 그의 뒤를 따라갔네. 그리고 우리 뒤를 따라 궤를 가지고 오고 있었어.

나는 의혹을 품은 채 궤를 바라보며 또 생각했네.

'무엇 때문에 이렇게 큰 궤가 있는 거지?'

궤를 열었더니 그곳에는 보다 작은 다른 궤가 있더군. 그다음에는 세 번째, 네 번째 궤가 들어 있었고 모든 것은 크기가 점점 작아졌네. 이 네 번째 궤에 순서대로 비단으로 만들어진 다섯 번째 상자가 들어 있었어. 그런데 이 상자는 도대체 왜 무거운 걸까? 뚜껑을 들어 올리자 상자 안에서 아직 남아 있던 여섯 번째 상자이자 마지막 상자를 보았네. 여섯 번째 상자는 하얀색 니스 칠이 된 나무에 가늘고 섬세한 그림이 그려져 있고 모서리가 은으로 덮여 있었네. 이 상자에 증서가 놓여 있더군. 러시아에서 온 편지에 대한 대답으로 양피지같이 두꺼운 종이에 금색으로 쓰여 있었고 비단으로 만들어진 덮개에 감싸여 있었네. 정말 앙증맞더군!

이후에 의전관이 도착해서 쇼군이 러시아의 전권대리인에게 선물을 보냈다고 알리고는 받아달라고 부탁했네. 선물을 받았다는 표시로 존경의 의미를 담아 그것 모두를 두 손으로 가볍게 만져야 한다고도 했지.

모두들 생각했네.

'진기한 것들을 선물하고 있군! 쇼군 자신부터 말이지!'

우리는 선물을 가지고 홀을 왔다 갔다 하는 포시예트에게 속삭이며 물었네.

"무엇을 선물했나?"

"목화를 선물했어요."

"어떻게 목화를 선물했지?"

"비단 같은 직물의 목화들이지요."

"비단 같은 직물이라니, 좋군!"

이때 하인들은 침상과 비슷한 받침대들을 가지고 들어왔네. 그리고 받침대들 위에는 직물과 목화가 놓여 있었어. 그 직물은 흰색과 빨간색 두 가지로 짜서 만든 것으로 무늬가 있더군. 하지만 너무 단순한 무늬여서 집에서조차 커튼으로도 쓸 수 없는 것이었네.

"도대체 뭔가? 그들에게는 더 나은 것이 없단 말인가. 아니면 쇼군이 줄 수 없다는 건가?"

어떻게 없겠나! 리옹에서 우리가 전권대리인들의 의복에서 본 것보다 나은 직물을 만들 수 없겠는가. 하지만 일본인들은 그것을 선물하지 않고 보여주지도 않네. 남들이 자신의 소유물에 매혹당하지 않게 하고 거래하고자 하는 마음도 들지 않도록 하고자 함이지. 게다가 그들이 가지고 있는 비단은 금속과 더불어 반출이 금지되어 있네. 일본에는 비단이 많지 않거든. 그들은 원료를 중국에서 가져와서 용도에 맞게 직물을 가공하네. 일본에서는 이보다 나은 훌륭한 직물들은 남쪽으로 간 유형수들이 만드는데, 그들은 접근하기 힘든 작은 절벽에 있네. 그 절벽 쪽으로는 보트 한 대도 다가갈 수 없고 정해진 기간에 유형수들에게 식량을 실어다주네. 그들은 식량을 밧줄로 묶어 위쪽으로 끌어 올리지. 섬 자체는 작고 비옥하지 않다네.

마침내 편지가 든 궤와 선물을 모두 치웠네. 의전관은 쇼군이 우리에게 점심 식사 대접을 명했다고 말하려고 다시 왔더군. 호화로운 점심 식사가 준비되었어. 여섯 자리였는데 우리 모두 앞에 열두 개의 받침대나 벤치가 있었네. 벤치마다 찻잔이 두세 개씩 놓여 있고, 다른 받침대들 위에는 요리가 담겨 있는 많은 그릇이 놓여 있었지. 이 외에도 장난감처럼 작고 아름다운 다른 식탁들과 작은 곽들이 있었다네. 거기에는 채소와 직물로 만든 꽃들이 매우 솜씨 있게 꽂혀 있었지. 꽃 아래에는 안주가 있었네. 맛있게 뭉쳐진 노란색 카베아 덩어리, 날생선, 빨간 과자, 치즈, 생선으로 만든 안주였지.

특별해 보이는 작고 아름다운 식탁에서 나무로 된 작고 가느다란 막대기 위에 새 한 마리가 통째로 꽂혀 있었네. 이 새는 도요새와 닮은 것으로 깃털, 꽁지, 머리가 있어서 마치 자연에 있는 것 같더군. 내가 무엇을 시작해야 하는지 모른 채 생각에 잠겼을 때 의전관인 나카무라 타메야가 내게 다가와 새를 가리켰네. 새를 먹어 보라고 제안하면서 말일세.

새를 손으로 잡은 뒤에 생각했어.

'깃털에 싸여 있는 새를 도대체 어떻게 먹지?'

자세히 보니 다져서 지진 새의 살코기가 깃털 사이에 한 덩어리 들어 있더군. 들새는 매우 맛있어서 새를 통째로 다 먹었네.

나카무라가 손짓으로 내게 물었어.

"다른 새를 원하는지요?"

나는 긍정적으로 대답했네.

"으흠!"

하인이 벌떡 일어서서 그 새가 놓여 있던 작고 앙증맞은 받침대를 들고 가 다른 새를 가져왔어. 나는 그사이 그 밖의 다른 것에 관심을 돌렸네. 마카로니와 약간 닮은 어떤 작은 경단이 들어 있는 달콤한 야채 수프를 먹었지. 그곳에는 무엇이 더 있었는데 자세히 알아볼 수가 없더군. 게다가 완전히 데친 버섯으로 만든 야채 수프, 묽은 생선 수프, 소스를 뿌린 삶은 채소, 게도 있었네. 삶은 굴과 짠 채소 절임이 많았어. 모든 것이 첫 방문 때 본 것과 같았지만 많은 것이 더 있었네.

꼬리와 머리가 위로 들린 생선은 이곳에서 처음 먹어보는 것이 아니었어. 하지만 예전 것보다 더욱 크더군. 통통한 빨간색 생선이었네. 이 생선은 네덜란드어로 스테인브라센이라 불리고 일본어로는 타이라고 불린다네. 일본인들은 맛좋은 음식을 만들 줄 아는 것 같아. 생선은 그야말로 훌륭했네.

깃털이 달린 들새와 예술적인 색은 내게 오래된 유럽의 진기한 음식을 떠올리게 했네. 그 음식도 이런 장식품들로 멋을 냈었지. 당근과 비트를 모양 내며 잘라내고 요리에 무늬들을 만들며 알사탕으로 성당을 짓는 일을 그만둔 것이 과연 오래된 일인가? 오늘날에도 여러 곳에 이러한 관습이 있네. 최신 요리법은 맛에 영향을 주지 않는 장식을 피하지. 시각을 만족시키는 것은 요리법의 일이 아니야. 최근의 요리법은 허벅지 살로 사탕을 만들거나 마요네즈로 꽃을 만드는 등의 하찮은 예술을 경시한다네.

우리는 다시 사케를 마셨지만 일본인들은 뜨거운 물을 마시더군. 그리고 다시 이전의 것보다 단것을 더욱 많이 내놓았네. 특히 열심히 손님을 잘 대접하던 주인이 어떤 완두콩으로 만든 달콤한 반죽을 먹으라고 우리에게 권하더군. 이곳에는 파란색, 하얀색, 빨간색인 사탕도 있었는데 그 사탕에서는 부분적으로는 감자맛과 부분적으로는 귀리가루 맛이 났네. 앵속과 꽃도 먹어보았는데 밥맛과 비슷했네. 앵속과로 만든 별 모양, 삼각형, 평행사변형 과자들이 있었어. 설탕가루로 속을 넣은 블린 비슷한 것도 있었고 끈적끈적한 긴 두루마리 빵도 있었지. 그다음에 찧어서 고르게 만든 비싼 차도 내주었다네. 이 차는 초콜릿처럼 거품이 났다네.

내가 특히 견뎌내야 했던 것은 어떤 식물성 기름도 넣지 않은 이곳의 요리였네. 일본인들은 하루에 세 번 매우 적당하게 밥을 먹는데 아침 여섯 시에 일어나서 밥을 먹는다는군. 그들은 아침이 오기 전에도 일어나네. 일인분은 양이 너무 적어서 입맛이 좋은 사람에게는 간식으로도 부족할 걸세. 일본인들의 밥 그릇은 크기가 아주 작았는데 밥을 가득 채우지도 않고 그들에게 내놓았네. 그릇에는 작은 생선 한 토막이 있었고, 다른 그릇에는 버섯 세 개가 뜨거운 물속에 둥둥 떠다니고 있었으며 양념된 생선이 있었는데 너무 적어서 한입에 먹을 만큼밖에 안 되었지. 모든 음식이 다 그랬어. 골로브닌의 말이 사실이었네. 그와 함께 포로로 잡힌 예전 수병들에게 먹을 것을 적게 주었다는 그 말 말일세. 일본인들은 자기들 방식대로는 상당히 준 거지만 그들에게는 너무 적었던 걸세.

우리는 나중에 이 훌륭한 점심을 요리하기 위해서 시마바라의 공후 전담 요리사가 초대되었다는 것을 알았네. 시마바라는 나가사키에서 약 32킬로미터 거리에 있는 노모 곶으로 나 있는 큰 만이야. 일본인들이 말한 바에 따르면 시마바라의 공후가 마당 쪽으로 왔을 때 요리사는 자신의 예술을 과시하기 위해서 그곳에 공후와 함께 있었다 하는군.

땅거미가 졌을 때 우리는 주인들과 작별했고 음악에 맞추어 집으로 돌아갔네. 우리 뒤를 따라서 관리들이 오더니 우리가 만족했는지 아닌지 알아보고자 했다네. 그리고 그들은 토산물을 꽤 많이 가져왔지. 이 토산물을 가지고 뭘 해야 한다는 말인가! 상자들을 물속으로 던져버리는 것은 거북한 일이야. 일본인들이 이 선물들을 우리가 어떻게 처리하는지 보고 있었기 때문이지. 놓아두려고 하니 자리가 없어 큰 생선을 담기 위해서 상자들을 만들어야 했네. 사탕 상자와 달콤한 빵을 담을 상자도 별도로 만들었지. 나는 작고 아름다운 받침대를 몇 개 소중히 보관했네. 만약 내가 운반하여 가져간다면 자네들은 내 인내의 모범인 동시에 정말 작은 미니어처를 보게 될 걸세.

쇼군에게 받은 선물, 목화, 그 밖의 것은 갑판에 쌓아두는 바람에 지나갈 수 있는 곳이 없었어. 갑판에는 짐이 너무 많아서 전함을 가득 채우고 있는 것 같았네.

그 다음 날에는 협상도 나가사키로 가는 우리의 부단한 여정도 시작되었네. 우리는 어떤 의례도 없이 두 척의 보트를 타고 다녀왔어. 한 보트에는 제독과 포시예트, 고시케비치, 페수로프, 내가 탔고 하인들은 의자를 실은 다른 보트에 탔다네. 우리가 해안과 현지사의 집에 의자를 놓아두자고 제안했을 때 현지사는 팔과 다리를 저으며 이것을 반대했어. 현지사는 그가 그곳에서 직접 자면서 의자를 지켜야 한다고 말했네.

현지사가 말했지.

"불이 나면 다 타버릴 것이요. 이 집에 많은 쥐들도 있어서 갉아 먹어버릴 것이요."

우리 모두는 웃기 시작했어. 현지사도 웃음을 참지 못했고 역시 이를 드러내며 히죽 웃었지.

제독이 반대했네.

"우리는 의자를 가져가지 않을 겁니다. 우리에게는 또 있어요."

현지사가 동의하지 않으며 말했어.

"여러분이 의자를 가져가지 않으면 의자가 한 개라도 망가지게 되면 내가 그에 대한 책임을 져야 할 것입니다."

현지사는 우리가 그 의자들을 직접 가져가고 싶지 않다면 일본 배로 실어다 주고 다시 실어오겠노라고 제안했네. 어떻게 되었겠는가.

어떤 곳을 내주도록 지시되었는지 그리고 현지사가 집을 완성하는 데 걸리는 기간을 요청했는지 내가 썼는지 모르겠네. 그러나 날이 갈수록 똑같은 변명뿐이었어. 즉 우리를 위한 장소가 아직 준비되지 않았다고 하며 현지사는 불만족한 일이 생길 때면 웃곤 했네. 그는 있는 그대로 솔직하게 행동하지 않는 것으로 보이더군. 물론 그는 우리가 출발할 때까지 일하도록 위임받아서 이 일을 매우 훌륭하게 완수했네. 결국에는 더 이상 끌어서는 안 될 까지 버티다가 장소가 마련되었다고 말해주더군. 하지만 그는 동의할 수 없는 조건을 단 다음 장소를 이용하기를 제안했네. 그 조건이라는 것이, 예를 들자면 바니오스들이 우리를 해변까지 데려가고 배로 돌아올 때도 다시 데려다주겠다는 그런 것이었지. 제독은 그들에게 장소가 필요 없다고 말하라고 명령했고 이 조건에 대한 서류를 되돌려보냈네. 하지만 일본인들은 이것을 원했어. 외국인들이 해변으로 갔다 오도록 허용해서는 안 되었던 거야. 만약 그들이 우리에게 장소를 내준다면 다른 사람들에게도 주어야만 하니까 말일세. 그들은 이런 상황이 지나가기를 기대하거나 기회를 봐서 그걸 제한하는 것을 기대하고 있었어. 할 수 있는 한 이 사건을 그들은 피하고 싶어 했다네.

제독과 전권대리인들 간에 열린 나가사키 회의의 안건들에 대해서는 언급하지 않겠어. 이 협상은 시간이 지나면서 다른 기록을 위한 자료가 될 수 있으니까. 그 자료는 이런 변변치 못한 내 편지보다 중요할 것이네. 내 편지는 우리 여행의 외부적인 측면만을 파노라마처럼 자네들에게 소개하고 있는 것일 뿐일세.

우리는 거의 하루 건너 나가사키를 갔다 오는 것이 습관이 되었네. 관리들도 우리 뒤를 따라 매번 왔다 갔다 했지. 우리가 길을 아니까 그렇게 안 해도 된다고 말했음에도 말이야. 하지만 그들은 어쨌든 민중들에게 외국인들은 포병의 엄호 아래에서만 해변으로 갈 수밖에 없다는 것을 보여주고 싶어 했다네.

그들과 무엇을 하겠는가? 그들에게 떠나라고 명령하면 그들은 보트를 타고 팔라다에서 떠나서는 약간 거리를 두더군.

우리가 해안으로 떠나면 사공들은 그들만의 노래를 부르네.

"영차, 영차!"

그러고는 우리를 앞지르려고 노력하지.

두 번째 회의를 하기로 한 날은 날씨가 끔찍했네. 강한 바람이 새벽부터 윙윙거렸고 비는 양동이로 들이붓듯이 쏟아졌어. 일본인들은 결코 우리가 오리라고는 생각을 못해서 우리를 따라 나타나지도 않았고 우리를 해변에서 기다리지 않았네. 그런데 우리가 비옷을 입고 우산을 가지고 출발한 걸세. 우리에게서 물이 졸졸 흘렀으나 상관없이 그저 갔더니 일본인들은 멍하니 입을 벌리고 있었지 뭔가. 그들은 마치 악천후 속의 파리처럼 구석마다 앉아 있었네. 집에는 공기를 가열하기 위해서 화로들과 크지 않은 난로들이 설치되어 있었지. 하지만 공기는 따뜻해지지 않더군. 그저 손을 조금 녹이거나 가스 냄새에 취할 뿐이었네. 나는 이해를 못하겠어. 어떻게 이 추위를 참는단 말인가? 우리는 회의 시간에도 관복 외투와 방한 외투를 입고 있었네. 이 모습을 본 일본인들은 내게 와서 비버 털로 된 옷깃을 쓰다듬더군. 그들에게 모피가 있는지 묻자 동물이 있고, 수달 모피, 여우 모피가 있지만 모피는 거의 아무도 입고 다니지 않는다고 대답했다네.

회견 시간을 정하는 것은 제독에게 맡겨졌네. 처음에 그는 이틀 후로 정하였지만 놀랍게도 일본인들은 더 일찍 하자고 요구하더군. 바로 다음 날로 하자고 말이야. 사실은 카바지가 자신의 아내가 있는 에도로 가고 싶었기에 회담을 서두른 걸세.

그는 여러 번 말했어.

"몸은 여기 있지만 마음은 에도에 있어요."

이 카바지는 우리 모두의 마음에 들었어. 그 정도는 아니라 해도 최소한 대표 추추이만큼은 마음에 들었네. 매우 똑똑한 사람이었고 그를 존경하지 않는 것은 거의 불가능할 정도네. 비록 그가 우리와 어긋나게 교묘한 변증법으로 자신의 지혜를 나타내 보였음에도 말이지. 하지만 그의 발언마다 견해마다, 거기에다 예의범절까지 이 모든 것이 그의 올바른 지혜, 기지, 통찰력, 능숙함을 드러냈네. 지혜는 모든 곳에서 동일하다네. 똑똑한 사람들에게는 하나의 공통된 모습이 있어. 마치 모든 바보들이 그런 것처럼 말일세. 비록 민족, 의복, 언어, 종교, 인생관에서 차이가 난다고 할지라도 말이야.

카바지에게 말을 할 때면 그는 훌륭한 부채에 기대고서 열심히 보고 듣는데, 그 모습이 마음에 들었다네. 이야기가 반쯤 진행될 때까지 그의 입은 반쯤 열려 있고 그의 시선은 약간 근심스러워지네. 그가 무척 주의를 기울이고 있다는 증거들이야. 이마에 있는 잔주름이 바뀌어가는 모습은 그의 머릿속에서 개념들이 하나씩하나씩 모여들고 그 개념들에서 일반적인 생각이 형성되는 모습을 반영하는 걸세. 이야기가 반쯤 진행되면 그는 주요 생각을 정확히 파악해서 입을 꼭 다물고 이마에 있는 잔주름도 사라지며 얼굴 전체가 밝아지네. 자신이 무슨 대답을 해야 할지 이미 알고 있기 때문이야. 만약에 반대편의 질문이 숨겨진 의미로 결론난다면 카바지의 얼굴에는 가냘픈 미소가 저절로 나타나네. 그가 말하기 시작했을 때, 그리고 오래 말했을 때, 그는 전적으로 자신의 생각에 빠져 있기에 그의 눈에 총기가 반짝거린다네. 대표가 말할 때 카바지는 눈을 내리뜨고는 대표를 보지 않고 마치 그의 일이 아닌 것처럼 행동했지만 생동감 있게 움직이는 이마의 주름들, 눈꺼풀, 속눈썹의 떨림은 그가 우리보다 훨씬 주의 깊게 듣고 있음을 보여 주더군. 물론 모든 회담은 겉보기에 카바지에게 맡겨진 것 같았지만 추추이가 더 큰 전권을 가지고 있었네.

그런데 사적인 담화에서 제독은 일본인들이 쓸모없이 교역을 두려워하고 있다고 주장하였네. 오직 교역만이 민족의 경제적인 번영을 넓힐 수 있으며 교역으로 인해 어떠한 민족도 쇠퇴하지 않으며 그 반대로 그들은 부유해졌다고 말했지.

제독은 외국인들이 무엇으로 일본인들과 교역을 할 수 있을지 사례를 들었네.

주위를 살펴보며 제독이 말했어.

"자, 당신네들에게 첫 번째로 국민들이 필요로 하는 것이 부족하다는 점이 상당히 눈에 띄어요. 예를 들어서 방 안은 어둡고 춥습니다. 일본인들에게 유리를 날라 와서 어떻게 해야 할지 가르치는 겁니다. 이것은 종이보다 나으며 싸기까지 하지요."

그가 계속해서 말했네.

"우리나라의 캄차카와 다른 많은 장소에는 물고기들이 널려 있어요. 하지만 소금은 없지요. 당신네들에게는 소금이 있지요. 그러니 소금을 우리에게 주고 우리는 당신들에게 이곳 일본에서 주식량인 소금에 절인 생선을 가져다주겠습니다. 무엇을 위해서 당신네들의 모든 노동력이 벼를 경작하는 데 사용되어야 한단 말입니까? 금속을 얻는 데 노동력을 사용하고 쌀은 순다 열도에서 일본으로 가져다줄 겁니다. 그러면 일본인들은 더 부유해질 겁니다…"

갑자기 카바지가 넓은 눈꺼풀을 치켜세운 후에 끼어들었네.

"그래요, 만약에 외국인들이 생선, 유리, 쌀 등 필수품을 가지고 온다면 좋겠지요. 그런데 당신들이 어제 내게 선물로 주어 우리 눈을 분주하게 했던 그와 같은 시계들은 어떻게 가지고 올 수 있나요? 그러면 정말 일본인들은 당신네들에게 마지막 것까지도 줄 겁니다…"

그에게 아름다운 탁상용 천문시계를 선물했네. 흔히 볼 수 있는 눈금판만 있는 게 아니라 달의 변화가 표시되어 있으며 온도계가 두 개 설치되어 있는 것이었지. 우리 모두가 웃기 시작하자 그도 웃었네.

"그저 시계가 엄청 마음에 들었다는 말로 받아들이세요."

이후에 업무에 대해 말하고 싶었지만 뭔가 순조롭지 않았네.

카바지가 응대하며 여유롭게 발꿈치부터 몸을 일으키면서 덧붙였네.

"아니에요. 우리는 이 대담을 웃으면서 끝내야 할 것 같습니다."

어떤 점에서 그가 유럽인과 다른가? 어느 날은 점심 식사 동안 면 손수건에 디저트 과자를 감추었고, 다른 날에는 그가 매우 마음에 든 안초비 콩기름이 있는 접시를 핥아 먹었잖은가? 이것은 지역적인 풍속이네. 더 이상은 없어. 그는 지금까지도 접시와 숟가락을 보지 못했으며 두 개의 젓가락으로 먹고 본능적으로 그릇에 있는 것을 훌쩍훌쩍 마시네. 그가 어떤 요리를 맛보고는 내키는 대로 접시를 그의 발 옆에 삽살개처럼 앉아 있는 에이노스케에게 주고 그 통역관이 절을 하고 접시를 가져가서 남은 것을 끝까지 다 먹는다는 이유로 그를 꾸짖어도 되는가?

나는 중국에서처럼 이 모든 것을 눈여겨보았네. 시장과 그 속의 혼잡은 러시아의 오래된 시장들과 닮아서 나를 놀라게 했지. 그래서 이러한 풍습 속에서 드러나는 우리나라의 오래된 관습과 닮은 점이 나를 놀라게 했네. 우리나라에서도 귀족과 귀족 지주 부인들의 발 옆에 사랑스러운 하인들, 하녀들, 어릿광대들이 앉아 있지.

우리나라에서도 그들에게 적선이라며 빵 조각들을 던져주네. 우리나라에서는 손님들이 다양한 단것 또는 작은 선물을 가지고 오네. 그리보예도프[65]가 자신의 희곡에서 이런 적선을 비웃은 것이 그리 오래된 일이란 말인가? 우리 역사 초창기에 아시아적인 근원이 있는 풍습들이 우리나라에 들어와 특히 서민의 일상생활에서 아직도 완전히 사라지지 않은 게 있다네.

여덟 번 혹은 열 번 회의를 한 후에 전권대리인들은 그들이 에도로 떠나야 할 때라고 알렸네. 몇몇 문제에 대해서는 연기를 요구하더군. 자신의 군주가 서거한 뒤에 올라선 새로운 쇼군은 매우 젊기에 우선 국민의 눈에 옛 법에 대한 존경심을 보여주는 것이 급선무라고 했어. 그다음에 쇼군이 해야 할 일은 자신의 나라에 있는 예순 명에 달하는 모든 공후들을 평의회에 모으는 일이라고 했다네.

어느 날 무엇 때문에 일본인들이 외국인과의 교역을 그렇게 느리게 하고 있는지 질문하자 카바지가 대답했어.

"우리나라에서 교역은 새롭고 익숙하지 않은 일이지요. 어떻게 어디서 무엇으로 교역을 할지 생각해야 해요."

그가 덧붙였네.

"계집아이가 성장하면 시집을 보내지요. 우리에게 교역은 아직 성장하지도 않은 것입니다…"

일곱 혹은 여덟 번의 회의 후에 이미 의전관 나카무라 다메야가 에이노스케와 네 명의 서기들을 데리고 팔라다호를 다녀갔네. 그 서기들은 말하는 모든 것을 적는다네. 얼마나 빠르게 아랫사람이 상관의 역할을 소화하는지. 그건 여기에서만이 아니네! 곰 같은 나카무라는 전권대리인들이 앉았던 그 자리로 불편하게 들어가 앉은 후에 많은 일본인의 습관에 따라 주먹을 쥐고 무릎 위에 올려놓았네. 그리고 이마를 주름지게 하고는 존경을 담아서 말했어. 하지만 그에게 바로 이러한 불행이 덮쳐왔네. 제독은 전권대리인들에게 전달하기 위해 그에게 중요한 서류들이 포함되어 있는 봉인된 봉투를 주었어.

나카무라는 순조롭게 봉투를 주소로 배달했네. 하지만 다음 날 갑자기 극도의 불안감 속에서 봉투를 도로 가져갈 것을 간청하면서 나타났다네…

제독이 명령했어.

"어떻게 가져가란 말입니까? 이것은 있을 수 없는 일이지요. 할 필요도 없고 그럴 이유도 없지요!"

나카무라가 말했네.

"있어요, 있다고요. 봉투를 가지고 돌아가는 것을 명령받지 않아서 저는 감히 당신들에게서 떠날 수가 없습니다. 친절을 베풀어 주시고 가져가십시오."

나카무라가 계속 말했지.

"서류에서 보면 에도에서 어떠한 명령도 그들에게 내려지지 않았습니다. 그래서 당신들이 무언가를 적게 되면 에도에서는 당신들이 스스로 알아서 적었다고 생각할 것입니다."

일본의 전권대리인들도 무척 놀랐어. 서류를 가져가지 않는 것을 본 나카무라는 서류들을 바로 상부로 보내도록 요구했고 여기에 모두 동의했네.

포시예트가 제독의 명령에 따라 서류들을 손으로 만지자 나카무라가 얼마나 기뻐했던가. 이것은 가져갈 것임을 의미하거든. 그는 기뻐하며 항상 차고 다니는 향수병을 허리에서 풀어서 포시예트에게 주었네. 우리 모두는 웃기 시작했다네. 이 나카무라에게는 무언가 난폭함이 있었지만 그래도 외관상일 뿐이야. 그는 동작, 목소리, 외관이 짐승과 약간 닮았네. 그는 포시예트와 나를 좋아해서 끊임없이 우리의 어깨를 쓰다듬으며 악수를 청했어. 또한 첫 방문 때 전권대리인 네 명과 더불어 그는 우리와 함께 제독의 선실에서 점심 식사를 했지. 그리고 그는 내게 호의를 보여주었네. 우리를 보아서 기쁘며 특히 나를 보아서 기쁘다고 말한 후에 건배를 제의했지. 우리 모두는 웃기 시작했네. 나와 포시예트가 그의 관심을 끈 것은 아마도 우리가 열정적으로 주인 행세를 하며 손님들을 대접하고 그를 포함하여 그들 모두에게 샴페인을 따라 주었기 때문인 것 같다네.

생각에 잠긴 듯한 그들이 마치 질투하듯 말했네.

"우리는 당신들을 그렇게 대접할 능력이 안 됩니다."

나카무라는 선장실에 있는 피아노를 매우 마음에 들어 했네. 연주를 시작하자 그는 환의에 가득 차더군.

그가 피아노를 가리키며 격렬하게 되뇌었네.

"코토야, 코토라고!"

코토는 피아노와 비슷한 일본의 악기로 일본인들이 연주하는 일종의 구슬리[66]와 같은 걸세.

제독이 그가 가져온 서류를 읽는 동안 나카무라가 무료하지 않도록 나는 다양한 그림들을 보여주었네. 특히 잡지에 실려 있는 작년 여성들의 유행을 보여주었지. 여성의 모습과 드레스는 그에게 큰 효과를 불러일으킨 듯했어. 이것을 안 내가 잡지에서 그림들을 찢어내 그에게 선물하자 그는 환의에 가득 찼네. 또한 18푸드에 달하는 조그마한 뭉치 속에 있던 런던의 모습이 담긴 그림을 선물했네. 템스 강 밑의 터널에서 산 것이었어. 나카무라는 기뻐했고 바로 그 다음 날에 최상품 담배가 있는 상자, 담뱃대 두 개, 담배 쌈지 두 개를 내게 가져왔다네.

그것을 건네주면서 그가 되풀이했어.

"담배입니다. 담배입니다."

포르투갈인들이 그들에게 담배와 함께 이 단어를 들여왔다네.

나카무라를 상대하면서 나는 툰베리의 작은 일본어사전과 회화책을 가져갔고 라틴 글자로 쓰여 있는 일본어 문구를 읽기 시작했네. 엄청난 웃음소리가 나카무라와 다른 일본 대담자들 사이에서 퍼져 나왔어.

거기에는 이런 문구가 있었네.

"내게 미주리의 집을 보여줘."

나는 미주리 대신에 오보사바 현지사의 이름을 넣어서 손님들을 몹시 떨게 만들었지. 나카무라와 그의 대담자들과 두 명의 통역관은 어떻게 현지사의 이름이 거기에 나타나 있는지 알기 위해서 슬쩍 책을 쳐다보았네. 나의 잔꾀를 알고 난 후에 나카무라는 내게 손가락으로 으르대고는 껄껄 웃었어. 그는 곰 같은 외관에도 불구하고 이해가 빠르며 일 처리에 능한 사람이라네.

에이노스케는 그들 모두와 반대로 처신했네. 그는 카바지의 통역관이어서 회담의 가장 중요한 부분을 통역했지. 그는 잘난 체하였고, 다른 전권대리인들의 말을 듣지도 않더군. 카바지가 없으면 의자에 몸을 쭉 펴고 앉아 있었네. 그는 자신이 성장했음을 전혀 감추지 않았고 회담의 끝에서는 처음보다 훨씬 나쁘게 처신했지. 그는 술 마셔서 종종 샴페인을 요구했네. 한번은 에이노스케가 나카무라 앞에서 샴페인 네 잔을 마시고 스스로 알아서 통역하지 않아도 된다고 판단하고는, 해야 하는 통역조차 하지 않았네. 그에게 다른 통역관을 데려오겠다고 사람들이 말했지. 그와는 달리 키치베는 분수를 잊지 않았어. 그는 구석에 앉아서 모든 방향을 향해서 치아를 보이며 웃었다네.

큰 소리로 키치베, 키치베 하고 불렀을 때 그는 때로는 이 일본인에게 또 때로는 저 일본인에게 빠르게 돌아서면서 하이라고 응답했네. 내가 언젠가 농담으로 키치베라고 불렀을 때 그는 내 방향을 향해 하이라고 응답하며 내게 기어오더군. 하지만 실수인 것을 알고서 선량하게 웃기 시작했고 뒤로 다시 기어갔다네.

우리가 나가사키로 갔을 때 우리에게 매일 정오마다 안주를 주었네. 세 시쯤 이른바 작은 파티가 있어 이때 차와 당과가 나오거든. 우리들 또한 나카무라와 그의 모든 수행원을 대접하였고 그들도 기꺼이 우리에게 왔다 갔네. 현의 관리들은 더 이상 오지 않았어. 우리와 함께 만난 전권대리인들과 관리들의 업무가 이미 해결되었기 때문이었지. 그들이 특히 만족스럽게 먹은 것은 고기와 버찌술이었는데 온갖 것이 그들을 즐겁게 했다네. 그들에게 환등기, 증기기관 모형, 레일을 보여주었더니 그들은 어떻게 기계가 스스로 증기를 내뿜으면서 움직이는지 입을 짝 벌리고 바라보았지. 그들을 위해 작은 오르간을 연주했고 마침내 우리의 진짜 음악이 울려 퍼졌다네.

1854년 1월 17일

제독은 나카무라에게 말할 것을 명령했네. 제독은 전권대리인들에게 팔라다호에서 두 번째 작별의 오찬을 제안했어. 그사이에 양력 새해를 맞았는데 오늘은 1월 17일이라네. 제독은 상급 전권대리인 두 명에게 자신의 명함 두 장과 선물을 보냈는데 선물은 버찌술, 리큐어, 약간의 쇠고기, 파이였네. 그 후에 그들에게 작은 오르간, 그림, 앨범 등을 보냈어.

1854년 1월 20일

양력 1월 20일에 또다시 전권대리인들이 스스로 오겠다고 하더니 정말로 그렇게 했네. 도착한 후 그들은 더 큰 만족감을 가지고서 출발했다고 말했지. 그들에게 차를 대접했고 그 후에 제독은 일에 대해서 말하기 시작했네.

점심 식사 전에 그들에게 또다시 기계실에서의 경계경보 시범을 보여주었네. 이것 때문에 그들의 간이 콩알만 해졌던 것 같아. 실제로 경험이 없는 사람들에게는 갑자기 400명이나 되는 사람들이 북 소리에 따라서 포구를 향해 뛰는 것은 무섭게 여겨질 테지. 미끄러지지 않도록 조심해야 하네. 잘못하면 발에 걸려 넘어지니까. 단단히 지탱하고 물러서서 총탄을 채우고 발사해야 하지. 대포가 발사되면 큰 대포가 마치 장난감처럼 날아다니네. 대포가 터지는 요란한 소리, 사람들의 발걸음, 불꽃 튀는 소리와 섬광, 명령 소리 등이 일본인이 아니라 하더라도 모든 사람의 눈에 고통스럽게 보일 걸세. 이러한 시범이 우리 손님들의 마음에 완전히 든 것은 아닌 듯했어. 추추이 대표가 기절할 정도로 깜짝 놀라 빨리 중단하라고 명령했거든. 전날 밤에 그들은 에이노스케를 파견하여 새로운 사격조준기가 있는 총과 대포 몇 문의 뇌관을 선물해달라고 요청했네. 이는 마치 자신을 위한 것처럼 보였으나 물론 에도의 명령에 따른 것이었어. 하지만 제독은 이를 눈치채고 이러한 물건은 가장 우호적이며 지속되는 관계에 위치해 있는 사람들에게만 줄 수 있다며 거절했다네.

경보 후에는 몇 분 동안 돛을 펼치고 있다가 그것을 거두는 돛 시범을 보여주었지.

그 후에 식탁에 앉았지만 이전과 다르게 모두 유럽식으로 함께 앉았네. 즉 전권대리인 네 명, 타메야, 우리들 일곱 명이 앉았지. 나머지 일행에게는 선실에다 상을 차려줬어. 키치베와 에이노스케는 또다시 두 늙은 전권대리인의 발 옆 바닥에 앉았네. 모든 음식은 유럽식으로 제공되었지. 나는 카바지가 음식 먹는 것을 도와주었고 포시예트는 추추이를 도와주었네. 카바지는 모든 것을 분석하며 먹었고 각 음식에 대해 물어보았다네. 대표는 무의식적으로 곰곰이 생각하는 것 같았지. 첫 번째 식사 때보다 그들은 더 기꺼이 더 많이 마셨고 건강을 기원하는 것과 끊임없이 우리에게 그리고 자신에게도 포도주를 따르는 것을 우리에게서 배웠다네. 우리는 거의 조금도 마시지 않았지만 그들은 친절하게 매번 모든 잔을 마셔버렸어.

점심이 한창인 때 카바지는 약간 취하기 시작했지만 대표는 말짱하더군. 샴페인을 꺼내왔고 코르크 마개가 떨어져 나가자 샴페인이 뿜어져 나왔네. 그들의 눈이 동그래졌어. 경험이 있는 에이노스케가 그들에게 이 샴페인의 특성을 서둘러 설명했네.

제독이 건배를 제안했지.

"우리 업무의 성공적인 진행을 위하여!"

카바지는 샴페인 한 잔과 과실주 세 잔을 마신 후에 머리를 식탁 위에 올려놓고는 약 1분가량 있었네. 그 후에 술기운에 몸을 떨며 잠이 오는 듯한 눈을 하더군.

그가 빠르게 물었어.

"언제 제독님과 여러분을 저희 쪽에 모시고 대접할 수 있을까요?"

"편할 때 언제든지요. 다만 많은 폐를 끼치지 않았으면 합니다."

하지만 카바지는 날을 정하자고 했고 제독이 이틀 후로 정하자 그때 가면 제독이 요청한 서류가 준비되어 있을 거라고 덧붙였네.

카바지가 계속해서 되풀이했어.

"안녕히 계세요. 우리는 언제 볼까요?"

그는 우리가 다음 접견에 찬성하는지, 또 나가사키에서 우리가 어디로 갈지, 즉 러시아로 돌아가는지 돌아가지 않는지 알기를 원했어. 그런데 갑자기 에이노스케가 일어나 제독의 선실에서 식탁을 재기 시작했네.

그에게 물었지.

"무엇 때문에 그러시죠?"

"당신들을 또 대접할 때 똑같은 식탁을 만들기 위해서요."

그는 우리가 앞으로의 계획을 말할지도 모른다고 생각하는 것 같았네. 하지만 그들에게는 아무것도 말하지 않았지.

오직 인사말만 했을 뿐일세.

"안녕히 가세요."

그러나 언제 어디일지는 한마디도 말하지 않았어.

우리가 어떻게 에도로 갑자기 갈 것인가 하는 일은 그들을 놀라게 할 걸세. 그러면 전권대리인의 모든 노력이 허사가 되고 그들이 나가사키로 온 것도 헛된 일이 되겠지. 그들은 에도에서 우리를 받아주지 않기를 원했거든. 그것은 우리가 미국인들과 접촉하지 않도록 하기 위함이고 당장 교역을 열지 않도록 하기 위함이었네. 자네들은 물론 신문에서 알았을 걸세. 일본인들이 항구 세 곳을 미국인들을 위해서 개방했다는 것을 말이지. 제독은 이 일이 있은 후에 일본의 은둔 사상은 어떤 조약 없이 스스로 끝나야 한다고 생각한다네. 고래잡이에 종사하는 사람은 항구마다 다닐 수 있는 기회를 잡으려 하는 반면 일본인들은 교역 비슷한 어떤 것도 허가하는 것을 바라지 않으며 적어도 지금은 아직 깊게 생각하지 않고 있어. 그리고 자신들 사이에서 이 문제를 해결하지 못하고 있어서 그들은 땔감 식량, 물을 조달해준 대가 지불에 대해서 듣는 것도 원치 않는다네. 그런데 고래잡이에 종사하는 사람들에게 땔나무는 특히 중요하지. 그들이 고래를 잡은 후에 태평양에서 고래의 기름을 짜내기 때문이야. 지금은 고래잡이가 여러 곳에서 많이 항해하고 있네. 그러니 그들이 일본 항구에서 교역을 못하게 하도록 어떻게 감시할 수 있단 말인가? 일본에서는 항구를 오직 배들이 잠깐 들러서 식량과 물을 재빨리 가져가는 일만 하도록 열어두네. 더 하려 한다면 일본인들이 해변에 나와서 상품을 운반하는 것을 방해할 걸세. 싸움이 여러 번 벌어지고 아마도 전투도 벌어질 거야. 처음에는 개인적으로 싸우다가 나중에는… 이 모든 것이 어떻게 끝날지 모두가 잘 알고 있지 않은가.

점심을 먹는 동안 나는 카바지 손에서 부채를 잠시 가져갔네. 야자수로 만들어진 종이로 덮은 단순한 부채였네. 나는 도로 그에게 돌려주기를 원했지만 에이노스케가 그의 말을 통역한 바에 따르면 기념으로 그것을 가지라고 이야기했다네. 나는 사의를 표하였고 신세를 지는 것을 바라지 않아서 시계에서 금시계 줄을 빼어서 그에게 주었어. 그는 잠시 멈칫 하더니 통역된 인사말을 집중해서 듣고는 감사하며 나의 선물을 받겠다고 말했네. 그 후에 그는 식탁에서 나와서 에이노스케에게 무언가를 속삭였지. 카바지와 추추이가 나와 포시예트를 위해 담배가 들어 있는 상자를 두 개씩 선물로 준비했다는 걸세. 내게 금시계 줄을 받고 그는 아마 그에게 완전히 필요 없는 선물을 찾았을 거야. 키치베는 이것에 대해 아무것도 몰랐고 점심 식사 후에 자신의 습관에 따라 헐떡이는 웃음소리와 낑낑거리는 소리를 내면서 나의 근처에서 빙빙 돌기 시작했네. 그는 한두 번 나와 말하기 시작했고 마지막에 세 번째 말하기 시작했을 때는 견디지 못하겠더군. 나는 네덜란드어를 몰라서 요구할 게 없었네.

키치베가 말했네.

"추추이와 카바지께서 당신과 포시예트에게 작은 선물을 주기를 원하십니다…."

에이노스케는 키치베가 말을 끝내기 전에 그를 데리고 식당으로 갔고 모두들 포시예트에게 담배를 선물로 주었네. 내 덕분에 그는 두 배로 선물을 받은 거지.

다음 날 카바지는 내게 비단 세 필과 구릿빛 구멍 네 개가 있고 종려나무로 만든 긴 담배와 담뱃대를 주었네. 구리는 마치 금처럼 반짝이더군. 실제로도 일본의 구리에는 금이 많이 섞여 있네. 추추이에게 나는 은으로 도금된 윤택이 없는 우리의 시골풍 숟가락을 선물했고 그가 이 숟가락으로 먹고 자식들이 더 자주 러시아인들과 밥을 먹는 것을 희망하며 가르치기를 바란다고 했다네. 그는 내게 답례로 작은 상자를 두 개 주었네. 하나는 니스 칠한 도자기였고, 다른 하나는 상어 가죽으로 둘러싼 조그마한 나무 찬합 상자로 길을 갈 때 그 속에 먹을 것을 넣어갈 수 있는 것이었지. 매우 신기한 물건이었어. 내가 지갑을 선물했던 세 번째 전권대리인은 답례로 내게 담배가 반 다스 들어가는 담배 지갑과 주머니 칼을 위한 자루를 주었네. 일본인들은 무늬가 다양하게 새겨진 장검과 작은 칼들을 지니고 다닌다네. 내게 준 강철로 만든 손잡이는 가늘게 손질되어 있었고, 꽃과 새들이 그려져 있었으며, 일본어로 글씨가 새겨져 있었네. 나카무라는 일본의 구릿빛 잉크병을 붓과 먹물과 함께 보냈어.

제독에게 보내온 선물이 모든 갑판과 모든 선실에 쌓여 있네. 물건들은 부피가 큰 편은 아니지만 특별한 함이 모두 만들어져 있어서 자리를 많이 차지했어. 마치 100년 동안은 써먹을 수 있을 것 같았지. 선물은 매우 훌륭했고, 어떤 것은 운치가 있었으며, 다른 것은 우리나라에서 구하기 힘든 것들이었네. 자기로 만들어진 꽃병과 찻잔은 아름다웠고, 니스가 칠해진 물건들은 더욱더 아름다웠지. 식탁, 옷장, 탁자장, 게다가 완전한 문짝들까지도 보냈고 그 외에도 일본 의상을 완벽하게 입은 인형, 단검, 단검의 장식품 같은 것들도 보냈네. 또한 콩도 보냈는데 이건 벌을 주는 것과 같은 거라네! 한 관리가 콩이 열다섯 개쯤 들어 있는 나무통을 선물로 주었고 사케, 마른 생선, 캐비어도 보냈어. 현지사가 또다시 채소를 보냈네. 이것은 모두 작별할 때 받은 거였다네.

점심을 먹고 제독은 카바지에게 금시계를 주며 말했어.

"당신이 선물 받은 시곗줄에 덧붙이는 것입니다."

카바지는 큰 기쁨에 차 있었네. 그리하여 그는 회의에서도 그가 그러한 선물을 졸라서 얻어낸 것처럼 행동했고, 자신의 굵고 둔한 은색 빛의 시계를 내내 보여주었지. 그 시계는 지금은 러시아의 시골 집사에게서도 찾아볼 수 없는 걸세. 추추이에게는 조금 더 작은 시계를 선물했는데, 이것 역시 금시계였네. 그에게는 비단 두 필도 선물했고 다른 사람들에게는 옷감 두 필씩 주었다네.

여덟 시에 그들은 출발했네. 그들이 팔라다호에서 10사젠 정도 밖에 떨어지지 않았을 때 갑자기 사방에서 불꽃이 번쩍하더니 그 후에는 약한 불이 켜졌고 그 후에 갑자기 팔라다호 전체가 불타는 듯한 불빛이 보였어. 그리하여 먼 곳까지 오색 불꽃의 환상적인 불빛이 비추었네. 갑판 위에서 자침을 볼 수 있을 정도로 밝았지. 그렇게 밝은 불빛이 팔라다호와 멀어져 가는 일본 배들을 비추었네. 그리고 그 불빛은 더 밝게 바다에 반사되었지. 이건 큰 인상을 불러일으켰다네. 그리하여 다음 날 일본인들에게는 이에 대한 이야기밖에 없었어. 그들은 어떻게, 무엇인지, 무엇에서 그리고 어떻게 불빛이 일어나는지 물어보고는 보여주기를 부탁했네.

토요일이 되자 우리는 그들에게 갔네. 날은 제법 좋았지만 방 안은 어둡고 습기가 있으며 추웠어. 점심 시간까지 인사말과 친선의 표시를 하면서 시간을 보내고 현지사와 평화 조약을 체결했네. 제독이 해안 지역의 장소 문제로 인해 우리와 그들의 관계가 완전히 매끄러운 것은 아니라 하더라도, 자신은 현지사들이 그들의 관청의 허락 없이는 어떤 것도 할 수 없다는 것을 잘 이해하고 있으며 그들이 반대하는 어떤 것도 얻을 수 없지만, 반대로 그들이 베풀어준 친절, 식량 조달, 물 등에 대해 감사한다고 말했지. 그러나 제독은 그들이 자신의 관청에 다음과 같은 사실을 제안하도록 요청했다네. 만약 그들의 관청이 외국인들과 어떤 교류도 맺을 생각이 없다면, 모든 고결한 민족에게 모욕적으로 여겨지는 이 관계가 파기되는 것에 대해 생각해야 한다고 말이지. 현지사는 자신의 관청에 제독의 요청을 고하겠다고 대답했네. 그리고 현지사는 제독에게 식량이 부족한 관계로 원하는 만큼이 되지 않아 미안하다고 말했어. 현지사들에게도 비단을 한 필씩을 보냈더니 그들은 답례로 선물을 보내왔네. 하지만 정말로 무엇인지 모르겠네. 상자들을 하도 많이 가져와서 우리는 그 안에 무엇이 있을지 궁금해하는 것조차 이미 질렸거든.

전권대리인들 집에서 열린 송별 만찬은 흠잡을 데 없고 좋았네. 양파와 간이 잘된 콩이 양념으로 들어간 국은 매우 맛있었어. 국 안에는 미트볼이 떠다녔는데, 뭐로 만든 건지는 모르겠더군. 나는 뭉쳐 놓은 붉은색 캐비어와 소스가 곁들어진 생선을 맛있게 먹었네. 그리고 뜨거운 밥을 두 그릇 먹었지. 나카무라는 우리들을 흉내 내면서 끊임없이 우리 모두에게 다가와서는 열성적으로 음식들을 권하였네.

주인들이 물었어.

"뭔가 더 필요한 건 없습니까?"

"아니요, 괜찮습니다. 감사합니다."

"밥 또는 사케 한 잔 더 드릴까요?"

"아니요, 아니요, 우리는 배부릅니다."

대표가 상냥하게 물었지.

"그럼 뜨거운 물을 마시겠어요?"

우리는 이것도 거절했네.

"그럼 음식을 치워도 될까요?"

"그렇게 하세요."

정찬 후에 연회가 열렸네. 사탕은 널따란 파란색 광택이 나는 자기에 담겨 있어 상당히 눈에 띄었어. 이곳에는 없는 게 없다네! 쌀가루가 뿌려진 노란색, 붉은색의 과자가 있었지만 모두 먹을 수가 없었어. 그들은 이 모든 것을 접시와 같이 포장해서 우리에게 보내주었다네. 파데예프에게는 축제였지! 각 사람 앞에 받침대를 세운 후에 그 받침대 위에는 천 꾸러미를 올렸고 쇼군이 보내온 선물들도 있었네. 아마포, 비단, 목면이 있었던 것 같아. 모든 장교에게는 얇아서 거의 투명해 보이는 자기 찻잔 한 다스가 들어 있는 상자가 하나씩 주어졌어. 이것은 일본 군주가 보낸 것이라네. 여기서는 직물을 최상의 선물이라고 여기는 것 같더군. 하지만 우리는 그것들을 가볍고 거의 투명하며 특색이 있는 이 자기들과 기꺼이 바꿀 수 있었다네.

전권대리인들은 우리가 어디로 가는지 특히 오호츠크해로 가는지, 즉 우리가 페테르부르크로 가는지 또다시 알기를 원했어.

그들에게 말했지.

"지금은 중국으로 갈 겁니다. 오호츠크해는 지금 얼음이 있어서 그곳으로 갈 수가 없어요."

이 비밀은 틀림없이 그들의 마음에 들지 않았던 것 같아.

카바지는 공연히 가느다랗게 눈을 떴고 입술을 깨물었네. 우리는 미소를 지으면서 그를 보았지. 우리가 만약에 에도로 간다면 그에게는 얼마나 불행인지!

그러나 제독은 쓸데없이 그들을 두려워하는 상태로 만드는 것을 원치 않았네. 그리하여 그는 우리가 봄이 오기 전에 돌아오지 않을 거라는 사실을 그들에게 알리려 했네. 그러나 그들이 반대하지 못하도록 하려고 이 사실을 우리가 닻을 올리고 떠날 때 말하고 싶어 했지. 그런 까닭에 제독은 우리가 이미 닻을 다 올렸을 때 그들에게 알리려고 사람을 보냈다네. 작별할 때 추추이와 현지사들은 또다시 빠트린 선물들을 보내왔어. 첫 번째는 다량의 상자를 제독, 포시예트, 선장, 내게 보냈고, 두 번째는 그림들과 약초들을 모두에게 보냈다네.

1854년 1월 24일

순풍이 불었고 날씨는 평온했네. 우리는 다른 배들과 같이 있을 필요가 이미 없었어. 제독은 류큐 제도[67]로 가는 것을 명령한 후에 다른 배들을 떠나보냈지. 그리고 나서 우리는 모든 돛을 펼친 후 1월 24일에 서둘러서 넓은 바다를 따라 남쪽으로 출발했다네. 스쿠너는 유럽과 중국에서 일어나고 있는 소식을 듣기 위해서 상하이로 먼저 떠났지만 스쿠너 또한 류큐 섬으로 올 것을 명령받

왔네. 자네들의 편지를 가지고 오지 않을까? 자네들이 나의 편지들을 받았는지 아닌지 낙심되네. 마닐라! 마닐라! 바로 그곳에 우리의 꿈, 우리의 무릉도원이 있을 거야. 그곳으로 우리의 열렬한 희망이 향하고 있네. 이 나라는 스페인과 같다네. 수도사들, 남자들, 숄을 덮고 있는 늙은 여자들, 황소 싸움이 있다는군. 그 외에도 또한 열대지방의 스페인이 있지!

제 4 장
류큐 제도

1854년 1월 31일~2월 9일

나하항

깊은 생각에 잠긴 나의 예술가여, 나는 자네[68]를 항상 회상하네… 아침에는 자네의 작업실로 들어가 화폭 뒤 어딘가에 있는 자네를 찾곤 했어. 자네가 눈치채지 못하게 조심히 들어가, 자네가 어떻게 초안을 그리는지 보았네. 처음에는 옅게 그리고 흐릿하고 희미하게… 이러한 것이 마치 하나의 세상에 혼합되어 있는 것 같았네. 물과 나무, 바다와 땅… 그리고 며칠 뒤에 돌아와 보면 흐릿하기만 했던 자네의 초안은 형상을 드러내고 있더군. 마치 해안이 살아 숨 쉬는 것처럼 모든 것이 생동감으로 흘러넘쳤지.

내게 류큐 제도의 첫인상은 그 희미한 윤곽으로 그려진 그림 같은 섬이었다네. 자네가 스케치했던 것처럼 말일세. 푸르지도 않고 회색빛도 아닌, 그저 광활하고 울퉁불퉁한 땅덩어리가 지평선까지 뻗어 있었어. 우리는 거대한 산호초 군단을 중간에 두고 육지와 8~9킬로미터 떨어져 있었네. 파도가 사납게 이 산호초 장벽에 부딪쳤지. 큰 파도는 부드러운 담요처럼 저 멀리로 펼쳐지기도 했다가, 높이 솟아올라서는 흰 눈송이로 만들어진 구름처럼 사방으로 흩어져 내리기도 했네. 멀리서 보았을 때, 이 푸르고 푸른 바다와 산호초의 광경은 마치 바다 속에서 짙은 흰 연기가 뿜어져 나오는 것만 같았고, 에메랄드 진주가 흐르는 것만 같았다네.

연안은 아직 이른 새벽이어서 어두웠지만, 곧 숨어 있던 태양이 점차 고개를 내밀고 밝은 빛을 비추기 시작했지. 그 빛은 얼마나 푸르게 빛나던지!

마지막 이틀은 거친 폭풍이 들이닥쳤지만, 결국은 잠잠해져 마침내 우리는 항구로 갈 수 있게 되었네. 이 모든 것은 새벽에 이루어져서, 잠이 든 나는 아무것도 보지 못했어. 갑판에 나오니 해변은 내게 마치 모든 것이 끝난 것처럼, 한편의 그림처럼 해안선을 따라 들쭉날쭉 굽어드는 아름다운 선으로 비추어졌네. 물감으로 염색을 해놓은 것처럼 빛을 발하고 있었지.

연안은 지대가 낮았네. 특히 나가사키와 비교하면 말일세. 그 대신 볼거리는 얼마나 많았던지! 우리 왼편의 바닷가를 향해 있는 작은 섬은 바람에 닳아 있더군. 그곳에는 머리가 듬성듬성 난 것처럼 마른 풀이 자랐고, 좋지 않은 날씨 탓으로 회색빛인 산호초가 얼굴을 들이밀고 있었으며, 어딘가에는 모래톱과 덤불들도 있었네. 바로 우리 앞에서 해안은 더 아름다운 풍경을 남겨둔 채, 이 사주[69] 뒤로 멀리 뒷걸음질쳤어. 한편 저지대는 습지였는데, 지대가 낮은 해안가에 자리 잡은 언덕에는 아름다운 형형색색의 곡식밭이 빚어내는 울창한 정원이 펼쳐지고, 언덕의 꼭대기에는 잣나무가 바람을 맞으며 사이좋게 서 있었다네.

저 나무 더미 속에 어떤 초목이 자라는 걸까? 저 들판에는 무엇이 심어져 있을까? 저곳엔 어떤 집들이 있을까? 빨리빨리 해안가로 가보세! 물에서 금방 올라온 듯한 회색빛 산호초 바위 두 개는 해안가에서 멀리 자리 잡고 있었네. 그중 한곳의 정상에는 교회 지붕이 보였고, 그 옆에는 무성한 풀 속에 반원 형태의 타원 모양을 한 다양한 돌 블록들이 있었지. 그것은 건물로 보일 만큼 거대한 묘비였다네. 해변 오른쪽 저 멀리에는 다시 바다가 계속 펼쳐져 있고, 그 옆은 또 언덕이었으며 사주와 갯벌이 계속되었어. 큰 파도에 떠내려온 산호초 더미들이 해변 근처 여기저기 흩어져 있더군. 돌멩이들은 물 밖으로 몸을 내밀고 있었는데, 간조일 때에는 보였다가 만조일 때는 몸을 숨기고는 했다네.

항구는 얕은 개울가에 산호초로 뒤덮여 있는 곳에 위치하고 있었어. 좋은 바다지도 하나 없이 산호초 군단으로 둘러싸인 그곳으로 들어간 것은 정말 불행이었네! 우리에게는 일반지도 한 장과, 비치라는 그럭저럭 쓸 만한 바다지도 한 장이 전부였지. 결국 한 시간 후에나 갯벌이 있는 해안가에 도착할 수 있었다네. 물이 얕은 탓에 우리 보트[70]가 바다에 자꾸 닿는 바람에 불안정하게 정박하였지. 우리는 보트에서 펄쩍 뛰어내려 마침내 정원에 도착했어. 아니, 정원도 아니고 숲도 아닌 어떤 공원에… 평소 익숙하지 않은 나무 덤불 안으로 뛰어들었네. 칠흑 같은 어둠속에서 말이야.

우리나라에서 보았던 나무 중에서 여기에서 볼 수 있던 것은 소나무뿐이었고 그 외에는 모두 러시아에서 보지 못했던 새로운 것이었네.

자바와 싱가포르에서 느꼈던, 지나치다 싶을 정도로 강한 달콤한 열대 숲의 향냄새에 나는 다시 한 번 놀라지 않을 수가 없었어. 곧 붉은 나무와 다른 나무들로 이루어져 있는 숲을 지났네. 나무들은 마치 금방이라도 바다 속으로 뛰어들 것처럼 해안가 가장자리에 자리 잡고 있더군. 그 길을 따라 우리에게 손짓하고 있는 듯한 큰 숲이랄까, 정원이라고 말할 수 있는 그곳을 걸었다네. 점토질 사주 또한 지나왔지. 그곳 옆에는 소금 채취를 위해 만들어놓은 염전이 자리하고 있더군. 그 사주 뒤에는 오솔길 같은 거리가 시작되었고 작은 마을 보춘그가 그 모습을 드러냈다네….

바질리 갈리[7] 여행기를 한번 읽어보게나. 그는 류큐 제도를 처음으로 방문한 사람 가운데 하나일세. 이 여행기에 등장하는 섬 풍경의 삽화가 우리가 정박했던 바로 그 장소라네. 자네는 큰 나무 뒤로 오두막과 아름다운 강이 숨어 있는 이 동화 같은 풍경을 비웃을 수도 있을 것 같군. 이 모든 것은 이끼 긴 나무, 유리바다, 종이인형 풍경과 비슷하게 보일 만큼 부자연스럽게 그려졌거든. 하지만 자네가 류큐 제도를 직접 보게 된다면 다른 이유로 웃게 될걸세. 바질리 갈리의 그림이 여기 이 광경보다 훨씬 못하다는 사실을 깨달을 것이기 때문이지.

류큐 제도는 어떤 섬일까? 고대 철자로는 어떻게 류큐라고 썼으며 또 외국인들은 그것을 어떻게 류츄라고 부르게 되었을까? 또 현지인 발음으로는 어떻게 두츄라고 들리기도 하는 것인가? 갈리의 책을 펴보게. 이 여행기를 읽고 전원시에 대해 생각해보게나. 그래, 이것은 끝없는 태평양에서 멀리 떨어진 전원이라네. 이제 내 이야기를 들어보게. 이곳은 미리 계획되지 않은 무질서 속에서 나무는 나무끼리 그리고 잎사귀는 잎사귀끼리 깔끔하게 서 있었네.
혼란스럽게 서로 뒤섞여 있지 않고 말이야. 보통 모든 자연이 그렇
듯이 말이지…. 모든 것이 마치 무대처럼 또는 바토[72]의 그림처럼
적절하게 그리고 깨끗하고 아름답게 정리되어 있더군. 전원시에서
는 사람, 말, 소는 자그마하게 나타나고 암탉이나 수탉은 크게 표
현되어 있을 걸세. 여기의 나무들은 아주 거대한데 그사이에서 강
가의 은빛 개울들은 소곤거리며 흘러가네. 물론 연극 무대에서 떠
드는 것들처럼 좋은 느낌으로 다가오더군. 사람들은 친절하고 채
소를 주식으로 하며 공손함을 제외하고는 아무것도 없을 만큼 예
의 바르네. 하지만 어찌된 것인지 우리 외국인들은 그들에게 우정,
친절, 허리를 깊이 숙여 인사하는 것 외에는 그 어떠한 것도 얻어
낼 수 없었어. 그들은 원시적이면서도 소박하고 순박하게 사는 것
같았지. 우르르 몰려나와 여행자들에게 다가와 허리 숙여 인사하
고 그들을 집의 뜰까지 데리고 가서는 들판과 정원에서 거둬들인
것으로 대접까지 한다네.

이게 뭐지? 우린 지금 어디에 있단 말인가? 황금시대 고대 목동
민족 사이에 있는 건가? 테오크리토스[73]는 실제로 정말 옳은 것일
까? 아카시아, 소나무, 벵골 보리수가 만들어내는 그늘로 걸어가는
동안 이 모든 것이 내 머릿속을 스쳐 지나갔어. 이것들 사이로 어

딘가에서 종려나무가 보였네. 나는 덤불들을 헤치며 그곳으로 들어가서 잎사귀들을 젖히고 그 덩굴식물을 보았어. 그러고는 저 멀리 가버린 동료들을 쫓아 뛰어가곤 했지.

더 멀리 가면 갈수록 우리는 자신의 눈을 믿을 수 없었네. 그림에서 보았던 것처럼 실제로 나무 사이에 산호로 된 돌담으로 둘러싸인 오두막이 있었거든. 이것은 그 어떤 대포라도 이 담장을 쏘기 전에 생각을 한번 해봄 직한 것이었네. 하지만 이 모든 것은 단지 이 오두막 따위를 경계 짓기 위한 것일 뿐이었어. 나는 이 담장 너머로 안을 들여다보았네. 자그마한 집들이 텃밭과 작은 마당에 둘러싸여 있었지. 이러한 담장은 무척 많았는데 담장 너머로는 나무들이 자라고 또한 꽃들도 자라고 있더군. 저 멀리 쳐다보니 주민들은 긴 대나무 지팡이를 짚고 문에 서 있었네. 그들 사이로 위풍당당하면서도 생각에 잠긴 듯 진지한 얼굴로 품이 크고 장식이 많지는 않지만 깨끗한 옷을 입고 넓은 허리끈을 한 노인들이 보였다네. 긴 흰색 수염과 잘 빗어 머리 위로 튼 머리채로 보건대 그들을 노인이라고 부르기보다는 더 정확하게는 현자라고 부르는 것이 좋을 것 같았어. 우리가 가까이 가니 그들은 손을 아래로 내리고 머리를 숙이며 인사했네. 아이들은 우리를 보고 무서워하며 그들 뒤로 숨어버렸지.

나는 생각했네.

'이게 도대체 뭐지?'

나는 점점 놀라면서 되풀이하게 되었어.

'이것은 테오크리토스뿐 아니라 데쥴리에르[74]와 게스네르[75]까지 믿어야 한단 말인가.'

이러한 전원시의 생활을 추가로 덧붙이듯 양들을 해변가에 풀어놓고 산책을 시키기까지 하더군.

우리 가운데 누군가가 갑자기 물었네.

"우리는 어디로 가는 거지?"

우리는 모두 멈추어 섰어.

내가 영어로 주민에게 물었네.

"이 길은 어디로 통해 있죠?"

그는 귀를 가리키며 모른다는 표시로 머리를 좌우로 내저었다네. 아마도 무슨 말인지 이해하지 못한 것 같았어.

푸루헬름 선장이 말했네.

"수도[76] 추지로 갑시다. 그림같이 아름다운 풍경 사이에 매우 멋있는 다리를 따라가면 수도까지 걸어서 한 시간 정도 걸릴 겁니다. 가봅시다."

나는 도취되어 바라보았다네. 다른 곳에서도 흔히 볼 수 있는 따뜻하고 포근하며 향기 나는 공기나 열대식물에 놀라 감탄한 것이 아닐세. 이 질서정연하면서도 조화롭게 정돈되어 있는 숲, 길, 오솔길, 정원에도 놀라고… 노인들의 소박하고 순박한 옷차림에도 불구하고 엄격하고도 생각에 잠겨 있는 듯한 존경할 만한 얼굴, 수줍어하는 젊은이들에게서 느낄 수 있는 상냥함과 온화함에도 놀라고… 또한 엄청난 노동을 하는 토공과 석공에게도 놀랐던 걸세. 이것은 정말 전원시의 고대적인 삶의 단편을 보여주는 것만 같았어. 여기에는 모든 것이 원래 있는 그대로 오랫동안 변하지 않았다네. 다른 곳에서는 불확실한 전설이 될 만한 것들이 여기에서는 현실이고 사실이 되지. 이곳은 황금시대가 열릴 가능성이 있는 곳이라네.

숲은 마치 왕이나 귀인의 정원이나 공원 같았어. 어디서나 자연을 훼손시키지 않고 자연의 위대함을 모욕시키지 않으면서도 풍부한 공물을 거둬들이는 꼼꼼한 손길과 작은 것까지 배려하는 그들의 관점을 볼 수 있었지. 산호로 만든 담장을 보면 자네는 이 담장 뒤로 단단한 돌집들이 숨어 있을 거란 생각이 들겠지만 실제는 그렇지 않다네. 그곳에는 겸손하게 기와지붕으로 된 장난감처럼 작은 집들, 초가집들, 벼와 짚으로 덮어놓은 마구간들이 있지…. 집은 대나무와 얇은 나무로 엮어놓은 벽이 세 방향으로만 나 있고

네 번째 벽은 없었네. 집의 한쪽 면이 열려 있는 걸세. 부유한 집들은 필요에 따라 틀, 종이, 빗장 등으로 만든 나머지 한쪽 면을 막을 수 있는 움직이는 문 같은 것이 있지만 초가집에는 벽면이 고정되어 있더군. 우리는 시냇물 위로 튼튼하고 묵직하게 균형이 잘 잡혀 있는 아치 모양의 아름다운 다리를 건너왔네. 이것 또한 큰 산호초 돌로 만들어진 거라네. 자연을 이용하여 이러한 것들을 만드는 방법은 누가 알려준 것인가? 이러한 질문을 던지지 않을 수가 없었어. 여기는 아무도 살지 않았을 텐데…. 40년 전쯤 이러한 다리를 만들 수 있는 외국인들이 류큐 제도를 방문했을 때 처음으로 류큐인들의 존재를 알게 되었을까? 류큐인들은 류큐 제도에서 벗어난 적이 없었을 테니까….

여기는 성경이나 호메로스[77]의 작품에서 표현하는 것과 같은 고대 세계에서 유일하게 살아남은 작은 조각 같았네. 그렇다 하여 이 민족이 야만인은 아니야. 가축의 무리를 거둬 먹이고 기르는 법을 알았고 종교에 대한 충분한 이해를 가지고 있으며 인간의 미덕과 의무에 대해 알고 있는 마치 성직자 같은 민족이었어. 성경이나 『오디세이』[78]에서 묘사하는 듯한 주거지, 삶의 단순함, 고요함을 확인하러 이곳으로 꼭 와보게나. 마치 아무것도 변하지 않은 2000년 전으로 돌아간 듯한 느낌을 받을 걸세. 사람들의 일은 단순하고 원시적이며 어렵지 않네. 자연 또한 아름답고 평온하네. 태양은 뜨겁게 붉은 빛깔로 빛나고 물은 고요히 흐르며 과실수에는 먹음직스럽게 익은 열매들이 탐스럽게 달려 있는 그런 곳일세. 책이나 화약 같은 문명의 발전은 없는 곳이지. 이제 어떻게 될지 지켜보세. 정말 잊힌 고대 사회의 한 구석인 이곳에도 새로운 문명사회가 열릴까?

이곳은 문명의 영향을 받고 있으며 그리고 이미 영향을 받아왔네. 일본인이 합중국인이라고 부르는 미국인들이 우리가 오기 이틀 전에도 이곳을 다녀갔다는군. 여기 류큐 제도는 이제 일본이 아닌 미국의 보호 아래 있고 다른 민족들은 류큐 제도를 침략할 수 없다는 침략불허통지서를 가진 두 명의 장교와 아픈 수병들이 이곳에 남아 있었네. 그들은 석탄을 쌓아놓기 위한 창고를 세워놓고는 일본으로 항해하여 떠나갔어.

우리가 오기 전 이미 자신의 수송선 멘시코프 공작호를 타고 와서 이 섬을 둘러보고 있던 푸루헬름 선장에게 물었네.

"이 다리는 어디로 통하게 되어 있나요?"

푸루헬름 선장이 강 너머 밀집되어 있는 기와지붕을 가리키며 말했어.

"나하 항구로 통해 있지요."

멀리 있는 기와집들은 숲속까지 뻗어 있어서 잘 보이지 않더군.

우리는 나무 사이로 나 있는 시골길을 따라 수도로 계속해서 전진했네. 그 시골길에 있는 나무는 러시아에서는 집 안에서 키우는 것인데 여기에서는 밖에서 키우고 있었어. 시골길 끝 즈음에 작은 시장이 있었네. 헝클어진 검은 머리를 한 마녀 같은 여자들이 쪼그리고 앉아 대나무로 만든 우산 같은 것을 바닥에 꽂아놓고는 담배, 당밀 과자, 콩으로 만든 흰 반죽 등을 팔고 있었어. 그중 몇명은 우리를 보고는 자신의 물건들을 다 버린 채로 가까운 문이나 좁은 골목길로 재빨리 숨었고 도망가지 못한 사람들은 소매로 얼굴을 가려버렸지. 이런! 저 꼴들하고는! 이들도 여자란 말인가. 이들도 누군가의 어머니이자 누군가의 아내들이겠지! 이 여자들과 누가 결혼하려 하겠는가?[79] 남자들은 잘생겼고 폼이 나는데 여자들은 뜨거운 태양빛에 그을려서 남자라고 불러도 될 정도였다네.

자네 파르골로보[80]로 가는 길을 아는가? 이 길은 또한 수도로 통하는 거대한 포장도로라네. 단지 이 도로의 바닥에는 잔돌이 아니라 산호가 깔려 있어. 그 산호는 날카로워 구두창을 뚫고 나오는 듯한 느낌이었네. 류큐 제도 주민들은 어떻게 여기를 맨발로 다닐 수 있는지 이해하지 못하겠다네. 그 대신 산호가 완전히 닳아 바닥이 세공마루처럼 미끄러운 곳도 있었지. 시골에서 빠져나가자 우리는 푸른 풀로 빈틈없이 둘러싸여 있는 멋있는 가로수 길을 만났네.

벵골 보리수를 제외하고도 일본인들이 서화용지를 만들 때 사용하는 알갱이가 나는 아름답고 키가 큰 나무도 있었네. 다른 종류의 나무들도 있었어. 도금양나무, 열매가 달려 있는 야자수, 종려나무 등이⋯. 그러나 그 종려나무는 우리가 자바와 싱가포르에서 본 나무들에 비해 초라하고 볼품없었네. 날씨가 추운 탓인지 잎사귀들이 많이 없었고 시들었더군. 우리는 높고 튼튼하게 보이는 돌 벽과 중국어로 문에 빈틈없이 새겨진 출입문이 세 개 있는 건물을 지나왔네. 이곳은 불교 사원이었어. 벽 틈 사이로 삭발한 승려들을 보았다네.

이 모든 장소들이 우리의 오래되고 유명한 유럽식 정원을 떠올리게 했어. 오솔길에는 많은 골목들이 나 있었네. 왼쪽으로 가면 숲, 초가집, 농장이 있고 오른쪽으로 가면 경작된 들판이 나왔지. 길은 언덕과 계곡을 따라 구불구불 얽혀 있었네. 아! 우리가 숲을 지나가는 그 순간 갑자기 우리 앞에 어떤 경관이 펼쳐졌어⋯ 아마 자네는 상상하지 못할 걸세! 마치 장막이 걷히는 것 같았다네. 저 멀리에 언덕, 계곡, 골짜기, 비탈, 낭떠러지가 어렴풋이 보였고 숲은 울창해졌어. 가까이에는 벼가 심어진 들판에 가지런한 논고랑, 사

탕수수 재배지, 푸르기도 하고 파스텔 빛깔도 나면서 어두운 에메
랄드 색을 뿜어내고 있는 채소밭이 눈에 띄었지.

뜨거운 태양의 광채로 가득 찬 숲과 산의 장관이 우리의 눈앞
에 펼쳐졌네. 들판 어딘가에서 벼를 심기도 하고 감자나 양배추
같은 것을 수확하는 사람들이 보였어. 이곳에서 느낄 수 있는 온
화함, 보는 이로 하여금 기쁘게 하는 노동, 풍요롭기까지 한 색채
는 류큐 제도의 모든 곳에 자리 잡고 있었네. 그래서인지 힘들고
기나긴, 더욱이 위험하기까지 했던 항해 끝에 만난 류큐 제도는
내게 가장 매력적이면서도 믿음이 가는 안식처로 다가왔다네.

이곳에 있는 모든 것은 목재 더미도 아니고 그렇다고 하여 단순
한 오두막도 아니었네. 이곳은 오두막과 목초지를 보호하는 곳으
로 보였어. 고대 사회 촌락 정도로 말할 수 있을 걸세. 마을에 대
해 다른 방법으로 표현하려 한다면 그것은 이 마을에 큰 무례함
을 저지르게 되는 행동일 거야. 우리는 평소와 같이 입고 행동했
네. 몸에 꼭 맞는 짧은 옷을 입고 커다란 벵골 보리수 그늘 아래
로 빠르게 소리를 내며 걸었지. 나와 내 동료들의 모습이 이곳에서
는 이상하게 느껴졌을 걸세. 작고 온순해 보이는 말은 유럽인이 익
숙하지 않았나 보더군. 우릴 보고 놀라서는 뒷발질을 하고 이리저
리 뛰어다니며 난동을 피웠다네. 말 주인은 그 모습을 보고 자신

의 밀짚모자로 말의 눈을 가려주며 서둘러 그곳을 지나가더군. 지나가다 마주치는 여자들은 말처럼 뒷발질을 하지는 않았지만 소매로 얼굴을 가려버리거나 이리저리 피해다녔네. 그중 13세 정도로 보이는 여자아이 단 한 명만이 무언가 기대감과 호기심을 가지고 용감하게 뜰에서 길거리로 나왔다네. 그들 모두 저런 대담한 아이가 있나 하는 표정으로 우리 쪽을 응시했어.

누군가 수탉을 가리키며 말했네.

"정말 큰 수탉입니다. 유럽의 수탉보다 적어도 1.5배는 커 보입니다."

우리는 소나무, 벵골 보리수, 대나무가 우거진 숲속 그늘 아래로 들어갔다네. 그중 푸른빛을 띠고 있는 대나무는 파시요트가 자신의 지팡이를 만들 때 사용한 대나무와 흡사하더군. 대나무 숲을 지나고 나니 담장 뒤로 벵골 보리수가 보였고 벵골 보리수 뒤로는 다른 여러 아름다운 나무들이 있었어.

누군가 물었네.

"이건 뭡니까? 내 생각에는 보리 같은데요."

실제로도 러시아에서 울창하게 자라는 보리였다네! 벼를 심은 논에 댈 물이 논고랑을 따라 흐르고 있었지.

무엇을 먼저 보아야 할지 모를 정도로 볼 것이 많았어. 수도에서 나오는 건지 수도로 들어가는 건지는 모르겠지만 조랑말을 타고 서둘러 가는 사람들, 삼나무 그늘에 앉았다 가라고 손짓하는 경사진 푸른 산, 고개를 삐쭉 내놓은 태양, 가지로 뒤덮여 있는 담 뒤에 숨어 있는 오두막. 이것이 바로 자연의 힘 아닌가! 얼마나 볼거리가 많은지! 모든 것이 깔끔하고 가지런하게 정리되어 있었네. 볼거리가 하도 많아서 하나하나를 다 눈여겨볼 수 없었을 정도로 말이야. 주위를 아무리 두리번거려도 마찬가지였네. 모든 것이 소탈하고 푸르면서도 멋진 장관이었지.

길은 산 쪽으로 나 있었네. 날씨는 아주 더워서 곧 우리는 코트를 벗어던졌어. 촘촘하게 엮은 브로드[81]로 만든 갑갑한 옷을 도저히 이 날씨에는 입고 있을 수가 없었네. 여름의 더위를 제대로 보여주더군! 그래도 바다에서 시원한 바람이 사방으로 불어와 다행이었네! 위도 26도에 이 축복받은 섬이 자리 잡고 있는 걸세. 이렇게 아름다운 섬을 어떻게 쟁취하지 않을 수 있겠는가? 미국인의 입장에서 생각해보면… 그들이 옳았다는 것을 알 수 있다네.

산에는 마치 장난감과 같은 오두막들이 있더군. 그 오두막들은 빼곡히 들어선 담장 뒤로 숨어 보이지 않아 아쉬웠네! 하지만 그럴 수밖에 없는 이유가 있네. 류큐는 태풍의 진행 방향에 자리 잡고 있어 태풍의 영향을 자주 받는 곳이기 때문에 이러한 담장이 없다면 새장처럼 힘없는 오두막을 폭풍과 태풍이 먼지처럼 깨끗이 쓸어버릴지도 모르거든. 눈을 돌려 먼 곳을 바라보니 그곳에는 산기슭에서 멀리 뻗어가는 골짜기가 자리 잡고 있었네. 산에는 더 이상 푸르른 수풀은 찾아볼 수 없을 정도였지. 하지만 골짜기를 바라보니 온갖 푸르름으로 뒤덮여 있었네. 이제 도취되어 바라보는 것조차 피곤해져 꽃이 만개한 복숭아나무, 도금양나무, 삼나무 덤불을 무심하게 바라보게 되었어. 우리는 산으로 들어가 주위를 둘러보고 어찌할 바를 몰라 침묵했다네. 어쩜 이리도 다양하고도 아름다운 광경이 있는 것인가… 저 먼 곳을 바라보니 또 다른 섬과 그 주변의 바다가 보였네. 그곳에는 어제 우리의 생명을 위협했던 그 거품 이는 파도를 몰고 오는 바다가 있었지.

여기 남은 미국 장교 가운데 전략가인 듯한 장교가 말했네.

"어제 밤 태풍 속에서 한숨도 자지 못했습니다. 여러분들을 위해 기도했어요. 이제 나는 대포소리 같은 천둥소리를 곧 듣게 될 거라 생각했습니다."

요즘 시기에는 폭풍이 자주 사납게 휘몰아쳐서 내가 위에서도 말했듯이 항구로 입항하는 것은 아주 위험한 일이었네.

마침내 우리는 수도에 도착했어.

나는 정면에 한자가 새겨져 있는 중국풍의 큰 문을 보면서 생각했지.

'여기가 진짜 수도구나.'

우리가 고시케비치에게 물었네.

"저기에는 뭐라고 쓰여 있는 거지요? 읽어보세요."

"너무 높아서 보이질 않아요."

우리는 그가 근시라는 점을 깜빡했다네.

우리는 문을 지나 걸었고 앞으로 끝없는 대로가 보였어. 이 대로는 산호초로 포장한 것이 아니라 잔돌로 단단하게 다져져 있었지. 그 대로는 끊임없는 고속도로 같았다네. 도로의 양 옆에는 화려한 식물들이 심어져 있어 마치 정원이나 공원에 있는 듯한 착각을 불러일으켰지. 우리는 담장 너머로 붉은 기와지붕을 발견했어. 누가 우리를 마중 나오기는커녕 단 한 사람도 볼 수가 없었네. 마치 모두 도시를 버리고 떠난 것처럼 말이야. 우리가 마주친 많지 않은 사람 중에서 의사인지 승려인지 알 수 없는, 머리를 삭발하고 흰 풀잎으로 짠 의복[82]을 입은 사람들도 있었네. 이들은 서두르는 듯한 걸음으로 우리 옆을 지나가고 있었지. 우리가 그들을 뚫어지게 쳐다보자 머리가 거의 땅에 닿을 정도로 공손하게 인사를 하더군. 아니, 공손함보다는 공포감으로 인사했을지도 모르지. 사람들은 대문 근처에서 자취를 감추었고, 어떤 이들은 대문 틈 사이로 고개를 내밀고 우리를 쳐다보기도 했다네. 이 거리의 넓은 돌길이 이어져 있는 집들을 보니 부족함 없는 부유층이 살고 있는 곳 같았어. 우리는 성큼성큼 다음 길을 계속해서 걸어갔고 길이 왼쪽으로 접어들자 우리 앞에 갑자기 궁전 같은 것이 나타났다네.

이곳은 4사젠 정도 높이의 돌벽으로 둘러진 저택이었는데 벽은 이끼와 덩굴로 무성하게 덮여 있었네. 허술하고도 커다란 돌계단은 판자로 빈틈없이 박아놓은 높은 문으로 이어져 있었지. 문 양쪽 꼭대기에는 산호로 만든 스핑크스처럼 생긴 동물이 있었네. 어디에서도 삶의 흔적은 찾아볼 수 없더군. 환상적인 이야기에 나오는 것처럼 모든 것을 돌로 만들어버린 것만 같았어. 우리는 마치 불새가 나오는 아주 먼 땅으로 온 것만 같았지. 문을 돌아가면 감옥인지 뭔지 나무로 만든 회랑이 있었네. 우리가 나가사키에서 본 것과 같은 것 말일세. 그곳에는 대나무 돗자리를 깔고 쪼그리고 앉아 있는 류큐 제도 주민들이 있었는데 아마도 그 궁전의 하인들인 것 같았어. 그들 또한 돌처럼 꿈쩍도 하지 않더군.

우리는 잠깐 앉아서 쉬었다가 구불구불한 오솔길 사이로 벵골보리수와 삼나무가 심어져 있는 경사진 대로로 산을 내려왔네. 어떤 장소에서는 작은 폭포가 속삭이는 듯한 소리가 들려오기도 했지. 멀리에는 담장과 저수지로 둘러싸인 사당[83]이 있었고 더 멀리에는 좁고 곧은길이 계속되는 게 보였지. 산 비탈길에 흩어져 있는 집들과 오두막들의 지붕을 보니 고대의 가옥들이 꼭 저랬을 것 같 더구먼!

이곳에는 야만인의 지저분하고 거칠며 게으르고 난폭한 삶이 없다네. 그렇다 하여 이곳은 종교적인 삶을 사는 제국도 아니야. 개화된 삶의 흔적은 찾아볼 수 없다네. 개간된 밭, 깨끗한 초가집, 정원, 열매와 채소 더미, 사람들 간의 깊은 유대감, 이러한 것들이 여러 가지를 증명하고 있는 듯해. 즉 삶은 오직 수고와 노력으로 가장 높은 수준의 물질적 부에 다다를 수 있다는 것을 말이지. 또 한 먹고사는 문제에 대한 고민, 욕망, 이해타산이 일상생활의 영역 을 벗어나지 못한다는 것도 증명하고 있어. 이성과 정신적인 부분 들은 예전의 이교도 유목인들의 제국에서처럼 유년시절의 달콤한 꿈에서 깨어나지 못하고 있다는 것도 그리고 이러한 정신세계가 시작되는 경계선까지는 다가갔으나 그 이상은 나아가지 못한 것도 증명하고 있었지. 어떤 집들에는 십자가와 광채가 깃들어 있는 종 교가 있으며 이 종교는 사람들이 종교에 눈뜨기를 고요히 기다리 고 있네. 그리고 또 다른 집들에는 목면, 모직물, 소총, 대포, 그 밖 의 새로운 문명사회의 무기들을 가지고 있는 미국인이 있지.

우리는 논고랑에서 나와 모든 것이 산호로 만들어진 오솔길을 따라 오르면서 저택 주변을 지나왔네. 길목에서 들판까지는 돌계단으로 연결되어 있었는데 나는 이 동네에서 이러한 길 이외에 다른 형태를 가진 오솔길은 보지 못하였어. 모두 이런 돌계단으로 된 오솔길이었지. 류큐인들은 우리를 저 멀리서 소심하게 따라왔네. 이러한 안내가 마음에 들지 않았던 푸루헬름 선장은 손을 내저어 그들을 쫓아버리더군. 그러자 그들은 허리를 거의 바닥에 닿을 정도로 굽혔고 우리가 그들에게 관심을 가지지 않을 때까지 그 자세로 멈추어 서 있었다네. 우리가 다시 가기 시작하자 관목 뒤에 숨어 우리를 따라왔고 관목이 없는 곳에서는 어느 정도 거리를 두고 저 멀리서 천천히 뒤따라왔어. 내가 손짓으로 한 명을 불렀네. 그는 바로 다가오지 않더군. 두 발자국 걸어오고 멈칫 주저하며 멈추어 섰다가 결국에는 내게 왔다네. 종려나무, 도금양나무, 잣나무가 무성히 자란 그림같이 아름다운 골짜기 절벽에서 숲으로 통하는 매우 구불구불하고 험한 오솔길을 내려가야만 했기 때문에 나는 그를 불렀던 거야. 나는 류큐인을 의지하며 내려갔고 그는 매우 만족스러워하는 것 같았네. 나란히 조심스럽게 내려가고 있을 때 내가 미끄러운 산호초에 발을 헛디디자 그는 나를 잡아주기 위해 몸을 사리지 않았어. 나는 믿을 만한 버팀목이 있었기 때문에 그랬는지 모르지만 문득 다른 사람들은 미끄러지지 않았을까 해서 그 미끄러운 장소에서 두 발로 버티고 선 채로 내심 만족스러워하며 나머지 사람들을 보았지. 어떤 이들은 미끄러져 넘어지지 않기 위해 자신이 서 있는 위치에서 가장 가까이에 있는 큰 나무까지 전속력으로 달려가 그 나무를 버팀목으로 삼아 멈추어 섰다네.

우리는 사방으로 우거진 그림 같은 숲을 지나 삼림 주변으로 나왔어. 이렇게 아름답게 일부러 만들려 해도 만들 수 없을 만큼 아름다운 풍경이었지. 여기는 지진도 몰고 올 만한 거대한 산호초 군락들이 있었네. 이끼와 풀도 잔뜩 자라 있었어. 동료 가운데 낭만적인 어떤 이들은 악사를 데리고 이리로 와 하루 종일 놀고 가면 좋겠다고 말하더군. 그러자 긍정적인 다른 이들이 안주와 점심도 가져오라고 덧붙였다네. 우리는 작은 집들이 나란히 서 있는 골목 가운데 한곳에서 빠져 나왔네. 그 집들 근처에는 벵골 보리수와 꽃 더미가 서로 밀치며 서 있었지.

그 골목에서 다른 길이 연결되어 있었고 우리는 몇 채의 집을 더 지나왔네. 그 길은 갑자기 좌우로 나뉘어졌어. 우리는 집 한편의 황홀하고 비할 데 없는 그 풍경에 멈추어 섰네. 마를리[84] 같은, 거울같이 깨끗하고 평평한 연못을 상상해보면 될 걸세. 그 반대편에는 어두운 푸른 빛깔로 선명한 색상을 드러내고 있는 산이 보였지. 그것은 마치 브러시 같기도 하고 모피 외투 같기도 했다네. 산에는 부드럽고 온화한 느낌의 잎을 가진 활엽수도 보였고 마치 뾰족한 바늘과 같은 잎사귀를 지닌 침엽수도 있었어. 이 거대한 나무들은 아주 빽빽하게 심어져 있어서 그것들이 자라나고 있는 땅이 보이지 않을 정도였지.

우리는 거리를 따라 계속해서 갔고 우리의 관심을 끌 만한 예상치 못한 광경이 앞에 나타났다네. 보아하니 이곳은 사람들로 붐비는 번화가인 것 같았어. 여기서 사람들은 무얼 하는 걸까? 그들은 놀라서 우리를 가리켰네. 조금 멀리 위치한 사람들은 상점 문을 고리를 걸어 잠가버렸고 문을 잠그지 못한 다른 사람들은 물건들을 다 내팽겨둔 채 사방팔방으로 도망가버리더군. 우리는 일부러 더 과장된 손짓을 하고 모자를 흔들며 고개 숙여 인사했더니 그들은 더 놀라 뛰어다녔어. 나는 어떤 집의 지붕 위로 한 여자가 온통 겁에 질린 채 뛰어가는 것을 보았다네. 그녀의 푸른 저고리 자락들이 펄럭거렸지. 헝클어진 머리칼이 그녀의 등 위에서 넘실거렸네. 그녀는 맨다리를 드러낸 채 열심히 뛰어가더군. 모두 도망간 것은 아니야. 여자들만 모두 도망가버렸고 남은 남자들이 우리를 의심스럽게 쳐다보더군. 상점에서 파는 물건들은 첫 번째 방문했던 시장에서 보았던 것과 똑같은 물건이었네. 여기에서 우리는 대장간을 보고 나무를 톱질하는 사람들, 염색하는 사람들, 채소, 담배, 다양한 과자들을 파는 사람들도 보았다네.

우리는 공원을 이리저리 돌아다니다 사당이 있는 곳으로 가게 되었는데 그곳은 폐쇄되어 있었어. 문 앞에 앉아 있는 노인은 우리에게 담뱃불을 붙일 때 사용하는 뜨거운 석탄이 들어 있는 작은 화로를 권했지. 우리는 그에게 손짓으로 이곳에 들어가고 싶다고 표현했지만 그는 상냥하게 웃으며 머리를 양쪽으로 내저었다네. 사당 문 앞에는 나무 벽장에 나무로 만든 두 개의 우상이 있었는데 서양 사람들이 악마를 형상화하듯 끔찍한 모습이었어. 나는 작은 언덕에 있는 다른 사당으로 들어가보려 했네. 궁전 테라스에서 보았던 그 사당 말일세. 하지만 주민들은 이곳 또한 지나가지 못하게 했네. 주민들 사이에서 삭발한 승려들을 몇 명 보았는데 모두들 어려 보였어. 한 명은 그냥 보기에도 소년처럼 보였네. 사원의 문지기 같더군.

길과 골목을 이리저리 살피다가 우리는 큰 도로로 빠져나와서 어떤 집으로 향했네. 나는 피곤에 지친 채 모든 말들의 안장을 기분 좋게 쳐다보았지. 하지만 이곳 주민들은 우리에게 말을 주려 하지 않았다네. 분명 안장을 미리 얹어놓고 금방이라도 탈 수 있도록 담장에 매어둔 말들이 많이 있는 걸 보았는데도 말이지. 산을 내려오며 우리는 깨끗한 대저택을 보았고 나는 문 쪽으로 다가갔네. 코가 빨갛고 얼굴 전체에 혹이 있는 노인이 우리에게 인사하고는 집으로 들어가더군. 우리가 일전에 만났던 그 노인이었어. 나는 그를 따라 들어갔고 동료 몇 명은 또 나를 뒤따라왔네. 그 집은 사당이었어. 하지만 우상은 없었고 벽에 한자로 쓴 제단과 가재도구가 걸려 있는 기둥이 있었네. 아마도 그들은 불교도가 아닌 고대 중국 종교 신도들인 것 같았어. 다른 방을 보아하니 의식을 행하는 방 같았고 그곳에는 흰 매트가 빈틈없이 깔려 있어서 들어갈 때 발로 밟기가 미안할 정도였지. 주인 내외는 이미 점심을 먹은 것 같았지만 우리를 위해 차를 준비하려는 것 같았네. 우리는 그들을 번거롭게 하지 않으려고 그 자리를 얼른 떠나버렸지.

주민들이 말하기를 우리에게 더 이상 많은 것을 보여주지 않는 이유가 우리가 도착하기 전에 어린 왕을 대신해 이 섬을 지배하던 황태후가 죽었기 때문이라더군. 이러한 경우 50일간 상복을 입어야 하는데 우리가 이곳에서 본 흰색 옷이 모두 이 상복이었던 걸세. 모두가 알 듯이 동양에서 흰색은 장례를 의미하지 않는가.

류큐 제도는 왕이 지배하고 있었네. 300년 전에 일본 재판관 시마즈 공작이 이 섬을 처음 방문하였고 그 후로 이 섬을 지배하게 되었지. 주민들에게는 조세가 부과되었는데, 선교사의 말에 따르면 거둬들인 조세가 지금 우리 돈으로 20만 루블에나 달하는 금액이라더군. 그러나 이 섬에서는 그것의 다섯 배나 되는 양도 바칠 수 있다네. 이런 숫자로밖에 표현할 방법이 없지만 그만큼 이 섬의 땅이 비옥하다는 걸 알려주는 걸세. 아무 이유 없이 시마즈 공작이 일본 공작 가운데 가장 부자로 여겨지는 게 아니라네!

조세는 현물로 바쳐졌어. 가장 품종이 좋은, 심지어 일본 본토 것보다 더 좋은 쌀, 담배, 호박, 벵골 보리수에서 나오는 직물, 사케 등이었지…. 사케 역시 류큐 제도의 것이 일본 본토 것보다 더 좋은 것으로 여겨졌기 때문에 일본인들은 사케를 더 제조해달라고 자신들의 쌀과 이곳의 사케를 교환해가곤 했다네.

류큐 민족은 일본에서 독립했다고 생각했지만 다시 일본에게 정복당했어. 류큐 제도의 왕은 통치 초기에 통상적으로 일본 본토로 보내지게 된다네. 그곳에서 왕으로 최종 승인을 받게 되는 걸세.

지금 왕은 20세인데 그가 15세에 이르렀을 때 그 또한 일본으로 건너갔었어. 왕은 지금 여기에서 우리가 보았던 그 대저택에서 아무에게도 그곳을 공개하지 않은 채로 포로같이 살아간다네. 주민들에게 보여준다는 것은 주권의 예의범절에 어긋나는 행동이라고 동양에서는 여겨지기 때문일세. 그런데 한 선교사가 중국 의상을 입고 이 저택을 지나가다가 우연히 왕의 방까지 들어가게 되었네. 왕은 공을 가지고 놀고 있었는데 외부인이 들어왔다는 사실을 오랫동안 알아차리지 못했다더군. 그리고 알아차리자 얼른 숨어버렸지. 궁녀들이 허리를 숙인 채로 아무렇지도 않게 서 있는 그 선교사를 둘러싸고 나가는 길을 손가락으로 가리켰다네.

류큐 민족은 중국인들에게도 지배받았고 그들에게도 조공을 바치고 있었어. 하지만 17세기 일본을 정복하기 위해서 중국에서 이곳으로 보낸 상륙부대를 일본이 파멸시켰다네. 그렇게 중국의 지배에서 벗어나게 해주었지.

선교사가 다음과 같이 말하더군.

"그럼에도 류큐 민족은 중국에서 교육을 끝마치기 위해 베이징으로 향했죠. 중국어를 안다는 이유에서였어요. 그렇지만 정작 그들에게 글자는 없고 일본 문자를 사용하여 표기하곤 합니다. 그들은 중국에 빈손으로 가지 않았어요. 그렇다고 조공을 바친 것도 아니지만 선물을 가지고 갔죠. 하지만 그들은 일본에 조공을 바치는 것은 거부했어요. 그들 스스로 중국의 지배하에 있는 것을 선택했다 말했죠."

어쩌면 류큐인이 일본인의 사주를 받고 그러한 말을 했을 수도 있다고 생각하네. 아니면 미국인들에게 일본인으로 인해 류큐 제도 주민 내부 혹은 유럽인과의 불화를 야기할 수 있다는 이야기를 듣고 주민들이 미리 일본인을 거부한 것일 수도 있고 말이지.

고시케비치와 아바쿰 사제는 류큐인 사이에서 12년 전쯤 베이징에서 선물을 서로 교환했던 사람을 발견했네. 이런 우연이 있을 수 있나!

류큐인이 아바쿰 사제에게 말하더군.

"내게 술 한 병을 선물했죠?"

아바쿰 사제도 실제로 있었던 일이라고 기억해냈네.

류큐인은 자신들을 일본인으로도, 중국인으로도, 조선인으로도 생각하지 않더군. 처음부터 류큐인의 존재 여부에는 중국인들의 의지가 관여되지 않았음을 알 수 있었네. 나는 조선인들을 아직 보지 못해서 류큐인들과 비슷한 점이 있는지 없는지는 잘 모르겠어. 류큐인들의 눈은 중국인들처럼 찢어진 눈매가 아니라 큰 눈에 균형 잡힌 얼굴형을 가지고 있네. 광대뼈도 그리 튀어나오지 않았지. 선교사의 말에 따르면 그들의 언어는 일본어와 거의 동일한 범주인데 일본어의 특색과 많이 닮았다더군. 류큐인들과 일본인들은 자신들의 언어로 이야기해도 서로서로 이해할 수 있다네. 그들은 가까운 친척이라고도 볼 수 있을걸세.

느긋하게 집으로 돌아오는 도중에 우리는 알 수 없는 이상한 기운을 느꼈어. 들꽃 다발을 가지고 있는 10세 정도 되어 보이는 소년이 6세 정도로 보이는 아이를 데리고 가고 있었지. 그 소년이 우리를 보고는 돌연 가지고 있던 들꽃 다발을 던지며 자신의 동생도 내팽개친 채 들판에 나 있는 오솔길로 뒤도 돌아보지 않고 달려가는 게 아닌가. 보춘그 마을로 돌아오는 길에서는 파시요트, 아바쿰 사제, 나 이렇게 셋이서 어떤 집을 방문하게 되었네. 우리가 열고 들어간 그 문 뒤에 현관 계단이 있을 것이라 예상하면서 문을 열었지. 하지만 담장이 자리 잡고 있었고 그것도 하나가 아닌 두 개의 담장이 마치 복도 혹은 미로처럼 뻗어 있었네. 우리는 오른쪽으로 향했다가 왼쪽으로 향했다가 당황했다네…. 그래서 이게 끝이었느냐고? 아니야. 또다시 오른쪽으로 길이 있었네. 이것은 확실히 늑대 덫이란 생각이 들었어. 이때 왼쪽 길로 향했는데, 대나무로 만든 세 번째 담장에 둘러싸인 집이 나타나더군. 그 집 앞에는 작은 뜰이 있었고 우리들은 그 집 안으로 들어갔네. 집 안으로 들어가는데 키가 작고 횃불처럼 검은 머리를 산발한, 평평한 얼굴을 한 노파와 딱 마주치게 되었어. 노파도 일전에 만난 소년과 같이 놀라며 숲속의 이랑으로 전속력으로 달려 도망치더군. 우린 그 모습에 웃음이 났고 노파는 우리의 웃음소리에 속도를 더 빨리했네. 우리는 잠겨 있는 문을 열고 싶었어. 옆쪽에 있는 쪽문으로도 가보았지만 역시나 잠겨 있었지. 우리는 떠나야만 했네. 도망간 노파 쪽을 바라보았지만 이미 저 멀리에 있었고 우리는 문 쪽으로 다시 향할 수밖에 없었지. 그 순간 그 집에서 졸린 듯한 얼굴을 한 노인이 서두르며 나와서는 쪽문의 빗장을 벗겨 문을 열어주고 우리에게 허리 숙여 인사하며 안으로 들어오기를 청하더군. 우리는 그 작은 뜰로 들어갔네. 그가 집의 벽면에 있는 미닫이문을 열어주었고 우리 앞에는 앵무새 새장처럼 작은 방들이 나타났네. 그 방들은 깨끗했고 광택 나는 물건들이 놓여 있었어. 또한 흰색 대나무 돗자리가 깔려 있었지. 우리는 그곳으로 들어가지는 않았네. 단지 등불을 가져다 달라고 부탁했고 젊은 류큐인이 우리에게 숯과 재가 든 화로를 가져다주었다네. 우리는 주변을 둘러보았어. 꽃, 알로에, 벵골 보리수 이외에는 아무것도 없더군. 우리는 주인에게 감사하며 그곳을 나왔네. 나는 아까 그 도망가던 노파는 어디에 있나 하고 주변을 살펴보았지.

그녀는 저 숲속에 가장 가까이에 있는 벵골 보리수까지 도망가서는 오랑우탄처럼 멈추어 서서 가지 사이로 우리를 보고 있었어. 우리는 서서 그 노파를 가리키며 웃었고 노파는 더 깊은 숲속으로 도망가버렸네.

우리는 곧 보트에 타고 있던 사람들을 따라 잡았어. 하지만 우리가 산책하는 동안에 물의 양이 줄어 보트의 바닥이 강 밑바닥에 거의 닿고 말았네. 우리는 간신히 우리의 선박이 있는 곳까지

도달하게 되었지. 그곳에서 우리는 손님들인 세 명의 노인을 보게 되었네. 그들은 긴 수염이 나 있고 흰색 복장에 검은색 허리끈을 하고 맨발에 샌들을 신고 있더군. 그들은 나하 현지사가 보내서 온 사람들로 우리가 이곳에 온 것을 환영하면서 채소, 달걀, 닭고기를 선물로 가져왔다네. 우리는 그들에게 차를 대접했지. 한 명은 고시케비치와 면 손수건에 한자를 써가며 어려움 없이 의사소통을 했고, 다른 한 명은 영어로 대화했는데 거의 못하는 것이나 다름없었어. 그래도 유럽 쪽 언어가 그들에게 정신적으로나 형태론적으로나 생소하다는 것을 감안한다면 그 정도도 성공한 것이라 할 수 있을 걸세. 오래전에 미국인들이 류큐인을 보호라는 이름하에 통치할 때 뭐라도 가르치긴 가르쳤던 모양이야. 그 세 류큐인은 다음번에 쇠고기, 생선, 채소를 가져다주기로 약속하고 떠났다네. 물론 공짜로는 아니지만 말이지.

1854년 2월 2일

우리는 해변가로 가는 길에 유럽적인 인상에 창백하지는 않지만 건조한 피부를 가지고 손은 마치 새의 발 같으며 체형은 마른 영국 선교사 벳텔헤임을 만났네. 그는 수다쟁이였어. 그에게서는 매력적인 모습이라고는 찾아볼 수 없었네. 그의 톤, 이야기, 인사말에서 무엇인가 건조하고 이롭지 않은 어떤 사실들을 숨기려 하는 것이 느껴졌거든. 그는 류큐에서 8년이나 살았고 5월에는 류큐어와 일본어로 된 성서를 출판하기 위해 영국으로 갈 예정이라더군. 아내와 아이들은 이미 중국으로 보냈고 그와 함께 중국으로 떠나기로 약속한 페리는 그 대신 다른 선교사를 데리고 오기로 했다네. 8년 동안 류큐에서 지냈다니! 정말 참된 기독교인의 산물이 아닌가! 벳텔헤임은 영어와 독일어로 말했고 프랑스어는 겨우 하는 정도였네.

우리는 주민들의 숫자, 사상, 성격 등 류큐인의 모든 것에 대해 캐묻기 시작했어.

"여기는 도대체 어떤 곳이며, 여기에 사는 사람들은 도대체 어떤 사람들일까요! 바질리 갈리는 믿을 사람이 못 되네요. 실제로 확인해보니 훨씬 장관이더군요."

벳텔헤임이 말했어.

"맞습니다. 확실히 아름다운 곳이긴 합니다. 그중에서도 북쪽에 위치하는 멜리빌리 만은 꼭 봐야 합니다. 이곳은 천국입니다."

"주민들은 또 어떻고요! 얼마나 단순한 성격이고 친절한가요. 오디세이가 목동들을 대접한 것처럼 말이에요."

선교사가 물었네.

"정말 그들이 당신들을 환대하며 접대해주었다는 거예요?"

"아니요. 환대했다기보다는 우리가 돌아갈 때 배웅해주었지요."

"그들은 환대한다거나 접대하는 것보다는 돌아가는 길을 배웅해주기를 더 원하지요. 그들이 일본 측 첩자이기 때문이에요."

"어떻게 첩자일 수가 있는 거죠? 정말 이곳에 그런 것들이 존재하나요?"

"그럼, 어떻게 없을 수가 있겠어요? 당신들이 어디로 가는지, 무엇을 하는지, 누가 당신들에게 가서 어떤 이야기를 하는지 관찰하고 어떤 문제가 있다면 자신들의 방법으로 벌하기 위해서랍니다."

"무슨 말씀을 하시는 건가요? 그것이 가능하단 말입니까? 저렇게 온화하고 순박하고 상냥한 주민들인데…. 그들의 인사에서 전부 알 수 있어요."

"그들은 두려워하는 거예요. 그래서 친절한 겁니다. 당신네 나라와 미국의 세력이 강력해졌을 때 일본인들은 갑자기 미국에 친절해졌지요. 오랜 시간을 이 섬에서만 살아온 류큐인들이라고 그들과 다를 것이 있겠습니까."

내가 말했어.

"나는 단순함과 성실함이 좋아요. 세상에는 어떤 이웃도 어떤 도움도 필요 없는 곳이 존재하지요. 만약 이곳 아이들에게 자연을 마음껏 사용할 수 있도록 허락한다면 디오게네스[85]처럼 햇빛을 가리지 말라고 할 것 같네요. 그들은 절제할 줄 알고 절도 있게 하는 법을 알고 있어요."

벳텔헤임이 견해를 밝혔네.

"그들이 단순한 편이기는 하죠. 그러나 절제에 관해서는 그렇게 말할 수가 없네요…. 그들이 술을 많이 먹는 것만 보아도 알 수 있어요."

우리는 발끈해서 류큐인을 변호했어.(우리는 황금시대에 대한 로망, 전원시를 끝까지 지켜내고 싶었네.)

"술을 마신다구요? 그게 무슨 말씀이세요? 당치도 않군요. 그들에겐 포도주도 없잖아요. 대체 무엇을 마신단 말입니까?"

벳텔헤임이 대답했네.

"사케죠. 일본 본토의 것보다도 좋습니다. 그리고 럼주처럼 독하죠."

나는 의혹을 품고 물었어.

"술을 마신단 말이죠?"

벳텔헤임이 덧붙였지.

"도박도 한답니다."

"아니, 이건 정말 너무한 것 아닙니까? 정말 실제입니까? 무엇으로 도박을 하는 거죠? 어떤 소박한 게임의 한 종류가 아닐까요? 고대인들이 올림픽 게임 하듯이 경기하고 뛰어다니기도 하는 것이겠죠…."

벳텔헤임은 완고하게 되풀이하면서 말했네.

"아닙니다. 아니에요. 그들은 실제 도박을 합니다."

"그럼 이 덕 있고 현명한 노인들이 일본 측 첩자이고 도박꾼이며 알코올 중독자란 말입니까? 어디 한번 말해보시죠. 누가 상상이나 할 수 있겠습니까!"

벳텔헤임이 말했지.

"네. 그들에겐 어떤 카드와 같은 것들이 있어요. 심지어 거지들도 얇은 판이나 나무 조각 같은 것으로 도박을 하고 전 재산을 모조리 날리고는 합니다."

"전원시, 황금시대, 오디세이! 그들은 도대체 누구에게서 이런 것들을 배워 따라 한다는 겁니까!"

"저도 물어보려고 했지만 물어보기 전에 그들이 누구를 따라 하는 것인지 기억이 났답니다. 그들은 중국에서 교육을 들여오지요. 저는 그 중국에서 행인이 지나가지 못할 만큼 무수한 사람이 시장에 떼 지어 앉아 주사위를 던져 그것을 기억해내는 게임을 하는 도박꾼들을 보았습니다. 이들은 각자의 돈을 걸었고 잠시 후 운 좋은 한 사람이 나머지 사람들의 돈을 긁어모아 나갔습니다. 게임은 또다시 시작되었죠. 도박꾼들은 게임 때문에 주변 사람들도 인식하지 못할 만큼 깊이 빠져들어 있었고 주변 구경꾼 또한 쪼그리고 앉아 게임에 집중하고 있었죠. 또한 류큐 제도에서 그리 멀지 않은 마닐라에서는 닭싸움에 돈을 거는 것을 떠올렸고 또 태평양의 몇몇 섬에서는 유럽의 클럽에서처럼 도박에 미쳐 있는 모습도 기억해냈죠."

"놀랍네요. 이 온화하고 온순한 사람들이 이러한 우스꽝스러운 것에 물이 들다니요."

선교사가 우리 말에 반박하더군.

"류큐인들이 온화하다고 말할 수 없습니다. 예전에 가톨릭 선교사들이 이곳에 살았는데 주민들은 그들을 박해했지요. 얼마 전에는 가톨릭 선교사는 아니지만 한 선교사에게 폭행을 휘두르기도 했답니다."

"그게 누구인가요?"

벳텔헤임은 고분고분하고 소박한 말투로 대답했네.(소박한 말투 뒤에는 무언가 사나움이 숨겨져 있는 것 같았어.)

"저예요."

그가 계속해서 말을 이어나갔다네.

"유럽인들의 배가 연이어서 이곳에 정박하게 되었어요. 영국 정부는 류큐 제도를 정찰하고 특히 이미 정착하여 살고 있는 우리 선교사들과 류큐인들이 어떻게 지내는지 시찰하기 위해 1년에 한 번 중국 조사국과 함께 군함을 보내지요. 이곳 주민들은 허리를 굽혀 예를 갖추었어요. 하지만 그들은 무례하고 지저분하며 거칠었답니다."

나는 그가 불쌍한 류큐인들을 싸잡아 비난하기 위해 이런 말을 하는 것이 아닌가 하는 의심이 들었네. 누군가 류큐인들에게 선교사가 어디 사느냐고 물으면 그들은 선교사에 대한 혐오를 표시하더라고 우리 측 사람들에게 들은 적이 있었지. 또 한 명은 선교사에 대해 나쁜 사람이라고 매우 나쁜 사람이라고 영어로 말하기도 했다는군.

이런 불만을 기독교적 관점에서 크게 벗어나지 않은 방법으로 앙갚음하기 위해 선교사는 어쩌면 이 류큐인들의 작은 결함들을 극대화해서 말한 것 같기도 하네. 그들은 실제로 선교사들과 항상 서먹서먹한 사이이기도 했어. 몇 년 전 이곳에 천주교 수도사가 두 명 살았다는군. 주민들은 그들이 수도사인 줄 몰랐기에 친절하게 대해주고 먹을 것 등 모든 것을 지원해주기도 했지. 하지만 그들의 정체를 알고 난 후 천주교 수도사들을 피하기 시작했다네. 그렇다 하여 류큐인들이 그들에게 난폭한 행동을 한 것은 아니었어. 그 반대로 허리 숙여 예를 갖추었지. 다만 종교에 대해 논하지 않기 위해 입을 닫았고 귀를 막았으며 저 멀리로 도망 다녔네. 결국 천주교 수도사들은 아무것도 이루지 못하고 세실리 대장이 이끄는 부대의 프랑스 군함을 타고 중국으로 떠나가버렸지.

하지만 벳텔헤임은 별다른 어려움 없이 류큐인들의 집에서 설교를 들려주었고 또 류큐인들은 그것을 귀 기울여 들었다는 듯이 이야기하더군. 그가 류큐인들과 어떻게 지내는지 보면 벳텔헤임의 이 말에 의심이 갈 수밖에 없었네. 그는 심지어 몇 명에게는 세례까지 주었다고 말했어.

벳텔헤임이 결론을 내리며 말했네.

"더 많은 사람들도 전도할 수 있었을 겁니다. 만약 일본인들이 방해하지만 않았다면 말이에요. 매년 일본인들은 이곳으로 조그마한 배를 육십 척 타고 조공과 물품들을 거둬들이러 온답니다. 류큐인들은 일본으로 열여섯 척 정도의 양이 되는 조공을 보내지요. 일본인들은 이곳에 오랫동안 거주하며 외국과 교류하지 않는 일본 본토의 정책을 이곳에서도 고집합니다. 특히 기독교인을 싫어했어요. 이제 이곳에 거주하는 일본인은 약 600명에 달합니다. 그들은 머리를 기르고 이곳의 전통 복장을 입고는 일본인이라는 사실을 숨긴 채 류큐인들과 외국인들을 염탐하며 살아가죠. 여러분도 여기서 모든 것이 일본식이라는 것을 보게 될 거예요. 일본의 옛 종교, 기질, 관습, 심지어 글자까지도 말이죠. 중국의 영향도 많이 받은 것도 사실이긴 하지만요. 땅에서 자라는 농작물이나 공산품들도 일본 본토에서 나는 것들과 같은 것이지요. 류큐인들은 일본 본토의 것과 거의 같은 직물이나 광택이 나는 물건을 만들어내지만 다만 허술하고 좀 더 단순하답니다. 식생활에도 일본인들이 먹는 것들을 똑같이 먹어요. 모든 것이 일본 본토의 것과 같고 그래서인지 마치 작은 일본 같아 보이지요."

벳텔헤임은 그 앞에 놓여 있는 갈리의 책을 옆으로 밀면서 결론을 내리더군.

"바질리 갈리를 믿지 마세요. 그 책에 맞는 것이라곤 하나도 없어요. 모든 것이 진실과 정반대지요."

나는 정말로 갈리를 믿지 않네. 그렇다 하여 선교사의 말을 믿는 것도 아니야. 선교사는 처음에는 너무 온화한 모습으로 우리를 만났는데 다음에는 사나운 모습으로 바뀌었네. 너무 다른 두 모습 때문에 나는 그를 믿을 수 없었어.

나는 단지 그에게 주의를 줄 뿐이었네. 그와 그의 후임자가 급하게 일을 처리하다가 이 모든 일을 그르칠까 봐 그랬지.

내가 말했어.

"만약 일본인들이 교역을 위해 모든 이들에게 항구를 개방하게 되면 당신들은 물품들과 함께 당신의 성경 번역본도 서둘러 보내려 하겠지요. 그렇게 될 경우 당신들 때문에 일본은 다시 폐쇄 정책을 펴게 될 겁니다. 미리 말해두지만 종교와 관련된 일은 그 어떤 것도 하지 마세요. 잘못했다간 교역도 망치게 될 수 있습니다. 일본인들은 지금까지 모든 배를 조사하고 거기에 있는 모든 물건들을 기록해왔어요. 교역 경쟁력 때문이 아니라 그들에게 성경책이나 십자가 같은 종교와 관련된 모든 것들이 유입되는 것을 막기위해서지요. 또한 그들이 두려워하는 종교를 전파하기 위해 성직자들이 몰래 일본으로 들어오는 것을 막기 위해서예요. 일본인들이 자신들의 삶의 방식을 유럽식으로 바꾸지 않는 한에서는 그들은 오랫동안 이 엄격함에서 물러나지 않을 거예요. 당신들은 기다리는 게 더 좋은 방법이에요."

그리고 덧붙여 말했다네.

"나중에 유럽 교역 지부가 설립되면 유럽인들은 그곳에서 예배를 드릴 수 있는 권리에 대해 주장할 것입니다. 그때 성경책과 필요한 교회 도구들을 지부로 반입하세요. 그때 가서는 일본인들이 통제할 수 없을 거예요. 그러면 종교를 점차 조금씩 일본인들에게 전파할 수 있을 겁니다."

우리가 선실에서 논의하는 동안 갑판에 있는 신호수가 범선이 지나간다고 알려주었네. 모두들 배 위로 올라갔지. 범선 오른편은 섬에 가려졌는데 돛을 달고 암초로 질주하는 큰 상선이 보였네.

안개가 자욱했고 맑은 바람이 불었으며 비가 오고 있었어. 그 빗속에서도 망원경을 통해 이 배가 영국 군함이구나 알 수 있었지. 제독은 먼저 보트와 부선장을 보내어 영국 군함이 수면이 낮은 바다에서 빠져나올 수 있도록 했다네. 그 배는 두 시간쯤 후에야 우리 가까이 닻을 내리고 정박할 수 있었지.

그런데 갑판에 있는 것은 무엇인가? 지나갈 수도 없을 만큼 끔찍스러울 정도로 많은 사람이 양떼처럼 갑판에 북적거리며 서로 밀치고 서 있었네. 아무런 정보 없이도 그들이 이민자라는 것을 추측할 수 있었지. 우리는 마데르 섬 근처에서 호주로 가는 이민자들을 태운, 이와 똑같이 생긴 배를 본 적이 있었거든. 그러나 그들을 어디에서 어디로 데려가는 것인가? 벳텔헤임은 자신을 대신할 새로운 선교사가 온 것이 분명하다고 말하고는 알아보고 오겠다며 갔네. 그리고 30분쯤 후에 26세 정도로 보이는 젊은 청년과 함께 돌아와 자신의 후계자라고 제독에게 소개했지. 그 두 명은 우리와 함께 점심을 먹었네. 이번에 새로 온 선교사는 이 배가 홍콩에서 정확히 한 달간 이동해서 이곳까지 왔으며 남자 여자 할 것 없이 500명가량의 중국인을 태우고서 샌프란시스코로 간다고 말하더군. 그렇다면 현재 샌프란시스코에 없는 인종과 물건은 무엇이란 말인가? 이 도시의 시초는 로마를 기억나게 하네. 두 도시 모두 방랑자들로 이루어져 있기 때문일세.

점심을 먹고 우리는 해변가로 가서 차를 마셨네. 나는 넋을 놓고 멍하니 있기는 했지만 그 대신 이 영국 배에 있던 신문을 통해 유럽의 많은 소식을 알게 되었네. 특히 우리에게 흥미로운 소식들 말이야. 터키와 일이 일어나고야 말았더군.[86] 영국과 프랑스는 러시아에 대항하여 계속해서 계략을 꾸몄네. 전 유럽이 초조함에 떨고 있다네….

일곱 시경 내게 보트를 보냈더군. 날은 벌써 어두웠네. 나는 이곳의 숲 근처에 피어 있는 모닥불 앞에서 우리 쪽 사람들을 마주쳤어. 난 그들에게 신속하게 소식만 전해주고는 혼자서 숲으로 나 있는 오솔길을 따라 걸었네. 그 소식들에 대해 그들끼리 의논하라고 내버려두고 말이지. 좋구나! 나는 흔히 느낄 수 없는 이 새로운 느낌들, 즉 밝으면서도 으스레한 어둠의 달빛, 아련하면서도 따뜻한 밤, 어둠으로 가득 찬 숲에서 잎이 사각사각 굴러가는 소리를 만끽했네. 조용히 부는 바람에 무화과나무, 종려나무, 다른 나무들이 서로 스치는 소리가 났어. 러시아의 자작나무나 사시나무에서 나는 소리보다는 약한 소리였는데 마치 또 다른 언어로 이야기하는 것 같았지. 개구리는 러시아의 개구리와는 또 다르게 더 크게 울었고 그 울음소리는 마치 캐스터네츠 소리 같았다네. 근방에서 큰 파도가 철썩거리는 소리가 났고 멀리서는 어렴풋이 암초에 부서지는 파도가 아우성치는 소리가 났지. 그리고 동료들의 목소리도 들렸네. 나를 부르러 온 소리였어. 나는 그 부름에 서둘러 가는 길, 그 캄캄한 어둠 속의 임시 막사 뒤에서 우리를 감시하던 류큐인 무리와 마주쳤네. 그들은 허리를 숙여 인사하고는 그 허리를 숙인 상태로 내가 지나갈 수 있게 해주더군.

다른 날에 우리는 미국인 장교들을 만나기 위해 해변가에 있는 집으로 갔네. 장교 본인들과 수병들이 지내기 위한 집이었어. 그 집을 산 건지 아니면 그냥 보호라는 이름하에 그 집에 살고 있는 건지는 모르겠지만 감자, 타로, 완두콩, 담배가 심어져 있는 큰 밭이 있는 꽤 잘 지어진 집이었다네. 나는 그곳에 가지 않고 수심이 낮은 해변가를 따라 걸었고 언덕을 내려와서 우리 배의 수병이 야영하던 그 동굴도 겨우 지나와서 우리의 전원시인 숲에 이르게 되었네. 그곳에는 수병 코름친이 양을 방목하고 있더군. 어디서든 심지어 숲에서도 돌로 만들어진 건축물, 담장, 울타리, 들판이 있는 초가집을 볼 수 있었어. 모든 것이 잘 정돈되어 있었지. 어디에나 사람들이 밟고 다녀서 난 깔끔한 길이거나 자갈로 포장된 오솔길이 나 있었네.

면적으로 보았을 때도 많은 사람이 거주하는 섬이 분명했네. 섬의 길이는 80베르스타 정도이고 너비는 6베르스타에서 15나 18베르스타에 이르는 정도일세. 이러한 공간에 6만~7만 명의 주민이 살고 있다네. 선교사가 나하에는 2만 명의 주민이 거주하고 추지에도 대략 그 정도의 주민이 있다더군.

나하로 이어지는 다리에서 우리 사람을 기다리다가 함께 도시로 선교사들을 찾으러 갔다네.

그곳에도 추지에 있는 것들과 거의 같은 것들이 있었어. 거대한 돌담으로 둘러싸이고 무성하고 멋진 나무들이 있는 긴 거리가 있었지… 가로수 길을 따라 걸었네. 대문 앞에 주민들이 서 있더군. 그들은 우리가 나쁜 짓은 하지 않을 거라고 생각했는지 우리를 조금은 덜 두려워하는 것 같았네. 도시에는 엄청난 인파가 몰려 있었고 생동감이 넘쳤어. 많은 사람으로 북적거렸고 모두 제 갈 길을 가고 있었네… 특히 여자들이 꽤나 크고 무거운 짐을 들고 다니기도 했어. 어떤 이들은 아이를 등에 업고 있거나 품에 안고 있기도 했다네.

우리는 어느 방향으로 가야 할지 몰랐네. 거리도 골목도 여러 방향으로 나 있었기 때문이었지. 우리 주변에는 사람들로 붐볐고 우리는 선교사의 이름을 불러가며 그를 본 적이 있는지 영어로 물었네.

주민들은 자신의 귀를 가리키며 말했어.

"우리는 귀머거리라서 못 알아들어요."

이 말을 하며 머리를 양 옆으로 흔들더군. 자기네들끼리 우리 질문에 대해 서로 이야기를 나누고 한 명이 앞으로 가더니 우리를 바다 쪽으로 안내했네. 하지만 그곳에 선교사가 없었고 또 한 명의 안내자가 앞장섰다네. 그는 우리를 진흙 수렁으로 데려가더니 결국엔 무성한 풀로 덮인 작은 삼림지대로 안내했어. 또 선인장과 다른 관목 사이로 겨우 길이 나 있는 오솔길을 따라 언덕에 있는 큰 돌로 만들어진 묘지로 데려갔네. 이것은 우리가 처음에 배를 타고 올 때 저 멀리서 보고는 도시로 착각했던 그 묘지였지. 나는 화가 났네.

류큐인들에게 불평을 드러냈다네.

"이제 당신들이 술주정뱅이고 도박꾼인 것을 알겠군요."

내 동료가 내 말에 맞장구를 치더군.

"맞아. 사기꾼 같아. 그들은 일부러 우리를 이곳으로 데려온 것 같군."

또 다른 동료는 우리의 불평을 들으며 비웃고 있었네. 결국에는 류큐인 한 명이 우리를 또다시 얕은 물가의 해변가로 데려다주고는 다른 사람들이 있는 곳으로 떠나가버렸어. 그때 우리는 그 사람들 속에서 한 명의 손을 강하게 끌어 잡아당겨 앞장세웠네. 길을 알려달라고 말일세. 이것 말고는 방법이 없었네. 그는 우리를 유황색 바다 앞에 드리워 있는 절벽으로 안내했고 관목으로 덮인 오솔길이 나 있는 푸른 언덕을 가리켰네. 우리가 이미 이전에 지나온 언덕이었지.

우리는 인내심을 잃은 채로 투덜대며 언덕으로 올라갔어.

"또 올라왔군."

교회 쪽으로 지나쳐 언덕을 내려오는 길에 선교사 집 정원에 이르게 되었네. 알고 보니 우리는 이 장소 근처에서 계속 맴돌고 있었지 뭔가. 우리가 정원으로 들어가자마자 큰 개 두 마리가 우리를 보고 짖더군.

선교사는 우리를 현관에서 맞아 풀칠이 된 종이로 만들어진 틀이 있는 방으로 데려갔네. 류큐인들 집에서 보았던 그런 방이었지. 거기에서 우리는 영국 상선 선장과 그의 아내를 만났네. 아내는 젊지만 예쁘지는 않았고 치통으로 아픔을 호소하고 있었어. 또 새로 온 선교사의 아내도 있었는데 그녀는 앞니가 없었고 그녀 역시 젊지만 예쁘지는 않았네. 선교사의 서재에는 책과 원고로 가득 차 있었고 거기에는 커다란 창 두 개가 있더군. 거기에 사용된 유리는 미국인에게 선물 받은 듯했다네. 문 밑에도 미국인에게 받은 듯한 다른 선물이 있었는데 커다란 은 꽃병이었어. 나머지는 지극히 단순한 것들이었네. 허술한 나무 책상과 그만큼 허술한 의자와 소파가 있었지⋯ 류큐인들이 쓰는 것보다 좋지 않은 것들 말일세.

선교사는 우리에게 포도주와 우유로 맛을 낸 과자 같은 것을 주면서 술잔과 컵이 두 개밖에 없다며 미안해했네. 포도주 한 박스와 두 개의 술잔, 컵은 제독이 그에게 보낸 것이었지.

그가 말했네.

"마셔요. 저는 마시고 싶지 않아요."

그는 여기 주민들이 만든 광택 나는 물건들을 보여주었어. 요리 접시, 장식장, 양념 그릇, 쟁반 등이었네⋯ 그러나 일본 본토의 물건들을 본 후라서 그런지 몰라도 그 류큐인들이 만든 물건들은 정말 못 봐줄 정도였다네.

벳텔헤임이 해군 장교에게 물었어.

"기념으로 물건을 몇 개 가져가도 되겠습니까?"

무엇이 가장 좋을까. 그것은 정원에 그늘을 만들어주는 지붕 옆에 있는 큰 무화과나무와 많은 관목 그리고 꽃들이지. 다만 안타까운 점은 류큐에만 독사들이 있다는 걸세. 선교사는 자신의 방에서 독사 두 마리를 잡은 적이 있다더군. 정원으로 향해 있는 회랑 근처에는 조그만 약방과 큰 서고가 자리 잡고 있었네. 류큐인 몇 명이 문 앞에 모여들어 정원에 있는 우리를 쳐다보았지. 하지만 선교사는 그들에게 그다지 친절하지 않은 손길로 그들을 저 멀리로 내쫓았다네.

한 동료가 내게 귓속말을 했어.

"그 싸움 이야기를 잊을 수가 없네요."

선교사는 우리를 보트가 있는 곳까지 데려다주었다네.

제독은 사람을 보내어 현지사를 불렀지만 현지사가 오고 싶지 않다고 하기에 놀라움을 금치 못했네. 그래서 우리가 스스로 성으로 찾아가겠다고 덧붙였지. 이 말이 매우 영향력이 있었던 모양이야. 현지사의 비서관이 당신들에게 정말로 중요하게 할 말이 있다면 현지사가 직접 올 것이라고 말했으니까.

우리는 그에게 말했네.

"정말 중요한 일입니다."

1854년 2월 7일

현지사는 다음 날에 오려고 했지만 비가 많이 왔네. 마침내 어제 2월 7일에 현지사가 비서관, 보좌관, 중국어 통역관, 수행원들을 조금 대동하여 배를 타고 왔지. 키가 컸고 머리가 희끗희끗한 노인이었으며 존경할 만한 외모는 아니었네. 빨간 코에 무절제함이 드러나는 얼굴에 다소 변태적으로 보이기도 한 빨갛고 파란 실핏줄이 코 주변에 드러나 보였네. 전혀 서정적이지는 않은 외모였어. 그는 허스키하고 빽빽거리는 목소리로 말하곤 했네. 그의 동료는 키가 크고 50세 정도로 되어 보이는 건강한 남자였는데 검고 긴 턱수염이 듬성듬성 나 있었어. 고위급들에게 있는 그런 수염 말일세. 나머지 사람들도 다들 건강해 보이고 생기가 있어 보였네. 현지사의 올려 묶은 머리에는 금비녀, 보좌관과 통역관은 은비녀, 나머지 사람에겐 동비녀가 꼽혀 있었지. 현지사 뒤에 앉아 있는 16세 정도로 보이는 소년은 파이프에 연초를 계속해서 다져넣고 있었는데 우리는 그에게 비스킷과 과실주 같은 간식을 챙겨주었다네. 현지사는 제독에게 케이크 두 개를 선물했고 우리는 현지사에게 큰 주전자와 유리 접시를 선물하였어. 이전에는 일본인들이 보낸 닭고기와 채소의 답례로 옷을 만들 때 사용하는 브로드클로스[87]도 보낸 적이 있었네. 제독은 현지사에게 일본인들에게 받은 선물을 보여주었는데 그중에 검도 있었다네.

우리가 현지사에게 물었지.

"당신들에게는 검이 있나요?"

"아니요."

"당신들은 어떠한 무기를 가지고 있나요?"

현지사가 부채를 보여주며 대답했어.

"바로 이것이지요."

그에게 식량을 공급해준 것에 대해 감사인사를 했네. 특히 쇠고기와 생선 말일세. 식량을 배까지 옮기는 것을 도와달라고 부탁했네. 물론 공짜로는 아니지만 말이지.

그리고 물었네.

"이 섬에서는 소금을 직접 채취하니 가서 그 소금을 좀 가져가도 되겠습니까?"

소금뿐 아니라 쌀이나 다른 물품들도 같이 가져오려 했지. 그렇게 거래를 시작하는 것도 좋지 않겠나?

현지사가 펄쩍 뛰며 대답했네.

"안 됩니다. 우리는 우리가 먹을 만큼만 재배하기 때문에 안 됩니다. 쌀은 우리 같은 높은 신분의 사람들이 먹고 낮은 신분의 사람들은 콩이나 다른 채소들을 먹는답니다."

우리가 계속해서 말했네.

"그리고 주민들에게 할 말이 있습니다. 우리를 보고 좀 도망가지 말아주세요. 우리는 아무런 나쁜 짓도 하지 않아요."

"유럽인들은 거의 이곳으로 오지 않기 때문에 그들에게는 유럽인들을 보는 것이 생소해서 그럴 겁니다. 그래서 도망가는 겁니다. 저번에 온 미국인들은 가끔 들판에서 완두콩을 훔쳐가곤 했지요. 만약 한 사람이나 몇 사람만 그렇게 했다면 별 타격이 없었겠지만 모두 그렇게 한다면 어떻겠어요…."

우리는 그에게 그 어느 것도 건드리지 않겠다고 확언했어.

통역관이 계속해서 말을 이어나갔네.

"네, 부탁드립니다. 그리고 여자 문제에서도 말입니다…. 미국인 한 명이 저희 쪽 여자의 손을 잡은 적이 있답니다. 저희는 이런 일에 관해서는 아주 엄격하기 때문에 남편은 그녀와 이혼할지도 모릅니다. 이러한 이유 때문에 그들은 낯선 사람을 보면 도망가는 겁니다."

이렇게 심한 도덕관념은 또 무언가! 손을 잡아서는 안 된다니! 황금 시대, 특히 성약 시대, 호메로스 시대에 오히려 이런 것에 관한 규율이 덜했을 것 같군!

우리는 점심을 먹은 후 해변가로 나가서 생각에 잠긴 채 느긋하게 숲을 돌아다녔네. 숲보다 정원이라고 하는 게 낫겠지. 우리는 어디론가 들어가서 잣나무 사이에 있는 언덕을 찾아 풀 위에 누워 보기도 하고 사당으로 들어가보기도 하며 우물에서 물을 떠다 마시기도 했네. 저녁에는 해변가에 있는 도금양나무와 파피루스 밑에서 차를 마셨어. 정말 서정적인 저녁을 보냈다네.

이곳의 날씨는 우리가 머무르는 동안 계속 변하였네. 북쪽에서 인도양 계절풍이 불기도 하고 폭풍우가 불 정도의 바람이 불기도 하며 비가 억수같이 퍼붓기도 했지. 그 대신 햇빛이 비치기만 하면 모든 것이 그렇게 맑아지고 선명해지며 더없이 기뻐졌네. 러시아는 확실히 형편없는 날씨지 않은가. 이곳 2월 날씨는 이렇다네.

이민자들을 싣고 오는 배에는 항상 사건 사고가 많이 일어나지. 사흘째 되는 날 배는 닻을 내리고 수심이 얕은 곳에 걸려 있었네. 우리 쪽 배에서 신속하게 도움을 주었어. 만약 이러한 도움이 없었다면 그 배는 그곳에서 신속하게 빠져나오지 못했을 것이며 바람이 불자마자 산산조각 나고 말았을 걸세. 그 배에 다녀온 우리 쪽 사람들이 말하기를 저렇게 지저분하고 어수선하며 시끄럽고 혼잡한 배는 본 적이 없다고 하더군. 배는 컸는데 수병은 기껏해야 20명 정도였고 거의 불구였다네. 우리 쪽 인원이 상선의 운전대를 잡으려 하자마자 갑판에 떼 지어 있는 중국인들이 배가 움직이는 것을 방해했어. 우리의 배까지 들릴 정도로 소음이 컸네. 배를 가볍게 하여 수심이 얕은 곳에서 빠져 나올 수 있게 하려고 그 배에 타고 있는 모든 중국인을 두 시간 정도 우리 배로 옮겨 타게 했지. 그들은 밧줄이 매여 있는 갑판의 앞부분과 가운데에 겨우 모여 서 있었네. 키가 크고 건강한 남자들이 많더군. 여자들은 대부분 젊고 14세에서 20세 정도로 보이는 처녀들이었네. 그중 한 명에게 눈길이 갔어. 남자들에게 직급이 있고 장이 있는 것처럼 그녀는 책임자 같은 높은 자리에 있는 사람인 것 같았네. 그녀를 아차라고 부르더군. 아름답지는 않지만 얼굴이 매력적이었네. 활발한 성격의 여성이었고 영어를 거의 영국인처럼 했지. 넓고 긴 비단으로 만든 하늘색 옷을 입었는데 집시들이 숄을 걸치고 있는 것처럼 어깨에 그냥 걸치고 있었어. 깨끗한 흰 바지를 입고 있었지. 그녀는 작고 예뻤지만 유럽식으로 신발을 신은 발은 그다지 아름답지 않았네. 그녀는 대포 받침에 앉아 용감하게 주위를 두리번거리고 ○○을 흔들며 교태를 부리더군. 자신을 내보이기 위해서였지. 다른 여자들은 갑판의 무리 속에 그냥 앉아 있는데 말일세. 남자의 수가 훨씬 많았고 가축 무리처럼 떼를 지어 모여 있었네.

우리는 아차에게 물었어.

"어떻게 영어를 배웠고 무엇 때문에 ○○포니아로 가는 거요?"

그녀는 샌프란시스코에서 3년을 살았고 지금은 캘리포니아로 돌아가는 길이라고 말했네.

홍콩에는 4개월 정도 있었는데 어떤 상점에서 여성 점원으로 일했다더군. 남자들은 보통 거친 일을 하러 홍콩에 간다네.

마침내 배는 수심이 얕은 곳에서 빠져나왔고 중국인들은 다시 그 배로 옮겨 탔어. 하지만 역풍 때문에 항해는 어려웠다네.

사흘째 되는 날 두 선교사는 흰 아마포 모자를 쓰고 흰 넥타이에 검은색 양복을 입고 매우 진지한 모습으로 중요하게 할 말이 있다고 했네.

선교사가 말하더군.

"상선의 중국인들이 선장 말을 듣지 않습니다."

선교사들은 중국 관리자들에게 그들의 불만이 무엇인지 물어 달라고 부탁했네. 제독의 부름에 중국인 세 명이 왔는데 화려하게 옷을 입고 있었고 풍채 당당한 외모였어. 그들은 자신들에게 물을 주지 않는다고 말하면서 물통에 다가가면 선장이 위협하며 쫓아 냈다고 했다네.

그러고는 덧붙이더군.

"이것 때문에 싸움까지 났죠. 그 외엔 아무것도 없어요."

그들이 선장의 요구대로 행하지 않는다면 그들 스스로 위험해질 뿐이라 설명해주었네. 바다에서는 어떠한 말대꾸 없이 무조건 선장 말을 들어야 한다고도 덧붙이면서 말이지.

그들이 대답했네.

"저희도 알고 있습니다. 하지만 우리는 단지 필요한 만큼의 물을 요구했을 뿐입니다. 하지만 그는 물을 조금밖에 주지 않았습니다. 그것도 무질서하게 나누어주죠. 그는 물을 많이 가지고 있으면서도 말입니다. 그리고 선장은 여기서부터 캘리포니아까지 가는 중간에 한 번도 쉬지 않고 가려 하지 뭡니까. 우리는 한 명당 배삯으로 70달러나 지불했는데 말이죠."

중국인들에게 선장 말을 잘 듣는다는 조건에 서명하라고 강요한 후에야 그들을 화해시켰네. 선장에게는 물과 관련해 질서를 정립하고 샌프란시스코까지 바로 가지 말고 샌드위치 제도에 들렀다 갈 것을 충고했어. 그렇게 그들과는 헤어졌네. 저녁에는 아차가 자신의 하인들과 해변가를 산책하는 것을 보았어. 사흘째에 배는 떠났는데 선장과 선교사들은 우리 배가 현장에서 지휘해준 것에 대해 매우 고마워했네. 우리 수병들이 닻을 내리는 것도 도와주었거든. 그것을 선장 혼자서 하기는 힘들었을 걸세. 사람들을 가득 태우고 지저분하며 페인트칠도 되어 있지 않은 이 무질서한 큰 구조물이 우리 옆을 지나갈 때 우리는 갑판에 서서 눈으로 그 배를 쳐다보았네.

의심의 눈초리로 내가 말했지.

"잘 도착할 수 있을까요?"

내 옆에 서 있던 수병이 발음을 똑바로 하며 확신에 찬 목소리로 말했다네.

"잘 도착할 겁니다. 도착 못할 이유가 있나요."

1854년 2월 8일

어제 8일에 우리는 마지막으로 해변가에 나갔네. 낭만주의자들은 아침 일찍부터 샌드위치를 싸가지고 나갔고, 나와 로세프 선장은 다른 사람들과 함께 정오쯤 점심을 먹고 섬으로 각자 흩어져 제 갈 길을 갔지. 우리는 보춘그 마을로 가지도 않았고 대로 쪽으로 가지도 않았네. 그냥 왼쪽 방향으로 가서 숲을 가로질러 사방에 고르지 않은 언덕이 있는 경작된 들판으로 갔다네. 우리는 그 언덕부터 시작해 주변의 풍경에 도취되었지. 마치 파도치는 푸른 바다 사이에 있는 것 같았어. 주위에는 풀 외에 아무것도 없더군. 우리는 개간된 들판 옆, 대나무 담장으로 둘러싸여 있는 쓰러져가는 초가집 근처 오솔길을 따라갔네. 초가집 주변에는 채소밭이 있었어. 초가집 앞에는 멍석을 깔아 그 위에 채소들을 퍼놓고 햇빛에 말리고 있었지. 씹는담배도 말일세. 여기 담배는 매우 좋은 편이야. 일본 본토 것보다 색깔이 더 검고 더 독하지. 일본 본토 담배는 너무 부드럽고 맛이 연하네. 우리는 우리끼리 걸어갔네. 처음에는 어떤 안내자 같은 무리들이 뒤를 따라다녔지만 우리가 들판 쪽을 향하여 가자 그들은 각자 제 갈 길로 가버렸다네. 오솔길은 언덕을 따라 오르막으로 길이 나 있기도 하고 골짜기를 따라 내리막으로 길이 나 있기도 했어. 더위는 우리가 들판을 뒤로한 채 울창한 가로수 길 그늘을 찾을 수밖에 없게 만들었지. 우리는 시골의 골목길로 들어갔고 어디든 다 똑같은 모습이었네. 주민들은 이전보다는 덜 놀라는 것 같더군. 아이들은 미소로 허리 숙여 인사하기도 했고 갑자기 미소 지으며 우리를 건드리고 도망가기도 했네.

우리는 도시로 가는 가로수 길에 있는 큰 수도원에서 나와서 다리 난간에 걸터앉았어. 이 길은 어떤 특별한 생동감으로 살아 있는 듯했네. 채소 더미나 쌀가마니, 담배 묶음 등을 등에 짊어진 말들이 계속해서 왔다 갔다 했거든. 말들은 거센 콧김을 내뿜으며 우리에게서 뒷걸음질치곤 했네. 들판에는 모두들 일하고 있었고 말이야. 우리는 사탕수수밭으로 갔네. 그곳은 벼가 심어져 있는 들판과 다리 하나를 두고 떨어져 있었는데 이 논은 물로 가득 차 있었고 그 고여 있는 물은 못으로 흐르고 있었다네.

우리는 사탕수수밭 주변을 돌아왔네. 사탕수수는 너무 빨리 자라서 다른 곳에서는 그렇게 자주 심지는 않는다더군. 그것은 관목 숲처럼 키가 크네. 그것을 자르고 눌러서 황소를 유인할 수 있는 가까운 언덕으로 가지고 가곤 하지. 나는 갈대 뒤에서 사람들이 모여 있는 것을 보았네.

우리는 궁금했다네.

"저기서 대체 뭘 하는 거지?"

그곳에는 우리 수병 두 명이 류큐인의 장비를 빌려 손에 들고 있었는데 곡괭이처럼 보였네. 어쨌든 그것을 들고 열심히 이랑에서 고구마를 파헤치고 있지 뭔가. 흙덩어리와 고구마가 이리저리 날아다녔고 그들 주변을 둘러싸고 있는 류큐인들은 그것을 주의 깊게 보고 있더군.

고구마를 하나 캘 때마다 단어 하나하나 강조하는 것이 들렸네.

"그래, 여기 있잖아. 여기. 여기. 여기."

우리는 어제 갔던 그 언덕에 있는 사당 쪽으로 향했네. 길에서 무거운 짐을 끌 때 사용하는 튼튼하고 검은 색깔의 매끄럽고 굵은 대나무 장대를 짚고 가는 농부 무리를 만났지.

나는 이 장대를 더 가까이에서 보고 싶었네. 그 대나무 봉을 잡아보기 위해 한 명에게 손을 뻗었는데 모든 사람이 당황하더군. 류큐인들은 얼굴을 붉히고 당황한 표정을 지으며 서로 쳐다보더니 뒷걸음질했네. 그렇게 결국은 대나무 봉을 주지 않았지.

이곳의 대나무는 러시아의 무엇과 비교해야 될지 모르겠네. 러시아와 비교해보면 얼마나 효용가치가 있을까. 사람에게는 또 얼마나 지대한 영향을 끼치는지! 그것으로 만들지 않는 것이 있는가! 우리의 자작나무가 그런 것 같기도 하지만 그렇다고 완전히 또 그런 건 아니네. 그저 비슷한 정도로 비교할 수 있다는 걸세. 어디에 얼마나 대나무가 이용되는지는 다 셀 수 없을 정도야. 대나무로 담장, 울타리, 집 벽, 보트, 수많은 식기, 우산, 부채, 지팡이 등을 만들지. 또한 그것으로 발뒤꿈치를 때리기도 하네. 그리고 어린 나뭇가지로 생강 비슷한 맛이 나는 잼을 만들기도 한다네.

우리는 언덕으로 올라가자마자 사당 앞에 있는 어떤 정자에 앉았어. 갑자기 밀림 어디에선가 류큐인이 나오더니 집 앞 정원에서 들장미 두 송이를 꺾어 우리에게 허리 숙여 인사하며 존경의 의미로 이 장미꽃들을 주었네. 당연히 그는 우리를 멀리서 따라다니는 임무를 받았을 걸세. 그리고 12세 정도로 보이는 소년이 집에서 나왔네. 이 두 명은 우리 앞에 쪼그리고 앉아서 우리의 옷과 물건들을 집중해서 쳐다보았어. 로세프 선장은 수첩을 꺼냈고 나는 그 수첩에 소년의 모습을 그렸네. 그리고 그 장을 찢어 소년에게 주었지. 이게 무슨 그림인가! 나의 미술 선생님은 내가 내 그림을 류큐섬에서 선보이게 될 것이라고는 생각지도 못했을 걸세. 소년은 기뻐했네. 우리는 그들에게 담배와 불을 주었고 그중 형으로 보이는 소년에게는 1달러도 주었지. 그는 품에서 작은 중국 구리 동전인 카시를 꺼내서 그 동전과 달러를 번갈아 가며 쳐다보았네. 나는 그에게 이런 구리 동전이 1,400개가 있어야 달러가 될 수 있다고 설명하려 했어. 중국에서도 그리고 류큐인에게도 다른 종류의 동전은 없다네. 미국인들은 스페인 달러를 가지고 와서 사용하기도 했고 우리도 중국에서 식량 값으로 달러를 지불하곤 했네. 소년이 작은 주전자에 차를 가지고 왔는데 아무 맛도 나지 않더군. 우리는 키 큰 등자나무와 도금양나무의 동일종인 다른 나무들로 둘러싸인 정자에서 30분 정도 앉아 있었네.

대로로 나왔을 때는 벌써 어두워져 있었어. 우리는 운콥스키 선장을 만났고 그와 함께 보트를 타고 나하로 가기로 이야기했지.

운콥스키 선장이 말했어.

"그리 멀지 않아요."

우리는 왼쪽 방향을 향해 다리를 건넜고 숲과 들판을 지나 마침내 거리로 갔지만 길은 끝이 없었다네. 도랑을 파헤쳐 지하 배

수구를 만들어놓은 들판을 지나면서 그리고 또 이 규칙적이면서도 질서정연한 모습을 보면서 이 섬의 전형적인 농장 또는 잘 정돈된 지주 영지의 특징들을 볼 수 있었어. 들판에는 몇몇의 집에서 가져다놓은 물통에 비료가 담겨 있었지. 비료는 깨끗하지 않은 것들을 섞어서 썩히고 난 뒤 중국에서 본 것처럼 들판에 들이붓네. 사람들이 말하기를 이게 러시아의 비료보다 좋다더군.

저명한 농학자인 로세프도 말했네.

"잡초가 적게 나지요."

우리는 어둠 속에서 걷고 걸었지만 이 저주받은 길은 끝없이 계속되었어. 담장과 정원 말고는 아무것도 없더군. 류큐인들은 그림자처럼 소리 없이 암흑 속으로 들어가버렸네. 꽃을 꺾어준 그 소년이 우리를 안내해줬지. 더럽고 날카로운 산호초들이 걸어가기에 방해가 되는 곳에서는 그가 나의 손을 이끌어주었고 또 그들은 외우다시피 알고 있는 웅덩이 근처를 우회하여 돌아가곤 했다네. 만약 안내자가 없었다면 불행히도 우리는 그곳으로 갈 수 없었을 걸세. 아마 밤새도록 길을 잃고 방황했을 거야. 마침내 강에 보트가 있는 곳까지 도착했고 탁 트인 바다로 빠져나왔을 때는 크게 숨을 내쉬었다네.

제독은 나하 현지사를 방문하고 싶어 했지만 그는 자신이 사는 곳으로는 초대할 수 없다며 만약 우리만 괜찮다면 정부 관저로 초대하겠다더군. 그는 외국인과의 사적인 교제가 금지되어 있다고 구실을 붙여 거절했네. 이것으로 왜 나가사키 현지사가 본인이 사는 곳이 아닌 관저로 우리를 불렀는지 이해되었어.

그러나 류큐 섬에 관해서는 내게도 자네에게도 이 정도면 충분할 걸세! 만약 자네가 섬의 면적, 공간, 주민 수에 대해 더 자세히 알고 싶다면 지도를 보는 것에 게으름을 피우지 말게나. 주민의 기질, 관습, 작품, 역사에 대해 알고 싶다면 비치[88]나 벨처의 책을 읽게. 이것만은 기억하게. 나는 자네에게 내가 본 것과 내가 이곳에 하루 종일 있으면서 경험했던 것에 대해서만 편지에 쓴다는 것을 말일세.

우리는 오늘 그곳을 떠나와 지금은 태평양에서 항해 중이라네. 만약 섬에 남아 있다면 지금도 해변가로 가려고 했을 거야. 그곳에는 자연과 독특하기는 하지만 원시적인 삶이 있을 뿐이네. 그런데 이러한 삶은 인간을 채워 줄 수 없고 그래서 매력적이지 않네. 그렇기 때문에 공허함만 커다랗게 남았어. 그 무엇과도 닮지 않은 깊은 새로운 어떤 것을 경험하기 위해서는 가능한 한 다른 어떤 생동감 넘치는, 발전된 삶의 형태가 필요한 것 같네.

제 5 장
마닐라

1854년 2월 9일

2월 9일 아침 일찍 우리는 나하항을 뒤로한 채, 큰 섬 류큐와 다른 작은 류큐 섬들 사이에서 맞바람을 뚫고 항해했네. 한 섬을 아마케리마라고 부르더군. 벳텔헤임 선교사는 류큐어로 아마케리마가 저 멀리에라는 의미라고 말해주었네. 이것과 비슷한 해석이나 추측이 이 세상에는 얼마나 난무하는지!

1854년 2월 10일

수송선 멘시코프 공작호와 군함 올리부차호는 계속 항해하라는 명을 받았고, 스쿠너 보스토크호는 북위 25도가량 되는 곳에 있는 파나피진에 의해 발견된 작은 섬을 둘러보고, 가능하다면 그 것에 대해 묘사하는 글을 써오라고 보내졌네. 10일 우리는 온종일 북쪽에서 불어오는 바람으로 우회 항해[89]를 했고, 채 64킬로미터 도 항해하지 못했어. 그래도 11일 아침 여덟 시에는 지나치다 싶을 정도로 신선한 바람이 불기도 했네. 또다시 배가 흔들리기 시작했 지. 위 돛대는 세 개의 축범부[90]를 이용해 돛을 작게 만들었고, 중 간 돛은 내려두었네. 반대로 불어오는 바람에 우리는 11노트로밖 에 항해할 수 없었다네. 나는 파데예프가 맞바람이라고 부르는 이 바람을 좋아하지 않아. 이 바람이 뒤 갑판에서 불어와 결과적으로 그때에는 돛에 힘을 주기 위한 활대와 돛이 곧바로 서 있었지. 배 는 용골[91]을 지탱하며 오른쪽으로, 또 왼쪽으로 휘청휘청하며 떠 있었네.

1854년 2월 11일

11일 저녁 아홉 시경 우리는 북회귀선을 넘어섰다네. 날은 이 미 어두워지고 있었지. 밤에는 구름에 가려진 하늘과 윙윙 불어대 는 바람 때문에 지척을 분간할 수 없더군. 그런 상황에서 새벽 두 시경 우리는 바시 섬을 지나가야만 했네. 우리가 작년 6월 9일과 10일에 태풍을 마주했던 바로 그곳이지. 지나야 하는 해협의 너비는 30킬로미터나 되지만, 이런 어둠 속에서 해협을 통과해야 한다 생각하니 여러 가지 근심이 머릿속을 스쳐갈 수밖에. 예를 들면 지도에 오류가 있을지도 모른다거나, 진로에서 우연히 마주치는 조류에 휩쓸린다거나 하는 근심 말이네. 다행히 아침 날씨는 화창했고, 그 덕분에 우리는 정확하게 관측할 수 있었네. 이렇게 관측한 결과를 바탕으로 우리는 깜깜한 밤임에도 앞서 말한 시간대에 해안을 발견할 수 있었고, 해안을 빠르게 통과하여 운 좋게 다시 중국해에 다다르게 되었지.

1854년 2월 12일

오늘은 12일, 이 얼마나 좋은 날씨인가! 류큐 섬 주변의 바다도 그렇게 푸르렀는데 하물며 북회귀선의 바다는 어떻겠는가. 태양은 뜨겁게 이글거렸네. 마치 러시아에서 폭풍 전 뜨겁게 내리쬐는 태양처럼 말이지. 다른 향기의 온기가 이곳을 가득 채웠고 햇살은 온 사방에 퍼져 있었네. 어디선가 갑자기 청어 크기만 한 날치들이 나타났어. 물고기들은 떼 지어 다니기도 하고 한 마리씩 따로 헤엄쳐 다니기도 했네.

밤에는 물살이 조금 잔잔해졌고 우리는 배의 요동에서 잠시나마 해방되어 편히 잘 수 있었네. 수영할 때처럼 따뜻한 바람이 살랑살랑 불었고 그 바람에 우리 배는 9노트 정도의 속도로 항해했지. 점심 후 갑자기 어디선가 강한 바람이 불었네. 하지만 왼쪽에 보이는 이 바닷가에서 스쳐 지나가는 바람일 뿐이었어. 그것은 루손 섬[92]의 해안이었네. 이 섬의 면적은 아주 광대하네. 이 섬의 북쪽 끝에서 마닐라까지는 족히 480킬로미터는 넘을 걸세. 마닐라에서 남쪽 끝까지는 또 얼마나 되겠는가! 다들 마닐라에 대한 나름의 그림을 그리고 있었지. 이미 자신만의 환상에 빠져 있었네. 누군가는 사치스럽게 보일 만큼 화려한 자연을 기대하고 누군가는 새로운 주민과 풍습을 기대하며 누군가는 악어를 볼 것을 예상하기도 하고, 또 누군가는 크리올 사람[93]과 시가를 거래할 것을 기대하며, 또 다른 이들은 흰 훼복[94]을 주문하고 싶어 하기도 했지. 모두 서로 다른 기대감에 부풀어 있네. 크류드네르 남작은 모든 여행기를 찾아보아도 좋은 호텔에 관한 내용이 없다는 것에 괴로워했어. 아니, 좋은 호텔이 아니라 호텔에 관한 내용이 전혀 없었네!

별들은 반짝이고 바다는 인광 때문에 빛을 발하고 있었다네.

하늘에서 첫 번째로 눈에 띈 것은 거의 지평선에 자리 잡은 남십자성[95]이었네. 오랫동안 난 그 별자리를 보지 못했어. 우리의 큰곰자리도 있고 그 옆에는 오리온도 있었지. 어디서나 이런 별들이 반짝이는 하늘을 볼 수 있는 것은 아니라네. 이곳은 양 반구의 별자리 중에서도 가장 귀족적인 별자리를 한곳에 다 모아놓은 듯한 곳이었네.

저녁 여섯 시경 갑자기 바람이 그쳐서 범선을 멈추게 하였고 우리는 11~12노트의 속도 대신 절반으로 속도를 줄여 천천히 항해했네. 여기는 불가사의한 장소야. 폭풍, 태풍이 불기도 했다가 또 갑자기 잔잔해지네. 대부분의 항해자들이 이 길에서 가다 서다를 경험했을 걸세. 러시아 사람 가운데 누군가는 바시 섬부터 마닐라까지 아흐레나 걸렸다고 하네. 거리가 고작 해야 720킬로미터 정도밖에 되지 않는데 말이지. 우리는 480킬로미터가량 남겨두었고 모레쯤 도착할 거라 예상했다네. 그런데 이 모양이네….

자네도 물론 좋아하는 예술가의 화랑에 가보았을 거야. 그리고 좋아하는 그림은 그 앞에서 오랫동안 머물며 보게 되지 않는가. 그렇게 오래 보다 보면 그림조차 싫증나게 되지. 우리에게는 잔잔하고 고요한 바다와 푸른 하늘이 때때로 그러네. 물론 결점 없이 깨끗하고 구름 한 점 없는 하늘, 푸르게 끝없이 펼쳐진 잔잔한 바다, 온기가 느껴지는 바다의 습한 공기는 아름답고 좋네. 그러나 이런 바다의 시와 같은 열대 하늘이나 반짝이는 별들도 싫증이 나기 마련이지. 페테르부르크의 5월의 밤을 추억하게 하네. 자정이 되어갈 무렵 하늘이 어두워지려다 갑자기 다시 밝아지는 밤 말일세. 마치 아이가 심술이 나 있고 울음을 터트리려 하다가도 갑자기 웃으며 놀러가는 것처럼 말이네.

저 멀리에 배 세 척이 우리처럼 잔잔한 물살에 떠 있었고 루손 해안은 구름처럼 푸르렀네. 갑판에는 어떠한 움직임도 보이지 않았어. 상선 또한 움직이지 않고 서 있었네. 이런 더위에서 훈련을 한다는 건 있을 수 없는 일이기 때문이지. 오늘은 일요일이야. 점심을 먹고 우리는 갑판에 서서 저 멀리 바라보았네. 돌고래 떼가 근처를 지나가고 있더군. 처음에는 한 마리가 헤엄쳐가고 있었고 물 밖으로는 날카로운 검은색 지느러미밖에 보이지 않았네. 곧 돌고래가 떼로 모여들었고 파도를 넘어가며 헤엄쳐다녔지. 큰 상어도 오랫동안 우리 전함 주위를 맴돌았네. 우리는 그 상어를 잡기 위해 두 번이나 갈고리를 던졌지만 두 번 다 실패했다네. 한번은 갈고리에 걸려 상어가 끌려왔지만 그 갈고리가 곧 부서지고 말더군. 아무것도 하지 않는 지금은 이런 작은 것에도 흥미가 있네! 내일은 초하루라네. 강한 바람이 불 것으로 예상되네. 오늘은 마슬레니

차[96]인데 다들 마닐라에 카니발[97]이 없다는 것을 안타까워했어.

1854년 2월 16일

2월 16일에 마침내 세계에서 가장 큰 만 가운데 하나인 마닐라 만의 입구부에 다다랐다네. 입구 중간에 등대가 서 있는 코레히도르 섬이 있었어. 섬 오른쪽에는 벌거벗은 말과 수도녀의 돌상이 서로 거리를 두고 불쑥 솟아 있었고 그 오른편에는 자그마한 돌로 쌓아놓은 끊임없이 이어지는 둑이 위치해 있었네. 우리는 저녁 여섯 시경에 만으로 항해해서 들어갔다네. 코레히도르 섬에서 보트가 우리 상황을 살피기 위해 다가왔지. 하지만 보트는 곧 보이지 않았네. 우리 배가 그 보트보다 훨씬 빨랐기 때문이야. 우리는 9노트의 속도로 항해하면서 중국 배인지 인도 배인지 정체 모를 이상한 상선을 가로질러 열 시 정도에 해안가에서 5베르스타 떨어져 있는 마닐라항에 닻을 내렸네.

우리는 조용히 조심스럽게 항구로 들어갔고 바람도 소리 없이 불었네. 밤이 찾아왔어. 자네는 어두운 달빛 아래 따뜻하면서도 온화하고 또 조용한 열대 지방의 평온한 밤에 대해 모를 걸세. 바람 한 점 없고 어떠한 소리도 들리지 않지. 별들만 반짝이고 있을 뿐이네. 남십자성, 카노푸스[98], 우리의 큰곰자리, 오리온자리 사이에서 목성이 누런 황토빛을 발하고 있더군. 이것은 마치 꼭 금으로 만들어진 단추 같았네. 카노푸스는 다이아몬드처럼 빛을 내고 있었고 이 광채에 다른 반짝이는 아르고호 별[99]들의 광채는 파묻히는 것만 같았지. 이 모든 것이 우리를 은하의 깊은 속으로 빠져들게 하는 것만 같았네. 이 얼마나 멋진 광경인가! 어, 종소리야! 나는 오랫동안 교회의 종소리를 들어보지 못했다네. 낮고 굵으면서도 단조로운 소리는 항구에 울려 퍼졌고 이내 곧 다시 고요해졌어. 나는 도시의 불빛들을 보았네. 그 불빛 주변은 어둠에 가려져 있었네. 내 마음에 어떤 기분 좋은 호기심이 들기 시작했지. 그리고 이제는 잊힌 먼 옛날의 남쪽 가톨릭 국가들의 형상들이 떠올랐네. 나는 갑자기 고대 수도원에 가보고 싶었고 어둠속에서 교회를 배회해보고 싶었으며 신선한 풀이 나 있는 폐허, 금색의 누더기 옷을 입은 거지, 게으름 피우는 스페인인, 스페인 여자의 아름다움, 이미 싫증이 나버린 그런 장면들을 보고 싶어졌다네.

어쨌든 미국인 빌릭스와 프랑스인 말랴는 이곳에 호텔이 없다고 말하고 또 기록하고 있네. 그렇기 때문에 여행객들은 열한 시 넘어서는 도시에서 떠나야 한다고 하지. 밤에는 문이 굳게 잠겨 있고 그래서 어디에도 묵을 곳이 없지만 손님들에게는 친절하고 도움을 줄 준비가 되어 있는 그런 도시에서 말일세. 이래서 우리는 고민할 수밖에 없었네. 아무에게도 신세지지 않으면서 어디서 묵을 수 있을까? 여행객들의 편리를 위해 만들어진 곳이 있긴 한 것인가?

정말 피곤하군. 오늘은 여기까지만 쓰겠네. 아마도 내일은 마닐라가 어떤 곳인지 보고 또 알 수 있을 걸세. 우리는 2월 9일부터 16일까지 류큐에서 1,600베르스타나 지나왔네…. 마닐라! 페테르부르크에서 이곳까지 오기는 정말 힘들었을 거야! 여기서 페테르부르크까지도 마찬가지로 가기 힘들겠지. 페테르부르크에서 오는 것만큼이나 말일세. 잘 자게. 마닐라에서 보는 것들에 대해서는 또 이야기해주겠네.

1854년 2월

2월 16일 아침에 일어나자마자 나는 마닐라를 보기 위해 갑판으로 나왔네.

주변을 살피며 생각했어.

'도대체 마닐라가 어디 있는 거야?'

아무것도 없더군! 우리는 어제 그 바다에 떠 있었고 저 멀리에 해변은 푸르렀네. 하지만 이것은 우리가 루손 해를 지나오며 매일 본 것이었네.

"어디에 마닐라가 있는 건가요?"

먼 곳을 손가락으로 가리키며 노인이 말했네.

"저기, 저쪽에 있네요."

그가 내 어깨의 방향을 돌려주며 덧붙였지.

"그쪽이 아니에요. 저기에 있다고요."

나는 겨우 해변 끝자락을 보았는데 거기에는 뭔가 반짝이더군. 집도 아니고 교회도 아니었네. 저 멀리에는 산이 있었네.

"이것이 마닐라인가요?"

노인은 다시 또 내 어깨를 거의 마닐라 앞쪽까지 오른쪽으로 틀어주며 말했네.

"네. 저기 카비타가 있잖아요."

그러나 집도 교회도 전혀 보이지 않았네. 해안 지평선과 우리 전함 사이에서 어선의 펄럭이는 돛이 보이는 것이 마치 꿈인 듯 보였어. 우리와 그리 멀지 않은 곳에 프랑스 군함과 상선 몇 대가 서 있었지.

"어쨌든 마닐라는 보이지 않는군요."

노인이 반박했네.

"보일 리가 있나요. 우리는 마닐라에서 4킬로미터 정도 떨어져 있는 걸요."

"더 가까이 가볼 수는 없는 건가요?"

"우리 배로 어떻게! 저곳은 깊이가 5~6사젠 정도밖에 안 되는 걸요. 상선이라면 또 모를까. 그 배들은 강에서도 다니니까요."

두 시쯤에 사람들이 말했어.

"원하는 사람은 해안으로 데려다드립니다. 지금 보트가 옵니다."

몇 명이서 흰 옷을 입고 보트를 탔네. 이 뜨거운 태양에 살을 드러내서는 안 되지 않겠나. 그래서 우리는 배 위에 설치해놓은 광목천 천막 아래서 항해했네. 그래도 엄청 덥더군. 손, 다리, 어깨가 잠깐이라도 햇빛에 내비춰지면 다 타버리는 것만 같았네. 푸른 바다는 지나칠 만큼 잔잔했지. 우리 근처에 있는 배들은 마치 자는 것만 같았네. 어떤 작은 움직임조차 볼 수 없었고 갑판에는 한 사람도 없었어. 보트는 큰 만으로 천천히 조금씩 잠자고 있는 파리처럼 나아가고 있었네.

바다에 가까워질수록 제방이 윤곽을 드러냈고 잿빛의 긴 벽이 보였으며 그 뒤에는 종루가 있었고 그리고 집들이 빽빽이 모여 있었다네. 돌로 만든 방파제가 있는 강의 입구는 열려 있더군. 가장 하구인 강의 오른쪽에는 높은 등대가 서 있었네.

파시그 강은 물살이 빠르기로 유명해. 그 강에는 분주한 움직임들이 있었어. 강변에는 두세 줄로 일반 배, 정크선, 보트 들이 빽빽이 서 있었지. 그래서 우리는 그쪽으로 진입하기 힘들어서 몇 번이고 노를 손에서 놓을 수밖에 없었어. 배에는 짐을 내리고 육지로 옮기는 작업들이 이루어지고 있었네. 이제야 이곳이 큰 항구구나 알겠더군. 어떤 배들은 강가에 정박해 청소를 하고 있었네. 어디서나 붉고 거무스레한 벌거벗은 몸으로 일하고 있었지. 모두 인도인이었네. 강가 왼쪽에는 요새가 있었지.

총독을 방문한 적이 있는 크류드네르 남작이 요새를 가리키며 말했네.

"저게 바로 마닐라랍니다. 이곳은 스페인 도시예요. 저기에서 모든 권력을 잡고 있지요."

반대편 강가를 가리키며 우리가 물었어.

"그럼, 이건 뭔가요?"

"외곽지인 비논도예요. 저기는 외국인들이 교역을 하는 곳이죠."

이것이 내가 알아낸 전부야.

"어디로 보트를 대지요?"

"저기 선착장이 하나 있고, 다른 것은 저 멀리 어딘가에 있는 다리 앞에 있어요."

누군가 말했어.

"가장 가까운 곳에 댑시다."

다른 사람이 반박하고 나섰네.

"왜 가장 가까운 곳으로 갑니까? 이왕 이곳에 왔으니 더 멀리
가봅시다."

"여기도 좋아요."

논쟁이 시작되었네. 대부분은 빨리 대자고 결정했지만 물의 흐
름은 닻이 진창에서 쓸데없이 굴러다니는, 즉 수심이 얕은 곳으로
우리를 이끌었어.

한 명이 말했네.

"방향키를 왼쪽으로 틀어요! 왼쪽으로요."

다른 사람이 또 지휘했지.

"떨어져요. 더 오른쪽으로 틀어요. 이렇게! 이제 대자고요."

"아니, 저 다음 항구로 갑시다."

많은 사람이 그렇게 결정했고 우리는 계속 항해했네. 나중에야
우리는 그곳에 정박해야 했음을 알았지….

우리는 강가를 계속 항해했네. 지저분한 창고, 집, 긴 담이 있는
쪽 강가에는 풀이라곤 어디에도 없었어. 저 멀리에 돌담 뒤로 뻥

골 보리수 잎사귀 두세 개가 햇볕을 쬐기 위해 튀어나와 있는 것이 다였네. 요새 앞 오른쪽에는 작은 풀들이 자라고 있었어. 거기에는 아이들이 소리치며 뛰어 놀고 무시무시한 뿔을 등 쪽으로 쳐들고 있거나 또는 모가지를 물속에 넣은 물소들이 그늘에 누워 있더군. 벽 쪽에는 높은 기병대 모자를 쓰고 붉은 술 장식으로 만든 큰 어깨 장식이 달린, 나사지로 만든 제복을 입고 어깨띠를 하고 있는 보초병들이 돌아다니고 있었네.

우리는 대포와 벽의 두께를 보고 이렇게 말했어.

"요새는 아주 철벽방어막인 것 같군요."

그러다 다리를 찾아냈네. 겨우 배와 보트 사이로 항구의 돌계단으로 비집고 들어가 거리로 나왔지. 휴. 얼마나 습하던지! 뜨겁고 숨 막히는 열기가 우리를 에워쌌네. 빵집으로 들어갔다네.

우리 동행 중에 마닐라라고 하면 어떤 화려함과 연관 지어 생각하는 데 익숙한, 젊은 편에 속하는 누군가가 말했어.

"여기가 정말 마닐라란 말인가요? 화려함은 어디에 있는 건가요? 낭만은요?"

갑자기 그가 덧붙였네.

"윽. 이게 무슨 냄새예요?"

정말로 안 좋은 냄새가 났지. 우리는 상점들이 빽빽하게 줄지어 있는 거리로 나와서 갑자기 그 냄새의 원인을 추측해냈네. 상점마다 면도를 하고 검푸른 중국풍 머리 스타일에 교활해 보이는 표정을 짓는 사람들이 보였어. 아시아인들이었네. 대체 그들이 없는 곳이 있던가? 그들이 온 사방에 마늘, 백단나무 향, 식용유 냄새를 퍼트렸던 걸세.

하지만 이곳의 아시아인들은 싱가포르나 홍콩에 있는 아시아인들보다는 깨끗해 보였고 상점 또한 깔끔하게 정돈되어 있었네. 러시아의 백화점들과 비슷했는데 다만 주민들이 이층에 살고 있었지. 이곳에는 대장장이와 목수가 별로 없어 보였네. 그래서 거리에서 금속 따위를 달구고 두드리는 것을 보지 못했어. 그러나 훌러덩 벗고 다니는 사람들은 많았네. 이 허옇고 흐늘흐늘한 몸을 보는 것이 우리에게도 그리 달갑지만은 않았다네. 마치 상점에 전시하기 위해 내놓은 양고기나 훈제 햄 같더군.

우리는 프랑스 호텔에 대해 물어볼 만한 사람을 찾고 있었네. 아침에 마차도 있고 묵을 수도 있다고 들었던 그곳 말이야. 거리엔 아무도 없었지. 드문드문 인도인과 중국인이 짐을 들고 빠른 걸음으로 지나가긴 했지만 이내 텅 빈 거리가 되었네. 개와 돼지만이 어딘가 담벼락 그늘에서 누워 있을 뿐이었지.

결국 우리는 중국인과 인도인에게 영어와 프랑스어로 질문을 했네.

"호텔은 어디에 있나요?"

만나는 사람들은 멍청히 우리를 보더니 질문에 대답했어.

"세뇨르?"

우리는 좀 더 머리를 써서 스페인어로 구문을 끼워 맞추기 시작했네. 스페인어를 전혀 알지 못하면서 말일세. 긴 협의 후에 마침내 다섯 개 단어를 조합해서 우리가 하고 싶은 질문을 만들어 냈다네.

"여기에 프랑스 호텔은 어디 있나요?"

우리는 병영과 비슷하게 생긴 어떤 금색 건물 그늘에 빈둥거리며 서 있는 군인에게 질문했네. 다른 군인은 보초를 서고 있었지. 한 명이 우리를 보고 잠시 생각하더니 중국 상점들이 있는 쪽으로 우릴 데려갔네. 상점에서 우리에게 비누, 제화용품, 향신료, 차 등의 물건을 번갈아가며 가져왔어. 마침내 군인은 우리를 어떤 마당으로 데려갔는데 그곳에는 마차와 말이 많았다네. 마부들은 그것들을 청소하고 있었는데 의문에 찬 눈길로 우리를 쳐다보더군. 우리도 그들을 쳐다보았네. 그러고는 우리 모두 군인을 쳐다보았지.

우리 가운데 한 명이 숨 막히는 더위와 거리의 불쾌한 냄새에 우울한 듯이 물었네.

"우리가 그에게 뭐라고 말한 거지요?"

"분명 뭔가 좋은 걸 거예요. 그가 우리를 마구간으로 데려온 걸 보면요."

누군가가 위안을 삼으며 덧붙였어.

"그게 무슨 말이었든 스페인어와 비슷한 말이었을 거예요. 그가 우리를 그냥 이리로 데려왔을 리는 없잖아요."

우리가 군인에게 반복했네.

"프란체스카, 프란체스카."

한 마부가 또한 그에게 무엇인가 말했고, 다시 우리를 그 근처로 데려갔네. 거리는 보기 좋았어. 더 멀리 가면 갈수록 더 좋은 상점들이 나타났네. 마침내 우리를 데리고 간 그 사람은 어떤 상점에 멈추어 섰고 우리에게 그 안으로 들어가기를 권하더군.

우리는 유럽식 상점에 도착한 걸세. 그러나 물건이 너무 많아서 주인이 무엇을 파는지 알 수가 없었네. 탁상시계 두세 개, 장갑이 든 케이스, 포도주가 담긴 상자, 피아노 한 대, 직물이 있었고 금 목걸이가 걸려 있었으며 책장, 아름다운 식탁들, 찬장, 소파가 빽빽이 가득 차 있고 창문에는 꽃병들, 책상에는 어떤 기계, 종이, 향수가 있었어. 우리는 이것들을 쭉 둘러볼 수 있었네. 상점에는 아무도 없었고 또 아무도 우리에게 다가오지 않았기 때문이지. 5분쯤 후에 젊고 키 큰 금발의 아주 잘생긴 프랑스인이 들어왔네. 평범하고 세련되게 옷을 입고 있었어. 우리를 보고 놀란 그의 뒤로 젊지도 않고 키도 크지 않으며 정말 못생긴 프랑스 여자가 들어왔네. 하지만 옷은 더 세련되게 입고 있더군. 그녀 또한 놀란 눈으로 우리를 쳐다보았네. 우리는 모두 말문을 열고 이야기했어. 주인도 같이 말이야. 우리는 이 더위, 습함, 거리의 공허함에 대해 고달프게 불평했네. 이곳에 스페인어를 제외한 다른 말을 할 수 있는 사람은 아무도 없어서 우리가 호텔을 찾을 수 없다는 것도 말이지. 그들은 진심으로 우리를 위로하더군. 이제 곧 오후 낮잠 시간이라고 하면서 말이네. 거리에 평민 말고 아무도 없는 이유는 다들 자고 있어서라더군. 평민들은 프랑스어와 영어를 할 줄 모르며 그 대신 스페인어, 중국어, 포르투갈어를 한다고 했네. 식사 시간 전후에는 또다시 거리에 평민들을 제외하고 아무도 돌아다니지 않고 신분이 높은 사람들은 모두 마차를 타고 다니며 스페인어로만 말한다 했지.

그리고 우리에게 마지막 위로를 덧붙였네.

"호텔은 분명히 있습니다. 프랑스인 데미엔의 것이죠. 정말 좋은 사람입니다. 그러나 호텔은 여기서 좀 먼 곳에 자리 잡고 있습니다. 여러분이 괜찮다면 당신들을 그곳까지 일꾼이 안내해줄 겁니다. 당신들은 그에게 1리알[100]만 주시면 됩니다. 더 많이 주셔도 괜찮지만요."

치장을 한 프랑스 여인은 우리에게 실용적인 정보도 주었어. 마닐라에 거주하는 프랑스인은 기껏해야 여섯 명 정도이며 미국인과 미국인 교역상 또한 아주 소수의 인원만 있다고 말이지. 나머지는 전부 스페인인이고 그들은 자고 먹고밖에 하지 않는다더군. 그리고 그녀는 자신을 가톨릭 신자라고 여기기는 하지만 다른 종교, 심지어 루터교까지도 허용한다네. 그녀는 스페인 수도원들에 들어가 보고 싶지만 그곳에 여자는 들어갈 수 없다고 하며 깊은 한숨을 내쉬었네.

내가 물었지.

"마닐라에는 수도원이 많나요?"

그녀가 프랑스어로 대답했어.

"누구도 보지 못했지요."

주인들은 우리에게 가구가 필요할 때 다시 찾아달라고 정중히 말하면서 헤어지는 인사를 했네.

우리는 다시 파데예프라 부르는 인도인 집시를 따라 돌아다녔어. 파데예프는 파란색 바지 위로 흰 셔츠를 밖으로 꺼내 입고 밀짚모자에 맨발이었는데 텅 빈 거리에서 중국인 냄새가 나는 많은 상점을 애써 외면하려 하고 있었네.

돌로 만든 상점의 아케이드[101]를 지나갈 때까지만 해도 견딜 만했지만 아케이드가 있는 상점가도 끝이 보였네. 교차로와 광장으로 연결된 다른 길이 나 있었어. 뜨거운 햇빛에 열려 있는 이 장소를 지나갈 수밖에 없었지. 우산은 약하긴 했지만 우리의 방어막이 되어주었네. 단화 속 발은 타들어 가는 것만 같더군. 우리는 우리가 정박했던 그 다리 근처를 지나왔네. 그 뒤에는 큰 교회가 보였고 앞쪽에는 새로운 길을 따라 또다시 상점들이 줄지어 있었네. 우리가 들어가본 그 상점보다 훨씬 형편없어 보였어. 거리에는 거의 인도인과 중국인뿐이었고 가끔 가다 혼혈인이 보였네. 긴 젖은 머리를 풀어헤친 혼혈인을 보았는데 그녀는 목욕한 후 햇빛에서 머리를 말리고 있는 것 같았다네.

혼혈인, 이것은 마닐라와 다른 장소, 다른 인종과의 결합이라 할 수 있네. 다시 말하면 중국인, 스페인인, 다른 종족과 인도인의 융합이라 할 수 있겠지. 스페인 쪽 혼혈인은 스페인인이란 말을 듣고 싶어 하지만 이런 일은 거의 불가능하다 할 수 있네. 지나칠 정도로 검은 얼굴과 검은 머리색은 스페인의 피가 흐르지 않는다는 것으로 보이거든. 그들 스스로도 이 사실을 이해하고 또 굴복할 수밖에 없다는 것을 알고 있지. 여자들은 특별한 옷을 만들어 입곤 하네. 휘황찬란한 줄무늬, 심지어 얼룩무늬의 치마와 평소에 착용하는 검은색과는 차별화를 둔 흰색의 모자 달린 망토를 쓰고 다니네. 스페인 부인들이 머리에 쓰는 특별한 장식인 모자 달린 망토 말이야. 그리고 스페인인들은 자신의 본토에서 태어나 교육받은 것에 대해 높게 평가하네. 스페인 부모에게서 태어났더라도 이곳에서 태어난 아이들은 스페인에서 태어난 아이들보다 낮게 평가되지. 한 젊은 스페인 여자가 있었는데…. 그런데 이 모든 것은 내가 숙소로 가는 길에 다 알아낸 건 아니야. 그 후에 알게 되었네. 자네에게 왜 이렇게 우왕좌왕 이야기하는 건지 모르겠네. 이 이야기도 때가 되면 말해주지. 내가 잊어버리지만 않는다면 말이네.

거리와 집, 상점 들은 모두 지방색을 띠고 있었네. 이제야 알겠네만 우리 고장들도 포함해서 전 세계의 모든 도시들이 그렇듯이 말일세. 긴 담장, 집 한 채 없이 길게 뻗은 골목, 무성한 풀, 텅 빔, 거래에 있어 서로 절충하는 것, 한적함, 이러한 것 말이네.

우리가 데리고 가던 그 일꾼은 한 골목길에 잠시 멈추어 서서 우리가 그를 따라잡을 수 있게 해주고는 두 담장 사이로 들어갔네. 그 담장 뒤에는 바나나가 태양을 향해 고개를 내밀고 있었어. 이 골목에는 집 한 채 보이지 않았지만 다른 길에서보다 훨씬 많은 풀들이 무성하게 자라고 있었고 훨씬 많은 돼지와 개들이 그늘에 누워 있었네. 마침내 집 한 채가 보였지. 그리고 저 멀리 모퉁이에 다른 집 한 채가 있었는데 그게 다였다네.

우리는 더위에 극도로 지친 상태에서 말했네.

"이 길이 곧 끝나는가?"

우리를 안내하던 타갈로그인[102]은 첫 번째 집 앞에 멈추어 섰네. 꽤 더러운 문이었지.

그가 마당을 손가락으로 가리키며 말했어.

"폰다!"

우리는 의심을 품으며 그곳에 무엇이 있는지 둘러보았지. 또 마차와 말들이었네.

우리는 불평했어.

"이게 도대체 뭔가. 우리를 우습게 보는 건가?"

타갈로그인은 고집스럽게 같은 말을 되풀이하더군.

"폰다!"

누군가는 프랑스어로, 또 누군가는 영어로 소리쳤다네.

"그래서 뭐 어쩌라고. 폰다가 뭔가? 우리를 호텔로 데려다주란 말이야."

다행히 한 젊은 남자가 나와서 영어로 이곳은 폰다라는 곳이며 다시 말해 호텔이라고 말해주었네.

우리는 아직도 화가 난 채로 물었어.

"그럼 말들과 마차는 뭐요?"

"주인이 본인의 마차를 소유하고 있답니다."

우리는 안심하고 마차와 말이 있던 마당으로 뛰어들어 이 더위에서 우리를 구원해줄 만한 그늘로 숨어 들어갔네. 계단으로 올라가니 우리 눈앞에 거대한 식당이 모습을 드러냈어. 그 식당은 사방의 문이 열려 있었고 문 뒤의 복도는 다른 방들로 연결되어 있었네. 그 뒤에는 객실이 있는 복도가 이어졌네. 아. 화려하구나! 쨍쨍하게 내리쬐던 태양은 더 이상 없었고 어디에나 틈새 바람이 살랑살랑 불었네. 유감스럽게도 이 바람이 우리가 원하는 대로 불지는 않았지만 말이야. 우리 고향인 북쪽에서는 바람을 피해 다니지만 여기서는 찾아다닌다네. 호텔은 싱가포르를 기억나게 했네. 그곳에서와 마찬가지로 길게 뻗은 홀, 긴 책상, 천장에 붙은 커다란 선풍기가 있었지. 어디에나 창문 크기만 한 움직이는 미닫이문이 있었네. 발코니도 있었는데 벽으로 둘러싸여 있는 헛간이라 할 수도 있겠더군. 배에서처럼 말일세. 그래도 그냥 발코니라고 해두는 편이 낫겠네. 하인 무리인 인도인들이 호기심에 가득 찬 눈으로 우리를 바라보았네. 대부분 소년들이었지. 그런데 타갈로그인들 대부분이 키가 작아서 동안으로 보이지 않는가.

우리가 부탁했네.

"레몬에이드를 좀 주시오!"

그러자 하인 무리가 동시에 서둘러 뛰어나갔어. 바닥, 책상, 의자가 흔들거릴 정도였네. 바닥과 천장을 둘러보니 모든 것이 지나칠 정도로 잘 정리되어 있더군. 나는 마룻바닥 틈으로 마당에서 벌어지는 일을 볼 수 있었네. 밑에서 나누는 대화 소리가 방까지 다 들렸고 방에서 하는 이야기들도 마찬가지로 마당에서 다 들을 수 있었을 테지. 또 둘러보니 창문이 유리로 되어 있지 않았네. 유리 대신 다른 무언가가 있었어.

한 사람이 말했네.

"운모[103]네요!"

다른 사람이 반박했지.

"아니요. 이건 함석[104]이요. 얼마나 단단한지 봐요."

하인들은 뛰어나갈 때와 같은 소음을 내며 말처럼 달려 들어왔고 레몬에이드 몇 병을 가지고 왔네.

우리도 레몬에이드에 덤벼들면서 물었어.

"어디 가면 주인을 볼 수 있을까요?"

또다시 그들은 큰 발걸음 소리를 내며 옆으로 물러섰네. 주인 데미엔이 그사이에서 나타났다네. 35세 정도로 보였으며 선한 인상으로 외모 또한 나쁘지 않았네. 흰 점퍼에 밀짚모자를 쓰고 있었고 예의가 발라 보였어. 부산하게 돌아다니지도 않았고 겸손하지만 위엄 있어 보였네. 수다쟁이도 아니고 허풍쟁이도 아니더군. 프랑스에서는 보기 드문 그런 사람이었네. 그는 아침, 점심, 저녁을 포함한 하루 객실료가 1.5피아스트라[105]라고 알려주었어. 그리고 개인 마차를 소유하고 있으며 마차와 말 두 마리를 빌리는 데 하루에는 2.5피아스트라, 반나절에는 1.25피아스트라라고도 말했네. 아침 식사는 열 시이고 점심 식사는 네 시이며 차와 저녁 식사는 여덟 시라고도 알려주었지.

그가 프랑스어로 덧붙였네.

"시간이 정해져 있기는 하지만 원할 때는 모든 서투른 선술집 주인들처럼 식사를 제공합니다."

크류드네르 남작이 감동받은 듯 말했어.

"훌륭하십니다. 데미엔."

우리는 주인에게 캐묻기 시작했네.

"실례합니다만 도시 구경을 좀 할 수 있을까요?"

"가능합니다. 어떤 것들을 보고 싶으십니까?"

"무엇보다 스페인 도시와 명승고적을 보고 싶네요."

"가능합니다."

"예를 들면 교회들을 볼 수 있나요?"

"가능합니다."

"그럼 우리가 그곳으로 갈 수 있도록 말을 좀 빌려주세요."

데미엔이 말했네.

"지금 보는 것은 불가능합니다. 문이 잠겨 있을 겁니다."

"교회에서 예배는 언제 드리나요?"

"아침 여덟 시 전에 예배를 봅니다. 여덟 시 이후는 너무 덥기 때문입니다."

"그럼 공장에서 담배를 제조하는 것은 볼 수 있나요?"

"아니요. 아침 열한 시 전에만 볼 수 있습니다. 정오쯤에는 모두 흩어져 휴식을 취합니다. 너무 덥기 때문입니다. 그리고 여러분, 우리 총독에게 허가증을 받으셨습니까?"

"허가증이요?"

"네."

"아니요."

"그렇다면 여러분에게 이 도시에 사는 지인이 있다면 관청 관리자에게 데려다줄 텐데요."

우리는 예상치 못한 주인의 훼방에 깊은 생각에 빠졌어.

계속해서 물었네.

"우리는 섬을 돌아다니고 싶었어요. 그냥 구경 말이에요. 예를 들면 마테오 동굴이나 석호나…. 그렇다면…. 우리가 당신 말을 좀 빌려갈 수 있을까요?"

"가능합니다. 원하는 만큼이요. 다만 여기 관청은 외국인이 돌아다니는 것을 달갑지 않아 할 것입니다…. 그래도 여러분에게는 총독이 허락해줄 수도 있어요. 보기 드문 손님이기 때문입니다."

내가 실망스럽게 말했네.

"여기가 일본보다 좋은 게 뭔가요? 아무것도 할 게 없잖아요."

그리고 덧붙였지.

"제게 마차를 잠깐만 빌려주세요. 도시를 돌아보고 올게요. 담배도 사야 하고요."

"이제는 마차를 빌려줄 수 없습니다."

"데미엔, 지금 농담하시는 거죠?"

"농담이 아닙니다. 이곳에서는 아침 일찍부터 정오까지 그리고 오후 다섯 시부터 저녁 열 시 또는 열한 시까지만 돌아다닙니다. 그 외의 시간에 돌아다니는 것은 말을 괴롭히는 행동입니다."

"그럼 담배를 파는 상점은 어디에 있습니까. 말씀해주시면 우리가 직접 걸어가겠습니다."

"국영 상점이 하나 있기는 한데 그 상점은 담배를 항상 구비해놓지는 않습니다. 공장으로 직접 가셔야 할 것 같은데요…."

"정말 엉터리군요! 공장에 가는 것은 안 된다고 말씀하시지 않으셨나요?"

"공장에 가는 것은 어렵습니다."

"담배를 도대체 어디서 구할 수 있는 건가요? 우리는 거리에서 모두가 담배 피우는 것을 보았다고요."

"개인 소유의 부패한 상점에는 담배가 있습니다."

"당신네 상점에서는 담배를 팔지 않나요?"

"네, 팔지 않습니다. 이곳에서는 모든 물건을 자기 스스로 마련하여 구비하고 다니기 때문입니다."

우리가 이해가 안 된다는 듯한 행동을 보이자 데미엔은 미소 지었네. 마치 우리가 처한 상황을 즐기고 있는 듯했어.

"이제 우리는 뭘 하면 되는 거죠? 좀 알려주세요."

"일단 여기서 휴식을 좀 취하십시오. 이제 세 시니까요. 점심 식사는 네 시에 제공되니 원하시면 점심을 드시면 됩니다. 그때쯤 제가 마차를 준비해놓을 테니 여러분은 도시를 둘러보러 가시면 됩니다. 담배는 제가 지금 가서 사오도록 하죠."

"우리는 점심을 먹었어요."

크류드네르 남작이 성급히 덧붙였네.

"아침을 먹었죠."

"왜 식사를 안 하시려는 겁니까? 풍속이나 관습을 익혀야 합니다."

내가 주인에게 물었어.

"여기 창틀에 유리 대신 끼워져 있는 이것은 뭔가요?"

"진주 광택이 나는 조개껍질입니다."

"왜죠?"

"이것들은 햇빛을 흡수하는 성질을 가지고 있어 방으로 햇빛이 덜 들어오게 하는 역할을 합니다."

그러고 나서 주인은 덧붙였네.

"이곳에서는 지진 때문에 유리를 사용하지 않습니다."

우리는 틈새 바람이 불어오는 창문 앞에 앉아 큰 나무들이 빽빽하게 심어 있는 가로수 길에 있는 연병장[106]을 보았네. 연병장은 담으로 둘러싸여 있었는데 군인들을 훈련하는 장소로 보였어. 그 뒤로 집 지붕들이 보였고 그 지붕 뒤로는 녹지대가 드문드문 있었지. 풍경은 그 반대쪽인 발코니에서 보는 것이 더 좋았네. 발코니는 상선과 인도인의 이상한 보트들이 파노라마처럼 움직이는 파시그 강 쪽으로 나 있었어. 요새 벽 뒤로 교회의 둥근 지붕과 십자가가 보였네. 호텔에는 많은 사람이 오갔는데 모두들 흰색 점퍼 따위를 입고 있었고 인도인은 지저분한 셔츠를 입었으며 중국인은 이 것도 저것도 입고 있지 않았네. 근처에는 각기 다른 짐을 실은 물 소들이 다녔어. 물소는 말과는 달리 이 더위를 견딜 수 있는 교통 수단으로 이용되는 것 같았네.

점심시간이 다 되어 가니 호텔에 좀 더 생기가 돋는 듯했네. 방 에서 나오는 이들 중에는 아직도 잠에 취한 얼굴도 보였고, 어떤 키가 크고 머리가 희끗한 연녹색 프록코트를 입은 잘생긴 아일랜 드인도 보였어. 우리가 듣기로는 스페인 군대의 연대장이라 하더 군. 창백한 얼굴의 프랑스인도 있었는데 더할 나위 없이 검은 머 리에 더할 나위 없이 흰 점퍼에 흰 바지를 입고 있었는데 그 모습 은 마치 솜에 포장되어 있는 것만 같았지. 그들은 낮은 소리가 아 닌 부드러운 가성의 목소리를 가졌더군. 그 이후에 이런 더위를 뚫 고 영국 선장 몇 명이 지나가던 길에 들렀네. 어깨는 딱 벌어졌는 데 얼마나 땅딸막하던지! 게다가 다리는 X자 모양으로 굽어 있었 네. 그들은 네 명이서 장단 맞추어 회랑을 지나오는데 그 모습이 마치 물소 떼 같았고 바닥이 흔들거렸다네. 이 종족 개개인의 앞모 습을 보면 파란색의 두꺼운 명주로 만든 점퍼와 똑같은 재질의 바 지와 모자를 착용하고 있었어. 모자 아래에는 얼굴이라기보다는 붉고 둥근 고깃덩어리 같은 것이 불그스름하고 뻣뻣한 머리카락에 둘러싸여 있는 것 같았지. 그리고 커다란 군은 주먹을 꼭 쥐고 있었네. 누구에게는 이 주먹이 적대의 표시이기도 하고 또 누군가에게는 우정의 표시이기도 하네! 뒷모습도 똑같은데 다만 모자가 어깨까지 떨어져 있었어. 이 종족은 항상 어디서나 똑같은 모습일세. 흰 점퍼도 입지 않고, 밀짚모자도 쓰지 않았으며, 어떤 부드러움이라고는 찾아볼 수 없지. 이 외에도 다른 사람들이 몇 명 있었는데 그 수는 전부 20명 정도 되어 보였네. 하인들은 평상시 하지 않던 행동을 보였는데 갑자기 돌진해가더니 또 뛰어 돌아오더군. 각자 음식이 담긴 접시를 가지고 말이야. 이내 식탁이 꽉 차게 되었는데 식탁보가 보이지 않을 정도였네.

식탁에는 없는 것이 없었어! 절대적으로 고기가 많았네. 모든 종류의 고기가 말이지. 물론 닭고기 또한 있었네. 채소도 있었고 버터 바른 옥수수도 있었네. 하지만 과일은 적더군. 과일이 나는 계절이 아니었네.

식탁은 영국과 프랑스식의 조합이었네. 예를 들면 채소는 프랑스식으로 요리되었고 고기와 생선은 영국식으로 잘라지지 않은 채 배식받았네. 그리고 프랑스 요리 라구[107]도 있었는데 거기에는 콩과 피클도 들어가 있었어. 모든 음식이 식탁에 그냥 펼쳐져 있었음에도 사람들은 그 음식을 잘라달라고 부탁하지 않았네. 영국에서처럼 말이네.

자네도 이 스물에서 서른 가지 음식을 보면 만족스럽지만은 않아서 말할 걸세.

"왜 이렇게 음식을 다양한 종류로 차려내는 걸까. 먹을 만한 두세 가지가 더 낫지 않는가? 러시아에서처럼."

나도 스무 가지 음식을 조금씩 맛보는 것과 점심 먹고 두 시간쯤 후 다른 사람들처럼 저녁때까지 살아 있을까란 의심이 들 정도로 두 가지 음식을 배부르게 먹는 것 가운데 무엇이 더 좋은지는 모르겠네.

하인들은 정신 나간 사람들처럼 다리를 서로서로 부딪혀가며 식탁에 달라붙어 점심을 먹더군. 격분한 채로 말일세. 그러다 갑자기 정지 화면처럼 정적이 흐르더니 우리를 쳐다보는 거야. 우리가 무언가 남기길 바라는 눈으로 말이네.

점심을 먹은 후에는 날씨가 좀 더 선선해졌고 각자 흩어졌다네. 나는 작지만 잘 훈련받은 둥그스름하고 민첩한 말 두 필이 끄는 마차를 받았네.

나는 주인에게 말했어.

"마부에게 우선 마닐라로 가달라고 해주세요. 그다음엔 교외로요. 너무 멀리 가진 않을 겁니다."

주인이 물었네.

"그럼 칼사도로는 가시고 싶으십니까?"

"칼사도가 뭐죠?"

"요새 근처에 연안 해역을 따라 있는 산책로 같은 것입니다. 저녁마다 모두들 그곳에서 말을 타곤 합니다."

"오, 그곳엔 좀 더 나중에 가보도록 할게요."

그는 마부에게 오랫동안 무엇인가 말했고 이내 말은 우리가 아침에 호텔까지 걸어서 겨우겨우 온 뜨거운 그 길을 따라 달리기 시작했네. 나는 도시를 빨리 눈에 익히기 위해 주위를 부지런히 살폈지.

우리는 교외로 서둘러 나갔네. 벌써 많은 타갈로그인, 중국인, 소수의 혼혈인의 인파가 몰려 있더군. 대부분 출근을 하거나 퇴근을 하는 사람들이네. 다른 일부 사람들은 그냥 시원해진 날씨를 만끽하며 산책하러 나오거나 상점을 돌아다니려 또는 그냥 많은 사람 사이에 서서 이야기를 나누기 위해 거리에 있는 듯하더군.

타갈로그인은 그리 잘생기지 않았네. 얼굴 전체가 거의 편평하고 타원 모양 얼굴형에 넓적한 코와 그리 크지 않은 눈에 피부색은 완전히 검지는 않은 거무스레한 색이었네. 그들의 머리 스타일은 유럽식이었고 면벨벳[108] 바지를 입었으며 상의는 하의와 같은 재질의 셔츠를 입고 있었는데 바지 밖으로 삐져나와 있었지. 멋쟁이들은 유럽식으로 수놓아진 모슬린 재질의 플래스트런[109]을 하고 있기도 했네. 모자는 각기 다른 것을 쓰고 있다네. 많은 사람이 밀짚 모자를 쓰고 있었는데 그보다 더 흔한 것은 유럽식 명주로 만든 잿빛 모자였어. 혼혈인들도 타갈로그인과 마찬가지로 이렇게 옷을 입거나 완전히 유럽식 드레스를 입고 다녔네.

여자들은 남자들보다 겉모습이 훨씬 좋아 보였네. 여기에서 여자는 타갈로그 여자를 말하는 걸세. 좀 더 균형 잡힌 얼굴과 좀 더 생기 넘치는 눈망울에 더 철이 들어 보였고 좀 교활해 보이기도 하며 장난기가 많아 보이기도 했네. 여자들은 원래 그래야 하지 않나? 이 여자들은 굉장히 애교꾸러기들이었네. 그들의 모습에서 그런 것이 보였어. 호기심에 가득 찬 눈빛이나 웃음을 참으며 대답한다거나 하는 모습들에서 말이지. 거무스레한 피부색을 가졌고 열정적인 눈빛이네. 눈빛이 살아 있었어. 그리고 머리는 짙은 검은색으로, 땋은 머리였는데 다른 사람에게 내보이기 위한 어떤 장식 없이 작은 머리에 빽빽이 땋아져 있었네. 자네도 보면 이 여자들의 늘씬함에 놀라게 될 거야. 키가 크지는 않지만 몸매가 아주 좋네. 자연이 만들어낸 작품이라 해도 과언이 아닐 정도지. 허리띠나 어떤 허리끈조차 하지 않았고 안에는 레이스 장식의 코르셋을 입고

있는 것으로 보였네. 옷은 전부 면벨벳 재질이었는데 치마는 속치
마 없이 무언가에 감겨 있었네. 치마는 큰 손수건 같은 것에 덮여
있었어. 이것이 하의고 상의로는 그냥 짧은 겉옷 하나를 입고 있었
는데 안감 없는 모슬린 재질이고 치마와는 연결되어 있지 않았네.
그렇기 때문에 그들이 빨리 걸을 때면 그들의 우아한 움직임 때문
에 상의의 겉옷과 치마 사이에 거무스레한 피부색의 허리 부분이
보이곤 한다네.

많은 사람들, 특히 할머니들은 목에 구릿빛 목걸이를 하고 있
고 상의 위로 구릿빛 또는 은빛의 십자가나 예수님 모양의 메달
이 튀어나와 있었어. 이곳의 인도인이 천주교인이라는 것에는 더
이상 덧붙일 말이 없군. 섬 내부 저 멀리에는 소수 민족이 살고 있
네. 아무도 관심을 두지 않는 야만인이라고 말하는 것이 나을 걸
세. 그들을 니그리토[110]라고 부르지. 스페인 정부는 가끔 짐승 사냥
을 하러 보내는 것처럼 이들에게 군부대를 보내곤 하네.

이 몸매 좋은 여성들 사이에서는 타갈로그인 외에도 다리까지
비스듬히 내려오는 긴 외투를 입은 중국인도 빈둥빈둥 돌아다니
고 있고 또 수도사도 몰래 돌아다니네. 이곳의 남자와 여자는 대
부분 담배를 피우더군.

우리는 교외를 벗어나 파시그[111] 너머 상당히 좁은 긴 다리를 따

라갔네. 그다음에는 병영 근처를 지나 요새로 갔어. 요새는 넓은 철벽과 거친 돌로 만든 회색의 거대한 벽으로 둘러싸여 있었네. 우리는 안에 희게 칠한 벽돌로 만든 벽 뒤에 있는 문을 지나 스페인 도시의 길게 뻗은 좁고 어둑어둑한 길에 다다랐지. 많은 집이 빽빽하게 줄지어 서 있었는데 발코니가 붙어 있는 이층집이었네. 마치 문이 잠겨 있는 벽장과 닮은 모습이었어. 첫 번째 거리의 아래층은 중국 상점들이 점하고 있었는데 이곳의 거의 모든 상점이 유럽 물품들을 팔고 있더군.

우리가 이 길 저 길로 얼마나 빠르게 질주했던지 물체들이 눈에서 깜빡거리며 스쳐 지나갔네. 우리가 어떤 널따란 광장으로 질주해 나왔을 때는 모든 것은 달빛에 묻혀 있었어. 교회와 포장도로가 있고 교회 앞에는 선명한 색깔의 부드러운 잎사귀가 나 있는 나무가 있는 정원이 있었지. 우리는 그 긴 골목의 절망적인 어둠 속에서 마차를 타고 지나갔네. 상점 간판, 올라가 있는 발, 아직 잠이 덜 깬 스페인 노인이 눈앞에서 번쩍이며 지나갔네. 창문 앞에는 하프가 있었고 아이들의 머리도 보였으며 보초병들도 보였다네. 마부에게 서, 멈춰 하고 말하고 싶었네. 하지만 어떻게 그에게 말할 것인가? 얼마 전에 호텔과 관련된 그 일[112]이 반복되었어. 우리는 중간에 소공원이 있고 청동색 기념비가 있는 큰 광장에 도착했네.

내가 영어로 말했어.

"멈춰, 서."

마부는 계속해서 질주했어. 나는 더 이상 참을 수 없어서 지팡이로 그의 등을 툭 쳐버렸네. 그는 내 쪽으로 얼굴을 돌려 의문스러운 표정으로 날 바라보더군. 하지만 말은 계속해서 달리고 있었지. 나는 겨우겨우 마부에게 마차에서 내리고 싶다고 손짓으로 설명했네.

나는 광장 주변을 따라 걸었네. 광장은 평행사변형이었고 한쪽에는 총독의 관저가 위치하고 있었지. 그 관저는 이층으로 된 큰 석조 건물로 최신식이었네. 아래층에는 창문에 일반 틀 대신 커다란 철 구조물로 만든 격자문[113]이 있었네. 이곳에는 모든 집이 이층으로 되어 있는 것 같았다네. 아래층에는 보통 상점과 창고가 있지만 그곳에서 거주하진 않네. 지진 때문이야. 건물은 두 가지 방법으로 지어질 수 있네. 첫 번째는 아주 단단하게 짓는 거지. 수도원, 병영, 관청처럼 말이네. 엄청난 지진이 온다 해도 건물의 단단한 벽은 잠깐 동안 진동하는 것이 전부라네. 두 번째 방법은 그냥 단순하게 집을 짓는 방법이지. 임시 막사처럼 말이네. 거의 모든 개인 소유의 집은 이렇게 지어졌다네. 이러한 집은 천장이나 바닥이 약하고 안정되어 있지 않아서 지진의 영향을 많이 받지. 휘청거리기는 하지만 제자리에 붙어 있기는 한다네. 여기서는 모두 지진에 익숙해져 있다고 말하더군. 집도 사람도 말이네. 관저 반대편에는 위에 작은 탑이 있는 시청이 있네. 세 번째 쪽에는 성당이 있고, 네 번째 쪽에는 개인 소유의 큰 집들이 줄지어 있었지.

광장은 찌는 듯한 더위에 타들어 가고 있는 것만 같았네. 벌써 다섯 시가 다 되어가고 있었지만 우리에게 필요한 바람은 불지 않더군. 집들이 줄지어 있었는데 내려져 있는 발을 보니 사람이 살지 않는 곳 같았네. 이끼가 가득 자란 회색 벽으로 둘러싸인 교회는 죽은 듯이 조용히 그 자리에 서 있었네. 정말 쥐 죽은 듯이 조용했어. 새조차 날아다니지 않았네. 정원 문 앞에 서 있는 병사는 꼼짝도 하지 않아서 마치 땅에 붙어 있는 것 같더군. 카를 4세[14] 조각상처럼 말이지. 기념비 근처 작은 공원에는 막 심어놓은 것 같은, 오늘 심은 것 같지는 않고 어제 정도 심은 듯한, 잎이 채 나지 않은 헐벗은 가지의 관목들이 있었네. 나중에는 나무들이 될 테지. 그것들은 마치 이 내리쬐는 태양 아래에서도 자라날 희망을 잃은 듯이 가엾고 고달파 보였다네.

나는 작은 공원 주위를 산책하고 싶었지만 내 의지대로 할 수 없었어. 30발자국쯤 걷자 나는 마차에 탈 수밖에 없었고 마부는 또 가차 없이 말의 고삐를 당겨 질주했네. 또다시 물체들이 눈앞에서 번쩍이며 지나갔어. 그러나 도시는 조금씩 살아나기 시작했네. 어디선가 창문 앞의 발들이 조금씩 걷혀지고 사람들이 나타나기 시작하더군. 어떤 발코니에는 한 젊은 아가씨가 창가에 팔꿈치를 기대어 앉아 있었네. 검은색 눈동자에 무미건조한 얼굴을 하고 있었지. 그녀는 민첩하게 주위를 살폈네. 그녀의 얼굴에는 잠을 한숨도 자지 못한 기색이 역력했어. 저녁이 되면 검을 찬 용감한 기사가 어쩌면 비단줄이라도 손에 쥐고 나타날지도 모르는 것처럼. 내가 그녀를 뚫어져라 쳐다보았더니 그녀는 숨어버렸네. 어디선가 격자 모양 철 대문이 활짝 열렸고 마차 바퀴가 굴러가는 소리가 들렸지. 거기 발코니에서는 한 가족이 시원해진 날씨를 만끽하러 외출할 준비를 하고 있었어. 수많은 거리, 성, 집을 지나온 후에 요새의 다른 문에서 연안 해역으로 향했네. 그동안 나는 스페인 도시는 큰 도시이고 잠에 취해 있는 도시이며 또한 정돈된 도시라고 결론을 내렸다네. 솔직히 말해서 나는 저곳으로 향할 때까지만 해도 무너져버려 힘을 잃은 정권의 기운을 느낄 것으로 생각했어. 그래서 황폐함, 엄격함의 부재, 질서의 부재, 다시 말하면 몰락해가는 도시의 모습을 볼 줄 알았네. 하지만 나는 잘 정돈되어 있고 깨끗한 도시를 보았네. 가는 곳마다 배려, 심지어 풍요의 흔적까지

볼 수 있었지.

교외의 길은 해안가를 따라 나 있었네. 나는 끝없이 펼쳐져 있는 만, 우리의 배, 태양이 비추는 산들을 바라보았네. 가까이에 있는 산은 선홍색이고 저 멀리에 있는 산은 연보라빛이었어. 가장 멀리에는 안개에 가린 지평선이 푸른빛을 발하고 있었네. 우리 가까이의 배경은 더 좋았네. 우리는 인도 시골을 배경으로 한 큰 풀밭을 따라 질주했다네. 그곳에는 벵골 보리수와 종려나무의 그늘이 숨어 있었어. 나무들이 한 줄로 끝없이 늘어서 있었지. 부드러운 벵골 보리수는 황색으로 보일 만큼이나 선명한 색을 띠고 있었고 종려나무는 어두운 색깔에 뻣뻣해 보이더군.

마부는 격렬하게 질주했고 나는 재빠르게 왼쪽과 오른쪽을 번갈아가며 보는 것이 다였네. 거기에는 대나무로 만든 벽이 있었는데 어디서도 이렇게 크고 질서정연하게 서 있는 나무들은 보지 못했어. 그것들은 활 다발처럼 한곳에 집중되어 있어 거대한 관목이나 꽃다발처럼 보이게 될 걸세. 윗부분은 가지가 온 사방으로 뻗어 있었네. 더 멀리에는 무성하고도 앞을 내다볼 수 없을 정도로 많은 나무들이 있었어. 그곳에는 곡물 열매, 무화과, 석류나무들이 있는 것 같았지. 물론 빠르게 질주하는 마차 안에서 한 내 생각이지만 말이야. 이런 밀림에서 우리는 갑자기 타갈로그인 마을로 들어가게 되었네. 그리고 오두막 근처를 지나갔지. 오두막은 벽 없이 격자창이 나 있었고 주위에는 자라나고 있는 대나무로 얽혀 있었네. 지붕은 벵골 보리수 잎사귀로 덮여 있었어. 그다음에는 마을이 사라지고 몇 마일에 걸쳐 쭉 늘어진 숲들이 나타났네. 그리고 이 나무들은 돌연히 이랑, 풀밭, 농장, 가축, 덧댄 천 조각처럼 다채로운 밭으로 연결되었지. 이 밭들은 저 푸른 지평선에 이르기까지 멀리 펼쳐져 있었네. 숲의 배경에는 담배, 커피, 사탕수수 재배지까지 숨어 있었어. 한쪽에서는 꽃이 피고, 다른 곳에서는 열매가 달려 있으며, 겨우 자라나기 시작하는 곳도 있었네. 하지만 그곳에는 벵골 보리수가 압도적으로 많더군. 구석, 틈 사이 어디든지 크고 무거운 열매가 달린 선명한 색깔의 잎사귀가 불쑥불쑥 아무렇게나 솟아 있었지. 이곳의 모든 곳은 무성하게 우거져 있다네. 모든 곳이 풀과 나무이고 모든 곳이 정원이야. 자바 섬에서처럼 말이지. 이곳에는 아무것도 없는 텅 빈 땅은 없었네.

도대체 우리는 몇 개의 다리와 강가를 지나온 것인가! 그곳 어디에나 집들이 있고 평온하며 구석에는 웅덩이 같은 것이 있었네. 숲에서 길을 잃고 강으로 흐르지 못하는 물이었지. 그 물에는 풀과 꽃으로 장식한 별장이 비춰지곤 했네. 물 건너에는 장난감처럼 작은 구조물의 다리가 놓여 있는데 이것들은 극장에서 많이 본 것이기도 하고 일부는 우리나라의 검은 강에서 보기도 한 거더군.

마을에는 스페인인들이 발코니에 이미 나와 있더군. 이들은 돈키호테를 생각나게 하는 완고한 모습의 마른 몸매에 잠이 덜 깬 상태로 신비로운 자연에 대한 무익한 명상에 잠겨 앉아 있었어. 얼굴은 타원형에 아래로는 콧수염과 콧수염 같은 턱수염이 있고 작은 모자를 쓰고 있었네. 깊은 주름살이 져 있고 바보같이 넋을 잃고 있는 것 같았는데 심지어 괴로운 생각을 하고 있는 듯도 했어. 내 생각에는 마치 읽고 쓸 줄 모르는 안 좋은 머리를 가진 자신에 대해 고통스러워하는 것 같았어. 스페인 학교에서는 이런 얼굴들이 있는 장면을 볼 수 있네. 다른 사람들은 아직 자거나 이제 일어나서 식사를 하거나 했네. 눈치 빠른 타갈로그인들은 오두막에서 무엇인가를 하며 바쁘게 시간을 보내거나, 아니면 여행자들에게 눈을 돌려 반드시 그들에게 무엇인가를 말해주거나, 아니면 질문을 던지거나, 아니면 조롱해댔지. 이 모든 상황에서 그들은 설득력 있게 말을 곧잘 했네. 남자들은 보통 아무 말도 하지 않았네. 사람들을 무관심하지만 호기심을 가지고 쳐다보더군. 천천히 가슴, 등 또는 다른 곳을 눈으로 훑어내리면서 말이야. 이 모습은 마치 러시아에서 들판에서 일하던 남자들이 지나가던 여행객을 보기 위해 잠시나마 쟁기와 큰 낫을 손에서 놓으며 그들을 쳐다보는 모습

같았네. 그들 중 한 명은 소 근처에서 부산을 떨고, 다른 사람들은 들판이나 텃밭에서 일하고 있었으며, 또 다른 사람들은 상점에 앉아 잡동사니들을 팔고 있었어. 다른 이들은 그것을 사거나 먹으면서 담배를 피우고 있었지. 많은 사람이 겨드랑이에 수탉을 끼고 거리에, 공원에, 골목에, 들판에 무리 지어 앉아 있었다네.

수탉은 타갈로그인의 영원한 친구라네. 어디든 함께하지. 나는 상점의 나무에 묶여 있는 수탉들을 보았네. 주인이 장사를 하고 있었기 때문에 수탉은 그 근처에 묶여 있어야만 했네. 나는 그들이 무엇을 하는지 보기 위해 멈추어 서서 마차에서 내렸어. 널리 알려진 마닐라 닭싸움을 보게 될 거라 생각했지. 그러나 경기를 위해 훈련하는 모습밖에는 볼 수 없었다네. 수탉들을 서로 풀어주어 자극시켰네. 수탉들이 흥분하자 주인들은 구경꾼들을 저지하더군. 이것은 이 수탉들에서 어느 쪽의 힘이 좋은지 시험해보고 이 수탉들을 평가하고 실제 경기를 준비하는 것이라네. 닭싸움은 축제 때마다 특별한 서커스장에서 행해지네. 진지한 생각에 잠긴 듯한, 무척 사무적인 표정을 지닌 어른들이 아이같이 즐거워하는 모습을 보는 것이 왠지 이상했어. 나는 본능적으로 유럽에서의 기억을 떠올렸지. 그곳에서도 사무적인 용모를 지닌 이들이 그랬다네…

내가 도시에서 나와 교외로 갈 때 어디선가 어떤 마차가 나타나 우리를 따라잡기도 하고 우리보다 뒤처지기도 하며 달렸네. 마차 안에는 어거스틴파 수도사가 앉아 있더군. 똑똑해 보이는 외모에 생생한 검은색 눈동자에 대머리였고 모자는 쓰지 않고 흰색 리넨[115]과 옥양목[116]의 폭이 넓은 옷을 입고 있었네. 수도사 옆에는 중국인이 앉아 있었어. 마닐라에서 흔한 일이네만 이 중국인은 엷은 황갈색 머리에 파란색 아니면 적어도 회색 정도는 되는 색깔의 눈동자에 뽀얗거나 아니면 불그스름한 색깔에 더 가까운 얼굴이라네. 코부터 시작해서는 완전 유럽인같이 생겼어. 곰곰이 생각해보다가 나는 이 중국인의 생김새를 자세히 보았네.

'왜 중국인에는 유럽인처럼 황갈색 머리에 빨간 코를 가진 사람이 없는 걸까? 영국인이 오래전에 중국에서 개화운동을 하고 자신들의 많은 것을 중국에서 퍼트렸는데 말이야. 어쨌든 코 생김새와 황갈색 머리 색깔로 봐서는…'

그런데 왜 이 중국인은 가슴에 큰 금색의 십자가를 달고 있는 거지? 만약 그가 기독교인이라면 그가 중국 의복을 입고 있었던 건 어떻게 생각해야 하는 거지? 자기 나라 사람들을 무서워하나? 그래서 숨는 건가? 아니야. 그렇게 생각되진 않아. 그러면 그가 십자가를 걸고 다니는 것도 두려워했어야 하지. 그러면 왜 그는 가톨릭 수도사와 같이 앉아 있었던 걸까? 그리고 이들 반대편에 무척 검은 흑인이 앉아 있었네. 그는 밝은 옷을 입고 모자는 머리에 쓰지 않고 손에 쥐고 있었지. 이 마른 남자는 또 누구지? 그리고 그들은 왜 침묵하며 각자 다른 방향을 보고 있었던 거지?

이것은 무척 나의 호기심을 자극시켰네. 나는 계속해서 마차를 뚫어져라 보았어. 그 수도사가 더 이상 참지 못하고 내게 인사할 때까지 말이야. 나는 의문에 찬 집요한 시선을 보내면 인사를 받아낼 수 있을 거라 생각했지. 그러다 양심에 가책을 느끼고 더 이상 마차 쪽을 쳐다보지 않았네. 이제는 그 마차가 어떻게 우리보다 뒤처지게 되었는지도 모르겠다네.

태양은 이제 숨어 들어가기 시작했고 생명력을 잃은 듯한 한낮의 꿈도 지나가고 휴식의 상태도 끝이 나고 있었네. 해안가에서 선선한 바람이 나무로, 다리로, 물로 불어왔지. 그 바람은 너무 부드럽고 정다우며 세심하기까지 해서 마치 엄마가 끈질긴 파리를 쫓아버리기 위해 잠들어 있는 아기 얼굴에 바람을 불어주고 있는 것 같았네. 소리조차 거의 나지 않지만 시원하고 따뜻하며 또 평안했어. 가지들도 앞뒤로 요동친다거나 서로 얽히거나 하지 않네. 우리 러시아의 북쪽 참나무 숲처럼 말이지. 이곳의 가지들은 움직임이 거의 없네. 다만 잎사귀들이 속삭일 뿐이야. 그리고 이것이 전부가 아니네. 웬일인지 매우 여린 나뭇가지조차 흔들리지 않더군! 부드러운 서풍이 불어와도 말이지!

마부는 나를 데리고 질주하고 또 질주했네. 생기는 없지만 깨끗한 오두막들이 있는 인가에서 떨어진 골목을 따라, 거리를 따라, 그러다 다시 오솔길을 따라, 농장을 따라 말일세. 나무들 뒤로는 다채로운 색깔의 목가적인 풍경이 계속해서 보였네. 물론 테오크리토스[117]는 생각지도 못한 그런 색깔이었을 거야. 어디든 사람들로 붐볐네. 발코니에 있는 많은 사람은 벌거벗고 있기도 했어.

우리는 지진 때문에 쓰러져버린 거대한 건물이 있는 폐허를 지나갔네. 나는 마차에서 내려 창문이 두세 개 달려 있는 벽과 수풀 속에 널려 있는 수많은 벽돌과 돌 부스러기를 보았지.

타갈로그인이 사는 시골에는 오두막 사이로 아름답고도 평이하게 지어진 집들이 많이 있는데 바로 별장이네. 아침에 데미엔이 말한 것처럼 첫 지진의 습격을 당하면 사람들은 이곳으로 대피하여 오네. 이곳에는 사람을 뭉개버릴 만한 위협적인 것이 없거든. 모든 것이 작대기나 잔가지로 만들어졌고 벽 또한 없네. 이동시킬 수 있는 창문 발을 이용해 만들어놓은 창문만 있을 뿐이야. 창문에 있는 발은 저녁쯤 되어야 올라가는데 이때 집 내부도 모습을 드러내네. 타갈로그인들의 집에는 아무것도 볼 만한 것이 없어. 몇 개의 음식 준비용 식기, 긴 의자, 바닥에 앉아 있는 가족들 정도가 다라네. 오두막은 비 때문에 정기적으로 넘쳐나는 강물을 사전에 방지하기 위한 버팀대로 지어졌네. 오두막 아래에는 돼지, 닭, 모든 가축들을 사육할 만한 공간도 있더군. 조금 더 부유한 오두막 주위에는 대나무로 둘러싸인 정원이 있기도 하네. 대나무보다는 벵골 보리수에 둘러싸이는 경우가 더 많지. 많은 오두막에서 나는 걸려 있는 예복을 보았네. 그런데 가끔 걸려 있는 예복이 아니라 실제 예복을 입고 있는 거무스레한 피부색의 타갈로그인 군인이 오셀로[118]처럼 가족들 사이에 앉아 있는 것을 보았어.

그래, 마닐라의 교외는 아주 좋았네. 특히 해가 지는 저녁쯤에는 말이지. 한낮 정오에는 햇살이 너무 강렬하고 뜨거워서 마치 초원에 온 듯했네. 하지만 이런 뜨거운 태양이 없었다면 이곳의 식물들도 이렇게 자라지 못했을 것이고 또 즐겁고 축제 기분이 나는 이 자연경관도 보지 못했을 걸세. 마닐라에는 다만 담배를 사기 위해 잠시 들르는 곳이 되었을 거야.

우리는 도시에서 다른 방향으로 출발했네. 이미 곳곳에 등불이 길을 밝히고 있었지. 황혼이 지기 시작했네. 중국 상점은 형형색색의 불빛으로 빛나고 있었어. 땅거미가 지는 무렵 산책하는 많은 사람들이 인도로 다니고, 다리에는 마차들이 다니고 있었네. 우리는 다시 다리를 통해 요새로 향했는데 그 다리에는 어찌나 많은 마차와 보행자로 혼잡하던지 마차들이 있는 줄에서 5분 정도 기다린 후에나 겨우 지나갈 수 있었다네. 마침내 우리는 이 인파에서 벗어나 요새의 벽을 지나 방위대가 있는 곳까지 도착해 마차들이 있는 줄에 끼어 섰어.

나는 지금 어디에 있는 건가? 새해 초에 아니면 5월 1일에 예카테린고프[119]에 있는 건가?[120] 방위대를 따라 큰 활엽수들이 있는 가로수 길 두 개가 뻗어 있었네. 이 가로수 길 사이에는 대로가 뻗어 있었어. 이 대로를 따라 스페인과 영국의 신사숙녀를 태운 이인용, 사인용 마차들이 끝없이 줄지어 가고 있더군. 이 마차들은 교외에서 요새를 지나 연안 해역에 이르는 넓은 지대를 돌아다니고 있었네. 해안가에는 100대에 가까운 마차들이 모여 있었어. 산책하는 사람들은 바다에 도취되어 흘러나오는 아름다운 음악 소리를 듣고 있었지. 군악대들이 연주하고 있길래 나도 음악을 듣기 위해 멈추어 섰네. 오페라의 아는 곡조도 연주했고 생소한 폴카곡[121]들과 마주르카[122]도 연주했네. 많은 남자가 흰 색깔의 옷을 입고 있더군. 좌파 성향을 띠고 있는 서민들은 제외하고 말이야. 그들은 나사지 옷에 검은색 비단 모자를 쓰고 있었지. 지금의 유행은 숨이 막히더라도 유럽인처럼 보이는 것, 유럽식의 옷과 관습을 변경하지 않는 걸세. 스페인 여자는 모두 머리에 아무것도 쓰지 않았네. 심지어 모자 달린 망토도 말이지. 영국인과 미국인 여자들은 모자를 쓰고 다녔네. 어두워서 얼굴은 보이지 않았어. 보초병들은 삼각형 모자를 쓰고 어두운 제복에 흰 어깨띠를 하고 있었네. 이들은 크지는 않지만 강해 보이는 다부진 말에 걸터앉아 있었네. 엄격한 규칙이 존재하고 있었지. 어떤 마차도 다른 마차를 추월하거나 갑자기 멈추거나 하지 않았다네.

이곳이 바로 일전에 데미엔이 말한 유명한 산책로라네.

산책로를 두 번 정도 왔다 갔다 한 뒤 호텔로 왔어. 산책로를 그냥 지나치지 않았네. 하지만 그냥 지나쳤다 해도 안타까워할 만한 일은 아니었다네. 이곳은 모스크바, 페테르부르크, 베를린, 파리의 도시들과 비슷하더군. 호텔에는 또다시 긴 상에 음식들이 준비되어 있었는데 또 스무 가지 정도 요리가 차려져 있었네. 수프를 제외하고는 점심때와 거의 같은 음식들이었지. 이것을 차 마시기라고 부르는데 차는 보이지 않았네. 얼마 지나지 않아 한 명 한 명씩 모여들더니 모두 한 자리에 모였어. 우리 쪽 사람들과 다른 사람들 모두 말이지. 활기 넘치고 시끄러운 이야기가 시작되었네. 누가 무엇을 보고 무엇을 듣고 하는 이야기들 말이야. 나는 발코니로 나가면서 그리로 차를 가져다 달라고 부탁했네. 이런, 완전 맹물이잖아! 미지근하고 어두운 색깔에 탁하게 우려낸 차였는데 진흙 색깔의 설탕가루 때문에 더 탁해 보였네. 마닐라에는 아주 좋은 설탕이 나서 설탕정제공장이 단 하나도 존재하지 않는다더군. 그런데 대부분의 좋은 설탕을 미국으로, 희망봉으로, 중국 해변으로 수출해버리니 여기에서 흰 설탕을 구할 수 없는 것은 당연지사. 필요한 것은 없었어. 중국에서 이렇게 가까운데 좋은 차 한잔 마실 수 없다니 안타깝네. 나는 외국인들이 제대로 된 차가 어떤 것인지 모르고 있으며 우리 러시아인만이 그것을 알고 있다고 더욱더 확신하게 되었다네.

달이 비치는 밤이었네. 나는 발코니에서 몇 사젠 떨어진 파시그 강을 보았어. 흔들리는 배에서 어두운 실루엣의 수도사들을 보았는데 어떤 음악 소리까지 들렸네. 내 생각엔 하프 소리 같았지. 어쨌든 피아노 소리는 절대 아니었네. 그리고 여자 목소리도 들렸네. 주위의 모든 것을 살폈다네. 하늘이 어떻게 흐려지는지, 어떻게 이 색깔들이 엷어지고 없어지는지, 어떻게 자연이 이 축제 분위기의 장식들과 헤어지는지 상상조차 하지도 못하면서 말일세.

어떤 목소리가 나의 명상을 깨뜨려버리더군.

"나리."

내 앞에는 한 수병이 서 있었네.

"배가 지금 출발합니다. 나리께 알려드리라고 저를 보냈습니다."

항구는 도시처럼 조용하고 평온하지 못했네. 보트가 돛들을 달고 아주 빠르게 질주했어. 그 아래에는 금색 거품이 폭포처럼 터져나왔고 멀리서는 바다 쪽으로 불을 비추고 있었네. 우리는 30분쯤 후에야 집에 도착했다네.

1854년 2월 24일

나는 지금 데미엔의 호텔에 오랫동안 묵고 있어. 우리 쪽 일행은 아침에 왔다가 저녁에는 배로 돌아가곤 한다네. 다음 날 우리 배로 왔을 때 나는 도시로 나가고 싶었지만 이때 스페인인이 우리를 방문했어. 우리 처소에는 당직 장교와 근무를 고집하는 몇 명이 있었네. 내 선실에서 나는 파데예프와 함께 해변가로 나갈 준비를 하고 있었지.

갑자기 크류드네르 남작이 문에서 고개를 들이밀고 말하더군.

"스페인인이 옵니다."

내가 대답했어.

"알아서 하겠죠!"

"그들을 불러들여서 친절을 베풀어주세요."

"내가 그들이랑 뭘 하겠어요?"

"저보다는 낫겠죠."

그러나 우리가 이야기할 시간도 없이 갑판으로 여섯 명 정도 스페인 신사가 들이닥쳤네. 이들은 내가 발코니에서 보았던 벨라스케스[123]가 그린 초상화나 다른 화가들이 그린 초상화에서 본 그런 사람들이 아니었어. 스페인의 귀족인 신사들이었네. 다들 양복에 외투로 프록코트를 입고 몇 명은 흰색 점퍼를 입고 있었지.

한 신사가 콧수염이 나 있고 키가 크며 잘생긴 남자를 가리키면서 말했네.

"만의 관리인이십니다!"

이 만의 관리인이라는 사람은 프랑스어도, 영어도, 러시아어도 말하지 못하더군. 하지만 나는 아는 스페인어라곤 폰다라는 단어뿐이었네. 아, 다른 단어도 아는 것이 있지. 호텔에서 알게 된 소년이란 뜻의 무차초라는 단어가 있네. 이제 두 개의 단어도 더 안다네. 불이라는 뜻의 푸에고, 걷다라는 뜻의 안다가 있지. 다행히도 그와 두 명의 청년이 함께 있었는데 이들은 서투르기는 했지만 아주 빠르게 프랑스어를 말했네. 한 명은 이곳 신문사 편집장의 아들인 빈센토 다벨로이고 또 한 명은 조세 징수자의 아들인 카르메나였는데 이들은 편집과 조세 징수의 업무를 맡고 있다더군.

나는 지금까지도 만의 관리인이라고 번역되는 이 명칭이 누구를 말하는지 제대로 이해하지 못하고 있네. 어제 아침에 어느 항구의 장이란 사람도 왔다 갔는데 이 사람이 그 항구의 장은 아니었거든. 그렇다면 이 사람은 또 누구란 말인가? 그들에게 전함을 보여주고 음악을 들려주며 차도 대접했네. 다만 어제 그 물 탄 차가 아닌 우리 러시아의 향기로운 차를 말이야. 그들은 터키인과 영국인 그리고 방금 소식통을 통해 알게 된 시노프 사건[124]에 대해 이야기했네. 나는 그들에게 만 입구에 있는 코레히도르 섬과 담배에 대해 이야기했지. 그들은 내게 담배 공장 구경과 함께 담배를 살 수 있도록 전적인 후원을 약속했네.

다음 날 아침이 되어서야 나는 도시로 나갈 수 있었어. 크류드네르 남작이 해변가에서 어떤 중국인과 함께 왔더군. 이 중국인은 얼마나 훌륭하던지! 큰 갈색 눈동자에 붉은 빛깔의 얼굴, 큰 코에는 혹이 몇 개 있었지. 그들은 갑판을 지나와서 완전한 프랑스어로 대화했네.

크류드네르 남작이 우리를 인사시켰다네.

"중국에 사는 프랑스 선교사입니다."

나는 어제 저녁에 교외에서 본 것이 생각나서 프랑스인에게 말했어.

"당신이 여기의 유일한 중국인은 아니랍니다. 어제 당신 같은 사람을 보았거든요. 그 역시 중국 의복에 금색 십자가를 목에 걸고 있더군요."

"둥글고 불그스름한 얼굴에 코도… 잘생긴 얼굴이 맞죠?"

"네, 맞아요."

"그분은 우리 주교이신[125] 디나쿠르세요. 중국의 데지안 지방에서 기독교인을 관리하지요. 지금은 이곳 기후에서 잠깐 쉬려고 오신 거죠. 머리가 복잡해서 고생하고 계시거든요. 그에게 한번 가보고 싶으세요? 매우 기뻐하실 거예요. 물론 그가 당신들에게 찾아갈 수도 있을 거예요."

"우리도 좋아요."

"그리고 스페인 주교에게도 가봅시다."

"우리는 특히 이곳의 수도원을 보는 것에 관심이 많고 또 보고 싶어 했지요."

"그럼 더 잘 되었군요. 디나쿠르는 스페인 수도원에 살거든요. 내일, 아니요. 내일은 제가 교외 마을에 잠깐 다녀와야 하거든요. 모레, 저를 찾아오세요. 포르투갈 주교의 집으로요. 저는 거기에 살거든요. 그곳에서 같이 출발하지요."

호텔은 여행객, 상인, 선장들에게 마닐라에서 유일한 집합 장소였네. 방으로 끊임없이 스페인인, 미국인, 프랑스 장교들, 견장을 찬 우리 쪽 사람들이 지나다녔지. 프랑스인들은 습관적으로 한 명 한 명에게 모두 인사했네. 영국인들도 그들만의 습관처럼 여느 때와 같이 아무도 쳐다보지 않으려 애쓰더군. 러시아인들은 필요에 따라 이렇게 저렇게 행동했네. 이럴 땐 러시아인이 가장 나아 보였다네.

프랑스인은 다른 사람들보다 상냥한 것에 반해 우리 러시아인은 공식적인 자리에서 모르는 사람들과 친화적이지 않다고들 하는데 나는 그에 대해 안 좋은 소리를 들어본 적이 단 한 번도 없네. 이런 꾸짖음이 합당키나 한 것인가? 왜 민족의 특성을 무시한 채 무엇인가를 강요하는 거지? 영국인들은 공식적인 자리에서 서로 절대 이야기하지 않네. 자네들은 그래서 그들의 회의가 항상 지겹다고 말할 걸세. 기차를 타고 가든지, 식당에 점심을 먹으러 가든지, 극장을 가든지 침묵하는 게 늘 정당한 것 아닌가. 그래서 적어도 영국인들은 공식적인 자리에서 서로 폐를 끼치지는 않네. 단체로 정적이 흐르는 그런 존엄함은 치밀함에도 이어지는 것 같네. 그리고 정말 지겨움까지도.

나의 지인 크류드네르 남작이 파리에서 돌아와 기차 안에서 겪은 일을 이야기해준 적이 있네. 파리를 여행하고 있을 때 그는 한 차량 안에서는 무척이나 흥겨웠으나 다른 차량에서는 극도로 무서웠다고 하더군. 차량에 극도로 말이 많은 상냥한 사람들이 몇 명 들어왔는데 어떤 이들은 노래를 부르고, 다른 이들은 큰 소리를 내며 웃었으며, 또 다른 이들은 담배를 피웠지. 그러나 차량에는 노래를 부르지 않고 크게 웃지도 않고 담배를 피우지도 않는 사람들도 있었다네.

크류드네르 남작은 프랑스어로 말하는 소리를 끊임없이 들어야 했네.

"나를 내버려두세요, 난 자고 싶어요."

"주무세요, 만약에 당신이 주무실 수 있다면요. 나는 노래를 하고 싶어요."

"담배 피우는 인간들은 악마에게나 가버려!"

"진정하세요. 아니면 제가 당신에게 두 마디만 하죠…."

과연 침묵과 이렇게 이야기하는 것 가운데 무엇이 더 안 좋은지 나는 모르겠네. 그렇지만 만약 미국인 선장과 이야기해보면 알게 될 걸세. 그는 파란색 점퍼에 주먹을 불끈 쥐고 있을 거야. 그리고 이를 악물고 바다색의 짐승 같은 눈빛을 보여주겠지. 그는 꼭 쥔 주먹을 풀고는 어디서 오는지, 어디로 가는지, 무엇을 샀는지, 어떤 물건을 가지고 들어오고, 가지고 나가는 게 좋을지 등을 이야기하기 시작할 걸세. 그에게 수다나 우스갯소리는 기대하지 말게나. 우리가 프랑스인에게 자신의 말을 가지고 살림살이를 꾸려가는 것을 기대하지 않듯이 말이네. 또한 프랑스인이 영국인처럼 들판이나 숲에서 깡충깡충 뛰어노는 것, 또 미국 같은 곳으로 곰을 잡으러 간다거나 강가에서 하루 종일 낚시를 한다거나 하는 것을 기대하지 않듯이 말이야… 즉 그가 격렬한 스포츠를 즐기는 것은 불가능하다는 말이네.

나의 말을 모두 들은 크뤼드레르 남작이 말했어.

"이 스포츠는 자신의 지능이 좀 떨어진다는 것을 혹은 자기가 스스로를 어떻게 활용할지 모른다는 것을 감추기 위한 것이죠."

어쩌면 이 말이 맞을 수도 있겠네. 그 대신에 영국인들은 이 운동을 청년 양육 시스템에 포함시켜 건강하게 만들기는 하지만 말이야!

우리는 상점을 돌아다니며 얇은 짚으로 만든 모자와 담배를 샀네. 그러던 중 어떤 규칙을 알아냈는데 그것은 상인들, 특히 중국인들은 자신의 물건에 가격표를 붙여놓는다는 사실이라네. 중급 담배 한 갑을 그들은 3달러에 팔더군. 꽤 저렴했네. 그러나 더 크고 연하며 가느다라면서도 품위 있어 보이는 다른 담배들은 한 개비에 3달러였어. 이것을 1.5달러에 겨우 살 수 있었네. 어쩌면 마닐라의 밀짚모자를 사는 것이 나을까? 모자는 얇으면서도 소박했는데 마치 우체국에서 쓰는 매끄러운 종이 같았어. 쓰고 있는지도 모를 정도로 가벼웠네. 짚이 조밀하게 짜여 있어 햇빛도 그리로 관통하지 못할 것 같았지. 이런 모자를 쓰고 있는 사람은 타갈로그인과 수공업자 외에는 보지 못했는데, 이 모자가 그들의 본토 수공품이며 그 가격이 1달러이고 비싸봐야 1.5달러밖에 하지 않기 때문이야. 전에 말했던 대로 멋쟁이들은 검은색 비단 모자를 쓰고 다니네. 신사들은 나지막하니 거친 중국 짚으로 만든 그리 아름답지도 않은 모자를 쓰지. 그 모자는 3달러에 팔리네. 마닐라에서는 파인애플 뿌리에서 나는 가는 실로 만든 수공예품도 유명해. 이 가는 실로 옥양목의 평이하고도 투명한 직물을 만들고 손수건과 비싼 직물 조각도 만드네. 이것들은 귀족 지주 부인들이 저녁 모임에 보여주기 위한 장식용으로 가지고 다니지. 이곳에서 부인들은 코를 풀 수 없다네. 나는 오랫동안 우리 호텔 로비 바닥에서 인도 여자들이 하루 종일 무슨 물건을 파는지 알아채지 못했어. 그녀들 근처에는 항상 우리 동행 가운데 몇 명의 유부남으로 북적댔거든.

우리는 상점을 돌아다니다가 담배 몇 갑을 샀네. 사고 난 후에야 변변치 못한 것들이란 걸 알았지. 우리는 배에 남아 있는 동료 한 명이 부탁한 코담배를 사러 다녔는데 마닐라에서는 코담배 가루를 1파운드도 찾을 수 없다는 말을 들었네. 모든 사람이 우리에게 나사지, 비단, 다른 직물들, 시계, 목걸이 등 유럽 수공품을 보여주려 애쓰더군. 특히 가구 상점의 프랑스인은 우리에게 목걸이를 팔기 위해 옆에 딱 붙어다녔어. 마치 이 목걸이를 팔아야 그가 부유하게 살기라도 하는 것처럼 말이네.

기진맥진해진 우리는 집으로 돌아왔네. 아직 시간이 이르긴 했지만 나는 방으로 들어와 편지를 쓰기 위해 책상에 앉았어. 불가능하더군. 극에 달한 피곤이 나를 압박했거든. 손에서 펜이 자꾸 떨어졌고 한 가지 생각을 하면 그다음 생각으로 연결되지 않았네. 나는 엎드려 잠이 들었어. 부득이하게 이곳의 낮잠 풍속을 따르게 된 셈이네. 침대에 가서 다시 누웠고 점심때까지 깊은 잠에 빠졌다네.

점심 후에 나와 크류드네르 남작은 교외로 나갔네. 가다가 교회를 마주쳐 우리는 두 번 정도 멈추어 섰네. 하나는 비논도 교외 다리 너머에 있고, 다른 하나는 교외의 인도인들이 사는 시골의 입구에 있었네. 첫 번째 교회 담벼락에서 우리는 예수회 수도사를 만났지. 그는 검은색 모자가 길게 늘어져 있는 검은색 수도사복을 입고 있더군. 자네도 이 모자를 알 걸세.

수도사가 우리에게 허리 숙여 인사했네.

"바실리오 님!"

우리 동행자도 허리 숙이며 느릿느릿하게 인사했어. 교회는 새로운 양식으로 지어졌는데 고딕 양식이나 무어 양식[126]이 혼합되지 않고 순수한 이탈리아식이었지. 내부에는 십자가가 있었네. 성상들은 조각상보다는 작았지. 보랏빛 벨벳 성의를 입고 십자가를 짊어지고 머리에는 가시관을 쓰고 있는 예수 그리스도와 아기 예수를 안고 있는 성모 마리아의 형상은 밀랍으로 만들어진 것 같기도 하고 나무로 만들어진 것 같기도 했다네. 이것이 경외심을 불러일으킨다고 말할 순 없겠네… 실은 그 반대였지. 저녁 기도회가 끝났는데도 교회에는 기도하는 사람들이 꽤나 많이 있었어. 몇 안 되는 스페인인은 모자 달린 검은색 망토를 입고 있었고 혼혈인들은 모자 달린 흰색 망토에 줄무늬 치마를 입고 있었네. 그들은 두세 명씩 무리 지어 무릎을 꿇고 성경에 코를 파묻고 망토를 완전 덮어쓴 채 있었지. 우리는 하릴없이 기다렸네. 그들이 주변을 두리번거리지는 않을까 그저 기다리고 있었네. 하지만 단 한 명도 꿈쩍하지 않더군. 우리는 그들의 얼굴에서 경외심도 다른 어떤 것도 볼 수 없었어. 소년들이 세 명씩 줄지어 무릎 꿇고 있었네. 한 명이 기도문을 읽고, 다른 아이들이 그것을 노래 부르듯 따라 했는데 마치 장난치는 것처럼 들렸지. 모두 타갈로그인이었는데 성인 남자는 단 한 명도 없었네. 한 사제가 10세 정도로 되어 보이는 아이의 고해성사를 듣고 있었는데 아이는 무릎을 꿇고 앉아 사제에게 귓속말을 하고 있었어. 사제는 오랫동안 생각에 잠긴 표정으로 듣더군. 그 이야기는 우리가 교회에 있을 동안 계속되었지! 나머지 교회도 마찬가지였는데 다만 좀 더 허름했네. 스페인인도 혼혈인도 단 한 명도 없었고 모두 타갈로그인이었지. 많은 것이 나무로 만들어진 형상이었는데 별로 정교하지 않았네.

우리는 밖으로 나왔다네…. 자연 속에는 얼마나 풍부한 것과 어떠한 창조물이 있으며 얼마나 위대한 것이 있는지! 우리는 산타크루즈 교외와 미겔을 지나서 말을 타고 갔네. 우리는 집들의 발코니와 현관 계단으로 나 있는 운하를 지나고 자그마한 돌다리를 지나 파시그로 통하는 인적이 드문 길들과 골목길을 지나 타고 가고 있었지.

여기에서 나는 도시가 얼마나 큰지, 잘 정리된 구역과 길들이 파시그 해안을 따라 구축되어 있는지 그것들을 몇 번이나 가로지르면서 보았지. 이것을 본 다음에는 이곳에 15만 명에 달하는 주민이 살고 있다는 사실에 놀라지 않게 될 걸세. 우리는 한 장소에서 잠시 멈추었네. 그곳에서 길은 오른쪽에는 현수교를 지나 요새로 나 있었고 마젤란 방첨탑을 지나고 있었어. 그런데 왼쪽에는….

아, 왼쪽은 얼마나 좋은지! 자네들이 마닐라에 있게 될 때 산타크루즈를 건너 미겔로 가자고 해보게. 이곳의 강은 작은 섬을 형성하고 그중 하나가 꿈속에서 그림처럼 나타날 걸세. 꿈속에서는 어떤 앙증맞게 작은 오두막이 덤불 속에서 보일 거야. 해변의 한편에서는 강과 많은 집, 판잣집, 별장 들이 보이고, 다른 편에서는 녹음에 잠긴 초원 뒤에 농장들이 보일 거네. 얼마나 아름다운 풍경인가! 얼마나 아름다운 저녁 모습인가!

나는 크류드네르 남작에게 말했어.

"자, 이제 우리에게는 모피 외투, 썰매, 끼익 소리가 나는 썰매 미끄럼대가 있네요…."

그러자 그가 덧붙였지.

"그리고 오페라도 있죠."

"아니지요. 대육식 금지 기간과 전쟁이 있어요!"

우리는 먼 곳으로 질주하기 시작했네. 하지만 장소가 너무 좋아서 나의 동행자는 마부를 멈추어 세웠어. 그는 어쩐 일로 마부에게 쉽게 설명하였지. 얼마나 빨리 근방을 지나갈 수 있는지 우리는 그 누구와도 내기를 하지 않고 산책하기를 원했다네. 우리는 조용하게 갔다네. 마부는 완전히는 만족하지 않은 것 같지만 나와 동행인 그리고 말은 완전히 행복했지. 장소는 가면 갈수록 더 좋아졌어. 소년들은 동냥을 구걸하면서 마차를 뒤따라 달렸네. 그들은 이걸 그저 장난으로 하고 있다는 게 보였지. 성인들은 자신의 오두막에 서 있었지만 아무것도 요구하지 않았네. 나는 유년시절이 떠올랐네. 우리 마을은 많은 연을 소년들이 교외에서 날리곤 했어. 단지 우리나라에서는 방방곡곡의 연이 모두 똑같은 것이었네. 꼬리와 딸랑거리는 게 달려 있는 연 말일세. 그런데 이곳의 연은 나비 모양, 새 모양 등을 하고 있더군. 몇몇 오두막은 사람들이 사는 주택과 겨우 그 모양새만 닮아 있었네. 어떤 버팀대는 너무 구부러져 있어서 과연 그것이 버팀목 역할을 할 수 있을까 의아했지. 그곳에서 아이가 기어 나오거나 닭이 튀어나오거나 그곳으로 개가 뛰어들어가 병아리나 주인과 나란히 앉아 있더군. 다른 대부분의 판잣집에는 가정용 아궁이라고 부를 수도 없을 정도인 아궁이 하나로만 이루어져 있었네. 집 자체가 없다고 할 수 있을 거야. 아궁이에는 무언가 구워지고 있었네. 그 근처에는 노파들이 모여 있고 바로 곁에는 익은 바나나, 아니면 토란 줄기나 감자가 항상 있었네. 여기에는 더 이상이 필요치 않아 보였어.

집으로 돌아오면서 우리는 마을 사이에서 병사들과 연병장을 우연히 보게 되었네. 1,000명까지 수용할 수 있는 큰 노란색 건물들이었지. 우리는 길의 양측을 따라 걸어갔네. 연대장은 보초병부대 옆에 있는 크고 깨끗이 청소된 목초지에 내놓은 안락의자에 앉아 있었고 젊은 장교들은 병사들을 가르치고 있었어. 이곳에서는 아침 열 시부터 정오까지 그리고 저녁 다섯 시부터 저녁 여덟 시까지 훈련이 행해지네.

병사들은 모두 타갈로그인이네. 누군가는 이들이 6,000명에 이른다고 말하고 누군가는 9,000명까지 된다고 말하더군. 장교와 부장교는 스페인 사람들이네. 모든 연병장에는 벌거벗은 인도 신병들이 한 소대씩 행진하고 있었네. 부장교들이 이들을 지휘했지. 그리고 장교는 대나무로 만들어진 지휘봉을 쥐고 솔개처럼 근처를 맴돌았네. 지휘봉은 계속 움직이고 있었어. 벌거벗은 발뒤꿈치, 어깨, 때때로는 뒤통수를 때리면서 매가 쏟아져내리더군…. 나는 잽싸게 그곳을 떠났네.

산책로에는 모든 사람이 나와 산책을 하고 있었네. 도시 전체의 사람들이 이곳으로 무언가를 타고 왔고 농촌 사람들은 걸어왔더군. 잘생기고 창백하며 눈이 검은 스페인 사람들은 모자를 쓰지 않고 손에 매혹적인 부채를 들고 있었어. 그들의 표정, 자세에 자부심이 드러나더군. 그들은 귀족적인 자세를 취하네. 혼혈인들은 이들과 전혀 달라. 그들은 임대 마차와 운반차의 행렬에 버릇없게 불시에 뛰어들어서는 대담하게 사방을 살펴보네. 그리고 우리의 시선을 보면 닳고 닳은 시선으로 응대하지. 그리고 아는 사람들과 웃음을 교환하고 어쩌면 모르는 사람들과도 웃음을 나누네⋯. 원형 광장 가운데서 많은 사람이 말을 타네. 승용 마차의 좌우 길을 따라, 오솔길을 따라, 들판을 따라서 연속해서 타갈로그 남녀 무리가 항구, 공장, 일터에서 집으로 걸어서 돌아오고 있었어. 그리고 몇몇 여자들은 무언가를 타고 갔다네.

갑자기 가까운 수도원의 종탑에서 종소리가 울렸네. 마차와 보행자들은 모두 순식간에 움직임을 멈추었어. 남자들은 모자를 벗었고 여자들은 성호를 그었으며 많은 타갈로그 여자는 무릎을 꿇더군. 오직 영국인 혹은 미국인 두 명이 모자를 벗지 않은 채로 마차를 타고 원형 광장으로 쏜살같이 달렸지. 1분 후에 모든 것이 다시 움직였네. 이것이 삼종기도라네. 우리는 광장을 다섯 번이나 돌아다녔네. 어두워지자 많은 사람이 흩어지더군. 우리는 셔벗, 즉 아이스크림을 먹으러 에스콜리타로 갔네.

아래층 바닥이 석조로 되어 있는 긴 홀에서 우리와 영국인, 스페인인, 미국인, 혼혈인 들이 긴 식탁과 동그랗고 작은 식탁에 앉아서 아이스크림도 먹고 레몬에이드도 마셨다네. 열 명쯤 되는 타갈로그인과 흑인 한 명이 마치 우리를 쳐서 넘어뜨리려는 듯이 우리에게 뛰어왔어. 그들은 그저 우리가 무엇을 원하는지 알고 싶어

했네. 나는 다른 것을 주문하여 맛보았으나 영 아니더군. 타갈로그 인만이 그런 아이스크림을 먹을 수 있을 걸세. 유럽에서 온 사람이라면 이 설탕에 절인 눈을 삼키는 것은 어려울 거야. 나는 시가를 태우고 나서 에스콜리타를 따라 걷기 시작했네. 이곳은 여기에서 가장 좋은 거리라네. 길은 저녁마다 밝게 비춰지고 산책하는 상류층 사람들로 활기차지. 그들은 밤에만 상점을 방문한다더군.

집에서 차를 마시고 베란다에서 오랫동안 앉아 있은 후 나는 방문을 잠그고 글을 쓰기를 원했네. 하지만 내게는 모두에게 준 것과 같이 야자 기름으로 된 작은 등잔만 있었어. 등잔은 희미하게 켜져 있었고 마지막에는 아주 희미하게 가물가물 빛이 나서 나는 거의 손으로 더듬거리며 침대에 도달해서는 파란색 모슬린 커튼 아래로 기어들어갔네. 커튼은 매트리스 아래로 내려져 있어서 움직이지 않더군. 이러한 예방책에도 불구하고 모기들은 커튼 속으로 몰래 들어오지. 두세 마리만 숨어 들어와도 그것들은 모든 걸 망쳐놓네. 그래서 다음 날에 며칠 동안 사라지지 않는 빨간 반점을 열 개나 지니고 일어나게 되지. 근래에 나는 웬일인지 밤에 복도에서 내가 있는 방으로 2베르쇼크 정도 되는 긴 도마뱀이 기어 돌아다니는 것을 보았네. 내가 그것을 잡으려고 움직이자마자 모습을 감추었지. 다음 날에 나는 데미엔에게 도마뱀에 대해 불평하며 그것을 찾아내어 방 밖으로 끄집어내 달라고 요구했어.

그가 끊어졌다 이어졌다 하는 목소리로 묻더군.

"왜요? 그것은 해를 끼치지 않아요."

"그렇다 하더라도 이건 도마뱀이잖아요. 불쾌한 놈이라고요. 그리고 침상으로 기어 들어오면 어떡하란 말이에요."

그가 말했어.

"그 반대예요. 매우 좋답니다. 내 침상에서는 7개월 동안 도마뱀 한 마리가 살았어요. 그래서 나는 모기에 물리는 일이 없었어요. 도마뱀은 잽싸게 모기들을 잡는답니다. 그러니까 도마뱀이 거기 있을 때 단 한 마리의 모기도 당신을 물지 않을 겁니다…"

도마뱀 이야기에 흥미로워진 내가 물었네.

"그 후에 도대체 도마뱀이 어디로 갔단 말입니까?"

"죽었지요."

"어떻게요. 스스로 죽었단 겁니까?"

"아니요. 제가 잠결에 도마뱀을 짓밟았어요."

사실은 모기들이 나를 거의 물지 않았지만 어쨌든 간에 침대로 도마뱀보다 모기 두세 마리가 들어오는 게 정말로 훨씬 나을 걸세. 그런데 정말로 나는 도마뱀을 한 번도 본 적이 없네.

데미엔이 말했어.

"여기에는 전갈이 있어요. 이건 다른 문제지요. 이건 정말 좋지 않답니다. 나는 전갈을 우리 부엌에서 자주 발견하곤 하지요. 장작에 묻혀서 온 것이지요. 석탄을 땔 때부터 전갈은 볼 수 없었답니다."

나는 생각했네.

'오랜 바다 유람 후에 해변에서 흔들리지 않는 침대에 눕는 게 얼마나 큰 기쁨이란 말인가! 책상에서 아무것도 떨어지지 않고 자네들 머리 위에 어떠한 범선의 돛대, 큰 돛대의 뱃줄이 큰 소리로 울리지 않는 곳, 아무것도 흔들리지 않는 침대에서 말이네…!'

그리고 갑자기 기억해냈네. 여기에서 지진은 흔히 볼 수 있고 매년 일어나는 현상이야. 하느님이시여! 그런 요동에서 구해주소서!

아침에는 아직 잠자리에 있을 때 차나 커피 또는 초콜릿을 가져오네. 그 후에도 아침을 먹을 기회가 세 번 정도 있다네. 우리 말고 다른 이들은 일정에 따라서 열 시에 먹고, 또 다른 이들은 이 시간에 아직 산책을 하고 아침을 좀 더 늦게 먹거든. 이 모든 것이 1.5달러에 가능하네. 보태자면 목욕도 할 수 있어. 온수에는 4리알을 지불하면 되고 냉수에는 지불할 필요가 없다고 홀 벽에 붙어 있는 게시판에 쓰여 있네. 물은 파시그 강에서 곧장 오고 욕조는 마당으로 향하는 베란다에 설치되어 있지. 맨 처음에는 소년이 나를 안내해주더군.

"도대체 어디에 물이 있는 거냐?"

소년은 끈을 보여주고는 당기라고 표시했네. 그리고 나갔어. 나는 욕실에 서서 끈을 잡아당겼네. 그런데 물이 안 나오더군. 아무 일도 일어나지 않았어. 나는 다시 모든 힘을 다하여 잡아당겼다네. 고작 다섯 물방울 정도가 떨어지는 게 아닌가. 네 개는 빠르게, 다섯 번째는 조금 더 빠르게, 여섯 번째는 뭔가에 걸린 것 같아 보였네. 내가 아무리 잡아당겨도 물이 나오지 않았어. 나는 화가 치밀어서 옷을 입고 밖으로 나갔지. 그 옆에 다른 문이 보이길래 활짝 열어젖혔네. 욕조를 놓을 만한, 적당히 작은 공간이 있었지만 욕조는 없었고 당기는 줄만 있었어. 위에는 물이 나오는 샤워기가 있더군. 물만 있는 건가?

나는 잠시 생각에 잠겼지.

'여기에서 한번 샤워를 해볼까? 필요한 욕조가 없긴 하지만 바닥이 돌로 되어 있으니 괜찮겠지!'

그러고 나서 나는 정확하게 물 밑에 섰네. 줄을 건드리자마자 물이 흩뿌려졌지. 처음에는 굵은 물줄기가 1분 동안 나를 상쾌하게 했어. 더 강하게 잡아당기자 물은 연속적으로 흐르는 폭포수로 바뀌었네.

내가 소리를 내며 말했어.

"매우 좋아, 기적이야!"

계속 줄을 힘껏 잡아당겼네. 급류가 쏟아지더니 위쪽 천장 위에서는 물소리와 끓어오르는 소리가 쩡쩡거렸네. 마치 강 전체가 이곳으로 흘러오는 것 같았지.

'그래, 이제 만족스럽군.'

나는 잡아당기는 것을 멈추었어. 하지만 물은 그치지 않더군. 반대로 물은 더 격렬하고 맹렬하게 돌진했네. 물보라가 사방에서 내게로, 벽들로, 안락의자로 퍼부었지. 안락의자 위에는 내 속옷과 옷이 있었네.

'도대체 어떻게 되려고 이러나?'

나는 걱정하며 물을 멈출 방법을 찾아내려고 했어. 하지만 이 홍수를 멈출 수 있는 어떠한 태엽도 없었네. 아무것도 없었어. 멈출 수 있을 것이라고 생각하면서 반대 방향으로 줄을 당겼네. 이게 아니더군. 물은 더 심하게 콸콸 흘러내렸네. 무엇을 해야 할지 몰랐네. 옷도 입을 수가 없었지. 어떻게 옷 없이 나간단 말인가? 속옷과 옷을 가지고 내 방까지 내달리는 모습이 머릿속에 떠올랐네. 하지만 이것은 극도로 절박한 상태에서나 할 수 있는 거야. 화재나 지진 아니면 물이 목구멍까지 다 차올랐을 경우 말일세. 하지만 지금의 경우는 물이 무릎까지도 차지 않았네. 무엇을 할지 잠시 생각하다가 결국에 나는 아무것도 걱정할 필요가 없다고 결론 지었어. 물에 빠져 죽지는 않을 거고 감기에 걸리는 일은 더더욱 없을 거니까. 감기에 걸리고 싶어도 안 될 거네. 아직 아침을 먹기에는 이르지만, 조금 있으면 주러 올 시간이었어. 계속 쏟아지라지 뭐. 누군가는 올 거 아닌가. 물이 원하는 만큼 흐르도록 내버려 둔 다음에 나는 손으로 가슴을 닦았네.

3분쯤 후에 문이 조용히 열리기 시작했어.

나는 화가 나서 소리를 쳤네.

"이놈아!"

인도인 소년 대신에 파데예프의 얼굴이 보였다네.

그를 보고 얼마나 기뻤는지!

"자네 어떻게 온 건가?"

"속옷과 옷을 나리에게 가져왔습니다."

나는 그에게 불만을 토로했네.

"물을 어떻게든 멈춰보게. 이것 봐. 나는 정말 물에 홀딱 젖었지 않느냐."

파데예프는 내 상태를 자세히 알아보고는 믿음직한 성격에 매우 걸맞게, 지나치게 기뻐하더군. 웃음을 억누르려고 입을 물어뜯었지만 허사였네. 그 웃음은 그의 입 바깥쪽으로 퍼져나왔지. 그리고 그는 기계를 멈추려 한다는 핑계로 줄을 한두 번 잡아당겼다네.

물을 멈추는 데 공연한 노력을 기울인 그가 말했어.

"안 되겠네요. 나리, 제가 집시를 데려오겠습니다."

집시는 이리저리 줄을 잡아당긴 후에 근처의 다른 욕실로 뛰어 갔네. 그리고 위로 기어 올라가자 물줄기가 멈추었어.

한 시간 후에 내 방의 바닥 틈 사이로 파데예프가 물놀이의 일화에 대해서 자기 동료 두 명에게 이야기하는 소리가 들려왔네. 나는 데미엔에게 말했고 그는 웃기 시작했지.

슬쩍 그가 말했네.

"욕실의 용수로가 망가졌어요. 고쳐야 해요."

내가 물었어.

"그런데 오래전에 망가졌던 건가요?"

"아니요, 올 겨울에요…."

또다시 머릿속에 케이프타운에 있는 웰치 호텔에서의 깨진 유리가 떠올랐네. 이러한 부주의로 인해 우리가 어떤 일을 겪게 된단 말인가. 부주의가 러시아 사람이 지닌 특성이라고들 하네. 그러나 이건 모든 인간의 특성이 아닌가 싶네.

우리는 아침 일찍 나갈 준비를 하고 있었어. 즉 아홉 시쯤에 젊은 사람들인 아벨로와 카르메나를 방문할 채비를 하였네. 이렇게 서둘러서 준비한 것은 왕립 담배 공장을 둘러보고 담배를 사려는 목적에서였지. 마부는 우리를 이 지역 신문의 편집자인, 아벨로 아버지의 집이 있는 한 스페인 도시로 안내했네. 우리는 대문 아래 차양이 있는 안마당으로 들어갔다네. 그리고 어느새 편집국 앞이 더군. 처마 아래인 바로 대문 옆 한 구석에는 젊은이 두세 명이 앉아 있었는데 이들은 동료 같았네. 한 명은 특별한 독서대에 앉아 있었지. 언뜻 보기에 그가 사무장 같았어. 모두 무언가를 쓰고 있었네. 이 근처에서 타갈로그인들이 종이를 쌓아올리고 있었지. 그건 방금 인쇄된 신문이었네. 주임은 프랑스어를 할 줄 알더군.

우리가 물었어.

"아벨로와 카르메나는 어디에 있나요?"

그 사무원이 그들은 이미 근무를 보고 있을 것이라고 말했네. 그리고 그들을 부르러 타갈로그인을 보냈지. 그러고는 우리에게 위쪽에 있는 방으로 들어가서 잠시 기다리라고 청했어.

우리는 목재로 만든 깨끗하고 광택이 나는 검은 나무 계단을 따라서 끝이 없는 긴 복도로 곧바로 들어갔네. 그곳은 아름다운 커튼과 진기한 최신 가구들로 잘 정돈되어 있었지. 구석마다 안락의자와 책상들은 특별한 장식품 없이 설치되어 있었어. 좋은 잡지의 편집장의 방인 것처럼 말일세. 타갈로그 여자는 일을 하다가 일어섰고 주인들에게 우리에 대해 말하기 위해 갔네. 잠시 후에 흰 머리에 키가 크고 뚱뚱한 할머니가 나타났어. 그녀는 실내모를 쓰지 않았고 창백한 얼굴에 검고 온화하게 반짝이는 눈동자와 상냥한 웃음을 지니고 있었네. 방은 온통 하얀 색이었지. 그녀는 그림이 걸려 있는 화랑의 벽에서 빠져나온 것 같은 정말 오래된 초상화 같았네. 이 사람이 여자 편집장이었어. 우리는 인사를 나눈 후에 말하기 시작했다네. 그녀는 스페인어로 말했고 우리는 처음에는 프랑스어로, 그다음에는 영어로 말했네. 하지만 서로 쉽게 이해할 수 없더군. 아마 이 할머니가 우리에게 앉기를 청하며 안락의자를 가리킨 것은 이해한 것 같았네. 우리는 반복해서 설명했지만 아무런 성과가 없었어. 마침내 할머니는 우리에게 무언가를 말하고는 나갔네. 아마도 우리에게 기다리기를 요청한 듯했지. 우리는 약 5분 정도 기다리며 홀을 둘러보았네. 그러는 동안 우리는 그곳의 마루 위에도 틈새가 나 있는 것을 알게 되었다네. 천장 역시 온통 자그마한 판자로 조립되어 있더군. 그 판자들은 하얀 회칠이 되어 있었어. 이곳에서는 지진이 장난이 아니라네. 그래서 모든 사람을 항상 공포로 몰아넣지. 그러나 이렇게 관찰하는 일이 지겨워져서 우리는 떠나기로 했네.

우리는 수없이 많은 감사 인사를 건네고 홀에서 나왔네. 계단을 타고 내려와서 문에서 아벨로와 카르메나를 마주쳤지. 그들은 우리를 돌려세워 앉히고 시가를 주었네. 그들은 우리에게 아침을 먹고 기운을 낼 것을 권하고 나서 어제 날짜 신문을 주었어. 그 신문에는 우리 전함에 대해, 그곳에서 스페인인들에게 해준 영접 등에 대해서 호의적인 평가를 하고 있더군. 우리는 그들에게 공장을 보여주고 시가를 사도록 돕겠다고 했던 약속에 대해 상기시켰네. 아벨로는 자신의 아버지에게 갔어. 그는 돌아와 사륜마차를 준비하라고 명령을 했지. 그는 거의 강제적으로 우리를 그 마차에 태웠네. 카르메나도 함께 말이야. 우리 마부에게는 우리 뒤를 따라오라고 명령했네.

공장은 비논도 교외에 위치한 2층으로 된 네모난 큰 건물이었네. 그 건물에는 곁채가 몇 개 딸려 있었고 큰 대문과 작은 문이 많이 있었으며 안쪽에는 커다란 마당이 있더군. 정문 근처에서 아벨로는 보초들과 이야기를 나누었는데 그들은 우리를 통과시켜주지 않았네. 그때 검열 장교가 말을 타고 다가왔어. 아벨로가 그 장교에게 갔는데 장교는 아벨로를 통과시켜주지 않았네.

내가 크류드네르 남작에게 말했어.

"출입증 없이는 불가능하지 않을까요?"

공장 관리부에서 출입증을 받아야 한다고 다들 말했네. 우리는 거기로 출발했지. 다행스럽게 관리부가 멀지 않았네. 그리고 다양한 방과 공장의 여러 부서를 들른 다음에야 우리는 출입증을 받아서 출발했다네. 거기에서 또 보초병들이 출입증을 손에서 손으로 건네며 보더군. 그들은 출입증을 샅샅이 유심히 살펴본 후에 위쪽으로 가지고 갔지. 약 5분 후에 어떤 나이가 많은 타갈로그인이 출입증을 다시 들고 왔네. 그사이에 우리는 햇볕에 익고 있었다네. 그렇지만 이 마지막 상황은 우리보다는 마부와 말들에게 더 큰 연관이 있다고 할 수 있어. 그나마 우리는 마차에 앉아 있었거든. 타갈로그인이 우리에게 지나가라더군. 보초병 가운데 한 명이 우리와 같이 갔네.

우리가 대문, 마당, 계단을 따라 갈수록 건물에서 나는 소리가 더 강하고 더 빈번하게 울렸네. 마치 수많은 망치가 때리는 것처럼 말이지. 우리는 담배 더미, 빈 상자, 잘린 담뱃잎이 쌓여 있는 현관 방을 몇 개 지나쳤네. 그러고 나서 위로 올라가 긴 홀로 들어갔어. 그 홀은 천장이 매우 약한 모양인지 여러 곳에서 많은 나무 기둥이 그 천장을 떠받치고 있었네.

홀 바닥에 있는 야트막하고 나무로 된 긴 의자 앞에는 60명 혹은 70명에 이르는 타갈로그 여자들이 가로로 쭉 앉아 있었어.

15세부터 늙은 사람들에 이르기까지 다양했네. 그들은 각각 둥글고 매끄러운 돌을 손에 들고 있었지. 그들의 근처 바닥에는 담뱃잎 더미가 놓여 있었네. 여자들은 거기에서 잎을 하나씩 골라서 자기 앞의 의자에 한 줄로 늘어놓더군. 그리고 그 잎을 돌멩이로 무척 세차게 두드리고 있었기에 서로 말을 들을 수 없었네. 몇 개의 머리가 우리에게로 향했으며 몇 개의 까만 눈이 재빠르게 우리에게 주위를 기울였던가! 모두 침묵했으며 아무도 한 마디도 하지 않았네. 하지만 그들의 눈은 힘차게 움직였고 손은 더 힘차게 움직였어. 틀림없이 그들은 우리의 얼굴 표정에서 두드리는 소리에 익숙하지 않아 거북해하고 있는 것을 눈치채고 더 힘차게 쳤을 걸세. 강한 소리가 세차짐에 따라 우리가 고통스러운 표정을 짓는 것을 보면서 대부분 거의 웃음을 참지 못했네. 이것은 그들에게 예상치 못한 오락거리였으며 그들 나름의 짓궂은 행동이었지.

젊은 일행들은 그 소음 때문에 그리 많이 당황하지는 않았네. 그들은 몇몇 타갈로그 여자 앞에서 멈추고 서로 말을 용케도 알아들었어. 나는 카르메나에게 무언가를 묻고 싶었는데 내 말도 잘 안 들릴 정도였다네. 거기다 홀에서는 어떤 기름 냄새도 폴폴 났네. 이건 물론 담배 기름이었어. 무척 불쾌했네.

결국 우리는 홀에서 나왔고 나는 스스로 위안했네.

'이건 이제 끝났구나.'

우리는 또다시 바로 그와 똑같은 모습을 한 다른 홀로 들어갔
네. 그 홀 뒤에 먼 공간에서 또 하나의 홀이 있는 것을 발견했지.
우리가 발걸음을 앞으로 옮길 때마다 홀이 한 개 한 개씩 이어졌
다네.

나는 두 개의 홀 사이에 있는 작은 공간에서 멈추고 물었어.

"도대체 여기에 여자들이 얼마나 있나요?"

아벨로가 말했네.

"8,000명에서 9,000명 정도 됩니다."

"뭐라고요!"

"그래요. 현재 총독은 공장을 확장시키고 일으키고 싶어 하지
요. 매우 이익이 될 것입니다."

나는 아름답지 않은 갈색 얼굴들을 사열하듯이 바라보았어. 그
들은 조밀하게 일렬로 앉아 있었네. 그리고 경악에 찬 눈으로 그들
을 보면서 반복했지.

"8,000명에서 9,000명이라니!"

모든 홀에서 우리가 나타날 때마다 똑같은 광경이 반복되었네.
즉 인도 여자들의 편에서 보았을 때 처음에는 호기심의 시선이 나
타났고 그 후에는 강한 소리와 억누르는 웃음이 시작되었고, 우리

편에서 보았을 때는 그들에게서 멍한 시선, 고통스러운 얼굴 표정, 나가려는 초조함이 보였지. 그럼에도 공장에서는 엄격한 규범이 관찰되었네. 인도 여자들은 웃지도 않고 이야기하지도 않아. 그들에게는 오직 정말로 두드리는 것만 허락되네. 그들은 여기에서 매우 수줍게 행동한다고 하더군. 이를 위해서 모든 대책들이 마련되었네. 나이가 많은 타갈로그인 두세 명과 감독관 두세 명을 제외하고 여기에는 남자가 한 명도 없다네.

다른 방에서는 어떤 노파들이 담배를 돌돌 말았고, 다른 노파들이 그것들을 잘랐네. 세 번째 노파들은 무게를 달았고 계량하는 일 등을 했어. 우리는 모든 부서를 다녀보지는 않았네. 이 표본만으로도 충분했기 때문이야.

마지막 방의 출구 앞에는 한 부서장인 알포라도르가 앉아 있었네. 그는 영어로 말했어. 무엇보다 우리가 러시아인이라는 것을 알고 난 후에 그는 페테르부르크에서 많은 주문품이 있다고 말했네. 그리고 마닐라식 담배에는 불편한 점들이 많아 몇 달 전에 자신이 그 대신 아바나[127]식으로 담배를 마는 방법을 도입했다는 설명을 덧붙였네. 하지만 그는 결코 마닐라식 담배가 아바나식 담배보다 나쁘지 않으며 단지 이곳에서는 그저 많은 수요에 맞출 준비가 아직 되어 있지 않을 뿐이고 합성 비율이 좋지 않을 뿐이라고 말했어. 그는 합성 비율이 매우 중요하며 심지어 합성 비율이 담배의 맛을 어느 정도 변화시킨다고 말하더군.

그가 담배를 우리 손에 두 개씩 쥐어주며 말했네.

"여기 다양한 합성 비율로 만들어진 두 개의 시가가 있습니다. 한번 피워 보시지요. 이것은 둘 다 최상품입니다. 하나는 아바나식으로 만든 것으로, 더 진하고 사선으로 되어 있으며 다른 것은 이곳 마닐라식으로 만든 것으로, 일직선으로 되어 있지요. 하나는 오늘 만들어진 것이고, 다른 것은 어제 만들어진 겁니다."

그는 마치 담배를 크게 찬양하듯이 말을 끝냈어.

나는 극도의 의심을 하며 손에 들고 있는 두 개의 시가를 돌려보며 말했네.

"시가 하나는 어제, 하나는 오늘 만든 게 무슨 차이가 있나. 이걸로 우리를 대접하겠다는 건가!"

그리고 나는 창문 밖으로 던질 준비가 되어 있었지. 하지만 인사치레로 주머니에 집어넣었고 마차를 타면 버릴 생각이었네.

알포라도르가 강하게 권했어.

"아니, 아니지요, 담배를 한 모금 피워보시지요."

어쩔 수 없이 나는 시가를 피우기 시작했네. 곧바로 가볍고 향기로운 연기가 흘러나오지 뭔가. 시가는 놀랍게도 쉽게 피워졌고 연초는 훌륭했다네. 비록 재가 완전히 하얗게 된 건 아니었지만 말이야.

내가 말했네.

"이건 훌륭한 시가군요! 이런 걸 살 수는 없나요?"

이 방의 바닥에서 아바나식 시가를 잘라내고 있는 몇몇 노인에게 등을 돌리면서 알포라도르가 조용히 덧붙이더군.

"아니요. 이것은 아바나식 합성법입니다. 준비된 건 없고 2주쯤 후에 가능해요. 당신에게 준비해줄 수 있어요. 몇천 개라도…"

"우리는 여기에 단 몇 시간 동안 머무를 거예요. 왜 상점에는 그것들이 없는 건가요?"

"이곳 여자들은 자신의 합성 비율인 마닐라식에 이미 적응했기 때문에 아바나식 방식에 따라서는 작업을 빨리 하지 못하지요. 이번에는 이곳의 합성 비율에 따른 시가를 피워보세요."

내가 피워보니 그 시가도 좋았네. 비록 실제로 첫 번째 것만큼은 아니었어도 말이지. 알포라도르가 좋은 것이라고 말해주었기 때문에 좋아보였는지도 모르네.

내가 물었어.

"그럼 이 시가만이라도 살 수 없나요?"

"그것보다 훨씬 저급인 2급 시가는 상점에서 살 수 있어요."

"그런데 양쪽에서 잘라서 먹는 시가를 거기서 살 수 있나요?"

"치루트 말인가요? 많아요. 많답니다! 보통 3급과 4급인 이 시가는 인도부터 미국까지, 인도해와 동쪽 바다에 걸쳐 모두 그것들을 피우지요."

정말로 우리는 싱가포르와 중국에서 치루트를 제외하고 다른 시가를 보지 못했네. 알포라도르는 2주보다 더 빨리 시가를 준비하도록 노력해보겠노라고 약속했어. 그리고 그를 보기 위해 들어갈 때 출입구에서 보여주어야 할 출입증을 우리에게 주었네. 우리는 그에게 감사 인사를 하고 그러고 나서 아벨로와 카르메나에게 감사 인사를 했지. 우리는 공장을 둘러본 것과 친절한 스페인인들에게 매우 흡족해서 집으로 출발했네. 그러나 결국 시가는 구하지 못했다네.

집에 도착해서 총독이 우리를 점심 식사에 초대했다는 걸 알았네. 예복이 팔라다호에 있어서 나는 가지 않았지. 처음에는 스페인식의 점심 식사에 가지 않은 것을 애석해했지만 점심 식사는 길고 불쾌하며 지루했다고 말해주더군. 점심 식사에서 스페인식은 오직 그 총독과 스페인산 셰리주뿐이었다고 했네. 나는 산책을 하면서 총독을 마주친 적이 있었어. 그는 마차에 있었고 하인들과 기병대를 이끌고 있었지. 그리고 셰리주를 맛본 후에 나는 점심 식사 초대에 응하지 않은 것을 더 이상 후회하지 않게 되었네.

　저녁에 나는 호텔에 살고 있는 프랑스인에게 나의 마차에 자리를 내주었고 우리는 함께 미겔을 건너 멀리 벌판으로 출발했네. 우리는 그곳 에스콜리타의 저녁 모임이 있는 곳으로 간 다음에 총독의 집에서 열리는 무도회장으로 갔지. 광장에서 소공원 주변에는 마차들이 서 있더군. 산책을 나온 사람들이 마차를 타고 있었네. 여기에서는 대부분 마차를 타고서 산책을 하거든. 나는 이 본보기를 따르지 않고 마차에서 내려서 광장을 걸어 다녔네.

　밤이 어찌나 아름답던지! 풍경 또한 어찌나 아름답던지! 교회와 시청에는 달빛이 쏟아졌고 궁전은 그늘에 가려졌네. 달빛의 섬광 속에서 청동상의 조각상은 유령처럼 서 있었어. 온화하고 부드러운 이 빛처럼 더없는 행복이 따뜻한 공기에 있었네. 그리고 보태어 말하자면 매우 아름다운 음악이 있었지. 여기에는 여덟 개 연대 오케스트라와 그 외에도 많은 수의 사립 오케스트라가 있다고 했네. 그 수가 300개에 달한다고 누군가 말했어. 아마도 농담이었겠지. 하지만 누가 알겠는가. 아마도 진실인지 말이야. 여기에서는 춤을 춘다고 말했네. 만약에 우리가 육식 금지 기간에 오지 않았더라면 우리에게 많은 파티와 모임이 있었을 걸세. 여기에서 춤을 추다니! 스페인에 있는 모든 고문은 종교재판과 더불어 사라졌다고 말들을 하네. 그런데 모든 것은 아니었다네! 음악만 해도 더운데 춤을 추고 있잖은가!

음악인은 모두 타갈로그인이었네. 그들은 예술 전반에 매우 많은 재능을 지니고 있지. 그들에게는 뛰어난 음감이 있어서 연대에서는 악보 없이도 그들을 가르칠 수 있을 거야. 이것이 어느 정도로 사실인지는 모르겠지만 그들의 연주가 어느 곳에서든지 존경을 받을 만큼 간결하고 명료하며 표현력이 풍부하다는 것은 아네.

오케스트라들은 차례대로 마당에서 멈춰 서서 두세 개의 작품을 연이어 연주한 후에 막사로 갔다네.

한편 여기에서는 무엇보다도 베르디 작품을 선호하여 많이 연주하네. 나는 그 이유를 알아낼 수는 없었어. 아마도 그 독창성과 용감성 때문일 걸세. 아니면 그저 이 음악이 다른 것들보다 새로웠기 때문일 수도 있네.

마지막 오케스트라는 행진곡의 장엄한 소리를 울리고 어둠 속에 숨어 있는 좁은 거리를 울리면서 집으로 갔어. 마차들이 움직여 여러 방향으로 질주하기 시작했지. 나와 프랑스인은 마차를 타고 요새에서 나와 또다시 인적이 없는 산책로를 따라 급히 바닷가 연안으로 쏜살같이 갔네. 그리고 도시로 돌아왔지. 어느 집 옆에 서서 그는 그곳으로 들여보내 달라고 청했다네.

그가 가성으로 다음과 같이 노래했어.

"나는 방문하고 싶어요."

그리고 나서 그는 문 뒤로 숨었네. 바로 이때 위쪽 창문에서 여성의 머리 윤곽이 아른거리다 발이 쳐졌지…. 나는 호텔에서 아무도 만나지 못했어. 어떤 이들은 항구로 떠났고, 다른 이들은 카르메나가 아침부터 우리를 부른 파티에 갔고, 또 다른 이들은 잠을 자러 갔네. 나는 편지를 쓰기 위해 책상 앞에 앉았지.

마침내 우리는 선교사들 집에 갈 채비를 마치고 포르투갈 주교의 집으로 떠났네. 그곳 젊은 선교사의 집에서 우리는 중국식 의복을 입고 있는 디나쿠르 주교와 안면이 있는 수도사도 만났지.

그 수도사가 우리에게 주교를 소개했네.

"어거스틴 수도원의 원장님이십니다. 프랑스어는 모르지만 모든 것을 이해하지요."

나는 이 수도사가 내가 외곽으로 마차를 타고 산책할 때 본 바로 그 수도사라는 것을 기억해냈어.

우리에게는 시가가 제공되었네. 주교는 우리의 여행에 대해 두세 가지 질문한 후에 진짜 프랑스인처럼 상냥하고도 밝게 자기 자신에 대해서 이야기를 시작했지. 그는 중국에서 20년 동안 살고 있고 주민의 수가 1,500만 명에 이르는 질리언 지방에서 기독교 신

도 모임을 이끌고 있다고 말했네. 그는 중국의 인구가 3억에 이른
다고 말하는 것은 과장이 아니라더군. 그 지방에만 200만~300만
명의 주민이 살고 있는 도시가 몇 개나 있기 때문이라고 했네. 그
가운데 쑤저우는 유명한 도시라네.

내가 물었지.

"기독교인은 얼마나 되나요?"

"중국 전체에서 50만 명에 이르지요."

"적군요."

"그래요. 많지는 않아요. 하지만 이제 더 빨리 변화되고 있어요.
특히 중산층과 하위층에서요. 흔히 마주치게 되는 주요한 장애물
은 불교의 스님들과 학자들이랍니다. 그곳에는 어떤 것도 먹히지
가 않아요. 불교의 스님들은 눈 먼 광신도이고 학자들은 현학자들
이자 이론가들이지요. 그들은 죽은 글자들 속에서 학설과 빛을 찾
으려 하지요. 가장 큰 어려움은 우리가 이곳에 와서 사는 것은 우
리 자신의 이익을 위해서가 아니라 그들을 이롭게 하기 위해서라
는 사실을 그들에게 설득하는 것이지요. 그들은 이것을 상상할 수
도 없고 믿지도 않지요."

내가 대답했어.

"기독교 선교사들이 해야 될 큰 임무는 일본에서 억압받고 있

는 기독교를 부흥시키는 일인 것 같습니다. 일본은 지금 당장은 아니지만 내일 분명히 유럽인들에게 개방될 나라지요…."

주교가 덧붙였네.

"대포의 힘을 빌려야만 가능하지요!"

이때 예수회 신자들 같은 수도사 두 명이 우리의 이야기를 중지시켰다네. 그들은 주교 앞에 무릎을 꿇었고 축복을 받은 후 앉았어. 주교는 우리를 성 어거스틴 수도원에 있는 자신의 거주지로 초대했네. 수도원은 스페인풍 도시에서 넓은 자리를 차지하고 있었는데 한 측면이 바다로 향해 있더군. 이것은 진정한 수도원이며 끝이 없는 복도로 구성된 회랑과 작은 방이 많아 길을 잃을 수도 있는 넓은 곳이라네. 우리는 주교의 거주지에서 휴식을 취했어. 수도원장은 종소리에 따라 간단한 기도를 하기 위해 교회로 갔네. 아침 식사를 제안했지만 우리는 거절했지.

얼마 후 수도원장이 돌아왔네. 그는 총독에게 방금 받은 공문서를 들고 왔더군. 스페인 여왕이 딸을 분만했다는 공문서였다네.

그는 또다시 사라졌고 우리는 원형 천장과 수도원의 회랑을 따라갔네. 회랑 벽마다 별 가치가 없는 유화들이 걸려 있었어. 성자들을 그린 성상화와 마닐라에서 살다가 죽은 스페인 주교의 초상화들이 있었지. 교회의 입구 앞에는 어떠한 낡은 화풍의 커다란 그림들이 보였네.

내가 성 바울이 기도하는 그림을 가리키며 물었어.

"어떻게 이 그림이 여기에 있는 건가요?"

그러나 그것이 어디에서 오게 되었는지는 주교도 우리 지인도 심지어 젊은 선교사도 모르더군. 그들도 여기의 손님일 뿐이야.

좁고 구불구불한 계단을 따라서 우리는 바로 중앙 교회의 합창단 좌석으로 들어갔네. 그리고 섬세하고도 우아한 목재로 조각된 그림에 깜짝 놀랐어. 그것은 홀에 있는 모든 벽, 복도 등 시설 전체를 장식하고 있었네. 나무는 검고 섬세한 음영으로 되어 있었지.

내가 놀라서 물었네.

"누가 이것을 작업했나요? 정말로 유럽에서 가지고 왔나요? 유럽에서 이 조각된 목재는 믿기 어려운 가격일 겁니다."

"모든 것을 인도인과 타갈로그인이 했지요. 자, 보세요. 지금도 작업을 한답니다. 교회가 작년에 지진 때문에 피해를 입었어요. 그래서 이제 교회를 수리하고 있지요. 그림들은 여기에 있답니다. 모든 그림이 타갈로그인의 것이지요."

나는 성상화에 눈길을 던졌어. 별로였다네. 타갈로그인들의 그림은 아직 발달하지 못한 상태라네. 음악, 소조, 조각 작업에서는 상당히 앞서가고 있지만, 그림에 관해서 말하자면 때로 우리나라

길거리에서 파는 그림들보다 훨씬 못하다고 할 수 있어.

내 얼굴에 이 그림에 대한 인상이 드러난 것을 본 젊은 선교사가 말했네.

"하지만 이건 정말로 마닐라에서 있을 수 있는 일이지요. 야만적인 인도인들 사이에서 말입니다. 그들은 300년 전에는 짐승이나 다름없었지요…"

내가 말했지.

"그래요. 하지만 300년 전이랍니다. 그리고 이 성당은 도시의 외벽들과 동년배지요. 도시민들이 함께 그림을 그려 성당을 꾸미도록 할 수도 있겠지요."

우리는 아래로 갔네. 주교는 벽마다 틈이 있는 장소, 석고 세공이 무너진 장소, 기둥이 분리된 장소들을 보여주었어. 모두 지진이 남긴 흔적이었네.

"그런데 정말로 지진이 자주 발생하나요?"

내 질문에 그는 이렇게 대답했어.

"해마다 어떤 지진이든 발생하지요. 좀 작은 지진이라도 말입니다. 여기 모든 예수교회는 이제 폐허 속에 있지요."

큰 교회로 들어간 후 주교 뒤에서 젊은 선교사가 무릎을 꿇은 후 가슴에 손을 놓고 머리를 숙이고는 잠시 묵상하였네. 그러고 나서 일어나더니 다시 생기 있게 말하기 시작했지. 그들의 말에 따르면 이 교회가 마닐라에서 가장 좋다더군. 정말로 교회는 좋았네. 주요 별관과 부속 별관의 규모가 커서 교회 본관보다 더 크게 보였지. 교회는 윗부분이 매우 환했어. 제단에서 나오는 빛이 먼 구석구석까지 균일하게 퍼져 있었기 때문이라네. 만약에 타갈로그인의 그림이 없었다면 높다란 아치 시설물과 부드러운 둥근 지붕의 조화가 흥미를 끌었을 걸세. 하지만 그림이 방해했고 눈이 쑤셨네. 이러한 강렬한 색은 때로는 붉은 얼룩으로 때로는 푸른 얼룩으로 우리를 따라다녔네. 거기다 조각상은 더 얼룩져 있었어. 어떤 예술적으로 병적인 신경통이 나타나는 듯했네. 이것이 누구의 작품인지 자네들에게 말할 필요조차 없을 거야. 미학적인 감정이 인간을 모욕할 때 인간 안에는 어떠한 관용도 관대함도 없네. 여기에 보태어 말하자면 모든 벽과 아치형 기둥도 무겁고도 음울하게 도금된 성상화 벽으로 가득 채워져 있었네. 그것은 하얗고 깨끗한 보기 드문 공간과 양식을 바라고 높은 가치를 지닌 그림을 신중하게 고려해서, 배치할 때 엄격한 기준에 따랐기 때문이라네. 건물의 건축 양식이 그림을 억압하거나 혹은 흡수하는 예들이 있지. 하지만 여기는 반대라네. 나는 그림을 보지 않으려고 노력했지만 눈을 뗄 수가 없었어.

그 후에 우리를 의복실로 안내했네. 그 앞의 방에는 긴 의자와 악보대가 있었지. 이것은 뭔가 아마도 타갈로그 계층을 위한 것 같았네. 그중 몇몇은 플루트와 클라리넷을 가지고 앉아 있었네. 그들은 주교의 손을 향해 달려들더군. 마당과 수도원으로 가는 길에 마주친 모든 타갈로그인처럼 말이야. 몇몇은 무릎을 꿇었네. 주교는 악사들에게 무언가를 연주하도록 지시했어. 그들은 행진곡인 듯한 곡을 연주하기 시작했네. 완벽한 연주도 아니고 순수한 것도 아니었지. 특히 우리가 궁전에서 행진곡을 들은 이후에는 말일세.

나는 생각했네.

'이들은 악보를 보고 가르친 것 같군. 교회를 색칠한 사람들은 이들이 아니겠지?'

나와 크류드네르 남작은 예술가들에게 돈을 주고 떠났네. 그다음 의복실로 갔는데 의복실은 교회 세간과 옷장으로 가득 차 있었네. 무얼 보든지 온통 금이더군. 그 후에는 복도를 따라가며 작은 방들을 둘러보았네. 가는 곳마다 플루트와 클라리넷 소리가 우리에게까지 들렸어. 예술가들은 보은의 마음이 넘쳐나서 마치 망가진 풍금처럼 스스로 멈출 수 없나 보더군.

우리는 집사, 교회 집기 관리인이라고 적힌 나무 문패가 달려 있는 방들을 지나가다가 집사라고 적힌 문패 앞에서 멈추었네.

주교가 말했어.

"훌륭한 사람이지요. 그의 방에 들어가서 잠시 쉽시다."

젊은 선교사가 부드러운 목소리로 덧붙였네.

"그에게는 아주 훌륭한 맥주가 있지요."

그들이 노크를 하자 중년이 지난 수도사가 우리에게 문을 열어주었네. 그는 온통 흰 옷을 입고 있었어. 반백의 머리에 피곤한 기색이 얼굴 전체에 나타나 있었지. 친절함은 없었네. 방은 어두웠고 별의별 잡다한 짐짝과 상자가 쌓여 있었네. 온통 먼지투성이더군. 가구는 어울리지 않았네. 알록달록한 커튼 뒤 구석에서 침상이 보였어. 커다란 원형 책상에는 회계서와 장부가 놓여 있었지. 그 책상 앞에서 집사를 마주보았네.

그가 주교를 통해 우리 여행에 대해서 무언가를 물었어.

"오래 머물 예정으로 여기에 오셨습니까? 무언가 원하는 것이 있는지요?"

두 프랑스인이 말했지.

"맥주요."

수도사는 부산을 떨었네. 그는 타갈로그인에게 구석 어딘가에 있는 서랍 두 개를 열어서 영국의 엘류와 영국산 흑맥주 몇 병을 내오도록 명령했지. 하지만 그는 무엇보다도 시가가 담긴 커다란 쟁반을 내놓았네. 없는 것이라고는 없더군! 갖가지 크기와 품질의 시가 그리고 아바나식과 마닐라식의 합성 비율로 만들어진 시가가 있었네…. 바로 이 마닐라에 존재하는 그 좋은 시가들이!

우리는 약 반 시간 동안 앉아 있었네. 주교가 줄곧 이야기했다네. 그는 추산의 군도에 대해 이야기하며 그곳을 중국의 진주로 부르더군.

"기후와 토양은 천국에 있는 것과 같지요. 저는 그곳에 8년 동안 살았어요."

그가 계속해서 말했어.

"그곳에는 아일랜드의 천주교 신자들의 거류지가 있어요. 그들은 중국인에게 중요한 영향력을 가지고 있고 많은 유럽 풍속을 도입했으며 잘살고 있답니다. 추산에 살고 있는 중국인은 거의 모든 중국 해안가에 생선을 공급하고 있어요. 나룻배 수천 개가 이 생선을 잡으러 먼 바다로 나가지요."

나는 이 숫자에서 의심이 생겼네. 나는 크뤼드네르 남작에게 의심을 알리고 싶었지. 갑자기 방심하여 나도 모르게 그에게 프랑스어로 말했어. 이 방심은, 주교가 왜인지는 모르겠지만, 추산에 대한 이야기를 갑자기 영어로 시작했던 때부터 생겨났지.

주교가 프랑스어로 강하게 말했네.

"그래요 수천 개지요."

집사의 방에서 가장 위쪽의 휴식 홀로 우리를 데려가도록 명령하더니 주교가 말했네.

"내가 여러분들에게 아름다운 풍경을 보여 드릴게요."

우리는 홀의 열쇠를 보관하는 수도사에게 들렀네. 이 사람은 내가 어디서도 본 적이 없는, 가장 뚱뚱하고 잘생긴 수도사였어. 그는 홍조를 띠며 계속해서 미소를 짓더군. 나는 벽에서 아름답고 크지 않은 그림들을 보았네. 「십자가에서 끌어내림」 그리고 「성모마리아」였네. 나는 지금까지 보았던 모든 그림에서 벗어나 이 그림에서 휴식을 취했어. 화가 이름을 읽어보려고 했는데 헛된 일이었지. 어두운 바탕에는 하얀색 점 몇 개가 잘 보이지도 않았기 때문이야.

내가 물었네.

"이 그림들은 어디에서 온 것이지요?"

"이탈리아 수도원에서요."

내가 그림에 대해 알아낸 사실은 이게 다라네.

또다시 우리는 구불구불한 계단을 따라 휴식 홀로 올라갔어. 세 방면에 창문이 나 있고 지붕이 있는 긴 회랑이었다네. 바닥은 평범하고 나무로 만들어졌네. 마루판자는 발밑에서 삐걱거렸지.

모든 것이 황폐했어. 누구도 여기에 드나들지 않는다는 게 분명했네. 어떤 안락의자에도 앉을 수 없었지. 먼지가 진하게 겹겹이 쌓여 있었기 때문이야. 어거스틴파 수도사들은 쉬는 것을 전혀 좋아하지 않는 걸로 생각하게 됐네. 그들은 모든 시간을 노동과 신학 속에서 보낸다더군. 중앙에는 건강을 위한 당구대가 있었어. 창문 쪽에는 삼각대 위에 큰 망원경이 설치되어 있었지. 창문에서 내다보는 풍경은 정말로 아름다웠네. 한쪽에서는 만 전체가 눈앞에 펼쳐졌고, 다른 쪽에서는 스페인 도시, 세 번째 쪽에서는 숲과 마을이 펼쳐져 있었어. 그런데 그들은 밤에도 낮에도 여기에 앉지 않고 이러한 것을 아무것도 즐기지 않는다니! 우리는 창문에서 벗어나지 못했네. 주교는 차례로 우리 두 명과 당구대에서 경기를 했는데 실력이 없진 않았다네.

등을 문 쪽으로 향한 후 나는 갑자기 여성 원피스의 바스락거리는 소리와 부드러운 걸음소리를 들었네. 급히 돌아서서 보았지. 하얀 모슬린의 블라우스들이 보였어…. 열두 명쯤 되는 어거스틴파 수도사로 모두 젊고 시가를 물고 있었네. 어떤 이들은 달아오른 뺨을 하고 약간 잠에 취해 있었고, 다른 이들은 생생하고 호기심 많은 시선으로 우리, 멀리서 온 낯선 사람들을 보고 있었지. 그리고 그들은 매우 주의 깊었네. 유감스럽게도 스페인어를 제외하고는 다른 언어를 한 명도 알아듣지 못했네.

그들은 젊은 프랑스인을 통해 말했어.

"당신들과 말을 못해서 정말 죄송합니다. 러시아인은 프랑스어, 영어, 독일어를 말합니다. 우리는 이러한 언어 가운데 하나를 알아야 할 텐데요."

내가 대답했지.

"만약 스페인이 러시아와 더 가까웠다면 우리는 스페인어로 말했을 거예요."

갑자기 화포 총성이 들렸네. 항구에 있는 배들이 공주의 탄생을 기념하여 예포를 쏜 거라더군. 우리는 주교에게 사의를 표했고 그와 작별 인사를 했어. 그는 우리를 현관 계단까지 배웅했고 항구에 반드시 들르겠다고 말했네.

선교사가 묻더군.

"스페인 주교에게 가기를 원하지 않으십니까?"

하지만 이미 새벽 한 시였고 우리는 다른 날로 미루었네.

호텔로 가면서 나는 생각했지.

'여기에서 저 프랑스인들은 무엇을 하는 거지? 주교는 머릿속이 충혈되어 치료받으려고 왔다 했고 니포가 덥기 때문이라고 했는데 마치 마닐라가 더 추운 것처럼 말하고 있군! 그런데 이 젊은이는 어떠한 일로 푸에블로 근처를 돌아다니는 거지…."

우리는 다음 날인 일요일에 교회들을 들르기 위해 일찍 올라갔네. 마차를 타고 교회 세 군데를 들렀고 그밖에 마닐라 교회를 들렀지. 16세기 건축물의 오래된 건물이었네. 교회는 다른 목사 관구의 교회들과 크기가 차이 날 뿐이었지. 교회의 장식은 근교 교회와 수도원에서 볼 수 있는 것처럼 그렇게 품위가 없고 그림 또한 추했네. 오르간도 좋지 않았어. 다른 교회들에서 오르간은 첼로와 플루트로 바뀌고 있네. 그렇기는 하지만 한 교회는 다른 교회들보다 나았는데 더 부유하고 더 깨끗하고 밝았어. 그 교회는 장식들로 치장되어 있지는 않았지만 그림도 있고 거의 다 도금되어 있었다네. 그 교회 신도들도 다른 곳의 신도들보다 나으며 더 깨끗하게 옷을 입고 태도에서는 더 예의가 발랐어.

교회들에는 스페인 남자들이 전혀 없다네. 스페인 여자는 조금 많은 편이지. 혼혈인, 타갈로그인, 다양한 민족의 유럽인이 있었어. 하지만 어느 곳에서나 전도하는 것을 볼 수 있지. 설교자들은 열의를 가지고 말했으나 이 열의는 거짓되어 보였네. 그들의 태도와 목소리의 어조는 부자연스러 보였어.

점심 식사 후에 우리는 닭싸움을 보기 위해 서커스로 출발했지. 여관에서 살고 있던 한 프랑스인이 닭싸움을 보여주겠다고 우리를 데려갔네. 매우 친절하며 자상한 사람이야. 우리는 그를 따라 호텔에 들렀네. 이곳에는 많은 서커스가 있다네. 우리는 처음에는 비논도 교외로 출발했지만 그곳에는 아무도 없더군. 왠지는 모르겠네. 우리는 톤도 교외로 갔어. 반 시간 정도 도시를 따라 타고 가서 마침내 교외에 도착했어. 교외는 견고하지 못한 받침대에 자그마한 집들로 차 있고 타갈로그인이 거주하고 있다네.

프랑스인은 가는 도중에 타갈로그인은 세상에서 가장 행복한 민족이라고 우리에게 확신하며 말했어.

"그들은 아무것도 필요로 하지 않아요. 일은 적게 하지요. 만약 하루에 1레알을 번다면, 즉 8분의 1탈러를 받는다면(은화 14코페이카 정도라네.) 하루 동안 살고도 남는 돈이 되지요. 인도인은 쌀을 살 거예요. 그에게는 바나나와 고구마 또는 토란이 있기 때문이죠. 이것이면 점심이 준비됩니다. 그러고도 야자 보드카를 살 돈이 남아 있지요. 스페인인은 그들과 친절하게 잘 지내지요. 그리고 타갈로그인은 자신의 운명을 받아들입니다. 물론 그들이 좀 더 활동적으로 된다면 그 결과 더 만족스럽게 살 수도 있지요. 새처럼 이런 오두막에서 살지 않고요. 그러자면 통치자가 필요합니다. 스페인인이 필요하지요. 그들은 서로에게 가치가 있어요. 주인처럼, 하인처럼 말입니다."

바로 이 사실을 그 전날에 주교도 확신하며 말했다네.

"아아! 만약에 필리핀 군도가 다른 이들의 수중에 있었더라면! 이들에게서 온갖 금은보화를 빼내갔을 것입니다!"

그가 한숨을 내쉬며 프랑스어로 덧붙였어.

"그러나 스페인인은 게으름뱅이들이지요. 엄청난 게으름뱅이예요!"

새로운 총독인 노비첼리스 후작에게 좋은 것을 많이 기대하고들 있네. 그는 다양한 개혁을 고안하고 있지. 전임자들보다 그에게 더 많은 권리와 권력이 주어졌네. 그가 이른바 부왕과 유사하기 때문이야. 그의 권력이 확대된 원인으로는 종교적인 것과 관련한 위험성을 들 수 있네. 종교적인 영향은 이 식민지에서 너무 명료해졌지. 이에 대한 소문은 본국까지 퍼졌네. 거기다 다른 섬에 있는 인도인들은 약탈을 시작했어. 우리가 도착하기 얼마 전에 민다나오섬[128] 인도인들은 군인을 20명가량 살해했다더군. 엄격한 조치가 필요했다네. 그리고 우리가 앙제[129]에서 마주친 그 전함은 새로운 병사들을 실어왔어. 그 전함에는 카르메나도 있었지. 우리는 오래된 친구들처럼 만났다네. 총독에게서는 아직 하나의 결점만을 발견했네. 그가 자신의 체면을 너무 많이 챙긴다는 점이야. 뼈대 있는 가문과 자신의 아내가 여왕 시대에 첫 번째 귀족 여성이라는 사실을 자랑스러워하네. 이 때문에 그는 싸움닭처럼 거드름을 피우지….

하지만 여기에는 서커스도 있고 싸움닭도 있네. 서커스장은 거대한 대나무로 만든 우리였어. 그곳에 앵무새를 집어넣었는데 밖에서 다 볼 수 있었네. 멀리서도 그 안에서 일어나는 일을 볼 수 있을 정도야. 안에는 관객들을 위해 세 층짜리 관람석 계단이 있더군. 중앙의 둥근 원형 투기장은 투사들을 위한 걸세. 지붕은 원뿔 모양으로, 대나무로 된 막대기들이 얽어져 있네. 그래서 비쳐 보이지만 위쪽에는 공기 흐름을 위한 환기통이 몇 개 있지. 우리는 힘겹게 군중을 뚫고 입구 쪽으로 겨우 지나갔네. 1레알씩 지불하고 서커스장으로 들어갔어. 서커스장 안에 있는 관객은 500명쯤이었고, 다른 사람들이 1,000명 정도 있었네. 이들은 관객이 아니라 참가자들이었다네. 누구나 겨드랑이에 싸움닭을 끼고 있었네. 모든 관객은 타갈로그인, 중국인, 혼혈인으로 이루어져 있더군. 우리는 위쪽 관객석을 향해 힘들게 지나갔고 겨우 빈자리 세 개를 찾았네. 여성들은 이렇게 내려다 보이는 관객석에 앉으면 안 돼. 특히 위층 관객석에는 말이지. 그래서 서커스장에는 오직 남성과 싸움닭만이 있었네. 여자도 없고 암탉도 한 마리 없었지. 그 대신에 싸움닭은 얼마나 많이 있는지! 사납게 끊이지 않는 외침은 우리 속에서 그리고 우리 근처에서 얼마나 쩡쩡거렸던지!

투기장에는 아직 아무것도 없었네. 거기에는 타갈로그 출신인 어떠한 운영자가 분홍색의 모슬린 셔츠를 입고 있었고 판돈을 거두고 있었어.

나는 인도인이 아무렇지도 않게 많은 달러를 던지는 것에 놀랐어. 거기에는 스페인 금화도 있었네. 운영자는 판돈을 투기장의 모래 바닥에 산처럼 무더기로 쌓아놓았더군. 투기장 한 구석에서는 타갈로그인들이 싸움을 기다리는 싸움닭과 함께 무릎을 쪼그리고 앉아 있었네.

타갈로그인 두 명이 나타났고 그들은 싸움닭들에게 싸움을 붙이기 시작했어. 관중에게 싸움닭의 힘의 세기와 전투적인 기운을 보여주기 위해서 싸움닭들을 서로 부딪치게 했지. 싸움닭들이 승부에 조금 열중하다가 싸움기가 식어서 서로 등을 돌리면 그 닭들이 치워지고 투기장은 비워진다네.

내가 프랑스인에게 물었어.

"이게 무엇을 의미합니까?"

"싸움닭들이 관중에게 신뢰를 주지 못했죠. 그런 까닭에 아무도 내기를 걸지 않는 겁니다."

구석에서부터 다른 두 마리의 경쟁 닭들을 떨어지게 했고 너무 일찍 싸우게 하지 않게 하려고 그것들의 꼬리를 붙잡고 있다가 싸움을 붙이기 시작했네. 싸움닭들은 싸움에 열중했고 금세 벼슬이 붉어졌지. 닭들이 서로 덤벼들자마자 주인들은 꼬리를 잡아당겼네. 싸움닭들은 기대를 모았고 관중 사이에선 강한 흥분이 일어났어. 관중은 동요하기 시작했다네. 갑작스러운 파도 소리처럼 와자지껄한 소리는 높아졌지. 소리는 점점 커졌네. 모두 서로 달러를 가지고는 손을 내뻗었고 큰 소리로 말을 주고받았어. 잠깐 이야기를 하고는 싸움닭에 내기를 걸었지. 누군가는 황색, 누군가는 흰색 닭에 판돈을 걸었네. 그리고 우리에게도 손들이 뻗쳐왔어. 판돈을 걸면서 등과 어깨 관절 뒤에서는 흥분이 일어났다네.

거기다가 주인들이 싸움닭의 한쪽 발에서 강철로 된 발톱을 씌운 가죽 덮개를 벗겨냈네. 운영자가 신호를 보내자 모든 것이 조용해지더군. 닭들을 서로 달려들도록 던졌네. 그중 한 마리는 자유롭게 풀려나자, 날갯짓을 두세 번 하며 파닥거렸어. 마치 마음속 응어리를 다 풀어내는 것처럼 울음소리를 냈지. 좀 더 참을성이 없는 다른 닭들은 주인 옆에 앉아서 울고 있었네. 그 싸움닭은 울음소리를 낸 후에 자신의 평화로운 상태에 주의를 기울였고 바닥에서 부리로 쪼을 만한 뭔가를 근처에서 찾기 시작했네. 그리고 한두 번 발로 땅을 긁어댔네. 하지만 주인은 닭을 거머안아서 쓰다 듣고는 턱 위를 낚아채서 주인의 손에서 빠져 나가려고 악을 쓴 다른 싸움닭이 있는 곳에 내팽개쳤다네. 그러자 두 싸움닭은 목 부리 근처의 깃털을 곤두세웠어. 두 닭은 머리를 아래로 구부러트렸고 서로를 노렸네. 닭들은 오랫동안 털을 곤두세우고 있다가 마침내 두 마리가 갑자기 뛰어올랐네. 한 마리가 다른 닭을 건너뛰었고 곧 다시 전투 태세를 갖추었지. 또다시 목을 아래로 구부러뜨렸네. 그 후에 세 번 정도 강하게 맞붙었다네. 깃털이 몇 개 사방에 날리기 시작했어. 다시 한 마리는 다른 한 마리를 건너뛰어 그 쇠발톱으로 할퀴었지. 다른 한 마리도 또한 건너뛰어서는 적을 할퀴었고 측면으로 떨어졌네. 하지만 곧바로 일어나서 새로운 맹렬함으로 적을 내팽개쳤네. 이곳에서 이해 못할 게 전혀 없다네. 싸움닭인 기사들은 공동의 싸움터에서 싸웠고 전투를 했으며 자주 그리고 강하게 서로 벼슬을 물어뜯었어. 한 닭이 다른 닭을 넘어트리고, 다른 닭은 첫 번째 닭을 넘어트렸네.

내가 크류드네르 남작에게 말했어.

"이 모든 것은 우리나라의 모든 농촌에서도 매일 볼 수 있어요. 단지 우리나라에서는 그런 피비린내 나는 싸움이 일어나면 보통 할머니가 부젓가락을 들고 오거나 마부가 채찍을 가지고 오거나 어린 소년이 돌을 던져서 싸움을 막지요."

오래지 않아 흰 싸움닭은 날개 한쪽으로 넘어져서 뛰어올랐고 절뚝거리면서 달아났네. 다시 넘어져서 마침내는 투기장을 기어 다녔지. 날개는 피 묻은 길을 남기며 땅에 끌리기 시작했어.

이런저런 싸움닭들이 강한 타격을 가할 때마다 끊어졌다 이어 졌다 하는 관중의 외침소리가 울렸네. 하지만 패배한 닭이 달아나기 시작하면 군중은 오랫동안 격하고 맹렬하게 울부짖기 시작해서 아주 무서웠네. 모두 자리에서 반쯤 일어서고 다들 부르짖더군. 얼굴은 어떠했으며 그 얼굴에 어떠한 열정이 있었는지! 그리고 이 모든 것이 닭싸움에 관한 것이라니!

크류드네르 남작이 말했네.

"아닙니다. 이것은 우리나라에서 볼 수 없습니다."

정말로 타지에서 온 관객에게 가장 놀라운 순간이었다네.

승리한 닭의 주인은 자신의 닭을 거머안고는 판돈을 가져갔어. 경쟁자는 잠자코 군중이 있는 곳으로 갔네. 관중도 아무 말 없이 서로에게 도박으로 날린 달러들을 건넸지. 다른 두 명이 나타났고 이러한 일이 반복되었네. 즉 싸움닭들을 흥분시켰고 그들을 쇠발톱으로 무장시켰어. 관중 사이에서 되풀이되는 것은 같은 흥분과 같은 와글거리는 소리였지. 싸움닭들은 뛰어나가기 시작했다네. 그리고 잠시 후에 크고 붉은 싸움닭이 쇠발톱으로 잿빛 닭을 잡아

찢는 바람에 그 닭은 벌렁 나자빠졌어. 그리고 다리들은 위쪽으로 뻗어 있었지. 주변에는 피와 깃털이 낭자했네. 어떤 너저분한 타갈로그인이 패배한 닭을 가져갔고 닭의 가슴에서 깃털 한줌을 벗겨냈어. 그리고 깃털을 큰 자루에 넣어서 닭을 주인에게 넘겨주더군.

내가 프랑스인에게 물었어.

"그다음에 그들은 자신의 싸움닭으로 무엇을 하죠? 치료해줍니까?"

"아뇨. 샐러드를 곁들여서 먹어요."

"그럼 깃털은 어떤 목적이죠?"

"모르겠어요."

나는 이 질문을 왼쪽에 앉은 중국인에게 똑같이 건넸네.

그는 내 질문에 질문으로 답하더군.

"나리?"

나는 여기가 중국인들이 영어로 말하는 홍콩, 싱가포르, 중국이 아니라는 사실을 잠시 잊고 있었네.

이따금 패배한 닭의 주인은 그것을 손에 들고는 아직 싸울 수 있음을 증명해주었네. 그리고 연장전을 요구했어. 그리하여 패배한 자는 판돈을 획득하는 경우도 있네. 타격에서 회복한 그의 닭은 경쟁 닭을 녹다운시키고 칸막이 아래로 몰아냈어. 그렇게 누운 닭이 날개를 움직일 수도 없었는데 그 닭은 계속해서 주둥이와 쇠발톱으로 공격을 가했지.

우리는 한 시간쯤 머문 후에 떠났네. 닭싸움은 노을이 질 때까지 계속된다더군. 정부는 서커스에 닭 투기권을 넘겨주고 많은 돈을 받는다네. 닭싸움에서 얼마를 받는지 내가 전에 말한 것 같지만 말이야. 톤도 지방에서는 8만 달러 정도의 세금을 받고, 다른 지방에서는 2만 달러를 받고, 또 어떤 곳에서는 1만 5,000달러를 받는다네. 타갈로그인은 때때로 내기에 1,000달러까지 걸기도 한다는군.

내가 프랑스인에게 물었어.

"여기에 소싸움이 있다고 들었는데 볼 수 있나요?"

"볼 만하지 않아요. 그건 스페인 투우를 모방한 거예요. 여긴 투우사가 부관들입니다. 그들은 나약하고 괴로움에 시달리는 황소들과 싸우지요…."

카르메나, 아벨로, 총독의 부관, 많은 다른 이들이 점심을 먹으러 호텔로 왔네. 아벨로는 자신의 어머니가 스페인어를 제외하고 어떠한 다른 언어도 몰라서 우리를 충분히 접대하지 못한 것에 유감을 전해달라 했다더군. 그는 어머니가 우리를 다시 기다리고 있다고 말했네.

점심을 먹고 우리는 헤어졌어. 나는 다시 혼자서 근교로 달려가 마음에 드는 곳에서 멈추어서 숲을 훑어보았지. 그리고 보도를 따라 커피와 담배 대농장으로 출발했네. 길은 아름다웠어. 멀리 떨어진 산의 푸르고 안개 긴 색은 가까이 다가갈수록 더욱더 확연히 나타났네. 한 시골 마을에서 시냇물을 따라 나무들 사이 관목이 있는 곳으로 갔다네. 비록 이름은 하나도 알 수 없었지만 나는 그것들에 도취되어 바라보았어. 프랑스인은 자신의 상점에서 가장 붉은 것부터 시작해서 가장 검은 것까지 우수한 품종의 나무 열 그루를 보여주었네. 갈색, 분홍색, 노란색, 어두운 나무들이었지. 얼마나 섬세한 줄기와 빛깔을 보이며 얼마나 무겁고 튼튼했던지! 그는 지름 1.5아르신의 통나무로 만들어진 원형 탁자들을 보여주었네. 마닐라에는 1,000여 가지 나무 품종이 있다더군.

나의 마부는 세상에 있는 모든 마부가 그러하듯이 내가 아직 강가를 거니는 동안 마을의 조그만 한 상점으로 달려가서는 앉거나 혹은 무언가를 마시네. 내가 돌아왔을 때 그는 없었어. 사륜마차에는 소년들부터 거지, 겨드랑이에 싸움닭을 낀 평범한 타갈로그인들까지 모여들었네. 나는 강 끝까지 갔다가 마닐라의 음악이 있는 궁전으로 돌아왔다네.

스쿠너가 2월 23일(양력 3월 7일)에 도착해서 우리 일행이 다소 늘었네. 포시예트는 호수로 떠났고 고시케비치는 큰 동굴을 보러 성 마테오 소도시로 갔어.

주거지와 떨어진 어떤 산 정상에는 외진 호수가 있는데, 사화산 분화구에 수초로 덮여 있고 악어들이 가득한 저수지가 생겨난 것이라더군. 저수지 주변 숲속에는 매 정도 또는 더 큰 크기의 박쥐들이 나무에 무리 지어 살고 있네. 이곳으로 용감한 사냥꾼들이 몰래 들어오지. 여기에 파충류가 많이 있거든. 얼마 전에는 6미터가 훌쩍 넘는 큰 악어를 잡은 것 같았어. 이곳의 주민 가운데 한 명이 내게 조심하라고 충고하고는 폐허 속으로 가까이 가지 말라고 했네. 그곳에는 30센티미터쯤 되는 크기의 도마뱀들이 살고 있다고 하더군. 그것들은 사람의 가슴에 달라붙어 발톱으로 무척 심하게 할퀴는데 몸에 남아 있는 살보다 그들의 발톱에 들어가게 되는 살이 더 많을 거라고 하네. 떼어내는 유일한 방법은 거울을 그것들 곁에 놓는 거야. 그러면 그것들은 거울 속 자신에게 달려든다네. 그 주민은 동료와 함께 소총으로 그 도마뱀을 두 마리나 죽였다고 말했네.

그런데 나흘쯤 후에 곧 닻을 올린다고 우리에게 알려주었어.

무슨 목적으로 라코니아[130]에 더 오래 남아 있어야 하는지 나도 모르면서 물었네.

"어떻게 그래요? 그렇게나 빨리요…?"

우리는 거의 모든 것을 보았다네. 더 안쪽으로 들어가려면 최
소한 일주일은 소비해야 해. 그리고 이곳의 관청은 할 수 없이 그
곳으로 보내줄 테지. 그런데도 마닐라를 떠난다는 것이 여전히 아
쉽구먼!

출발하기 약 사흘 전 아침에 포시예트가 내 방에 오더니 말하
더군.

"우리의 은행가가 소유한 밧줄 공장을 보고 싶지 않으십니까?
은행 주인 중 한 명인 미국인 멕포가 우리를 데려다줄 겁니다."

나는 은행업자의 공장으로 가는 게 좀 어색했어. 그가 가능하
면 우리 모두를 자신의 집에서 더 자주 봤으면 했음에도 내가 그
의 집을 가본 적이 없기 때문이었지. 그런데 방문하게 되면 불가피
하게 다섯 시에 하는 점심 초대에 응해야 했기에 나는 가지 않았
네. 이곳 마닐라에서 고기, 들새가 아니라 공기를 들이킬 가장 좋
은 때가 바로 그때거든. 그때는 벌판으로, 연안 해역으로 가서 파
릇하게 녹음이 우거진 근방을 산책해야 하네! 한마디로 이게 사는
것이지! 그런데 이때 집에 앉아서 밥을 먹어야 한다니!

그러나 나는 포시예트, 멕포와 같이 출발했네. 특히 공장까지

는 알지 못하는 길을 가야 한다는 사실을 알면서도 말일세. 상당히 인적이 드물고 쓸쓸하고 외로운 길이었어. 이러한 까닭에 무척 마음에 들었네. 나는 마닐라 근처에 언뜻 보기에는 이미 사람들이 잊어버린, 더럽혀지지 않은 벌판이 그렇게나 많이 있는 것을 보고 놀랐다네.

공허하게 비어 있는 큰 공간을 보면서 나는 생각했어.

'안개 속에 있는 벌판이나 이곳의 토양 또한 휴식이 필요할까? 아니면 우리 러시아의 북쪽 경지들처럼 그저 태만과 게으름의 표시인가?'

물어볼 사람이 아무도 없었어. 로세프는 우리와 같이 출발했네. 그는 좋은 농학자이며 농장의 실제 주인으로 수년 동안 러시아의 큰 영지들을 관리해왔네. 하지만 그의 지식은 밀과 토끼풀에서 멎었고 더 이상 나아가지 못했더군. 열대지방 토양에 대해서 나보다 더 잘 아는 것이 없었어.

우리는 몇 개의 공장이 있는 커다란 공간에 도착했네. 이 공장에서 가장 훌륭한 점은 온 세계가 대마로 밧줄을 만드는데 여기서는 바나나 나무와 약간 비슷한 나무의 결로 밧줄을 만든다는 거야. 멕포는 그것을 플랜틴이라고 부르더군. 보리수 껍질 또는 식물의 식이섬유라네. 이것을 어떻게 불러야 할까? 밝은 섬유질이지.

이것은 섬 내부에서 공급되고 무엇보다 묶음으로 수송되는데 빗질 과정에서 직물을 야자수 기름으로 칠하네. 보리수 더미 사이는 거의 지나가지 못할 정도더군. 그것들에서 살코기의 썩은 냄새가 났기 때문이야. 처음에는 거칠거칠한 커다란 날이었던 것이 서너 번 빗질하면 얇고 길이가 긴 방사 테실로 바뀌더군. 그때서야 밧줄을 기계로 엮네.

기계는 미국에서 들여왔다네. 우리는 공장에서 강철로 만든 이런 공작기계들과 수레바퀴를 보았어. 이러한 것들이 어떻게 깎아 다듬어졌고 완성되는지, 얼마나 아름다운지 아는가? 나는 이것을 가져가서 장식품처럼 어딘가에 세우고 싶어졌을 정도라네. 헛간에서는 기계가 선로를 따라서 작동하고 있고 동그랗게 말린 굵은 밧줄들은 500걸음 정도의 길이였어. 일꾼들은 모두 타갈로그인이고 기술자는 미국인이야. 소년들에게는 하루에 0.5리알(거의 7은화 코페이카)을 지불하네. 아침 여섯 시부터 저녁 여섯 시까지 작업하고 성인에게는 1레알씩 지불하지. 급료가 좀 더 필요로 할 때 야간작업도 한다더군.

농학자 로세프가 말했네.

"물론 적게 지불합니다. 하지만 정말로 그들에게는 양가죽으로 만든 반코트도 장화도 벙어리장갑도 사시사철 필요 없습니다. 거기다가 공장에서 그들을 먹여줍니다."

　기술자는 세 명인데 그들은 1년에 각각 1,800달러, 1,500달러, 1,000달러를 받네. 상품은 주로 미국으로 보내지.

　싱가포르에서처럼 마닐라의 선박 재고품 상점에서는 세상에 있는 다른 모든 밧줄보다 선호되는, 대마로 만들어진 러시아 밧줄이 판매되고 있네. 하지만 그것들은 나무로 만들어진 것보다 비싸네. 우리 배에는 작은 밧줄이 몇 개 있지. 돛을 설치했을 때 거기서 와지끈하는 소리가 나서 우리 모두 귀를 틀어막았네. 정확히 1,000개의 밧줄이 추위 때문에 삐걱거렸다네. 시간이 지나면 닳아 떨어진다고 말하더군. 공장은 1년에 약 13만 달러를 벌어들인다네. 그 공장은 스타지스, 멕포, 미망인이 된 멕포 형수의 것이지. 스타지스는 마닐라에 있는 미국 건물 러셀과 C의 대표자이고 멕포는 우리를 데려간 사람이야. 멕포의 형은 약 2년 전에 인도인들에게 살해되었네. 인도인들은 공장을 습격했고 강탈하기를 원했다더군. 스페인 정부는 아직까지 범죄자들을 찾지 못하고 있어. 미국 해군 준장인 페리가 자신의 함대를 끌고 범인들을 수색하기 위해서 이곳으로 올 예정이라 들었네.

　몇 년 전에는 공장에 화재가 일어났었네. 왜 일어났냐고? 그곳의 일꾼들에게는 시가를 피우는 것이 금지되어 있네. 한 소년이 아마 마닐라에서 시가를 피워서는 안 된다는 게 진짜라고 여기지 않았는지 몰래 피우고 있었다네. 그런데 감시원이 오자 그 타갈로그 소년은 규칙 위반을 어떻게 숨겨야 할지 몰라서 시가를 보리수 껍질에 마구 쑤셔 넣어버렸다지.

산타크루즈 교외를 지나서 우리는 도시로 돌아왔네. 우리 동료들은 어깨 숄과 파인애플 섬유로 만들어진 직물을 사러 마르가리타라는 곳으로 갔고 나는 집으로 갔어.

출항 준비가 닥치자 우리를 재촉했네. 시가에 대해 생각해야 했어. 나는 쪽지를 가지고 공장에 있는 알포라도르에게 갔네. 입구에서 나는 젊은 관리와 마주쳤어. 그런 이들은 전 세계의 근무 장소에 있는가 보이. 할 일 없이 권태를 느끼고 뭘 해야 할지 모르는, 한마디로 쓸모가 없는 사람이네. 그는 저쪽에 있었네. 그런데 그에게 쪽지를 보여주자 그렇게나 할 일이 없는지 나를 알포라도르에게 안내해주더군. 나는 또다시 홀에 따라 걸어가면서 지옥과 같은 두드리는 소리를 질리도록 들었고 연초의 기름 냄새에 취했네. 그러고는 마침내 알포라도르에게 도달했어.

그는 우선 내게 아바나식 시가를 권하였고 곧이어 내 질문에는 시가가 준비되지 않았다 하더군.

"나흘 후에 준비될 겁니다."

"하루 있으면 나는 떠나요."

그러자 그가 어깨를 움츠리며 덧붙였네.

"상점에서 사세요. 어떤 것이든 찾을 수 있을 겁니다. 아니면 감독관에게 연락해보세요."

역시나 할 일이 없는 관리는 나를 감독관에게 안내했다네. 그는 상점으로 가보라고 조언했네. 나는 그 할 일 없는 관리와 함께 그곳으로 갔는데 알고 보니 상점은 공장의 관리 건물 안에 자리를 잡고 있더군. 우리는 그전에 관리부에 들렀네. 스페인이라기보다는 오히려 독일, 이탈리아, 스웨덴 중 어느 나라 출신이라고 해도 쉬 믿기는 관리 직원 가운데서 뚱뚱한 스페인인이 자리에서 일어섰어. 그는 안경을 이마 위로 올린 후 눈길을 내게서 떼지 않은 채로 관리 직원과 오랫동안 대화한 다음에 내게 공손히 인사를 하고는 종이 더미를 보려고 앉았지. 그의 근처에서는 월급을 기다리는 타갈로그인 남녀가 웅성거렸거든.

내가 안내자에게 물었네.

"그래서 뭐요?"

그는 내게 프랑스어로 길게 뭐라고 말하기 시작했어. 나는 프랑스어로 겨우 말할 정도인데 말일세. 거의 이해할 수 없었다네. 아마도 이러한 까닭에 그가 단어마다 다음과 같이 덧붙였나 보더군.

"내 말을 이해했습니까? 저는 솔직하게 이야기하고 있어요."

자기에게 혹은 다른 누구에게 선물을 원했던 것일까? 그런 것 같지는 않았지만 그는 남용과 엄격함에 대해서 말했다네. 그는 공식적으로, 즉 보통 방법으로 관리부를 통해서 무언가를 하는 것이 어렵다고 말하더군. 그래서 직접 가서 사야 하며 똑같은 가격에 살 수 있다고 했네.

그가 이렇게 말을 끝냈어.

"내 말을 이해했습니까? 저는 솔직하게 이야기하고 있어요."

상점에서 나는 이렇게 물었네.

"시가 있습니까?"

인도 판매원이 말했네.

"없어요."

"아바나식 합성법의 새로운 제작법으로 만든 최상 품질의 담배 말이오."

관리가 타갈로그인의 답변에 내가 새로 던진 질문을 통역해주었네.

"아니요."

"그것은 생산량이 너무 적어서 상점에서는 팔지 않아요."

"뭐, 그럼 이곳식 합성법에 따른 최상품으로 주세요."

"물건이 다 나갔어요."

그리고 이렇게 덧붙였지.

"오늘 물건이 들어와요."

"그러면 2등급은 있나요?"

타갈로그인은 서랍을 뒤적이더니 종이에 싸인 125개짜리 궐련한 포를 빼내 내 앞에 놓았네.

"1페소입니다."

"그런데 이 등급의 궐련이 최소한 20포 정도 필요해요."

타갈로그인은 다시 서랍을 들여다보더군.

"더 이상 없어요. 모든 게 팔렸어요. 오늘 들어올 겁니다."

거기서 어깨를 으쓱거렸으면 좋았을 테지만 나는 매우 화가 났다네. 짜증이 나서는 대부분의 상점에서 도움을 청하는 데까지 신경을 쓸 수 없었지. 내가 도대체 어디로 가겠는가. 어디에서 나중에 시가를 구할 수 있단 말인가? 페테르부르크의 넵스키 대로에 있는 텐카테에서 구할 수 있을 걸세. 무엇보다 정확한 사실이야. 누군가 전 세계를 돌아다니며 행복을 찾아다니다가 자신의 베갯머리에서 그 행복을 발견한 거라고. 이 여행가는 마닐라에 가지 않은 건가? 그리고 시가를 피우는 사냥꾼이 아니었던 겐가? 정말 세계는 그렇게 받아들인 듯 보이네. 볼가 강과 우랄 산맥에서는 좋은 캐비어를 시장에서 살 수 없다고 다들 받아들이는 것 같다고. 에 페르네[131]에서는 좋은 샴페인을 마시지 못할 거며 토르조크[132]에서 는 불에 구운 유명한 커틀릿을 이제는 발견하지 못할 걸세. 그것 들을 페테르부르크에서 훨씬 잘 만들기 때문이지.

결국 나는 질문을 쏟아내고 말았네.

"도대체 당신네 상점에는 무엇이 있단 말입니까? 저 서랍들은 진짜로 비어 있는 건 아니잖아요. 거기에 시가가 있죠?"

판매원이 내게 말했어.

"치루트가 있어요!"

양쪽을 잘라서 먹는 담배 말이지. 그것들은 오직 마닐라에서 우리나라 페테르부르크로 수입되는 걸세. 치루트는 얼마든지 있더 군! 그중 3등급, 4등급의 품질이 있네. 3등급은 더 큰 것이고 4등 급은 더 작은 것이야.

나의 안내자는 다른 쪽으로 얼굴을 돌리고서 곧장 가야 한다 고 속삭였네. 그런데 어디로 가야 하는지 말하지 않더군.

그는 오직 자신의 말만 했어.

"내 말을 이해했습니까? 저는 솔직하게 이야기하고 있어요."

내가 인내심을 잃고서 그에게 말했네.

"그래서 누군가에게 선물을 주지 않아도 된다는 말입니까?"

그가 입을 열고 세차게 말하기 시작했지.

"아니요. 아닙니다. 나리 스스로 남용과 엄격함을 알고 계시
잖아요…. 하지만 이건 괜찮아요. 나리는 모든 것을 얻을 수 있어
요…. 우리 총독께서 당신을 집으로 초대하셨습니다. 저는 당신을
그곳에서 보았습니다. 그래도 가야만 합니다…. 이해하시겠어요?"

이 수다에 지쳐서 단호히 말했네.

"저녁에 이곳으로 다시 오겠어요. 그리고 모든 종류의 품질을
찾게 되기를 바랍니다…."

관리인이 덧붙이더군.

"아바나식 합성법으로 만든 1등급은 제외하고요."

그리고 스페인어로 타갈로그인에게 무언가를 말했다네…. 나는
그를 공장까지 태워다준 뒤 집으로 돌아왔어.

이러한 밀담으로 판단하건대 공장에 준비된 모든 수량의 시가
는 공식적인 수단을 통해 빠르게 각 상인의 사무소와 도매소로
흩어지지만 상점에서는 거의 팔지 않는 것 같았네. 그리하여 토착
민은 높은 품질의 시가를 얻는 게 어려워 치루트를 피우고 있는
게지. 하지만 틀림없이 좋은 시가를 소량으로 원하는 누군가가 있
다면, 그는 주문 목록에 이름을 올리거나 예약을 하지 않고 공장
에 근무하는 누군가에게 부탁하거나 나의 수행원이 말한 것처럼

바로 가서 필요한 만큼 주문해서 살 수 있네. 물론 이 시가 값은 관리부나 상점으로 들어가지 않지.

적어도 나는 수행원의 수수께끼 같은 말을 그렇게 이해했네.

"내 말을 이해했습니까? 저는 솔직하게 이야기하고 있어요."

마침내 저녁에 나는 나와 몇몇 동료를 위해서 몇천 개의 시가를 거의 모든 종류별로 원하는 만큼 겨우 장만했네. 게다가 가장 신선한 상품으로. 상자 속 모든 곳에 2월이라는 도장이 찍혀 있었네. 즉 우리가 이곳에서 머무른 바로 그 2월 말일세. 시가를 원하는 사람들이 너무나 많아서 시간에 맞춰서 다 만들지는 못했어. 나의 다른 동행자들은 우리의 은행업자를 통해 장만했지만 오직 한 종류의 치루트만 구할 수 있었지. 최상품 시가 1,000개에 여기서 은화 19루블 정도 되는 14달러를 지불하고 치루트에는 8달러를 지불하네. 페테르부르크에서는 1등급이 아예 없고 2등급만 판매되지. 만약 내가 틀리지 않았다면 100개당 은화 6루블에서 아무리 못해도 5루블 밑으로 내려가지는 않을 걸세. 수수료가 도대체 얼마인지! 시가로 만들어지지 않는 담배는 마닐라에서 판매되지 않네. 그건 오직 수출만 허용되기 때문이야. 이곳에는 규모가 더 작은 공장들 또한 몇 개 있다고 말하지만 나는 그런 시가 공장이나 궐련 공장을 보지 못했네.

마침내 오늘이 아니라 내일 닻을 올린다고 공고되었네. 팔라다호로 이동했지. 나는 마지막 이틀 동안 다시 한 번 근방을 돌아다녔네. 산책로, 에스콜리타, 라자리오, 조그마한 상점에 들렀어. 짐은 어제 이미 보냈고 오늘은 점심을 먹은 후에 작은 배를 타고 출발했네. 우리와 함께 프랑스인도 출발했고 스페인인 한 명도 같이 갔어. 그는 언젠가 수병이었으나 지금은 그가 스스로를 부르듯이 지방공연단장이야. 이날에 팔라다호에는 젊은이 속해 있는 스페인 가족들도 있을 거라더군.

우리가 보트에 타자 갑자기 대부분의 승객이 먼저 출발해서 우리를 앞질렀다고 말하더군. 하지만 우리 배는 해안에서 아직 떠나지도 않았네! 우리 젊은이들은 얼마나 분주하게 서두르던지! 우리가 파시그항에서 빠져나오자마자 돛을 올리고 질주했네. 해안가 연안은 완전히 조용했고 보트도 조용히 가는 와중에 저 멀리서 승객들을 태운, 지붕 있는 짐배가 파도 속에서 흔들리는 게 보였지.

마닐라항에서는 오후 세 시쯤부터 여섯 시까지 다른 시간대보다 더 서늘한 바람이 분다네. 그런데 그날 바람은 다른 때보다 더 서늘했고 더 높은 파도를 일으켰어.

크류드네르 남작이 말했지.

"우리는 그들을 추월할 겁니다."

그가 쉴 새 없이 명령했어.

"밧줄을 잡아당겨! 밧줄을 잡아당기라고!"

돛은 부풀어올랐고 보트는 한쪽 측면으로 완전히 바닷물 쪽으로 기울었네. 그래서 반대쪽 측면을 지탱하지 않고서는 배에 앉아 있을 수 없었지. 우리는 냉동시킨 음식을 넣은 나무통, 사탕과 오렌지, 망고가 들어 있는 바구니들을 두 다리로 누르고 있었어. 손님들이 먹을 그것은 배 바닥에 하루 동안 무질서하게 놓여 있던 걸세. 하지만 파도가 매우 강한 탓에 이리저리 흔들렸네.

크류드네르 남작이 물었어.

"돛을 내리면 안 되겠습니까?"

부타코프가 말했지.

"그래야 할 것 같습니다. 그러면 더 조용하게 갈 수 있겠지만 저 손님들을 따라잡을 수는 없겠지요. 그들이 바로 저기 프랑스 여객선 뒤에 있습니다. 아이고, 그들을 앞지릅시다!"

우리의 배는 빠른 속도로 나아가며 앞부분은 물을 쳐댔고 마치 양동이로 퍼내듯이 각 방향으로 물보라와 함께 거품을 뿌렸네. 우리는 어쨌든 앞질렀어. 비록 배가 완전히 전복될 위험을 무릅썼지만. 그래서 우리는 물을 아주 많이 내다버렸네. 그런데 크류드네르 남작은 물을 퍼내는 것이 전복되는 것보다 무서웠나 보이. 만약에 소금에 전 바닷물이 사탕과 얼려진 음식을 덮쳐버렸다면 무엇으로 스페인인을 대접했겠는가?

배는 좌우로 계속 흔들렸네. 또한 그게 문제였지. 배는 측면까지 들려 올라갈 뻔했고 여기에서 이제는 그 찰나를 이용해서 사다리 위로 뛰어올라야 했네. 만약 이 기회를 놓치면 파도는 다시 다가와서 또다시 지옥으로 우리를 끌어당길 것 같았어.

우리가 갑판으로 재빨리 뛰어가자마자 승객들도 우리 뒤에 달라붙었네. 그들은 모두 일곱 명으로 스페인인, 여성 세 명, 엄마와 딸인 스페인 여자 두 명 그리고 한 명은 영국 여자였네. 초대받은 다른 승객들은 흔들림을 무서워해서 오지 않았지. 손님들에게 차, 아이스크림, 그리고 내 생각에 소금기가 약간 느껴질 것 같은 과일을 대접했네. 한 승객은 아무것도 생각하지 않고 망고를 이로 베물다가 갑자기 멈추고는 열매를 살펴보기 시작했네. 그 후에는 우리에게 눈길을 던졌지. 비록 우리가 물을 퍼내기는 했지만 어쨌든 바닷물이 배에 끼얹어지는 걸 막지는 못했네.

영국 여자와는 이럭저럭 대화가 잘 되었지만 스페인 여성들과는 잘 안 되었네. 아가씨는 상당히 아름다웠고 매우 상냥했지. 아가씨는 피아노를 잘 치지 못했고 영국 여자는 노래를 잘 부르지 못했네. 나는 아가씨에게 날씨에 대해 반은 프랑스어로 반은 영어로 말했어. 그녀가 이 언어 아니면 저 언어로 무언가를 이해하리라는 기대를 하고서 말이야. 하지만 그녀는 내게 음악에 대해 반은 스페인어로 반은 내가 생각하기에는 타갈로그어로 대답하는 것 같았어….

마침내 우리는 마닐라와 작별을 고했네. 그리고 루손 섬으로 향할 때는 잔잔해졌어. 나는 해변으로 온 후로 한 번도 머무른 적이 없는 선실로 들어갔네. 그곳에는 시가를 담은 서랍, 속옷 더미, 잠옷이 우뚝 산으로 첩첩히 쌓여 있더군. 나의 파데예프는 모든 것을 되는대로 방의 구석마다 정리했지만 내 선실은 절반이나 줄어 있었네.

내가 물었네.

"그런데 밀짚모자들이 어디 있나?"

파데예프가 천장을 보여주면서 말했어.

"바로 저기죠."

나는 그것들이 어떻게 저기에 달라붙어 있는지 이해할 수가 없어서 물었네.

"그런데 어떻게 저걸 단단히 매달았는가?"

그런데 매우 간단하더군. 그는 모자 세네 개를 하나씩 겹쳐서 집어넣고 가장자리를 못으로 천장 쪽에 박아두었네. 단단하게 말이야. 간단하지 않은가?

자네들은 이런 말을 하겠지.

"이게 전부인가? 이곳 마닐라에 관해서는 이것이 전부냐고?"

만족스럽지 않지? 나도 그렇다네. 뭔가를 더 기대했거든. 뭐를 기대했냐고? 아마도 더 화려하고도 더운 특색, 몽상적인 시, 우리 유럽인에게 낯선 조금 더 큰 세상, 독특한 삶을 기대했네. 그리고 발견했지. 여기 사람들은 춤을 추네. 아주 많이 춤을 추지. 잠도 많이 자고 얼굴도 붉어. 내가 이미 말했지. 기후와 관계없이 여기는 나사지로 만든 의복을 입고 점심을 먹으러 가네. 속옷은 아침마다 입고 검은색 모자를 쓰고 다니네. 그들은 부드러운 마닐라식 짚단으로 만든 수공품을 거칠거칠한 중국 수공품보다 선호하지. 심지어 인도인은 그들 조국의 토양에서 자란 식물로 만들어진 가벼운 천 대신 나사지로 만든 외투로 옷치장을 하네. 그리고 혼혈인을 닮으려고 애를 쓰지. 혼혈인은 스페인인을 닮으려고 애를 쓰고 스페인인은 영국인을 닮으려고 애를 쓴다네.

사람들은 뼛속까지 달라지고 있어. 자신의 살과 피까지도 말이지. 그리고 이 은총을 받은 섬에서도 다른 모든 곳에서처럼 그들은 근본적으로 변하고 있고 기질을 바꾸며 그들이 고유하게 입고 있던 의복은 내던지고 있네. 그리고 자신의 언어를 잊어버리고 있지. 단지 섬의 이름과 도시의 이름을 바꾸는 걸 잊어버렸을 뿐이야. 아마도 마닐라와 루손이라는 이름만이 바뀌지 않고 스페인을 상기시킨다고 자네들은 생각하겠지. 그러나 그건 착각일세. 이 이름들은 스페인이 아니라 인도식이네. 마닐라라는 단어는 두 개의 타갈로그 단어인 마이론과 닐라에서 만들어졌어. 줄여서 닐라라고 말하는데 이것은 파시그항의 해변에서 자라는 어떤 약초의 이름이기도 하지. 마이론 닐라는 현 마닐라가 있는 장소에 있었던 인도의 자그마한 마을 이름이었다네. 루손은 타갈로그어의 로송에서 왔지. 이곳에 스페인인들이 처음 왔을 때 이 섬 주민들이 쌀을 찧던 작은 절구를 그렇게 불렀네. 그리하여 스페인인들은 로송 섬을 그렇게 불렀네. 왜 안 되겠는가? 우리 수병들도 영국인들을 아이세이라고 부르지 않는가. 끊임없이 영국인들의 대화에서 들을 수 있는 영어 좀 들어봐라는 뜻의 아이 세이에서 온 단어라네. 타갈 혹은 타가일로그는 강의 주민을 뜻하네.

그래도 루손에 있는 자연은 모든 곳처럼 변하지 않았고 어디에도 없을 듯이 풍족하네. 이 북쪽과 남쪽 하늘의 연맹은 얼마나 아름다운가! 마치 아름다운 두 미녀의 만남과 포옹 같네! 남십자성, 북극곰자리, 오리온자리, 용골자리는 서로 가까이 있는 것 같아…. 예사롭지 않은 하늘의 엷은 야광 빛깔은 벽옥처럼 보라색과 하늘색이며 마침내는 결코 인간이 흉내 낼 수 없는, 이상하기도 하고 어둡기도 한 아름다운 색조가 되네! 이곳 별들의 날카롭고도 하얀 저 빛깔을 어디에서 인간이 가져올 수 있겠는가? 태양이 떠나자마자 하늘의 휴식을 취하고 있는 이 야간의 황홀함과 온순하고 따뜻한 밤의 달빛을 어떻게 그릴 수 있을까? 푸른색의 만, 녹색 해변, 외딴 산, 종려나무, 바나나 나무, 삼나무, 대나무, 검붉은 갈색 나무들, 시냇물, 작은 섬들, 별장은 기적처럼 아름답다네. 이 모든 것은 무척 강렬해서 넋을 잃게 하며 환상적으로 아름답다네…!

하지만 무얼 준다 해도 나는 이 자연 속에 남아 살려 하지 않을 걸세! 물론 기쁜 순간도 있네. 예를 들어 아침에 일찍 일어나 창문을 활짝 열어젖히면 서늘한 바람이 방으로 들어오지만 오랫동안 계속되지는 않네. 겨우 졸음을 날려보내고 잠에서 깨어날 정도일 뿐이지. 창문에서 따라 들어온 대기의 달구어진 뜨거운 김은 자네를 말려죽일 수도 있네. 멀리 볼 수도 없네. 파도는 마치 뜨거운 석탄과 눈부시게 하얀 건물의 벽처럼 반짝거리고 공기는 마치 너울거리는 불길 같아서 눈이 아프거든. 정오는 말할 것도 없지만 열 시에서 열한 시쯤에 집에서 앉아 있든지 마차를 타고 가고 있든지 자네는 힘이 빠질 걸세. 더위에 녹초가 되지. 잠을 자지 않으려고 버티는 것은 헛된 일이네. 한마디로 하품하기도 전에 벌써 곯

아떨어지거든. 그러나 잠도 기쁨이 아니네. 베개는 자네를 숨 막히게 하고 가장 가벼운 천으로 된 이불도 귀찮게 되지. 숨쉬기가 뜨거워 바람을 찾지만 바람은 없네. 바짝 마른 혀를 신선하게 하고 싶거든 따뜻한 물에 얼음을 놓고 열을 내리게. 저녁때는 살아나게 되어 시간을 즐길 수 있을 걸세. 하지만 12월, 1월, 2월에만 그렇다네. 그 나머지는 삶이라고 할 수 없어. 여름철에는 엄청나게 비가 쏟아지고 폭풍우가 사납게 내려치며 가끔 태풍과 지진이 일어나네. 빗속에서는 밖으로 걸어 나가는 것도 말을 타고 가는 것도 안 된다네. 도시와 섬에는 홍수가 일어나고 지진은 배에서 요동이 칠 때처럼 똑같이 집과 길에서 일어나네. 모든 것이 두렵고 무서운 순간이지. 이것이 인도인들을 넘어트린다네.

하지만 저녁에도 이 숨 막히는 공기의 고통 속에서 달의 날카로운 섬광, 조용하게 흔들리는 종려나무, 안정된 자연의 고요함 속에는 뇌를 짓누르고 신경을 쓰이게 하고 공상을 깨트리는 무언가가 있네. 저녁마다 베란다에 앉아 있으면서 나는 작년에 싱가포르에서 그랬듯이 우울함을 느꼈어. 만족과 괴로움이 공존하고 있더군. 행복과 고통이 함께 말이야! 이 무더운 자연은 자네를 열렬하게 대한 후 우리나라 북쪽에서는 꿈꿀 수도 없는 그런 망상으로 자네의 잠을 날려버릴 걸세.

이곳 마닐라에서 살지 말게. 북쪽으로 가고 싶어질 거야. 그곳은 눈 이외에는 꿈속에 나타나는 것이 아무것도 없지 않은가! 우리 기질로는 이 지역 자연의 이와 같이 무더운 애무와 에너지의 강력한 발산을 견뎌낼 수 없네.

그런데 과연 이런 무더운 나날과 황홀케 하는 밤은 우리나라에 결코 없었다고 말할 수 있겠는가…? 비록 종려나무와 환상적인 하늘의 음영이 없다고 하더라도 우리나라에도 무정하게도 무더운 날들이 나타나고 있다네. 이곳에서는 끊임없이 활동하고 있으나 우리나라에서는 오랫동안 활동을 중단한 자연은 죽은 땅에서 석 달 동안 생명을 불러내기 위해서 그곳에 거대한 힘을 쌓아두네. 그러나 우리나라에서 자연은 마치 몇 세기 동안 준비했던 화려한 축일에 코페이카까지 다 써버리는 가난한 사람처럼 축제를 베풀지. 그리하여 가난한 사람은 후에 잔치 없이 긴긴 단조로운 삶, 곤궁한 삶을 살아야 하네. 우리나라 자연도 그와 같네. 우리나라 북쪽에서 타는 듯이 뜨거운 날에 자네는 숨 막히는 듯한 땅의 호흡을 느꼈을 걸세. 그 호흡은 밤이 되면 폭풍우와 엄청난 비가 오랫동안 계속될 거라는 사실을 예고하지. 이곳에서는 매일매일 그런 날이 계속되네. 마치 서로 닮은 쌍둥이같이 무덥고 열렬하며 힘세고 강렬하며 평온한 날들이 몇 달 동안이나 말이지.

혹시 자네 아직도 나의 기록에 만족하지 못해 무언가를 더 요구할 것인가? 도대체 뭘 요구할 건가? 난 알 것 같네. 게으른 자네라도 평안한 안락의자에서 일어나 선반에서 책을 꺼내서 필리핀 군도가 동경 114도와 134도 사이에 있고 자네는 북위 5도와 20도 사이에 있다는 것 그리고 가장 큰 섬은 수도인 마닐라가 있는 루손이고 마긴다나오, 술루, 팔라우가 그다음으로 크며 더 작은 섬으로는 사마르, 파나이, 레이테, 민도르 그리고 수많은 섬들이 있다는 점을 확인하게나.

1521년에 최초로 마젤란[133]은 자신의 함대를 이끌고 마긴다나오 섬의 동남부에 도착했네. 그리고 스페인에 번영하고 있는 새 식민지를 바쳤지. 그로 인해 파시그항 해안에 기념물이 세워졌네. 두 번째 탐험대가 주안 가르시아 지도 아래 마긴다나오 섬에 1524년에 도착했고 오래 지나지 않아서 빌라로보스 항해자가 도착했어. 그는 당시에 아스투리아스[134]의 왕자이기도 했던 펠리페 2세의 후계자를 기념해 필리핀 섬에 이름을 주었지.

1644년에 미겔 로페스 레가스피[135]는 어거스틴파 교단의 수도사 다섯 명과 함께 배 다섯 척을 이끌고 와서는 십자가와 무기의 힘으로 섬을 정복했네. 마젤란도 주안 가르시아도 가지 못해서 아직까지 개방되지 않았던 섬들에 살던 인도인들은 유럽인을 보고는 몹시 놀랐지. 그들은 자신의 관청에 보고하기를 매우 가늘고 날카로운 꼬리가 달린 사람들이 왔으며 이들은 천둥을 내쏘고 돌을 먹으며 코에서 연기가 나는 불을 마시고 코가 무척 길다고 했네. 인도인들은 바다에서 먹는 마른 빵을 돌로 여겼고 장검을 꼬리로 여겼으며 담배 파이프를 불로 여겼고 코는 코로 여겼지만 무척 긴 코로 받아들였어. 스페인인들의 코가 특별히 길었기 때문이 아니라 인도인들의 코들이 지나치게 짧고 납작했기 때문일세.

레가스피는 왕의 명령에 따라 루손 섬도 정복했네. 그는 파시그 항에 현재의 도시를 건설하였고 도시에 이 장소의 예전 이름인 마이론 닐라 마을을 붙였지. 레가스피는 중국인들을 이끌어 와 그들과 교역을 시작했고 교역은 지금까지도 융성하네. 얼마 지나지 않아 프란체스코 수도회와 도미니코 수도회가 이곳에 와서 교회를 세웠지. 그 교회들 중에 어거스틴 수도원이 가장 오래된 걸세.

그 후에 마닐라는 중국인, 심지어 일본 해적, 그 이후에는 부러워하는 눈으로 쳐다보고 있던 네덜란드인, 끝으로 영국인의 습격을 받았다네. 영국인은 스페인인과 싸우면서 1762년에 마닐라도 공격하여 결국 장악했지. 1년 7개월 후에 평화 조약이 맺어졌고 식민지는 스페인에 돌아왔네.

아마 자네는 역사에 대한 내용이 빈약하다고 하겠지. 하지만 역사에 대해 더 말할 필요가 있을까? 필리핀 군도는 마치 벼락부자처럼 아직도 계통을 표시하는 계보나무가 없네. 역사를 더 말하려고 하면 15세기, 16세기, 17세기의 강력한 스페인 왕국의 역사에 대해 말할 수밖에 없어. 스페인은 이곳의 먼 구석까지도 영향을 끼쳤네. 평화가 당시에 그 조그마한 지역에 퍼져 있었지. 운명의 태양이 전력을 다해 그 역할을 했기에 이곳으로는 그 햇빛이 아주 조금 비쳤네. 아마도 마치 고대 유럽에서처럼 언젠가는 여기서도 빛이 번쩍일 걸세. 그러면 여행가들은 이곳의 고문서국을 뒤지는 의무를 가지게 되겠지. 그리고 나태한 친구들에게 이 지방에 대해 중요한 조언을 할 거야.

교역에 대해서는 딱 세 마디만 하겠네.

마닐라에서는 미국, 중국, 유럽, 특히 영국으로 설탕, 물감, 대마, 담배, 럼주, 목재를 수출하네. 그리고 제지, 목면, 모직물, 철제품, 선박의 재료, 식료품, 강철로 만든 제품, 유리, 도기 그릇을 수입하지.

스페인과 다른 나라의 선박이 매년 이백 척가량 오가고 있다네.

수입 총액은 150만 피아스트라 이상이지만 때로는 200만 피아스트라에 달하지. 수출은 300만 피아스트라까지도 되네….

이제 다 말한 것 같군!

제 6 장
마닐라에서 시베리아 해안까지

1854년 2월 27일부터 5월 22일까지

1854년 2월 27일

우리는 2월 27일 저녁에 마닐라를 출발했네. 그곳에 도착했을 때와 마찬가지로 무풍지대를 다시금 만나 루손 섬을 따라 기어가 다시피 항해했지.

닷새가량을 천천히 나아가다 루손 섬에서 벗어나자마자 강한 동북 계절풍이 맞바람으로 불어왔네.

처음에 우리는 돛을 하나만 폈지만, 그다음에 하나씩 펴기 시작해서 네 개를 다 펴야 했어. 우리는 느리고 굼뜨게 갔다네. 아니 한 장소에서 배회했다고 말하는 것이 낫겠군. 오랫동안 한쪽 방향으로 바람을 받으며 나아갔어. 그리하여 3월 8일에는 7일에 있던 곳으로 다시 되돌아갔네. 배가 앞뒤로 흔들리는 것을 나는 참을 수 없었어. 그러나 배가 앞뒤로 흔들리는 것이 옆으로 흔들리는 것보다 나았네. 구석에서 구석으로 밀쳐지지는 않기 때문이지. 그러나 멀미를 하는 사람은 참을 수가 없을 걸세.

우리와 계속 함께 왔던 선박들을 제독이 전부 보내버렸네. 수송선 멘시코프 공작호는 정보를 얻기 위해 상하이로 보냈고, 스쿠너는 정박할 곳을 찾고 식량을 준비하기 위해 바탄 섬[136]으로 보냈으며, 군함[137]은 어딘가로 보냈지. 그리고 우리 팔라다호는 조선[138] 해안에 있는 해밀턴 섬[139]으로 가고 있네. 그곳에서 수송선을 기다릴 걸세.

우리가 선박들과 작별하자마자 바람이 강해져서 갑자기 우리의 앞 돛대가 완전히 뒤로 휘어진 것 같았어. 큰 돛대가 휘어진 것보다 더 안 좋았다네. 총체적인 난국이었지. 앞으로 나아가는 것은 위험해 보였네. 북쪽에서 강한 바람을 만날 수도 있는데, 앞 돛대가 이것을 감당할 힘이 없기 때문이야. 셋째 날에 앞 돛대가 갑자기 부러져 빨리 앞 돛대를 치웠네. 항구에 들러야 했어. 그런데 어디로 가지? 홍콩으로 가는 것이 더 나은데, 이것은 영국인들의 손님이 되는 것을 의미하지. 원래대로 바부얀 제도, 카미긴 섬[140], 루손 섬에서 멀지 않은 피오크빈토 만[141]으로 내려가기로 결정했네.

그런데 이전에 바탄 섬에 들러, 스쿠너에 거기서 전함을 기다리지 말고 북쪽으로 더 가라고 알려주어야 했어. 우리는 바탄 섬으로 바람을 거슬러 지그재그로 갔네. 바람이 온 힘을 다해 울부짖더군. 그래서 나는 선실에서 잘 수가 없었지. 문을 닫고 있으면 답답하고, 문을 반쯤 열면 마치 숲에 있는 것처럼 시끄러웠네.

1854년 3월 9일

어제 3월 9일부터 10일 새벽까지 조류는 우리를 하루 동안에 북쪽으로 56킬로미터나 옮겨놓았네. 전날 관찰을 했었는데도 우리가 계산한 것과는 달랐어. 우리는 바탄 섬보다 더 높은 위도에 있더군. 순풍을 이용해 바탄 섬으로 힘차게 내려갔네! 중국어로 타이푼이라고 불리는 태풍이 작년 7월에 우리를 붙잡아둔 바로 그 섬으로. 우리는 그때 동쪽 해안에서 부두를 찾았지만 헛된 일이었네. 그곳에는 부두가 없었지. 그래서 이번에는 서남쪽 해안에서 부두를 바로 찾아냈지. 스쿠너는 벌써 그곳에 와 있었고 미국 고래잡이배도 있었네.

섬은 나쁘지 않았고, 모든 것이 언덕에 있었으며, 언덕에는 풀이 있었어. 만은 동남풍에 닫혀 있지 않아서 만에 닻을 내리는 것은 위험했네. 비록 동북풍 계절풍이 부는 이 계절에는 이 만에 닻을 내리는 것이 괜찮고 동남풍이 불지 않는다 하더라도 말이야. 이것에 의지해서는 안 되네. 갑자기 바람이 불면 어찌 한단 말인가? 절벽(역시 녹색인) 사이에는 무풍지대과 부두가 있었지. 깊이가 고르지 않아 50사젠이었다가, 그다음에 38사젠이 되고, 갑자기 거의 7사젠이 되더군. 우리 앞에 수도원이 나타났고 그 스페인 지방 행정관리의 집과 풀들 사이에 있는 마을이 나왔네. 해안을 본 우리는 기분이 좋아져 유쾌했으며 쾌활해졌네. 우리 일행이 육지로 출발했는데, 나는 가지 않았어. 어떤 병에 걸린 것 같았거든. 독일인들은 이 병을 향수병이라고 부르지. 단지 나는 집으로 가고 싶었을 뿐이야. 신이 견딜 수 있는 힘을 줄 테지! 멀리서 손짓했던 새로운 것의 매력이 사라지자, 앞에는 단지 걱정과 어둠만이 남게 되었네.

1854년 3월 10일

오늘 아침에 사제와 지방 행정관리가 우리 배에서 아침 식사를 했네. 나는 선실에서 나가는 것을 원하지 않아서 나가지 않았어. 하지만 그들과 함께 도착한 하인인 인도 소년 두 명이 우리 악사들이 음악을 연주할 때 갑자기 입을 벌리고 어리둥절해하고 있는 모습이 창문으로 보이더군. 만족스럽게 보았네. 소년들의 놀라움은 곧 만족으로 바뀌었네. 소년들은 갑판에 나란히 앉아 악사에게서 눈을 떼지 않았어. 한 소년이 멀미를 했는지 그 작고 노란 얼굴이 파래졌고 곧 대포 뒤로 가서 숨더군. 사제가 갑자기 불렀지만 소년은 듣지 못했네. 그래서 사제는 성직자가 아닌 해적이 뒤통수를 치듯이 소년의 뒤통수를 쳤지.

우리에게 황소와 채소를 보내왔어. 대형 보트에서 황소 한 마리를 들어 올릴 때 배에 묶어둔 고리가 갑자기 천천히 흘러내려가 황소 목에 감겨버렸네. 황소가 숨이 막히자 그 황소를 재빠르게 갑판으로 끌어올려서 풀어주었지. 황소가 보트로 다시 떨어질 거라고 생각한, 대형 보트에 있던 한 수병은 황소가 물에 떨어져서 물속에서 헤엄을 치는 게 더 나을 거라고 말했네. 그러나 황소는 떨어지지 않았고 그의 예방책은 모두의 웃음을 자아냈지. 갑갑했던 나도 웃어버렸다네.

식량을 받은 후에 우리는 닻을 올렸어. 그리고 돛대를 수리하기 위해서 이제 카미긴 섬으로 향하고 있네.

우리는 밤에 나갔네. 이곳에는 작은 섬이 여러 곳에 있더군. 안전상의 이유로 우리는 바시 섬 근처에서 작은 돛들을 펼쳐놓고 새벽이 올 때까지 있었지. 나는 아침 잠결에 전함이 순풍으로 꽤 많이 움직이는 소리를 들은 것 같네. 이렇게 움직일 때는 항상 옆으로 움직이거든. 우리는 네 시쯤에 닻을 내릴 생각이었네. 약 10노트로 운행하며 총 96킬로미터쯤 왔더군. 즉 한 시간에 16킬로미터나 17베르스타 이상을 항해한 걸세. 하지만 이러한 계산은 조류를 염두에 두고 하는 거야. 여기에 역행하는 조류가 있었네. 순풍이 우리를 약 10노트로 데리고 갔으나 역행하는 조류가 우리를 약 5노트 뒤로 보내더군. 우리는 다섯 시가 다 되어갈 때쯤 카미긴 섬에 다다랐는데 너무 느리게 움직여서 해가 진 시각에도 우리는 아직도 입구에 있었네.

게다가 섬 근처에서 빠른 조류를 만나서 곧바로 빨려 들어갔네. 자네들은 빠른 조류가 무엇인지 알고 있는가? 원컨대 자네들이 이것을 알지 못하길 바라네. 빠른 조류는 바람과 조류의 만남이라네. 우리가 만난 바람은 동북풍이었는데, 조류는 서남쪽에서 흘러오고 있었어. 이것은 엄청난 벌이네! 우리는 결코 이렇게 거대하고 불안한 잔물결을 경험해본 적이 없었네. 바람은 시원하지 않았고, 파도는 양쪽 방향에서 충돌하며 마치 산처럼 가장 다양한 모습으로 부딪쳐 올랐네. 어떤 파도는 일어서 균형 잡힌 피라미드를 만들고 나서 마치 당연하다는 듯이 사방으로 흩어져갔지. 다른 파도는 갑자기 한 파도의 장벽을 치며 보트의 그물보다 더 높이 올랐어. 그다음에 깊은 골짜기를 만들더니 멀리 있던 파도가 이쪽으로 와서 쳤네. 이렇게 부는 바람에 버티지 못한 배는 어디론가 몹시 빠르게 떨어졌어. 그 뒤에서는 승리를 거둔 파도가 배를 가볍게 밀었지. 그러자 배는 옆으로 쓰러졌고 무척 괴로운 순간을 맞는 듯 잠시 누워 있었네. 파도가 갑판에 부딪혔고 배가 흔들리더군. 그때 배 안으로 물이 들어왔네. 이런 일은 선박에 큰 불행이라네. 작은 보트는 자주 가라앉게 되고, 큰 보트도 돛대를 잃어버릴 수 있기 때문이지. 다행스럽게 바람은 곧 우리를 아무것도 없는 바다로 데려갔네. 우리는 만으로 들어갈 수 없어서 다시 텅 빈 바다에서 밤을 보내야 했어. 닻을 내리고 씻고 자고 싶더군.

1854년 3월 11일

다음 날 아침인 3월 11일에 우리는 북쪽 입구를 통해 피오크빈토 만으로 들어가서 이 항구를 둘러싸 보호하고 있는, 같은 이름을 지닌 피오크빈토 섬 너머에 서 있었네. 만은 꽤 크더군. 양쪽 해안은 지나갈 수 없는 무성한 풀들로 덮여 있었네. 섬에는 휴화산이 있었고 종려나무와 바나나 나무도 있었네. 조가비가 많이 있었는데 내가 있을 때에 수병들은 그들이 딴 모든 조가비를 자루에 담아 포시예트에게 왔네. 내게도 가져오라고 했지. 의사는 금빛이고 빨간색이며 노란색인 새를 여섯 마리 정도 죽여 창자를 빼내더니 그 안을 목면으로 채워넣더군. 고시케비치는 유유자적했네. 나는 관자놀이의 류머티즘이 생생한 고통을 상기시켜주었기 때문에 해안으로 갈 수 없었어. 나는 부서지는 파도가 벽처럼 해안으로 떨어져 높이 철썩거리고 넓고 하얀 술 장식처럼 흐르는 것을 전함에서 바라보고 있었네. 대양이 마치 이 작은 섬들을 쓰다듬고 있는 것 같더군. 대양은 해안과 함께 놀며 때로는 으르렁거리며 화내고, 또 때로는 부드럽게 사방에서 온 사람들을 안아주며 반짝거렸다네. 해안에서 거품을 일으키며, 빛나는 조가비나 성게 또는 대양이 만들어낸 아름다운 산호를 마치 아이들을 위한 장난감처럼 가져다주었어.

파데예프가 오늘 해안에 다녀오며 내게 조가비들을 가져다주었네. 상태가 좋은 것도 좋지 않은 것도 있었어. 어떤 조가비에는 살아 있는 게가 들어 있었네. 게는 자신의 몸으로 무거운 조가비를 끌고 있더군.

그가 말했어.

"웃긴다니까요!"

나는 그의 성격을 알기에 생각했네.

'분명 누군가와 함께 불쾌한 일이 있었을 거야.'

그가 계속 말을 이었네.

"우리 수병들이 무슨 콩 같은 꼬투리들을 많이 먹었어요. 나도 하나를 먹었습니다. 맛도 없었을 뿐더러 입만 완전히 버렸지 뭡니까. 그걸 먹은 수병들은 지금 배가 아파서 정신을 못 차리고 있습니다. 끙끙 앓고 있어요."

"그런데 도대체 어떻게 알려지지 않은 식물을 먹을 수 있느냐? 여기에는 독이 있는 것이 많이 있을 텐데 말이다."

파데예프가 말했어.

"우리가 어떤 것들을 찾았는데요…. 사과와 비슷한데 견과류 같으면서도 견과류 같지 않은 것을요. 어떤 것은 빨간색이고, 다른 것들은 녹색이에요. 우리는 빨간색 견과를 한 개씩 먹었어요. 신맛이 났지요. 녹색인 것도 맛보고 싶었는데 그때 동료들이 아프다며 신음하기 시작했어요. 웃겼어요. 신사들도 함께 웃었지요."

그가 웃지 않으려고 노력하며 말을 덧붙였네.

"마치 연결되는 것처럼 부서지는 파도와 부딪혔어요. 보트를 다른 방향으로 돌렸고 큰 파도는 모든 사람들을 흠뻑 젖게 했지요.
말 그대로 멱을 감게 되었지요…"

그가 창문을 가리키며 말을 더했지.

"바로 저렇게요!"

정말 모두 젖어 있었네.

1854년 3월 16일

나는 때로는 치통으로, 때로는 우울증으로 고통스러웠어. 시간
은 잘 가고 있네! 주변은 녹색과 파란색이며, 해가 잘 들어 밝고
무더우며, 약간 선선하기도 하네. 나는 해안으로 갈 생각이 없었
어. 어떤 사람은 허리까지 차게 물속으로 들어갔고, 다른 사람은
돌들을 밟고 나아갔으며, 세 번째 사람은 열대산 덩굴식물을 지나
며 비집고 나갈 수 없었다고 하는 소리가 끊임없이 들려왔네. 이
모든 것 때문에 나는 거기로 가고 싶지 않았지. 하지만 오늘 아침
에 나는 갑판으로 그냥 나갔다가 운콥스키 선장을 만났네. 그가
해변으로 가자고 하더군.

"보세요. 부서지는 파도는 완전히 사라졌어요. 해안에서 바람만
불어올 뿐이에요. 당신은 바닷물에 발을 담그지만 않으면 됩니다.

그러면 치아가 아프지 않을 겁니다."

나는 밀짚모자를 쓰고 우산을 가지고 나섰네. 우리는 구명용 보트를 타고 출발했어.

정말로 부서지는 파도는 없었네. 그래서 우리는 마치 썰매를 타는 것처럼 시냇물로 나갔어. 수병들은 물속으로 뛰어 들어가 구명용 보트를 끌어당겼지. 그래서 우리는 곧장 백사장으로 뛰어내렸네. 시냇물에는 조가비, 조약돌, 산호가 있었어. 물 이외에 모든 것이 있었지. 우리가 가지가 무성한 나무들의 아치 아래로 들어가자, 축축하고 뜨거운 김이 우리를 에워쌌어. 해안 전체는 계속되는 밀림으로 무성했는데, 대부분 빨간색 나무들이었네. 풀은 머리카락처럼 짙었지. 붉은 나무는 모든 섬에 이 울창한 외면을 더했네. 나무에는 단단하고 기름기가 있는 선명한 녹색 잎이 나 있었어. 어떤 나무에는 그리 크지 않은 잎들이 있었고, 다른 나무에는 0.25아르신 이상의 길이에 그만한 두께의 잎이 나 있었지. 이것들은 산기슭에 적당한 것으로 보였다네.

우리는 해안의 나무아래 펼쳐져 있는 우리 텐트로 다가갔네. 그리고 작은 갑각류, 나비, 게들 가운데에 있는 고시케비치를 만났지. 그곳에는 살아 있거나 죽어 있거나 창자를 뺐거나 창자를 빼지 않은 새와, 뱀, 도마뱀이 있었네. 그늘에 5분쯤 앉아 있다가 우리는 해안을 따라 더 멀리 매우 그림 같은 다른 시냇물로 갔어. 밀림은 숲으로 지나가는 것을 허락하지 않더군. 열대산 덩굴식물이 나무를 덩굴손으로 물고 있었기 때문이었네. 걸어서도 갈 수 없고 나무를 무너뜨리고 갈 수도 없었어. 크고 작은 돌들이 있는데다 주기적으로 밀물로 뒤덮이는 해안을 따라가야 했네. 돌들이 산기슭에 꽂혔거나 발아래에 갈라져 있고 사방에 굴러다니고 있지 뭔가. 넘어지지는 않겠지만 다리는 다칠 수도 있어 보였네. 아니면 넘어져 다칠 수도 있고 말이야. 그렇게 약 2베르스타를 가다가 갑자기 도달할 수 있을지 걱정된 나는 우리 사람들을 보았네. 우리는 나무를 베어 그 껍질을 벗겼어. 붉은 나무의 줄기가 어찌나 어마어마한지! 그런 크기의 나무는 희망봉에서 본 참나무와 중국에서 본 장목뿐이었네. 여기에서 우리는 그늘지고 습한 오솔길을 따라 텅 빈 오두막까지 왔다네. 우리는 쉬고 나서 빠르게 흐르는 시냇물을 판자를 딛고 건너갔어. 시냇물 바닥에 긴 막대기를 꽂아 버티고 있는 흔들리는 다리를 지나갔지. 빠르게 흘러가던 시냇물이 내가 집고 가던 막대기를 순식간에 낚아채더니 바다로 흘려보내더군.

그 이후에 우리는 숲을 따라갔는데 시냇물은 계속되었네. 나는 햇빛에서 풀의 아치로 우리를 완전히 가린 식물에 소스라치게 놀랐어. 나무들이 많이 있었는데 어떤 나무는 다른 것보다 더욱 더 아름답고 높으며 무성하고 울창했지. 나무들은 이삭처럼 빽빽이 무더기로 들어서 있었네. 빨간색, 노란색, 녹색의 많은 새들이 나뭇가지로 날아다녔는데 관목에서 관목으로 그 모습이 어렴풋이 보였어. 새 지저귀는 소리가 어찌나 시끄럽던지! 위쪽에서 때로는 신음소리가 났고, 또 때로는 딱 하는 소리가 났네. 어떤 새 한 마리가 너무 크게 소리를 질러서 귀를 틀어막았을 정도였어. 벌레들도 그에 뒤지지 않았네. 나는 거대한 나비가 많다는 것을 알아챘어. 푸른색의 땅벌과 닮은, 털과 점이 있는 나비가 머리 위에서 날고 있었지. 나비 한 마리는 그 전날 고시케비치가 가지고 있는 상자의 장식 핀에 앉아서 담배를 물어뜯었네. 그 담배는 내가 그 아래 놓아둔 것이었어. 나비 역시 셀 수 없이 그 종류가 다양했네. 손바닥 크기의 것도 있었다네. 파리는 작고 평범했는데 모양과 색이 독특하더군.

우리는 숲 사이의 빈터로 인도인들의 임시 막사와 그들의 농장들 쪽으로 나아갔네. 이들은 마닐라에서와 같이 일부분은 도주자들이었고 일부분은 자진하여 루손에서 떨어져 나온 타갈로그인들이었지. 모두 스페인어로 말하더군. 섬에는 그들이 200명 정도 살고 있다네. 이들의 주거지는 여러 곳에 흩어져 있었어. 이런, 주거지라고 해도 될런지! 네 개 기둥이 1.5아르신 정도의 높이로 서 있고 그 위에 나무판자가 놓여 있는 게 전부라네. 그다음에 대나무 막대기와 종려나무 잎으로 덮여 있는 벽이 세 방향으로 있었고 네 번째 방향은 열려 있었지. 그곳에는 변변찮은 가재도구들이 있었고, 주위에는 닭과 개들이 있었네. 주민들은 땅을 개간하려고 멀리 떨어져 있는 숲을 태워버린다더군. 바나나 나무, 옥수수, 토란, 담배가 사람이 보이지 않을 정도로 자라 있었네. 바나나 나무는 열매들이 아직 자라기 전인데도 훌륭했어. 큰 보라색 싹이 아래에 숨어 있었는데 그게 나오면서 빨간색이 되고, 그다음에 그게 떨어지면 열매가 열리는 걸세. 여기서는 야자수를 보지 못했네. 나는 다른 종의 종려나무를 많이 보았지. 특히 빈랑나무 말이네.

피곤한 나는 임시 막사의 그루터기 위에 앉아 졸졸 흐르는 시냇물을 보았네. 모든 시냇물에 관목과 오솔길이 가득했고, 시냇물은 넓은 못이 되었어. 물은 수정처럼 투명하더군. 우리 수병들은 빨래를 해서 열대산 덩굴식물의 줄기에 걸쳐 놓았네. 거대한 한 나무가 열대산 덩굴식물들로 감겨 있어서 마치 거인 같았지. 거인은 그물에서 벗어나려는 라오콘[142]처럼 손을 위로 뻗치고 있었네. 하지만 헛된 일이야. 아래에 있는 줄기 주위를 덩굴이 둘렀고, 두터운 식물의 줄기가 그 나무로 파고들었거든. 위쪽은 실처럼 가늘었네. 크류드네르 남작은 나뭇가지 하나를 꺾으려 시도했는데 할 수 없었어. 그래서 간신히 칼로 잘랐지. 새는 서로 다른 목소리로 지저귀기 시작했네. 새들이 그늘로 숨어버리는 바람에 나는 몇 마리 못 보았다네.

해안에서 밤을 지샌 수병이 말했어.

"나리, 밤에 시끄러워서 잠을 잘 수가 없습니다. 임시 막사 밑에 숨어서 죽을힘을 다해 울어댑니다."

우리 위로 하얀 머리를 하고 등이 푸르스름한 이곳 비둘기가 돌아다녔네. 우리나라 비둘기보다 날개가 컸는데 반대로 까마귀의 날개는 우리 것들보다 작았지. 주로 파란색과 하늘색인데 날개는 검은색이고, 우리 것처럼 날개에 하얀색 점들이 대칭으로 있네.

우리는 시원한 공기가 불 때 한 시간 정도 쉰 후에 뒤로 나아갔어. 이번에 돌을 따라 나아가는 것은 내게 모험이었네. 가고 또 가면서 곧 끝이 나올 것이라고 생각했는데 앞에는 끝이 없는 공터만 있더군. 고집스러워 보이는 정오는 모든 걸 불태우고 있었네. 우산과 두꺼운 밀짚모자로는 햇빛을 거의 막지 못했지. 나무 아래 그늘로 가면 열대산 덩굴식물이 발을 얽고 밀려드는 파도는 군대처럼 정확하게 해안으로 다가와 우리 발을 뒤덮었네. 먼 곳에서 들려오는 소음은 번개 소리와 비슷했어. 우리는 제각기 사방으로 흩어졌네. 나는 무료해서 가는 길에 조가비를 모았어. 조가비는 밀물 때 남은 것인데 특히 작고 매우 아름다운 것들이었네. 조가비 몇 개가 움직이더군. 게들이 조가비 안에 살고 있었기 때문일세. 그것들을 들고 올 때 신경을 안 썼더니 게들이 기어 나와 내 손에 촉수로 매달려 있더군.

1854년 3월 19일

오늘 해안에서 점심을 먹기로 했네. 이곳 공기 중에는 깨뜨릴 수 없는 고요함과 참을 수 없는 무더위가 있었어. 해안으로 가까이 갈수록 해안을 따라 흩어져 있고 밀물에 잠겨 있던 산호의 썩은 냄새가 더 강해졌다네. 이 냄새는 산호와 함께 전함으로도 옮겨 왔어. 모두 직접 산호 더미들을 끌어내 치워야 했네. 파데예프는 매번 내게 조가비를 가져오는 바람에 나를 절망하게 했다네. 조개들이 말라 죽고 있거나 썩고 있었기 때문이지. 나는 참을 수 없어 선실에서 뛰쳐나가고 싶었네!

벌써 사흘 동안 우리 텐트에서 멀지 않은 질퍽질퍽한 시냇물에서 약 2아르신 길이 정도인 어떤 동물이 매일 나타난다는 말을 들었어. 어제 그 동물이 죽은 오리를 먹어치웠다더군. 오리, 닭, 양까지 모든 것을 전함에서 해안으로 가져왔는데 오리 한 마리는 그 동물의 밥이 된 거야.

수병들에게 물었네.

"대체 어떤 동물인가?"

한 수병이 말했어.

"뱀 꼬리를 가지고 있고, 다리가 두 개인 동물입니다."

다른 수병이 말했지.

"입에는 바늘이 두 개 있습니다."

한 부사관이 잠시 생각을 하더니 결론을 내렸네.

"나리, 이것은 용입니다. 약 사흘간 그 용을 감시했는데 잡을 수가 없었습니다. 아주 잠깐 나왔다 들어갑니다. 오늘 단지 용의 등을 노로 때리는 데 성공했을 뿐입니다. 지금 그곳에는 축산업자 미헬카 케른이 소총을 가지고 앉아 있습니다."

나는 시냇물로 향해 갔는데, 두 번이나 빠지고 말았네. 숲을 지나 비집고 들어갈 수가 없었어. 양치식물과 빨간색 나무의 굵은 나무줄기가 벽처럼 서 있었고, 열대산 덩굴식물이 그물처럼 뻗어 있었거든. 수병이 내게 오솔길을 알려주어 나는 시냇물로 다가갈 수 있었네. 시냇물은 한곳에서 작은 못을 이루고 있었지. 그곳에는 그루터기, 시든 나뭇가지, 마른 잎들이 있었네. 관목 사이로 움직이지 않은 채 소총을 들고 서 있는 사람이 보이더군.

내가 물었네.

"자네, 여기서 무엇을 하는가?"

거의 숨을 쉬지 않고 그가 속삭였다네.

"용을 기다리고 있습니다, 나리."

그의 근처에서 오리 두 마리가 드러누워 있었어. 오리 한 마리는 위가 갉아 먹힌 채로 있었지. 그 오리 주위로 파리들이 검은 구름처럼 돌아다니며 윙윙거리는 소리를 내고 있더군. 파리에게는 잔칫날이었네. 다른 오리는 아직 말짱했어. 그래서 미헬카 케른은 그 오리에 희망을 걸고 있었네. 나도 그와 함께 기다리기 시작했어. 그런데 만약 그가 끝까지 기다린다면 그는 상을 받을 수 있겠지만, 내게는 아무것도 없을 거란 생각이 들더군. 그래서 나는 인내심을 잃고 다시 텐트 쪽의 깨끗한 곳으로 왔다네.

한 텐트에 우리 일행이 있었는데 누군가를 둘러싸고 있었어. 나는 발걸음을 빨리 재촉했네. 일행 안에 고시케비치가 서 있고 무엇을 손에 쥐고 있더군.

내가 물었네.

"뭘 가지고 계세요?"

"보십시오."

그는 나의 코앞에 1아르신 정도의 길이인 도마뱀을 들이밀었네. 앞발과 뒷발은 등에 열대산 덩굴식물로 묶여 있었지. 도마뱀은 고통스럽게 눈을 깜빡거렸고, 간혹 길고 가는 혀를 내밀었다가 순식간에 다시 숨기더군.

"바로 오리를 먹은 그놈이군요!"

일행 가운데 누군가 말했네.

"아닙니다. 그건 불가능합니다. 분명 더 큰 놈이 먹었습니다."

다른 누군가가 말했지.

"이것은 전혀 아닙니다."

소러시아인인 수병이 말을 덧붙였어.

"그놈은 날개도 있습니다."

나는 논쟁하지 않고 텐트로 갔네. 발 디딜 곳이 아무 데도 없었지. 모든 색과 크기의 조가비와 온갖 게의 박물관이었거든. 그중에는 어마어마한 크기와 대단히 선명한 색을 한 것이 몇 개 있었네. 이 풍부한 태양 아래 이곳에 있는 모든 것처럼 말이지. 이곳에는 인도인 세 명이 바닥에 앉아 있었네. 그들은 손수건, 오래된 셔츠, 낡은 구두와 바꾸려고 고시케비치에게 이곳 자연이 주는 풍부한 모든 것을 다 가져왔더군. 한 사람은 살아 있는 뱀을 가져왔고, 다른 사람은 조가비를 자루로 가져왔네. 세 번째 사람은 새나 딱정벌레를 들고 왔다네.

나는 피우던 담배꽁초를 땅에 버렸어. 그들은 게걸스럽게 담배를 집어 차례대로 피우기 시작했네. 나는 그들 모두에게 담배를 하나씩 주었지. 그들은 절을 하면서 기쁘게 선물을 받았네! 나는 그 다음에 텐트 밖 판자 위에 눕겠다고 했지. 그들은 시중을 들고 판자를 닦으며 판자 아래 자갈을 깔기 위해서 달려들더군.

아무리 이 해안을 바라보는 것에 익숙해졌더라도 주위의 나무가 우거진 해안의 모든 광경을 바라보고, 어떤 나무나 관목의 줄기를 응시할 때면 언제든 내 의지와는 상관없이 갑자기 두려워질 때가 있네. 아무리 냉담하더라도 이런 생각이 들 수밖에 없네. 이 기적에 또 자연의 놀라움에 얼마나 많은 공물을 지불해야 하는가! 생명의 힘은 또 얼마나 풍부한가! 놀라운 일이 거의 눈앞에서 이뤄지다니! 우아한 창조의 풍요로움은 모든 달팽이, 파리, 호화스러운 옷을 입고 있는 곡선의 나뭇가지로 쏟아지네!

우리는 텐트에서 점심을 먹었어. 하지만 산호 냄새가 강해서 거의 먹을 수가 없었네. 점심 식사는 모두 생선으로 되어 있었네. 생선 수프 우하, 튀긴 생선, 어마어마한 크기와 빛나는 색깔의 프랑스 바닷가재였지. 바닷가재는 저녁에 먹으려고 남겨두었네. 마치 비단 직물로 만든 것처럼 갈색 줄무늬가 있는, 매우 깨끗하고 야생적인 색깔을 가지고 있는 거였어. 등은 파랬고 광택이 났네. 수염은 0.25아르신 정도 길이에 불그스름했지.

여기 생선은 다른 것들처럼 다양했고 화려했으며 괴이했네. 사람들은 생선을 실에 꿰어 고시케비치에게 계속해서 가져왔지. 그 중에는 무척 기이한 것들도 있었어. 어떤 것은 머리만 있었는데 입에는 모기가 날아 들어가지 못하도록 해놓았네. 다른 것은 배만 있었고, 세 번째 것은 등만 있었네. 네 번째 것은 가시만 있었네. 어떤 것에는 몸 가운데 눈이 있었는데, 그것은 꼬리에서 입까지 정중앙에 있더군. 첫눈에 보기에 가죽 돈 지갑이라고 할 만한 것도 있었어. 이 모든 것은 얼룩덜룩한 무늬로 뒤덮여 있었지. 디저트로는 바나나를 내놓았는데 몇 명은 그것들을 좋아했지만 나는 먹을 수가 없더군. 가루가 많고 설탕 같았으며 약간 맥아즙에 담근 당밀 과자를 떠오르게 했기 때문이야.

점심 식사를 한 후에는 모두 흩어졌네. 누군가는 다른 시냇물에 먹 감으러 갔고, 누군가는 해안을 따라 방위를 쟀어. 그런데 몇 명은 잠자려고 텐트에 남았지. 나는 태양이 질 때 집으로 갔네.

파데예프가 조가비를 들고 나를 맞이하더군. 나는 조가비가 든 상자를 밀면서 말했어.

"자네, 이 쓰레기를 내게서 치워줄 수 없겠나?"

상자에는 굴 요리처럼 조가비가 진열되어 있었어. 그가 상자에서 뿔이 있거나 빨간색이거나 얼룩이 있는 파란색 조가비를 고르며 말했어.

"어떤 좋은 것들이 있는지 보세요. 바로 이거예요. 바로 이거. 이건 얼마나 좋아요!"

조가비를 나의 코앞까지 들이밀었네. 죽은 짐승 시체의 냄새가 났지.

"이것은 무엇인가?"

"제가 이것을 닦았어요. 조개들이 있었지요. 쉬웠어요."

"치워! 치워! 고시케비치에게 가져가!"

오늘은 모두 해안에서 움직였어. 전함에서의 일이 끝났네. 앞 돛대를 끈으로 묶어 당겨놓았더군. 숲에서 나무들을 벴는데, 모두 빨간색 나무였던 것 같네. 미래에 있을 수리를 위해서였지. 해안에서 양과 오리, 닭을 옮겼네. 용을 잡았는지, 용이 오리 시체를 다 먹도록 자유롭게 놓아두었는지는 알 수 없었어.

세 번째 날에는 전함에서 해안에 건축해놓은 임시 방벽으로 실탄과 폭탄을 던졌다네. 내일 닻을 내린 후에 똑같은 일을 반복하려고 하네. 영국인들과 만나는 경우를 대비해 대포의 효능을 미리 알아보기 위해서지.

아무리 바다에 익숙해졌더라도 닻을 올리게 되면 무료한 순간을 매번 참아야 하네. 몇 주나 가끔 몇 달을 돛 아래에서 견뎌야 하지. 이것은 만족스러움이 아니라 불가피한 악이네. 계속되는 항해 도중에는 해안의 꿈을 꾸지 않네. 때로는 꿈을 꾸는데, 그 꿈은 끓어오르는 심연에서 1아르신 떨어진 선실의 창문에 누워 있거나 그루터기의 무늬에 도취되어 바라보는 걸세. 이때 보트의 다른 옆면은 바닷물에서 약 3사젠 정도 올라와 있네. 안개 속에서 새로운 섬을 보면 그곳으로 가고 싶어지는데 그것을 암초들이 방해하고 있기도 하지….

오늘은 두 가지 사건이 있었네. 흥미로운 이야깃거리야. 고래가 만으로 와 해안에서 함께 놀았어. 또 해안에 갖다 둔 우리 닭 100마리 정도가 사방으로 날아가버렸다네. 이상하게도 닭들의 비행 능력이 며칠 동안 갑자기 좋아져서 그들을 잡을 수가 없었어. 마치 산새처럼 나무를 따라 날아다니더군. 의심할 여지 없이 만약 그것들이 길들여지지 않게 된다면, 잃었던 비행 능력을 야생에서 다시 얻을 것이 분명해.

닻을 올리고 순풍을 타고 나아갔네. 약 4.8킬로미터 정도 가자 역풍이 불었어. 옆으로 갔고, 그다음에는 다른 쪽으로 배가 바람을 거슬러 지그재그로 갔네. 세 번째 날 바탄 섬을 지났지. 어제 아침에는 바시, 바이예트 그리고 다른 북쪽 섬 사이에 있었지. 오늘은 무풍상태여서 약 2노트를 왔다네. 다행히 구름 덕분에 무더위를 참을 수 없는 정도까지는 아니었어. 곧 도달할지는 신만이 아실 걸세. 누군가 2주를 예언했고, 누군가는 6주를 예언하더군.

아침에 나는 포시예트와 함께 뒤 갑판을 걸으면서 말했네.

"지루하네, 기분전환을 할 무엇인가 일어났으면 싶구면."

나의 불평을 들은 것처럼 운명은 우리에게 열대 바다에서만 있음 직한 구경거리를 주었네. 그곳에서 꽤 흔한 구경거리였는데, 그것은 항상 흥미를 끌었지. 이것에 대해 여러 번 사람들이 썼기 때문에 만일 이 구경 거리의 가까운 증인이자 참가자가 아니었다면 아무것도 말하지 않았을 걸세.

식사를 끝내자마자 나는 습관대로 담배를 피우기 위해서 선장의 선실로 갔네. 그리고 불을 가져올 동안 소파에 앉아 기다렸지. 선장은 안락의자에 앉았고 더워서 문과 창문들은 열려 있었네. 채 5분을 앉아 있지 않았는데, 위쪽 우리 머리 위에서 어떤 움직임이 일더니 어수선해지더군. 사람들은 바빠졌고 발을 동동 굴렀네. 선장은 자신의 의무에 따라 선실에서 서둘러 나가려다 그전에 무슨 일이 일어났는지 알아보기 위해서 창문으로 내다보며 창문 옆에 서 있었네.

나는 생각했어.

'무엇이 끊어진 것은 아닌가?'

그래서 나는 있는 곳에서 움직이지 않았네.

갑자기 많은 사람이 뒤 갑판에서 소리 지르는 게 들리지 뭔가.

"끌어올려, 끌어올려!"

다른 말도 들렸왔네.

"아니야, 멈춰! 끌어올리지 마, 찢어질 거야!"

창문 쪽으로 달려가 보니 아래에서 괴물의 괴이하고 둔한 주둥이가 나를 쳐다보고 있었네. 창문에서 2아르신이나 3아르신 정도 떨어진 물 위에 손가락의 1.5배 크기인 가느다란 갈고리에 상어가 매달려 있었어. 갈고리가 위쪽 턱을 관통했더군. 상어는 아픔 때문에 주둥이를 활짝 열어젖히고 있었네. 나는 위쪽 먼 곳에서 하얀색이고 그리 크지 않지만 굵고 날카로운 이빨들이 주위에 가득한 깊숙한 주둥이를 보았네. 턱 전체는 톱니 모양과 비슷했어. 상어는 1사젠이 될 만큼의 크기였네. 꼬리는 물속에서 흔들거리고 있었는데, 다른 것들은 몽땅 물의 표면으로 나와 있었어. 밧줄이 움직일 때마다 상어도 천천히 흔들거렸네. 방향을 바꾸며 우리에게 때로는 등을, 때로는 배를 보여주면서 말이지. 본색은 보라색으로 계속 변화하는 색채를 지녔고 등은 어두운 파란색이었어. 그런데 배는 선명한 흰색이었는데 마치 분필로 짙게 색칠한 것 같더군. 상어는 5분 정도 움직이지 않고 걸려 있었네. 마치 자신을 발견해달라고 우리에게 기회를 주기를 원하는 것처럼 말이지. 크고 검으며 동그란 눈을 강하게 이리저리 움직였네. 물론 고통 때문이지. 꼬리 근처에서 상어의 동행자들이 불안하게 앞뒤로 헤엄치고 있었네. 그 동행은 노란색에 검은색 줄무늬가 있는, 그리 크지 않으며 수로안내인이라고 불리는 물고기 두 마리였네. 상어와 함께 헤엄치는 것들이지. 갑자기 상어가 움직이며 떨기 시작했네. 주위에 꼬리로 물을 멀리 튀기면서 말이야. 상어는 반지처럼 구부리다가 뒤 갑판에 부딪쳤네. 다시 물에 맞부딪쳤고 또다시 움직이지 않고 매달려 있었어.

나는 게걸스레 이 광경을 쳐다보았네. 페테르부르크라면 이 광경을 보려고 무엇을 내놓을지 신만이 아시겠지. 말하자면 나는 맨 앞줄에 있었네. 예를 들어 무디고 단단하게 침투할 수 없는 피부로 덮여 있으며 삼키는 데 타고난 능력이 있는 주둥이가 등장인물이라면, 나는 그 안에서 고통과 낙담의 작은 느낌 하나도 놓치지 않고 읽을 수 있었을 걸세.

상어의 무게와 벗어나려고 하는 힘에 휘어져 있던 쇠갈고리가 약간씩 펴지기 시작하자 밧줄이 부지직 부지직 소리를 냈네. 상어 방향으로 다시 힘을 주면 밧줄은 견디지 못할 테지. 그러면 상어는 갈고리, 밧줄 부분을 매달고 갈기갈기 찢긴 턱을 한 채 바다로 떠내려갔을 거야.

그사이에 우리 머리 위에서 소리가 났어.

"잡아! 잡아! 더 빨리 끌어당겨!"

다른 이들이 소리쳤지.

"아니야, 끌어당기는 것을 멈춰! 밧줄이 끊어질 거야. 밧줄 끝을 줘!"(밧줄 끝은 이렇게 끌어당겨야 할 경우 배에서 보트에게 던져주는 밧줄이라네.)

상어는 잠깐 동안 쉬었네. 몸속 깊은 주둥이에서 목뼈가 보였고, 그다음에는 창백한 분홍색 살점이 보였으며, 더 깊은 곳에 텅 빈 어두운 공간이 보였어. 밧줄 끝으로 넓은 고리를 만들어 상어에 씌웠네.

위쪽에서 만족스러운 목소리로 외치더군.

"바로 이거야, 바로 이거! 날개 아래 밧줄을 걸어 연결시켜."

날개는 수병들이 헤엄치기 위한 지느러미라는 의미로 사용한 단어라네. 사실 모양과 크기가 날개와 비슷하거든. 밧줄을 날개에 걸어당겨서 상어를 잡았어. 그러고는 위쪽으로 잡아당기기 시작했네. 상어는 모든 힘을 다해 휘면서 공중에서 뒤 갑판, 뒤 갑판에 걸려 있는 보트, 길에 있던 모든 것을 꼬리로 후려치기 시작했네. 꼬리 끝이 창문으로도 떨어졌기 때문에 나는 창문에서 물러서야 했지.

그런데 그 어떤 것도 상어를 구해주지 못했네. 수병들이 상어를 한 시간 동안 내려쳤지.

뒤 갑판에서 상어를 질질 끌며 소리쳤네.

"손대지 마, 손대지 마!"

사람들의 근심스러운 발걸음 소리가 울려 퍼졌고, 그다음에 상어의 무거운 몸이 떨어지는 소리가 났네. 곧이어 갑판에서 치는 소리가 났지.

크류드네르 남작과 함께 나는 뒤 갑판으로 뛰어가려고 서둘러 문 쪽으로 갔어. 그런데 문을 활짝 열어젖히자 상어가 뒤 갑판으로 쓰러지기를 기다리며 수병들이 무더기로 뒤 갑판에서 뒷걸음치는 것을 보았네. 어떻게 뛰어나가지? 이런, 상어가 지금 덮치면 어떻게 하지…. 그런데 호기심이 걱정보다 더 컸네. 우리는 뛰어나가 뒤 갑판으로 향했어.

그곳에는 약 20명의 사람이 괴물을 감고 있는 밧줄 끝을 잡고 있었네. 괴물은 갑판에 부딪치고 기어 다니며 꼬리를 흔들더군. 모든 사람이 옆으로 비켰어. 콜로콜리체프 소위가 도끼를 잡고 주둥이 아래쪽을 타격했네. 피가 쏟아져 갑판을 적셨어. 손바닥만 한 넓은 상처가 상어에 생겼네. 누군가 잽싸게 큰 칼로 배를 따라 그 었지. 더러운 걸레처럼 내장들이 쏟아져 나왔네. 상어는 갑자기 온 순해졌다네. 이때 실리펜바흐 남작이 지렛대를 잡고 주둥이에 찔러 넣었지. 두께가 거의 손만 한 나무로 된 말뚝인데, 대포 방향을 바 꿀 때 사용하는 것일세. 지렛대가 상어 주둥이 속으로 거의 들어 가자 4열로 된 이빨들이 드러났네. 아래 턱은 경련하듯이 살짝 움 직였지. 수병들이 상어의 등이 보이게 방향을 바꾸어서 돛대에 돛 을 다는 부분에 밧줄로 묶었어.

우리는 무리 지어 주변에 둘러섰고 수병들도 그곳에 빽빽이 서 있었네. 다른 사람들은 돛대 줄로 기어올랐다네. 상어가 살아 있 는 기미가 보이는지 아닌지 관찰하려고 말이야.

몇몇이 말했네.

"이미 끝났습니다. 상어는 상처투성이가 되었고 죽었습니다."

반대로 다른 이들은 의심하며 상어의 생명력을 예로 들었어. 즉 상어는 가끔 죽고 나서 세 시간이 지난 후에 경련하듯이 부주의 한 이들의 손과 발을 물어뜯는다고 말이지.

갑판에서 피를 닦으라고 시켰네. 수병들은 물과 걸레로 닦기 시 작했어. 닦은 후에 우리 가운데 한 명이 도끼를 쥐고 상어의 지느러미를 조금 잘라내더군. 다른 이는 벤 자국이 있는 다른 곳에서 칼로 잘랐네. 호기심에 상어의 가죽이 두꺼운지와 가죽 아래 무엇이 있는지 쳐다보았어. 우리의 자연주의 애호가가 와서 상어 근처에 앉았네. 그리고 가죽을 관찰하며 세세하게 머리와 눈을 보기 시작하더군. 주둥이에 있는 지렛대를 빼내고 피투성이가 된 주둥이에 물을 붓기 시작했네. 많은 사람이 쳐다보는 것에 싫증이 나 흩어졌지. 상어를 치울 때가 된 거야. 밧줄을 풀고 상어를 다시 배가 보이도록 뒤집은 다음 한쪽으로 가져가려 했네. 누군가 다시 상어의 등을 칼로 자를 생각을 한 모양일세. 그때 갑자기 상어가 퍼덕거리며 꼬리를 오른쪽, 왼쪽으로 철썩거렸어. 모든 이가 멀찍이 물러섰네. 한 수병은 미처 피하지 못해서 상어의 지느러미로 두 번이나 맞았어. 한 번은 종아리를, 또 한 번은 그보다 조금 높은 곳을 말이지… 그래서 그가 넘어졌고 모두 껄껄 웃기 시작했고, 다시 상어를 진압하기 시작했다네.

그런데 상어에게서 밧줄을 풀고 주둥이에서 지렛대를 빼는 게 쉽지 않았네. 상처 나고 여러 곳이 찔린 채 내장이 나와 있는 상어가 갑판에 부딪혔거든. 그리고 뱀처럼 꿈틀거리며 기더군. 빠르고 힘차게 꼬리로 원을 그리며 온몸으로 선박의 가장자리로 움직여 갔네. 아무도 다가가려 마음을 먹지 않았지. 상어가 향유할 수 있는 마지막의 순조로운 순간이었네. 꼬리 하나를 구부리고, 다른 하나를 더 강하게 퍼덕거렸다면, 기어가는 동안 상어는 뱃전 너머로 곤두박질쳐서 자신의 죽음을 자연에서 맞이했을 걸세. 그런데 상어는 잠깐 조용해졌고 우리는 다시 지렛대와 도끼를 잡기 시작했어.

외침이 들렸네.

"상어의 머리를 쳐라, 발을 조심해, 치워, 치워!"

수병 한 명이 다른 사람들보다 더 가까이 상어 근처에서 빙빙 돌아다니고 있었네. 상어는 그 수병을 꼬리로 두 번 내리쳤어. 수병은 화가 났는지 꼬리에 맞은 아픔이 사라지지 않았던 것인지, 말뚝 하나만 들고서 상어 머리를 때리려고 노력하면서 덤벼들었지. 그는 맨발로 나왔는데 그의 발이 상어의 주둥이에 가까워진 것을 잊고 있었지 뭔가. 그런데 상어가 꼬리를 격렬하게 흔들어대는 바람에 머리를 맞추지 못하고 등을 때렸네. 언뜻 보기에도 상어에 아무런 충격도 가해지지 않아 보였어. 마침내 수병은 머리를 두 번 때리는 데 성공했다네. 상어는 단지 방향을 바꾸었을 뿐 휘는 것과 기어가는 것이 예전처럼 빨랐고 힘찼어. 이때 다른 사람이 도끼로 머리 아래쪽을 쳤네. 상어의 기운이 누그러지더니 더 느리게 기어다니기 시작했지.

그에게 소리쳤지.

"머리를 잘라, 머리를 잘라!"

수병은 또 한 번 타격을 가했네. 그러자 상어는 앞으로 강하게 튀어나갔어. 수병이 세 번째 타격을 가했네. 상어는 다시 날뛰기 시작했지만 그 기운은 약해졌더군.

그가 네 번째로 타격을 가하고 몸통에서 머리를 자르며 말했네.

"이제 됐다!"

그러나 끝난 것이 아니었다네. 몸통은 아직 불규칙하고 느리게 휘고 있었거든. 하지만 점점 약해지고 약해졌네. 머리는 경련하듯이 턱이 살짝살짝 움직였지. 몸통에 지렛대를 박아서 끌고 가자 모두 흩어졌네.

이 사건은 우리가 회귀선에서 벗어날 때 일어났네. 우리는 그때 회귀선을 벗어나 더 이상 돌아가지 않게 되었지.

저녁에 차를 마시려고 제독에게 가다가 나는 공동 선실의 승강구 위에 멈췄네. 이 큰 프라이팬이 식탁 위에 무엇과 함께 놓여 있는지 보기 위해서였어.

식탁 앞에 앉아 있던 사람들이 물었네.

"튀긴 상어를 맛보시겠습니까?"

"아니요."

"그럼 상어 수프는요?"

내가 말했네.

"당신들은 농담을 하는군요. 정말 상어를 먹을 수 있습니까?"

몇몇이 대답했어.

"훌륭합니다!"

그런데 이후에 나는 알았네. 그들 또한 자신들이 칭찬한 그 훌륭한 음식에 손도 대지 않았다는 것을 말이지.

상어 가죽은 나무에 광택을 내기 좋아서 목수들에게 매우 가치가 있네. 이 외에도 상어 가죽은 다른 물건에 덮개를 씌울 수도 있다네. 일본에서는 군도를 덮을 때 사용하지. 한 일본인이 내게 작은 여행용 가방을 선물했는데 가방은 상어 가죽으로 덮여 있더군. 매우 아름다웠지. 꽉 누른 고급 염소 가죽과 약간 비슷했네. 그 다음에 작은 물고기를 내게 보여주었는데, 크기는 0.25아르신이고 상어의 등과 같은 색으로 상어 등에 붙어 있던 물고기였어. 우리는 그 물고기를 귀찮게 따라다니는 동행자라고 간단히 불렀지. 물고기의 한쪽에는 상어의 거친 가죽이 남긴 자국이 보였네.

1854년 3월 25일

어제 3월 25일에 고래잡이들을 보았네. 잡힌 고래의 지방을 빼내기 위해서 난로를 피웠는지 불길과 연기가 멀리에서 불이 난 것처럼 보이더군. 오늘 회귀선에서 나왔는데 여전히 더웠네. 무풍이 순풍으로 바뀌어서 11노트로 날아갔네. 무슨 일이 더 있었던가? 있었네! 원숭이가 뱃전 밖으로 떨어져서 한순간에 파도 속으로 사라졌어. 우리는 원숭이를 총 세 마리 가지고 있었다네. 오늘 땅거미가 질 때는 전함 근처로 어떤 새가 원을 그리면서 날아다녔어. 새는 피곤해서 아마 집으로 가고 싶지 않은 것처럼 보였지. 새는 두 번 보트로 내려왔다가 다시 날아갔네. 나는 크류드네르 남작과 함께 뒤 갑판을 거닐고 있었어. 새가 보이지 않더군. 갑자기 한 수병이 우리 쪽으로 새 한 마리를 가져왔다네. 한 손으로는 새의 목을 틀어쥐고, 다른 손으로는 다리를 틀어쥐고 말이지. 새는 어디에도 쓸모없는 바다오리 종인 것 같았네. 고시케비치 방에 그 새를 가져가라는 명령이 내려졌네. 그러면 그는 독으로 새를 죽이고, 그 다음에 창자를 뺄 걸세. 나는 무참한 일이라고 말하며 반대했네. 즉 어리석은 짓이라고 했지. 피난처를 찾던 새를 죽이다니! 해서는 안 되는 일이야. 그것을 닭장에 잠깐 동안 가둬두었네. 내일 아마도 놓아줄 걸세.

1854년 3월 29일

우리는 항해하고 또 항해했네. 그러나 아직도 여전히 조선의 작은 섬인 해밀턴까지는 약 480킬로미터가 남았어. 이 섬에는 편리한 항구가 있는데 바로 그곳에서 스쿠너를 만날 예정이네. 순풍이 불 때면 320킬로미터를 전진하고, 무풍상태가 오면 3노트씩밖에는 못 가네. 지금은 사흘째 계속해서 비가 오고 있다네. 그리하여 우리가 거리라고 부르는 윗 갑판으로 나가는 것은 불가능했어. 그 대신 고요하더군. 드디어 나는 일을 할 수 있게 되어 기뻤네. 우리가 북쪽으로 움직일수록 눈에 띄게 추워지기 시작했어. 비도 남쪽 비가 아니라 이제 여름비였고. 모두 나사지 옷을 입었다네. 어제 한 수병이 갑판에서 열대 곤충 가운데 가장 독성이 강한 지네를 잡았어. 다리가 100개나 있는 곤충이라는 이름을 지닌 지네 말이야. 지네는 불그스름했고 길이가 1.5베르쇼크에 달했으며 마디가 있는 곤충이었어. 그런데 다리가 100개가 아니라 전부 24개더군. 처음에 나는 이것이 가재의 목이라고 생각했네. 지네에 물렸을 때 응급조치를 취하지 않는다면 치명적이지. 그래서 사람들이 지네를 무서워하는 거야. 큰 짐승들도 지네를 보면 피해 가네. 그런데 지네가 가장 두려워하는 것은 병아리라네. 병아리가 지네를 보면 달려가서 쪼기 시작하고 다리만 남겨두고 전부 먹어치우거든.

우리 배에는 모든 게 조금씩은 있다네. 특히 바퀴벌레가 많았어. 아마 그것을 마닐라나 카미긴 섬에서 묻어온 것 같네. 어제는 우리에게 안개와 빗속으로 많은 제비가 날아왔다네. 더운 장소에서 온화한 북쪽으로 가는 중이었네. 악천후와 밤 때문에 바다 위에 오래 떠 있던 제비들은 떼를 지어서 전함 주위를 오래도록 돌더군. 돌 때마다 매번 전함 쪽으로 점점 가깝게 오더니 지친 제비들은 마침내 갑판 위로, 보트 위로, 삭구 위로 앉았네. 많은 수의 제비를 잡아서 바퀴벌레들을 실컷 먹인 후 다음 날 대부분 놓아주었어. 분명한 것은 제비들이 전함 주위를 흥겹게 돌고 나서 점차 사라졌다는 걸세. 바로 그곳에 참새들도 나타났어. 보트 위에 곡물을 뿌려주었더니 배불리 먹고서는 날아가더군.

추위가 다가오고 선선한 바람이 불자 지네도 바퀴벌레도 모두 사라졌네. 돛을 세 개 내렸고 오늘 3월 31일 아침에는 네 번째 돛도 내렸어. 중심 돛을 붙들어 매는 밧줄을 감아 보조 돛대를 세웠네. 동북풍이 한기를 품고 불어오고 있어. 열대에서 와서 이제 닷새가 지났는데 영하의 기후에 떨어지다니! 영하는 아니군. 영상 10도라네. 다행스럽게 바람이 잠잠해졌네!

우리는 나가사키에서 97킬로미터 떨어진 곳에 있어. 순풍이 그곳으로 불고 있지만 우리는 지금 나가사키에 들를 생각이 없네. 먼저 해밀턴으로 가야만 하니까 말이지.

1854년 4월 2일

마침내 4월 2일에 우리는 조선의 해밀턴에 도착했네. 스쿠너가 그곳에 와 있었어. 그러나 상하이로 보냈던 수송선은 아직 오지 않았더군. 배가 닻을 내리기 시작했을 때 나는 뒤 갑판으로 나가서 해변을 바라보았네. 우리 수병들이 말하기를, 항구는 매우 편리한데 해변이 거의 없다더군. 이 작은 섬은 전부 4.8킬로미터 정도밖에 안 되네. 이 바위섬은 돌로 이루어져 있고, 도처에 앙상한 관목과 희귀한 나무들이 있었어.

스쿠너의 선장인 코르사코프가 말했네.

"전부 동백나무입니다. 수병들은 해변에 지은 목욕탕 바냐에서 동백나무로 불을 지핍니다."

우리 일행 가운데 몇 명은 즉시 해변으로 출발했네. 나는 해변을 멀리서 바라보았지. 매력을 느끼지 못해서 해변으로 가는 것을 서두르지 않았다네. 도처에는 작은 만들의 졸린 듯한 물 위로 조선인들의 오두막이 무리 지어 보였네. 단지 초가지붕만이 보이더군. 여기저기에 거니는 주민들이 가끔 눈에 띄었지. 모두 흰 옷이라, 마치 수의를 입은 것 같았네. 마침내 우리는 극동 지방의 종족 가운데 이 마지막 민족도 보게 된 걸세.

정치적인 면에서 조선은 독자적인 국가라고 이를 수 있을 거야. 자신의 군주가 다스리고 자신의 법전과 자신의 언어를 가지고 있거든. 그렇지만 조선의 군주들은 왕위에 오를 때 그 가치에 있어서는 왕들과 동등한 중국 황제의 승인을 얻어야 하네. 승인을 얻는다는 이 한 가지 사실만으로도 조선이 중국에 종속되어 있음을 알 수 있지. 그리고 또 하나 조선에서 해마다 200명에 달하는 사람들이 중국으로 가서 황제에게 신년축하를 한다는 사실도 조선의 종속성을 말해주네. 마치 아버지의 집에서 떨어져서 자신의 집에서 사는 아들처럼 말이야.

유감스럽게도 오늘날까지 조선의 내적인 상태와 정치에 대한 정보, 즉 이 나라가 얼마나 부유한지, 생산품이 무엇인지, 주민들의 기질과 관습에 대한 정보가 거의 없다네. 아바쿰 사제가 우리에게 말해준 것은 조선 왕이 중국 황제의 승인을 얻는 관습이 오늘날까지 성스럽게 지켜지고 있다는 것뿐이었어. 조선에서 파견된 사신들은 베이징에 선물들과 함께 때로 새로운 군주를 승인시켜 달라는 요청 안고 오네. 중국 황제는 대수롭지 않게 승인해준다네. 선물들을 받고 난 후에 더 후하게 사신들에게 선물을 주지. 중국 황제는 그들의 일에 간섭하지 않아. 어느 날 조선 정부가 조선 해안에 도착한 영국 선박에 떠나라는 명령을 했다고 중국 황제에게 보고했네. 바로 그건 중국 정부가 이 선박들을 대했던 모습을 그대로 따라서 한 걸세.

중국 황제는 조선인들에게 다음과 같이 알리라고 명했어.

"중국 황제에게는 조선인들의 일에 아무 상관이 없으니 조선인들이 원하는 대로 처리하도록 하라."

중국인들과 조선인들이 두 정부 사이에 사람이 거주하지 않는 땅을 약간 남겨두기로 합의했다는 사실도 알려져 있네. 서로 너무 가깝게 맞닿는 것을 피하고, 그와 동시에 양 민족의 불유쾌한 충돌이나 불일치가 일어날 모든 소지를 미리 없애기 위함이지.

우리 보트가 전함에서 해변으로 향해서 갈 때, 마을에서 많은 여자와 아이들이 두려움에 떨며 산으로 도망치는 것을 보았네. 우리가 해변에 오르니 남자들의 무리가 팔과 앞깃으로 마을로 들어가지 못하도록 애쓰더군. 우리는 그들에게 여자들은 안심해도 되며 단지 해변을 돌아보고 잠시 산책하려고 내린 것뿐이라고 중국어로 적어 보여주었네. 조선인들은 이제 다니는 것을 방해하지는 않지만 우리를 마을에서 쫓아내려고 여전히 노력하고 있어.

한 시간 후에 우리는 노인 둘을 데리고 돌아왔네. 아마 면장인 것 같아. 그들의 뒤를 따라서 조선의 보트가 도착했네. 일본의 보트와 흡사하더군. 단지 잘린 뒤 갑판만 없을 뿐이었어. 보트에는 세네 명의 노인과, 평범하고 맨발에 머리를 빗지 않은, 불결한 사람들이 많았네. 평범한 사람도 평범하지 않은 사람도 모두 흰 목면이나 모시로 만든 옷을 입고 있더군. 넓은 가운 모양이었어. 가운 속에는 속옷을 대체하는 다른 옷들을 입고 있었지. 그 외에 모두 승마 바지처럼 통이 넓은 바지를 입고 있었네. 가운과 똑같은 재료로 만든 것이더군. 상류층이 입은 것은 하얗고 깨끗했지만, 하류층이 입은 것은 하얗지만 더러운 것이었네. 많지는 않지만 몇몇은 밝은 노랑이나 푸른 가운을 입고 있었지.

그들의 샌들은 일본인의 것과 비슷했네. 어떤 이들은 갈대나 짚으로 짠 신을 신었고, 다른 이들은 면으로 된 신을 신고 있더군. 무엇보다 눈에 띄는 것은 머리 장식이네. 그들은 류큐인과 마찬가지로 머리를 전부 위로 빗어올려 한 다발을 만들어 묶었으며, 그 위에 모자를 쓰고 있었어. 모자의 생김새라니! 꼭대기는 너무 좁아서 겨우 머리 다발을 가릴 뿐인데, 그 반면 테두리는 넓은 것이 꼭 우산 같았네. 이 모자는 머리카락처럼 아주 가늘게 짠 갈대 비슷한 것으로 만들어졌어. 실제로 그 모자는 말털 모자와 비슷했는데, 이것이 좀 더 검다네. 이런 모자를 그들이 무슨 목적으로 쓰고 있을까? 짐작하기 어렵네. 모자는 투명해서 비, 햇빛, 먼지에서 머리를 보호하지 못할 걸세. 다른 모양의 모자도 많이 있었네. 보리수 껍질로 만든 모자나 해초로 만든 원추형 모자도 있었어.

나는 우리를 찾아온 손님들의 얼굴을 아주 자세히 살펴보았네. 누가 뭐라 하든지 간에 중국인, 일본인, 조선인, 류큐인은 모두 한 가족의 자손들이야. 장자이자 수가 많은 중국인은 가족 중에서 가장 중요한 역할을 하고 있네. 이들이 닮았다는 점은 쉽게 알 수 있지. 예를 들어 말레이인을 처음 보아도 말레이인이 이들 네 민족과 같은 종족이라고 생각하는 이는 없을 걸세. 조선인은 류큐인과 가장 많이 닮았으나, 류큐인은 자그마한 데 비해 이들은 매우 체격이 좋다는 점에서 달라. 조선인은 턱수염을 기르네. 턱수염은 대부분 길고 뻣뻣하여 마치 말갈기 같더군. 어떤 이들의 턱수염은 볼과 얼굴 절반을 다 덮고 있기도 하고, 또 어떤 이들의 턱수염은 그와 반대로 턱에만 나 있기도 하네. 많은 사람이 꼬아진 끈을 머리에 둘러 착용하는 커다란 구리테 안경을 쓰고 있었네. 근시 때문은 아니고 아마도 눈병 때문에 안경을 쓰고 있는 것 같았어. 모인 사람들 가운데 눈병을 앓고 있는 이들이 많더군.

1786년 에도에서 일본인 린시페의 『삼국에 대한 주요 개관』이라는 제목의 책이 나왔네. 이 세 나라는 일본과 가장 가까운 조선, 류큐, 홋카이도[143]야. 클라프로트가 이 책을 언젠가 구해서 중국 지리학에서 얻은 여러 지식을 붙여서 프랑스어로 번역했다네.

이 책에서는 조선인에 대해 다음과 같이 말하고 있지.

"조선인은 키가 크고 중국인이나 일본인, 다른 민족보다 체격이 훨씬 건장하다. 조선인은 일본인보다 두 배나 먹는 것이 분명하다. 조선인은 교활하고 게으르며 고집이 세고 노력하기를 좋아하지 않는다."

우리는 손님들을 식탁으로 불러 홍차, 빵, 마른 빵, 럼주를 대접했다네. 그 후 중국어로 써서 그들과 활기차게 대화하기 시작했지. 그들이 쓰는 속도가 재빨라서 눈이 붓을 따라갈 수 없을 정도였네. 무엇보다 먼저 그들은 다음과 같은 사실에 대해 물었어.

"당신들은 어떠한 야만인인지요? 북쪽에서 온 야만인인지, 남쪽에서 온 야만인인지요?"

그래서 우리는 닭, 채소, 생선을 가져다주면 그 대가로 돈을 지불하거나 럼주, 피륙 등의 물건과 교환할 수도 있다고 그들에게 써서 보여주었네. 한 노인이 이 메모지를 들고서 수탉처럼 거드름을 피우더니 멋 부리면서 우스꽝스럽게 점잔을 빼며 낭독하듯 읽기 시작했지. 우리나라 거지들이 부르는 나사로에 대한 박자 있는 노래가 연상되더군. 다 읽고 나서 그 노인은 중국어로 귀중한 닭은 자신들에게 없다는 대답을 썼네. 거짓말이야. 우리 일행이 닭을 본 적이 있거든.

그러는 사이에 나머지 사람들은 빵을 먹고 홍차를 마셨네. 어떤 사람은 버터를 손가락으로 찍어보기도 하고, 다른 사람은 빵을 한 조각 먹어보더니 우리 가운데 어떤 이의 입속에 나머지를 쑤셔넣었네. 또 다른 사람은 순수 럼주를 연이어 두 잔이나 마셨으나 얼굴도 찌푸리지 않더군. 다른 이들은 우리의 겉옷, 속옷, 장화를 만져보고, 아마도 무척 마음에 들었는지 나사지를 손으로 쓰다듬었네. 그들이 특히 관심을 보인 것은 우리의 흰 피부색이었다네. 그들은 우리 손을 잡고는 거기서 눈을 떼지 못하더군. 그들의 손은 약간 거무스름했지만 청결했네. 즉 상류층의 손이었지. 서민층과 노동 계층의 손은 전혀 달랐네. 어디나 그렇더군.

우리는 노인에게 공짜로 식량을 얻겠다는 게 아니라 물물교환을 하겠다는 뜻을 다시 밝혔네.

그는 다시 한 번 이 물건들의 명칭을 다 읽고 나서 우리를 잠시 바라보고 말했지.

"부지."[144]

이것은 무슨 뜻인가? 안 된다는 말인가? 원치 않는다는 말인가? 그에게 이 말을 한자로 써달라고 부탁하였고, 그가 써주자 그 말이 모른다는 뜻인 것을 알게 되었네. 그가 아직 이해하지 못했다고 생각하여 우리는 그에게 옥양목, 럼주, 마른 빵을 보여주었어.

그가 되풀이하였네.

"부지, 부지."

우리는 얼굴이 얽은 민첩한 다른 조선인 쪽을 바라보았다네. 그는 놀랄 만큼 빠르게 중국어를 썼네. 그는 쓴 것을 읽었지. 직물, 빵, 보드카라고 쓰인 메모지 안의 모든 단어를 손가락으로 세어보았네.

그도 말했어.

"부지."

이 메모지가 세 번째 사람에게 전달되었고 그 사람은 생각에 잠겨 되풀이했네.

"부지, 부지."

아바쿰 사제가 새로운 설명을 하기 시작했다네. 그러나 노인이 오랫동안 주의 깊게 듣고 나서 갑자기 활기차게 손을 내저었어. 마치 사태가 어떠한지 알아챘다는 듯이 말이야.

우리는 기뻐했네.

"그래, 마침내 이해를 하셨군요."

노인은 아바쿰 사제의 소매를 붙잡았어. 그러더니 붓을 쥐고 다시금 쓰더군.

"부지."

우리는 결론을 내렸어.

"그래, 주기를 원치 않는 게야."

더 이상 그들에게 매달리지 않기로 했다네.

대체로 그들은 외형이나 태도는 일본인과 류큐인보다 더 투박했네. 비록 그들이 하나의 중국 문명 아래 있었음에도 말이지. 그러나 우리는 조선에서 상류층 사람들을 만나보지는 못했어. 이 민족들의 관습에 대해 말하면서, 집 내부 장식에 있어 중국인과 다른 세 민족들의 본질적인 차이에 대해서 잠시 말해보겠네. 중국인들은 자신의 집에 가구, 식탁, 안락의자, 침대, 걸상, 벤치 등을 놓아두네. 그렇지만 다른 세 민족은 방바닥에 앉아서 식사를 하지. 그리하여 이 민족들은 식탁으로도 사용되는 방바닥을 더럽히지 않으려고 방에 들어갈 때 신을 벗지만 중국인은 그렇지 않네.

조선인들은 선실에서 구세주의 성상을 보았어.

"이 사람은 누구인가요?"

우리가 그들에게 대답하자 그들은 앉았던 자리에서 일어나 엎드려 경건하게 성상에 절을 하기 시작했네. 그사이 전함에 약 조선인이 100여 명이나 몰려들어서 더 이상 들어오지 못하도록 해야만 했네. 그들은 오랫동안 머물다가 돌아갔지.

이 정도면 충분하지만 한 번이라도 해안에 가서 조선 땅을 밟아보아야 했어. 어제 우리 가운데 6~7명 정도가 보트를 타고 한 마을로 향했네. 두 명은 새를 잡을 엽총을 들었고, 세 번째 사람은 권총 두 자루를 챙겨갔지. 해안에서는 빽빽하게 몰려든 무리가 우리 근처에 달라붙어서 마을에 못 가게 하려고 애썼네. 그러나 우리 목적은 단지 마을을 통과해서 들판의 언덕으로 가는 것뿐이라 알려주고는 그들을 손쉽게 밀어 물리쳤어. 우리를 어떻게 할 도리가 없다는 것을 알자 그들은 우리가 내키는 대로 들쑤시고 다니도록 내버려두는 것보다 자발적으로 데려다주는 쪽을 택했지. 우리는 여전히 마을 안쪽으로 가보고 싶었지만 그들은 변두리를 따라 우리를 인도하더군. 우리도 얼마 후에는 폭이 두 걸음밖에 안 되는 그 길로 더 깊이 들어가고 싶은 열의가 사라졌다네.

우리는 두 담장 사이를 걸어갔네. 어떤 시멘트도 쓰지 않고 들쑥날쑥한 돌들로 투박하게 만들어진 담장이었지. 담장 너머로는 짚으로 만든 지붕만이 보였고, 더 이상은 아무것도 보이지 않았어. 이 담장들이 류큐인들에게 있는 같은 종류의 구조물과 얼마나 달랐는지! 류큐인에게는 면밀함, 끈기, 질서, 예술이 있었네. 조선인에게는 나태, 부주의, 무능력이 있을 뿐이야. 조선인들은 실제로 노력을 좋아하지 않는 게 틀림없네. 우리가 담장 너머를 엿보거나 대문 안으로 들어가려고 시도했을 때, 조선인들이 얼마나 소란을 피우던지! 심지어 우리의 옷자락을 잡아 저지시키기도 했고, 때로는 상당히 난폭하게 떠밀기도 했네. 그러나 그러한 행동에 그들의 손을 때렸더니, 그들은 곧장 누그러져서는 통행인들 뒤를 걸어가는 개들과 같이 되었다네. 물고 싶은 욕구에 사로잡혀 있지만 감행하지는 못하는 그런 개들 말이지.

우리가 좁다란 골목길을 통과한 다음 들판으로 나가서 언덕을 오르기 시작하자 그들은 진정했네. 대부분은 우리 뒤를 따라왔어. 매우 친절해져서는 편한 오솔길을 가리키고 우리에게 꽃을 꺾어주었으며 좋은 풍경을 보여주었다네.

우리는 밀과 보리가 자라는 들판을 따라 걸었네. 어딘가에는 벼와 동백나무 관목이 보였으나 수가 매우 적었어. 그 외에는 모두 절벽과 바위였네. 모든 것이 헐벗은 상태였고 빈약하고 우울해 보였지. 주민들이 우리에게 식량을 줄 수 없던 것은 당연한 것이었네. 자신들이 굶어 죽지 않을 만큼의 식량도 없었던 것 같았으니 말이야. 그들은 밀물에 쓸려온 미역을 절여서 먹고 조개도 먹었네. 오늘은 생선 스무 마리쯤과 작은 물통 네 개를 우리에게 가져다주었네. 그리고 노인이 말린 해삼(혹이 달린 바다 연체동물의 한 종류라네.)이 든 종이 꾸러미를 품속에서 꺼냈어. 그에게는 파란 목면 한 필과 눈이 아픈 아들을 위한 눈약을 선물했다네.

섬 북쪽에는 마치 두 개의 호수처럼 두 개의 아름다운 작은 만이 나무들로 에워싸여 있더군. 그곳을 산책하고 나서 우리는 마을로 돌아왔네. 우리의 사냥꾼들은 오는 길에 총으로 새 서너 마리를 잡았어. 해안가에 있는 마을에는 돗자리가 깔려 있었지. 그 위에는 이미 우리 배에 온 적이 있는 두 노인이 앉아 있었네. 우리에게 와서 앉으라고 말하더군. 마을 주민 대부분이 흔치 않은 손님들을 보려고 사방에서 급히 모였네.

그들은 다시금 우리를 세밀하게 살펴보고 옷, 머리카락, 손 피부를 만져보았네. 내 장화를 벗겨서 살펴보더군. 그다음은 긴 양말, 우산, 군모였지. 아바쿰 사제와 고시케비치를 통해 중국어를 써서 대화가 진행되었네.

그들이 우리 가운데 누군가에게 물었네.

"당신들은 몇 살이나 되셨는지요?"

"서른에서 마흔 살 정도 됩니다."

그들이 말하기 시작했어.

"용서하십시오. 우리는 당신들이 예순이나 일흔 살쯤 된다고 생각했습니다."

지극히 동양다운 칭찬이라네. 다음과 같은 말은 상대방을 치켜

세우는 걸세.

"당신은 여든 살쯤 되신 게 틀림없습니다. 당신은 내 아버지뻘이나 할아버지뻘이 되십니다."

우리가 오래 머물 것인지 물었네.

"만약에 오래 계신다면, 우리는 우리나라의 법에 따라서 정부의 이름으로 여러분께 점심을 대접해야 할 의무가 있습니다."

완전히 일본인들과 똑같더군. 그러나 우리는 이틀 후에 떠날 거라 식사 대접을 받을 수 없다고 대답했어.

모인 사람 중에서 나는 양손에 염주를 들고 있는 조선인을 보았네. 불교 승려인 것 같았다네. 그는 머리에 보리수 껍질로 만든 모자를 쓰고 있더군.

1854년 4월 5일

어제는 조금 불쾌한 일이 일어났네. 우리 사람 가운데 세 명이 해안으로 출발했는데, 조선인 무리가 그들을 둘러싸고는 해안에서 더 이상 가지 못하도록 놓아주지 않았어. 조선인들은 그들을 위협하고 심지어는 도랑으로 떠밀기까지 했지. 우리 사람들은 전함으로 돌아와서 이번에는 무장한 수병들을 동반하여 다시 출발했네.

엄준한 조처를 취할 필요가 있었네. 오늘 노인은 이른 아침에 와서 매우 긴 사과문을 썼어. 면장은 사과문에서 일어난 일에 대해 매우 애석하게 여기고 있다고 말했네. 죄인들을 지목할 수 없다는 점을 유감스러워했지. 지목했더라면 그들을 매우 엄중하게 처벌했을 것이라더군. 그는 화내지 말아달라고 부탁하고 조선인들이 네 개의 바다 안쪽, 즉 이 세상에서 일어나는 일에 대해 무지하다고 변명했네. 우리는 면장과 면장을 따라온 사람들에게 차와 보드카, 마른 빵을 대접했어. 그리고 나서 그들과 작별했네. 영원히는 아니더라도 적어도 한참 동안 헤어져 있었다네.

실제로 그들은 네 개의 바다 안쪽에서 무슨 일이 일어나는지 알 방법이 전혀 없네. 유럽인들은 조선을 거의 방문하지 않았거든. 마지막으로 여기에 왔던 사람은 벨처로, 아마 1842년이었을 걸세. 이 사람은 용감한 여행자이자 재치 있는 작가라네. 그리하여 그는 자신의 여행을 생생하게 묘사했네. 세계 일주를 두 번 했으며, 지금은 극지방 나라들을 돌아다니고 있지. 그의 여행은 모험의 연속으로 매번 더 흥미로워지네. 그가 겪어보지 못한 일이 무엇일까? 누구도 그가 겪은 만큼의 폭풍우를 견뎌본 적이 없을 걸세. 홍콩에서는 폭풍우 속에서 돛대를 베어 쓰러뜨려야 했고, 보르네오 섬 어디에선가는 3주 정도 배가 옆으로 기울어져 있다가 외부의 도움

없이 다시 바로 서기도 했네. 진정한 바다 사나이지. 그 외에도 그는 자신의 모험들에 대해서 흥미롭게 이야기했네. 그는 자신의 전함을 타고 도처를 다녔고 조선도 들렀어. 해밀턴 섬도 묘사했네. 그 옆에 있는 커다란 켈파트 섬[145]에도 들렀지. 그의 말에 따르면 이곳에는 도시와 요새들이 있었고, 인구가 많았다는군.

우리 주변의 수평선에는 어느 곳이든 섬들이 흩어져 있네. 조선 군도는 무한하다네. 조선은 항해자, 상인, 선교사, 학자에게 거의 개척되지 않은 넓은 땅이기도 해.

마침내 우리는 극동을 구성하는 네 개의 민족을 모두 보게 되었네. 첫 번째 민족과는 매일 중요한 교제를 나누었고, 두 번째 민족과는 표면상으로만 사귀었으며, 세 번째 민족에게는 손님으로 지냈고, 네 번째 민족은 지나가는 길에 잠깐 보았지. 네 민족은 하나의 가족에 속하네. 몇몇 사람들이 단언하듯이, 예를 들어 일본인들이 그 기원은 아닐지라도 두 번째 탄생인 교육, 문화, 기질, 관습, 부분적으로는 언어, 신앙, 의복 등에서는 쿠릴 섬 사람들에서 유래했다는 걸세.

이 민족들은 모두 용모, 성격, 사고방식에서 어떤 공통된 부분을 공유하고 있네. 다시 말해 주요한 정신적 삶의 특징에 있어서 공통점이 있지. 그럼에도 이 민족이 저 민족과 구별되는 미묘한 차이가 무수히 많다네. 그렇지만 용모는 얼마나 비슷한지! 삶이 얼마나 비슷한지! 나는 매우 기쁜 마음으로 카불인[146], 아프리카 토인, 인도양의 섬들에 있는 말레이인을 바라보았네. 그러나 중국의 구역에서 중국적인 삶의 공통적인 흐름을 주시하고 세목들을 보고 나와 가까워진 인물들을 관찰하며 노련하고 박식한 사람들의 이야기를 들을 때는 깊은 우수에 잠겨 있었지. 카불인, 토인, 말레이인은 모두 파종을 기다린 채 손길이 닿지 않은 들판 같네. 그 반면 중국인과 그들의 친척인 일본인은 다 써버려서 손을 댈 수 없을 정도로 황폐해진 밭 같아. 중국인은 이 가족에서 큰형과 같네. 그들은 동생들에게 문명을 나누어주었지. 이 문명이 어떤 것이고, 어디서 멈추었으며, 어떻게 노쇠하여 소멸했고, 어떤 식으로 지금까지 일본 열도를 포함하여 아시아 대륙의 동남쪽에 있는 수많은 사람의 모든 힘을 지금까지 마비시키고 있는지 자네도 알 걸세.

이 쇠약해진 땅을 소생시킬 수 있는 것은 무엇일까? 부패해버린 많은 힘을 다시금 불러일으키기 위해 새로운 힘이 필요한 것일까? 땅이 그 수명이 다했을 때, 얼마나 다양한 요소가 우리의 작은 유럽 대륙에 모였고, 얼마나 많은 새로운 핏줄이 열렸으며, 그곳으로 신선하고 젊은 피를 들여보냈는지 기억해보게. 보스포루스 해협[147]부터 아라비아 만[148]에 이르기까지 잠들고 무력해진 동양을 흔들어 깨우기 위해 우리와 보다 가까운 곳에서 어떤 작업이 한창 이루어지고 있는지 이제 보게. 이것은 이곳에 있는 수많은 사람에게 어떤 것이 될까? 작업은 이미 시작되었어. 그러나 어려운 작업이고 아직까지는 이렇다 할 열매가 없네. 이 작업은 오래되고 부패한 뿌리와 잡초를 제거하는 것으로 시작되었다네.

중국은 지금까지 살아왔던 방식대로는 더 이상 살아갈 수 없네. 중국은 전진하거나 움직이지 않고, 다만 자신의 쇠약함이라는 짐을 못 이겨 넘어지고는 경련하듯 숨을 쉴 뿐이야. 일치도 없고 완전성도 없으며, 무척 거대한 단일체를 움직이는 데 필수라고 할 수 있는 국가의 조직적인 조건도 갖추고 있지 않네. 정치적인 기반은 민족을 하나의 단일체로 단단히 하지 못하고, 종교의 존재는 몸을 안쪽에서 데우지 못하지.

중국인에게는 국가 기구를 제대로 움직이기 위해 필수적인 세 가지 원칙인 민족성, 애국심, 종교가 없네. 중국인은 존재하지만 민족은 없어. 중국 학자 한 명이 내게 말했듯이, 그들의 언어에는 조국이라는 단어조차 없다네.

이 모든 것은 기이하네. 만약에 브라흐만교를 믿는 인도와 이교를 믿는 이집트를 떠올린다면 전혀 새롭지 않지만 말이야. 이들은 노쇠하였기에, 메말라버린 들판에는 파종을 새로 해야 하듯이, 다른 이들에게 힘과 생명력을 빌려와야만 했지. 자네들은 인도가 어떻게 되었는지 혹은 어떻게 되고 있는지 알 걸세. 이 들판이 새로운 싹을 틔우기 위해서 어떤 파종을 하며 얼마나 어렵게 재생하고 있는지 말이야. 이집트도 마찬가지라네. 중국은 그 두 나라보다 더 노쇠하였기 때문에 스스로 회복할 희망이 거의 없네. 중대한 원칙들이 발전할 때 곧 시들어버리는 몇몇 정신적인 진리를 가지고서 삶을 시작했던 중국인은 소년기가 되자마자 늙어버렸지. 중국인에게 개인적인 원칙과 가정적인 원칙은 발전하고 뿌리를 내릴 수 있었지만 사회적이고 국가적인 삶까지는 성숙되지 못했어. 혹은 언젠가 성숙하여 민중 수가 무한이 증가하게 되면 국가적인 삶은 사라질 걸세. 이 무제한의 증가는 국가의 중앙집권화도 다른 어떤 중앙집권화도 불가능하게 만들어버리기 때문이야.

가족 다음으로 중국인은 자신의 개인사에 충실하네. 신은 너무 높이 있고 황제는 너무 멀리 있다는 러시아의 속담이 중국만큼 들어맞는 곳도 없지. 중국 황제가 자기 손으로 매년 한 번 땅을 경작하고 학자들을 시험하는 정도는 문제가 되지 않네. 중국인은 이것이 농담이고 정부와 민중 사이에는 엄청난 간격이 있음을 알고 있어. 사실 법률이 많으며 그 집행자는 훨씬 많지만, 이것 역시 농담이자 양측 모두 알고서 연기하는 코미디라네. 법률은 오래전에 죽었고 실생활과 동떨어졌어. 그 법률의 자리에는 법률을 없애기 위해 지불해야 하는 지불표가 완전한 체계를 갖추어 대체되어 있네. 그 때문에 중국인은 하고 싶은 대로 하네. 만약 관리라면, 낮은 사람들에게서 뇌물을 받아서 높은 사람들에게 준다네. 만약 군인이라면, 봉급을 받고도 게으름을 피우며 전쟁터에서 도망치네. 그는 자신이 전쟁하기 위해 복무하는 것이라고 생각하지 않고, 자신의 가족을 부양하기 위해 복무한다고 생각하지. 상인은 자신의 상점을 알고 농부는 자신의 밭과 자신의 상품을 팔아치울 사람들을 아네. 그들 모두는 국가의 무사와 복지는 고려하지 않고 행동한다네. 이 때문에 그들에게는 조합도 어떠한 공공기관도 없어. 이 때문에 그들은 이민을 무척 선호하지. 지역 간 교류는 거의 없네. 강과 운하 몇 개를 제외하면 길이 거의 없거든. 만약에 상품을 운반해야 한다면 상인은 사람들을 고용해서 자신에게 필요한 오솔길을 이럭저럭 만들어내네. 중국인은 모든 것에 무관심해. 얼굴에는 권태나 자잘한 일상의 염려들이 보이네. 왜 염려한단 말인가? 앞으로 나아갈 필요가 없는데. 모든 것이 갖추어져 있는데 말이야….

중국인은 황제와 떨어져 있는 것보다 더 멀리 신과 떨어져 있네. 중국의 고대 종교를 믿는 이들은 하늘의 신들에게 감히 기도 하지 못하네. 금지되어 있기 때문이야. 모두를 대신해서 황제가 기도하지. 그리고 불교 신자들은 승려들을 고용하여 기도하게 하고, 그 후에 자신들은 사원 안을 쳐다보지도 않네.

학문과 예술에도 똑같은 사소함과 부동성이 반영되어 있네. 학문은 옛날부터 그대로라네. 진리는 한번 쓰이고 습득되고 나면 절대로 변화하지 않지. 학자들은 혀가 사라지고 없어. 그들은 유아기에 머물러 있어서, 이들과 함께 살지 않으며 건전한 생각을 가지고 살고 있는 평민들에게 조롱거리가 될 뿐이야. 예술가들은 하찮은 일에 전념하네. 나무와 호두나무 껍질을 잘라서 자신의 정원, 정자, 보트를 만들며 500년 전에 그렸던 꽃과 화려한 옷을 그리지. 다른 어디에서도 새로운 것을 찾아 그리려 하지 않네. 독창적인 원천은 모조리 소진되었고, 삶은 그저 조용히 한 방울씩 떨어지는 단조로운 폭포와 닮아 있다네. 그 폭포 소리를 들으며 생기를 찾기보다는 졸고 있는 거지.

그러나 나는 유럽과 중국 사이에 난 좁다란 오솔길을 따라 거닐면서 양측의 손이 어떻게 만나는지 보았어. 장님이 한 손을 내밀고 눈이 보이는 이가 그 내민 손을 잡으려고 찾고 있다네. 나는 유럽의 주택과 중국의 오두막 사이를, 배와 정크선 사이를, 기독교 교회와 우상 사당 사이를 거닐었네.

기독교 사업은 활발히 진행되고 있어. 어떤 배들은 신약성서와 중국어로 적혀 있는 학술서적을 싣고 입항하고, 다른 배들은 거친 것부터 시작하여 미세한 마약에 이르는 온갖 종류의 독을 싣고 입항하고 있지. 나는 총성을 들었네. 양측에서 포탄들을 주고받았거든. 이 모든 것이 어떤 결과로 이어질까? 구원과 독 가운데 무엇이 더 빨리 자리를 잡을 것인지는 알 수 없네. 어찌 되었든 간에 개혁은 시작되었어. 폭도들은 오래되고 정당한 왕조를 부흥시키기 위해 무리 지어 가고 있네. 그들은 스스로 기독교도라고 부르지. 물론 매우 미심쩍기는 하지만 자신들을 절충주의자라고 칭하네. 그러나 그들은 기독교 문명의 기치하에서가 아니면 그들에게 성공이 불가능하다는 점을 드디어 깨달았어. 이것은 많은 것을 의미하네. 그리하여 그들은 동쪽에서도 서쪽에서도, 또 가톨릭 수도사와 개신교도에게서도 아시아 대륙을 건너 잠입한 떠돌이들에게서도 기독교를 받아들였지.

일본인은 좀 더 섬세하고 아마도 좀 더 발전한 민족인 것 같아. 수가 중국인보다 십 분의 일 정도라서 사실 어려운 일이 아니네. 게다가 그들은 자신들의 열도에 갇혀 있지. 통치하는 권력에게도 국가를 조화롭게 지배하는 것이 특별히 어렵지 않네. 정교하게 조직되고 깊이 숙고하여 만들어진 국가 체계는 외부 영향 없이 깨질 수 없거든. 모든 이가 이 체계에 의존하네. 최고 권력까지도 말이야. 이 체계를 부수기 시작한다면, 최고 권력이 첫 번째로 무너질 테지. 중국인은 일본인도, 조선인도, 류큐인도 어린아이다우면서도 노쇠한 자신의 문명으로 전염시켰네. 대륙에 사는 자신들은 일찍이 해방되었던 바로 그 체계 말이지. 일본인은 성장한다는 점에서 볼 때 중국인보다 희망적이네. 일본인들은 체계가 무너진다면, 빠르게 인간성을 얻을 걸세. 성공을 약속하는 담보물은 아직 많이 있다네! 젊은이들은 자신의 것이 이미 모두 발효되어버려서, 이제는 밖에서 새로운 것을 받아들여야 한다는 사실을 인식하고 있어.

일본인 또한 이기주의자라는 점에서 중국인과 공통점이 있네. 그러나 그 관점이 다르다네. 중국인의 경우 국가의 원칙, 중앙 권력에 대한 인식이 없지만, 반대로 일본인에게는 이런 인식이 무엇보다도 우선시되거든. 그러나 단지 공포로 인한 인식이라네. 일본인에게 이러한 인식은 공공의 복지를 촉진하고 싶은 자유로운 갈망과, 그로부터 일어나는 이러한 복지에 대한 염려를 도맡는 권력에 대한 사랑과 감사의 감정에서 생겨나는 것이 아닐세. 일본인은 단지 무서워할 뿐이야. 일본인은 항상 무언가를 두려워하네. 자기 측의 실책이나 비방을 두려워하고, 그다음에 뒤따르는 징벌을 두려워하네. 일본인은 정부 체계가 실수 없이 동작한다는 것, 그가 엄격하게 감시받고 주시당한다는 것, 그가 징벌을 피할 수 없다는 것을 알고 있네. 반면 중국인은 이것에 대해 많이 걱정하지 않는다네. 중국에서는 오래전에 공공의 복지에 대한 무관심과 이기주의에 의해 이 체계가 훼손되어버렸기 때문이지. 중국에서는 사람들이 다른 사람을 두려워하지 않아. 내가 앞서 말했듯이, 부하가 자신의 부하에게서 선물을 받고, 그 부하는 자신의 부하에게서 선물을 받으며, 모두 자신이 하고 싶은 대로 행동하네.

류큐인에 관해서 말하자면 이들이 자신의 가운을 벗어버리고, 대나무 지팡이와 부채를 소총과 군도로 바꾸고, 모두와 같은 사람이 되도록 하는 데 짧게는 15년에서 길게는 20년이라는 많은 시간이 필요하네. 그들은 수가 적고 약하다네. 그들이 아직까지도 두려워하는 일본에서 떨어져 나오기만 한다면, 예컨대 샌드위치 군도에서 그러했듯이, 모든 것이 빠르게 바뀔 걸세.

이것이 중국에 대해 읽고 들은 것을 회상하면서 내가 이 민족들의 생활을 열심히 살펴보았을 때, 내 머릿속에 든 생각이었네! 어쩌면 중국 학자, 특히 중국 애호가들은 이런 견해에 강하게 반박할지도 몰라. 내 말이 절대적인 진리라고 단언하지는 않겠네. 그저 내가 그렇게 여겼다는 걸세….

내일은 닻을 올리고 일주일 예정으로 나가사키에 간다네. 그

다음에는 조선 해안을 지나 사할린 쪽으로 계속 가서 우리 영토로 들어갈 예정이지. 지금은 그곳으로 가기에는 이르네. 아직 얼음이 남아 있을 시기거든. 심지어 이곳 북위 34도 아래인 조선 남해안에서도 이 시기의 우리네 페테르부르크만큼이나 춥네. 그렇다면 어떻게 해서 서쪽의 같은 위도에 있는 마데이라 섬은 작년 1월에 더웠단 말인가. 여기는 동쪽인데 말이지.

우리 수송선도 바로 4월 2일에 우리와 함께 해밀턴 섬에 도착했다고 말하는 것을 잊어버렸네. 유럽에서 온 소식은 우리가 마닐라에서도 들었던 것과 여전히 똑같은 것이었어. 그 대신에 상하이에서는 새로운 소식이 많았네. 내가 유럽인들의 개입 없이는 일이 잘되지 않을 것이라고 예견했었지. 실제로도 그랬다네. 타우타이의 군대가 커다란 폭동을 일으켰네. 그들은 기강이 잡히지 않은 부랑배 무리거든. 군대라기보다는 차라리 강도에 가깝네. 상하이에서 저녁에 걸어 다니는 것이 안전하지 않게 되었어. 진영에서 나온 군인들이 유럽의 구역으로 무리 지어 와서는 행인들을 습격하곤 했기 때문이야. 어느 날 저녁에 그들은 아내와 산책하던 한 영국인을 공격했네. 그들은 영국인의 부인을 자신들의 진영으로 끌고 가려 했지. 그 영국인은 아내를 지키려다 열한 군데 상처를 입었어. 그중 한 군데는 상당히 위험한 것이었다네. 때마침 다른 유럽인들이 도우러 뛰어와서 부랑배들을 쫓아버렸네. 이 일은 모든 영국인과 해군, 젊은 사무원이 들고 일어나도록 만들었지. 그들은 소총과 권총으로 무장하고, 심지어는 대포도 하나 가지고 나와 진영을 향해 몇 개의 유탄을 던지고 많은 이를 사살했네. 이후 모든 유럽 영사와 미국 영사가 타우타이에게 가서 자신의 진영을 철거하고 다른 쪽으로 옮기라고 통보했네. 이제 포위된 도시와 유럽의 구역 근처는 모두 깨끗해졌다네. 그러나 유럽인들은 이미 자신들이 안전하다고 여기지 않게 되었어. 그들은 무리 지어 그리고 무장한 상태가 아니면 다니지 않네. 자신의 사무소 책상 앞에 앉아 있는 상인들 옆에는 장전된 연발 권총이 놓여 있지. 이 모든 것이 어떻게 끝날지는 신만이 아실 걸세.

오늘 떠나려고 했는데 역풍이 불었네. 우리는 금식을 하고 있네. 사순절 기간이거든.

1854년 4월 7일~1854년 4월 9일

우리는 이튿날인 4월 7일 오후 세 시에 떠났어. 그리고 9일 두 시에 나가사키항에 닻을 던졌네. 가는 길은 훌륭했다네. 강을 가는 것처럼 조용했지. 일본인은 우리가 그렇게 빨리 도착했다는 사실을 믿으려고 하지 않았네. 기껏 290킬로미터일 뿐인데 말이야.

상급 바니오스인 오이에사브로스키는 우리 모두를 다시금 보게 되자 큰 소리로 웃기 시작했네. 부분적으로는 만족감 때문이고, 부분적으로는 우둔함 때문이었어. 키치베는 보트를 타고 포병 중대 쪽으로 접근하지 말아달라는 나가사키 현지사의 부탁을 우리에게 전달해주면서 예전처럼 무릎을 꿇고 신음소리를 내며 히스테릭하게 웃기 시작했지.

키치베는 일본 당국에서 우리에게 공고할 말이 없는지 묻는 현지사에게 우리의 질문에 대해 다음과 같이 대답했어.

"에도에서… 대답은… 받지 못했습니다."

다른 통역관인 에이노스케는 에도에 있으면서 미합중국 사람들의 일을 봐주고 있었네. 우리는 이 사람들이 교섭을 평화롭게 진행시키고 있다는 것, 우리와 똑같이 그들이 산책할 때 보트들이 동행하고 해안에 가지 못하게 한다는 것 등을 알게 되었지. 그들의 기선 하나가 얕은 여울에 좌초하여 항구에서 가라앉기 시작할 뻔했다는 것 또한 알게 되었네. 미국 사람들이 일본 보트들로 뛰어들어 뚫린 구멍을 제시간에 막았다고 해. 미국인들은 에도에는 가지 못하고 에도의 만까지만 가보았네. 만은 물이 얕아서 배를 타고는 에도 쪽으로 약 30베르스타 이내로 접근하는 것이 불가능했다더군.

그런데 마닐라에 있을 때 나는 영국 신문인지 미국 신문에서 에도의 가옥과 사원을 그린 그림을 본 적이 있어. 아마도 페리 함대의 장교가 모사한 것 같았는데, 지볼트의 그림들을 모사했다고 쓰는 것을 잊은 것 같더군. 미국인들이 일본에서 거둔 성공과 통상 조약에 대해 신문들이 얼마나 떠들어댔는지는 더 이야기하지 않겠네. 일본은 그들에게 항구를 세 군데 개방했어. 이것은 아마도 사실일 걸세. 물, 석탄, 식량을 공급하기 위해 항구를 열었기 때문이지. 그러나 진정한 통상적인 교역에 이르려면 아직 한참 남았네. 일본에서 우리가 거둔 성공에 대해 소란스럽게 외치고 그러한 성공담을 각별하게 소개했다면 어땠을까? 오래전부터 그곳에서 교역을 하고 있었을 테지.

현지사가 식량을 네덜란드인을 통해서가 아니라 직접 제공하기로 결정했네. 게다가 공짜로 말이야. 이 모든 결정은 식량 배달이 가능한 한 교역과 비슷해지지 않도록 하기 위함이라네. 일본인들은 자신들이 저지른 첫 번째 실책을 만회하고 싶은 두려움이 있었네. 한마디로 현지사가 우리에 대항하는 자신의 조치를 가지고 일본 당국에 아첨하여 승진하고 싶던 거지. 이 사람은 두 번째 현지사인 미즈노로, 지금까지도 첫 번째 현지사인 오보사바의 후견을 받는 듯 행동하고 있었네. 첫 번째 현지사인 오보사바가 대리인들과 함께 에도로 떠났기에, 두 번째 현지사인 미즈노는 자신이 혼자서도 운영할 줄 안다고 보여주고 싶던 걸세. 그러나 우리는 식량을 예전처럼, 즉 돈을 지불하고 네덜란드인들을 통해서 받고 싶다고 현지사에게 통보했네. 그러나 만약 일본인들에게 직접 받게 된다면, 일본인들이 식량을 줄 때마다 그에 준하는 선물을 받는다는 조건에서만 가능하다고 통보했지.

그러한 방식은 현지사를 몹시 놀라게 하였네. 직접 교역과 무척 유사했기 때문이었어. 어떻게 할 도리가 없었네. 현지사가 통역관들이 헷갈렸다는 말을 전해왔어. 이것은 그들이 무슨 수단을 시도해보았는데 잘되지 않았을 때 흔히 하는 변명이지. 현지사는 예전처럼 네덜란드인들을 통해 식량을 배달하는 것에 동의하고, 식량의 일부를 선물로 받아줄 것만을 부탁하며, 그렇게 하면 그도 답례 선물을 받을 준비가 되어 있다고 전해왔네. 그는 어제 일본 보트들이 갑자기 우리 보트들의 항해를 방해하고 압박하려 했던 것에 대해서는 한마디도 꺼내지 않더군. 그때 우리 보트들은 어쩔 수 없이 떠밀려가고 있었다네. 결국 젤료느이가 자신의 보트를 가지고 그들의 보트들 사이로 돌진했네. 그로 인해서 보트 한 척은 뱃머리가 떨어졌고 그것을 전함으로 날라서 가져왔지.

밤 열두 시가 넘어서 오이에사브로스키가 이 사건을 해명하러 왔다네.

나가사키가 이번에는 무언가 슬퍼 보였네. 언덕 위의 녹음은 창백했고, 나무들의 녹음은 초췌했으며, 날씨 또한 추웠어. 4월은 우리네 북쪽에서 이 시기에 나타나는 날씨보다 춥다는 말은 할 필요가 없겠지. 우리는 얇은 외투를 입고 다니기 시작하는데, 이곳에는 아직 겨울 공기가 있네. 그리고 어제 키치베는 한 달이 지나기 전에는 따뜻해지지 않을 것이라는 말을 하더군.

1854년 4월 11일

오늘은 부활절이야. 의무적으로 예배를 드렸네. 세 개 선박 모두에서 아침 예배를 드리러 사람들이 모였어. 그다음에는 성찬예식이 있었네. 나가사키에서 계란을 주문하여 색칠하고 부활절 인사를 나누었다네. 식탁에는 돼지 허벅지 고기, 로스트비프, 부활절 원통 케이크가 올랐어. 명절은 명절이지. 육지에서처럼 말이야!

1854년 4월 12일

무리 지어서 식량을 날랐네. 오늘은 오이에사브로스키와 통역관들을 점심 식사에 초대했지. 그러나 그들은 두 시에 오는 대신에 다섯 시에 왔네. 나는 그들을 보지 못했어. 많이 먹었다고들 하더군. 오이에사브로스키는 생전 처음으로 고기를 먹어보았고, 또한 처음으로 겨자 가루를 보더니 다른 사람들이 그에게 경고할 틈도 없이 갑자기 한 숟가락 통째로 먹어버렸다네. 그는 이마가 빨개지더니 눈물을 흘렸다는군. 현지사에게는 그의 선물에 대한 보답으로 나사지 14아르신, 청동 주전자인 사모바르, 소금에 절인 고기한 통을 보냈네. 모레에는 출범하여 시베리아 해안으로 가고 싶어하고들 있어.

1854년 4월 14일

어제는 남은 식량과 현지사가 보낸 작별 선물들을 날라 왔네. 푸른 채소와 새 등이었어. 일본인들은 제독의 선실에서 차를 마셨네. 그들에게 선물해준 주전자 사모바르를 어떻게 사용하는지 보여주었지.

저녁이 되자 우리 수병들은 춤추고 노래했네. 많은 일본의 서민, 사공, 하인들이 보트에서 모였어. 그들은 두 사람이 마치 어려운 작업을 하는 것처럼 오랫동안 맹렬하게 춤추는 것을 놀라서 입을 딱 벌리고 쳐다보았네. 한 명은 키잡이인데 위로 말아 올린 아마색 콧수염에 엄하고 미소 짓지 않는 얼굴을 하고 있었고, 다른 한 명은 검은 볼수염이 있는 중년의 수부장으로, 양손에 딸랑이를 갖고 있었지. 한 명이 힘들어서 장승처럼 멈추자, 다른 한 명이 바로 그 순간에 깡충깡충 뛰기 시작했네. 처음에는 조용히 뛰다가 점점 빠르게 뛰었네. 그는 아래쪽을 보면서 다리를 번갈아가며 옮겨놓았어. 그다음에는 재빠르게 쓰러졌다가 무릎을 구부리고 뛰어올랐네. 가끔 소리치기도 했지. 합창단은 노래를 불렀네. 나머지 사람들은 모두 말없이 진지하게 보고 있었어. 일본인들은 떠나지 않았네. 끝난 후에 그들도 노래를 부른 사람들이나 춤춘 사람들과 마찬가지로, 미소를 짓지 않고 말없이 흩어져 갔다네.

1854년 4월 15일

어제 일본인 한 사람이 내 방에서 마닐라산 짚으로 만든 시가 상자를 보았어. 오랫동안 그것을 감상하길래 나는 선물로 주겠다고 했네. 그는 처음에는 거절하더니, 내가 간청하자 나중에는 그것을 받아서 품속에 넣었네. 나와 포시예트는 그가 선물을 받기로 결심한 것에 놀랐네. 게다가 다른 사람들도 보고 있었는데 말이지. 그러나 놀라움은 곧 사라졌다네. 선실로 돌아온 우리는 일본인들이 앉아 있던 소파에서 그 시가 상자를 발견했거든. 재미없는 민족이야. 아무것도 물을 수가 없네. 물어보면 거짓말을 하거나 입을 다물 테니까 말이지. 키치베는 병이 나서 오지 않았네.

우리가 물었어.

"그가 무슨 병에 걸렸나요?"

그의 아들은 그의 위가 상했다고 말했고, 다른 일본인은 머리가 아프다고 말했으며, 또 다른 이는 다리가 아프다고 말했네. 그리고 이튿날 그 자신은 목구멍이 아팠다고 말했지. 실제로도 기침을 했네. 그들에게 무엇에 대해서 묻든지, 그들의 첫 번째 행동은 말하지 않는 걸세. 두 번째는 거짓말이고. 탈레랑[149]이 처음에 마음 가는 대로 행동하지 말라고 했듯이 말이네. 이런 행동이 가끔 좋을 때가 있기 때문이야.

언젠가 일본인들에게 이렇게 물어본 적이 있네.

"당신네 나라에서 첫 번째 가는 교역 도시가 어디인가요?"

그들이 대답했어.

"오사키입니다."

다른 이는 일본 서해안에 있는 야시코[150]라고 했고, 또 다른 이는 미아코라고 했으며, 네 번째 사람은… 그들은 너무 많이 말했다는 것을 갑자기 깨닫고는 소심하게 입을 다물어버리더군. 나는 오이에사브로스키에게 입체경[151]을 보여주었네.

나는 독일어, 영어, 네덜란드어를 섞어서 통역관을 통해 그에게 물어보았지.

"일본의 경치를 보고 싶습니까?"

아마도 지볼트[152]에게서 가져온 것 같은 어떤 풍경을 보여주었어.

게이스트르의 통역관 혹은 첫 번째 나라바이오시라고도 부르는 자가 놀라워하면서 말했네.

"피란도, 피란도[153]예요!"

피란도는 예전에 포르투갈인과 스페인인들이 교역을 하던 소도시로서, 나가사키보다 서쪽에 있네. 오이에사브로스키가 화를 내면서 그에게 재빠르게 무슨 말을 하더군. 그러자 그 사람은 겁에 질려서 입을 다물었네. 어디서나 그리고 사소한 일에서도 체계적인 거짓과 은폐가 난무하다네. 그 은폐는 일본으로 들어가는 길을 내주는 걸 항상 두려워하는 데서 나오는 걸세. 마닐라에서 이야기를 나눌 때 일본이 곧 개항할 것이라는 말에 프랑스인 주교가 한 대답이 아직 내 귀에 울리는 듯하네.

"대포의 도움으로요. 신사분들, 대포의 도움으로 말입니다."

오늘 일본인들이 다시금 답례 선물을 받고는 떠나갔네. 그 순간에 우리는 닻을 올리고 있었지. 스쿠너는 일본과 가장 가까운 섬들을 측량하기 위해 갈 것이고, 그다음에는 상하이로 갔다가 시베리아 해안 쪽으로 갈 걸세. 그러나 그 전에 조선 해안 쪽에 들르려는 것 같네. 수송선이 우리와 함께 갈 예정이야. 전권대리인들이 아니바로 와서 교섭을 계속하자는 초청장을 에도로 보냈네.

내가 잊고 말하지 않은 것이 있네. 우리가 떠난다고 알리자 현지사는 끔찍이도 기뻐했다네. 기뻐서 많은 감자, 생선, 니스 칠한 탁자, 상자를 선물로 보내왔어. 그에게 탁상시계를 답례 선물로 보냈네. 그러나 우리가 떠나면서 에도에 가지 않는다고 전한 것이 그에게는 무엇보다 중요한 선물이 되었지.

오이에사브로스키가 내게 물었네.

"집으로 곧 돌아가실 건가요?"

별안간 나를 붙잡고 싶은 모양이야.

"일본에서 할 일이 끝나면 갈 겁니다. 그런데 당신은 에도의 부인에게 언제 가나요?"

"모릅니다. 정해지지 않았습니다."

거짓말이네. 필시 자신이 떠나는 시간, 요일, 분까지 알고 있을 거야. 그러나 진실을 말할 수 없네. 왜 거짓말을 하는 것일까? 어쩌면 사실 그 까닭을 그도 모르고 있을 수 있다네. 거짓말은 일본인들에게 어떠한 이익도 가져다주지 않네. 거짓말에 대한 답변으로 그들 자신에게 더 많은 거짓말이 되돌아오기 때문이지. 되로 주고 말로 받는 것이 당연하네. 우리가 도착하자마자 일본인들은 귀찮을 정도로 자세히 캐묻기 시작했어. 우리가 어디에 들렀는지, 지금 어디서 오는 길인지, 어떤 해안에 상륙했는지 등을 말이네. 류큐 섬과 바탄 섬에 들렀다고 대답해주었네. 그랬더니 그들은 바탄 섬이 어디에 있는지 찾기 시작하더군. 어제는 지도에서 찾지 못하겠다고 고백하더니, 그곳을 가리켜달라고 부탁했네. 일반 지도에는 이 섬 이름이 표기되어 있지 않네. 전체 군도가 바시라는 공동의 이름으로 불릴 뿐이지. 해군 지도에서 그 섬을 보여주었네. 그들은 섬의 형태를 베껴 그리더군. 물론 다음에 에도에 자세히 보고하기 위해서라네! 이렇게 서로 간의 거짓에는 끝이 없네. 일본인들이 스페인인들을 의심하고 오래전부터 증오하는 것을 알기 때문에 우리는 마닐라에 들렀다는 것을 그들에게 말하지 않았어. 우리가 루손 섬을 방문한 것을 안다면, 그들이 어떤 결론을 내릴지는 신만이 아실 걸세.

그러나 사흘째 되는 날 그들은 도시에 대해서 이야기하다가 어쩌다 그랬는지 몰라도 다시금 입방정을 떨어버렸네. 일본 열도 서해안에 있는 야시코인가 예시코라고 하는 곳이 일본에서 가장 부유한 도시 가운데 하나이며 그 맞은편에 있는 사도 섬에는 광물자원이 끝없이 풍부하다고 말한 거지. 이제 제독은 가는 길에 그곳에 들르고 싶어 한다네.

1854년 4월 16일

벌써 이틀째 고토 열도와 열도를 둘러싸고 있는 암석들의 주위를 돌아가고 있네. 해안을 측량하고 있는데 조류가 방해하더군. 조류가 우리를 한쪽으로 휩쓸어 가버리고 있어.

다음과 같은 중국 속담이 괜히 있는 것이 아니었다네.

"일본 제품들은 좋지만, 고토를 돌아가는 것은 힘들다."

특히 중국 선박에게 힘든 일이야. 고토의 섬은 모두 다섯 개인 듯하네.

무풍상태이고 날씨가 매우 좋았네. 화창하고 따뜻했지. 우리는 해안가에서 이쪽저쪽으로 항해하였네. 우리 일행은 고토에서 해안의 방위를 측정했어. 멀리서 일본의 보트들이 보였네. 해안에는 식물이 하나도 없더군. 수많은 빨간 생선알이 마치 벽돌 가루를 빻아놓은 것처럼 얼룩덜룩하게 바다의 이곳저곳을 뒤덮고 있었네. 이 생선알은 밤마다 참을 수 없을 정도의 인광을 내며 번쩍였어. 어제는 그 빛이 너무 강해서 배 아래서 마치 화염이 뿜어나오는 것 같더군. 심지어 돛에도 붉은빛이 비쳤고 뒤 갑판의 뒤에서는 넓게 불타는 길이 뻗어나갔네.

1854년 4월 18일

쓰시마 섬을 통과했어. 날씨가 좋을 때, 이 섬에서는 조선의 해안도 보이고 일본의 해안도 보이네. 여기저기에 어부들의 쪽배가 떠다니고, 그 외에는 아무것도 볼 수 없지. 이 바다에는 활기가 없고, 모든 것이 죽은 듯하네. 일본인들이 말하기를, 조선인들은 드물게 그것도 우연히만 그들에게 들른다고 하더군. 물건을 팔거나 사간다고 하네.

그런데 일본과 조선이 이렇게 가깝고 이 두 나라 모두 상하이와 가까우니, 이곳이 유럽의 교역과 항해에 있어서 광활한 터가 될 수도 있지 않을까! 조선은 일본에서 160킬로미터 정도 떨어져 있고, 더 멀리 북쪽까지는 280킬로미터에서 320킬로미터 정도 떨어져 있다네. 즉 175베르스타, 300베르스타, 350베르스타 떨어져 있는 거지. 그리고 일본에서 상하이까지는 700베르스타가 조금 넘네. 영국에서 일본으로 가는 우편은 동인도를 거쳐서 두 달 만에 갈 수 있네. 이 나라들이 하나의 고리로 결합되어 유럽으로 편지와 상품 등을 보내는 날이 곧 올까? 그때가 되면 일본의 해안을 일본 본토와 쓰시마로 가르는 이 만에는 활기찬 삶이 용솟음칠 걸세! 이 해양 민족들에게 그런 의지가 생겨나기를 바랄 뿐이네!

1854년 4월 19일

오늘 무풍이 거의 폭풍으로 돌변했네. 처음에는 동북쪽에서 돌풍이 불어닥치더니, 그다음에는 계속해서 신선한 바람이 불더군. 마침내는 그 바람이 강풍으로 바뀌어서 돛을 네 개 감았네. 요동이 이상했다네. 대각선 방향으로 요동쳐서 무척 불쾌했지. 바다에 익숙한 이들조차 약간 멀미할 정도였어. 그래도 나는 멀미를 하지 않았네. 머리는 조금 아팠어. 아마 배가 흔들리는 것 때문이었던 것 같네. 저녁과 밤에는 잠잠해졌다네.

1854년 4월 20일, 21일

어제와 오늘 우리는 조선 반도에서 2베르스타 정도 떨어진 북위 36도로 갔네. 뒤 갑판에서 조선 반도를 측량했으나 볼 만한 것이 아무것도 없었어. 전부 얼마 안 되는 풀과 나무로 여기저기가 덮여 있는 황량한 해안들이었네. 드물게 마을들이 보였는데, 그곳에는 해밀턴에서와 같이 똑같은 오두막들이 그곳처럼 딱 붙어서 무리 지어 있더군. 해안 여기저기에 주민들이 거닐고 있었어. 바다에는 보트가 많았는데 필시 어선인 것 같았네.

저녁 다섯 시쯤 작은 만에 닻을 내렸어. 조선 해안 지도는 기껏해야 한두 개밖에 없는데 부정확하다고들 하네. 실제로 갑자기 북쪽에서 해안이 나타났지만, 지도에는 그곳이 없었지. 밤에 잘 모르는 해안 옆을 계속 가는 것이 용이하지 않아, 우리는 새벽까지 멈추어 서 있었지. 바람은 북쪽으로 부는 순풍이었네. 날씨는 따뜻했고 해가 났어. 우리 보트 하나가 해안에 닿자, 주민들이 해밀턴에서처럼 뛰어나와서 법석을 떨며 우리를 맞이했네. 즉 우리를 들여보내지 않기 위해 몽둥이를 들고 무리 지어 해안으로 나오려 하다가, 우리 가운데 몇 명이 가진 총을 보고는 옆으로 비켜서 길을 터준 걸세.

그들이 중국어로 종이에 썼네.

"당신들은 어떤 사람들입니까? 어느 국가, 도시, 마을의 사람들입니까? 어디로 가는 것입니까?"

보트에 탄 이들 중에는 아무도 중국어를 하는 사람이 없었기에, 그들에게 러시아어로 전함의 이름과 연, 월, 일을 적어주었네. 주민들은 손짓으로 물을 얻기 위해 온 것이 아닌지 물었다네. 아니라고 대답해주었고 결국 우리는 흩어졌네.

1854년 4월 25일

계속 조선의 해안뿐이야. 측량을 계속하였네. 북위 39도에 있던 우리는 더 나아갈 수 있었으나, 이틀 동안 역풍이라서 한 장소에서 헛되이 흔들거리고 있었네. 해안은 안개 속에 숨어 있었어. 어제는 해안이 갑자기 다시금 모습을 드러냈다네.

조선에 대해서 쓰여 있는 것은, 겨울에 무척 춥고, 여름에는 무척 더워서 척박하고 가난하다는 걸세. 그런 모양이야. 조선의 해안은 이 말을 더할 나위 없이 잘 증명해주네. 북위 37도부터 해안에는 산이 많았고, 저 멀리에는 산봉우리가 아주 많이 보였네. 이 산이 저 산보다 더 높았고 굴곡이 많은 산등성이가 있어서 보면 울적했지. 산봉우리마다 여기저기에 눈인지 모래인지가 하얗게 보였네. 바다에 가까운 해안은 지대가 낮고, 모래로 덮여 있었으며, 텅비어 있었네. 초목이라고는 빈약한 풀뿐이네. 관목이 군데군데 있더군. 여기저기에 조그만 마을들이 서로 붙어 있었네. 해안가에서는 가끔씩 보트들이 침울하게 미끄러져 가고 있었어. 아마도 하루양식을 구하기 위해 물고기, 해삼, 연체동물을 잡는 것일 테지.

오늘 갑자기 그중 한 척이 우리 쪽으로 향했네. 보트에는 조선인이 일곱 명 정도 타고 있었는데, 모두 지저분한 흰색 가운을 걸치고, 똑같은 윗옷과 조끼를 입고 있었어. 다들 솜을 넣은 같은 색의 헐렁한 바지를 입고 있었는데, 한 명은 모자를 썼더군. 멀리서우리는 그들이 외치는 소리를 들었고 그들에게 갑판으로 올라오라고 알려주었네. 그러나 그들의 방문이 기쁘지 않았어. 의사소통이 불가능했거든. 그들은 중국어로 말을 할 줄도, 글을 쓸 줄도 몰랐네. 게다가 모두 취해 있었지. 수병들이 무리 지어 그들을 둘러싸고는, 그들이 입은 가운과 한 다발로 모아 묶은 머리카락을 보면서 여러 가지를 지적했네.

한 수병이 다음과 같이 말하는 것을 들었어.

"리투아니아인보다 못한걸!"

다른 수병이 반박했지.

"리투아니아가 다 뭐야, 체르케스인[154]보다 못해! 이런 민족이 있다니!"

마른 빵을 주자 그들은 떠나갔네. 그들 가운데 한 명이 떠나면
서, 그들과 중국어로 의사소통하고자 시도해보려 했던 고시케비
치를 껴안고 입을 맞추었어. 우리는 웃었고 가여운 고시케비치는
부탁하지도 않은 다정한 행동의 흔적을 어떻게 닦아내야 할지 몰
라 하더군.

우리는 브로튼[155]의 지도를 검사하는 작업을 열심히 진행 중이
었네. 브로튼은 지난 세기 말에 밴쿠버[156]와 함께 여행을 한 사람
으로, 다만 탄 배만 달랐네. 밴쿠버는 아메리카의 서쪽 해안들을
측량했고, 브로튼은 아시아 대륙 근처를 다녔지. 브로튼은 류큐
제도의 메지코시마 섬 부근에서 난파당했는데, 지역 주민들이 그
를 구조하고 잘 맞이해주었네. 그의 지도는 부정확해서 끊임없이
수정해야 했어. 조선의 형태는 지금까지 여러 지도에서 통상 보아
왔던 것에 비해 현저하게 달라져야 할 것 같더군. 어제 브로튼의
지도에 표시된 작은 만을 찾아 계속 들어갔지만, 그 위도에서 찾
을 수 없었네. 그 대신에 더 북쪽에서 커다란 만이 나타났어. 만을
들어가기 전에는 어느 정도까지 거대할지 상상하지 못했네. 그 만
은 작은 섬으로 가득 차 있더군. 우리가 전진할수록 작은 만이 점
점 새로이 나타났네. 수심은 어느 곳이든 깊더군. 우리는 만의 중

심부에 있는 바위섬의 암초 절벽으로 들어가서 닻을 내렸지. 바다는 이미 볼 수 없었네. 사방이 해안으로 막혀서 보이지 않았어. 파도에서 안전했지만, 만 안쪽의 바다는 매우 넓었네. 군함대나 상선단 전체가 정박할 수 있을 정도였어. 사방에서 곶이 우리를 바라보고 있었네. 이곳저곳에 작은 만과 절벽이 보였네. 여기저기에 홀로 버려진 민둥 바위들이 보였지. 이 모든 것이 나가사키와 조금 비슷해 보였네. 다만 해안이 그렇게 푸르지 않았고, 멀리서 보이는 것처럼 그렇게 침울하지도 않았어. 3~5킬로미터 거리에서 빈약한 이끼처럼 보였던 녹음은 가까이서 보니 나무와 관목이었네. 파종이 잘되어 있었고, 때로는 산비탈에, 때로는 바로 해안가 근처의 모래톱 얕은 여울 근처에 작은 마을이 있었다네.

오늘은 점심 식사 후 네 시 넘어 다섯 명이서 해안으로 갔네. 주전자 사모바르, 어망, 총을 챙겼어. 마침내 우리는 유럽인이 아마 한 번도 발을 디뎌보지 않았을 해안에 들어섰네. 선교사들은 멀기도 하고, 또 텅 비어 있는 이곳에 올 이유가 전혀 없었을 걸세. 브로튼은 다른 만을 이야기하고 있거나, 해안 쪽을 둘러보기만 하고 아마 상륙하지는 않았던 것 같네. 상륙했더라면 그 만에 대해 정확하게 묘사했을 테지.

우리 보트는 높은 언덕의 기슭에 있는 모래톱에 멈추어 섰네.

고기 잡는 그물이 장대에 걸려 펼쳐져 있었고, 폭이 2아르신 정도 되는 하천이 흘렀어. 해안 전체에 조개껍데기가 흩어져 있었네. 마을 근처에는 소나무 말고도 다양한 나무가 자라고 있었는데, 이제껏 어디서도 보지 못한 나무들이었네. 어떤 나무는 잎이 녹색이 아니라 잿빛이고, 다른 나무는 어린 레몬 나무처럼 선명한 녹색이었지. 잎사귀가 하나도 없는 나무들도 있었는데, 저주받은 무화과나무처럼 말라버린 회색빛 줄기와 가지만 있더군. 그런데 이 회색 줄기와 가지에 종이 다른 관목들이 자라나 가장 신선한 봄의 신록을 피우고 있었네. 아름답고 기이했어. 마치 볼에 빨갛게 연지를 바르고 곱게 차려입은 노파처럼 부자연스럽고 과장되어 보였다네.

유감스럽게도 이번 일행에는 우리 배의 자연애호가 가운데 아무도 있지 않아서 이 나무들에 대해 물어볼 사람이 없었네. 우리는 밀물로 질척해진 모래를 따라서 오두막 쪽으로 갔어. 오두막들은 우리가 아까 그 나무 아래에서 본 것들이라네. 주민들이 멀리서 무리 지어 모여 있었네. 네 명이었는데, 한 노인이 긴 지팡이를 짚고 있더군. 그들은 풀 위에 나란히 앉아 있었어. 아마도 예법을 갖춘 영접, 연설, 환영인사 같은 것을 준비하는 듯했네. 유아는 누구나 과장된 것, 겉치레 장식, 거드름 피우는 것을 좋아하지. 하지만 우리는 그들을 대충 훑어보고 고개를 한 번 숙인 후에 무관심하게 해안을 따라 마을 쪽으로 계속 갔네. 우리를 얼마나 야만인으로, 막돼먹은 놈들로 생각했을지! 그들은 온갖 점잔 빼던 것은 잊고, 고함과 아마도 욕설 같은 것을 하며 우리 뒤를 따라왔네. 그러면서 우리에게 마을로 들어가지 말라고 신호를 했어. 그러나 우리는 그곳으로 가려고 하지 않았네. 그저 우리를 막아선 산까지 해안을 따라서 갔을 뿐이야.

한편 오두막에는 진흙을 발랐더군. 해밀턴에서와 달랐네. 아마도 이곳의 겨울은 장난이 아닌 모양이야. 지금은 아직 따뜻해서, 우리는 프록코트를 벗고 조끼만 입고 다녔네. 해가 서쪽으로 기울기 시작했는데도 참기 힘든 더위였지. 조선인들은 우리를 따라왔네. 그들은 키가 크고 건장한 민족으로, 얼굴과 손이 거칠고 검붉어 운동선수들 같았네. 일본인처럼 행동거지가 나약하거나 꾸미거나 간교하지 않고, 류큐인처럼 겁이 많지도 않으며, 중국인처럼 셈이 빠르지도 않았네. 이 민족에게서 좋은 군인들이 나올 법도 한데 조선인들은 중국의 학문에 감염되어 시를 쓴다네! 아바쿰 사제는 종이에 중국어를 써서 우리가 러시아인이고, 해안에 산책하러 왔으며, 당신들의 아무것도 건드리지 않을 것이라고 알렸어.

한 명이 글을 다 읽고 나서 질문을 썼네.

"러시아인들이여, 무엇 때문에 당신들은 돛을 펴고 바람이 이끄는 대로 우리 땅에 오게 된 건가요? 그리고 모두 건강하고 안녕하신지? 우리는 천하고 평범한 사람들이나, 보기에 당신들은 특별하고 높은 사람들 같소."

이것을 전부 시로 썼다네.

나는 크류드네르 남작과 함께 앞으로 갔기 때문에 그들에게 뭐라고 답을 해주었는지는 모르네. 조선인들은 우리가 멈추어 서자마자 즉시 우리를 에워쌌어. 그들 역시 해밀턴의 주민들처럼 우리 옷을 매우 호기심에 차서 살펴보고, 손과 머리, 다리를 만져보며 자기들끼리 활발하게 중얼거리더군.

한편 우리 일행은 어망을 던져 넙치 한 마리, 불가사리 한 마리, 해삼 한 마리를 잡았네. 갑자기 강한 서북풍이 불어오기 시작하더니 무더위를 순식간에 한기로 바꾸어버렸는데, 나는 간신히 프록코트를 걸칠 수 있었어. 산은 조각난 구름들에 덮였고, 바닷물이 들끓기 시작했으며, 파도가 일렁이더군.

우리 주위에 커다란 오리, 붉은 코 도요새, 갈매기, 비둘기와 함께 많은 작은 들새가 바닷가를 따라 무리 지어 날아다녔네. 때로는 여기에서 때로는 저기에서 총성이 울려 퍼졌고, 그것들이 저녁 식사에 훌륭한 요리로 나왔지. 그렇지만 나는 어떻게 하면 좀 더 빨리 전함으로 돌아갈 수 있을지에 골몰했다네. 아직 차를 준비한 이가 아무도 없었는데, 해는 벌써 지고 있었어. 우리는 프록코트 말고는 아무것도 없었는데, 모피 옷을 입을 만한 추위가 닥쳤으니. 초원에서는 말들이 풀을 뜯어 먹고 있었어. 키가 망아지만 했네. 아니 망아지가 아니라, 다 자란 말들이더군. 우리는 뿔 있는 가축의 발자국과 짐마차의 바퀴 자국을 보았네. 아마도 조선인은 살림을 잘하는 듯해.

나는 해안을 따라 대형 보트가 있는 쪽으로 걸어가기 시작했네. 보트가 곶 너머 거의 바다 쪽으로 가버렸기 때문에 3베르스타 정도를 걸어가야만 했지. 오래지 않아 실리펜바흐 남작과 고시케비치가 합류했네. 고시케비치의 가방에서 무언가 살아 있는 것이 꿈틀거렸어. 그는 온갖 잡동사니를 모으는 데 성공했던 거야. 양손에는 꽃과 풀 한 다발을 들고 있었네.

마침내 대형 보트가 멀리서 보였네. 보트가 이미 중간 닻을 올리고 해안에서 떠날 준비를 하고 있을 때에 보트에 도착했어. 우리는 전함에서 최소한 3베르스타 정도는 떨어져 있었네. 달이 떠올랐지만 안개가 너무 심해서 전함이 시야에서 완전히 사라졌다가, 갑자기 나타나곤 했다네. 우리 시야에서 전함을 완전히 놓치는 일이 여러 번이어서 그럴 때면 별을 보고 방향을 잡았는데, 그 별들도 자주 가려지더군. 우리는 구름 속에서 항해를 했네. 구름은 믿기 어려울 정도로 빠른 속도로 질주하면서 산과 해안, 바닷물에 이어 마침내는 하늘과 달까지 가려버렸어. 지독한 습기에 모자와 프록코트가 축축해졌네. 해안에서 선명한 불빛이 번쩍거리더군. 고집이 센 동료들이 차를 마시기 위해 남아 있었던 걸세.

한 시간 반 동안 느릿느릿 집으로 갔네. 선실에 들어가 차 마시는 탁자에 앉았을 때 얼마나 만족스러웠는지! 그때 고시케비치에게 장엄하게 뱀을 가져다주었네. 보아뱀을 제외하고는 우리가 본 적이 없는 무척 큰 뱀이었지. 길이가 2아르신 정도에다 몸통이 굵었네. 뱀은 양철 상자 안에서 꿈틀거리고 있었어. 뱀을 알코올이 든 큰 유리병으로 옮겨 담으려 하였네. 뱀이 오랫동안 고집을 부렸지만 상자에서 끄집어내자, 갑자기 바닥을 기어가기 시작해서 우리는 힘들게 잡느라 유쾌하지 못했네. 그 뱀을 발견한 수병 말로는 그 관목에 뱀 외에도 황새와 까치가 앉아 있었다더군. 이것들이 무엇을 하려고 모였을까. 어쩌면 크르일로프가 쓰지 않은 어떤 우화라도 연출하고 있던 것인지도 모르겠네.

1854년 4월 28일

오늘은 안개 때문에 측량도, 해안 탐사도 할 수 없었네. 그 대신 조선인들이 무리를 지어 우리에게 왔지. 우리 배에서 음악이 연주되기 시작하자, 그들이 어떤 얼굴을 했는지 나는 내 선실에서 보았네. 한 사람은 피아노 소리를 선실에서 듣고는 놀라서 바닥에 넘어졌다네.

1854년 5월 1일부터

조선의 바다와 해안

우리는 날마다 만의 수심을 측량하기 위해서 배에서 내려갔네. 그렇지 않으면 사냥을 했어. 강을 따라 내륙으로 20베르스타 정도 가서 도시를 찾기도 했네. 나는 이 산책에 참가하지 않았어. 여행, 이것은 책이라 할 수 있네. 책을 보면 마음에 드는 곳에서 멈추고, 다른 곳에서는 단지 내용만 파악하며 넘어가기 십상이야.

여행은 내게 다음과 같이 이야기할 테지.

"뭐라고요? 연구되지 않은 새로운 지역들입니다. 이것은 발견입니다! 곧 이런 장소들은 완전히 없어지고 말 겁니다."

그러나 그런 지역이 없어지는 것은 다행스러운 일이네. 이 어린

아이들과 있으면 지루하네. 게다가 조선인들은 우리에게 완전히 새로운 소식도 아니고 말이야. 조선인들이 정신적인 면을 중국인들에서 차용했다고 전에 말했잖은가. 이 조선인들에게 물질적인 면은 누가 주었는지 모르겠네. 한두 마을을 보고 한두 무리의 사람들을 만나보면 다 본 것이나 마찬가지야. 어디나 똑같이 다닥다닥 붙어 있는 오두막, 오두막 주위의 갈아놓은 밭, 누구나 입고 있는 넓고 흰 가운, 넓은 광대뼈, 납작한 코, 턱수염 대신 말갈기 같은 묶음, 벌어진 입, 멍청한 시선을 볼 수 있네. 조선인들은 시로 글을 쓰고 노래 부르듯 말끝을 길게 빼며 글을 읽네. 도대체 이곳에 무엇 때문에 오랫동안 머물러야 한다는 것인가?

만일 자유롭게 도시에 들어가 다른 주민들과 그들의 생활 모습을 볼 수 있으면 좋으련만, 허락해주지 않네. 자연도 특별히 뛰어난 점이 없어. 새롭게 만나는 다른 지역들이 다 그렇듯이 새로운 만큼만 흥미로운 법이라고 학자 여행자들은 말할 걸세.

조선인들에게서 내가 발견한 특징이 하나 있네. 그들 나라나 도시의 상황에 대한 질문에 그들은 사실을 이야기해주고, 그들이 무엇을 하는지 어떤 일에 종사하는지 기꺼이 말해준다는 거야. 그들은 우리가 정박한 만의 이름을 이야기해주었고, 해안, 곶, 섬, 마을의 이름도 알려주었네. 심지어 이곳이 지금 그들의 왕의 고향이라는 이야기도 해줬네. 또 알려주기를 여기에서 남쪽으로 배로 하루 정도 가면 이 나라의 상품들이 모이는 큰 교역장이 있다고도 했지. 우리는 그 곁을 이미 지나쳐 왔다네.

그들에게 물었어.

"어떤 상품들인가요?"

곡물, 즉 밀, 쌀 그리고 금속류로는 철, 금, 은, 그밖에도 다양한 상품들이 있다고 말하더군.

심지어는 그곳에 물물교환을 하러 가도 되겠느냐는 우리의 물음에도 그들은 긍정적으로 대답했네. 일본인, 류큐인, 중국인이라면 이런 것을 모두 이야기해주었을까? 당치도 않네. 보건대 조선인들은 아직 경험을 통해 배우지 못했고, 대외적인 삶을 살아보지 못해서 자신의 정책을 만들어내지 못한 것 같아. 아직 만들어내지 못한 것이 오히려 더 좋을 수도 있어. 유럽인과의 친교와 자신의 재교육으로 향하는 불가피한 발걸음을 더 빠르고 더 쉽게 뗄 수도 있을 것이기 때문이지.

그렇지만 우리는 시골 사람과 농부만 보았을 뿐이네. 상류층과 정부는 당연히 국가 간 교류에 대한 개념을 가지고 있겠지. 정책에 대한 개념도 있을 테고. 조선인은 중국인, 일본인, 류큐인과 교류하고 있네. 유럽식 교류나 삶의 방식을 모르는 게 당연해. 이곳 주민들은 러시아인이나 러시아에 대해서 한 번도 들어본 적이 없다고 말했네. 우리는 기분이 나쁘지 않았어. 그들이 영국인이나 프랑스인에 대해서도 들어본 적이 없었기 때문이네. 우리도 어느 스텝 지역에 사는 어떤 농부에게 물어보면, 그가 영국인, 스페인인, 이탈리아인에 대해 많이 알 수 있을까? 조선인들이 중국인과 일본인을 제외한 모든 민족을 야만인이라고 뭉뚱그려 부르듯이, 스텝에 사는 농부도 이방인이라는 이름 아래 영국인, 스페인인, 이탈리아인을 넣어서 부르는 것 아니겠는가? 그렇지만 조선인은 우리에 대해 알아야만 하네. 여기 사는 농부들이 아니라, 그들의 정부가 말이지. 조선인은 베이징에도 온다네. 우리 아바쿰 사제와 고시케비치는 그곳에서 그들을 만났고, 심지어 그들의 부탁으로 러시아에서 무언가를 주문하기도 했던 모양이야.

이곳에서 또한 우리에게 이야기해주기를, 조선의 수도에는 일본인 숙소 비슷한 것이 있는데, 거기에는 300명에 이르는 일본인이 살며, 자신들의 물건을 판다고 하였네. 대체 일본인은 어떤 사람들이란 말인가? 조선인과도 교역하느냐고 묻자, 일본인들은 폭풍에 밀려 조선의 해안에 오는 경우처럼 우연히 교역을 할 뿐이라고 대답했었다네.

조선인들은 자신이나 자신의 나라를 차오신 혹은 차우신이라

부르는데, 고려[157]라는 명칭은 그들의 옛 왕조 가운데 하나야.

　내가 보기에는 조선인들에게 유럽인에 대한 불신이 아직 뿌리내리지 않았고, 유럽인들에 대해 문을 걸어 잠그지 않았으며, 조선 정부가 외국과의 통상을 금하는 강력한 조치들을 취하지 않은 지금, 이들과 교류를 시작하는 것이 가장 적당한 때인 듯싶네. 이 조선 민족은 교역에 자질이 무척 많네. 조선인들이 유리병, 동으로 만든 단추, 도자기에 어찌나 달려들었는지! 보는 모든 것에 말이네! 나사지로 만든 우리의 프록코트에 그들의 눈동자가 얼마나 돌아갔는지! 그들은 나사지를 쓰다듬어보고 장화를 만져보기도 하였네. 빈 병을 얻기 위해 갈대로 만든 자신들의 커다란 모자를 기꺼이 주었어. 우리 모두 모자를 바꾸어 가졌다네. 파데예프도 내가 그렇게 하지 말라고 했는데도, 모자 하나와 바꾸어 내게 가지고 와서 선실에 걸어두었네.

　그가 고집스럽게 대답했지.

　"다른 분들은 다 있습니다. 나리만 없다니까요."

　그러고는 모자를 못에 걸었네. 그 모자가 벽 전체를 차지하더군. 또한 갈대로 만든 긴 담뱃대가 달려 있는 동으로 된 담뱃대와도 많이 바꾸었네. 조선인에게는 그것 말고는 더 이상 바꿀 것이 없었어. 조선인들에게 식량을 요청했더니 그들은 잠시 생각한 뒤에, 다시금 그들이 잘 쓰는 말인 부지라고 대답했네. 그리고 닭 세 마리만 가지고 오더군. 소, 양, 돼지는 없었네.

사흘째 되는 날 우리는 강으로 보트를 타고 나갔다가 어떤 책임자 같은 사람을 보았네. 그 사람은 말을 타고 악사들을 데리고 왔더군. 그에게 차를 대접하고 나사지를 선물하려 했으나, 그는 감사의 뜻을 표하고는 거절했어. 상관의 허락 없이는 받을 수 없으며, 그들의 국법은 엄하고 그 법에 따르면 선물을 받으면 안 된다고 하였네.

우리가 정박해 있는 동안 사람들이 교대로 아침부터 저녁까지 계속 몰려왔네. 아직 야만성이 상당한 자연의 아이들인 그들은 새로운 외부인들을 적대감을 가지고 바라보지 않을 수 없을 거야. 마침내 일이 터지고 말았네. 사흘째 되는 날 저녁에 우리 일행 가운데 하나가 수심을 측정하고 있던 절벽 근처에 조선인들이 무리지어 모여들었어. 그리고 보트를 향해 돌을 던지기 시작했네. 그들을 향해 공포탄을 쏘았지만, 그들은 총포에 대해 잘 모르는 것 같더군. 어제 아침 그 절벽에서 가장 가까운 마을로 해명을 요구하는 서류를 보냈네. 조선인들은 저녁에 답을 보내왔는데, 용서를 구하면서 아무 생각 없는 아이들이 돌을 던졌다고 말하더군. 사실이 아니야. 이곳 남정네들은 14베르쇼크 정도의 키에 턱수염을 기르고, 정수리에 머리를 모아서 올리고 다니네. 아이들은 우리나라 머리 가운데에 가르마를 하고 소녀들처럼 머리를 땋고 다니거든.

이 대답을 읽자마자 우리 일행 가운데 한 조가 돌아왔네. 약 10베르스타 떨어진 강으로 떠났던 사람들이었는데, 모두 매우 흥분해 있었어. 큰 위험이 그들을 위협했던 걸세. 한 강가에 많은 사람이 모여 있었다네. 몇몇이 우리 일행에게 어떤 종이를 보이면서 손짓으로 배를 대라고 요청하더군. 그리고 배를 대자 조선인들은 종이를 주지 않고, 한 남자를 데리고 와서 땅에 꿇어앉히고는 삽 같이 생긴 몽둥이로 때리기 시작했다네. 후에 삽으로 때리던 바로 그 사람을 똑같이 꿇어앉히고 때리기 시작했어. 우리 일행은 이 희극이 너무 황당해서 비켜섰지. 그러자 매를 맞은 사람 가운데 하나가 일행 뒤를 쫓아와 한 수병을 붙잡아서 무리 속으로 끌고 들어갔네. 거기서 그를 이쪽저쪽으로 끌고 다니려 했지. 수병들이 달려들어 떼어놓았네. 조선인들은 달려든 수병들도 공격하기 시작했지만, 수병들이 완력으로 민첩하고 맹렬하게 조선인 몇 명을 붙잡아서 두들겨 패자 나머지 사람들이 물러났네. 우리 일행이 보트에 타자, 조선인들은 돌과 납추가 달린 어망을 던지기 시작했고, 몇 명은 피가 날 정도로 다쳤다네. 그들을 향해 들새 사냥에 쓰는 산탄총을 발사했고, 한 사람에게 부상을 입힌 것 같았지. 그렇게 하자 공격이 어느 정도 멈추었으나, 조선인들은 우리 일행이 강가에서 떠날 때까지 돌을 계속 던졌다네.

이튿날 이른 아침에 무장한 병력을 실은 보트들이 사건이 벌어진 장소로 출발했어. 마을 사람들 모두 가재도구를 챙겨 아내를 데리고 도망갔고, 노인들만 남아 있었네. 그들이라도 필요했어. 노인들에게 사건의 해명을 요구했지. 노인들은 절을 하면서 해명하기를 몇몇 몹쓸 놈들이 무리를 선동해 소요를 일으키도록 했는데, 노인인 그들은 그 사태를 진정시킬 수 없었다고 하였네. 그들은 용서를 부탁하더군.

"아비는 자식들의 행동에 책임이 없습니다."

덧붙여 말하기를 죄를 지은 자들은 부상을 입었고, 그중 한 명은 치명상을 입었으니, 그것으로 이미 벌을 받은 것이라고 하였네. 그들과 무슨 일을 할 수 있겠는가. 그러나 우리가 멈추어선 첫 번째 장소에서 조선인들의 수도로 발송하기 위해, 사건에 대한 서류를 제출하기로 결정했네.

오늘 오후 한 시가 넘어서 우리는 닻을 올렸고, 지금은 바다에서 가볍게 흔들거리고 있어. 밤에는 달이 떠도 추워서, 마치 러시아에 있는 것 같네.

자네들에게 말해줄 것을 하나 잊었는데, 우리는 방금 떠나온

큰 만을 자세히 측량하면서 돌아가신 라자레프 제독을 기리기 위해 그 만에 그의 이름을 붙였다네.[158]

1854년 5월 5일

동해와 조선해안

우리는 오늘 방금 북위 41도에 진입했네. 갑자기 불어온 순풍이 우리를 움직여주었지. 계속 해안가를 따라서 갔고 측량이 계속되었네. 조선은 북위 43도에서 끝나고 거기서부터는 만주 해안이 시작되네. 오늘 바다를 따라 떠다니던 보트들에서 조선인 무리들이 전함으로 다시 모여들었어. 나는 나가보지 않았지. 헝클어진 머리를 한 거무스름한 누런 얼굴 두셋이 내 선실을 들여다보더군. 그 고함과 소음이란! 우리 배에는 수병이 전부 400명인데 이들이 한꺼번에 움직일 때에도 위쪽에서 그러한 소음은 들리지 않네. 한 조선인은 포시예트의 선실에서 은숟가락을 훔쳐서 자신의 헐렁한 바지 속에 숨기더군. 숟가락을 빼앗고, 이 도둑의 머리채를 잡아서 선실에서 끌고 나갔네.

점심 식사를 마치고, 나는 우리가 지나온 해변들을 바라보았네. 전부 현무암으로 된 험하고 가파른 절벽이 산처럼 빽빽이 들어

차 있었어. 가파르고 험했네. 그곳에서 난파당하는 항해자들은 불행할 걸세. 구조될 수가 없기 때문이지. 해안까지 도달한다 하더라도, 그 절벽을 올라가는 것은 수직으로 된 미끄러운 벽을 오르는 것과 마찬가지이기 때문이야. 어디에서도 집과 숲을 볼 수가 없었네. 희끄무레한 녹음이 가파른 능선을 군데군데 덮고 있더군. 해안이 갑자기 서쪽으로 돌아가서, 우리도 그 뒤를 따라가고 있네. 곧 만주와 국경을 이루는 강이 나올 텐데, 이름이 타만, 아니면 튜이멘, 그도 아니면 타이멘일 걸세.

두 시간 전 자정쯤에 크류드네르 남작이 고래가 어떻게 숨을 쉬는지 들어보자고 뒤 갑판으로 나를 갑자기 불렀네.

조금 들어보고는 내가 말했지.

"삭구가 삐걱거리는 소리 말고는 어떤 것도 들리지 않네요."

"잠깐만요. 잠깐만요…. 들리십니까?"

"정말로 안 들립니다. 이것은 마닐라산 풀로 만든 삭구가 소리를 내고 있는 겁니다…."

그때 갑자기 뒤 갑판 아래에서 굵고 육중한 숨소리가 지속적으로 들려왔는데, 마치 우리 옆으로 증기기관차가 지나가는 것 같았네.

"어때요. 들리죠?"

"예. 그런데 이것이 정말 고래입니까?"

다시 한 번 숨소리가 들렸어. 이번에는 더 세게 아래쪽 바로 우리 발밑에서 말이야.

좋아하는 신호수인 표도로프가 그곳에 서 있어서 그에게 물었지.

"이게 무엇인지 자네는 모르겠는가?"

"이것은 고래가 아닙니다."

그는 깊은 바다를 향해 심드렁하게 손을 흔들고는 덧붙였네.

"이것은 모두 물의 요정입니다. 물에 많습니다…!"

그러고 나서 돌아서더니 고래보다 조금 약하게 숨을 내쉬었네.

1854년 5월 9일

마침내 국경을 이루는 두만강을 찾아냈네. 우리는 그 강에서 9.6킬로미터 정도 떨어진 곳에 정박했어. 어제는 하루 종일 그 강을 측량하고 측정하러 다녔네. 폭이 2.5베르스타 정도 되는 넓은 강이며, 편리한 수로가 있다고 말했네. 물론 자네들은 이 지역 측량에 열성적으로 참여하고 있는 내 이웃 페수로프가 지금 이 시간 저 벽 너머에서 작성하고 있는 조선의 모든 해안과 강에 대한 상세하고 전문적인 기록을 앞으로 열심히 읽게 될 테지. 나는 자네들에게 단지 컴퍼스와 자로 확인되지 않은 가장 일반적이고 피상적인 지식만 전하기로 하겠네.

오늘이 아니라 내일 조선과 작별하게 된 것이 기쁘지 않은 것은 아니야. 우리 일행은 조선의 반대편 강변에 있는 국경 경비대를 보았네. 저기부터 만주가 시작되는데, 그 지역의 해안은 라 페루즈 백작[159]이 조사했다네.

누가 조선에 대해 무엇이라도 알고 있는가? 단지 중국인들만이 부분적으로 교류할 뿐이네. 조선에서 매년 조공을 받기 때문이야. 또 일본인들이 조선과 소규모 교역을 하지. 그사이에 잠깐 이아킨프 사제[160]가 쓴 만주, 몽골, 기타 지역의 통계자료집 2부에서 자오선 8도에 자리 잡고 있는 이 지역에 대해 말할 것이 있네.

조선국 또는 차오샨[161]은 고대 그리스인들인 트로이인의 시기에 형성되었네. 이곳에서는 자신들의 일리아드[162]가 일어났고, 자신들의 아이아스[163], 헥토르[164], 아킬레우스[165]가 있었어. 그들의 일리아드가 호메로스의 뒤에 오지는 않을 걸세. 타고난 사냥꾼인 조선인들이 시를 쓴다고 이미 말한 바 있지. 심지어 조선의 어떤 여왕은 이웃 영토를 정복하고는, 직접 그 사건에 대한 송가를 지어 중국 황제의 궁궐로 보냈다고 하네. 황제는 그것을 받고 대단히 만족스러워했다고 이아킨프 사제는 썼지. 단지 이곳의 아가멤논이나 헥토르의 이름은 우리의 시에는 전혀 들어맞지 않을 거야. 그래도

시도해보기로 하세. 위만[166], 기자[167], 우거왕[168] 등이 있네. 트로이와 비슷한 도시는 평양이라고 불리네.

그러나 이것은 모두 조선 역사의 알려져 있지 않은 시기라네. 조선의 역사는 기원전 3세기 조금 드러나기 시작했어. 조선의 최초 주민은 만주족의 한 파로, 시베리아인은 그들을 퉁구스인[169]이라 불렀네. 그 종족에 중국 이주자들이 합쳐졌지. 기원후 퉁구스인의 한 사람인 가오[170]가 가오리[171] 왕국을 건설하였네.

이아킨프 사제는 유럽인들이 이 가오리라는 이름을 어떻게 하다 보니 코레야로 바꾸었다고 말하네. 그럴듯한 말이야. 아직도 동해의 많은 섬 주민, 그중에는 일본인, 샌드위치 제도의 원주민, 류큐인도 포함되는데, 그들은 글자 R로 글자 L을 대신하더군. 어떤 사람들은 일본과 중국의 마일을 리(Li)라고 부르고, 다른 사람들은 리(Ri)라고 부르네. 어떤 사람들은 류큐 제도를 리우키우(Liu-kiu)라고 부르고, 다른 사람들은 리우키우(Riu-kiu)라고 부르며, 또 다른 사람들은 루쿠(Ru-ku)라고 하지. 많은 사람이 호놀룰루(Honolulu)를 호노루루(Honoruru)라고 부르고 쓰네. 그러니 가오리(Gao-li)를 코리(Ko-ri)로 바꾸지 못할 이유가 없지 않은가? 이렇게 개칭된 것에는 유럽인에게 죄가 있는 것이 아니라, 조선인 자신들에게 책임이 있네.

내가 그들 앞에서 코레야라고 발음하자, 그들은 다음과 같이 반복하더군.

"코리[172], 코리!"

아바쿰 사제를 통해서 설명하기를, 이것이 그들의 고대 왕국의 이름이라고 했네. 유럽인들이 바꾼 것이라고는 코리에서 코레야로 만든 것뿐이네. 그리고 거기에 달리 할 것이 많이 있는가?

가오리 왕국이 세워진 이후, 중국인, 일본인, 몽골인이라는 운명이 이 왕국을 희롱하러 왔네. 다시 말하자면 오래된 왕조를 정복하고 파괴하며 전복시키고 새로운 왕조를 세웠지. 조선의 왕들은 그 운명과 싸울 충분한 힘을 가지지 못했기 때문에 자진하여 중국의 강국에 복종하는 편을 택했네. 중국은 때로는 조선을 자신의 영토로 만들고, 또 때로는 양심의 가책을 받아 조선의 독립을 다시금 회복시켜주기도 했어. 그러나 5세기에 몽골이 중국에 밀려들어 왔을 때 조선인들은 이들에게 굴복했네. 가끔 조선인들이 갑자기 노여움을 느끼고 중국에게서 벗어나려는 생각도 했지만 오래 가지 않았지. 중국인들이 조선인들을 정복하거나, 아니면 이들 스스로 중국에 다시 보호를 요청했다네.

복종과 상국으로 인정하는 것에 대한 대가로 중국인들은 조공국에 자신의 지식들을 선사해주었는데, 그 지식 가운데 일부가 언어라네. 그래서 조선인은 조금 중요하거나 학문적인 것은 중국어로 쓰고, 좀 단순한 것은 자신의 언어로 쓰네. 나는 조선어로 된 책을 보았는데, 글자가 중국어처럼 알아보기 어렵거나 복잡하지 않더군. 그밖에도 중국인은 조선인에게 자신의 직조 방법과 시 쓰는 기법을 선사했지. 가끔 이런 일도 있었는데, 중국인은 조선인을 보호하면서도 동시에 몽고인이나 퉁구스인이 조선인에게서 조공을 받는 것을 막지 않았네. 그리하여 14세기 말에는 이씨 가문이 중국을 통치하는 만주 왕조에 공물을 바치거나, 아니면 선물을 보내고서 왕위에 올랐네. 이 왕조는 지금도 조선을 통치하고 있다네.

이아킨프 사제의 말에 따르면, 조선은 여덟 개의 지방 혹은 도로[173]로 나뉘어 있네. 나는 자네들의 청각을 이 여덟 지방의 명칭들에서 벗어나게 해주겠어. 만약 흥미가 있거든 이 저명한 중국 학자의 책을 직접 보기 바라네. 무슨 새소리처럼 들리는 명칭들이 작은 글씨로 빽빽하게 쓰여 있고, 우리가 이름만 알고 있는 이 지역에 대한 민속적·지리적·인문적 정보가 가득 차 있는 그 책의 페이지들을 읽다 보면, 학자 사제의 맹렬한 지식욕과 거대한 인내 앞에 경건한 마음을 품게 될 걸세. 조금 전에 언급한 조선에 대한 단편적 지식을 이 학자에게서 조심스럽게 훔친 것은 모두 자네들을 위해서라네. 아마도 자네들은 이것에 충분히 만족해하며, 이 미로

같은 이름들 속으로 가지 않을지도 모르겠네. 언제 가본다면 전날 본 오페라의 감명이 당장이라도 사라질 거야.

1854년 5월 18일

5월 18일에 우리는 타타르 해협[174]에 들어섰네. 하루 동안 순풍이 우리를 잘 날라주었고, 그다음 무풍이 지속되었어. 그런 다음 마쓰마에[175] 해안에서 추위, 비, 안개를 동반해서 북풍과 동북풍의 역풍이 불어왔네. 회귀선에서 벗어나 얼마나 많은 급변을 겪었는지! 우리는 추위를 어떻게 피해야 할지 몰랐네. 밤이 오면 옷을 벗고 눕는 것이 고통이었어. 일어나는 것은 더 힘들었네.

가끔 우리는 해안을 보기도 했는데, 그 해안을 따라 북쪽으로 가고 있네. 하지만 다시금 안개가 해안을 덮어버렸네. 밤마다 이따금 끽끽거리는 소리가 들렸어. 누구는 바다사자가 끽끽 우는 것이라고 말했고, 누구는 바다표범이라고 했네. 바다표범이 맞는 것 같아. 바다표범만이 끽끽거리면서 울 수 있기 때문이고, 낮에 가끔 바다표범들이 머리를 내밀고 서로 앞다투어 달리면서 무리를 지어 전함 주위에서 놀기도 했기 때문이야. 아니면 신호수 표도로프가 생각하듯 물의 요정인지도 모르겠네.

어제 17일에는 놀라운 만남이 있었네. 점심을 먹고 있는데, 어떤 스쿠너가 보인다고 하더군. 깃발을 올리고 대포를 발사하라는 명령이 내려졌네. 그 스쿠너가 우리 깃발을 올렸어. 브라보! 우리 스쿠너 보스토크호가 유럽에서 소식과 편지들을 가지고 우리에게로 오고 있었네…. 모든 것이 활기를 띠었지. 한 시간이 지나 우리는 신문을 읽었고, 3월에 유럽에서 무슨 일이 있었는지 알게 되었네. 소문, 판단, 예상이 난무했어. 우리 배들은 러시아 해안으로 가라는 명령을 받았네. 무슨 일이 있는 건가? 곧 도착할 수 있을 걸세. 다음 명령이 우리를 기다리는 장소까지는 400킬로미터만이 남아 있을 뿐이야.

가을처럼 춥고 적적했네. 북쪽의 우리나라에서는 가을이면 모든 것이 움츠러들고, 사람들은 외부의 느낌을 오랫동안 거부하면서 생각에 깊이 잠기게 되고 본의 아니게 우울해지지. 그러나 그것은 겨울 전이라서 그런 것이고, 여기는 봄인데도 그와 똑같네. 자연에서 아름다움으로 모든 생명의 소생을 미리 알려주는 것은 아무것도 없어. 모두가 해안에 상륙하고 싶어 했네. 게다가 식량이 거의 떨어져 가기도 했거든. 식탁에는 소금에 절인 고기와 채소가 자주 올라오기 시작했네. 우리 배의 동물의 왕국에는 제대로 서 있지도 못하는 양 두세 마리, 제대로 서 있기 싫어하는 돼지도 두

세 마리, 닭 대여섯 마리, 오리 한 마리, 고양이 한 마리만 남아 있다네. 때가 된 거야. 때가….

1854년 5월 20일

나를 깨우러 온 파데예프에게 물었네.

"새로운 소식이 있나?"

"지금 닻을 내리고 정박할 것입니다. 굵은 밧줄을 꺼내오라는 명령이 내려졌습니다."

실제로 나는 지친 여행자에게 너무나 기쁜 소식을 들었다네. 선창에서 닻을 매는 밧줄을 꺼내오는 요란한 소리 말이야.

수병에게서 굵은 밧줄이라는 단어를 듣게 되면 전적으로 믿지는 않게 되네. 굵은 밧줄은 코끼리 여섯 마리를 묶어도 끊어지지 않는 밧줄을 말하는데 그것이 150푸드의 닻을 지탱한다네. 삼으로 만든 밧줄이라고 말하면 정말로 좋은 밧줄을 의미하는 거야.

아침은 아름다웠고, 하늘은 회귀선에서처럼 푸르렀고 청명했네. 회귀선에서처럼은 아니었지만 따뜻했어. 그렇기는 해도 플란넬 외투를 입어야 그럭저럭 갑판에서 다닐 만했지. 우리는 모두 해안에 내릴 생각만 했네. 정오가 되자 해안까지 16킬로미터남짓 남았네.

모두가 갑판으로 나왔고, 나도 어떤 만으로 입항하는지 보러 위로
나왔지. 배가 들어갈 입구를 발견하는 것이 제일 중요하다네. 만에
서는 실수를 해서는 안 돼. 측량이 정확해야 하네.

노인이 말했어.

"저 곶 뒤에 입구가 있을 겁니다. 곶을 우회해서 돌아가야 해
요."

조타수를 보고 그가 덧붙여 말했지.

"키를 오른쪽으로! 왜 왼쪽으로 기울이고 있어?"

10분쯤 지나서 밑에서 누군가가 올라왔다네.

"입구가 어디에 있습니까?"

노인이 말을 하려다 쳐다보니 곶이 없지 뭔가.

"저기 곶이…."

노인이 말했네.

"이게 무슨 조화람! 곶이 어디 있지? 방금 전에도 있었는데."

보초병이 소리치기 시작했네.

"윗 돛대의 돛을 펼쳐라!"

돌풍이 추위, 비, 안개를 몰고 왔어. 전함은 심하게 기울어졌고
해안은 보이지 않았네. 모든 것이 하얀 안개 속에 휩싸여버렸지.
100사젠 거리에서도 아무것도 보이지 않았네. 심지어 우리 배 옆,

이쪽 편이나 저쪽 편에서 항상 함께 항해하던 스쿠너도 보이지 않았어. 빨리 해안에서 떨어져야 했네! 돌풍이 지나가 우리가 만에 들어가기를 바랐지. 그러나 그렇지 못했네. 바람은 지나가지 않았고, 안개 또한 마찬가지로 잔뜩 끼여서 돛대 위쪽을 감싸버렸거든.

저녁 나절이 그렇게 지나갔네. 우리는 해안에서 16킬로미터가 아니라 26킬로미터 떨어진 곳에 있게 되었지.

우리는 자러 들어가면서 이렇게 말했다네.

"뭐, 내일은 동트기 전에 만에 들어갈 거야."

아침에 일어나서 파데예프에게 다시 물었어.

"무슨 새로운 소식이 있나?"

"바시카가 종달새를 먹었습니다."

"뭐라고, 어디에서 잡아서?"

"그물에 걸려 있는 것을 잡았답니다."

"왜 빼앗지 않았나?"

"앞 갑판 쪽으로 가버려서 찾을 수가 없었습니다."

"애석하구먼. 다른 소식은 또 없나?"

"더는 없습니다."

"어떻게 더 없을 수가 있나, 닻을 내리고 정박했는가?"

"어디에 정박한다는 말입니까? 날씨를 좀 보세요! 뒤 갑판에서 앞 갑판도 안 보입니다."

우리는 해협을 따라 바람 부는 쪽으로 거슬러 나가면서 위치
를 유지했네. 그렇게 다시 온종일을 떠돌아다녔어. 바람은 사납게
불었네. 파도는 그렇게 크지 않았지만 매서웠고, 예기치 않게 배를
옆으로 밀면서 배를 불쾌하게 요동치게 했지. 다음 날 저녁 무렵
갑판으로 올라가 보니, 모두 뒤 갑판에 무리 지어 있었네.

내가 물었어.

"무슨 일입니까?"

"이제 들어갑니다."

정말로 우리는 매끈한 수면의 내부 수역으로 가는 넓은 관문으
로 들어가고 있었네. 만 내부의 그곳은 깎아지른 듯한 가파른 해
안이 빙 둘러싸 있고, 시선이 통과하지도 못하게 우거진 소나무,
자작나무, 전나무, 낙엽송으로 된 작은 숲이 무성했다네. 진한 송
진 냄새가 우리를 에워쌌어. 큰 만을 통과하자 오른편과 왼편에
긴 혀처럼 해안으로 깊숙이 들어가 있는 두 개의 작은 만이 보였
지. 그런데 큰 만은 3.2킬로미터 정도 더 깊이 들어가 있었네. 물은
미동도 없고 공기는 평온했어. 곶 너머 바다에서는 바람이 휘몰아
치고 있더군. 우리가 들어간 작은 만에는 이미 우리를 앞질러 함선
멘시코프 공작호가 해안가에 바싹 붙어 정박해 있었네. 해안에는

천막들을 쳐놓았어. 천막 주위에는 10여 명이 배에서 내려 무리 지어 있었고, 개들이 뛰어다니고 있었네. 우리는 닻을 내렸다네.

이 지역은 대체 어떤 곳인가? 우리는 어디에 있는 것인가? 나도 몰랐고, 누구도 알지 못했네. 누가 이렇게 외지고 인적이 드문 곳에 왔을 것이며, 또 올 것인가?

이곳에는 누가 살고 있나? 어떤 민족일까? 여러 민족이 있으나, 이곳에 정착한 사람은 없네.

자신만의 방법으로 전 세계의 민족과 의사소통이 가능한 우리 수병들이 도대체 어떤 언어로 이야기했는지는 모르겠으나, 아무튼 이야기를 해본 이곳의 민족은 자신들을 오로촌인[176], 만주인, 케켈인이라고 했다네. 이것이 대체 무엇인지, 부족명인지, 그들의 성인지 모르겠네. 우리 가운데 많은 이들이 그들을 퉁구스인이라는 이름으로 불렀어. 그들은 한곳에 살지 않고, 이 지역 저 지역을 옮겨 다니며, 바다로 물고기를 잡으러 온 걸세. 곧 곰이 뒤따라올 것이라고 말했네. 우리도 그들과 똑같이 물고기를 잡았어. 물고기가 지천이었지. 넙치, 농어, 연어, 대구 등을 잡았어. 얼마 안 있으면, 이때 나타나는 물고기들인 빨간 고기와 청어 등도 올 걸세. 우리나라 식탁에는 이때 물고기들이 연일 나오네. 해안에는 말 대신 여윈 개 30여 마리가 돌아다니고 있더군. 그러나 해안에서 보니, 그 울창한 숲에서 개를 타건 말을 타건 다니는 것은 불가능해 보였네.
걸어 다니기도 힘들 지경으로 보였어. 나는 숲속의 늪지에 있는 느
릅나무도 만져보려 했으나, 그루터기와 나무줄기에 걸려 넘어졌네.

자네들은 물어볼 테지.

"이 해안은 어떤 해안인가? 그 만은 무슨 만인가?"

이 해안은 인적이 드문 만주 해안으로 중국에 속해 있다네.

1854년 6월

6월이었지만, 해안은 내게 해로운 것 같았네. 숲을 통과해서 걸
으면서, 피곤하고 괴로웠어. 어제 숲에서 방수포를 깔고 잠을 잤는
데, 오한이 났다네. 뭍에서의 생활이 완전히 낯설게 된 게지. 전함
이, 바다 생활이 더 좋았네. 나의 작은 선실이 내게는 좋았네. 몸
을 돌리기도 힘든 나의 조그만 보금자리에 익숙해졌기 때문이야.
거기서는 침대에 눕거나 의자에 겨우 앉을 수 있을 뿐이고, 그다
음 문 쪽으로 한 발자국 내디디면 그것이 전부라네. 돛대, 삭구 뭉
치, 뱃전 너머 바다를 보는 것에 익숙해졌어.

숲을 따라 걸었네. 숲은 회귀선에 있던 숲과 전혀 다른 것이었
네. 회귀선의 숲에서는 헤치고 나갈 수가 없거나, 헤치고 나간다고

해도 수종들의 아름다움이나 다양함을 즐길 수 없었지. 여기서는 어디서든 헤치고 나갈 수가 있지만, 나무들이 마치 양초처럼 천편일률적으로 곧바르게 서 있네. 전나무, 낙엽송, 가문비나무, 다시 가문비나무, 낙엽송, 전나무가 나 있고, 가끔 자작나무도 있네. 어디를 둘러보아도 다 이렇게 높은 울타리처럼 서 있다네. 그리고 슬픔에 잠긴 끝없는 숲에서 시선을 잃게 되네. 여기에서는 모든 나무가 서로 자라는 것을 방해하고, 결과적으로 어떤 나무도 다른 나무를 이기지 못하는 듯해. 회귀선에서는 한 나무가 주위의 생명을 박멸한다면, 그 자신은 엄청 무성하게 자라난다네.

우리는 떠돌아다니는 민족인 만주인, 오로촌인, 아니면 시베리아식 이름으로 퉁구스인들과 교류를 했네. 퉁구스인 아포니카가 자신의 동료 이반과 함께 자주 우리에게 왔어. 이 이름은 우리가 그들을 우리식으로 부른 걸세. 우리는 아포니카를 고용했네. 그는 큰사슴 혹은 시베리아식 명칭으로 뿔사슴을 사냥해서 우리에게 가져다줬지. 세 마리를 사냥해왔는데, 고기가 총 25푸드였네. 나는 그 고기가 쇠고기보다 더 맛있었어. 그는 곰도 사냥했다네. 얼마 전에 그는 우리 일행 한 명을 데리고 숲으로 사냥하러 갔었어.

우리 일행 가운데 한 사람이 그에게 물었지.

"일에 대한 대가로 무엇을 원하지, 아포니카? 돈?"

아포니카가 대답했네.

"아니요."

"그럼 옥양목, 아마포?"

"아니요."

"그럼 무엇을 원하는 거지?"

"유리병이요."

그는 대체 무엇으로 동물들과 싸울까? 나는 번쩍거리는 금속제 낚싯대와 멋진 마호가니 낚시찌에 기타 도구들을 가지고 물고기를 잡으러 갔던 사람들이나, 아니면 영국제나 프랑스제 총을 들고 사냥을 갔던 사람들 모두 거의 항상 빈손으로 돌아온다는 것을 알고 있었네. 그러나 아포니카는 사슴과 곰을 부싯돌로 점화하는 총으로 사냥했어. 그 총도 자기가 직접 만든 걸세. 그런데 그것이 계속 고장 나서, 그가 사냥하고 올 때마다 매번 우리 수선공이 고쳐주었지. 얼마 전에 뇌관이 딸린 좋은 총을 그에게 주었네. 그는 숲으로 갔다가 곧 돌아오더군.

"무슨 일이야?"

"이 총 받으세요. 저는 이 총으로는 쏘지 못하겠어요."

그는 내게 곰 가죽을 가져다주기로 약속했네. 유리병 하나를 받기 위해서 말이야.

길랴크족[177]에 대해 말하자면, 그들은 이곳에서 바람에 부러져 떨어진 나뭇가지 관목 아래에서 영하 36도의 겨울에도 살아간다고 했네. 심지어는 젖먹이 아이를 데리고 있는 엄마들도 그렇게 산다더군. 몸을 녹이고 싶으면 모닥불을 피우네. 숲이 풍부해서 다행이야. 그들은 송어와 곰 마늘[178]을 먹는다네.

그러나 그들은 수가 적어서 비어 있는 장소가 지천이야. 전함 옆으로 카누를 탄 반 야만의 원주민들이 겁을 내면서 가끔씩 스쳐지나가곤 했어. 아포니카만이 자신의 사냥 전리품들을 가지고 숲과 강을 건너 중국과 우리 국경까지 왔네. 그는 모든 언어를 조금씩 했고, 주로 그 언어들을 다 섞어서 말했지. 또 야만인들의 언어를 할 줄 알았네. 그는 겁내지 않고 우리에게 왔는데, 항상 수병들에게 술을 나누어줄 때를 노려서 오더군. 누군가 술을 주면, 그는 마시고 취해서는 고맙다는 말도 하지 않았네. 아무런 말도 하지 않고 그냥 돌아서서는 가버렸어.

나는 무성한 수풀을 겨우 뚫고 나가서, 굵은 통나무 양 끝에 앉아 있는 두 사람을 보았네. 그 통나무는 우리 배들을 수리하는 데 필요한 자재였어. 한 사람은 키가 크고 조용하고 두려움 없는 얼굴을 한 잘생긴 사람으로, 우리 수병이었네. 다른 사람은 키가 작고 거무스름하며 색깔이나 무성한 것이 꼭 곰털과 비슷해 보이는 머리카락에 거의 평평한 얼굴이더군. 그 표정에는 단호한 냉담함이 있었네. 이 지역 사람이었지. 우리 수병이 그 사람을 같이 일하자고 부른 것 같았네. 우리 수병은 그 통나무를 도끼로 찍고, 원주민은 통나무가 움직이지 않게 다른 쪽 끝에 앉아서 파이프로 담배를 피우고 있었지. 나무조각과 파편이 마치 비처럼 원주민의 얼굴과 머리에 날아갔네. 원주민은 파편 조각들이 눈에 들어가거나 할 때마다, 매번 서두르지 않고 규칙적으로 눈을 깜빡거리더군. 그리고 머리를 옆으로 돌릴 생각도 하지 않고, 곰털 같은 그의 머리에 떨어진 파편에 신경도 쓰지 않고 그대로 앉아 있었지. 우리 수병이 나무를 힘껏 찍어 도끼를 나무 깊숙이 박았네. 매번 내려칠 때마다 그의 가슴에서 무슨 소리가 들렸어. 수병은 나무 찍는 것을 끝내고, 도끼를 원주민에게 건네주었네. 그러자 원주민은 담배 파이프를 수병에게 건네주었어. 수병이 담배를 피우기 시작하면서 통나무 끝에 앉자, 원주민은 나무를 찍기 시작했네. 나무 조각과 파편이 수병의 눈에 날아들어, 이번에는 수병이 눈을 깜빡거리기 시작했다네.

이 우울한 지역에서의 항해라니! 날씨는 또 어떤지! 여름은 거의 없다고 할 수 있네. 아침에는 춥지도 덥지도 않지만, 밤에는 꽤 추웠어. 안개는 자기 코를 보지 못할 정도로 모든 것을 가려버리네. 어제는 장교들이 타고 있는 우리 보트들에 전함이 있는 장소를 알려주기 위해, 대포를 발사하고 북을 쳤어. 바람은 대부분 선선하고 차가웠으며, 조용할 때가 드물었네. 7월 중순에 말이야!

여행도 이제 끝나가고 있어. 바다에서의 긴 항해를 육지에서 치료받아야 할 필요성을 느끼네. 아직 일주일 정도 시간이 있어. 그 다음 주면 나는 고국의 해안에 발을 디딜 거야. 거기로, 거기로! 그러나 자네들과 곧바로 보지는 못할 거야. 나는 시베리아를 거쳐서 가야만 하네. 그 길은 넓고 안전하며 편하지만, 길고 긴 길이네! 게다가 시베리아는 손님 접대를 잘하고 멋진 곳이지 않은가. 눈을 질끈 감고 귀를 닫은 채, 급행 마차를 타고 그곳을 통과하는 것이 가능하겠는가? 시베리아에서 자네들에게 편지를 한 번만 쓰게 되지는 않을 것 같네.

사람은 참으로 이상한 동물이야. 육지에 가고 싶지만, 전함을 떠나는 것도 아쉽네! 그러나 이 배가 얼마나 아름답고 우아한지, 이 배에 타고 있는 사람들이 어떤 이들인지 자네들이 안다면, 내가 마지못해 팔라다호를 떠나게 된다는 사실에 놀라지 않을 걸세.

제 7 장
시베리아를 지나 돌아오는 길

1854년 8월

화살처럼 가늘고 균형 잡힌 돛대가 달려 있는 스쿠너 보스토 크호는 닻에 고정된 채 아무르 강의 험하지만 푸른 강변 사이에 서 흔들리고 있었네. 우리는 모래사장을 따라 산책하며, 그곳에서 나뭇가지로 모래 위에 그림을 그렸지. 느긋하게 스쿠너를 바라보면 서, 광대한 우리 여정의 마지막 행보를 시작할 때를 느긋하게 기다 리고 있었어. 우리의 마지막 여정인 시베리아 해안에서의 첫 번째 정박지인 아얀까지는 대략 500베르스타가 남아 있었다네.

1854년 8월 12일

마침내 동시베리아의 현지사를 우두머리로 하는 여행가 무리가 해변으로 쏟아져나왔네. 손님은 열 명 이상이었지. 그들 외에도 하인, 스쿠너 소속 장교, 수병까지 30명도 넘더군. 짐이 얼마나 많던지!

모든 짐이 이 배에서 나왔나 두 눈으로 의심할 정도였네. 만약 한 배에 이 짐들을 다 실을 수 있는가에 돈내기를 한다면, 신중하지 못한 사람은 그곳에 다 실을 수 없다는 데 걸어서 낭패를 보고 말 거야.

우리 모두도 이 스쿠너에 들어갔을 때 어딘가로 짐을 집어넣었네. 구석마다 흩어져서 밤에 잠을 청했지. 여행가방을 꾸릴 때와 같은 이치라네. 가져가야 될 짐들을 다 쑤셔넣을 수 없지만, 어떻게 해서든 밀어넣게 되는 거지.

물론 넓은 공간이라면 받아들여질 수 있는 일반적인 질서가 무너지고, 이상한 다른 질서가 생겨난다네. 예를 들어 선장실에는 여유롭게 앉는다면, 예의 바른 사람들은 보통 세 명 앉을 수 있네. 약간 비좁게 앉는다면 다섯 명까지 앉을 수 있지. 그런데 우리는 선장실 식탁에 열한 명이 앉았어. 다른 장교실에는 여섯 명이 앉았고. 정리된 물건은 하나도 없었네!

식탁으로 사용하려고 길고 넓은 판자를 뱃머리 어딘가에서 가져왔네. 판자의 한쪽 끝을 소파 위에 걸쳐놓고 다른 쪽을 어떤 지지대 위에 놓자 식탁이 되었다네. 세 명이 앉을 수 있는 소파에 서로 빈틈없이 바짝 붙어서 다섯 명이 앉았지. 한 손은 밥을 먹는 데 사용했고, 다른 손은 뒤에 두었네. 남은 여섯 명은 판자의 다른 쪽에 자리를 차지했고, 누군가는 소심하게 문 쪽에 서 있었지. 하인은 문 안으로 코끝만 넣은 채 음식을 든 손만 들이밀었네. 사람들은 책상과 의자, 등받이가 없는 의자에서 새우잠을 잤지.

이제 막 연구되어 아직 지도에 나오지 않은 아무르 강 하구에는 얕은 여울이 많이 있다네. 만약 이 여울들이 변치 않고 있었더라면, 그것들을 즉시 연구했을 걸세. 그러나 여울들은 바람과 물에 실려와 퇴적되고, 강의 흐름에 의해 그 모양이 만들어지다 보니 거의 매년 변하게 되네. 이곳에서 물이 불어나거나 줄어들 때, 항해사들이 통제할 수가 없게 된다네. 그래서 우리는 어떤 곳이나 암벽이 된 듯 움직이지 못하고, 여울 위에 꽤 여러 번 멈추어 서 있게 되었지. 아무르 강 하구 후미에서 파도가 우리에게 불지 않은 것이 그나마 다행이네. 그러나 어느 날 파도가 모래에 부딪쳐 아무런 준비 없이 차린 우리의 식탁과 저녁을 먹으며 앉아 있던 우리 자신은 서로 미심쩍게 바라보며 깜짝 놀랐네. 한번은 스쿠너가 너무 얕은 여울에 올라앉아 한쪽으로 누워버리지 않도록 스쿠너의 양쪽 측면을 괴어주어야만 했어.

다행스럽게 우리는 이 하구에서 빠져나와, 아시아 대륙과 사할린 섬 사이를 무사히 통과하여 오호츠크해로 들어갈 수 있었네. 우리의 작은 정착지인 페트롭스코예 월동 장소[179] 앞에 있는 얕은 여울 근처에 닻을 던졌지.

1849년 처음으로 군 수송선 바이칼호는 라페루즈가 해결하지 못한 임무를 완수하였네. 바이칼호는 오호츠크해에서 아무르 강 하구로 보트들을 파견했어. 그리하여 예전에는 대륙이라고 생각했던 사할린이 섬이라는 사실이 판명된 거지.

그때까지 이 사실을 아는 사람이라고는 오로지 길랴크족, 오로촌인, 만주인, 아무르 강 주변 지역의 다른 유목민족뿐이었네. 이 사실이 별로 중요하지 않았기 때문에 모두 잠자코 있었다네. 어떤 하구가 더 깊은지 어떤 하구가 더 얕은지를 이 민족들에게서 알아내려고 온갖 노력을 하는 것을 보면서 이들은 적잖게 놀랐어.

스쿠너 보스토크호를 타고 아시아와 사할린 사이 해협을 따라서 갔던 우리의 항해는 이 해협이 발견된 이후 기껏 세 번째에 불과했지. 바로 이 스쿠너가 벌써 아무르 강에서 아얀으로 다녀왔기에 이번이 두 번째라네. 이번에는 우리가 이 해협을 천천히 지나갔기에 식탁을 대신했던 판자는 이번에는 흔들리지 않고 제자리에 놓여 있었어. 선장실에는 열한 명 대신에 열일곱 명이나 와서 아침 식사를 했고 샴페인 몇 잔을 마셨네.

나는 더 빨리 여행을 그만 두고 싶었기 때문에 페트롭스코예 월동 장소의 해안에 여행가로서 동료들과 함께 내리지 않았지. 그리고 동료들이 오호츠크해를 횡단하고 마침내 해안에 굳건한 다리로 발걸음을 내딛고 집에 가기 위해 돌아오기를 초조하게 기다렸네.

그러나 사나운 바람이 불기 시작했고 동료들에게 소식이 없어서 우리는 며칠을 해안에 머물러야만 했어. 드디어 앞으로 움직이기 시작했네. 친구여, 기분 전환으로 우리는 전쟁에 참가하여 프랑스 것인지 혹은 영국 것인지 모를 선박을 점령하고 싶어졌다네. 어느 날 상당하게 큰 선박을 멀리서 바라보며 그 선박을 향하여 조준하라는 명령이 떨어진 거지. 그사이에 우리가 가진 대포 여섯 문을 장전하고 소형 총들을 준비했네. 그리고 뒤에 수병들을 무장시켜 대기시킨 후 용맹함으로 무장한 장교들은 삭구를 보며 어디 선박인지 추측하기 위해 노력하면서 그 낯선 선박을 바라보기 시작했어. 그 선박에 국기가 없었거든. 크류드네르 남작은 자신도 무장할 필요가 있다고 생각하고는 장전된 권총을 두 개 가지고서 갑판 위에 나타났네. 그는 부주의하게 총구가 주머니 속을 향하도록 집어넣었어. 그는 역시나 부주의해서 내가 그 권총들을 그 주머니에서 끄집어내서 그의 경호병인 아파나시에게 주어 제자리에 갖다 놓으라고 해도 눈치채지 못하더군. 한편 선박은 미국 국기를 달고 있었네. 그러나 우리는 영국인들이 이 당시에 여러 바다에서 다른 나라의 국기를 달고 다닌다고 들어서 그것을 믿지 않았지. 우리는 그 선박의 선장에게 서류를 가지고 오라고 했어. 선장이 나타나 포도주 한 잔을 마신 후 자신이 고래잡이라고 말하더군. 이런 종류의 배는 오호츠크해에서 막대한 이익을 남기는데 어떤 때에는 이곳에 이백 척 이상이 오기도 하네.

적군을 이겼다는 승전보[180]를 듣고 우리가 싸웠다면 승리를 거둘 수 있었는데 하는 마음에 적잖이 실망한 우리는 아얀으로 향하는 항로를 계속 항해하였네. 날씨는 흐렸지만 따뜻했고 파도는 바로 우리에게 필요했던 높이로 낮게 일고 있었어. 무라비요프가 마련한 점심은 훌륭했고 그가 모집한 모임은 유쾌했네. 나와는 상관이 없는 포도주는 훌륭했고 그가 직접 구한 담배는 마닐라산이었네. 그리하여 모두 기분이 좋았지.

상냥한 스쿠너는 할 수 있는 한 우리의 초조함을 덜어주려 애를 썼다네. 스쿠너는 사지 않고 사할린에서 수병들이 직접 구해

온 석탄을 열심히 땠네. 그리고 돛을 펴고 한 시간에 약 14베르스 타를 달렸어. 그리하여 수평선은 여느 대양에 있는 것과 마찬가지로 멀거나 광대하게 느껴지지 않았지. 비록 아치형의 육지 표면이 이곳에서도 먼 곳을 가려 물과 하늘을 제외하고 아무것도 보이지 않았지만 말이야. 그러나 우리에게는 조국의 들판과 집들이 아른거렸네. 우리는 조국의 공기를 들이마시고 있다고 상상하면서 습한 바다 공기를 들이마셨어. 마침내 넷째 날 우리는 수평선 위에서 들판과 집이 아닌 어떤 잿빛의 다가가기 힘든 험악한 벽을 보게 되었다네. 어마어마하게 거대한 절벽이었지.

가까이 갈수록 그 절벽들은 더욱 무섭고 가파르며 다가가기 힘들게 보였네. 그곳에는 집과 비슷한 어떤 것도 없더군. 이런 곳에 어떤 집이 있을 수 있겠는가? 이 절벽들 위에는 갈매기들도 앉아 있기 무서워할 걸세. 텅 비고 황량하며 정신이 아찔할 만큼 높고 바람소리만이 이곳의 특징이라네. 옛날이라면 누군가에게서 이곳을 강탈하여 이곳에 강도의 소굴을 훌륭하게 세울 수 있었을 테지. 그러나 지금은 포병중대를 세울 수 있을 거야.

절벽 가운데에 바닷물과 거의 같은 높이에 나 있는 동그란 구멍을 가리키며 누군가 말했네.

"저기 굴이 있네요. 아마 비버들이 있을 거예요."

새로운 해안이나 모든 새로운 지역을 전체적으로 둘러보는 것, 그 지역을 눈으로 직접 보는 것, 자세하게 알아보는 것, 이것들이 야말로 여행가의 특권, 여행가의 노력에 대한 보상, 즐거움이라네. 이 즐거움 앞에서는 위대한 대가가 그린 그림 앞에서 경험하게 되는 즐거움이 희석되지. 여행가 무리가 천천히 새로운 장소로 다가가고 있는 모습을 한번 생각해보게나. 수평선 위에는 해변의 아직 푸른 선이 보이지. 그들은 모두 위로 올라가네. 무관심하지도 않고 뒤처지지도 않으며 나태하지도 않고 졸지도 않는 이들이네. 여행가들은 돌처럼 굳어 움직이지 않고 서 있네. 그들은 벙어리처럼 아무런 말도 하지 않지. 만약에 누군가가 질문을 한다면 소심하게 속삭여서 결코 대답을 들을 수 없을 걸세. 이들의 얼굴에는 처음에 긴장된 관심이 보이고 눈에 질문들이 비치며, 그다음에는 사색, 생생한 감동, 만족스럽거나 불만족스러운 호기심이 쭉 펼쳐지네. 나는 이렇게 나의 친구들이 알아차리지 못하게 살며시 여행가의 권리로 새로운 해안 풍경을 즐겼다네. 그리고 동행자들의 얼굴에서도 내가 느낀 감흥을 보았지.

마침내 참을성 없는 사람들이 생기 없는 절벽들을 잠깐 바라보다가 다른 곳으로 시선을 돌리면서 질문했네.

"과연 아얀은 어디인가요?"

아무리 해안이 아름답고 흥미롭더라도 여행가들이 해안의 삶을 부러워할 때에만 그들의 눈이 생생한 기쁨의 불꽃으로 반짝인다네. 스쿠너는 증기를 줄여 속도를 낮추고서 절벽을 향해 곧장 앞으로 다가갔네. 절벽 두 개를 옆으로 비켜서자 항구에서 처음에는 두 척의 상선이 우리 앞에 나타났고, 그다음에는 해안에 있는 빨간 지붕의 긴 목조건물이 나타났어.

지붕은 여행가의 마음에 무엇보다도 많은 것을 말해주네. 특히 빨간 지붕은 더욱 그렇지. 이것은 휴식, 가족, 가정 등 모든 집이 줄 수 있는 안락함을 그 내용으로 하는 시 한 편이라고 할 수 있어. 누가 자기 시대에 율리시스[181]가 되어본 적이 없었겠는가? 멀리서 돌아오며 눈으로 이타카 섬[182]을 찾지 않았겠는가?

누군가 마치 나그네들의 소중한 꿈을 엿들은 것처럼 우리를 애태우는 지붕을 가리키며 무미건조하게 말했네.

"이것은 창고입니다."

계곡은 나뉘어져 우리 앞에는 자작나무와 소나무로 빽빽한 두 개의 높은 산 사이에 상당히 좁은 골짜기를 보여주었어. 그곳에는 닭 다리를 하고 있는 유명한 농가[183]와 같이 서로 붙어서 아무렇게나 서 있는 무척 허술한 집이 10여 채 정도 있었네. 집들은 녹음 뒤에서 차례로 나타났다네. 그 집들 뒤에서 황금십자가가 있는 교회의 녹색 둥근 지붕이 초라하게 보였지. 해변가 모래밭 위에 막사가 세워졌고 그 막사 오른쪽에는 조선소가 있더군. 생긴 지 얼마 안 된 것으로, 새로운 선박의 골조를 만들고 있었네. 그 뒤로는 많은 텐트와 두세 개의 유르트 천막이 세워져 있었지. 그 텐트들과 유르트 천막 사이에는 작은 언덕이 있었네. 바로 이것이 아얀의 전부라네.

아얀은 도시도, 마을도, 부락도 아니었어. 미국 회사의 상업촌일 뿐이야. 그것은 바다 쪽으로도 육지 쪽으로도 불편한 항구인 오호츠크항을 대신하기 위하여 약 10년 전에 생겼네. 오호츠크항은 바다에서 볼 때 아얀과 보다 가깝지만 육로로는 아얀에서 야쿠츠크까지 가는 데 많은 불편함이 있지. 그곳에는 스타노보이 산맥[184]의 일부분인 이른바 일곱 개의 산맥이 있는데 이 산맥을 넘어가기는 매우 힘드네. 캄차카와 쿠릴의 대주교인 인노켄티, 예전의 캄차카 현지사 자보이키의 노력으로 오호츠크해로 가는 지금의 항로가 발견되었으며 아얀 항구의 기초가 되었다네.

이 항구는 북쪽으로만 열려 있네. 그래서 이쪽에서 바람이 거대한 파도를 일으키지. 미국 회사의 상업촌은 이곳에 그들의 선박으로 운반해오는 외국 상품 창고들을 가지고 있으며 외국 선박들에 나무, 닻, 바다 지도, 마른 빵, 직물 등 여러 가지 필수품을 제공해주네.

만약 교역이 발달하여 언젠가 규모가 커진다면 틀림없이 북풍에서 정박항을 보호하기 위한 방파제나 둑이 자리를 잡을 걸세. 그렇지만 지금 이곳은 페테르부르크에서 1만 500베르스타 떨어져 있고 주민 200명이 살고 있는 소박하고 작은 벽촌일 뿐이네. 그 주민은 항구의 사령관과 가족을 동반한 사무실 직원 몇 명을 제외하고는 낮은 관등의 사람들, 출장온 카자크인, 그리고 야쿠트인으로 구성되어 있어. 회사의 관리들은 건물로 된 집에 살고, 카자크인은 텐트에, 야쿠트인은 유르트 천막에 살고 있네. 카자크인은 군 업무를 담당하고 야쿠트인은 일반 업무를 담당하지. 카자크인은 보초를 서며 치안을 담당하네. 그리하여 그들 중 한 명을 경찰서장이라고 부르기도 해. 그리고 야쿠트인은 여름에는 말을 이용하고 겨울에는 개를 이용해서 승객과 짐을 나르는 일을 담당하네. 야쿠트인은 모두 이곳에 정착한 기독교인들로 옷을 깨끗하게 입고 있지. 그리고 기후에 맞게 잘 입고 있는데 남자들도 여자들도 모두 띠 모양으로 수놓은 실내복을 입고 겨울에는 사슴이나 바다표범의 털로 된 옷을 입네. 러시아인들에게 항상 일거리를 받기 때문에 야쿠트인은 배부른 생활을 하고 있어. 게다가 내가 본 바에 따르면 그들은 러시아인들과 잘 지내네.

갑자기 소리가 들렸네.

"닻을 내려라!"

우리를 위해 마지막으로 배를 멈추었어. 그리하여 한편으로는 단단한 땅을 밟고 이제 더는 이 땅에서 떠나지 않아도 된다는 기쁨과, 다른 한편으로는 바다와 헤어져서 다시는 그곳으로 돌아갈 수 없게 되리라는 섭섭함에 마음이 얼어붙었다네.

이것이 정말로 이 지루한 질주의 끝이라면 나는 기쁨의 절정에서 이렇게 소리쳤을 걸세.

"이 질주도 끝이구나! 친구여, 돛을 내려라!"[185]

그러나 나의 집이라고 말할 수 있는 빨간 지붕까지는 아직도 1만 베르스타가 남아 있네. 얼마나 거대한 이타카 섬인가! 그러니 자신의 페넬로페에게 가고자 하는 우리의 율리시스들의 마음은 어떻겠는가! 그곳으로 향하는 1만 베르스타 길에는 아무것도 없네! 이곳에는 눈, 늪지, 메마른 구렁텅이, 급류가 바다를 이루고 소나무의 영원한 푸른 잎, 검고 하얀 곰부터 빈대와 벼룩까지 포함한 모든 짐승, 산사태, 배의 요동 대신에 마차 속의 흔들림, 바다의 권태 대신에 육지의 권태, 모든 기후, 모든 계절이 세계 일주를 하는 항해에서처럼 있다네….

이러한 모든 위험 사이에서 안전히 무사하게 갈 수 있을 것인가? 그래서 우리는 해안 쪽을 생각에 잠겨 멈칫거리며 바라보면서 손님을 환대해준 스쿠너를 서둘러 떠나지 못하겠더군.

만약 다음 말이 들리지 않았다면 우리는 아름다운 절벽 모양으로 굳은 채 스쿠너에 얼마나 오랫동안 앉아 있었을지 모른다네.

"여러분! 내일 스쿠너는 캄차카로 떠날 겁니다. 그러니 오늘 내려주세요."

그러나 어디로 내리라는 것인지는 말하지 않았네. 물론 해변으로 내리라는 것이겠지.

아얀이 세워진 지 얼마 되지 않아서 호텔을 찾지 못했어. 그래서 여행가들은 해안을 따라가서 필요한 것을 산 뒤에 평소처럼 배에서 자기 위해 돌아갔지. 나는 망설이며 크류드네르 남작을, 그는 아파나시를, 아파나시는 티모페이를 바라보았네. 그 이후에는 티모페이가 오볼렌스키 공작을, 그가 티흐메네프를, 티흐메니프가 다시 마부 이반 그리고르예프를 바라보았다네. 이 마부는 오볼렌스키 공작이 미국을 한 바퀴 항해하던 전함 다이애나호에서 데려온 사람이야.

우리네 사람들은 명령을 들은 후에 모든 짐을 갑판으로 끌고 가 무엇을 할지 기다리며 서 있었네. 나는 영국에서 사서 선실 어딘가에서 굴러다니던 우산을 짐 사이에서 발견했어.

나는 티모페이에게 물었지.

"자넨 이걸 왜 가져왔지?"

"그냥 두고 가는 게 아까워서요."

내가 명령했네.

"배 밖으로 던져버리게! 어디로 이런 모든 잡동사니를 옮겨가려 하나?"

그러나 티모페이는 내게 매달리며 이 물건 상태가 좋기 때문에 자신이 기꺼이 시베리아를 통해서 가져가겠다며 버리지 말아달라고 말했네. 실제로 그것을 가져갔지.

스쿠너에서 보트들을 내주어서 우리는 사람과 짐을 싣고 해변 모래밭으로 가게 되었어. 그곳에서 우리는 완전히 로빈슨 신세였다네. 시베리아가 도시와 문명에서 멀리 떨어져 있는 섬이 아니라는 게 어떤 의미가 있는가? 그 도시들까지 가려면 2,000이나 3,000 혹은 5,000베르스타를 가야 하니! 우리는 때로 스쿠너 쪽을 또 때로는 해변에 있는 건조물을 잠시 바라보았네. 어디서 휴식을 취해야 할지 몰랐거든. 그사이에 어떤 참모장교가 우리에게 다가오면서 우리의 이름을 묻고 자신의 이름을 이야기했네. 그리고 우리에게 저녁 식사를 대접하겠다고 초대했고 내일은 점심 식사에 우리를 초대하기로 했다네. 이 사람이 항구의 책임자였지.

크류드네르 남작은 생기가 돌았네. 얼굴에서 구름이 싹 가셨네.

"신이 준비해놓으셨군요! 저는 평생 점심 식사나 저녁 식사에 많이 초대를 받았지만 항상 그중 하나에만 초대되었지요. 그런데 이곳 텅 빈 해안의 야만인들 사이에서 점심 식사와 저녁 식사에 한꺼번에 초대되다니요!"

그러나 점심 식사가 우리에게 다가오는 저녁과 밤을 지낼 은신처를 보장한 것은 아니었네. 우리는 건조물들을 둘러보러 갔지. 한 곳에는 상품들이 들어 있는 상점이 있었는데 닫혀 있었어. 이곳의 거래 질서는 구매자가 상인을 찾아내어 상점을 열게 하고 물건을 사고팔며 그 후에 다시금 상점을 잠그는 방식이었네. 다른 건조물에는 누군가가 살고 있었지. 침대, 가재도구, 심지어는 바퀴벌레까지 있었네. 그러나 벽난로는 없더군. 세 번째 건조물과 네 번째 건조물에는 그곳의 주민들 혹은 우리를 앞질러간 동료들로 가득 차 있었네.

그러나 내가 이곳에 머물러야 한다는 사실이 분명했네. 누구 집에서 머무를지는 아직 나도 몰랐어. 판자 위에 내 침대가 마련되었고 내 짐들이 정돈되었지. 필요한 옷을 입고 나는 책상에 앉아 이렇게 모스크바에 있는 자네들과 볼가 강으로 보내는 편지들을 쓰고 있다네.

나는 크류드네르 남작과 함께 이 말을 하게 되었다네.

"신이 확실히 준비해놓으셨군요!"

자리가 곧 정돈되었어. 현지사의 관리 가운데 몇몇은 앞서 출발했어. 그중 한 명인 볼콘스키[186]는 관리들과 그곳에 있는 사람 중에서 가장 친절하고 유쾌한 사람이야. 그가 나와 또 한 명의 우리 동료를 자신의 방으로 얼른 데려갔네. 사실 그곳 칸막이 너머에는 죽은 사람이 놓여 있었고 저녁부터 시편을 읽는 소리가 들렸지. 그러나 이 상황이 내가 시체처럼 자는 것을 전혀 방해하지 않더군.

사흘 후 더욱 멀리 떠날 예정이었네만 우리는 말 그대로 되는대로 살았네. 길을 따라가며 말과 난관에 봉착하지 않기 위해 우리 모두 율리시스를 세 무리로 나눴어. 한 무리는 벌써 떠났고 두 번째 무리는 다음 날 떠났네. 지금은 우리 세 명만 남아 있지. 오볼렌스키 공작, 티흐메네프, 나 말고도 네 명이 더 있었네. 첫 번째 사람은 공작이 데리고 왔던 마부 이반 그리고리예프로, 사려 깊고 말하기 좋아하는 사람이야. 그는 지금은 이미 세계 일주 여행을 이마에 박아둔 것 같은 사람이지. 그리고 공작에게는 얼굴에 그 어떤 생각도 드러내지 않는 젊은 사냥꾼인 바뉴시카도 있었네. 그는 말 위로 올라가 목적 없이 어디론가 구석 뒤쪽, 특히 건초를 쌓아두는 곳으로 급히 가서 담배를 피우곤 해. 세 번째 사람은 티흐메네프와 함께 있는 비툴로, 전함에서 온 수병이네. 마지막은 나와 함께 있던 티모페이로, 요리사야.

두 번째 무리의 출발 직후에 우리는 어떻게 가야 할지 무엇을 가지고 가야 할지 이야기하기 시작했네. 하지만 말들이 돌아와서 쉰 후 여섯째 날에야 떠날 수 있었지. 겨울에 여기서는 개썰매라고 불리는 길고 낮은 썰매에 한 사람씩 타고 가네. 여름에는 말을 타고 약 200베르스타를 가고. 짐도 보따리채 우리와 함께 말에 실어 가야 하지. 그 이후에는 보트를 타고 마야 강과 알단 강을 따라 약 600베르스타를 내려간 후에 다시 말을 타고 늪을 따라 180베르스타를 가야 하네. 그리고 짐마차를 타고 남은 250베르스타 정도의 길을 가야 야쿠츠크에 도착한다네.

내가 회귀선에 있던 동안, 즉 시베리아를 통해서 집으로 돌아갈 가능성에 대한 생각이 머릿속에 희미하게 떠올랐던 때에는 시베리아를 예전에 가본 동행인들이 아얀에서 오직 필요한 짐만 가지고 가야 한다고 말했네. 그런데 이곳에 와보니 어떤 것도 버릴 필요가 없으며 원하는 것은 책까지도 모두 말에 싣고 갈 수 있다는 거야.

만약 내가 말 타기를 원하지 않는다면(나는 원하지 않았네.) 앞쪽에 말 한 마리, 뒤쪽에 또 한 마리가 이끄는 마차를 타고 갈 수 있다고 말했네.

"이것이 더 편합니다. 마차 안에서 책을 읽거나 잠을 잘 수도 있기 때문이지요."

무엇이 낫겠는가? 나는 당연히 마차를 준비해달라고 부탁했네. 나는 마차를 준비해줄 카자크인과 함께 상점에 들러 가죽과 사라사 옷감을 샀어. 그런 후에 카자크인은 일에 착수했지.

그런데 항구 책임자의 집에서 점심을 먹는 동안 놀랄 일이 일어났네. 그곳에는 열다섯 명 정도가 식탁에 모여 있었어.

누군가 말했네.

"마차로 할머니나 부인도 태워가지요."

나는 이 말이 부인과 할머니 사이에 어떤 차이점이 있다는 이야기인지 알 수가 없었다네.

그래서 내가 물었지.

"그럼, 할아버지는요?"

"네. 가능합니다."

"그러면 나도 마차로 갈 것입니다."

한 노련한 사람이 외치기 시작했네.

"아, 신의 가호가 있기를 바랍니다! 삶이란 게 그렇지요! 저는 열 번이나 갔기 때문에 이 길을 손바닥 보듯 다 압니다. 반 베르스타를 지나지도 못해서 포기하게 될 겁니다. 한번 상상해보세요. 진흙탕과 얕은 여울뿐이지요. 앞에 가던 말은 허리까지 물속에 잠겨 가고 있는데 뒤에 매놓은 말은 아직 작은 언덕에서 내려오지도 못하고 있거나 혹은 그 반대일 것입니다. 앞 말은 다리 위로 뛰어오르지만 뒤의 말은 뒤처지는 거죠. 당신은 이때 어떤 지경이 될까요? 그러니 마차가 지나가지 않는 골짜기, 숲, 오솔길을 따라서 가야만 하지요. 고생길입니다!"

한 부인이 반박했네.(그곳에는 경험이 많은 이들이 없었기에 이 부인이 경험 많은 사람에 속했네.)

"모두 거짓이에요. 나도 마차로 갔는데 괜찮았어요. 눕거나 앉을 수 있지요. 심지어 뜨개질도 했어요. 그러나 당신이 말을 타고 늪지를 따라서 가게 된다면 무척 힘들 거예요. 야쿠츠크의 안장은 불편해요…"

다들 한마디씩 거들었지.

"여기에서 안장을 사세요. 미국 회사에서 체르케스 안장을 팔아요. 가볍고 넓지요…"

"이봐요. 마차로 가세요…"

"아니요. 말을 타고 갈게요. 말씀은 고맙지만…"

"그들의 말을 듣지 마세요…"

"마차로 주그주르 산을 올라가지 마세요…"

이런 경계에 몹시 놀라 모든 사람을 둘러보며 물었네.

"도대체 주그주르 산이 어떤 산인가요?"

갑자기 모두 내게 묻더군.

"당신은 주그주르 산이 어떤 산인지 정말 모른단 말입니까? 주그주르 산을 모르다니요…!"

한 명이 학자 티를 내며 말하기 시작했네.

"주그주르 산은 퉁구스어로 큰 볼록한 모양이란 뜻입니다…."

"당신은 내가 마차로 이 볼록한 주그주르 산으로 간다고 생각하는군요…."

"그렇게 하지 마세요…."

"말을 타고는요…?"

모두가 대답했네.

"그렇게 하지 마세요!"

"그럼, 어떻게 가야 하나요?"

"걸어서 올라가세요. 특히 안내하는 야쿠트인이 당신을 뒤에서 도와준다면요."

"그러면 그들은 누가 도와주나요?"

"야쿠트인은 이미 그곳에 익숙하지요."

누군가 충고했어.

"설피[187]를 발에 차고 가세요."

모욕당한 느낌이 들어 나는 우울하게 상대방을 바라보았네.

"야쿠트인들에게 그런 설피가 있어요."

다른 사람이 말했지.

"무엇 때문에 설피를요? 지금은 겨울이 아니라 자갈에 발이 미끌리지 않아요."

나는 다시 물었네.

"그렇게 산이 매우 험한가요?"

한 사람이 대답했어.

"네. 매우 험합니다. 산은 마차가 갈 수 없을 만큼 험한 절벽에 있습니다. 마차도 말을 타고도 걸어서도 오를 수 없을 만큼 그렇게 가파르지요."

테이블 산에 올라 그렇게 황홀한 풍경을 감상하는 것도 포기했던 내가 이 퉁구스의 몽블랑 산에는 어쩔 수 없이 기어서 올라가야만 하게 되었네!

가장 경험 많은 한 사람이 나를 달랬다네.

"별 거 아니에요. 나는 여섯 번 정도 이 산을 오르내렸는데 아무렇지도 않았어요. 바로 지난해에는 살얼음으로 뒤덮인 곳을 내려왔죠. 산 정상이 혹같이 실제로 볼록 솟았다는 것만 알아둬요.

그래서 곧장 직진하면 안 되고 지그재그로 가야만 하지요. 눈이 녹기 시작하면 갑자기 살얼음이 얼지요. 눈이 오직 위쪽만 덮었는데 특히 산의 가장 돌출된 부분이었어요. 야쿠트인은 내게 설피를 신기기를 원했지만 녹기 시작한 부분이 약해져서 무너질 수 있기에 나는 설피를 차지 않고 갔어요. 약 50사젠을 비스듬히 가장 돌출되어 힘든 지점을 걸어서 통과해야만 했어요. 그곳에는 눈이 모두 녹아 없어져 돌들이 벌써 보이기 시작했어요. 내 동료는 나보다 10사젠 정도 아래에서 걸어오고 있었어요. 발이 빠지지 않도록 하기 위해서 눈 위를 발끝으로 살짝 밟아야 했어요. 나는 빨리는 못 갔지만 그곳을 무사히 지나갔어요. 5사젠 정도 남았을 때 갑자기 내 발에 문제가 생겼어요. 나는 걸을 수가 없어서 뒤처져서 뒤따라오던 동료와 함께 하게 되었어요.(아, 나는 어쩔 수 없이 그렇게 된 거예요.) 우리 둘 다 벼랑 끝에 있었어요. 동료는 공포에 질렸답니다. 나는 쓰러져서 일어나기 위해서 주먹으로 땅을 짚으며 노력했지만 일어날 수 없었고 나의 팔은 점점 눈 속으로 파묻히기 시작했어요. 나는 거기에 오래 머물러 늘어져 있었어요. 야쿠트인들이 나타나 나를 그 함정에서 구했지요."

그 사람은 이야기를 하며 위로를 받은 듯했네!

주인이 말했지.

"약 3년 전에 나도 그곳에서 나의 어리석음 때문에 거의 죽을 뻔했지요. 나는 하인과 함께 두 개의 순록 썰매로 갔는데, 세 번째 썰매에는 식료품도 싣고 갔지요. 산 정상에서 우리는 눈보라를 만났어요. 바람이 산 정상에서 우리를 향해 너무 매섭게 불어와 우리는 산의 반쯤에서 주저앉아 어떻게 올라가야 할지를 알지 못했지요. 바람이 잠잠해지자마자 야쿠트인이 내 손을 잡고 볼록 솟은 곳으로 끌고 갔어요. 중턱쯤까지 데리고 와서 그는 내게 등산용 도끼를 던져주고 내 하인을 데리러 갔지요. 나는 위로 기어가기 시작했는데 갑자기 돌풍이 불기 시작했어요…. 나는 있는 힘을 다해 땅에 납작 엎드려 있었는데 힘이 빠졌다고 느끼는 순간 가파른 비탈에서 바람이 나를 끌어서 순식간에 데려갔어요…. 나는 눈에 어떻게든 도끼질을 해서 꼭 잡고 매달려 있었지요. 돌풍이 지나가자 심호흡을 하고 빠르게 위쪽으로 기어 올라갔어요. 1사젠을 가서 정상에 다다르게 되었어요. 돌풍이 또 불어왔어요. 이전 것보다 더 센 것으로 내 정면으로 바로 불어왔어요. 그래서 야쿠트인과 순록과 더불어 우리 썰매는 아래로 빠르게 밀려내려 갔지요. 나는 눈을 감고 힘껏 도끼질을 하면서 거의 아무런 생각도 없이 땅 쪽으로 바짝 붙었어요. 이곳에 많이 살고 있는 늑대와 곰이 주위를 뛰어다닌다고 생각했어요. 이때 갑자기 누군가 뒤에서 나를 붙잡았어요.

나는 눈이 쌓인 땅바닥에 얼굴을 숙이고 잠시 생각했지요.

〈곰이다!〉

아니었어요. 야쿠트인 이반이 나를 들어 올리려고 하는 것이었
어요.

그가 말했어요.

〈이런, 안되셨네요.〉

나는 괜찮아졌어요.

〈가서 다른 사람들을 구하세요!〉

나는 정상까지 도달했어요. 그리고 추위도 느끼지 못한 채 얼어
버리고는 첫 번째 만난 관목 옆에 누웠어요. 한 시간 후에 썰매들
도 도착했어요. 다행스럽게 아무도 다치지 않았지요."

나는 잠시 생각했네.

'도대체 뭐가 어리석다는 거지?'

겨울에는 산에서 타거나 걸어서 내려가는 것이 아니라 기어서
내려간다고 말해주었네. 사슴들을 썰매에서 풀어주고 알아서 정
상에서 내려가라고 해야 해. 나뭇가지들이 달린 긴 소나무를 썰매
에 묶어서 사람들, 짐들과 함께 아래로 내려 보내야 하지. 여행가
는 썰매에 누워 썰매의 옆면을 손과 다리로 지탱하고 머리를 두

번 정도 바닥에 부딪치게 되지만 그것은 아무것도 아니네. 특히 눈으로 뒤덮인 산에서 이렇게 내려가는 방법이 캄차카로 가는 길에서 애용되고 있어.

업무상 거기에 갔던 한 사람이 다음과 같은 이야기를 했네. 개들도 뛰어갈 수 없는 가파른 어떤 절벽 쪽으로 다가가자 한 퉁구스인이 개를 한 마리씩 차례대로 풀어 절벽에서 내던졌네. 그 여행가는 자신이 누워 있던 썰매의 차례가 되자 공포에 잠겼어.

그는 덮개가 있는 썰매의 창문에서 절망 속에서 소리쳤네.

"멈춰, 멈춰! 뭐하는 거야?"

그러나 퉁구스인은 자기 말로 무언가 대답한 후 썰매를 밀어버렸네. 여행가는 제정신을 차리기 전에 벌써 허공에서 빙빙 돌며 녹기 시작해서 약해진 눈 속으로 빠졌지. 그러고 나서 퉁구스인도 같은 방법으로 눈에 빠지고 또 눈 속에 빠진 개들을 끌어내기 시작했어. 그 개들을 썰매에 묶어서 계속 가기 시작했네.

한편 우리는 말을 기다리면서 아얀을 따라 산책하고 카드놀이를 하며 심지어는 춤도 추었네. 나는 내가 탈 것을 보러갔어. 지붕이 있는 그리 크지 않은 보트였네. 카자크인은 눈코 뜰 새 없이 못을 모은 후에 헛간에서 못들로 그것에 사라사 옷감과 가죽을 하나씩 정성껏 박았다네.

그가 우리에게 물었어.

"당신들, 안장 가방이 있습니까?"

"그게 뭔데요?"

"정말 이런 안장 가방을 모른다는 겁니까?"

나는 잠깐 생각했지.

'다시금 놀라게 하는군!'

그러고는 대답했네.

"듣기로는 이것이 좋지 않은 것 같은데요…."

"전혀 그렇지 않아요. 이것은 단지 말의 양쪽 옆구리에 식량이나 꼭 필요한 물건을 넣은 두 개의 가죽 가방이라고 할 수 있지요."

다시금 우리에게 물었지.

"그런데 궤짝들은 있나요?"

"아니요. 무엇 때문에 필요한가요?"

"그러면 어떻게 물건들을 실어 가려고요? 여행가방이나 자루에 담아서 실어갈 수는 없을걸요. 말이 그것들을 나무들에도 부딪힐 거고 늪지에도 빠트려버릴 텐데요… 궤짝 하나에 2푸드 반씩 넣으면 말에 실을 수 있을 텐데요. 여행가방은 버려요."

노련한 사람이 말했네.

"왜 버린다는 겁니까? 모든 것을 가져가세요!"

그러자 티모페이가 나의 사나운 시선에도 불구하고 물었네.

"그런데 우산은 가져갈 수 있나요?"

이런 대답이 들렸네.

"우산도 가져가세요."

"사르[188], 사르 사는 것을 잊지 마세요!"

"그건 또 뭔가요?"

"사르는 말가죽으로 만들어진 야쿠츠크 장화예요. 신발 안에
물이 들어오지 않도록 처음에 장화 안에 건초들을 넣은 후에 발
을 집어넣어야 해요. 그렇지 않으면 이곳의 진흙탕 위를 걷거나 타
고 지나가지 못할 거예요. 내게 들르면 내가 당신에게 사르를 가져
다주라고 시킬게요."

나의 상냥한 주인 볼콘스키는 나를 자기 집으로 데려갔네. 자
신을 알렉산드르라고 부르라더군. 집에 야쿠트 여자가 왔는데 젊
고 아마도 야쿠츠크 미의 기준에서는 아름다우며 좁고 납작한 코
와 함께 넓은 두 뺨에 갈색의 눈동자와 선명한 홍조가 있는 여자
였네.

"안녕하세요…"

그때 주인이 무엇인가를 야쿠트어로 말했지.

"이것은 무슨 뜻입니까?"

"아름다운 여인이란 말이지요."

주인이 여자에게 물었네.

"사르가 있는가?"

"있습니다."

"가져오너라."

"알겠습니다."

그녀는 5분 후에 거대한 장화를 들고 왔네. 땀 흘린 말과 장화 표면에 칠해진 기름 냄새가 풍겼어.

나는 소리치기 시작했네.

"가지고 나가. 빨리!"

그리고 볼콘스키에게 물었어.

"사람들이 이 신발을 정말 신는단 말입니까?"

"매우 훌륭한 신발입니다. 당신도 신으세요."

그러나 나는 그것을 티모페이에게 선물했네. 그는 주전자들, 냄비들, 대체로 수공업에 필요한 물건들이 들어 있는 가방을 안장에 매다는 일에 무척 몰두하고 있었거든. 나는 티모페이가 가장 많은 관심을 보이고 있던 우산도 선물했네.

마부 이반 그리고리예프는 호기심에 모든 것을 눈여겨보더군.

그가 전문가의 거만함을 피우며 말했네.

"이건 아무것도 아니지요. 말을 타고도 갈 수 있지요. 모든 관습을 제대로 지키기 위해서 필요한 것일 뿐이지요."

바뉴시카는 어떠한 세련된 말 굴레를 구해서 매일 그것을 통째로 달고 다녔어. 그는 그것을 단 가죽벨트로 자신의 몸을 조였네.

육지에서도 우리의 살림살이를 떠맡았던 티흐메네프는 창고에 가면 매번 돼지의 넓적다리 고기와 치즈를 가지고 돌아왔네. 그리고 끊임없이 돈을 요구하면서 우리가 먹게 될 것과 먹지 않을 것에 대해서도 매일 거의 세 번씩 말했지.

"아니에요. 벌써 이미 닭고기도 보이지 않아요. 전함에서 자주 그랬던 것처럼 커틀릿과 쌀 역시 없어질 거예요. 이런, 잊어버리고 왔네요. 이전에 창고들에는 달콤한 어떠한 것들이 없었나요? 말린 자두나 건포도를 가지러 빨리 뛰어갔다 올게요. 설탕물에 조린 과일도 먹을 수 있어요."

챙이 달린 모자를 붙잡고는 다시 뛰기 시작했네.

마침내 우리가 지냈던 집 앞에서 정말로 아름다운 아침을 맞이했네. 그리고 짐 싣는 것을 생각하며 여덟 명의 기수와 말 열일곱 마리로 이뤄진 여행단이 서 있었지.

내가 물었네.

"그런데 대체 마차는 어디에 있습니까?"

사무원 중에 한 명이 나를 보며 웃고 있었네. 내게 마차를 준비해준 카자크인은 마차 대신에 안장을 얹은 말을 데리고 다가오고 있더군! 나는 말을 바라보았네. 말에는 체르게스 안장과 나의 쿠션이 있었어.

B가 내게 말했네.

"마차가 없습니다. 준비되지 않았어요."

나는 길을 한참 가고 난 뒤에서야 나를 속인 것이 나를 위해서였구나 이해했네. 그리고 길을 가는 도중에 여러 번 감사했지. 일단은 아무런 말도 없이 말에 앉아 잠자코 험한 오솔길을 따라 산으로 갔지만 말이야.

아얀의 모든 주민이 우리 근처로 모여들었네. 다들 여정에서의 우리를 위해 신의 은총을 빌었지. 프록코트를 입지 않은 Ch와 F는 걸어서 우리를 1베르스타나 배웅해주었어.

한 고비의 암벽 뒤에서 Ch가 말했네.

"바다를 보세요. 당신은 더 이상 바다를 보지 못할 것입니다."

나는 감사와 사랑으로 눈물을 흘리며 빠르게 바다를 둘러보았네. 바다는 더 파랗고 선명하며 은빛의 비늘처럼 햇빛에 반짝거렸다네. 아직 1분이 남았어. 암벽은 바다를 둘러싸고 있었네.

"안녕, 자유의 자연아! 마지막이구나…."

아얀부터는 산들 사이의 작은 골짜기를 따라서 그리고 개울들의 하류를 따라서 가게 되네. 개울들은 비가 내리면 범람하여 물이 귀까지 차서 말들이 지나갈 수 없을 지경이라네. 말을 탄 사람에게는 어떻겠는가? 말들보다 더 나쁘네. 지금은 건기여서 우리는 겨우 발바닥만 물에 젖었지. 단지 알다마를 통할 때만 오직 개울을 지나가며 안장 쪽으로 다리를 들어 올려야 했어. 이 사나운 경치에서 공포스러운 것은 없지만 슬픈 것은 많네. 무성한 낙엽의 숲이 길을 따라 나 있네. 그루터기가 빽빽한 좁은 오솔길을 따라가게 되지. 이후에는 숲이 펼쳐져 있고 돌로 가득 차 있는 넓은 늪이 눈에 보이네. 그 늪은 비가 내리면 지나가기 어려울 거야. 돌멩이들이 자연적으로 강바닥을 이루고 있네. 굵은 돌이 벽처럼 서 있는 절벽에서 떨어져 나와 장식해놓은 듯이 있더군. 곳곳에 숲과 덤불이 자라고 있네. 어디서도 주거의 흔적이 보이지 않고 사람의 흔적도 찾을 수가 없어. 이 길을 따라서 첫 번째로 지나간 사람은 아마도 1845년에 간 사람이었을 걸세. 만약 내가 틀리지 않는다면 이 사람은 캄차카와 쿠릴의 대주교인 인노켄티였을 거야. 그는 야쿠츠크에서 오호츠크해에 이르는 불편한 길 외에 바다로 가는 다른 길을 찾고 있었네. 그리하여 아얀 쪽으로 가는 큰길을 만들었지.

여기에는 수많은 얼룩무늬 다람쥐들이 나무를 따라 깡충깡충 뛰어다니고 있었네. 이 다람쥐들에 우리 개와 마부 이반도 매우 관심을 보였어. 마치 검은담비처럼 나무를 따라 뛰어오르는 것은 틀림없이 청설모였네.

나의 동료들이 외치기 시작했지.

"이런, 소총이 있었더라면, 소총!"

이 길은 승마를 위한 기가 막힌 길인데 진흙탕에서는 아니라네. 38베르스타는 수월하게 갔지. 딱 두 번 쉬었어. 그중 한 번은 아얀 옆에서였네. 아침을 먹으며 우리를 배웅해주었던 Ch와 F와 작별했네. 또 한 번은 우리는 길을 반쯤 가다가 다리 부근의 풀 위에 잠깐 누워 있었지. 그 이후에 쉬지 않고 갔네. 그러나 우울했다네. 앞장서서 가고 있는 야쿠트인 안내자는 러시아어를 한마디도 모르고 사막 역시 너무 조용했기 때문이야. 마침내 우리도 침묵하기 시작했고 거의 저녁 일곱 시에 천막에 조용히 도착하여 그곳에서 밤을 지새웠지.

나는 천막을 짐승의 굴 비슷한 것으로 상상하면서 천막에 대한 생각을 더 안 좋게 하고 있었네. 그런데 수직으로 세워져 벽을 이루고 있는 통나무로 만들어진 통나무집이었다네. 게다가 통나무집에는 빈대도 바퀴벌레도 없었고 난로가 두 개 있더군. 연기는 지붕으로 나가고 등받이가 없는 의자들도 깨끗했어. 우리는 차를 충분히 마신 뒤 아침까지 죽은 듯이 오래 잤네.

다시 하루가 지나갔고 주그주르 산 기슭의 천막에서 밤을 또 지새웠네. 나는 산으로 나와 함께 가서 오르는 것을 도와줄 야쿠트인 두 명을 고용했어. 어제는 길이 참 좋았지! 만약 아무도 밟지 않았던 곳으로 가게 된다면 그 사막들은 따분하고 침울할 게야. 우리는 숲으로 둘러싸인 협곡 근처 산의 오솔길들을 따라갔네. 우리는 많은 개울과 시냇물을 지나갔으며 몇 번은 알다마를 지나기도 했어. 이후에 초목이 빽빽이 우거진 숲으로 깊이 들어갔고 오랫동안 좁은 길, 가로지르거나 수평으로 자라는 나뭇가지들 또는 더러운 웅덩이를 따라갔네. 그리하여 말과 마부는 뛰어넘어야 할지 그냥 건너가야 할지 망설이며 멈추어 서곤 했다네. 그런데 이것은 앞으로 만나게 될 진흙탕에 비하면 아무것도 아니라는 거야.

내가 물었네.

"그러면 그때 마부는 무얼 하지요?"

"진흙탕에 빠지지요."

숲을 따라가며 많은 얼룩무늬 다람쥐와 검은담비를 다시 보게 된 우리는 곰을 기다렸네. 그러나 곰은 보이지 않았고 역참에 있는 야쿠트인 한 명이 말들을 숲의 한쪽으로 데려가며 힘이 센 곰을 만날 것에 대비하여 소총으로 무장하는 것만 보았지. 그런데 그 소총은 인간이 그것을 처음으로 고안해냈을 때의 모습을 한 구식 총이었네. 이곳에서는 말들에게 귀리를 주지 않는다네. 그 대신에 말들의 다리 밑에는 풀이 무성하게 자라고 있어서 원하는 만큼 먹을 수 있지. 역참에 도착한 후에 말들을 숲으로 데려가 그곳에 아침까지 풀어놓았네. 길을 따라서 간 숲은 낙엽송뿐이다가 후에 전나무, 소나무, 찔레나무가 나타나기 시작했지. 월귤나무와 마가목도 길을 따라서 많이 자라 있더군. 우리 수병은 손잡이가 달린 컵에 열매 한 컵을 모았는데 마부 이반은 마가목 열매가 추위 때문에 충분하지 못한 것을 안타깝게 생각하면서도 즐겁게 마가목 열매를 먹었네.

우리는 사슴 무리와 함께 있는 퉁구스인의 숙박지를 보았다네. 고요함과 침묵이 우리와 함께 머물렀지. 딱 한 번 어떤 새가 지저귀었는데 혼자서 놀라고 조용해졌어. 때때로 갑자기 늪에서 도요새가 뛰어나오고 높은 곳에서 거위 또는 오리가 달려온다고 여겼네. 이 모든 것이 벌써 여기를 지나간 손님이라네. 곤충 소리도 들을 수 없었어.

어제는 35베르스타를 갔는데 조금도 피곤하지 않았네. 오늘은 무슨 일이 있을까? 이런, 주그주르 산, 주그주르 산이 있네. 미쳐버리겠군!

　마침내 야쿠츠크의 몽블랑 산 또는 퉁구스의 몽블랑 산으로의 등반이 시작되었네. 우리는 역참에서 약 일곱 시에 나가 말 그대로 돌들의 해양을 따라 어느새 산으로 올라갔어. 반 베르스타 가자 흙으로 된 오솔길이 나타났다가 사라졌지. 야쿠츠크의 말들은 왜소하지만 강하고 굳세어서 리듬감 있고 자신감 있게 걸음을 떼네. 어제 말들은 말발굽이 벗겨져버려서 힘이 더 센 다른 말로 내게 바꾸어주더군.

　주그주르 산은 우리 역참에서 8베르스타 떨어져 있었네. 얼마후 양쪽에 산들이 나타났는데 한쪽 산이 다른 산보다 더 가파르고 회색빛으로 접근하기 더 어려웠지. 마치 인위적으로 가득 채워진 피라미드형 돌 더미들 같았어. 외관으로는 두 산 모두 기어 올라갈 수 없을 것 같았네. 하나의 산은 회색빛이었고, 다른 산은 푸르스름했고 두 산 모두 음산해 보였지. 하늘을 향해 어깨를 거만하게 올리고서 아래를 내려다보고 있는 것 같았고 돌들을 던지고 있었어.

　어떤 것이 거대한 주그주르 산인지 추측하려고 노력하며 나는 양편을 계속 바라보았어. 이것일까? 내가 이 산으로 가고 싶지 않다는 것은 아니네. 이 산은 측면이 작은 덤불숲이지만 험한 비탈이고 저 산에는 돌이 많기 때문이야. 나는 오래전부터 하나의 산을 보아왔네. 마치 반지에 끼워진 다이아몬드 같은 눈덩어리가 있는 산으로 깎아지른 듯한 벽과 같더구먼.

나는 혼잣말을 했네.

"물론 이 산은 주그주르 산이 아닐 거야."

야쿠트인에게 물었어.

"주그주르 산은 어딥니까?"

그는 번들거리는 얼음이 있는 바로 그 산을 가리키면서 말을 되풀이했네.

"이것이 주그주르 산입니다."

나는 생각했네.

'도대체 어떻게 저 산을 오르지?'

나는 우리가 이미 오래전에 산에 올라와 있고 더 추워졌으며 이제 우리 머리 위에 매달려 있는 가장 높은 곳에 오르는 일만 남아 있다는 사실을 알아채지 못했네. 나는 타거나 걸어서 들어갈 수 있는 가능성을 여전히 믿지 않았어. 그러나 그사이에 야쿠트인들의 구령에 맞추어서 우리 일행은 움직이기 시작했지. 돌이 발밑에서 굴러다녔네. 일행은 오솔길을 따라서 지그재그로 천천히 움직였다네. 짐을 짊어지고 가던 말 두 마리가 엎어졌는데 그중 한 마리는 나의 여행 가방들을 짊어지고 가고 있었어. 산에 말 한 마리를 버려두고 우리는 계속 갔다네.

나는 두 명의 야쿠트인과 함께 걸어갔네. 한 명은 나를 띠로 매서 데리고 갔고, 다른 야쿠트인은 뒤에서 내가 올라가는 것을 도와주었지. 의자로 사용할 평평한 돌을 골라서 나는 일곱 번 정도를 앉아서 쉬었고 때때로 야쿠트인의 어깨에 머리를 기댔어. 두 명의 동료들은 벌써 산으로 올라가서 정상에서 번들거리는 얼음산으로 돌들을 던졌네. 얼마나 부럽던지! 행운아들이군! 나는 개도 부러워했네. 개는 거의 세 번을 정상으로 뛰어 올라갔다가 우리 쪽으로 돌아왔거든. 그런데 지금은 가장 험한 볼록 솟은 지점에 서서 우리가 느린 것에 초조해하며 우리를 보고 짖었지. 하지만 나는 아직 약 200걸음이나 남아 있었네. 돌이 발밑으로 굴러갔어. 야쿠트인은 우리에게 막대기를 집고 가라며 하나씩 주었네. 마침내 도착이야. 포트와인 한 잔이 내게 기운을 주었어. 다른 때에는 마시지 않는 이 포도주가 얼마나 좋았던지! 나를 데리고 왔던 한 야쿠트인은 코피까지 났네.

역참까지 남은 길은 아주 좋았어. 우리는 강가 숲에 있는 이끼 밭 위에서 차를 마셨지. 그리고 나서 거의 신작로라고 할 수 있는 아름다운 소나무 가로수 길, 자작나무와 전나무 가로수 길을 따라갔어. 우리는 아름다운 폭포와 마치 푸르스름한 돌이 폭발한 듯이 흩어져 있는 것을 보았네.

주그주르 산에서 무엇보다도 나의 하인 티모페이가 진가를 발휘했네. 방금 우리 일행이 절벽에 닿아서 돌들이 말들의 발밑에서 굴러 떨어지자 갑자기 티모페이가 급하게 앞으로 뛰어나가 모든 이를 앞질러 산으로 돌진했어. 티모페이는 짐을 짊어진 말들을 앞질렀고 안내자와 심지어는 개까지 추월했다네. 두 팔을 정신없이 휘두르며 놀란 모습으로 격렬하게 산으로 질주하더군.

피곤에 지친 내가 소리쳤네.

"티모페이, 어디로 가는 건가? 정말 미친 건가! 산이 거대해서 자넨 지칠 거네!"

그러나 티모페이는 손을 내저으며 더 높이 뛰어올라 갔네. 말들은 힘이 빠져 넘어져버렸고 개는 혀를 내밀었는데 말이야. 티모페이 혼자만 달렸네. 마침내 티모페이와 짐을 짊어진 말들은 산의 정상으로 달려갔고 동시에 시야에서 사라졌어.

후에 내가 물었지.

"자네 왜 그랬나?"

티모페이가 말하기 시작하더군.

"언젠가…."

티모페이는 숨이 차서 말을 이을 수가 없었고 역참에서 이야기 해주었네.

"자넨 왜 그렇게 위로 뛰어갔나?"

잠깐 침묵한 후에 티모페이가 이렇게 말하기 시작했지.

"언젠가 저는 부유크데레에서 콘스탄티노플로 갔는데 잠깐 말에서 내렸습니다. 그런데 말이 길에서 벗어나 앞으로 도망가버려서 저는 할 수 없이 걸어가야 했습니다. 약 15베르스타 정도 되었을 겁니다…"

"그래, 근데 그게 왜?"

티모페이가 말을 맺었어.

"그래서 저는 또 걸어가지 않으려고 그렇게 한 겁니다. 산으로 뛰어올라간 이 말들이 도망갈까 두려웠습니다."

마부 이반이 쓴 웃음을 지으며 큰 소리로 말했다네.

"이 말들은 도망갈 거야!"

그러나 말들은 힘들어서 전혀 움직이지 않고 선 채 고개를 떨어트렸네.

첼라신과 마일 사이의 텅 빈 천막

그런데 자네들 놀라지 않았는가? 길을 따라가며 어떠한 만남이 있었는지 내가 말하지 않았는데 말일세. 이 넓은 공간 여기저기에 드문드문 있는 유목민인 퉁구스인을 제외하고는 북빙양부터 시작해서 중국 국경선까지 여기에는 아무도 살지 않는다네. 심지어 새들과 지나가는 다른 것조차 없지. 많은 짐승이 있다고 말하지만 우리는 얼룩무늬 다람쥐를 빼고 다른 것들을 만난 적이 없네. 다행이지. 곰과 만나는 것은 즐거움을 줄 수도 있겠지만 곰에게만 좋았을 테니. 그 만남은 우리를 당혹스럽게 할 것이고 말들은 엄청 놀라게 될 걸세.

이 말 없고 조용한 사막들을 지나면 우울함이 마음을 답답하게 억누르네. 그래서 나는 양쪽에 서 있는 산들에 언제 빛을 보았냐고 묻고 싶어졌어. 무엇이라도 누구에게라도 묻고 싶어지고 하다 못해 우리의 안내자인 야쿠트인과라도 잠시 이야기를 나누고 싶어지네.

외운 야쿠트어로 질문을 하게 되었어.

"정거장까지 몇 베르스타인가요?"

우리가 이해하든 말든 야쿠트인은 이렇게 말할 걸세.

"멉니다."

혹은 이렇게 대답할 것이네.

"곧 금방입니다."

그리고 다시 몇 시간을 말없이 갈 거야.

이 황량한 사막의 토양에서 뼈대가 굵은 사람은 별다른 할 일이 없네. 수천 베르스타 떨어진 외딴 곳에서 황야의 위대함과 고유한 침묵이 주는 지루함을 즐기기 위해서는 절망적인 시인이 되어야만 하네. 혹은 이 산, 돌, 가구로 제작되어 주거 공간에 장식될 나무들, 동료들의 즐거움을 위한 곰, 식량으로 쓰일 들짐승을 생각하기 위해서는 야만인이 되어야만 하지.

어제 우리는 안장 위에서 열한 시간을 머물렀는데 멈추어 서 있던 것까지 하면 열두 시간 반을 보냈네. 첼라신에서 오는 길에는 돌도 없어 이보다 더 좋을 수 없었다네. 그런데 14~15베르스타쯤에서 갑자기 우리는 무성하게 우거진 숲으로 들어갔네. 숲은 머리카락처럼 촘촘하고 늪은 질척했어. 말들은 늪에 빠졌고 우리는 어떻게 해야 될지 몰랐네. 말을 타고 있던 우리는 훨씬 나았지. 늪을 통과하자 말이 발을 헛디딜 것 같은 불안함이 기다리고 있었네.

어느 곳이든 이끼와 늪이 있었네. 사방을 아무리 둘러보아도 아무 소용이 없더군. 안내자의 도움 없이는 끝이 없는 툰드라에서 나가는 출구는 없다네. 직접 길을 찾으려고 하는 사람은 불행을 당하게 되지. 길은 없고 길을 알려줄 사람도 없기 때문이네. 늪이 우리를 둘러싸고 있어서 우리는 역참까지 도달할 수가 없었네. 우리는 텅 빈 버려진 천막에 머무르면서 그곳에서 불을 피우고 차를 마시며 밤을 지냈다네. 춥더군. 어제 하얀 서리가 내렸고 바람이 불었으며 하늘은 암흑이어서 우울했네. 가을, 가을이었어. 안내자들은 몸을 녹이기 위해서 우리 천막으로 들어왔네. 우리는 안내자들에게 차 한 잔씩 주었지. 보드카를 주고 싶었지만 보드카가 없었네. 주그주르 산에서 말 두 마리가 뒤집혔을 때 보드카 병이 깨졌어. 아니면 우리 일행이 어떻게 해서 보드카 병을 깨트렸을 수도 있네…. 이후에 야쿠트인은 말들을 시냇물 너머 목초지로 데려갔고 그곳에서 불을 피워 두 가지 음식을 끓여 먹었네. 기름을 넣어 물에 끓인 밀가루와 기름 없이 물에 끓인 밀가루 음식이었어.

마부 이반은 여기 있는 말들이 50년 정도 산다는 정보를 우리에게 알려주었네. 진실인지 아닌지는 모르겠네만.

벌써 말에 짐을 잔뜩 실었네. 가야 할 때야. 어제 우리는 채 40베르스타를 가지 못했다네. 마일은 여기서 몇 베르스타밖에 안 떨어져 있네.

다시 텅 빈 천막

늪들과 비교하여 무엇이 주그주르 산이고 무엇이 돌이 많은 길이며 무엇이 산의 시냇물인지 모르겠네! 더러운 공간인 건 똑같거든. 위쪽에 물이 있기 때문이네. 안내자가 멈추어 서서 우회로가 있는지 살피지. 만약 없다면 안내자는 할 수 없이 자신의 말을 놓아주네. 그러면 그 말은 더욱더 마지못해 아무런 반항도 없이 발을 내딛고 다른 말들은 그 말 뒤를 따라가게 되지. 갑자기 어떤 말은 앞발을 헛디디게 되고, 다른 말은 뒷발을 헛디디게 되네. 또 어떤 말은 앞발과 뒷발 모두를 헛디디게 되고, 말에 탄 사람은 이때 불안에 떨며 말 위에 앉아 있겠지. 만약 말이 넘어진다면 덜 위험하게 넘어져야 해. 게다가 심하게 넘어지면 말은 일어나기 위해서 필사적으로 노력하게 된다네. 말은 등과 머리를 일으키려는 거지. 이때 말을 탄 사람은 괜찮네! 마침내 기운을 차린 말이 비스듬하게 누우면 말에 탄 사람도 잽싸게 누워야 하네. 말에도 탄 사람에게도 이것이 더 안전하기 때문이야. 어느 날 나도 이렇게 한 적이 있네.

우리는 마일까지 간신히 도착했네. 그곳에서 새롭고 깨끗한 천막을 찾았어. 그곳에는 창문이 달린 방이 두 개나 있었네. 그 창문은 유리 대신에 운모로 되어 있었어. 바닥은 전나무가 깔려 있었고 등받이가 없는 의자들은 깨끗했네. 난로는 칠만 하면 당장이라도 응접실에 설치할 수 있을 정도였지. 우리는 마일에서 이곳의 천막까지 모두 20베르스타나 무척 오랫동안 왔다네. 끊임없는 우회로로 와야 했기 때문이야. 자네들은 알 수 없는 일종의 도전이라 할 수 있지. 숲에서는 약간 더 건조하네. 이것은 사실이야. 하지만 대신에 발은 이끼 속에 파묻히고 모든 흙이 발밑에서 움직이네. 나무들 근처로 가면 나무들에 발이 닿아 쓸리며 나뭇가지들이 얼굴을 때리지. 말은 구덩이로 뛰어 들기도 하고 힘껏 언덕으로 뛰어 올라가기도 하네. 그리고 길을 따라서 누워 있는 통나무 앞에 주저하며 멈추어 서고 마침내 그것을 뛰어넘어 다시 질퍽한 구덩이로 빠지기도 해.

아얀 사람들은 내게 사실을 말해주었네! 때로 야쿠트인은 가지 말아야 될 곳으로 마차를 몰아간 것을 알고서 멈추어 섰어. 앞에는 지나갈 수 없는 끝없는 질척한 늪만 있었다네. 길이 보이지 않아 우리는 뒤로 가야 했어. 이것은 도전이었지!

마부 이반은 우리를 달래더군.

"어떠한 길도 웅덩이가 없는 곳은 없지요."

이것은 사실이야.

마일에서 겉보기에는 비참해 보이지만 다리가 믿음직스럽고 세

심하며 튼튼한 다른 말들을 우리에게 주었네. 야쿠트인은 상냥하고 신중해. 그들은 말 그대로 우리를 양손을 잡아 안장에서 내려주고 새로운 말들 위에 태워주었네. 그렇지 않으면 여행 복장을 하고서 안장 위로 올라탈 수 없으니 말이야.

어제 날씨도 훌륭했는데 오늘 아침은 더 좋네. 어떠한 오락거리도 없기에 새로운 말을 관찰했어. 새로운 말이 먹고 있는지 걷어차고 있는지 게으름을 피우고 있는지를 살펴보았지. 말은 가끔 교활하게 군다네. 만약에 안장 위에 앉아 가며 말의 고삐를 잡아당긴다면 말은 배를 부풀리네. 그래서 잡아당겨서는 안 되는 걸세. 사나운 말은 다른 것에 해코지도 할 거야. 티모페이가 탄 말이 그랬다네. 말이 사나워지기 시작하면서 안장에 달려 있는 냄비들은 흔들리며 딸랑거릴 거야. 이 경우에는 다른 이들이 날카로워지는데 특히 마부 이반이 그러네.

이반은 독특한 사람이었네. 자신의 의견과 확신에서 벗어나는 것을 어려워했어. 그러나 말하는 것을 좋아하며 친절했다네. 그는 언젠가 샌드위치 제도의 왕이 그의 턱수염과 특별한 의복을 바라보면서 그를 중요한 사람이라고 여기며 악수를 청했다는 말을 자랑스럽게 이야기하곤 했어. 어느 날 저녁 무렵, 더 추워졌을 때 오볼렌스키 공작은 자신의 털외투를 달라고 부탁했다네.

이반은 이렇게 말했네.

"여행가방 깊숙이 넣고 꿰맸어요."

오볼렌스키 공작이 말했어.

"거짓말이지요. 털외투는 자루에 있을 거요. 봅시다!"

마부 이반이 자루를 보여주면서 주장했지.

"결코 여기에 없어요. 여행 가방에 있다고요."

오볼렌스키 공작이 물었네.

"그럼 당신 자루에 있는 이것은 뭐요?"

"이것이 가죽이라는 것은 누구나 알지요."

오볼렌스키 공작이 우리에게 말했네.

"보세요! 이반은 브라질산 뱀가죽은 자신의 바로 곁에 두었어요. 그런데 털외투는 깊숙이 감추어버렸네요!"

"나는 가죽을 내다 팔 수 있을 거라고 생각했어요. 하지만 털외투는 참 유감스럽네요."

오볼렌스키 공작이 말했지.

"바로 이렇게 이반은 오호츠크해에 도달할 때까지 내 야자 열매 두 개를 가지고 왔어요. 내가 그것을 제때 보고 버렸으니 다행이지 아니었더라면 그는 야자 열매를 여행 가방에 숨길 수도 있었을 거예요."

나는 물었네.

"이반 그리고리예프, 당신은 왜 야자 열매를 가져온 거요? 그 열매가 마음에 들던가요? 맛있던가요?"

그가 최고조의 경멸과 함께 대답했네.

"아니요. 아무 맛도 모르겠던데요. 맹탕이었어요! 내가 그것을 가져온 이유는 모스크바에 있는 상점에서 이런 열매들을 개당 5루블에 팔고 있기에 나도 그것들을 거기에서 팔아치울 수 있을 거라고 생각했기 때문이에요."

1854년 8월 29일

넬리칸에서

어제 저녁 여덟 시에 말을 타고 마지막 역참에 간신히 도착했네. 40베르스타를 갔고 가던 길 반쯤에서 기껏해야 삼십 분을 쉬었지. 숲을 따라가며 들새를 너무 많이 보아서 심지어 짜증이 났네. 말들의 발밑에서 멧닭들이 걸어 다녔고 도요새가 관목마다 나와서 날아갔으며 오리가 웅덩이마다 철벅거리며 놀고 있었어.

누군가 말했네.

"소총이 없다는 것이 안타깝군요!"

"왜 없겠어요? 가장 좋은 소총이 두 자루 있지요."

"그런데 화약이 있나요?"

"화약도 파편도 총알도 있어요."

"다 있는데 왜 우리는 사냥하지 않지요? 사냥합시다!"

이반 그리고리예프가 말했네.

"소총은 여행 가방의 저 밑바닥에 숨겨져 있어요."

오볼렌스키 공작이 나무랐네.

"뱀가죽은 가까운 데 놓아두더니만!"

이반이 변명했네.

"가죽을 던져버리는 것도 쉬운 일이지요."

내가 이반에게 말했지.

"그런데 야자 열매들을 왜 가져오지 않은 거요. 정말로 이익을 챙기고 팔 수도 있었을 텐데…."

나의 말을 진지하게 받아들인 이반이 말했어.

"그 말이 맞아요. 만약 야자열매 100개쯤 가져왔다면 많은 돈을 챙길 수 있었을 텐데요."

마일의 역참에서 넬리칸의 역참까지 계속 산이네. 온통 산맥뿐이더군. 그 산맥들을 넘어야만 했어. 그러나 산맥 두 개는 험한 기슭이었고 나머지는 완만했지. 험한 산맥부터는 말들에게 빨리 가라고 결코 채찍질해서는 안 되네. 말들은 잔뜩 고집을 부리기 때문이지. 이 산들에는 주그주르 산에 속하는 스타노브이 산맥의 나뭇가지뿐이네. 산기슭마다 늪이 펼쳐져 있네. 아무리 건조하고 좋은 날씨라도 결코 마르지 않지. 늪들은 얼어 있거나 더럽네. 이끼와 풀들이 엉켜 있지. 그 깊이가 말의 무릎이나 배 또는 머리까지 올지 어디까지 올지 알지 못한다네.

괴로운 침묵 속에서 이 사람 저 사람이 내뱉었어.

"이런!"

작은 언덕, 웅덩이, 관목 사이에서 이런 외침이 계속되었지.

마침내 우리는 넬리칸에 도착했네. 마야 강을 건너 러시아 아낙네들과 농부들의 말소리를 듣게 된 거야. 하지만 야쿠트인들과 대화가 잘 통하지 않았네. 오직 이반 그리고리예프만 야쿠트인들과 끊임없이 말했지. 어떻게 무슨 이야기를 하는지는 모르겠지만 그들은 서로 만족했네.

넬리칸에는 천막 몇 개와 새로운 집들이 있었어. 우리를 마중하러 역참지기와 카자크인 말르이세프가 나왔더군. 한 사람은 차를 마시라며 초대했고, 다른 사람은 저녁을 먹으라고 불렀다네. 그리고 둘 다 훌륭하게 우리를 대접했지. 매우 좋은 푸른 양배추 수프, 혀 고기, 튀긴 오리 고기가 저녁으로 나왔네. 이곳에 목면, 다른 직물, 이 지방에 필요하여 꽤 거래가 잘되는 상품들이 보관된 창고를 가진 미국 회사에 속해 있는 집은 방이 널찍했으며 창문마다 유리 대신 운모가 박혀 있었네. 밝았는데 따뜻하다고 말하더군. 역참지기의 집 역시 깨끗하고 널찍했네. 여기에서는 러시아 난로들에 야쿠트의 난로나 굴뚝이 수직인 조리용 난로까지 있었어. 그러한 러시아와 야쿠트의 온기가 합해져서 속담과는 반대로 아플 정도로 뜨겁다네.

우리는 편안하게 잠들어 푹 쉬었네. 밤에도 말을 타고 떠날 수 있지만 준비된 빵이 없어서 아침까지 기다려야 했어. 일곱 사람이나 되는 우리는 마야 강 강변에서 역참을 따라가며 식량을 공급받는 것이 쉽지 않았거든. 이제 강을 따라 600베르스타를 갈 일만 남았네. 그 이후에는 다시 180베르스타를 말을 타고 늪들을 따라서 가야 하지. 대형 사륜우편마차들도 있지만 모두 말을 타고 이 길을 따라가는 것을 더욱 좋아한다네. 이후에 우리는 야쿠츠크까지 총 1,000베르스타를 마차를 타고 갈 거야. 전부 1,000베르스타를 말일세!

마야 강은 경쾌하게 굽이치고 얕은 모래 여울은 손님을 무척 좋아해서 이렇게 말하는 것 같았어.

"우리는 당신들이 못 가게 붙들 거예요. 붙들 거예요."

숲은 늪에서처럼 어둡지 않고 작지 않은 울타리가 되어주었네. 그러나 강 쪽으로 갈수록 눈에 띄게 커져 갔어. 사시나무 숲과 솔밭이 자주 나타났네. 이반 그리고리예프는 이루 말할 수 없이 이 모든 것들에 기뻐했지.

낯이 익은 나무들을 가리키며 이반이 상냥하게 말했어.

"바로 저기 사시나무 숲이 있네요. 저기는 솔밭이 있고요!"

보트는 준비됐고 빵은 구워졌으며 고기를 가져왔네. 우리는 먹고 사람 수에 맞추어 배 삯을 지불했어. 보트에 타는 사람 수에 맞추어서 말이지.

1854년 8월 30일, 31일

우리보다 더 좋은 상황에서 항해를 한다는 것은 불가능할 걸세. 날씨는 좋았고 따뜻했네. 굽이굽이 흐르는 강은 유쾌하게 흐르고 있었어. 강변은 경사지고 나무가 우거져 있거나 낭떠러지였네. 보트는 믿기 어려운 빠른 속도로 질주했지. 우리는 28베르스타를 두 시간 동안 달렸고 바탕이라 불리는 역참에 도착했네. 마침내 우리는 여행 가방에서 소총을 꺼냈어. 하지만 이반 그리고리예프 쪽에서 많은 항의를 받은 이후에 소총을 이반에게 주었지.

이반은 소총을 쏘아 오리 한 마리를 잡았네. 여러 번 쏘았는데 더 이상은 잡지 못했어. 멀리서부터 우리는 오리들을 알아보았네. 오리들은 물의 흐름을 따라 질주하고 있었지. 우리가 앞지르자 오리들이 날아가버렸네. 만약 오리들이 날아가지 않고 남아 있었다면 그것들은 실수에 대한 대가를 톡톡히 치렀을 걸세.

바탕 역참에는 매우 똑똑한 노인인 표트르 마니코프가 아내와 함께 오두막에 살고 있었네. 모두 이주자였어. 그 노부부는 농사를 지으려고 노력하지만 자원이 부족하고 땅이 어디서나 농사에 적합한 것은 아니라네. 노부부는 짐승을 잡아 어느 정도 생활비를 번다네. 바탕 역참에서 셈 해협까지 14베르스타야. 우리는 셈 해협까지 빠르게 이동했네. 그러나 날씨는 안 좋아지기 시작했어. 우리가 어둠 속에서 역참에 도착해 타오르는 모닥불 근처에서 야쿠트인, 러시아 농부, 농촌 아낙네를 만났을 때 서늘한 바람이 불었네. 아낙네들은 매우 아름다웠어. 특히 한 아가씨는 16세 정도 되었을 걸세. 우리는 그들의 변변치 못한 오두막으로 들어가 차를 마시며 어려움과 부족함에 대한 이야기를 들었지. 그런 것들은 새로운 지역에 정착할 때 어쩔 수 없이 항상 나타나는 것이네. 오두막 안과 오두막 주변에는 벌거벗은 발, 가슴과 심지어 벌거벗은 배를 내놓은 아이들이 떼를 지어 모여 있었어. 우리는 아이들에게 셔츠 두 개를 주었고 그 아이들은 자랑스럽게 기뻐하며 셔츠를 입었네. 감사 인사에 끝이 없었지.

우리가 오두막에 머무르는 동안 바람이 불었고 함박눈이 내리기 시작했네. 눈보라가 일기 시작한 걸세. 농부들은 달이 떠오를 때까지 기다리기 시작했어. 어두울 때 보트를 타고 가는 것은 위험하다는군. 얕은 여울이 많아서 힘들기 때문이라네. 우리는 동의했고 오로지 달이 떠오를 때 곧바로 떠날 수 있도록 보트에서 자려고 갔네. 밤에 잠을 자면서 나는 다시 말을 타고 가며 다시 마차 바퀴 자국을 따라 뛰어간다고 느꼈어. 마차는 강을 따라 우리를 데려갔네. 추위 때문에 나는 잠에서 깼지. 우리는 얕은 여울에 있었네. 강에서 물이 무릎 높이까지 오는 곳에 서서 야쿠트인들은 보트를 얕은 여울에서 밀어냈지만 그들의 노력은 보트가 더욱더 얕은 여울로 향하도록 했어. 그리고 얼마 후 우리는 우리 힘으로 보트를 움직일 수 있다고 기대하지 않은 채 서 있게 되었지. 우리 사람들이 무장했네. 누군가는 막대기로, 누군가는 배를 젓는 노로 보트를 밀기 시작했지만, 이 모든 것은 아무 소용이 없었어.

모두들 한목소리로 말했네.

"아무리 해도 할 수 없어!"

역참까지 아직 7베르스타가 남았네. 우리는 거기로 우편선을 가져온 러시아 안내자 가운데 한 명의 집에서 잠깐 잤어. 우리는 티모페이에게 점심 식사를 준비하라고 시켰네. 양배추 수프와 어제 잡은 오리를 준비하고 곧바로 흙을 모아 불을 지폈지. 곧 냄비에서 수증기가 나오기 시작했고 한 시간 후에 우리는 점심을 먹었다네. 자네들은 역참, 숲, 소풍 등등에서 점심을 어떻게 먹는지 아는가? 누군가는 손잡이가 달린 컵으로, 누군가는 찻잔으로 궤짝이나 기둥에 서서 먹는다네.

식탁이 필요할 때는 보통 이반 그리고리예프에게 말하네.

"식탁이 있었으면 좋겠네요."

그러면 이반은 대답하지.

"네. 알겠어요."

이반은 숲으로 가네. 14분 후에 우리 앞에 식탁 하나가 놓이게 되지. 한 천막에는 창문과 문이 없어서 문과 창문이 필요하다고 이반 그리고리예프에게 말했네.

이반이 말했어.

"네. 알겠어요."

그러고 나서 그는 말에 걸쳐두었던 땀 받는 천으로 창문과 문을 만들어 달았는데 이튿날 아침에 문을 활짝 열 수 없어 두들겨 빼야 했네.

마침내 네 시에 우리를 얕은 여울에서 꺼내려고 역참에서 사람들이 왔다네. 그런데 우리는 그들을 기다리면서 스스로 얕은 여울에서 나왔어. 어째서 그랬는지는 모르지만 한 자리에서 약 네 시간을 앉아 있었지. 우리는 역참에 이제 막 도착한 참이었어. 그곳에서는 월귤나무 딸기나 양배추를 들고서 농촌 아낙네들이 우리를 맞이해주더군. 그들은 불운한 생활에 대한 불평을 늘어놓았다네. 흔히 있는 푸념이지!

역참의 이름은 마이마칸이네. 그 역참부터 익텐다 역참까지 22베르스타라네. 지금도 우리는 가고 있어. 산에는 어제 내린 눈이 녹지 않고 남아 있더군. 가을바람이 불고 있네. 하늘은 우울하고 음울했으며 강은 마치 쾌활하고 귀여운 사내아이가 슬퍼하듯이 생기를 잃고 슬퍼하는 것 같네. 다시 우리는 때로 산, 때로는 숲속 길, 또 때로는 섬과 골짜기를 갔지. 익텐다까지는 어둠 속에서 촛불을 켜고 선실에 누워서 왔어. 아무것도 볼 수 없었네. 추위 때문에 다리는 꽁꽁 얼었지.

익텐다부터 테르필리스카야까지 28베르스타야. 그리고 체판딘스카야 역참까지 또 그만큼 가야 하네. 그곳으로 우리는 아침 여덟 시 무렵에 도착했어. 완전 깜깜한 곳에서 자면서 56베르스타를 지나온 이후였네. 날씨는 항상 똑같이 춥고 음울했어. 체판딘스카야 역참은 창문이 없는 허술한 천막이었어. 겨울에는 역참이 서지 않는 것 같아. 그래서 천막도 무척 좋지 않았네. 그런데 퉁구스인들이 살고 있더군.

퉁구스인들은 사냥꾼이자 사슴으로 일하는 사람이며 마부라네. 그들은 겨울에 사슴이 끄는 썰매로 사람들을 실어 나르지. 그러나 이 일은 네바 강에서 아르한겔스크 출신이 사람들을 태우고 다니는 것처럼 전혀 유쾌하지 않다고 말하네. 먼 곳에 있는 모든 것은 더 나쁘거나 더 좋은 것으로 여겨지기 때문이지. 그러나 어떤 경우라도 가까이에서 눈으로 직접 보아야 안다네. 그런데 여기에서 사슴을 타고 가는 것은 심지어 위험하기도 하네. 왜냐하면 마야 강에는 쓴 쑥들이 나서 길이 울퉁불퉁하기 때문이야. 이것 말고도 사슴들이 충돌을 견디지 못하여 많이 넘어지지.

슬프고 황량하며 빈약한 지역이여! 아무리 노력하더라도 곡식은 여전히 시원치 않게 자라네. 더욱 멀리 야쿠츠크 쪽으로 가는 것이 낫다고 말들을 하지. 그곳에는 주민들이 많고 곡식은 더욱 풍부하거든. 질서도 잡혀 있고 일감도 많네. 나는 잘 모르겠네. 한번 살펴보세. 그런데 이곳에서는 보다시피 풀 베기조차 없네. 건초는 적으며 가축은 점점 사라지고 있지. 채소들은 매우 잘 자라고 넬리칸부터 시작해서 모든 역참에서 양배추, 당근, 감자, 그 밖의 것들을 발견할 수 있네.

야쿠트인은 넓은 광대뼈, 작은 눈, 작은 코를 가진 민족이야. 턱수염을 밀어버리고 얼굴이 거무스레하며 검은 머리카락을 지녔네. 남쪽 태생으로 어떤 만주 종족이지. 기독교인이며 그들 모두는 구릿빛 십자가를 가지고 있다네. 다들 기도를 하지. 그러나 그들은 교회 규정을, 즉 금식을 지키지 않는다고 말하네. 먹을 것이 없는데 규정을 지킨다는 것은 힘든 일이니까. 그들은 생기는 대로 다람쥐들, 말고기 등 뭐든지 먹었네. 러시아인들에게 곡식을 구걸하기도 해. 러시아인은 모두 정교 신자로, 바이칼 호수에서 이곳으로 이주해온 사람들이지. 그러나 이곳에는 높은 곳이라면 어디든 인노켄티와 그 이전에 있던 사람들의 노력 덕분에 십자가가 세워져 있다네.

1854년 9월 2일

차브다 역참

우리는 다시 마야 강을 따라서 항해했네. 그러나 추웠다네. 가을바람은 겨울바람으로 바뀌었어. 눈이 내리고 손은 추위에 꽁꽁 얼었으며 다리도 마찬가지였네. 강변을 따라서 숲들은 단풍이 들었고 강을 따라서 떨어진 잎들이 돌아다니고 있더군. 모든 것이 서글펐네. 아침 식사를 마친 후에 주위를 둘러보고, 둘러보고 그리고 다시 자려고 누웠어. 점심 식사 후에도 그렇게 했지. 역참은 러시아인들이 운영해. 야쿠트인은 오로지 마부로 일하네. 야쿠트인은 봉급을 받지만 러시아인은 역참의 주인으로 정해져 있어 모든 마차 삯을 받는다는군. 국고에서 농부에게는 곡식을 한 달에 2푸드씩 주고 아낙네들에게는 1푸드씩 주네. 농부와 아낙네는 국고에서 그들에게 주어진 우편마차들을 좋은 상태로 유지할 의무가 있다네. 마차 삯으로 한 사람당 은화 1.5코페이카를 지불하지. 마야 강을 따라 있는 역참은 스물한 개이고 30, 35, 40베르스타 간격으로 있어. 곡식은 러시아인들에게서 찾을 수 있다네. 채소, 양배추, 당근, 감자, 순무가 자라고 어디엔가 소들이 있네. 우유, 크림을 얻을 수 있고 흰 연어와 비슷한 생선도 얻을 수 있어. 몇몇 역참에서 예를 들어 아이메에서와 미국 회사 사무실이 있는 그곳에서 언제나 쇠고기를 얻을 수 있네.

아래쪽으로 갈수록 강은 더욱 깊어졌지만 우리는 두 번 정도 얕은 여울을 만났네. 밤에 나는 어렴풋이 시끄러운 소리와 소란 피우는 것을 들었어. 야쿠트인들은 물속으로 뛰어 들어가 보트를 끌어당기기 시작했지.

어제 만난 사공 가운데 한 명이 우리 쪽으로 선실 문을 향해 소리쳤네.

"나리! 나리!"

내가 말했네.

"왜요?"

나의 동료들은 자고 있었거든.

"목청껏 외쳐도 될까요?"

"만약 원한다면 해도 되지만 모두를 깨울 것 아니오. 왜 그러는 거요?"

"역참은 여기에서 가까워요. 어디에 있는지는 보이지 않지만요. 그곳에서 불붙이는 소리를 들었어요."

"그러면 목청껏 외쳐요!"

강을 따라서 곰 같은 목소리가 울려 퍼졌네. 끔찍했네! 그런데 역참에 다가갈 때마다 매일 밤 이것이 반복되었지.

이 여행은 전함에서의 호화스러운 항해와는 전혀 달랐어. 옷을 입은 채 여행 가방들 위에서 자야 했네. 허리띠가 옆구리에 배겼지만 외투를 뒤집어쓰고 잤네. 우리 선실의 벽들은 임시로 지은 건물처럼 지어졌네. 손가락 사이로 바람이 들어왔지. 휙휙 바람 부는 소리가 들렸네. 이것이 일상이었어. 더 나빠질 수도 있었는데 그나

마 다행이었네.

오늘 이반 그리고리예프가 우리 쪽으로 머리를 들이밀었네.

"이 돌을 버리라고 명하지 않으실 건가요?"

그는 어떤 아름답고 알록달록한 돌을 손에 쥐고 있었어.

"어떻게 버릴 수 있겠소! 페테르부르크에서 이것을 보여줘야 하는데. 이것은 브라질산의 아주 좋은 돌이오…"

이반 그리고리예프가 불평했어.

"세탁물을 어디에도 놓아둘 장소가 없어요. 이 돌이 자리를 너무 많이 차지해요. 도대체 이 돌이 뭐라고요? 어디든 쓸모가 있으면 좋으련만!"

차브딘스카야 역참부터 끊임없는 돌로 된 높은 강변이 펼쳐져 있었네. 그 강변은 약 3베르스타로 이어진 일부러 만들어놓은 강변도로 같은 자연적인 도로였어. 여기의 강은 넓었는데 크기가 우리나라 오카 강[189]만 했네. 강가를 따라 어느 곳에든 작은 숲들이 있다네. 농부들은 바이칼 호수에서 온 이주민들이야. 곡식은 여기에서 꽤 괜찮게 자라기 시작하네. 그러나 농부들은 우리가 숲에서 구경하는 쥐와 비슷한 작은 짐승인 얼룩무늬 다람쥐들이 마구 먹어치운다며 불평하더군. 러시아인들은 야쿠트인들을 칭찬하지 않는다네.

러시아인들은 야쿠트인이 좋지 않은 일꾼이라고 말하더군.

"하루에 1루블이라도 주지 않았다면 결코 땅을 갈지 않았을 겁니다."

야쿠트인들이 피곤해하지 않으면서 노를 저어 30, 40베르스타를 간 사이에 우리는 얕은 여울로 들어갈 뻔했네. 그러자 야쿠트인들은 매서운 추위에도 불구하고 보트를 끌어내기 위해서 물속으로 맨발로 급하게 뛰어 들어가더군. 이주민은 한 가족, 두 가족, 세 가족씩 모여 살고 있네. 여자들은 아름답고 큰 키에 날씬했지. 그리고 얼굴선이 시원스럽더군. 이들 대부분이 바이칼 호수에서 왔지만 일부분은 레나 강에서도 왔다네.

1854년 9월 3일

마야 강 하구와 알단스카야 마을

우리는 강 여행을 끝냈네. 오늘 마지막 역참에 왔다네. 나는 세 개의 역참에 걸쳐 있던 자연적인 돌로 된 강변도로를 생각하며 하루 종일 감탄했어. 만약 이러한 강변도로가 페테르부르크나 다른 수도인 모스크바에 있었다면 얼마나 좋았을까. 강물은 넘치면서 층층이 표식을 남기네. 특히 좋은 것은 점토로 된 강변에 남겨진 표식이야. 점토는 단단하고 층들은 계단 같네. 그래서 먼 곳에서 보면 강변 전체가 나무계단 같아 보인다네.

여름에 마야 강을 따라 항해하는 것은 훌륭한 산책일세. 섬들, 곶들, 자작나무, 버드나무, 전나무를 볼 수 있거든. 이 모든 것은 어디서 보나 수평선을 이루네. 모든 것은 그림같이 경쾌해. 큰 마을, 도시, 촌락이 보이지 않네. 그러나 그것들은 틀림없이 그곳에 있을 걸세. 우리가 마야 강을 따라서 더 아래로 내려갈수록 더욱 많은 이주민들이 주거지를 형성하고 있더군. 역참 어디에나 이주민들은 오두막을 짓고 어느 곳에서든지 처음으로 눈에 띄는 것은 텃밭이네. 그리고 대마가 빽빽이 서 있더군. 퉁구스인들은 이주민들을 따라 하기 시작했네. 어제 들렸던 이름이 우랴츠카야거나 우랴흐스카야인 한 역참에서 큰 가정을 이끌며 아내와 많은 아이들이 있는 주인은 자신의 운명에 대해 감사했어. 그리고 곡식이 자라고 오로지 일만 해야 하며 대마로 그들이 스스로 자신의 옷을 만들고 무엇이 모자라도 관청이 모두에게 곡식과 가축을 주는 것을 찬양했네. 주인은 모든 것에 만족하지만 단지 하나가 부족하다더군….

우리는 물었네.

"무엇이 모자라지요?"

"고양이요. 관청이 고양이를 주었다면 쥐를 없앨 수 있었을 텐데요. 생선이나 들새 고기나 토끼라든지 아무것이나 놓아두면 안 돼요. 모든 것을 먹어치울 거예요."

우리에게 양배추, 당근, 우유를 내놓는 곳마다 우리는 매우 만족하며 모든 것을 다 가져오네. 그리고 이 새로운 곳에서 이주민들이 건강을 유지하고 살도록 사냥이 계속 이어지기를 바라고 자신이 생산한 물건을 판매할 수 있다는 희망을 버리지 않기를 바라면서 넉넉하게 모든 것에 대한 돈을 지불했지. 모든 여행자가 아무쪼록 이 희망을 계속 유지시켜주기를 바라네. 오늘 나는 오볼렌스키 공작과 함께 느긋하게 거닐며 촌락에서 나와 숲으로 들어가 바구니를 들고 있는 야쿠트인 두 명을 만났어. 바구니 안에는 들새가 있었네. 멧닭 두 마리, 오리, 좋은 큰 생선이 들어 있더군.

우리가 물었지.

"당신들은 어디로 가나요?"

야쿠트인들이 말했어.

"우리는 러시아어를 몰라요."

들새와 생선을 가리키며 우리는 다시 물었네.

"그런데 이것은 누구에게 가져가나요?"

"사세요."

나는 그들을 우리 집으로 보냈네. 그리고 그곳에서 모든 것을 사고 그들이 원하는 가격을 지불했지. 내가 지불한 가격 때문에 우리의 지출관리자인 티흐메네프에게 잔소리를 들었네.

이것을 산 후에 우리 보트는 중국 범선 쪽으로 갔다네. 지붕 위에는 들새와 채소가 놓여 있었고 코앞에는 쇠고기가 있었지. 그곳에서는 불을 피우고 있었고 냄비에서 김이 났네. 이 광경을 개 한 마리가 보고 있었어. 그 개는 꼬리를 흔들며 음식 한 조각을 집어 갈 기회를 엿보고 있었지. 어느 천막에서 한 개가 실제로 성공했다네. 야쿠트인에게는 러시아인과는 달리 선반이나 찬장이 없거든. 그래서 그들은 찻잔들과 접시들을 등받이가 없는 긴 의자 밑에 놓아두지. 야쿠트인이 우리를 마중하러 서둘러 나오면서 자신들이 저녁으로 먹고 남은 음식을 의자 밑에 숨겨 두었네. 우리를 맞이하는 동안 개가 찻잔 안에 든 모든 음식을 먹어치운 거야.

이반 그리고리예프가 말했네.

"음식을 긴 의자 밑에 두지 않는 게 현명하지요."

편하지 않은 사실이 한 가지가 있네. 우리에게는 많은 사람이 있어. 세 명에게 하인이 네 명 있지. 그런데 그들은 서로를 방해하면서 또 게으르다네.

오볼렌스키 공작의 말이 정당하다고 할 수 있지.

"그들에게는 하인 근성이 있지요. 이건 무엇보다 더 좋지 않아요. 그들은 아무리 깨워도 눈을 뜨지 않고 불러도 오지 않으며 게으르고 잠만 자지요. 그리고 다른 것을 더 바라지요. 우리의 담배를 피우기도 하지요."

오늘 산책에서 돌아가면서 우리는 젊은 농사꾼 아가씨를 만났네. 어여쁘게 생겼지만 얼굴빛이 병들어 창백해보였어. 아가씨는 다시 지어진 텅 빈 오두막으로 가더군.

우리가 물었어.

"안녕! 어디가 아픈 거니?"

아가씨가 날카롭게 대답했지.

"몸이 좋지 않았어요. 한 달 가까이 머리가 아팠지만 지금은 건강해요."

우리 가운데 누군가가 말했네.

"아가씨 정말 미인이네!"

아가씨가 대답했어.

"어머, 무슨 말씀이세요! 우리가 새로운 오두막을 지었는데 들어와서 둘러보시겠어요?"

우리는 들어갔다네. 난로는 벽돌로 만들어져 있었는데 아직 불 땔 준비가 되어 있지 않았더군. 천장은 굉장히 높았고 세 개의 큰 창문들이 집의 전면을 차지하고 있었지. 창문 두 개는 마당 쪽으로 나 있었어. 다시 말해 크고 환한 방이었네.

아가씨가 말했어.

"관청이 높은 오두막과 커다란 창문을 만들라고 명해요."

"아가씨 집에서 벽돌은 누가 만들었는가?"

"누가요? 내가 했어요. 그리고 아버지도 하셨어요."

"아가씨는 남자들이 하는 일을 할 수 있는 건가?"

"물론이죠. 통나무를 베고 괭이로 땅을 갈지요."

"아가씨 뻥치는 것 아냐!"

우리는 아가씨의 오빠에게 이것이 사실인지 물었지.

"사실이에요."

아가씨가 말했어.

"그런데 당신들은 나를 믿지 않으시네요. 내가 거짓말하고 있다고 생각하시는 거죠. 거짓말은 나쁘지요. 나는 나와 가족들의 옷을 만들어요. 그리고 신발까지도 만들지요."

"그럴 리가, 어디 신발을 보여줘봐."

아가씨는 만든 신발을 만족스러워하며 보여주었다네.

"여기에서 사는 것은 편해요. 다만 일을 해야 하니까 게을러서는 안돼요. 무척 좋은 호밀이 자라고 특히 가을 파종 곡물인 대마가 잘 자라지요. 그리고 가축도 모든 것이 좋아요. 술은 없어요. 농부들은 술을 마시지 않지요. 우리는 여기에 한 푼도 없이 왔는데 지금은 형편이 매우 좋아졌어요. 지금 우리 집에는 송아지 딸린 암소와 말이 있어요. 우리는 조금씩 더 좋아질 거예요. 우리는 역참으로 쓸 새로운 오두막을 짓고 싶어요."

사실 이곳에는 술이 없네. 술을 마시지 않는 사람들은 이것을 기뻐하더군. 그 결과 모든 사람들은 행동이 좋고 난폭하게 굴지도 않네. 그리고 우리는 우리의 포도주가 산에서 깨져서 사라졌다는 것에 기뻐했어. 오로지 티흐메네프만이 괴로운 듯 추워지는 것을 불평하면서 저녁마다 포도주를 한잔 했으면 했다네. 그러나 포도주를 마시지 않는 것이 포도주를 마시는 것보다 훨씬 좋아. 우리 일행들이 취하지 않고 차를 마시고 있기 때문이지. 그리고 다행스럽게도 그 누구도 아프지 않고 심지어 더 건강해졌다네.

우리는 여기에서 경찰서장을 찾았어. 그는 사람들을 보내어 말들이 있는지 알려달라고 명했지. 우리는 다시 말을 타고 갈 수 있었네. 다시 늪이 나타났고 진흙탕이었어! 여기부터 길이 나아질 거라고 위로해주더군. 제발 그렇게 되길! 오로지 약 80베르스타만 말을 타고 갈 수 있다고 말했네. 그리고 그다음에는 마차를 타고 갈 수 있다고 했지. 그러나 말을 타고 가는 것보다 짐마차로 가는 것이 더 나은지 나는 잘 모르겠어. 그러나 여기에는 다른 타고 갈 것이란 없네. 우리는 80베르스타를 갔다네. 200베르스타는 말을 타고 갔고 마야 강을 따라서 600베르스타를 갔지. 야쿠츠크까지 400베르스타가 남았다네. 그곳에서 레나 강을 따라서 3,000베르스타를 가야 하고 이르쿠츠크까지는 아직 6,000베르스타가 남았지. 끔찍한 숫자야! 9월 10일에 늦지 않기 위해서는 야쿠츠크부터 레나 강으로 서둘러 보트를 타고 가야만 해. 그렇지 않으면 강이 얼기 전에 이르쿠츠크까지 도착할 수 없을 걸세.

1854년 9월 5일

툰드라 숲에서

힘이 없네. 다시 늪들을 이겨냈다네! 말들은 배까지 물에 잠겨 걸어갔어.

한 야쿠트인이 말했지.

"무슨 일이 일어날지 모르고 쓰러질 수도 있어요. 걸어가는 것이 더 나아요."

야쿠트인은 마치 친절하게 말하는 것 같았다네.

"봄에 여기는 온통 물이에요. 우체부는 말을 타고 갔지만 갈 수 없어서 말에서 내렸어요. 가슴까지 잠긴 채로 걸어서 갔어요. 춥고 얼어서 몹시 화를 냈지요."

우리는 마야 강 하구나 알단스카야 마을부터 두 번째 역참으로 갔어. 어제는 31베르스타를 갔는데 역시 늪을 따라서였지. 그 늪들은 지금 만난 늪과 비교해서는 아무것도 아니었어. 역참은 늪을 포함해서 총 17베르스타 거리에 있네. 우리는 해가 뜨자마자 일어나 아침 추위 속에 출발했지. 말들은 걸음을 디딜 때마다 미끄러졌네. 왜냐하면 말들은 말굽을 박지 않았기 때문이야. 오볼렌스키 공작은 말들이 보다 튼튼하게 말굽을 박아야 하는데 그 때문에 귀리를 먹지 않는 것 같다고 말했지.

나의 동료들은 짐짝들 모두를 가지고 앞장서서 떠났네. 나는 오로지 내 하인 한 명만 남겨두었고 그럭저럭 조금 타다가 걷다가 했지. 길의 대부분은 진흙탕 같았네. 야쿠트인의 공손함을 지닌 안내자는 나무에서 굵은 나뭇가지 하나를 꺾어서 칼로 나뭇가지들을 쳐낸 후에 그것을 내게 막대기로 사용하도록 주더군. 오늘 우리는 천막에서 묵었네. 벌이란 게 무엇인가! 가엾은 통나무들이 겨우 끼워 맞춰져 있었고 틈들은 종이로 붙여져 있었으며 등받이 없는 긴 의자들은 건초로 덮여 있는 곳이었어. 그리고 벽난로 불꽃 때문에 몸 둘 곳도 없었지. 그 대신에 우리는 어제 야쿠트인의 부인들과 함께 차를 마셨네. 우리는 그녀들을 식탁에 앉으라고 불렀고 남자들은 그들이 있던 구석에 그대로 남아 있더군. 야쿠트 여자들은 사슴가죽으로 된 높고 끝이 날카로운 모자를 쓰고 있었네. 긴 헐렁헐렁한 옷에 유명한 야쿠츠크 신발인 사르를 신고 있었지. 이것 때문에 우리 모두는 그들에게서 뒷걸음질쳤다네. 그들 중에 젊은이 두 명에게 차를 따라주었네. 그들은 모자를 벗었고 머리카락을 정리하더군. 그리고 컵을 쥔 후에 십자를 그었네. 한 야쿠트 여자는 우리에게 우유를 가져다주었어. 여기에는 벌써 소들이 있더군. 그러나 가야 할 때야. 다시 작은 언덕을 따라가야 할 때라고!

내가 숲에서 편지를 쓰며 조심스럽게 늪을 돌아다니는 동안 나의 동료들은 역참에서 나를 기다리다가 먼저 떠났네. 내게 차, 설탕, 심지어 고기를 남겨두었더군. 짐과 함께 나의 이부자리, 침대시트, 돈을 가지고 떠났어. 길에서 경찰서장을 만난 오볼렌스키 공작이 내가 도착한 뒤 30분 후에 돌아왔네. 경찰서장은 캄차카의 가장 용감한 정복자 가운데 한 명인 아틀라소프의 후손 아틀라소프라네. 그는 매우 착한 사람이어서 말을 타고 가도록 우리에게 준비해주었지. 다음 역부터 비록 부족하기는 하지만 마차를 타고 갈 수 있었네. 물론 마차가 한 대밖에 없어서 마차를 내게 남겨두고 다른 사람들은 말을 타고 갔다네.

이렇게 해서 나는 하인 한 명만 데리고 갈라진 틈이 엄청 많은 변변찮은 천막에 야쿠트인 사이에 홀로 남게 되었어. 나는 매우 잘 대접받았네. 난로에는 장작을 더 넣어주었고 앞쪽 구석을 양보해 주었으며 우유도 가져다주었지. 단지 대화가 없었을 뿐일세.

무엇을 묻든지 대답은 하나였네.

"몰라요."

거칠고 가난하며 그리고 더러웠지만 하고 싶은 이야기는 주위를 둘러보니 바퀴벌레가 한 마리도 없었고 다른 벌레도 없었다는 걸세…. 벽들이 틈새를 메우는 것 없이 한 종류의 통나무로만 이루어져 있고 어딘가 듬성듬성 점토가 발라져 있는 그곳에서 곤충이 살 수 있겠는가? 음식을 찌는 동안에만 난로를 피워서 천막에 있는 거나 마당에 있는 거나 매한가지였다네. 이런, 사람이 살 수 없는 적막한 이곳에서 빨리 벗어나고 싶을 뿐이야! 서글프네. 30베르스타 반경에는 살아 있는 영혼, 사람과의 만남, 길에 서 있는 집, 심지어 길도 없네. 숲과 늪만이 있지. 여기부터 길이 더욱 나빠질 것이라고 말들을 하네. 오늘 간 17베르스타에서의 길보다 더 안 좋을 수도 있을까? 야쿠츠크까지 아직 약 350베르스타가 남았다네. 얼음이 얼기 전까지 레나 강에 내가 도착할 수 있을 지는 분명하지 않네. 야쿠츠크에서 겨울 여정을 기다려야 할 것 같아.

만약 통행인이 있었다면 이 큰 길을 따라서 이미 오래전에 마차 길이 생겨났으리라는 사실은 의심할 여지가 없네. 그러나 통행인들의 수가 너무 적었어. 만약 통행인 수가 많았더라면 길이 제대로 정비되어 있을 텐데 말이야.

여기 역참은 벌써 눈에 띄게 풍요롭네. 주인은 네다섯 마리의 소가 있고 빨간 천으로 덮인 식탁이 있었다네.

1854년 9월 6일

오늘 31베르스타를 갔네. 거의 속보였지. 내게 비범하고 조용하며 돌에 걸려도 잘 넘어지지 않는 말을 줬더군. 길이 어제의 17베르스타보다 비교가 되지 않을 만큼 좋았지만 도처에 안 좋은 장소도 있었네! 아름다운 오솔길을 따라서 가는데 갑자기 약 100사젠 정도의 늪이 나타났지 뭔가. 내가 오늘 천막에서 나와서 말에 올라탔을 때는 밤에 내린 눈으로 온 세상이 뒤덮여 있더군. 나는 당황했어. 우리는 어떻게 가야 하지? 모든 마차바퀴 자국과 구덩이 그리고 작은 언덕이 눈으로 덮여 있었네. 하지만 이것은 교묘하게 숨겨져 있는 속임수였어! 상황은 좋게 해결되었네. 보이지 않는 것은 생각할 필요가 없어. 의심과 나쁜 것을 예기하면 가장 불길

한 것보다 더욱 불길한 것을 만들어내거든. 내 생각에 모든 사람들은 발걸음을 옮길 때마다 이것을 경험하게 되는 것 같아.

17베르스타를 가자 숲에서 마부의 말은 쉬고 싶어 했고 나는 아침 식사를 하고 싶었네. 풀들이 온통 눈에 젖어 있어서 풀 위에 누울 수 없었어. 숲에서 나는 누군가가 버리고 간 썰매를 찾아내어 소파에 눕는 것처럼 그 위에 누웠네. 주위는 허허벌판이었지. 그런데 허허벌판이란 무엇인가. 소나무와 전나무 숲이 보였는데 시간이 지날수록 산과 늪들이 나타났네. 페테르부르크나 모스크바에서부터 어딘가 숲속으로 30베르스타 정도 가면 바로 그런 허허벌판 속에 있게 될 걸세. 그곳 근처에 사람들이 살고 있을 거라고 내가 상상하는 것처럼 자네들은 1,000베르스타 정도 되는 주변에 아무도 없을 거라고 상상해보게나.

오늘은 해가 떨어지기 훨씬 전 날씨가 갰을 때 역참에 도착했어. 어떤 역참인지는 모르겠다네. 역참은 이상한 이름이었어. 주위에 소와 말들이 있었는데 거기엔 마차가 있었네. 주요한 천막에서는 업무를 보고 있었고 질서가 잘 잡혀 있더군. 마차가 곧 나를 위해 준비되었네. 나의 동료들은 오늘 아침에 먼저 떠났다는군. 여기에서 벌써 마차 바퀴 자국이 보이네. 이곳의 천막이 훨씬 더 좋은데 단지 여기저기 갈라진 틈이 많을 뿐이야. 위쪽 지붕에서는 무언가 계속 머리 위로 쏟아지고 쥐들이 부산스럽게 돌아다니는 게 보였네. 야쿠트인 여자 두 명이 냄비 근처에서 분주히 일하고 있더군. 그녀들이 입은 옷은 남자와 차이가 없었는데 오로지 귀걸이를 통해서 여자인지 알 수 있었네. 마부들은 저녁 식사를 하고 있었어. 불은 터지는 소리를 내고 있고 불꽃들은 사방으로 튀었지. 그래서 잠들기가 무서웠네.

1854년 9월 7일

나는 이제 말을 타는 것과 영원히 이별을 한 것 같네. 이곳에서 나는 다른 역참으로 가면서 명칭을 잘 모르는 어떤 마차를 타고 갔어. 내가 탄 그 마차를 여기에서 러시아인들과 야쿠트인들이 어떻게 부르는지 어떤 언어로 말하는지 모르겠네. 마차는 그냥 마차였는데 그것은 보통의 마차보다 좀 더 크고 좀 더 길며 좀 더 깊었지. 오늘 마차를 탈 때는 말을 탄 직후라서 그런지 이 마차가 무슨 소파처럼 보였다네! 만약 마차를 타고 간다고 하면 우리가 길을 따라서 앞서간 마차바퀴를 따라서 가고 있다고 자네들은 생각하겠지. 전혀 아닐세. 우리는 오솔길, 얼어붙은 작은 언덕이나 풀밭을 따라서 가고 있어. 이런 길을 바라보게 되면 그 길을 따라서는 걷거나 타고 지나갈 수 없다고 확신 있게 말할 걸세. 그러나 뛰어서 지나갈 수도 있네. 야쿠트인도 모든 길을 민첩하게 뛰어다닌다네. 그래서 정신이 아찔해지지. 다행히 안전띠 같은 것을 만들어줘서 마차를 타고 갈 때 흔들리지 않고 졸면서 갈 수 있었네!

나를 다른 역참인 이추게이무란스카야 역참으로 데리고 간 사람은 예고르 페트로비치 부시코프였네. 그는 말 네 마리를 가지고 있었고 야쿠트인 상인에게 마부로 고용된 사람이었지. 그는 야쿠트인과 한 천막에서 살고 있었네. 그곳에는 그의 아내와 아이들도 살고 있었어. 그의 딸이 문 밖을 내다보았네. 11세 정도 되어 보이는 귀여운 소녀였고 완전히 러시아인처럼 보였지.

내가 물었네.

"이름이 뭐니?"

소녀의 아빠가 말했어.

"마트료나입니다."

그가 말을 덧붙였네.

"마트료나는 러시아어를 할 줄 모릅니다."

마트료나와 별로 닮지 않은 어떤 여자를 가리키며 내가 물었네.

"마트료나의 엄마는 야쿠트 여자인가요? 저 여자가 맞나요?"

"아니에요. 마트료나의 엄마는 러시아 여자예요. 우리는 야쿠트인들과 살고 있었지요. 그래서 아이들은 러시아어를 할 줄 모른답니다."

이런, 외국어에 대한 열정이 이토록 강할 수가 있나! 프랑스어도 아니고 영어도 아닌 야쿠트어로 아이들이 말하도록 내버려두다니 말이야!

예고르 페트로비치 부시코프는 무엇 때문에 이추게이무란스카야 역참에 살고 있을까? 그리고 무엇 때문에 야쿠트인에게 고용되어 있고 그와 한 천막에서 살고 있을까? 이건 내가 풀지 못한 그의 비밀들이네.

나는 바로 지난 번 역참에서 러시아의 어떤 오두막에서도 결코 보지 못할 만큼의 엄청난 바퀴벌레들을 보았기 때문에 벌레가 없는 천막을 칭송한다네. 여기도 매한가지일 거라는 생각에 나는 들어가지 않기로 결정했었어 그런데 지금 나는 여기에서 머무르고 있다네. 바퀴벌레가 한 마리도 없는 것 같았거든. 정말 바퀴벌레 때문에 나는 이리저리 잠자리에서 뒤척였었던 거였나?

이렇게 오늘 나는 54베르스타를 갔네. 말들은 없었어. 동료들이 모든 말들을 데리고 갔다더군. 내가 마부들을 통해서 알게 된 바에 따르면 그들은 마차로 역참 하나를 지나갔고 그 이후에는 말을 타고 갔다네. 여기에서는 러시아인들이 살고 있는 암가 마을까지

180베르스타 정도는 말을 타고 가는 게 더 낫다더군. 77베르스타만 말을 타고 간 뒤에는 내가 탔던 마차를 타고 갈 수 있었네. 여기서는 마차뿐만이 아니라 대부분 오솔길이나 늪을 따라서 간다네. 이 늪은 꽉 묶여 있는 호밀단과 매우 비슷한 흙무더기로 채워져 있더군. 늪은 꽤 아름다웠어. 마차가 움직이기 시작하자 야쿠트인은 빠르게 그곳을 지나갔네.

갈수록 길은 더욱 생기가 돌더군. 여기저기에 통나무만으로만 지어지지 않은 천막들이 벌써 나타났네. 이 천막들은 점토가 발라져 있었어. 소들이 풀을 뜯어먹는 근처에서 건초 더미들이 보였지. 예고르 페트로비치는 소를 열 마리나 가지고 있었다네.

숲은 보다 다양하고 더욱 넓게 펼쳐져 있었어. 거대한 소나무들과 전나무들이 부러져 옆의 나무들 위로 쓰러져 있는 풍경들이 더 자주 보였네. 풀들도 풍부했어.

티모페이가 안타까운 목소리로 끊임없이 외쳤네.

"건초예요. 건초! 아무도 건초를 베지 않습니다!"

그가 열 번을 말했네만 건초 베는 사람은 없었어.

그가 숨을 들이마시면서 말했지.

"건초가 저렇게 쓰러지다니요!"

큰 산들은 없었어. 하지만 우리는 거대한 숲을 따라 빽빽한 언덕의 기슭 쪽으로 갔네. 잇따라 야쿠트인들을 만났어. 야쿠트인들은 조용하고 예의 바른 민족이야. 그들은 통행인과 인사를 나누기 위해서 언덕과 길에서부터 내려오곤 했지. 암가에서부터 야쿠츠크까지는 역참 여섯 곳이 남았네. 그러나 그곳에는 마차 길이 있고 역참들에는 대형 사륜마차도 있을 거야. 통행길이 있고 그 이후에는 아얀 강을 따라서 역마차 길로 이어질 것이라는 것은 의심의 여지가 없네. 해가 지나갈수록 모든 것이 좋아지는군. 몇 베르스타씩 갈 때마다 역참 건물 건설이 예정되어 있네. 그리고 이제 어떤 산들은 없어지고, 어떤 늪들은 지나갈 수 있게 만들어지겠지! 얼마나 많은 노력, 인내, 관심이 필요하겠는가! 누구도 거의 지나다니지 않고 그 누구도 거의 살고 있지 않는 이러한 공간들에 말이야. 만약에 우리의 수도에서 일하는 관리들이 이 삭막하고 넓은 곳에서 현지사를 포함한 이곳 관리들이 열심히 뛰어다니며 일하는 모습을 보게 된다면 그들은 자신들의 노력에 대해 얼굴을 붉히게 될 걸세. 어쩌면 얼굴을 붉히지 않을지도 모르겠지만!

1854년 9월 8일

암가 역참

야쿠츠크 주를 따라서 가고 있다는 것이 믿기지 않았네. 들판은 곡식들과 보리로 활기를 되찾았고 심지어 우리는 1베르쇼크에 달하는 밀밭을 보았네. 하지만 호밀은 없었어. 곡식은 이미 단으로 되어 있었고 건초는 더미로 있었지. 정말 좋은 날이었네. 우리가 타고 가던 마차의 작은 종소리를 시냇물 근처에서 듣자 우리의 앞에서 가던 말 떼가 이 소리에 아직 익숙하지 않아서 갑자기 놀라서 날뛰었네. 말들 사이에 있던 암소 한 마리가 놀라서 갑자기 튀어나오더니 말들이 무엇에 놀란 건가 바라보고 있었지. 코에 코뚜레를 하고 야쿠트 여자를 태우고 온 수소는 우리 행렬을 곁눈질하며 갑자기 저항했다네. 그리고 얼굴을 다른 방향으로 돌렸어.

우리는 나타르스카야 역참에서 9베르스타 떨어진 그곳에 있는 암가 강을 옛 구조로 된 뗏목을 타고 건넜네. 이 강은 마야 강으로 흘러들어 가는 강이야. 이 뗏목은 통나무 열 개의 속껍질만을 연결시켜서 만든 것이었네. 그런데 이 뗏목에는 마차와 말 세 마리가 탈 수도 있지 뭔가.

강 반대쪽에서 나는 활기찬 말들을 찾았어. 그리고 빠르게 훌륭한 길을 따라서 질주하기 시작했네. 반질반질한 풀밭으로 마차가 아닌 말을 타고 갔다네. 이곳은 말을 타고 가는 마지막 역참이 었네. 들판은 더욱더 훌륭해졌어. 양쪽으로 천막들이 보였네. 들판에는 보리가 단으로 묶여 있었고 건초는 황소가 끄는 긴 썰매들에 실려 있었지. 눈만 내리지 않는다면 썰매는 필요하지 않을 걸세. 바퀴를 만드는 기술은 여기에 아직 널리 퍼져 있지 않아서 늪을 지나기에는 썰매가 더 나은 것 같기도 하네. 예고르 페트로비치는 내게 이것을 이야기해주지 않더군.

그는 이 지방의 부유함에 대한 나의 지적에 대한 답으로 다음과 같이 말했네.

"부자인 야쿠트인들이 여기에서 삽니다."

"그런데 호밀을 파종하지 않나요?"

"네."

"그럼 야쿠트인들은 도대체 어떤 것을 먹나요?"

"보릿가루를 먹죠. 보릿가루로 기름, 물과 함께 레표시카[190] 빵을 굽기도 하고 이 보릿가루를 끓여 먹기도 하지요."

"암가 마을 너머에서도 보리를 파종하나요?"

"아니요. 그곳에서는 파종하지 않아요. 추워서 곡식이 얼지요."

"30~40베르스타 정도 떨어진 곳인데 무슨 차이가 있나요?"

"맞습니다. 우리도 이것에 소스라치게 놀랍니다."

"암가 강에서는 물고기를 잡나요?"

"물론, 여러 강에서 잡지요. 다만 얕은 곳에서요."

들새에 대해서 나는 묻지 않았어. 왜냐하면 100걸음을 지나지 않아 말들의 발밑에서 멧닭과 꿩이 달려 나갔기 때문이지. 이 들새들은 무리를 지어서 나무를 따라 날아갔네. 20사젠 되는 호수에서 오리들이 물을 튀기면서 헤엄치고 있었어.

"여기에 짐승들이 있나요?"

"전혀 없어요. 아무 소리도 듣지 못했어요. 토끼만 많이 있지요. 그리고 얼룩무늬 다람쥐들이 있어요.

"곰이나 늑대는요?"

"전혀 본 적이 없어요."

표트르 마니코프가 마야 강에서 이야기해준 바에 따르면 그 짐승이 많이 있다더군. 다행스럽게도 그 귀한 짐승들은 곧 동면에 들어가니 숲에서 지내는 것이 무섭지 않을 것이라고 했지.

내가 물었네.

"그 귀한 짐승들이 당신에게 무슨 짓을 하나요?"

"무슨 짓을 하냐고요? 통나무로 된 천막 전체를 부술 수 있죠."

"정말 누군가의 집을 부쉈나요?"

"결코 아니에요. 부쉈다는 말은 듣지 못했어요."

"당신은 이곳에서 그 짐승을 가까이에서 본 적이 있나요?"

"전혀 본 적이 없어요. 신이 자비를 베풀었지요."

우리는 빠르게 암가 마을로 갔다네. 그 마을은 2~3베르스타에 걸쳐 있었고 야쿠트인 대부분이 오두막에서 살고 있더군. 오두막은 완전히 러시아식도 아니고 완전히 야쿠츠크식도 아니었네. 성상화들 아래에 있는 식탁 위에 덮인 빨간 식탁보는 확실하게 유럽과 문명화를 암시하고 있었어. 암가에서 식탁보는 천이 아니라 빨간 나사지 조각이었지. 카자크인인 역참 주인은 내게 말이 없다고 쌀쌀맞게 알렸네. 나의 동료들이 모든 말을 가져갔다고 했지.

"말들이 있어야 해요."

내 말에 역참 주인이 매정하게 다시 말했어.

"말들이 없어요."

내가 더욱 단호하게 말했다네.

"내가 도시로 가는데, 만약 늦는다면, 내가 왜 늦었는지 물어볼 것입니다. 그러면 나는 당신한테 말이 없어서 늦었다고 말할 것입니다…."

도시에서 누가 나한테 물어볼지 그리고 왜 늦었느냐고 물어볼지는 카자크인도 몰랐고 나 역시도 몰랐지만 이 말은 먹혀들었네.

"여기에서 차를 안 드시겠어요?"

"아마도요. 그런데 왜요?"

"내가 말을 수소문해보려 합니다."

나는 동의한 뒤 사제에게 갔다네. 마을에는 그리스도변용구원이라는 이름의 목조 교회가 있었어. 교회에는 사제 세 명이 있었는데 그들은 성찬식을 베풀며 넓은 공간을 돌아다니고 있었네. 마을에는 약 600명의 신자가 있었지.

카자크인이 말한 것처럼 모든 것은 되었네. 한 시간 후에 나는 마차를 타고 달릴 수 있었어. 한 삼두마차에는 내가 탔고, 다른 삼두마차에는 내 짐들을 실었네. 우리는 달려서 약 한 시간 반 뒤에 크레스톱스카야 역참에 도착했지.

러시아인 야쿠트인이 내게 말했어.

"말들이 없어요."

나는 여기에서 말을 많이 사용해서 없는 것인지 아니면 더 정확히 말해 그들이 권력을 남용하고 있는 것인지 알아야만 했다네.

갑자기 밑도 끝도 없이 러시아 출생이지만 야쿠트어를 사용하는 한 러시아인 야쿠트인이 다른 사람에게 말하더군.

"우유를 짜게."

예고르 페트로비치는 마을에서 어떤 사람을 만난 후에 갑자기 야쿠트어로 그와 말하기 시작했어.

내가 물었지.

"야쿠트인인가요?"

"아니요. 러시아인이에요. 나의 형이에요."

"그는 러시아어를 할 줄 아나요?"

"물론 알지요."

"그런데 왜 당신들은 러시아어로 말하지 않나요?"

"관습이 그래요…."

크레스톱스카야 역참은 농장과 많이 비슷했어. 이 암가 마을 전체가 독일의 어떤 식민지와 비슷했네. 매우 좋은 가축이 있었고 여자들은 황소를 타고 다녔지. 천막들은 깨끗했다네. 만약 벼룩에 대해 지적하지 않는다면 말일세.

내가 말했어.

"그런데 말들이 있어야 해요."

러시아인 야쿠트인이 대답했네.

"없어요."

"만약 내가 도시에 늦게 도착한다면 왜 늦었는지 내게 물을 겁니다…."

나는 또다시 남은 말들을 반복했네. 다시금 먹혀들었지. 토박이 야쿠트인 네 명이 나타나서 신속하게 말을 매더군. 말 세 마리에 짐을 실었고 네 번째 말은 뒤에 묶어두었네. 그리고 내게는 말 두 마리만 주었어.

내가 물었지.

"어째서 이렇게 하지요?"

"길에서 말을 더 맬 거예요."

"나는 좀 걸어서 갈 겁니다."

나는 아름다운 풀밭을 따라서 거대한 소나무들 곁을 지나 걸어 가기 시작했어.

"나리, 안 됩니다. 우리 마을에서는 토종말이 제자리를 벗어나서 염소처럼 뛰어다녀요. 그러니 길에서 멈추면 안 됩니다."

"텅 비었네요. 멈춰도 되겠네요!"

그러고 나서 나는 걷기 시작했네. 오랫동안 나는 러시아인 야쿠트인이 나를 마차에 태우라고 부탁하는 소리를 듣고 있었어. 나는 1베르스타쯤 지나자 내 뒤에서 실성한 말 한 쌍이 질주해 가는 소리를 갑자기 듣게 되었다네. 나는 마차에 타지 않은 것을 후회했어. 서 있어서는 안 되었던 거야. 자테이가 이 말들을 풀밭과 나무 쪽으로 보내더군. 나는 곧바로 마차에 탔네. 말들은 갑자기 뒤로 움직이기 시작했고 마차에서 부지직부지직 소리가 났지. 자테이가 어찌할 바를 몰라 하자 야쿠트인들이 뛰어서 도착했다네. 뛰기 시작한 말들을 풀어주었고 말 한 마리는 늪을 에워싸고 있는 울타리에 묶어두었지. 말이 요동을 치기 시작하는 바람에 낡은 울타리는 말의 힘을 이겨내지 못했네. 말은 울타리에서 통나무 하나를 뽑아내어 끈에 매단 채 숲을 향해 질주했어.

자테이가 낙담하며 말하더군.

"이제 말을 아침까지 붙잡을 수가 없겠군요. 말이 없네요!"

나는 그가 가여워졌네. 그것은 순전히 내 잘못이었거든.

내가 말했어.

"아무것도 할 필요가 없습니다. 나는 여기에서 새벽까지 있을 겁니다. 말들이 쉬고 나서 우리는 출발할 겁니다."

그는 기쁨으로 얼굴이 밝아졌으나 나는 가만히 앉아서 시간을 잃는다는 생각으로 착잡해졌네.

내가 티모페이에게 말했어.

"아무것도 할 것이 없네. 비프스테이크를 준비하게. 주전자를 올려놓게나."

그가 우울하게 대답하더군.

"뭘 가지고 만듭니까? 식량이 들어 있는 가방은 앞서 떠나버렸습니다."

나는 더욱 심난해져 고개를 떨어뜨리고 마차에 계속 앉아 있었어.

티모페이가 내게 물었네.

"차를 준비할까요?"

나는 우울하게 대답했지.

"아니네."

야쿠트인들은 호기심을 가지고 나를 바라보고 있었네. 갑자기 15세가량 되어 보이는 주인 아들이 다가왔어. 그는 러시아어를 할 줄 알았다네.

그가 수줍게 말했어.

"나리."

내가 무뚝뚝하게 반응했네.

"뭔데!"

"우리 집에 오리가 한 마리 있어요. 오늘 잡은 건데요. 저녁 식사 안 하시겠어요?"

"오리라고?"

"네. 들꿩도 있어요."

나는 믿을 수가 없었네.

"어디 있다는 거냐? 한번 보자."

그가 천막으로 달려가서 꿩과 오리를 가지고 왔네.

"오늘만 해도 이 두 놈은 숲에서 살아서 돌아다니고 있었어요."

"꿩과 오리라니. 티모페이! 자넨 입을 다물고 있었다 그거지. 보게. 꿩과 오리가 있네…"

티모페이가 말했다네.

"잘 알겠습니다. 지금 솥을 씻고 있습니다."

한 시간 후에 나는 근사한 저녁 식사를 했어. 야쿠트인은 꿩 두 마리와 멧닭 한 마리를 내일 먹도록 가져왔네.

1854년 9월 9일

내가 으이르갈라흐스카야 역참에서 물었네.

"그런데 말들이 있나요?"

"말들은 없어요."

"만약 내가 늦는다면 도시에서 왜 늦었는지 물어볼 겁니다."

러시아인 야쿠트인이 반복해서 말하더군.

"말들은 없어요."

길을 아주 훌륭했네. 다시 말하면 더러웠지. 말들에게는 매우 안 좋은 길이었어. 그러나 말을 탄 사람에게는 편안한 길이었다네. 어느 곳에서든지 풀밭이나 건초가 있었지만 곡식은 없더군. 이곳은 도시에서 곡식을 가져오기 때문이야. 드디어 친절하면서 교태를 부리는 한 야쿠트 여자를 만났다네.

야쿠트 여자는 자신을 쳐다보고 있다는 것을 느낀 후에 자신이 모아둔 건초 더미 뒤로 또 때로는 황소 얼굴 뒤로 숨더군. 황소의 뿔 탓인지 그녀는 교활하게 보였다네….

소나무들은 근사했고 소나무 근처에서 사슴들이 먹는 이끼는 땅을 따라서 펼쳐져 있었어. 그리고 야쿠트인들은 매운 담배에 무엇인가를 첨가하여 담배를 피우더군.

한 야쿠트인이 자신의 담배를 주며 내게 말했어.

"좋아요. 매우 좋아요! 담배를 피워보세요."

이런 호의를 선뜻 거절한다면 예의 없는 거겠지. 나는 담배를 피웠네. 이상하지만 불쾌하지 않은 맛이었어. 마약은 없었네.

어제 어디선가 이상한 차 맛을 보았어. 역시나 마약이 조금 들어 있었네. 어떤 약초와 비슷하더군. 내가 두 대의 삼두마차를 타고 으이르갈라흐스카야 역참으로 달려가고 있을 때 반대 방향에서 다른 삼두마차가 달려오고 있었네. 나는 멀리서부터 삼두마차가 빨리 달려오는 것을 보고 있었지. 말 한 마리는 목을 들어 올리며 당돌하게 질주했네. 곁에 매어 둔 말들은 어떤 슬픈 방탕아들처럼 때로 머리를 땅 쪽으로 내리고 때로 들어 올리며 머리를 흔들었다네. 이 말들이 내가 탄 마차의 말들과 만나 다정하게 냄새를 맡더군. 말을 타고 있는 우리는 시선을 교환하고 서로 인사를 했네. 이 사람은 의원이었어.

이때 내가 또 불평했다네.

"말들이 없군요."

그가 면장 쪽으로 돌아서서 야쿠트어로 무엇인가 말하더군.

기다리던 나에게 그 두 사람이 질문했네.

"당신은 야쿠트어를 하십니까?"

나는 다음과 같이 대답하며 얼굴을 붉혔지.

"아니요."

이후에 의원은 말들이 방금 도착해서 몹시 힘들어하고 있다고 말했네. 그리고 새벽까지 기다렸다가 가는 것이 더 나을 것이며 밤에는 산이 무척 춥다고 했지.

아무것도 할 필요가 없었어. 의원은 이러한 상황들에서 권위자니까. 그래서 나는 그의 결정에 따랐네. 우리는 차를 마셨지.

내가 말했어.

"내게는 꿩들이 있답니다. 막 잡은 것이지요."

의원이 의미심장하게 말하더군.

"아!"

그가 말을 덧붙였네.

"내게는 오이가 있답니다."

나는 더욱 의미심장하게 말했어.

"아!"

나는 의원에게 무엇이 있는지 알아내기 위해서 말을 이었다네.

"내게는 쇠고기도 있답니다."

"내게는 흰 빵이 있답니다."

"참 잘된 일이군요. 우리는 흑빵이 있으니…."

"훌륭해요!"

내가 말을 덧붙였지.

"그런데 어제 한 사람이 빵에 레몬식초를 엎질러서 먹지 못하네요. 하지만 대신에 우리는 미국 수프가 있답니다."

"정말 좋아요. 그리고 내게는 포도주가 있지요…."

"포도주요!"

여기에서 나는 의원에게 졌다는 것을 인정해야 했네.

그는 우리가 여행용 작은 손가방이라고 부르는 그것에서 찻잔, 작은 접시들, 칼, 포크들, 소금, 작은 빵들, 오이들을 꺼내놓기 시작했어. 마지막으로 그가 꺼낸 것은 우리를 떠난 친구인 포도주였지.

내가 결정적인 한마디를 덧붙였다네.

"내게는 요리사가 있답니다."

제 8 장
야쿠츠크에서

　황혼이 가까워졌을 때, 나는 내 하인과 모든 짐을 실은 두 대의 삼두마차를 타고, 버드나무 관목 사이의 모래를 따라 레나 강 오른쪽에 외로이 서 있는 자작나무 천막으로 다가갔네. 천막에서 역참지기의 관복 차림을 한 약 65세가량 된 노인이 장검을 찬 채 나를 맞이하더군. 나는 그가 여기에 살고 있다고 생각했지만, 그가 무엇 때문에 그렇게 나를 성대하게 맞이하는지는 이해하지 못했다네. 그는 장검을 찬 채로 내게 거수경례를 하고, 눈길을 내게서 떼지 않았어.

　나는 인사하면서 그에게 물었지.

　"당신이 역참지기입니까?"

"바로 그렇습니다. 귀족 출신입니다."

나는 한 번 더 고개를 숙여 인사를 했네. 장검을 찬 이유가 바로 이거 아닌가! 이제 왜 그가 그러한 존경을 담은 채로 나를 맞이했는지 알아내는 일이 남아 있었네. 자신의 상관 중 하나로 나를 맞이하는 것은 아닐까 싶었어.

그래도 이 상황은 설명하기 어려웠어. 여행객을 맞이하는 그의 습관에 따라 이렇게 했을 수도 있네. 아니면 귀족계급과 장검을 과시하기 위한 목적일 수도 있지. 내가 알아낸 사실이라고는, 그가 여기에 살지 않고 숙박을 위해 머물러 있으며, 내일 자신의 직무를 수행하기 위해 어떤 역참으로 다시 출발할 거라는 걸세.

"그런데 당신은 어디로 가시는 겁니까? 그래도 도시겠지요?

"네. 야쿠츠크로 갑니다. 사공들과 보트가 있는지요?"

그가 조금 떨어져 서 있던 야쿠트인 무리를 가리키면서 말했네.

"어떻게 없겠어요! 당연히 있겠지요. 아, 바로 저기 사공들이 있지 않습니까!"

내가 그들을 쳐다보며 물었어.

"그런데 보트는요?"

역참지기가 대화에 끼어들었네.

"야쿠트인은 러시아어를 알아듣지 못합니다."

그는 그들에게 야쿠트어로 물었네. 그들은 움직이기 시작했고, 몇 명은 해안으로 출발했기에 나는 그들 뒤를 따라갔지. 부두에는 보트 네 대가 있더군. 천막에서 야쿠츠크까지는 9베르스타야. 5베르스타는 수로로 가야 하고, 4베르스타는 육로로 가야 하지.

"나는 날이 어두워지기 전에 저쪽 편으로 가야 합니다."

"서두르지 않아도 됩니다. 제때 도착할 수 있어요."

그가 사공들에게 다시 야쿠트어로 몇 시간 만에 나를 강 건너로 데려다놓을 수 있는지 물었네.

"세 시간 정도에 간다고 하네요."

"무슨 말입니까? 세 시간 후면 밤이 될 것 아닙니까?"

"올해는 수면이 아주 낮아요. 그래서 섬과 여울이 많이 생겨나게 되었지요. 처음에는 똑바로 가다가 여기 섬들 사이를 지나가야 합니다."

나는 눈앞에 끝없이 펼쳐진 광대한 모래밭, 풀밭, 관목을 바라보면서 물었어.

"도대체 어디에 강이 있지요?"

역참지기가 풀밭, 모래밭, 보트들이 서 있는 5사젠가량 되는 너비의 강바닥을 가리키면서 말했네.

"그건 바로 여기에 있지요. 이곳은 섬이랍니다."

나는 속으로 결론지었네.

'말하자면 레나 강은 볼가 강처럼 더 넓게 저쪽으로 펼쳐져 있는 거로군.'

역참지기는 다시 야쿠트인과 이야기하기 시작했고 그들이 두 시간 이전에 가로지를 거란 말을 한 뒤에야 나를 안심시켰네. 하지만 저기 해변에서 4베르스타를 타고 갈 것이 없었기에 말을 가지러 사람을 도시로 보내야만 했지.

"그런데 저기 저 해변에는 안에서 기다릴 만한 어떤 천막이 있습니까?"

"없지만 관목은 있지요…. 아니 천막이 왜 필요하지요?"

"말이 도착할 때까지 짐 가방을 어디에 놓아둔단 말입니까?"

"해변에 놓아두면 되지요. 짐 가방이 어디로 사라지겠어요? 보트에 놓아두어도 되지요. 안 무겁잖아요."

나는 생각에 빠졌네. 텅 빈 해변에서 밤을 보내는 것은 전혀 흥미롭지 않기 때문이지. 말을 가지러 밤에 사람을 보내면 왔다 갔다 해서 8베르스타는 되네. 늙은이는 나의 의심을 확신시켜주더군.

"저기 해변을 따라가는 길은 좋아요. 진흙도 없고 구덩이도 없지요. 걸어가기도 좋아요."

"내 하인이 도시를 잘 몰라서 말도 여관도 찾지 못할 거예요."

"하지만 야쿠츠크에는 여관이 없는걸요."

예기치 않은 새로운 상황에 놀란 내가 물었네.

"그럼 어디에 머물 수 있단 말이지요?"

"당신의 역마권을 관청에 송신해도 되겠습니까? 머무를 곳을 내주도록 말입니다. 이것이 의무이지 않습니까."

내가 거의 혼잣말을 하듯이 말했어.

"이게 만병통치약이군."[191]

"뭘 원하신다고요?"

"아닙니다. 그게 제가 야쿠트어로 잘못 말했네요. 맞습니다. 제가 깊게 생각을 좀 했는데 만약 지금 그 방향으로 출발한다고 해도 나는 자정 이전에 도시에 도달하지 못할 겁니다. 모두를 깨워야 하겠지요. 여기 천막에서 밤을 지새우는 것이 낫지 않을까요…?"

그가 대답했네.

"물론 그것이 더 좋지요. 천막은 괜찮고 따뜻합니다. 거기에서는 아무것도 훔쳐가지 않지요. 벼룩이 있을 뿐입니다."

나는 야쿠트어에 싫증이 났네. 러시아인이 반가웠어. 심지어 전부가 아니라 하더라도 러시아어를 이해하는 이 사람이 반가웠어. 그래서 남기로 결정했고 우리는 천막 안으로 들어갔네. 아니, 좀 더 정확하게는 나무껍질을 씌운 원추형 집인 우라사[192] 안으로 들어갔다고 해야겠지. 이것은 큰 막사로 단순한 원뿔 형태로 되어 있네. 자작나무 껍질로 지어졌고 상당히 튼튼하게 꿰매져 있어서 바람이 거의 들어오지 않았어. 주변에는 건초가 덮여 있는 등받이 없는 긴 의자들이 있었고 바닥도 건초로 덮여 있었네. 가운데에는 열려진 아궁이와 위쪽에는 연기를 위한 구멍이 있었지. 이 외에도 거기에는 빨간색 나사지를 씌운 작은 탁자가 두 개 있더군. 한곳에는 역과 이정표의 수를 보여주고 있는 표가 놓여 있었고 깃털과 잉크병이 있었네. 천막은 군막사와 닮았는데 특히 역참지기가 자신의 장검을 못에다가 걸었을 때 더 그래 보였다네.

나는 그에게 차를 대접했네.

내 하인이 목소리를 낮추어 내게 말했어.

"차는 있는데 설탕이 없습니다. 이미 다 먹어버렸습니다."

"어떻게, 완전히 없는 건가?"

"기껏해야 두 번 먹을 양입니다."

"그렇다면 우리 두 명에게는 충분하겠군."

"그러면 내일 아침에는 뭘 드실 겁니까?"

하지만 나는 그가 어디서든 방해 거리를 찾는 것을 좋아했다는 사실을 깨달았다네.

"이미 오래전부터 자네에게 많은 설탕과 차가 있는 걸 보았는데 아닌가?

"만약에 나리 혼자서 드신다면 모르겠습니다. 그런데 역참마다 야쿠트인이 있으니…."

"쓸데없는 말 집어치우고! 있는 것을 내놓게!"

내가 역참지기에게 묻기 시작했어.

"야쿠츠크가 어떤 도시인지 말씀 좀 해주시겠어요?"

야쿠츠크에 대해서 내가 알고 있는 것은, 자네들도 그렇겠지만, 이 도시가 이곳 야쿠츠크 주의 주요 도시라는 것, 그리고 북위 62도에 있고 모피를 판다는 것이 다라네. 그리고 방금 안 사실은 이 도시에 여관이 없다는 것이지…. 나는 이 도시에 전부 2,700명이 살고 있다는 것을 결코 몰랐네.

그런데 나는 역참지기를 통해 좀 더 알게 되었어. 저기에는 석조주택이 하나 있고 나머지는 목조집이라는 사실을 알았고 포도주를 팔고 있다는 것도 알았네. 주민들은 좋은 사람들로 유명한 상인들이고 겨울에는 도시에서 살지만 여름에는 별장에서 지낸다는 것도 알았지. 그리고 통행인들은 거의 없으며 내가 더 가야 한다면 서둘러야 한다는 사실도 알았다네. 왜냐하면 가을에 레나강을 따라서 배를 타고 가는 것은 불가능하고 강변을 따라가는 것도 아주 안 좋기 때문이야. 이런 사실을 역참지기가 말해주었네.

그리고 자기는 관청의 지시에 따라 타타리노프라는 다른 역참지기를 대신하여 먼 역참으로 옮기게 되었다고 말하더군. 그 사람이 자신의 자리에 들어왔다고 했네. 그리고 자기 가족의 상황에 맞지 않아서 타타리노프에게 이곳을 그만두고 이전의 역참으로 가라고 간청했지만 타타리노프는 동의하지 않았다네. 역참지기는 내게 이 문제를 관청에 청원해 달라더군.

나는 그에게 약속했네.

"플로트니코프가 제 성입니다."

나는 책에 적어두었지.

"잘 알겠어요. 플로트니코프."

이와 비슷한 『검찰관』[193]의 한 장면이 내게 생생하게 떠올랐네.

그 후에 역참지기가 계속 말하기를 가는 길에는 어디에도 늑대와 곰이 없고 단지 야쿠트인만 있다고 했어. 그리고 토끼들이 있을 거라고 했네. 오호츠크 대로를 따라서 자신의 천막이 있는데 나이가 차고도 시집을 가지 못하는 아픈 두 딸이 살고 있다고 했지.

"그런데 크레스톱스카야 역으로는 곰도 드나들지요."

역참지기가 말했어.

"기적일 따름이죠. 가축과 함께 다니고 가축을 괴롭히지 않지요. 그리고 주둥이로 생선을 잡아서 먹지요."

"주둥이로 잡아서 말인가요?"

"네. 어망처럼 물고기를 잡지요."

역참지기는 내가 딴 마음이 있다고 의심하지 않으면서 말했네. 그 자리 그 앞에서 그의 이야기를 기록해넣었어.

차를 내놓았네. 내 하인이 재주 좋게 각설탕 열다섯 개를 피라미드 모양으로 쌓아올렸더군. 우리의 궁핍한 여정을 드러내지 않기 위함이었네. 나는 설탕을 역참지기 쪽으로 가까이 밀었어. 그는 가장 작은 덩어리를 집어서 내 초대의 답례로 잔에 집어넣으며 자신은 설탕을 타서 먹지 않는다고 하더군. 이건 내 하인에게도 내게도 뜻밖의 일이었네. 이튿날 아침에 먹을 여분의 차 한 잔이 나에게 남게 된 거야. 역참지기는 세 잔을 마셨는데 그는 남아 있던 아주 작은 설탕덩어리를 접시 위에 올려놓았더군. 이 모습을 내 하인은 삶을 살아가는 요령의 작은 표식으로 받아들였다네.

그사이에 밤이 왔어. 나는 역참지기도 초대할 생각에 저녁거리로 무엇이든 내놓으라고 말했네.

내 하인이 성이 나서는 속삭이며 내게 말했지.

"꿩 한 마리가 전부입니다."

"다른 것들은 어디 있단 말인가? 야쿠트인에게 몇 마리나 사지 않았는가?"

하인이 더 성을 내며 대답했네.

"어제 여행자와 함께 잡수셨습니다."

"그럼 영국제 가공 수프를 따뜻하게 데우게."

"어제 마지막 수프가 떨어졌습니다."

그가 화덕에 한 마리 남은 꿩을 데우기 시작했어.

역참지기는 여행용 도구 상자에서 식기도구들을 끄집어내서 탁자에 놓았네. 접시, 칼, 포크, 숟가락 등이었지.

내 하인이 후라이팬 위의 꿩을 한쪽에서 다른 쪽으로 돌리면서 걱정이 담긴 채로 역참지기의 행동을 주시하며 속삭였네.

"숟가락도 꺼냈습니다."

역참지기는 기구들 앞에 앉아 내 하인을 주시하면서 움직이지 않았다네. 물론 약속된 저녁 식사를 기대하고 있었어.

나는 어두운 내 자리에 숨어서 이들 두 사람을 즐겁게 바라보고 있었네. 갑자기 문이 활짝 열리더니 야쿠트인이 연기를 내뿜는 작은 냄비를 가지고 들어오더군. 그리고 역참지기 앞에 놓았네.

역참지기가 기다린 것은 우리의 저녁이 아니었던 거야.

그 순간에 티모페이는 정말 좋아하면서 내 앞에 꿩을 놓았네. 접대에 대해서는 언급할 필요도 없을 것 같구먼.

9월 중순에 옷을 걸치지 않고 치명적인 감기에 걸릴 위험 없이 실외에서 누워서 잔다면 어떨 것 같은가? 자작나무 껍질이 벽이 되어주고 말이야. 페테르부르크에서 그렇게 해보면 반드시 감기에 걸릴 것이고 모스크바에서는 덜 걸리겠지만 더 먼 곳, 특히 들판의 오두막에서는 결코 그럴 일이 없을 걸세. 우리는 누웠네. 내 하인이 이부자리를 깔아 주었지. 문자 그대로 깔아주었네. 왜냐하면 내게는 침상이 없었기 때문이야. 그는 긴 의자에 더 많은 건초를 놓고는 방수가 되는 방한 외투를 침대 형태로 깔았네. 이 위에 시트를 덮었지. 이불을 대신해 솜 위에 외투를 깔고 말이야. 머리맡에는 체르케스 안장이 있었네. 야쿠츠크로 그것을 배달해달라는 목적으로 내게 빌려주었던 것이었어. 나는 빠르게 외투를 벗었고 또 더 빠르게 이부자리로 숨어들었네.

역참지기와 함께는 아니었네. 그는 일정한 방식에 따라 옷을 벗기 시작했고 천천히 하나를 벗고 다른 것으로 넘어갔어. 안경부터 장화까지 포함해서 말이지. 그리고 그 느릿함으로 잠옷을 입기 시작했네. 처음에는 솜으로 귀를 틀어막고는 손수건으로 잡아 묶었더군. 그리고 다른 손수건 하나로는 머리 전체를 묶었네. 그 후에 목에 스카프를 둘러맸지. 그렇게 무감각하게 벗고 입으면서 노인은 할머니로 변해갔다네. 난로의 불꽃은 그의 병적인 성격, 손수건 아래에서 보인 흰머리 부분, 어슴푸레하고 심드렁한 규제된 모습, 미세하게 움직이는 입술을 비추었어.

나는 그를 보면서 불을 쳐다보았네. 내 몸 한쪽은 난로 덕분에 매우 따뜻했어. 반대로 천막의 벽 쪽으로 향해 있던 다른 반쪽 몸은 추웠지. 역참지기는 오랫동안 움직이지 않은 채 앉아 있었네. 나는 졸기 시작했다네.

이부자리에서 반쯤 일어서더니 갑자기 그가 매번 이야기를 시작할 때처럼 말하기 시작했어.

"감히 말씀드리지만 저는 불이 나는 것을 무서워해요. 여기에 건초가 많지만 난로의 불을 끄면 안 되지요. 밤에는 더 추워질 거예요. 그래서 탐탁지는 않지만 제가 두 명의 야쿠트인에게 말해서 벽난로에서 불을 보게 하도록 할게요…!"

내가 말했네.

"원하시는 대로 하세요. 그런데 왜 두 명이지요?"

"서로를 감시할 수 있도록 말이죠."

야쿠트인이 두 명 오더니 난로 옆에 자리를 잡더군. 역참지기는 5분가량 더 앉아 있었네. 담배를 빨고 나서 캑하고 소리를 낸 후에 기도를 하기 시작했고 결국에 드러누웠어. 그는 병상에 눕듯이 신음소리를 내며 이부자리에 누웠다네.

갑자기 그가 심호흡을 하며 기지개를 켜고 소리를 지르기 시작했어.

"하느님, 저의 죄를 용서해주세요."

다른 측면으로 방향을 틀고 이불을 덮으면서 또 말했네.

"오, 공의로우신 하느님! 아이고! 아야!"

우리는 더 오랫동안 계속해서 약해져가는 숨소리와 외침을 들었네. 나는 그에게 시선을 고정시켰고 마침내 나도 잠들었지.

새벽에 잠을 깨고 나서 내 등 한쪽만 추운 게 아니라 몸 전체가 얼어 있음을 깨달았어. 그 이유가 있었지. 난로의 불은 이미 꺼졌고 긴 의자와 역참지기의 모피 코트와 건초가 깔린 바닥에서 불꽃만 피어오르고 있었기 때문이야. 위로부터 천막 속으로 유유히 밤공기가 퍼지고 있었는데 그 공기는 다행히 신선한 것이었네…. 두 명의 야쿠트인은 내 여행가방 위에 머리를 놓은 채 코를 맞대고 죽은 듯이 잠을 자고 있었어. 역참지기는 고통스럽게 잠을 자더군. 나이 때문에 그는 잠자는 것이 힘들어 보였네. 그는 이따금 가벼운 탄식의 말을 하면서 코를 골았어. 그러고는 입으로 쩝쩝 소리를 내며 코고는 것을 멈추고는 콧소리를 내기 시작했지.

여기 천막에서 놀랄 일이라고는 정말 벼룩밖에 없다는 사실을 확인했네.

다음 날 청명하고 따뜻한 날씨에 나와 다섯 야쿠트인은 레나 강을 건넜네. 즉 셀 수 없이 섬들을 나누고 있는 좁은 수로들을 건너갔지. 야쿠트인들이 노를 젓기 시작했을 때 짐마차가 제자리에서 움직이더군. 덜컹거리며 두드리는 소리가 났네. 우리 수병들이 노를 젓는 것을 본 내게는 레나 강에서 노 젓는 사공들이 얼마나 서툴러 보였겠는가! 한 야쿠트인은 여기에 빈둥거리며 앉아 있었고 한편 15세 정도 되어 보이는 소년이 모든 힘을 다해 일하고 있었네. 소년에게 그 일이 익숙해 보이지 않아서 나는 빈둥거리며 앉아 있는 야쿠트인도 노를 젓도록 불렀어. 그는 잽싸게 담뱃대를 감추고는 노를 젓기 시작했다네.

"이 사람이 누구죠?"

"책임자죠. 야쿠트 촌에서 도시로 함께 가는 중이지요."

나는 그러한 벼슬아치를 일하도록 시킨 걸 후회했네. 하지만 이미 늦어버렸지. 노를 젓다가 그의 어깨뼈가 나가고 말았거든. 게다가 소년이 장화에서 거친 구멍이 있는 나무 조각을 꺼냈는데 그건 담뱃대였다네. 거기에 한 줌 분량으로 초록색깔 잎의 연초를 놓더니 보트에서 나무 조각 하나를 잘라서 그 위에 올리더군. 부싯돌로 불을 피우고는 불이 잘 붙는 물건 대신에 작은 이끼류에 불을 붙여서 이 모든 것을 함께 담배로 피웠다네.

"왜 나무를 담배에다가 넣은 거니?"

"더 진해져요."

야쿠츠크에서는 멀리서 교회의 지붕 위의 돔이 반짝거렸네.

"이제 곧 레나 강이겠지?"

언덕을 이룬 강 쪽은 더 깊어질 것이고 그 때문에 섬들이 없이 모든 아름다움과 장대함이 보일 것이라는 기대를 여전히 하고 있었어. 야쿠트인 가운데 러시아어를 알고 있다고 자칭하는 한 명이 내게 뭔가를 설명하려고 노력했지만 헛되었네. 한 섬 쪽에서 야쿠트인들이 해변으로 나가서 밧줄로 나룻배를 해변 쪽으로 끌어 당겼지. 섬 끝까지 다 당긴 후에 그들은 다시 배를 타고 건너갔네. 나는 어떤 수로를 건넜는지 기억할 수는 없지만 우리는 해변으로, 나무계단으로 곧바로 가기 시작했다네.

"여기입니다!"

"무엇이 여기란 말입니까?"

"걸어가셔야 합니다."

"도대체 어디에 레나 강이 있단 말입니까?"

야쿠트인들은 역참지기와 마찬가지로 뒤쪽 모래밭과 풀밭을 가리켰네. 해변을 보았지만 거기엔 정확히 아무것도 없더군. 정말로 불가사의하게 관목들 사이에서 내가 오랫 동안 보지 못했던 젖소

무리와 양 두세 마리가 걸어 다니고 있지 않겠나. 최근에 약간의 동물을 러시아인, 정착민, 야쿠트인 사이에서 사육하라며 레나 강 너머로 보냈다 들었는데 말이야. 아직도 해변에는 나뭇가지로 된 양치기의 임시 막사가 있었네.

야쿠트인 중에 한 명이 말들을 가져오기 위해 도시로 갔다 오는 것을 자원했네. 나는 그와 함께 내 하인을 보냈다네. 그리고 나는 해변에 곰 가죽으로 만든 모피에 자리를 잡았어. 유쾌하다고는 말할 수 없었네. 더 슬픈 장소를 고안해내는 것은 어려운 일이라고 말할 수 있을 정도였지. 한편에서 보면 레나 강은 모래밭, 관목, 풀밭이고 다른 한편, 즉 야쿠츠크 쪽으로 보면 풀밭, 관목, 모래밭이라네. 이 모든 것 너머 먼 곳에서 산들이 빛나고 있었어. 그 산들은 과거 언젠가 진짜 강변이었던 곳일 걸세. 야쿠츠크는 거대한 사구에 세워진 곳이라서 광대한 모래밭, 관목, 호수들이 보였어. 그리고 홍수가 일어나는 시기인 지금 레나 강은 도시까지 흘러가 근처 벌판의 일부분을 잠기게 한다고 말하더군.

아무것도 할 필요가 없어서 나는 혼자만의 생각에 빠졌네. 비록 시골풍이긴 해도 최초의 러시아 도시가 2년 후에는 이곳에 결국 나타나게 될 걸세. 물론 도시에 러시아 성전, 러시아 집, 러시아 관리, 상인들이 있다고 하더라도 완전한 러시아인 건 아니지만, 그래도 모든 것이 순수할 거야! 채소를 가꾸는 정원도 하나 없고 사과나무나 배나무가 아니더라도 자작나무와 아카시아 나무가 집과 울타리를 덮지 않는 곳이 러시아 어디에서 볼 수 있겠는가? 그리고 이 폐쇄적이고 납빛의 민족은 정말로 과연 러시아인일까? 내가 길을 따라 도시로 가며 마주친 야쿠트 남녀는 대개 거대한 소를 타거나 말을 타거나 마차를 타고 가고 있었네.

시내의 야쿠트인들은 옷맵시가 좀 더 단정했어. 남자는 거친 나사지로 만든 옷자락이 긴 농민 외투를 입었고, 여자들 또한 그랬네. 하지만 여자들은 외투 자락과 밑자락에 넓고 붉은 끈으로 테두리 장식을 달았더군. 좋은 날씨지만 무더운 이런 날씨에도 불구하고 남녀 모두는 높다란 부드러운 털모자를 쓰고 있었네. 야쿠트인도 우리처럼 머리를 자른다네. 대신 귀 뒤에 길이가 긴 얇은 머리카락을 두 개 남겨두더군. 이것은 아마도 중앙아시아에서 태평양 연안들까지 도처에 무리 지어 살고 있는 종족과 태생에서 연관이 있음을 표시해주는, 마지막으로 남은 오래된 표식이라고 할 수 있네. 나는 이 머리 모습에서 만주인들이 중국인들에게 강제로 시켰던 중국 변발의 잔재를 보았어. 어쩌면 야쿠트인들이 단지 그저 귀와 뒤통수를 사나운 겨울의 혹한에서 보호하기 위해서 뒷머리를 조금만 더 기른 것일 수도 있지만.

내가 야쿠트인을 아는 바에 따르면 그들을 유목민족으로 잘못 생각한다는 걸세. 거란족, 축치족[194], 이곳 지방에 사는 그 외의 종족들과 이들은 달라. 이 민족들은 한 장소에서 더 편한 다른 장소로 이동한 후에 이전의 장소로는 결코 돌아가지 않네. 반대로 야쿠트인은 자신의 고유한 천막을 떠나 가축에게 먹일 더 많은 여물이 있는 다른 곳으로 옮겨 간다 해도 오래지 않아 집으로 돌아오지. 그들에게는 대부분 여름용과 겨울용 등 천막이 두 개 있네. 아마 우리도 유랑하는 민족들과 같지 않겠나. 왜냐하면 여름에는 파르골로보, 황제 마을, 오라니엔바움[195]에 가서 지내기 때문이지.

야쿠트 종족과 야쿠트어로 말하는 사람들은 이 야쿠트 주에서 남녀 모두 합해 20만 명에 달하네. 야쿠트 남자들은 10만 5,000명이야. 야쿠트 주는 군으로 나누어지고 군은 읍으로 나누어지고 읍은 면으로 나누어지고 면은⋯ 마지막은 나도 잘 모르겠네. 언어학적인 연구로 자세히 파고들지 않는 사람들은 간단하게 나머지는 다 면이라고 부르고 있지.

읍에는 몇백 명까지 심지어는 천 명 이상의 사람들이 살고 있다네. 마을이라든가 촌락이라는 명칭은 없고 대신에 면이라고 부르지. 이 면은 천막들이 서로 20베르스타 정도 떨어져서 드문드문서 있는 것을 말한다네. 이 천막들에는 뿌리가 같은 두세 종족이

나 세대가 살고 있지. 읍은 면에서 선출되어 러시아 관청에서 승인받은 우두머리가 돌보고 있네. 이들 구성원들은 러시아어로 명문가라고 불리더군. 그들은 서로 필요한 것을 살피고 적어도 안녕과 질서, 납세의 의무가 순조로이 진행되도록 책임을 지는 것 같네.

말이 나왔으니 말인데 야쿠츠크 주는 1852년 1월 1일에 이르쿠츠크 현 당국에서 독립하여 그 관리가 시민이 뽑은 주지사에게 위임되었다네. 그렇긴 하지만 다른 현들의 법규에서 볼 때 야쿠츠크 주는 동시베리아의 현지사의 관리하에 있는 것으로 보여.

야쿠트인들이 도시에서 사는 것에는 문제가 없어 보인다네. 시대에서 뒤떨어진 1층짜리 목조 가옥 속에 들어갔을 때 얼마나 기쁘던지. 이것이 러시아였으니까! 비록 시베리아 러시아이긴 했지만 말이야! 이곳에는 자연 속에서와 인간의 기질 속에서 존재하는 많은 특수성이 있네. 자네들이 알고 있듯이 부분적으로는 언어 속에도 있어. 그것은 이 지방에 근본적이고 어느 정도는 가혹하지만 당당한 면모를 형성해주기도 하네.

내가 도시를 따라가는 동안에 상냥한 얼굴이 창밖으로 나를 보고 있더군. 대문 안에서는 사납게 짖는 강아지들 소리가 들렸어. 이 강아지들은 아주 작은 도시에서 자신의 임무를 지나치게 신중하게 생각하고 있는 것 같았다네. 때때로 지나가는 다양한 사륜마차들, 여름철의 옷자락이 긴 농민외투를 입고 털모자를 쓴 마부들, 또는 반대로 양가죽을 입고 테가 없는 여름 모자를 쓴 마부들을 보는 것이 즐거웠네. 여기에는 꽤 넓은 시장이 있고 또 저기에는 지방재판소로 사용되는 유일한 석조 건물도 있었어.

많은 상점이 안쪽에서 열리기 때문에 시장은 실제로 마당이라고 불리는데 나는 여기서 들고나는 많은 야쿠트인을 보았다네. 사람들이 말하기를 그들 대부분이 소비자라는 거야. 그밖에 도시 사람들은 1년에 한 번 이곳의 야시장에서 그들에게 필요한 모든 것들을 몰아서 산다더군.

나는 반쯤 무너진 오래된 벽과 몇 개의 탑을 지나서 갔네. 이것은 야쿠트 주 정복 때 무사히 남겨진 성채의 잔재들이야. 야쿠츠크는 이보다 약 200년 전인 1630년대에 예니세이 강에서 온 카자크인들에 의해 만들어졌네. 야쿠트인은 성채를 몇 번 공격했지만 소용이 없었지. 후에 카자크인 사이에 일어난 불화로 인해 우리 정부가 이 지방을 장악하게 되었고 곧 군사령관이 야쿠츠크로 파견되었던 걸세.

병원, 감옥, 국영 곡물 상점도 발견했다네. 그리고 다양한 야쿠트 여자들과 남자들 무리가 있는 시장을 지나갔지. 많은 러시아적인 것과 비러시아적인 것도 보았네. 시간이 지나면 대부분 러시아적인 것들로 변할 테지. 숙소로 돌아온 나는 방에 앉아 점심을 먹었다네.

점심을 먹고 나는 앞서 간 동료들을 따라갔어. 하루가 지났더니 그들은 더 멀리 나아갔더군. 그들을 쫓아서 가고 싶었지만, 아직 모피 의복과 신발을 사야 할 일이 남아 있었어. 레나 강에서 온몸이 얼어붙는 추위를 만날 수 있기 때문이지.

동료들 거처에서 보았던 야쿠츠크 주민 중 한 사람에게 물었네.

"어디서 겨울 모피를 살 수 있을까요?"

"어떤 게 마음에 드시는지요? 여우 모피, 만주다람쥐 모피, 북극흰여우 모피 아니면 다람쥐 모피를 원하시는지요?"

"더 따뜻한 거면 되지요."

"그러면 곰 모피가 좋겠군요."

"뭐, 곰 모피도 괜찮지요."

다른 사람이 낮은 목소리로 말했어.

"곰 모피는 무거울 겁니다."

"그럼 북극흰여우 모피로 하지요."

"이제 여기에는 어떠한 털도 찾지 못한답니다…"

"야쿠츠크에서 모피를 찾을 수 없다니요!"

"찾을 수 없을 겁니다. 만약 여름에 오신다면 모피가 있어요. 그

때 원하는 종류로 아주 좋은 것을 싸게 살 수 있으실 겁니다."

"그때는 사지 않겠지요. 여름에 모피가 왜 필요하겠어요?"

우리의 대화를 주의 깊게 듣고 있었던 다른 사람이 말했지.

"가죽 윗도리를 사는 게 가장 좋겠네요, 특히 두 겹으로 된…."

"가죽 윗도리가 도대체 뭐지요?"

"이것은 사슴 모피로 되어 있는 셔츠이지요. 위에는 털실로 만들어져 있고요. 만약에 두 겹으로 된 것을 사신다면, 즉 밑쪽에도 똑같은 털이 있어서 어떠한 모피도 필요 없어요.

누군가가 끼어들었네.

"아닙니다. 그건 입기가 무거워요. 두 겹으로 된 가죽옷을 입으면 몸이 움직이지를 못하지요. 그리고 똑같은 가죽 윗도리 대신에 순록 외투를 사는 게 더 낫지요. 이것 하나면 충분하니까요."

"순록 외투는 도대체 뭡니까?"

"어린 순록의 가죽으로 만든 외투랍니다."

네 번째 사람이 말하기 시작했네.

"당신에게 가장 좋은 것은 염소 모피 코트를 사는 것이지요. 그러면 어떤 것도 필요로 하지 않을 겝니다."

"염소 모피 코트는 또 뭔가요?"

"야생 숫염소의 부드러운 털로 만들어진 따뜻하고 부드러운 가죽이지요. 그것을 입으면 어떤 추위도 스며들지 않지요."

그때 어떤 사람이 또 말했어.

"유감스럽습니다! 어떻게 모피 코트를 입고 다니지요? 털이 찌를 텐데요?"

"도대체 찌른다는 게 뭡니까?"

"몰라서 묻나요? 입도 찌르고 눈도 찌르지 않겠어요."

"도대체 어디서 내가 모피 코트나 가죽옷을 살 수 있단 말입니까?"

모두 일제히 말을 반복했네.

"지금은 어떤 곳에서도 살 수 없어요. 만약에 여름에 오셨더라면 레나 강 상류를 따라 이르쿠츠크에서 여기로 온 상인들이 있었을 텐데. 그들이 모든 모피 상품을 가지고 있지요."

그리고 내게 말해주더군.

"털 장화와 양말도 잊지 마세요."

"털 장화와 양말은 뭔가요?"

"털 장화는 순록의 털로 만들어진 장화이고 양말은 어린 순록의 털로 만든 양말이지요."

그때 어떤 사람이 매우 심각한 목소리로 내게 말했네.

"하지만 중요한 것은 털로 된 넓은 바지입니다. 기억하세요."

다른 사람이 끼어들었어.

"털 이불도 잊어버리지 마세요."

이 모든 경고에 몹시 놀라 나는 침울하게 물었네.

"도대체 왜 털로 된 넓은 바지가 필요하단 거지요?"

"만약에 빙층에 가게 된다면…."

"빙층은 또 뭔가요?"

"빙층은 혹한의 추위에도 얼어붙지 않는 샘입니다. 샘은 산에서 레나 강으로 쏟아져 나오지요. 물은 얼음의 위쪽에 있어요. 그곳으로 가게 되면 말들을 곧장 끌어낼 수가 없지요. 표면이 매끄럽고 얼어 있기 때문입니다. 그러면 마부가 사람들을 태우고 생생한 말들을 가지러 역참으로 가야 해요. 그러면 당신은 추위 속에서 몇 시간을 기다려야만 할 겁니다. 어쩔 때는 온종일을 기다려야 할 때도 있지요…. 그러면 당신은 저절로 털로 된 넓은 바지를 떠올리게 될 겁니다."

"그럼 털 이불은 왜 필요하지요?"

"레나 강에는 회오리바람이 거의 항상 일곤 하거든요."

"회오리바람이 도대체 뭔가요?"

"눈보라를 일으키는 바람입니다. 그리고 영하의 기온에서 바람이 불면 비극이지요. 어떠한 넓은 털 바지로도 감당이 안 돼요. 이

불이 필요할 겁니다…."

다른 사람이 덧붙였네.

"발을 덮기 위해선 발싸개도 필요하지요."

모두 또 반복했어.

"오직 모든 것을 여름에만 구할 수 있어요. 아아, 만약에 여름에 왔더라면 우리에게 털이 있었을 텐데…."

나는 화가 났어. 어떻게 해야 할지를 몰랐네.

그들은 내게 조언을 해주더군.

"어떤 노인이 있어요. 그에게 사람을 보내세요. 가끔 그가 상점에 모피를 가져오곤 하거든요. 그는 보지 못해요…."

다른 사람이 말했네.

"아니에요. 보낼 필요가 없어요."

"왜요? 만약 그에게 있다면 어쩌겠습니까? 나는 보낼 겁니다."

"아닙니다. 그는 이제 그걸 사용하고 있을 거예요."

"뭘 사용한다는 겁니까?"

"포도주요. 불량배 같은 노인네! 게다가 이제는 완전히 눈이 어두워졌다고요."

"어두워졌다고요?"

"눈이 멀었지요."

아무것도 구하지 못하고 떠날 수밖에 없는 걸까? 내가 깊은 생각에 잠겨 있는 것을 주민 한 명이 보고서 알렉세이 야코블리치, 표트르 표도르이치 또는 알렌산드르 안드레야느이치와 크세노폰트 페트로비치에게 부탁하라고 조언했네. 그들에게는 모피 코트와 곰 모피가 있을 것 같다더군.

내가 물었네.

"알렉세이 야코블리치와 표트르 표도르이치가 누구인가요?"

"바로 여기 사는 주민들이지요. 한 명은 저기를 관리하고, 다른 한 명은 이곳을 관리하지요."

"하지만 나는 그들을 모르는걸요."

알렉세이 야코블리치, 표트르 표도르이치와 알렉산드르 안드레야느이치가 직접 나를 알아보러 왔다네. 그들은 우선 점심 식사로 나와 동료들을 자기 집에 초대했어. 그들은 소박한 대접에 대해 사과했지만 이렇게 작은 도시에서 대접한다는 자체가 단순한 일은 아니지. 그들에게는 정말로 모피 코트와 북방민족이 입는 가죽옷과 곰 모피가 있었네. 우리가 여행객인데다 어떠한 지인도 없으므로 모두 지인이 되어주어야만 한다는 근거로 이 물건들을 양보해 주겠다더군. 이 물건들을 상점에서 사는 것은 불가능했기에 원래는 이 물건들은 거래하지 않는 개인에게서 사야만 했던 것이지. 이것들은 내가 사지 않더라도 언제나 다른 무엇과도 바꿀 수 있는 소중한 물건이라네.

하지만 자네들은 매일 여행객들이 오게 된다면 물건을 구해주지 않을 것이고 대접하는 일을 번거로워할 거라고 말하겠지. 만약에 매일 여행객이 있다면 여관도 생길 거야. 그리고 만약에 모피에 대한 수요가 있으면 위로 다 보내지 않고 이곳에서도 장사를 하게 될 테지. 야쿠츠크에 오는 사람들이 매우 드물어서 아직 대접을 받고 있네. 하지만 이게 과연 오래 갈 수 있을까? 나는 이제 몇 년 안 남았다고 생각하네. 만약에 자네들이 야쿠츠크에 도착한다면 아마도 경찰은 자네들에게 거처를 마련해주지 않을 걸세. 자네들은 작은 상점에서 자네들에게 필요한 것을 발견하게 될 거야. 대신에 자네들은 의무적이고 붙임성 있는 크세노폰트 페트로비치, 표트르 표도르이치, 알렉세이 야코블리치와 같은 이들을 만나지는 못하겠지.

이제 내 방에는 모피 코트, 늑대 외투, 산족제비 털모자, 다람쥐 모피 코트, 토끼털 이불, 만주마멋 모피, 어린 순록의 털 양말, 북극여우의 긴 장갑, 침구로 사용할 몇 개의 곰 가죽이 있네. 이 모든 것을 입게 되면 다람쥐 털, 토끼 털, 어린 순록 털, 산양 털, 곰 털에서 무언가를 조금씩 얻게 되겠지만 인간적인 어떤 것이 조금씩 사라져가는 것을 느끼게 될 것 같군. 북방민족의 가죽옷과 모피 코트는 힘을 못 쓰게 만들고 누워 있도록 하거든. 어린 순록의 털 양말을 신고 만주마멋 모피를 같이 입은 채로는 움직일 수가 없어. 그리고 두 겹 털모자나 이곳 사람들처럼 털모자를 쓸 때면 머릿속에 생각이 거의 떠오르지 않네.

이 모든 것은 매서운 영하 40도의 추위에서 보호하기 위해서 어쩔 수 없이 입게 되는 걸세.

"영하 40도라니! 우리 도시에서는 영하 20도가 되면 도시의 거리는 오직 날씨에 대한 이야기뿐이지요. 모든 정치적이고 문학적인 소식들을 잊어버리게 됩니다."

우랄 산맥 너머에 있었던 한 사람이 말했어.

"당신네들의 영하 20도는 우리의 영하 40도보다 더 나쁘지요."

"그건 왜 그런가요?"

"바람 때문입니다. 그곳에서 영하 15도일 때 바람이 불면 좋지 않지요. 그렇지만 여기서는 영하 40도일 때 아무것도 흔들리지 않습니다. 움직임도 없고 공중에서 어떤 소리도 나지 않습니다. 땅에는 짙은 안개만이 깔려 있습니다. 빛이 없는 살벌한 태양은 약 네 시간가량 나타났다가 안개를 없애지도 못한 채 사라져버리지요."

"그럼 당신들은 어떻게 합니까?"

"우리는 괜찮아요. 좋습니다. 그저 숨을 쉬어서는 안 됩니다. 가슴이 저밉니다."

나는 한 귀부인에게 물었어.

"그럼 당신네들은 이 추위에 뭘 합니까?"

"방문을 하지요."

"이런!"

"어때서요? 당신들은 성탄절과 새해에만 친척들을 방문하지요. 그래서 이모와 할머니가 자주 안 온다고 화를 내잖아요."

내가 뒤에 본 바에 따르면 이곳에서는 귀부인도 마부도 말도 모두 방문을 하네. 귀부인은 호텔로 가고 마부는 하인의 방으로 가며 말은 헛간으로 가지.

내가 그녀에게 물었네.

"뭘 입고 다니십니까? 모피 코트와 털모자를 쓰십니까?"

"아니요. 챙모자와 코트를 입고 다닙니다."

"물론 페테르부르크에서 귀부인들이 입고 다니는 그런 코트는 아니겠지요? 어깨에 있는지 없는지 모르는 사탕껍질과 비슷한 그런 코트 말입니다!"

그런데 그런 것을 입고 다니는 것 같았어. 그녀가 말하더군.

"어깨 위를 천으로 덮지요."

하지만 지속되는 겨울의 혹독한 추위에도 불구하고 이곳 지역에서는 모든 것이 움직이고 있었네! 나는 이제 황야가 활기찬 장소로 변하고 있고 미개인들이 인간이라는 계층으로 올라가고 있으며 종교와 문명이 미개함과 싸우고 있고 잠자는 세력에 생생함을 불러 넣고 있는 이 화학적이고 역사적인 과정에 대한 여행자 증인이 되었어. 토양 자체의 형태와 모양이 변화되고 있고 혹독한 추위가 누그러지고 있으며 땅에서 온기와 식물이 나오고 있다네. 다시 말해 생길 것이 생겨날 거야. 훔볼트[196]의 말에 따르면 자연의 신비로운 힘을 통해 육지들과 섬들에 무언가가 생겨나고 있어. 도대체 뭍으로도 다니고 물로도 다니는 이 거인이 누구란 말인가? 누가 토양과 기후를 변화시키는 걸까? 거인들은 숫자가 많아 한 군단을 이룰 정도라네. 그리고 이곳 실험실에는 모든 이가 뒤섞여 있지. 귀족, 성직자, 상인, 백성 등 모든 사람이 노동의 부름에 응답하여 열심히 일하네. 그리고 언젠가 어둡고 알려지지 않은 지방이었던 이곳이 준비되고 사람이 살며 교육받은 곳이 되어 이름과 권리를 요구하며 놀라는 인류 앞에 나타날 때, 그때는 이 건축물을 세운 사람에 대한 역사가 밝혀지도록 만들 걸세. 그리고 누가 황무지에 피라미드를 세웠는지가 어떻게 알려지지 않았는지에 대해서도 알려지게 될 테지. 바로 그 역사가 세상의 한 모퉁이에서 암시장 거래를 없애라는 목소리를 내고, 또 다른 곳에서는 알류산 열도 주민들과 쿠릴 열도 주민들에게 기도하며 살아가는 방법을 가르친 사람들이 바로 이들이라는 것을 알려줄 거야. 바로 이들이 시베리아를 창조했고 고안했으며 이곳에 사람들을 이주시켰고 교육시켰네. 그리고 지금 그들은 신이 던져 버린 곡물에서 곡물을 얻어내어 신에게 돌려주기를 원하고 있지. 시베리아를 창조하는 것은 은총받은 하늘 아래에서 무언가를 창조하는 것처럼 그렇게 쉬운 일이 아니라네….

나는 다음 날에도 세 번째 날에도 떠나지 않았네. 길의 습지에서 그리고 마야 강에서 말을 타고 가고 배를 타고 가면서 가벼운 아침의 추위에 발이 동상에 걸렸거든. 세 번째 날에 야쿠츠크로 도착하자마자 발은 더 부풀어올랐네. 의사는 레나 강의 물을 건너서는 안 되고 종기가 나을 때까지 기다려야만 한다더군.

일주일이 지나자 좀 더 나아졌기 때문에 떠나려고 했네.

"도대체 어디로 가십니까? 어떻게 가능하지요? 그리고 이제 당신은 어떤 일이 있어도 물이 있는 곳에 가서는 안 됩니다. 왜냐하면 곧 살얼음이 얼기 때문입니다."

"살얼음이 뭡니까?"

"얇은 얼음입니다. 그러니까 당신은 어딘가의 역참에서 반드시 휴식을 취하시고 겨울철의 여정을 기다려야 합니다. 당신에게는 여기에서 기다리는 게 더 낫겠네요."

"그러면 강변으로는요?"

"산으로 가신다고요? 말도 안 됩니다! 우편이 1년에 두 번 진창 길로 산에서 옵니다. 그때마다 고통스럽게 고군분투하지요. 정말 로 벼랑을 건너서 좁은 오솔길을 따라 낭떠러지를 따라서 말을 타 고 가야 하기 때문이에요. 그리고 당신은 아직 두 발이 아프잖습 니까! 못해도 두 달 정도는 기다려야 합니다…."

절망에 빠진 내가 대꾸했어.

"두 달이라니요! 끔찍합니다!"

누군가가 위로했네.

"아마도 한 달 반 정도면 될 겁니다."

다른 사람들이 말했지.

"아닙니다. 이번 해에 레나 강은 빠르게 얼지 않을 거예요. 가을 은 따뜻하고 이른 시기에 눈덩이가 사라졌지요. 이것은 겨울의 여 정이 늦게 시작될 거라는 믿을 만한 표시랍니다."

발에 있는 종양은 나아졌지만 겨울 전에 출발할 수 있다는 모 든 가능성 또한 이미 지나갔네. 나는 그사이에 도시의 모든 이를 알게 되었지. 거기서 점심을 먹고 거기서 아침도 먹으며 누군가의 영명일에도 가고 그 사람들만이 아니라 그들의 아내 그리고 마침내 이모들의 영명일에도 갔다네. 최근에는 미식가가 아닌 자네들에게 딱 맞는, 더할 나위 없는 생선을 이곳에서 발견했어. 시베리아산 송어는 페테르부르크의 점심에서 중요한 역할을 하게 될 걸세. 송어는 푹 삶아도 좋고 파이에 넣어도 좋으며 튀김 음식에 넣어도 좋고 어디에 넣어도 좋다네. 절여 먹어도 맛있더군. 그리고 이곳에는 훌륭한 들새들이 있네. 들꿩, 자고새, 멧닭은 이곳에서 매일 내놓는 뜨거운 음식이야. 하지만 이곳 토박이들은 닭고기와 쇠고기를 거의 먹지 않네. 다른 곳에서 어떤 이들이 토끼고기를 먹지 않는 것처럼 말이지. 양배추와 오이를 제외하고는 채소 또한 별로 없네. 포도주는 비싸고 샴페인은 한 병당 은화 6루블에서 7루블에 팔리고 있어. 그래도 과실주는 훌륭하더군.

여기에서 풍속은 옛것을 따르네. 손님들은 배불리 먹고 집주인과 헤어져서 잠을 자러 집으로 가지. 그제서야 주인은 눕네. 다시 저녁이 되면 손님들이 나타나 저녁을 먹기 전까지 카드게임을 하며 앉아 있네. 사회는 단순해. 관리, 상인, 그들의 부인이 매일 방문하고 모두 매우 조화롭게 살고 있어.

풍속에 대해 더 말하기 전에 할 말이 있네. 잠시 말을 끊은 것은 야쿠츠크에 대한 책 한 권을 대강 훑어보다가 거기서 야쿠츠크 사회에 대한 편파적이라 할 수 없을 만큼의 혐오를 읽었기 때문이야. 그 책은 『야쿠츠크 여행』[197]이라는 책일세. 이 책의 저자는 이곳에 고 자질하는 열정이 팽배해 있고 모임에서는 즐거움이 없으며 서로에 대한 불신이 가득하다고 푸념하고 있더군. 나는 무슨 말을 해야 될지 모르겠네. 이런 모습을 여기서 전혀 보지 못했기 때문이지. 반대면 모를까. 하지만 이에 대해 논쟁은 하지 않겠네. 1832년 당시에는 그랬을 수도 있기 때문이지. 작은 도시의 인상은 쉽게 변한다네. 왜냐하면 이것은 사회에서 어떠한 사람들이 첫 번째 자리를 차지하고 있는가에 달려 있기 때문일세. 내 경험으로 보자면 나는 오찬에서 대단한 열정이 섞인 대화를 찾았네. 불신임은 눈치챌 수 없었어. 모두 커다란 신뢰 속에서 밥을 먹었고 쉴 새 없이 말을 했어. 거의 매일 서로서로의 집에 모이네. 왜냐하면 이 사회가 매우 작기 때문이지. 위에 언급된 책에서는 저녁에 초대받은 손님들이 새벽 한 시까지 머무르다가 저녁 식사를 하러 집으로 돌아간다고 언급되어 있기도 하네. 지금 이곳에서는 그렇지 않아. 저녁 식사를 하지 않고 조용히 떠나려 한다면 주인들이 현관 계단에서 붙잡으려 할 걸세. 나는 저녁을 먹지 않는 습관 때문에 이것을 어떻게 피해야 할까 하는 문제로 자주 곤란을 겪었어. 그러나 결국 저녁을 먹는 것으로 끝냈다네.

책의 작가가 말하는 가설들 또한 나를 움직이지는 못했네. 왜냐하면 나는 여행자라서 이런 가설들에 흥미를 가질 수 없었기 때문이지. 작은 도시들에서는 소문이 지배권을 형성한다는 저자의 말은 옳네. 하지만 작은 도시들에서만 그럴까? 큰 도시들에서는 소문이 적게 들리지. 그것은 소문을 듣고 반복할 시간이 적기 때문이야. 야쿠츠크에는 지금 있는 사회의 형태가 정당한 거라네. 그래서 만약에 내가 어떠한 적의나 어떠한 가설도 알아챌 수 없는 그런 지역에 있다면 나는 사랑, 우정, 시끄럽지 않은 평화, 서로에 대한 신뢰와 절제만을 보고 내가 어느 곳에 오게 되었나를 헷갈려 할 걸세. 그리고 나는 이것을 거저 주어지는 일이 아니고 거기에 무언가 다른 것이 있을 거라고 내내 생각할 걸세⋯. 여기의 상인들은 교양이 상당해 잡지를 발췌하여 읽고 몇몇은 스스로 글도 쓴다는 것을 나는 알았네. 그들은 거의 모두 어디선가 배웠더군. 이르쿠츠크 중학교 같은 데서 말이야. 이들은 턱수염을 기르지 않고 유럽풍의 옷을 입고 다닌다네. 이 때문에 사회에 지나친 불평등은 없어.

악담에 대해서 말하자면, 아마도 작가는 야쿠트 사람의 약점이 바로 이거라고 말하는 것 같네. 야쿠트인들은 정말로 악담을 하는 경향이 있어. 하지만 지금 내가 들은 바로는 관청의 노력으로 인해 악담은 서서히 사라지고 있네.

친애하는 아폴론 니콜라예비치, 만약에 자네들이 초원에 있는 러시아 팻말이 유럽의 배아라고 매우 정당하게 인정한다면(「상트페테르부르크의 베도모스티」[198], 176호, 1854년 8월 11일자 칼럼을 참고해 보게.), 자네들은 이 지역에서 이루어지고 있는 공훈을 무엇이라고 인정할 것인가? 이 지역에 대해서는 약탈, 강탈, 처벌받지 않는 범죄의 나라라는 어두운 전설이 우리의 기억 속에 아직 생생하게 남아 있는데 말이지. 그리고 오호츠크해에서 내가 갔던 것처럼 우리의 지도에서 이름도 아직 얻지 못한 장소들을 따라서 간다면 이 지방이 우리나라와 유럽에서 다 이름이 불리고 있는 것은 아니며 아직 모든 사람이 이 지방과 주민들, 강과 산을 모두 알지는 못한다는 점을 알게 될 걸세. 자네들은 이 지방을 따라가면서 베르스타를 표시하는 말뚝들과 다리들을 보겠지. 어떤 다리 하나는 천 보에 달할 만큼 길게 세워져 있네. 물론 다리는 통나무로 못을 박아서 만들어졌지만 자네들은 지나갈 수 없는 늪지대를 통과해야 될 때 그 다리를 건너게 될 걸세. 역참에 도착하면 물론 좋지 않은 천막이 기다리고 있겠지만 지붕 아래 벽난로 곁에서 몸을 따뜻하게 녹이고 여름에는 말을 얻게 되며 겨울에는 순록을 얻게 될 거야. 그리고 야쿠트인의 뒤를 따라 앞을 볼 수 없는 야생 밀림 숲으로 용감하게 들어갈 수 있을 걸세. 그리고 강줄기를 따라, 산의 흐름을 따라, 산기슭 옆에서 닳아서 없어진 절벽으로 기어오르게 되겠지. 아! 안전한 오솔길에서 낭만이 있을 수 있는가? 자네들은 물에 빠지지도 떨어지지도 않을 거야. 작년에 경험 많은 야쿠트인들이 장마가 있은 후에는 길을 떠나서는 안 된다고 어떤 괴짜 소시민에게 말해주었는데도 그는 길을 떠났다네. 그는 어떻게 되었을까? 작년에 산의 시냇물들은 몹시 빠른 급류로 불어올라 말들과 말 탄 사람들을 빠르게 휩쓸어 갔다네. 그 괴짜는 말을 듣지 않고 흥분해서 마구 소리를 질렀지. 야쿠트인들이 겁을 먹고 더 이상 반대하지 않는 바람에 그는 출발했고 급류에 휩싸였네. 길에 세워진 묘비에는 그가 죽었다는 것과 부주의에 대해 경고하고 있다네.

자네들이 깊고 진득거리는 늪지대에 가까이 간다면 야쿠트인은 말에서 뛰어내린 다음, 무릎보다 더 높은 진흙탕 속에 들어가 자네들의 말을 끌어내고 물기 없는 곳으로 데려갈 걸세. 자네들이 숲으로 가면 그는 앞서가며 가지를 쳐줄 거야. 험한 산에 접근할 때는 자네들을 띠로 묶어서 나아가는 것을 도와주겠지. 좋지 않은 깊고 미끄러운 곳을 발견하면 그는 멈추어 설 걸세.

그리고 그가 말하겠지.

"여기는 길이 안 좋습니다. 걸어서 가야 합니다."

그는 칼을 끄집어내어 나뭇가지를 잘라 그것을 자네들 앞에 놓을 걸세. 자네들이 그에게 보드카를 내줄지 아닐지는 생각하지 않으면서 말이네. 이런 사람이 바로 야쿠트인이네. 얼마 전까지만 해도 반인반수라고 여겼던 그 야쿠트인!

1,200베르스타를 지나가면 자네들은 스스로에게 물을 테지.

"도대체 어디에 무서운 게 있고 어디에 극복하기 어려운 길이 있다는 거지?"

왜냐하면 도처에 역참과 말들이 있고 몇몇 지점에서는, 예를 들어 마야 강에서는 신선한 고기, 들새, 우유와 채소, 즉 양배추와 당근 등을 어디서나 찾을 수 있을 것이며 미국 회사의 직원들에게서는 차와 설탕을 구할 수 있기 때문이야.

이름도 없는 황야로 명성이 자자한 지방에 이 모든 것이 있다는 것을 잊어버리지 말게! 이 지방은 사실 황무지라네. 식물이 자라지 않는 황량한 산들을 보면서 여러 번 전율하게 되지. 산 정상의 얼음 봉우리들, 여름 내내 계곡에 있는 녹지 않는 눈들 혹은 갈대처럼 빽빽하게 자라고 있는 숲들을 바라본다면 말일세. 나무는 서로 바짝 달라붙어 땅에서 얼마 안 되는 즙을 빨아먹고 있지. 오히려 나무들의 힘이 넘쳐 토양이 지탱하지 못하는 바람에 나무들은 쓰러지네. 자네들은 조그마한 동물들이 어떻게 나무를 따라

뛰어오르는지 그리고 급작스러운 사람들의 출현으로 깜짝 놀란 들
새가 발 아래서 어떻게 뛰어나가는지를 보게 될 걸세. 멀리 있는
산의 작은 폭포 소리가 귀에 들어올 정도로 이 모든 곳을 무척 무
서운 정적이 지배하고 있어서 이 황야를 깨울 만한 대화나 노래는
허락되지 않네. 자신의 목소리에도 깜짝 놀랄 만큼 말이야. 그런데
자네들이 놀랄 만한 것은 아무것도 없을 걸세. 왜냐하면 자네들은
마치 모르스카야 거리에서 리테이나야 거리[199]로 타고 가듯이 안
전하게 타고 갈 것이기 때문이지. 나는 도중에 무료했기에 역참으
로 달려가서 본 것들에 대해서 수첩에 대략적으로 기록했네. 우리
가 만나게 되면 자네들에게 이 기록을 읽어주겠네. 그러면 자네들
은 지금 내가 말하고 있는 모든 것에 대한 상세한 증거물들을 보
게 될 걸세.

아마 내게 반박할 수도 있을 거야. 실패도 부족함도 특히 겨울
에는 자주 있다고 말이지. 때로는 순록들이 모자라기도 하고 많은
여행객이 오게 된다면 말은 곧 기진맥진해지고 그러면… 여행객은
어쩔 수 없이 머물렀다가 가야 하니까. 여기 오호츠크해에서 야쿠
츠크까지는 귀리가 자라지 않아서 말에게 건초만 먹이며, 그 까닭
에 말들이 약하다는 사실을 알아야만 하네. 만약에 통행인들이
많아지게 되고 러시아에서 바닷길로 왔으나 돌아갈 때에는 말을

타고 가는 장교들이 많아진다면 말들은 잦은 운행을 견디지 못할 걸세. 순록의 부족은 때때로 먹이의 부족에서 발생하게 되네. 특히 눈이 많이 온다면 하얀 이끼를 먹고 사는 순록들은 발로 이끼를 잡아 뜯지 못해 굶어 죽곤 한다네. 순록은 부드럽고 약한 동물이야. 순록이 부족하면 여행객들은 역참에서 기다려야만 하는데 심지어는 말들의 피로로 인해 역참까지 걸어서 가야만 하는 일이 여행객들에게 가끔 일어나기도 한다네.

하지만 이러한 모든 불편함에 잘못이 있는 것은 보다시피 자연이야. 그 자연에 반해서 현실적인 대책을 마련하는 것은 아직 어렵지만 불가능한 것은 물론 아니라네. 인간은 결국 자연도 정복하게 될 테니까. 그러나 어떤 조건이 갖추어져야만 그럴 것 아닌가! 만약에 예를 들어, 하다못해 여기에서라도 큰 자본과 많은 일손이 있고 역참마다 많은 말을 보유하며 이 말들을 먹일 여물을 매우 많이 쌓아둔다면 모든 난관은 의심할 여지없이 극복될 걸세. 누구를 위해서 이런 지출과 배려가 필요하단 말인가? 그 지출이 보상을 받을 수 있을 것인가? 이에 대해 누가 감사를 표명할 것인가? 이런 질문들이 제기될 거야. 6개월 동안은 완전히 황무지나 다름없는 이 길을 통해서 우편물을 1개월에 한 번씩 배달해준다면 어떻겠는가. 그러면 자신의 운명을 이 황량한 길에 맡기고 있는 사람은 누구나 마음 깊은 곳에서 이 지역의 배려 깊은 관청에 몇 번이나 감사인사를 하게 될 걸세. 이미 운명 지워져 있는 것과 서서히 이루어져 가는 것에 대해서, 즉 안전함에 대해서 감사하고 또 아무도 돌보지 않을 때 이 지나다닐 수 없는 땅을 힘들더라도 통과할 수 있는 기회를 준 것에 대해서 감사하게 될 거라고!

어떤 늪지대에는 한가운데에 천막을 쳐놓고 공병 장교가 살고 있었어. 나는 거기서 야쿠트인 무리도 만났네. 그들은 노는 땅을 깨끗이 해서 길을 평탄하게 만들고 다리를 세우고 있었지. 알단스카야 마을에서는 경찰관 아틀라소프를 만났네. 그는 우리 세 명과 우리에게 딸린 네 명의 하인, 그리고 짐가방들을 보고는 우리에게 열여덟 마리의 말이 필요하다며 근심을 했어.

"나는 당신들에게 뭐가 필요할지 몰랐습니다. 앞으로의 역참마다 여분의 말들을 풀어놓을 수 있도록 앞서 배달원을 보내야만 합니다."

우리는 여기에서 숙박을 하려고 머물렀어. 동트기 전 아침에 말들이 준비되어 있더군. 우리는 경찰관에게 고마움을 표하기 위해서 갔지만 그는 이미 없었네.

"그는 어디에 있는 겁니까?"

"이미 이 말들에 대해 알아보려 앞서 떠났어요. 배달원을 믿지 않았어요."

길이 매우 험악했던 세 번째 역참에서 우리는 그를 만날 수 있었네.

"모든 게 준비되었습니다. 가는 역참마다 말들이 있을 겁니다."

그는 간신히 우리의 감사의 표현에 귀를 기울인 다음, 채 삼십 분을 쉬지 않고 말에 급히 뛰어올라서 숲으로 돌진했네. 흙덩이마다 구렁텅이마다 그루터기를 건너서 나뭇가지들이 꺾어지는 소리가 나더군.

깊숙이 쌓인 눈과 힘이 없는 말들로 인해 멈춰 서는 것 외에도 산의 시냇물이 범람하고 늪지대가 홍수에 잠기면 여행자가 때때로 허리 부분까지 물에 잠겨서 걸어가야만 하는 일이 생기곤 한다는 얘기를 들었네.

내게 이것을 이야기해준 야쿠트인에게 물어보았어.

"도대체 여행객들은 어떻게 하나요?

"화를 내지요."

이 모든 것은 역시 자연적인 장애물이야. 그 장애물을 극복하기 위해서 내가 말한 것처럼 실제적인 조처를 취해야 하네.

내게 예기치 않은, 매우 유쾌한 충격을 준 상황이 일어났네. 야쿠츠크 주를 포함하는 시베리아 지역의 농사에 대해서 우리에게 무엇이 알려져 있는가? 농사는 성공할 수가 없다, 불가능하다는 말뿐이지. 그런데 마야 강에 있는 가장 최근에 생긴 정착지들에서 우리가 보트에서 역참으로 나갈 때 눈에 처음으로 들어온 것은 텃밭과 곡식단이었네. 이곳에서 처음으로 보리와 대마를 보았지. 이곳의 정착민들은 수확량을 자랑하지 않을 걸세. 이들 정착민들이 누구냐고? 러시아인들이야. 스스로 온 사람도 있지만, 바이칼 호수에서 혹은 레나 강에서 죄를 지은 대가로 유형을 당한 사람들이지. 그들은 새로운 곳에서 몇 가족씩 모여서 거주하네. 국가는 그들이 정착할 때 말과 가축을 관리할 비용을 주었을 뿐만 아니라 남자에게는 한 달에 2푸드의 곡물을, 여자와 아이에게는 1푸드의 곡물을 공급해주면서 지속적으로 이들을 지원해주고 있어. 나는 마야 강과 알단 강을 따라 살고 있는 거주자들을 보았네. 그들은 땅을 갈도록 퉁구스인들과 야쿠트인들을 고용했더군. 처음에 그들은 노동을 원하지 않았다고 하네. 그러나 말고기, 다람쥐고기, 나무껍질을 포함해 온갖 것을 먹는 걸 좋아하는 그들이었기에 1년을 일하면서 버터와 보리 수프 맛을 보고 난 다음 해에는 스스로 일을 하러 왔다는군. 물론 모든 노력이 헛된 불모지도 있어서 관청의 지시에 따라 다른 구역으로 이주한 거주자들도 있다네.

야쿠츠크와 가까운 암가 강에 다가가자 나는 갑자기 볼가 강

해변으로 가는 듯한 느낌었다네. 왜냐하면 내 앞에 여러 가지 색채를 띠는 곡식 들판이 펼쳐졌기 때문일세.

내게는 익히 친숙한 그 부드러운 황금빛의 이삭을 멀리서 보고서 깜짝 놀라 물어보았네.

"정말 밀이란 말인가?"

내 하인이 말하더군.

"밀이 맞습니다. 그리고 저기에는 봄갈이 곡물도 보입니다!"

나는 셀 수 없는 건초 더미들이 있는 광대한 풀밭을 눈으로 다 둘러볼 수가 없었네. 그 건초들 가운데에서 야쿠트인들이 건초를 소들에게 신기도 하고 곡물을 수확하기도 하면서 움직이고 있었어. 나는 거기에서 여성, 작은 아이들, 말들의 무리, 울타리로 둘러싸인 목장을 보았다네.

나의 마부에게 물었어.

"대체 내가 있는 곳은 어딥니까? 여기에는 누가 살고 있나요?"

"부유한 야쿠트인들이 살고 있답니다."

날씨는 매우 좋았네. 내 눈은 쉴 새 없이 움직이다가 묶어놓은 곡물단, 헛간들, 곡류들로 둘러싸여 가려져 있는 부유한 천막, 소를 타고 가고 있는 화려하게 옷을 입은 야쿠트 여자 위에 멈추곤 했지.

마야 강과 알단 강에서 이루어지는 농업과 채소 경작은 얼마 전에 시작된 사업일세. 그리고 이것은 이 지역 관청의 보호를 받고 있지. 거주자들은 이러한 보호에 감사하더군.

"이 모든 것을 우리를 위해 해주었어요. 아무것도 자라지 않았던 곳에, 즉 결코 자라지 않을 곳에 말이에요."

야쿠트인들이 야쿠츠크 근처에서 농사를 짓기 시작했을 때 관청은 그들이 수확한 것을 모두 사들여서 5월 이주자들에게 나누어주었네. 그리하여 작년이 아니면 1853년에는 1만 2,000푸드를 사들였다는군. 야쿠트인들은 더욱 열심히 농사를 짓기 시작했지. 그래서 그 다음 해에 곡물은 푸드당 1루블 더 싸게 팔렸어. 즉 2루블 50코페이카 대신에 1루블 50코페이카에 팔린 거지. 암가 강에서의 농업은 반쯤 새로운 뉴스야. 그곳 주민의 말에 따르면 농업은 그곳에서 예전에도 행해졌었고 얼마 전까지는 잘 안 되었다고 하더군. 지금은 해마다 농사가 나아지고 있다고 하네. 개인들이 농업과 가축업을 고무하면서 이것을 돕고 있어. 어떤 이들은 파종할 곡물을 기부하기도 하고, 다른 이들은 레나 강 너머에서 오늘날까지도 알지 못하고 있는 양을 보내주기도 하며, 또 어떤 이들은 순수한 노동으로 본보기를 보여주기도 하네.

한편 마야 강에는 퇴직한 수병인 소로킨이 살고 있네. 그가 이곳에 나타나 퉁구스인들을 고용하여 4데샤티나의 땅을 경작했다네. 그는 각 데샤티나에 대해 45루블씩 냈다는군. 이곳에서 뭔가 나올지 안 나올지도 모르면서 말이야. 그의 노력은 허사가 아니었고 이윤을 남겼네. 그다음 여름에 그에게 다시 나타난 퉁구스인들은 튼실한 가축으로 가득 찬 그의 오두막을 부러워하면서 바라보게 되었지. 우리도 그의 오두막에서 존경과 두려움을 가지고 달려오는 황소 한 마리를 피한 적이 있네. 그런데 자세히 보니 그 황소는 영국농업전시회에서 꼴등을 차지할 만한 것이더군.

소로킨은 집 전체를 혼자 다 쓰고 있었어. 그는 우리에게 점심으로 쇠고기, 들새, 크림을 대접했네. 그는 자신의 모든 땅을 교회에 헌납하고 다시금 다른 장소로 가서 똑같은 일을 하려고 한다더군. 그는 일종의 영웅이야. 작은 거인이라고. 그와 같은 사람들이 그의 뒤를 이어서 얼마나 많이 나타날까! 이 영웅들에게 군단이라는 이름을 붙일 수 있을 만큼 많을 걸세. 이 소심하지만 위대하게 시작된 사업에 대해 후손들은 시간이 지날수록 감사하게 될 거야. 이 사업의 지도자들의 이름은 민중의 기억 속에 남게 될 거라네. 소로킨에 대해서는 그 누구도 비판할 수 없을 걸세. 비록 모든 사람이 그를 멀리서만 보고 있고, 그가 단지 해야 할 일을 하고 있다는 것을 알게 되더라도 말이네. 소로킨의 오두막 벽에는 감사패들이 액자로 만들어져 걸려 있네. 이곳 지방의 관청 사람들이 그에게 준 것이지. 이 감사패들은 그늘 속에 걸려 있어서 재빨리 알아볼 수가 없더군. 소로킨이 이 감사패들을 걸어둔 이유는 자랑하기 위해서가 아니라 러시아 서민들이 벽에 여권을 포함하여 모든 공적인 서류를 걸어두는 습관 때문이라고 봐야 할 걸세.

이 사업이 발전할 수 있었던 또 하나의 중요한 상황이 있다네. 우리는 오호츠크해에서 야쿠츠크까지 포도주 한 방울 없이 가고 있어. 주그주르 혹은 야쿠츠크나 퉁구스의 몽블랑 산에서 말이 넘어져 우리의 여분 포도주를 깨버렸거든. 그래서 우리는 물을 마시는 것에 만족하면서 고대식으로 이 여행을 하고 있었지. 우리는 술을 입에 대지도 못한 채 15일 혹은 18일을 보냈네. 세 명의 일행 중에 한 명은 매우 우스운 소리를 잘하는 사람이었어. 그가 만약에 우리가 야쿠츠크까지 가는 길에 포도주를 파는 곳이 없다는 사실을 알았더라면 산에서 포도주를 절대 깨지 않았을 거라고 단언하더군.

2,200베르스타나 되는 거리에서 포도주는 어디서도 발견할 수 없었네. 사람들이 많이 거주하는 지역에서 민중은 복종관계에 따라 악덕을 제어당하지. 그리고 포도주를 자유롭게 마실 수 없어 민중 대부분이 타락하지 않은 이런 곳에서는 공동의 엄격한 의견

과 선한 표본들에 의해 악덕이 제어당하네. 이곳 새로운 땅에서는 국가가 아직 조심스럽게 교육받지 못한 소수의 타민족 아이들과 길들여지지 않은 아이들을 많은 러시아 가정과 통합하는 데에 집중하고 있어. 그런데 미국에서 길들여지지 않은 아이들을 포도주가 망쳐놓은 것처럼 이 소수의 아이들을 망쳐놓을까 봐 우려하고 있지. 때문에 야쿠츠크의 포도주는 오호츠크해에서만 독점판매할 수 있다네. 당국의 이 방침 속에는 깊은 의도가 숨어 있는 거라고. 이것은 문명을 대하는 러시아의 독창적인 방법일세. 이 방법을 동인도에서 중국으로 항해하고 또 그 반대로 항해하는 몇몇 유럽 상선들도 배우고 있지.

이제 여행하며 기록했던 내 수첩에서 바다에서 야쿠츠크까지의 길에서 본 것에 대해 충분히 끄집어내서 말한 것 같군. 더 말하면 우리가 만날 때 자네들에게 보여줄 게 아무것도 없을 것 같네. 야쿠츠크로 되돌아가보세.

나는 이곳 사회의 거의 모든 계층과 알게 되었네. 관리들, 상인들, 관리가 아닌 사람들, 장사를 하지 않는 사람들 모두와 알게 되었지. 그들 모두는 나의 여행에 대해 큰 관심을 보이며 캐물었고 내 이야기를 엄청난 호기심을 가지고 경청했네. 그러나 그들의 소박하고 언뜻 보기에는 변함이 없는 삶 속에 어떤 여행에서보다 적지 않은 움직임과 노동이 있었다는 것을 누가 기대나 했겠나? 나는 그들의 삶이 변함없는 것도 잠들어 있는 것도 아니라는 것을 알았네. 그리고 그 삶이 일반적인 지역의 삶과 조금도 닮지 않았다는 것도 알게 되었지. 이곳의 활동을 통산해보면 많은 공훈이 숨어 있음을 알 수 있네. 다른 지역이었다면 그 공훈에 대해 크게 외치고 신문에 낼 텐데 이곳에서는 겸손하여 모두 침묵하고 있어. 단지 야쿠츠크 주 공문서보관소에서만 야쿠츠크 주의 미래 역사가에게 가치 있는 자료들이 보관되어 있을 뿐이지. 몇몇 사람들은 여기에서 그리고 이르쿠츠크에서 오래된 문서를 분석하는 데 종사하네. 그리고 물론 자신의 연구물을 출판한다네. 하지만 이러한 업적은 과거에나 이루었지 현재 활동하는 이들의 공훈들은 매우 변변치 못하네. 요즘엔 비판도 소란도 없이 공문서보관소의 등록부로 빠르게 들어가기 때문이야. 그리고 거기에 기록된 업적은 오랫동안 역사 속에 바로 서지 못할 걸세.

무엇보다 우리의 선교사들에 대해 언급하지 않을 수 없겠군. 여기 야쿠츠크에는 선교사가 두 명 있네. 히트로프 사제와 자폴리스키 사제지. 그들이 무엇을 하는지 알고 있는가? 그들은 10년 동안 야쿠츠크에서 살고 있는데 그중 3년간은 지방에 있어서 가족과 함께 살지 못했다더군. 그들은 계속해서 야쿠트인들, 퉁구스인들, 다른 종족들을 찾아다니고 있어. 어떤 이들에게는 세례를 주고, 다른 이들에게는 부탁을 하지.

그 둘 가운데 한 명에게 내가 물었네.

"도대체 당신들은 어디서 살았단 말입니까?"

"다양한 지방에서 살았지요. 북쪽에서도 살았고 남쪽에서도 살았습니다. 1,000베르스타, 1,500베르스타, 3,000베르스타가 떨어진 거리에서 말이지요."

"누가 도대체 그 지방에서 산단 말입니까? 예를 들어 북쪽에서 말이죠."

"아무도 살고 있지 않지요. 그런데 야쿠트인, 퉁구스인, 축치인이 유목을 한답니다. 이 길을 따라서 말을 타고 다니지요. 대부분은 말이나 순록을 타고 다닙니다. 콜름스키 대로와 다른 황량한 대로에도 역참은 있어요. 하지만 그 역참들은 400베르스타씩 떨어져 있지요. 크지 않은 역참들은 200베르스타씩 떨어져 있습니다!"

"200베르스타가 크지 않은 역참이라니요! 도대체 어디서 멈춘단 말입니까? 그리고 어디서 밤을 지내지요?"

"다른 장소에는 주방이 있지요."

물론, 이 말에서 자네는 요리사를 상상할 거고 아마도 비프스테이크와 커틀릿의 냄새를 상상할 걸세….

"주방은 비어 있어요. 이것은 사람이 살지 않는 천막을 말하는데 위에는 인조 구멍이 하나 있어요. 물론 벽에는 자연적으로 생긴 많은 구멍과 중간에는 난로가 있고요. 이게 다입니다."

그러니까 이건 그냥 주방을 말하는 걸세.

만약에 자네들이 이것을 진짜 주방으로 만들고 싶다면 요리사를 데리고 가게나. 그리고 이왕 그렇게 된 거 숲이 없는 곳에서는 장작도 실어 가게. 그리고 불도 잊지 말게. 왜냐하면 누구에게도 부탁할 수 없기 때문이야. 주위에는 이웃이 없거든. 정면에는 1,000베르스타 이상 황무지가 있을 뿐이고, 오른쪽에는 다른 황무지가 있고, 왼쪽에는 또 다른 황무지가 있을 거라네.

니키타 사제가 말했어.

"주방만이라도 있으면 다행이지요! 그것도 없을 때가 많아요…."

"그럼 그때는 도대체 어떻게 합니까?"

"그러면 눈 속에서 밤을 지새워야죠."

"그래도 영하 40도는 아니길 바랄게요."

"그래도 영하 40도에서 잔답니다. 갈 데가 어디 있겠어요?"

"어떻게 그렇게 하죠? 영하 40도에서는 숨 쉬는 것도 불가능하다고 말하던데요…."

이 말을 덧붙이더군.

"힘들지요. 가슴은 좀 쓰리지만 숨을 쉬어요. 우리는 불을 피우는데 그러면 눈 속에서도 따뜻하답니다. 추위는 아무것도 아니지요. 우리는 이미 적응해서 따뜻하게 옷을 입는 것으로 충분해요. 하지만 큰 눈보라를 만날 때는 여전히 좋지 않아요…."

큰 눈보라는 모든 추위가 뒤섞인 폭풍우와 같네. 이것은 암흑으로 하늘과 땅을 가리고 검은 눈구름을 말아 올리는, 눈으로 덮인 태풍이야. 결코 한 걸음도 앞으로도 뒤로도 갈 수 없지. 폭풍우를 만나면 그곳에서 멈추어야 하네. 만약에 고집을 부려서 움직이기 시작한다면 앞에서 길을 찾지 못할 거고 자네들이 어제 왔던 길도 알아내지 못할 것야. 작은 언덕이 있었던 곳에는 구멍과 협곡이 형성되어 있으니 거기를 찾아 들어가 움직이지 않는 게 더 낫다네.

니키타 사제가 말했어.

"언젠가 우리는 큰 눈보라 속에서 천막까지 가고 있었습니다. 그런데 동료들이 뒤처졌지요. 그들은 개들의 본능에 귀를 기울이지 않고 개들이 가자는 곳으로 가지 않아서 길을 잃어버렸습니다. 사흘을 기다린 뒤에 하늘이 갰고 그들을 천막 문가에서 찾았답니다. 자신들이 어디에서 자고 있는지 의심하지 않은 바람에 거기서 마지막 밤을 보낸 거지요."

날씨라는 건 어떠해야만 할까!

며칠 전에 자폴리스키 사제가 약 1,500베르스타 이상 떨어진 남쪽으로 가는 임무를 맡았네. 그곳은 새로운 지역이라 아직 아무도 거리를 측정하지 않은 곳이야. 사제는 누가 거기에 사는지 답사를 하러 가는 것이네. 아니 누군가가 살고 있는지 없는지를 알아보러 간다고 말하는 편이 낫겠군. 만약에 살고 있다면 어떠한 종교에 그리고 바로 어떠한 신앙을 가지고 있는지 등을 알아볼 걸세. 한마디로 그의 직책과 관련된 모든 것을 알아본다는 것이네.

"도대체 어떻게 새로운 지방으로 떠난단 말입니까? 무엇을 타고 가죠? 뭘로 식사를 합니까? 어디서 머무를 것입니까? 아마도 이 길을 따라서는 주방이 없을 텐데…."

"예. 어려울 겁니다. 하지만 정말 처음만 그렇고 두 번째부터는 수월하지요."

그가 처음으로 간다는 것은 두 번째도 세 번째도 갈 것을 바란다는 의미라네.

"답사를 할 수 있어요. 길을 가는 중에 혹은 사방에 주민들이 있는지 그리고 주민들이 있다면 그들과 미래에 순록을 실어 오는 것에 대해서 이야기를 나눌 겁니다…."

"그런데 순록을 실어 가기에는 멀지 않나요?"

"그렇죠. 가령 60혹은 70베르스타 정도 떨어져 있다면 실어 간답니다. 뭐 때문에 놀라는 겁니까? 진짜로 내가 처음이 아닐 거예요. 누군가가 분명히 다녀갔을 겁니다. 시베리아에는 러시아인들이 없다고 할 만한 지역이 없어요.”

훌륭한 말이군!

“당신은 거기서 오랫동안 머무를 생각이십니까?”

“여름에 돌아올 생각입니다.”

여름이라니, 지금이 10월인데!

자네들이 보다시피 이곳에서는 종교적인 관점에서 볼 때 이미 알래스카 열도 주민에게 행한 것을 똑같이 하고 있네. 미국 부족들을 기독교 신앙으로 바꾸면서 우리에게 종속되게 하려고 수년 동안 종사한 주교의 이름에 대해 자네에게 상기시킬 필요가 없겠지. 자네들은 이 사람을 1840년도에 발행된 『알래스카 열도의 알래스카 부분에 대한 역사서』의 작가인 베니아미노프 사제장(오늘날 캄차카, 알래스카, 쿠릴의 대주교 인노켄티)으로 이미 알고 있을 걸세. 작가는 서두에 이 역사서가 우리 미국 식민지의 미래 역사를 위한 자료일 뿐이라고 겸손하게 말하고 있네. 하지만 이 자료들을 읽게 되면 생겨난 지 얼마 안 되고 거의 알려지지 않은 지방에 대한 다른 어떤 역사를 원하지 않게 될 거야. 전체적으로 보았을 때도 부족함이 전혀 없고 민속학, 지리학, 지형학, 자연사 등의 모든 지식 분야를 뜯어서 보아도 부족함이 없네. 하지만 무엇보다도 관심을 끄는 것은 개종된 사람들 사이에서 교회가 차지하는 위치에 관한 부분이야. 작가는 교회의 성공을 위해서 상당히 오랫동안 열심히 노력했다네. 또한 이 책은 여전히 살아 있고 쉽고도 아름다운 언어로 쓰여 있다는 점에서 가치가 있지. 베니아미노프 사제장은 이 외에도 복음서를 알래스카어로 번역했고 알래스카어 철자책을 출판했네. 여기에 십계명, 사도행전, 주기도문 등이 여러 언어로도 덧붙였지.

만약에 러시아 아메리카에서 정교회의 상황에 대해 좀 더 자세히 알기를 원한다면 바로 이 제목으로 1840년에 출판된 베니아미노프 사제장의 소책자를 읽어보게. 지금 그는, 즉 인노켄티 사제장은 여기에서 가장 광범위하게 활동을 하고 있네. 그는 길이와 넓이가 1,300베르스타에 달하는 곳에 뿔뿔이 흩어져 있는 2,000명의 야쿠트인, 퉁구스인 몇천 명, 그밖의 다른 종족들의 집회를 이끌고 있지. 그의 지도하에 복음서가 공식어가 아닌 이 지방의 보잘것없는 언어로 번역되고 있다네. 나는 우연히 번역위원회에 들게 되었어. 이 위원회는 복음서의 번역 일을 맡아서 하는 위원회로 조용한 주교수도원에 모였네. 이곳에 있는 모든 성직자는 야쿠트어를 알고 있더군. 대략적인 번역은 이미 끝났네. 내가 위원회에 있었을 때 마태복음의 최종 교정이 이루어지고 있었거든. 그리스어, 슬라브어, 러시아어 본문을 야쿠트어의 번역본과 대조하였지. 모든 위원은 단어 하나하나와 표현 하나하나를 엄격하게 검토하고 검사했다네.

존경할 만한 사제들을 여러 번 곤경에 빠트린 것은 다름 아닌 도덕적인 개념뿐만 아니라 물질적인 개념을 표현할 야쿠트어 단어가 부족하다는 점이었네. 예를 들어 야쿠트인들에게는 과일이라는 단어가 없네. 그에 대한 개념이 존재하지 않기 때문이지. 이곳의 하늘 밑에서는 단 하나의 과일도 성장하지 않네. 심지어 야생 사과조차 없어. 이 이름으로 부를 만한 게 아무것도 없네. 마가목 열매, 월귤나무, 야생 까치밥나무 혹은 이곳에만 있는 꿩이밥류 열매, 야생의 딸기가 있지만 이것들은 과일이 아니라 열매야. 야쿠트인들은 러시아인들이 들여온 많은 물건의 이름에 당혹해하며 이것을 러시아식 이름으로 그대로 부르네. 그래서 이 이름은 야쿠트어의 일부로 영원히 들어가게 되었지. 그들은 밀을 러시아어로 밀이라고 부르네. 러시아인들이 그들에게 밀과 그것과 유사한 많은 것들을 먹도록 가르쳤기 때문이지. 그래서 인노켄티 사제장이 알래스카 언어로 복음서를 번역할 때 이와 같이 행동했네. 성서를 야쿠트어로 번역할 때도 이와 같이 했지. 그리스어에서 복음서를 슬라브어로 번역할 때에도 이와 같이 행동했다네.

　선교사 가운데 한 명인 히트로프 사제는 야쿠트인들에게 읽고 쓰는 법을 교육하는 지도서를 위해 야쿠트어 문법을 정리했네. 이 문법은 이미 완성되었어. 이곳에서 계획되고 있는 일은 정말 놀랍다네. 이곳 교회 지도부의 모든 계획과 노력은 이미 정부에 의해 승인되었다는군. 야쿠트어 외에도 복음서는 퉁구스어로도 번역이 완료되었어. 퉁구스어는 야쿠트어가 타타르어와 비슷한 것처럼 만주어와 비슷하다고들 하네. 내가 들은 바에 따르면 퉁구스어 문법도 교회 사람들에 의해서 정리되었다더군. 그리고 이곳 의사 가운데 한 명이 몇천 개의 단어로 구성된 퉁구스러시아어 사전을 만들었다네. 퉁구스인들에게는 읽고 쓸 능력이 없고 그렇기 때문에 읽고 쓸 줄 아는 능력을 가진 사람들이 없어. 그래서 이곳의 교회 지도부는 경험 삼아 복음서 번역본 사본을 퉁구스인들의 유목 지역에 보급할 생각이야. 그 목적은 퉁구스어를 알고 있는 우리의 사제들이 번역본을 퉁구스인에게 읽게 하고 그들 사이에 신앙심을 점차적으로 퍼트리는 것, 그리고 이렇게 함으로써 성서를 근본적으로 알 수 있게 준비시키고자 함이네. 이들 퉁구스인들 사이에 읽고 쓸 줄 아는 능력이 퍼질 때 그리고 인쇄본으로 된 번역서를 이들에게 공급할 수 있을 때까지를 기다리면서 말일세.

이 편지와 함께 나는 이러한 노력의 견본을 자네들의 호기심을 위해서 동봉하겠네. 내게 전해진 야쿠트어, 퉁구스어, 칼라숀어로 된 주기도문이야. 이 언어들과 비교할 때 영어의 발음이 어렵다고 할 수 있겠나! 이 언어들을 발음할 때는 목, 혀, 이, 뺨뿐만 아니라 눈썹, 이마의 주름 거기에 심지어 머리카락까지 가담하네! 게다가 문법은 어떠한지! 명사 앞에 격이 있고 소유대명사는 명사와 함께 섞여 있거나 한다네.

야쿠트인의 읽고 쓰는 능력을 위해서 러시아 철자들이 약간 변화되어 차용되었음을 말한다는 것을 잊었군. 우리 러시아어에 없는 자음 그러니까 부분적으로는 후두음과 비음을 보강하기 위해 야쿠트인들은 러시아 철자를 받아들였네. 하지만 틀림없이 자네들은 이것이 페테르부르크에서 출판된 『언어에 관하여』라는 베틀린크의 책에서 나왔다는 것을 알게 될 걸세. 그런데 만약에 아니라면 호기심으로 그 책을 대강 훑어보게. 이것은 언어학의 대작이지만 야쿠트어에 대한 미래의 기본적인 연구를 하는 데 자료가 되는 기초적인 저작이라네. 이 책에는 몽골어와 다른 아시아 언어에 비교되어 야쿠트어 형태가 서술되어 있어. 베틀린크 자신 역시 자신의 책에서 야쿠트어에 대한 근본적인 지식을 다른 전문가들의 말에서 인용하고 있네. 알래스카 열도 주민들과 퉁구스인들의 쓰고 읽을 줄 아는 능력을 위하여 역시 러시아의 철자들이 차용되었다고 말이야. 이때 러시아어 철자는 전혀 변화되지 않았네.

이제는 선교사들에서 다른 사람들로 넘어가보세. 자네들도 극지방에 가깝게 다가간 사람들을 알고 있을 걸세. 이들은 북빙해와 북아메리카 해안을 둘러보았고 사람들이 살지 않는 장소들을 통과해갔네. 그들은 때로는 수프를 장화로 떠서 먹고 짐승들 또는 자연현상과 싸우기도 했어. 이 모든 사람들은 그들의 이름을 우리가 외워서 익히 알고 있는 영웅들이네. 우리의 후손도 이들을 알게 될 걸세. 우리가 그들에 대해서 책을 쓰고 그들의 초상화를 그리며 기념상을 만들고 있잖은가. 어떤 이는 나침반의 원리를 정의했고, 다른 이는 다른 반구로 가는 가장 가까운 길을 찾아다녔네. 다른 사람들은 아무것도 발견하지 못하고 그저 얼어죽었지. 하지만 그들 모두 명성을 위해서 다녔네. 그런데 누가 많은 궁정 고문관, 8등 문관, 서장 보좌관, 소령의 이름을 모두 안단 말인가? 그들은 매년 통행이 불가능한 북빙해 해안으로 떠나 눈 위에서 영하 40도의 추위와 싸우며 자고 있는데? 이 모든 것이 국가의 녹을 먹고 하는 것이 아닌가? 하지만 그들의 초상화는 없고 그들에 대한 책은 써지지 않고 있네. 심지어 그들의 근무원 명부에는 관청의 다양한 심부름을 이행하였다라고 대충 언급될 걸세.

도대체 왜 그들은 그곳으로 떠나는 걸까? 예를 들어 신선한 고기를 어딘가에 공급할 필요가 있고 1,000베르스타가 넘는 곳으로 보내어 몇백 마리의 황소와 순록을 준비시키고 그것들을 다른 몇천 베르스타가 넘는 곳으로 운반해가도록 관리를 보내네. 다음에 어떠한 사건이 일어나면 공직자들을 2,000베르스타가 넘는 곳으로 보내서 그 사건을 조사하도록 하거나 멀리 떨어진 구석을 둘러보며 그곳에 이상이 없는지를 확인하도록 하지. 이 지역에는 큰길이 거의 없어 겨울이든 여름이든 말을 타고 다니고 그 길 또한 너무나 좁아서 말들을 오리처럼 한 줄로 세워야 한다는 것을 잊지 말게나. 예를 들어 어떤 사람은 니즈니 콜르임스키 지방의 축치인에게 보내지네. 이 지방은 크지도 작지도 않은 곳으로 북빙해 근처에 있고 야쿠츠크에서 2,500베르스타 혹은 3,000베르스타가 넘게 떨어져 있지. 자네는 왜 이들을 그곳으로 보낸다고 생각하는가? 그들의 땅을 점령하러? 아니면 세금을 부과하러? 축치인은 아직까지 야생의 상태에 머물러 있네. 자신의 툰드라를 고집하고 있지. 물고기와 짐승들이 부족하여 굶어 죽는 일이 빈번하네. 탐낼 만한 생산물은 아무것도 말할게 없다고! 도대체 무엇 때문에 그곳으로 보낸단 말인가. 미개함에서 그들을 구해서 사람답게 살도록 하려는 게 아닌가. 대가도 바라지 않고 사심 없이 베푸는 걸세. 그들에게서 가져올 것은 아무것도 없잖은가.

우리의 이민자들에서 조금 떨어져서 살고 있는 축치인은 러시아인들이 와서 자신들을 죽일 것이라고 생각하네. 하지만 반대로 러시아인들은 축치인이 자신들을 죽일 것이라고 생각하지. 이것이 훨씬 근거 있어 보이거든. 이 때문에 비록 근처에 살지라도 축치인들과 러시아인들은 서로 피하고 기근 동안 서로 필요한 도움을 주지 않으며 교역하지 않고 금세라도 서로 치고받으며 싸울 것 같지.

내가 아는 바에 따르면 한 관리가 이들 두 민족을 가깝게 지내게 하려고 보내졌어.

"도대체 어떻게 했습니까?"

"친절과 선물로지요. 나는 힘들게 그들의 수장들을 러시아 지역에 있는 제 천막으로 불렀고 차를 대접했답니다. 그리고 그들을 위험에 처하게 할 것은 아무것도 없다고 확신시켰고 그 후에는 많은 가정이 러시아 지역으로 거처를 옮겼답니다."

그러고 나서 축치인들은 관리를 자기 집에 초대했네.

"우리가 당신에게 갔었으니 이제는 당신이 우리에게 오시오."

그리고 그에게 점심을 대접했다네. 하지만 그들의 입맛에 맞춘 음식이라 관리는 입도 못 댔다는군. 축치족 여자는 더러운 그릇에 사슴고기를 끓여서 잘라내고는 더러운 손으로 조각조각으로 나누었다네. 세상에나! 그가 이 음식을 거절하자 그에게 다른 진미를 대접했는데 그건 사슴의 축축한 생뇌였네.

"우리가 당신 집에서 먹었으니 당신도 우리 집에서 원하는 만큼 먹어요."

관리는 축치인에 대해 신기한 것들을 많이 말해주었어. 어느 날 그는 한 축치인을 친절하게 대했고 자신과 함께 점심을 먹도록 초대했다네. 그랬더니 그 사람은 이후로 관리에게서 한 걸음도 떨어지지 않고 안내자로 일하였고 밤새 그의 곁에 머물러서 잠을 자지 않으며 그의 잠자리를 지켰다는군. 그리고 축치인들의 영토의 경계에 와서야 그와 헤어졌다네. 그 축치인을 마구 대하고 그를 위협했다 해도 그 축치인은 몇 년 동안 감흥을 잊지 못했을 걸세!

흥미로운 또 하나의 사실은 축치인이 다른 종족들, 즉 북빙해로 흘러가는 강들 하구에서 살고 있는 코르가울리족 또는 카라가울리족이라 불리는 종족과 교역을 한다는 거야. 축치인과 코르가울리인은 교환하기를 원하는 물품을 한 손에 잡고, 다른 손에는 긴 칼을 잡고서 서로 눈을 떼지 않는다네. 그들은 서로의 움직임을 감시하며 그런 방식으로 물물교환을 한다는군. 한 사람이 멍 때리고 있으면, 다른 사람이 그를 칼로 찌른 후 모든 것을 차지해버리는 거지. 그곳은 죽은 사람에게 아무도 관심 갖지 않는 곳이라네.

그들은 이렇게 말할 거야.

"아마 멍청한 사람이었던 게 틀림이 없어!"

그리고 그에 대해 잊어버리지.

반대로 코랴크인에 대해서는 좋게 말해주더군. 그리고 퉁구스인에 대해서는 더 많이 좋게 말했어. 퉁구스인은 정직하고 착하며 근면한 이들이라고 말이지. 또한 코랴크인은 물고기가 풍부하지 않아 짐승을 잡아 생활하기에 그들의 천막에서는 사람이 살지 않는, 천막의 조리장들에서 나는 음식 냄새가 자주 나곤 한다네. 기근이 오면 그들은 모든 얻는 것, 즉 짐승들, 어류들 또는 다른 것들을 공평하게 나눈다는군. 그러한 분배를 칭찬해 코랴크인에게 상을 주려고 해도 그는 무슨 일인지 이해하지를 못했다네.

"뭐 때문이지요?"

"자신의 획득물을 다른 사람들과 함께 나눴기 때문이오."

그가 소스라치면서 대답했네.

"그것은 그들에게는 없었으니까 그랬지요!"

다투고 다투었지만 결국 그들은 상을 받지 않했어. 또한 관리는 그들의 정직한 성품을 칭찬했어. 한 코랴크인의 딸이 도덕규범을 어긴 적이 있었네. 코랴크인의 풍습에 따라 그녀를 죽여야만 했지. 아버지는 이 의무를 수행할 수 없었어. 그녀가 사랑스럽고 유일한 딸이었기 때문이라네.

그가 딸에게 밧줄을 주며 말했어.

"나는 할 수가 없구나. 스스로 목을 매거라."

딸은 스스로 목을 매었고 아버지는 딸을 위해 몇 년이나 울었다는군.

이제 야쿠트인에 대해서 이야기해보겠네. 그들의 재능, 부지런함, 똑똑함에 대해서는 칭찬하지만 이곳의 압도적으로 많은 사람에게서 보이는 것과 같은 어떤 악덕이 그들에게도 벌써 나타나고 있다네. 그들은 사기를 치는 경향이 있다더군. 그들 사이에서 살인은 드문 일이야. 겁이 많고 형벌을 두려워하거든. 하지만 사기를 치는 데 있어서 그들은 런던의 사기꾼들 못지않게 치밀하다네. 예를 들어 한 야쿠트인은 암소 한 마리를 훔치고서 그 암소에게 방수로 된 신발이나 말가죽으로 된 장화를 신기고 그 자신도 신었다네. 겨울에 발자국을 따라 자신을 쫓아오지 못하도록 하려는 거였지. 그러나 암소 주인도 허탕을 치지 않네. 왜냐하면 아침에 그가 보는 건 발밑의 발자국이 아니라 위거든. 까마귀들이 어디로 날아드는지 살펴보고 절도범을 덮치는 거야. 베어 죽인 암소의 가죽도 자신의 소유물인 게지.

어느 날에는 몇몇 야쿠트인들이 다른 이의 마당에 말을 훔치러

담을 타고 넘어 갔네. 대문이 잠겨 있어서 가지고 나갈 수가 없었지. 그들은 문득 말을 울타리 위로 끌어 옮길 생각을 했네. 앞발을 울타리 너머로 옮기고 도둑들은 꼬리와 나머지 부분을 힘껏 끌었어. 물론 말은 이 새로운 방법에 대해 말발굽과 머리로 강하게 반항했지. 이 소음에 주인이 밖으로 나왔고 길에 있던 도둑 한 명을 제외하고 다른 도둑은 모두 순식간에 자취를 감추었네.

길에 서 있던 도둑이 소리쳤어.

"주인장, 주인장, 당신의 말을 훔쳐가는 것을 내가 이렇게 붙잡고 있소."

"그렇게 훔쳐가고 있었단 말이지."

"말을 도로 가져가시오."

도로 끌기 시작했지만 불가능했네. 길에서 도둑이 말고삐를 강하게 움켜잡고 있었기 때문이야.

"그곳으로 말이 가지 않으려 하니 주인장이 말을 이쪽으로 미는 것이 더 낫겠소. 그러고 나서 대문을 여시오. 그러면 내가 말을 가져다주겠소."

주인은 그렇게 했어. 그러자 도둑은 말할 것도 없이 주인이 오길 기다리지 않고 말을 타고 도망가 버렸다네.

여기에서는 마부들, 하인들, 수공업자들이 모두 야쿠트인들이야. 그들은 좋은 모피 가공업자이고 훌륭한 대장장이지만 특히 목수와 목공업에 재능을 가지고 있네. 단지 그들에게 풍미가 결여되어 있다는 게 단점일 뿐일세. 왜냐하면 견본이 없으면 아무것도 만들지 못하기 때문이야. 이곳에서는 오래된 소파와 의자들을 바꿀 때 일단 집에서 집으로 건너 보낸다네. 그것을 견본으로 하여 새로운 가구를 만들지. 그들에게 견본을 주면 그들은 완전히 똑같은 물건을 만들어낼 걸세. 조만간 야쿠트인이 내게 무엇을 가져오기로 약속했는지 아는가? 매머드의 뼈나 해마의 이빨로 만들어진 라헬²⁰⁰ 반신상이라네. 이곳으로 보내진 석고로 된 반신상을 야쿠트인이 보고 만들고 있어. 야쿠트인과 라헬이 얼마나 닮았는지!

매머드의 뼈로 만들어진 제품들에 대해 말이 나왔으니 말인데 자네들은 이 뼈를 조각들로만이 아니라 골격 전체로 찾아내고 있다는 사실을 아는가? 여기에서 그런 얘기를 들었다네. 얼마 전에 매머드 골격을 발견한 누군가가 축치인들에게 알리는 것을 생각했고 그들이 그것을 야쿠츠크로 가져갔어. 그리고 그들은 모조리 가지고 가서 부숴버리는 바람에 이제는 흔적조차 없다네.

야쿠트인들, 특히 이러한 제작을 하고 있는 야쿠트인들이 나타나지 않는 곳으로 갈 여행객들은 없을 거야. 얼마 전에 나는 시계 조각 받침대를 샀네. 하지만 정말 형편없는 물건이었어! 뼈를 그대로 놓아둔 것 같은 시대에 뒤떨어져 있는 물건이었네. 단지 사랑의 증표 또는 사랑하는 사람에게 드린다는 문구가 적혀 있을 뿐이었지. 상자 위에는 무슨 목적에서인지 알 수 없는 러시아 문장이 새겨져 있더군. 너무 떨어져 있는 지방이었기에 이곳에 뼈가 많이 있으며 이 뼈를 다룰 수 있는 야쿠트인들은 많다는 사실에 주의를 기울이지 않아 유감스럽네. 먼저 알았다면 우리의 책상에는 이러한 아름다운 재료로 된 장신구들로 가득 차 있었을 텐데 말이지. 동행자 가운데 한 명인 오볼렌스키 공작은 아무짝에도 쓸모없는 뼈 한 조각을 사서 가져가고 싶어 했어.

"아마도 그렇게 크지 않다면 가지고 갈 수 있을 겁니다."

"내게는 크지 않은 조각이 필요해요."

"그래도 약 18푸드는 되지 않나요?"

하지만 그는 포기하지 않았네.

말이 나온 김에 야쿠트인들에 대해서 한마디를 더 해야겠네. 게덴시트롬[201]은 자신의 책 『시베리아에 대한 단상』(1830)에서 다음과 같이 말하고 있지.

"야쿠트 주는 교육을 시키거나 인간에게 어울리는 지식을 넓혀주는 것이 해로운 몇몇 안 되는 지방 가운데 하나다. 이 황량한 곳의 주민은 다른 곳의 주민들과 비교한다면 자신들의 가난한 상태를 이해하겠지만 그것을 개선할 수 있는 수단은 찾지 못할 것이다…"

이미 25년 전에 이렇게 생각했다니!

작가는 교양 있는 사회의 부도덕함을 마치 교육의 고유한 특성인양, 마치 똑같은 교육이 허영심, 탐욕, 교묘한 기만, 기타 등을 만들어낸다는 것처럼 결론짓고 있어. 이러한 부도덕함이 오직 교육이 결핍된 인간 사회에서만 드러난다고 확신하는 것이 우스워 보이네. 만약 미개인들이 모두 유혹이나 육감적인 오락에만 열중한다면 아이들을 감시하듯이 여기에서 무엇이 행해지고 있는지 늘 감시해야 할 걸세. 내가 앞서 말했듯이 야쿠츠크에서 오호츠크해까지는 포도주가 없어. 그리고 포도주 밀수에 대한 대책이 매우 엄격하게 마련되고 있지. 만약 앞으로 악이 눈에 띄지 않게 스며든다면 그 악은 완전히 뿌리를 뽑을 수가 없을 거야. 물론 재판으로 악행을 줄일 수 있는 건 분명하네. 허영심, 야망, 탐욕도 물론 중요한 부도덕이야. 만약에 또다시 이들을 감시하지 않고 악이 강해지도록 내버려둔다면 말이네. 그러나 작가가 말했듯이 이러한 부도덕들은 합리적인 교육을 할 때 농업, 제조업, 교역의 활동으로 이끌 수 있네. 이 세상에 야망과 탐욕 없이 이룰 수 있는 게 뭐가 있단 말인가?

작가는 황량한 곳의 주민들은 자신들의 가난한 상태를 이해하겠지만 그것을 개선할 수 있는 수단은 찾지 못할 것이라고 했네. 반대가 아닐까. 언젠가 이해하게 되면 그들은 분명 찾을 걸세.

야쿠트인의 교육 수준은 아직 농업, 축산업, 교역을 배우는 정도일세. 이 모든 것들이 성장 중이지. 야쿠트인은 황량한 곳에서 사는 데 필요한 방법이 아니라 교육을 통해서 황량한 곳의 상황을 더 낫게 하려는 해결법을 찾고 있네. 누군 여기에서 밀이 자라지 않는다고 생각했지만 일에 대한 숙련과 애정으로 열심히 하면서 밀이 나타나서 자라고 있듯이 말이지. 그리고 이제는 양도 치고 있네. 물론 우리가 야쿠츠크 공장의 좋은 옷감을 입고 다닐 때까지는 아직 오래 기다려야 하지만 말이지. 게다가 이것이 당장 필요하지도 않네. 다행스럽게도, 정말 다행스럽게도 야쿠트인들은 이제 곡물 껍질이 아닌 밀을 먹고 있고 축축한 짐승의 가죽이 아니라 러시아의 옷감을 입고 다니거든! 미개인들은 덕을 갖추고 소박한 마음씨를 가지고 있어. 얼마나 귀중한 보물인가! 무엇에 대해 간절히 바랄 게 있겠는가! 미개인들은 술을 마시지 않고 물건을 훔치지 않는다고 말하네. 아직은 마실 만한 게 없고 훔칠 만한 것도 없기 때문이야. 그리고 거짓말을 하지 않네. 왜냐하면 거짓말할 필요도 없기 때문이지. 다 좋아. 하지만 정말로 야생의 생태에서 머물러서는 안 되지. 교육은 불길처럼 지구 전체를 휘감고 있네. 하지만 교육이 야쿠트인들과 이들과 비슷한 사람들에게 자비를 베푼다고 작가는 소리쳐 외치고 있네. 이들에게 자연은 계모라고 하면서! 다른 말로는 교육받은 사람들이 된다는 거지! 자네들은 야쿠트인들에게 가서는 안 돼네. 자네들은 그들을 타락시킬 걸세! 얼마나 이 작가는 괴짜 같은가! 도대체 어디서 외투를 가져간단 말인가? 정말로 야쿠트인에게 있는 이 모든 것은 그들에게서가 아니라 퉁구스인에게서 마침내는 알래스카인에게서, 칼로시인에게서 가져가는 것이지… 모든 것을 미개인들에게서 가져가는 거라고! 자연은 그들에게 전혀 계모가 아니네. 자연은 그들의 땅에 검은담비, 다람쥐, 흰족제비, 곰으로 보답하고 있기 때문이야.

게덴시트롬의 책은 1830년에 출판되었네. 아마도 작가는 그때부터 스스로 자신의 역설을 거부했을 걸세.

그리고 인용된 두 책들 『야쿠츠크 여행』과 『시베리아에 대한 단상』은 되도록 이곳 지방에 대해 충분히 이해할 수 있도록 해주고 있더군. 전적으로 대중이 칭찬했을 만하다고 생각되네. 『야쿠츠크 여행』은 2판 이상 인쇄되었어. 이 머나먼 동떨어진 곳에 대해서 좀 더 많이 좀 더 확실하게 무언가를 알고 싶다면 이 두 권을 자네들에게 추천함세.

자네들에게 다른 권위자들을 언급하지는 않겠어. 예를 들어 브란겔 남작의 책도 중요하지만 말이야. 자네들은 오래전부터 이 책을 알고 있을 걸세. 거기에 보태고 싶은 한 가지는 이 사람은 작가이자 여행가로 시베리아 사람들의 기억 속에 생생하게 보전되어 있다는 것과 그의 책이 시베리아에서 교육받은 사람들이라면 누구나 가지고 있을 거라는 사실이네.

야쿠트 상인 몇몇에 대해서 몇 마디 할 말이 남아 있네. 이들은 북빙해까지 혹은 반대 방향으로 불가사의한 황야에 이르는 곳에 거대한 다섯 기둥을 세웠다네. 예를 들어 그중 한 명은 야쿠츠크에서 3,000베르스타 떨어져 있는 곳인 니즈니콜름스크보다 500베르스타 더 멀리 떨어진 곳에 있는 축치인들에게 다녀왔고, 다른 사람은 남쪽 우다 강으로 다녀왔으며, 세 번째 사람은 서쪽 빌류이 강으로 다녀왔지.

시베리아로 세계 일주 여행을 다녀왔던, 나의 동행 가운데 한 사람이 말했어.

"세상은 작지만 러시아는 광대하지요."

사실이야. 그러니 러시아에서 베를린까지 와보게. 그러면 자네들이 여행자가 될 걸세. 여기에서 유럽보다 두 배 큰 공간에서 돌아다니게 될 것이기 때문이지. 그래도 어쨌든 자네들은 여전히 그저 지나가는 사람에 불과하겠지만. 러시아에는 여행자들이 없네. 모두 지나가는 사람들일 뿐이지. 과연 철도를 따라가는 게 여행을 하는 것일까? 철도는 공간을 생각하지 않으면서 단지 공간을 가로 지르기 위해 고안되었어. 나는 우리나라, 이 멀리 떨어진 구석에서 는 아주 오래되고 흥미를 끄는 의미의 여행을 아직은 할 수 있다고 보네. 이 여행은 고생스러운 난관을 겪으며 예비품을 짊어지고 거의 1년 동안 먹을 식량을 가지고 깃털이불과 주전자 사모바르도 들고 가는 여행이지. 하지만 이곳의 관청 덕분에 이것들도 서서히 사라지고 있네. 그리고 이곳에도 편의성이 생겨나고 있어. 이제는 눈 위에서는 실컷 잘 수 없고 조리장에는 요리사들이 배치되어 있네. 불행이야. 여행가들의 유형이 완전히 파괴되고 있다는 것은 불행이라고!

상인들 쪽으로 관심을 돌려보세.

그들은 물품의 양에 따라서 상당한 말들을 가지고 있네. 때로 는 40마리까지도 가지고 있지. 그들은 각자 다니는 길을 따라 야 시장이라는 근사한 이름으로 불리어지는 집결지로 타고 다니네. 그곳에는 정해진 날이면 야쿠트인, 축치인, 퉁구스인, 이 밖의 다른 이들과 합류하고 교역이 생겨나고 있어. 축치인은 이곳에서는 체르 카스키라고 불리는 평범한 나뭇잎 모양의 담배, 철제품, 도끼, 못,

다른 것들을 사네. 야쿠트인은 면직물, 모직물, 중국산 면포, 투박한 화포, 목화, 두꺼운 천, 가벼운 천, 또한 차와 설탕들을 사지. 설탕은 대부분 중국에서 들여온 것으로 알사탕 모양이라네.

상인들은 여름과 가을 동안 거두어들인 모피 상품을 중국인들과 바꾸네. 위에서 말했듯이 7월에 이곳 야시장으로 오는 이르쿠츠크 사람들이 이 상품을 사서 니제고로트 야시장이나 이르비츠키 야시장이나 캬흐타로 가서 되팔고 거기서 다시 중국으로 팔리게 되지.

자네들이 지니고 있는 산족제비 토시, 여성용 목도리, 다람쥐 모피 코트, 여우털 외투, 검은담비 외투와 옷깃, 곰가죽 양탄자 등 모든 것이 우랄 산맥 너머에서 우리가 가져오는 걸세! 상인들은 11월에 출발해서 4월에 돌아오지. 때때로 아내들은 그들과 동반하기도 하고 모든 것을 이겨낸다네. 말을 타고 다니거나 주방에서 잠을 자지 않는다면 야외에서 자고 몇 개월씩 황무지, 외딴 곳에서 살기도 하지. 그리고 이것에 대해 왈가왈부하지 않고 허영도 부리지 않는다네. 그런데 미국인 혹은 영국인은 하인들과 미개인들을 이끌고 총과 천막을 짊어지고 산속 어딘가에 말을 타고 다녀오지. 그러고는 곰을 죽이고 온 세상이 알도록 그것에 대해 외치네!

그러나 상인들은 모피 장사가 예전보타 훨씬 잘 안 되서 먼 지방까지 갔다 오기가 힘들다고 내게 푸념하더군. 그들은 이에 대한 다양한 원인을 찾고 있네. 부분적으로는 동물 멸종으로 교역이 쇠퇴했음에 그 원인을 두고 있지. 그로 인해 모피 가격을 올리게 되었어. 또한 부분적으로는 중국에서 발생한 소요에 그 원인을 두고 있지. 그로 인해 모피가 들인 노동에 비해 싼 것 같기도 하네.

하지만 여기에는 다른 원인이 있는 듯해. 레나 강을 따라서 몇몇 지점에서 금광들이 발견되었어. 금광업자들은 이곳에 자신의 주거지를 형성했네. 그들 주변에는 새로운 활동 중심지가 형성되었지. 그곳에서 인구수는 늘어났고 노동력이 필요하게 되었네. 상품 역시 그곳에서 판로를 개척하고 있다네. 아마도 얼마 안 있어 지금은 올레크민스크, 비팀, 다른 곳들의 이름으로 겨우 알려져 있는 자그마한 곳과 도시들의 지명들이 유명해지기 시작할 걸세. 여기에서 이러한 지명들은 더 자주 반복되고 있어. 그곳에서 사람들은 더 빽빽하게 산으로 모여들고 있네. 황량한 레나 강은 생기 넘치게 되어 여름에도 겨울에도 시끌벅적한 길이 되었지. 이것은 야쿠츠크에서 많은 노동력과 자본을 끌어들였다네.

상인들이 있는 곳에서 내 생각을 소리 내어 말했더니 그들도 내게 동의하더군. 물론 전체적인 관점에서는 그렇게 볼 수 있지만 소수에게는 아닐 수도 있네. 이 러시아의 인구가 희박한 이 지역에서의 교역은 혈관 속의 피처럼 잘 돌아가고 있어. 이 교역으로 인구가 확산되고 있다네. 한 장소는 쇠퇴하고 있고, 다른 장소가 곁에 나란히 생겨나고 있으며, 또 세 번째 장소가 생겨나고 있지. 그 사이에 사람들은 여러 방향으로 뿔뿔이 흩어져 황량한 곳에서 자리를 잡아가고 있어. 그리고 금 대신에 땅에서 다른 무언가를 캐내기 시작했다네.

그렇지만 이제 만족하네. 힘겨운 여정을 끝내고 야쿠츠크에서 아무리 잘 쉬었다고 하더라도 아무리 야쿠츠크 주민들이 친절하다고 할지라도 여기에서 두 달 동안 지내는 것은 고달픈 일이야. 권태의 잔인함과 영하 40도의 추위에서 지켜주소서! 추위가 올 때가 다 되었네. 이미 영하 32도, 35도, 37도야. 곧 숨 쉬기도 어려워질 걸세. 지난해에는 이곳의 온도가 영하 48도까지 내려갔다고 말하더군.

그런데 나는 페테르부르크에서 입는 얇은 플란넬 외투를 입고 고무로 된 신을 신고 다니고 있네. 사람들은 나를 비웃으며 감기에 걸릴 거라고 예언하더군. 하지만 아직 괜찮네. 그저 콧수염, 눈썹, 속눈썹, 어떤 이에게는 턱수염이 얼음으로 뒤덮일 뿐이야. 눈썹은 속눈썹과 한데 얽히고 콧수염은 턱수염과 그리고 얼굴에는 얼음으로 된 복면이 생겨날 뿐이지. 추위 때문에 심지어 눈동자까지 아프다네.

바로 마당에 탈것, 얼어버린 양배추 조각으로 이루어진 수프, 냉동 고기만두, 말린 생선 또한 준비되었네. 포도주 병은 두꺼운 천으로 쌌는데 호밀빵과 흰빵은 이미 모두 돌같이 굳어 있더군.

나는 모두와 작별 인사를 했네. 누군가는 삐로그로 나를 배웅하기를 원했고 누군가는 길에서 내게 생선을 주었지. 그리고 모두 차갑게 얼어버린 과일주를 다 마시길 바랐네…. 습관이 안 되어서 곤란했지! 착한 친구들은 현관 계단에서 고개를 쑥 내밀고 우리를 배웅하고 말을 탄 우리가 마당에서 출발하기를 기다렸네. 그들에게 이런 건 별게 아니야. 그래도 가야 할 때라네. 빠르게 가야 할 때였지!

1854년 11월

야쿠츠크

제 9 장
이르쿠츠크까지

1854년 11월 26일

나는 영하 36도인 11월 26일에 야쿠츠크에서 떠났네. 공기는 깨끗하고 건조하며 날카로웠어. 그리고 폐를 자를 듯이 추웠고, 가슴이 에이는 듯했지! 그러나 대신에 페테르부르크에서처럼 감기, 치조염증에는 걸리지 않을 걸세. 그곳에서는 모피 외투를 열어놓기만 해도 감기에 걸리지 않는가. 이곳에서는 몸이 꽁꽁 얼 수는 있지만 감기는 잘 안 걸리네.

이곳 야쿠츠크의 하늘이 얼마나 아름다운지 모를 걸세. 하늘에는 무지개 그림자가 있고 깨끗하지! 숫염소의 부드러운 가죽으로 된 모피 코트는 모든 추위에서부터 완전히 보호해주는데, 그 어떤 털외투도 이렇게 못하고 무겁기만 할 거야. 하지만 숫염소 가죽으로 만든 모피 코트는 가볍고 부드럽네. 그리고 40도로 몸을 따뜻하게 해주지. 하지만 그 어떤 것도 보호해줄 수 없는 바람에서는 보호를 못 하네. 그러면 그때는 어떻게 되는가? 자네들이 아는 것처럼 마차 옆에서 몸을 숨겨 보게나. 바람을 피해 말들은 머리를 뒤로 돌리고, 마부들도 얼굴을 돌리며, 말을 탄 사람들은 얼굴을 쿠션에 숨기지만 쓸데없는 일이야. 목, 등, 가슴에 따끔한 아픔을 느낀다네. 그 아픔은 반드시 코까지 올 걸세. 나는 심지어 발뒤꿈치까지 시렸는데, 이 가장 냉혹한 부분은 누구에게나 있는 아킬레스건이라 할 수 있네.

지금 나는 길 위에 있네. 물론 자네들은 오솔길을 지난 후에 내게 추위가 닥쳤느냐고 물어보겠지. 그러나 아무 일도 없었네. 나는 지붕이 없는 마차에 마치 방에 있는 것처럼 앉아 있네. 영하 30도에서 30베르스타를 지나야 한다는 것을 생각하자 먼저 두려움이 찾아왔지. 하지만 이제는 영하 30도에서 보다 빠르게 그리고 꽤 괜찮게 타고 갈 수 있다는 것을 알았네. 왜냐하면 마부들이 힘 있게 질주하고 있기 때문이야. 그들은 팔다리가 꽁꽁 얼어붙고 코도 그랬네. 하지만 마부들은 목에 긴 모피 목도리만을 하고 있더군.

나는 다시 황량한 곳을 따라서 가고 있는데, 오랫동안 가게 될 거야. 며칠, 몇 주, 거의 몇 달을 갈지도 모르지. 이것은 짧은 여행도 아니고, 긴 여행도 아니네. 이것은 특별한 삶이야. 이 여정은 길고 매일매일 아무런 변화 없이 단조롭게 계속될 걸세. 그리고 역참이 역참을 따라 계속 이어질 거야. 눈 덮인 들판이 끝없이 펼쳐질 것이고, 레나 강 양쪽 강변에는 아름다운 활엽수림이 있는 높은 산들이 펼쳐질 걸세.

다시 이 황량한 곳에 단조롭고 긴긴 밤이 찾아왔네. 해는 그리 높지 않게 떠올라 산 뒤에서 떠오르는 것처럼 보이더군. 그리고 산의 정상에서 해가 사라지지 않은 채 약 세 시간이 흘러갔네. 그러고 나서 해는 계속되는 불 같은 노을을 남겨둔 후에 사라졌어. 이 맑은 하늘에서는 별들이 너무 강렬하고 밝게 빛나서, 마치 침울하지 않은 다른 하늘 아래 있는 것 같았다네.

레나 강을 따라서는 러시아인 주민들이 주로 살고 있네. 그 외에도 많은 야쿠트인들이 있더군. 그래서 여기에서도 러시아인들은 야쿠트어로 말하네. 심지어 러시아인들 끼리도 야쿠트어로 대화하네. 그들이 관계를 가지는 사람들은 야쿠트인들과 몇 안 되는 통행인들이 전부야. 여름에 러시아인들은 농사를 짓고 호밀과 보리를 파종하네. 무엇보다도 자신들이 먹기 위해서 농사를 짓지. 왜냐하면 판매할 곳이 없기 때문이라네. 레나 강 상류에 살고 있는 사

람들은 남은 것들을 키렌스크와 올료크마 도시 사이에 위치한 금
광산으로 강을 따라 보낸다네.

　겨울에 농부들은 말들을 역참들에 매어 두네. 말들은 쾌활하지
만 힘이 세지 않더군. 왜냐하면 말들에게 주는 먹이가 건초 한 가
지뿐이기 때문이지. 그리하여 만약 질주한다면 말들은 힘을 잃고
역참들 사이의 거리도 간신히 질주해갈 걸세. 모든 역참들은 언덕
위에 있었어. 그래서 올라가고 내려갈 때 항상 조심하게 되네. 여
기에서는 모든 사람이 말하는 것처럼 한 마리가 끄는 마차를 타고
레나 강으로 내려간다네. 그리고 밑에서는 다른 말들을 매게 되어
있지. 당번 마부가 마차에 타는 동안 다섯 명 정도의 마부가 마차
에 말을 매주더군. 마부가 고삐를 꽉 쥐면 모두 길을 터준다네. 그
러고 나면 삼두마차나 오두마차는 질주할 걸세. 그러나 곧 지치고
말지. 눈이 깊어 말을 타고 가기가 어렵기 때문이네.

　레나 강의 농부들이 산에서 내려올 때 말 한 마리를 타고 온다
는 것이 이상해 보였다네. 이것은 우리 러시아인의 성격에 맞지 않
으이. 삼두마차를 타고 가면서 손을 흔들어야 하지 않는가! 어쩌
면 관청에서 앞으로 조심하라고 명령을 내려줄지도 몰라.

　많은 사람들이 여행 같지 않은 여정을 좋아하네. 다시 말하면
장소를 바꾸어 가며 풍습을 관찰하는 것을 좋아하지. 이 집에서

저 집으로 옮겨 다니며 가을 흙탕물을 따라 산책하는 사냥꾼들처럼 말이야. 여정을 좋아하는 사람들은 말하곤 해. 모든 것이 얼어붙어 온통 서리로 덮여 있을 때 따뜻한 통나무집으로 밀고 들어가면 참 좋다고. 통나무집, 옷장, 판자침대를 추위로 가득 채우고 나면 심지어 등받이가 없는 의자 밑에서도 추위가 불어오네. 그래서 등받이 없는 의자를 따라서 앉아 있는 조그만 아이들은 발이 시려 맨발을 포개서 꽉 누르지. 고양이는 등받이 없는 의자 밑에서부터 난로 쪽으로 가네….

"아주머니, 주전자 좀 가져오세요!"

그럼 부산을 떨게 되네. 여행용의 작은 손가방이 나타나고 그곳에서 찻잔들이 쿵하고 떨어지는 거야. 그리고 찻잔들이 데워지면 향기로운 김이 나기 시작하고 난로에서는 불꽃이 튀는 소리가 난다네. 기름을 두른 프라이팬에서는 지글지글 볶는 소리가 나고 식탁 위에는 벌써 보드카, 캐비어, 접시 등이 차려지겠지. 만약 동행자가 있다면 시끄러운 대화가 오갈 걸세.

만약 혼자 여행한다면 어떤 노인을 골라 노인에게 말을 걸겠지.

"밀은 얼마나 되고, 어떤 것이고, 어디로 파나요?"

지나가는 길에 젊은 여자에게 이렇게 말할 걸세.

"이렇게 예쁜 아가씨가 어디에 숨어 있었나? 이리 좀 와봐요!"

또는 여기저기 땟물을 줄줄 흘리며 입이 헤벌어진 소년에게 설탕 한 조각을 줄 거야. 이 모든 것은 즐거움이라고 부르네. 왜 그럴까? 나의 즐거움처럼 이 즐거움이 오랫동안 계속될 때 그 즐거움에 다른 명칭을 주게 될 걸세.

여기에는 정확한 우편길이 있네. 가장 포장이 잘된 길이야. 그러나 적은 왕래 때문에 길은 평탄하지 않네. 우편이나 관리 가운데 누군가가 지나가고 나면 다시 오랫동안 이 길은 통행이 없게 될 걸세. 바람이 길을 덮게 되겠지. 통행인은 다시 눈 덮인 구릉을 따라 길을 가야 해. 이로 인해 이곳의 길은 말들에게 힘든 길이네. 풀밭, 섬, 해안을 따라갈 수 있는 곳을 강을 따라서도 가지. 한 역참에서 해안을 따라 타고 가고, 다음에 레나 강 강변을 따라가네. 이후에 섬을 통과하여 레나 강의 중앙으로도 가지. 레나 강 중앙에서부터 다시 해안의 숲으로 나가게 된다네. 가끔 반대로 역참에서 역참까지 레나 강을 따라가기도 해. 때로는 산과 풍경에 감탄하고 때로는 레나 강이 굽어 들어가는 곳에서 얼음 구릉에 감탄하여 바라보지. 때때로 강 위에 핀 안개를 볼 수 있다네.

그러면 이렇게 묻겠지.

"이것은 무엇입니까?"

"빙층 위에 생긴 물이에요."

다시 말하자면 얼음 사이로 새어 나온 물이거나 레나 강 얼음으로 흘러 들어가는 산의 물이라네. 이 물은 광천수로 얼지 않아. 아마도 광천 가스에서 나온 것일 거야. 봄의 2월, 3월에는 레나 강의 길이 매우 좋고 길이 고르다고 말하네.

이 긴 여정에서 어떤 즐거움들이 있겠는가?

역참에 도착하면 이렇게 말하겠지.

"빨리, 빨리 포도주 한 잔과 양배추 수프 한 접시를 주세요."

포도주와 양배추는 얼어 있고 단단한 모양으로 바뀌어 있을 걸세. 만두인 펠메니도 그렇게 되어 있고 여기에 많이 있는 들꿩들과 다른 들새들도 굳어 있지. 언 흑빵과 흰빵이 있네. 역참들에는 우유가 있고 어디에서나 계란이 있으며 어느 곳에서는 채소도 있네. 그러나 이것을 항상 기대해서는 안 되네. 통행인이 적기 때문에 주민들은 모든 것을 자신을 위해 보관하거나 만약 가깝다면 광산으로 보내거든. 이곳에는 일자리를 제공하는 광산이 많이 있네. 그곳에는 대중이 모여들지. 소비품들이 점점 더 많이 필요해지고 짐마차의 대열은 보다 자주 이르쿠츠크에서부터 광산으로 갔다가 돌아오네. 강력한 인구와 활동의 중심이 형성되기도 해. 캘리포니아와 호주에서 이루어졌던 역사가 이곳에서도 일어나고 있다네. 이것은 자신의 아이들에게 유산을 준 노인의 보물에 대한 우화를 떠올리게 하지. 물론 이 작품은 금에 대한 내용은 아니네.

첫 며칠은 한파가 강했네. 무엇인가 고치기 위해서 손을 1분 동안 내밀면 손가락들은 뼛속까지 얼어버리더군. 심지어 나뭇가지에 닿기만 해도 달구어진 철에 덴 것처럼 아팠네.

한 역참에서 역참에 있는 사람들에게 물었지.

"이런 추위를 몇 도라고 생각하는지요?"

노파가 말했어.

"나리, 약 영하 50도 정도 될 것입니다."

내 하인이 미소를 지으며 말했네.

"영하 약 50도인 날은 별로 없습니다."

"이런, 자네! 우리는 영하 70도인 날이 있네."

"이 추위는 도대체 언제 끝나나요?"

"나리, 4월에 끝납니다. 5월에 모든 것은 녹지요. 6월에는 중순이 되면 모든 것이 바싹 마를 것입니다."

"이곳에서 어떻게 사나요?"

"우리는 강인하잖아요."

"그런데 여름은 좋은가요?"

"괜찮은 여름이에요. 단지 짧지요. 우리는 봄갈이 작물을 파종합니다. 사실 얼어서 매년 자라는 것은 아니에요. 하지만 자란다면 상태가 좋지요."

다른 곳에서 역참지기는 나를 다른 말로 흥을 돋우어주었어. 그가 그의 집에서 점심 식사를 하자고 제안했네.

"당신은 무엇을 가지고 있나요?"

"대구과의 민물고기인 모캐들을 가지고 있어요."

"그런데 고기가 있나요?"

"양고기가 있지요."

"모든 것을 빨리 익힐 수 있나요?"

"빨리 만들지요."

이 말은 어디에서 왔으며 강인함이라는 단어는 누가 여기로 가져왔을까?

역참들과 대부분의 천막들에는 훌륭한 작은 난로들이나 굴뚝이 수직인 조리용 난로가 있네. 추위에서 벗어나 이곳으로 들어서자마자 자네들을 확 휘감아서 금방 따뜻하게 해줄 걸세. 그 따뜻함은 낙엽송이 활활 타는 뜨거운 모닥불에서 나는 거야. 땔감으로는 자작나무들이 더욱 낫다네. 따뜻하고 오랫동안 불이 유지되어 좋거든. 농부, 여자, 작은 아이들의 무리가 자네에게서 누구는 스카프, 누구는 모자, 누구는 벙어리장갑을 집을 걸세. 그리고 난로 근처로 가서 말려줄 거야. 한 사람은 긴 의자를 가져오고, 다른 사람들은 의자를 끌고 오겠지. 역참들은 주로 깔끔하고 건조하며 널찍하네. 식탁들, 등받이가 없는 의자들, 침대들이 전부야. 이 모든 것은 깨끗하고 하얀 자작나무를 대패질하여 만든 걸세. 오래된 오두막들은 봄에 새롭고 보다 나은 것으로 다시 지을 예정이라네. 비좁게 사는 것이 친근한 느낌이지만 이제는 큰집에서 살고 싶어 하더군. 나와 동시에 도착한 또 한 사람은 오래된 건축물을 자세히 살펴보기 위해서 야쿠츠크에서 보낸 장교였어.

황량한 곳에는 도둑이 없다는 이점이 있네. 여행용 포장마차는 거리에 서 있고 마차 근처에 마부들의 무리가 있지만 아무것도 없어지지 않아. 길도 모든 곳이 조용했네. 심지어 늑대들이 없거나 어디 한곳에서만 드물게 늑대가 살고 있다더군. 겨울에 모든 곰들은 겨울잠을 잔다네.

내게 충분히 가벼운 마차가 있다 하더라도 힘든 길을 가야 할 경우에는 말을 대여섯 마리씩 마차에 매어주네. 그 대신 여기에서는 마차 밑에 붙인 철대를 빼고 간다네. 그 철대가 눈길을 갈 때 매우 무겁게 만들기 때문이지. 아직 약 200~300베르스타가 남았고 이후에 마차에 따라서 일고여덟 마리 심지어 열 마리 말을 더 맬 걸세. 그곳은 눈이 깊게 쌓인데다 길이 좁아 삼두마차는 행렬에 모두 들어가지 못한다더군.

1854년 12월 7일

카멘스카야 역참

한파는 잠시도 수그러들지 않았네. 어느 곳에서든지 역참마다 추위는 영하 40도 이상 된다고 말하더군.

나는 이 추위에 대해 계속 생각했어.

'나는 추위를 쉽게 참을 수 있을 거야.'

오늘 상태가 좋지 않은 말들이 쓰러지는 바람에 30베르스타를 네 시간 반 동안 가야 했어. 나는 별로 슬프지 않았다네!

다시 야쿠츠크 근처에서 한 마부가 내게 제안하더군.

"오늘은 20베르스타가 아니라 빠르게 45베르스타를 갑시다."

"당신, 미친 것 아니오. 45베르스타는 커녕 20베르스타도 못가는 것 아니오?"

그가 간청하기 시작했어.

"신의 은총을 비세요. 역참은 산에 있어 험하고 나는 말들은 끌지 못할 거예요. 그러니 당신이 아래쪽에 머물 수 없나요? 마부들은 말들을 아래로 데리고 내려가 그곳에 말들을 맬 건데 당신은 거기서 25베르스타를 더 가셔야 하지요?"

내가 말했네.

"하지만 나는 원하지 않소. 만약 내가 꽁꽁 언다면 어떻게 할 거요?"

"어떻게든…."

나는 결국 그에게 은총을 베풀었네. 괜찮았어. 단지 코에서부터 피부가 벗겨져 나갈 뿐이었지.

오늘 나는 얼지 않은 곳을 지나왔네. 사나운 추위에도 불구하고 물은 얼지 않았더군. 그런데 김이 나는 것처럼 검은 연기의 구름이 물 위에서 소용돌이 치고 있었네. 말들은 코를 힝힝거리며 뒷걸음질쳤어. 마부는 멋쟁이였네. 그는 깃털 달린 모자를 쓰고 서툴게 마차를 몰았어. 그의 얼굴은 러시아인으로 보이지 않더군. 대체로 이곳에는 민족이 섞여 있네. 레나 강을 따라 살고 있는 주민들은 농부, 다양한 민족과 다양한 신분의 이주민들로 되어 있지. 그들 사이에는 유대인도 폴란드인도 있고 야쿠츠크인도 있네. 여기에서는 유대인들을 좋아하더군. 그들은 장사를 하고 이 지방에 일거리를 주기 때문이라네.

오늘 나는 녹투이스카야 역참에서 머물렀어. 이 역참은 금광업자들의 주거 중심지라네. 여기서부터 길은 더 나아졌고 모든 것은 더욱 생기 있어 보였어. 왜냐하면 많은 통행인이 다니기 때문이네. 그래서 레나 강도 활기 있어 보였지. 이곳에서는 다른 장소에 가기 위해 1베르스타를 가지 않아도 되네. 여기에서 2베르스타가 안 되는 거리에 강의 하구가 나타나거든. 끊임없이 숲으로 덮여 있는 험한 강변이 양쪽에 있네.

물론 여기서도 유럽의 러시아에서 타고 다니는 것처럼 곧바로 갈 수는 없네. 유럽에서는 마차에서 내리지 않고 말을 바꾸어 더 갈 수 있지. 심지어 마차에서 요기를 하고 5분 동안 잠깐 나가서 치즈, 햄, 차가운 송아지 고기를 먹을 수 있네. 그런데 이곳에서는 모든 것이 얼어버려서 난로가 데워지기까지 한 시간을 기다리거나 양배추 수프를 칼이 아닌 도끼로 잘라야 해. 역참도 그렇다네. 자네들은 추위에서 벗어나서 포도주 한잔을 마시기를 원할 걸세. 하지만 술병과 포도주는 하나의 얼음덩어리로 붙어 있을 거야. 불 근처에 세워두면 그 병은 터져버리고 보통의 실내 온도에서는 한 시간이 지나도 녹지 않을 걸세. 그럼 차를 마시고 싶겠지. 짧게 말해 빵도 얼어서 돌처럼 변했지만 빵은 빠르게 녹을 거야. 하지만 무언가 한 가지를 잘라내야 하지 않은가. 즉 차를 마시기 위해서는 설탕을 잘라내야 하네. 추위 속에서는 물건을 정리해도 무엇을 가져가야 할지 알 수 있는 방법이 없네. 출발하려면 다시 한 시간 동안 큰 소동이 일어날 거야. 모든 것을 챙겨야 하거든!

통행인이 많아도 불운은 역시 있었어. 이제 말이 모자라더군. 그래서 우리는 4대의 마차에 나눠 타고 앉아 있었네. 나는 여기

카멘스카야 역참에 있었지만 관리는 아내와 함께 갔고 기술자는 제르빈스카야 역참에, 또 다른 관리 한 명은 어딘가 앞서 가고 있으며 뒤에서 오고 있는 상인은 역참이 아니라 길에 앉아 있었다고 말하더군. 피곤한 말들은 여기에서 말하는 것처럼 성질을 부리고 있었지. 이 모든 것의 원인은 우리를 따라잡은 우편마차 때문이야.

우리가 올료크마에서 하루를 머물렀다는 사실을 말하는 걸 잊었군. 이곳은 작고 가난한 소도시인데 거기에는 경찰서장, 우체국장, 그 부근의 의사, 몇몇의 상인들도 살고 있었어. 한 상인의 아파트를 우리에게 알려주더군. 우리는 그곳에 머물 필요가 없었고 여분의 빵을 확보하기만 하면 되었네. 친절한 상인과 그의 어머니인 노파는 친척들을 대접하는 것처럼 우리를 대접해줬어. 집 전체를 쓰라고 내주고는 돈도 받고 싶어 하지 않았네.

그들이 말했다네.

"우리는 좋은 사람들을 만나 기뻐요. 우리는 아무것도 받지 않을 거예요. 당신들이 우리에게 대가를 지불하면 그건 우리를 모욕하는 거예요."

우리는 K부인을 몹시 비웃었네. 그녀는 이 집 사람들이 돈을 받을 것이라고 확신하며 그 집에서 이것저것을 마구 요구했거든.

오호츠크해에서 시작된 야쿠츠크 주는 카멘스카야 역참에서

끝난다네. 2,000베르스타의 거리야. 이르쿠츠크까지는 또 그만큼
이 더 남아 있네. 얼마나 먼 거리인가! 이 여행이 끝난 후에는 유
럽의 러시아를 따라가는 여행이 우리에게 어떤 아이 장난감처럼
느껴질 게 분명하네!

놀랍게도 이곳의 농부들은 광산에 불만족스러워하더군. 모든
것이 보다 비싸졌기 때문이지. 건초 1푸드는 이제 25코페이카인데
가끔 50코페이카일 때도 있네. 밀은 90코페이카이고 말이야. 모든
것들이 그 모양이네. 야쿠트인들은 좀 나은 상황이더군. 그들은 여
기 자연의 주인이면서 고용주에게 고용되어 일하네. 그리고 광산
에서 이윤을 남기면서 밀을 팔고 있지. 게다가 그들은 많은 풀밭
과 들판들을 가지고 있다네. 하지만 러시아인들은 없었어.

1854년 12월 13일

폴레두이스카야 역참

또다시 황량한 곳이라네. 레나 강만이 펼쳐져 있어! 나는 방금
숲에서 나온 참이야. 눈으로 뒤덮인 숲은 얼마나 좋고 빼어난지!
100년 된 소나무들, 전나무들, 낙엽송들은 무리 지어 있거나 따로
따로 흩어져 있었네. 초승달이 올라와 숲을 밝게 비추더군. 이곳에

는 무엇이 없을까? 어떤 환상적인 상상을 해봤어. 아이들에 둘러 싸여 있는 여자가 무릎을 꿇고서 무언가에 대해서 간청하고 있는 모습을. 이 모든 것은 나무들과 쌓인 눈이 무거워 아래로 처진 관목들이네. 또는 춤을 추고 있는 모습 같기도 했어. 또는 뒷발로 서 있는 곰 같기도 했네. 죽은 사람들의 무더기 같기도 했지! 하지만 잠들 때는 불행했네. 모자에 고드름이 생겼고 고드름은 눈썹과 눈썹에서부터 속눈썹으로 가며 생기고 속눈썹에서 수염과 스카프 쪽으로도 옮겨가 생겼지. 이 얼음 울타리를 관통하는 숲만큼은 완전 환상적이었네. 마치 오페라 「노르마」[202]의 자연배경처럼.

나의 마음이 딴 곳에 가 있는 동안 마차가 갑자기 언 시냇물의 구덩이로 박혀버렸네. 구덩이에 또 구덩이가 있었어. 나는 바로 마차에서 나와 언덕으로 올라갔지. 내 자신이 연 공연에 스스로를 초대한 것처럼 「정결한 여신」[203]을 선창하고 싶었거든. 말들을 보니 마차를 끌어낼 수 없을 것 같더군. 티모페이는 맨 앞에 있는 말을 때리라고 충고했어. 그때 우리는 오리처럼 줄지어 가고 있었는데 나는 근처에 있는 삼두마차에 말을 매라고 권했네. 그러고는 다시 노래를 부르려고 언덕으로 나갔지. 마침내 마부는 말 목걸이를 뺏고 우리는 마차를 뒤에서부터 들어올리기 시작했어.

그런데 마부가 말을 타면서 소리쳤네.

"이런, 진저리나는 말들아!"

다행히도 추위는 영하 31, 32도였네. 성 니콜라이의 날처럼 영하 44도는 아니었다네.

하지만 낭만주의는 버려야 하고 숲도 마찬가지였지! 만약 자네들이 이 길을 따라서 갈 경우를 대비해서 이 숲이 크레스톱스카야 역참과 폴레두옙스카야 역참 사이에 있다는 것을 알려주겠네. 숲을 지나간 후에는 좋은 길이 없었어. 그러나 1.5아르신에 달하는 심한 눈이 내렸거나 눈이 너무 많이 내려 얼음 밑에서부터 아래로 물이 흘러나오는 검은 물이 레나 강의 길을 없앴을 때는 어쩔 수 없이 이 길을 따라서 가야 한다네.

제르빈스카야 역참에서부터 이르쿠츠크 현과 키렌스크 지역이 시작되네. 여기에서 무시무시한 눈이 내렸어. 그래서 약 600베르스타를 오리처럼 일렬로 가야 했지. 거의 올료크마에서부터 키렌스크까지 그렇게 왔는데 앞으로도 더 그렇게 가야 하네. 제르빈스카야 역참에서 나는 당황했어. 역참지기가 사망했더라고. 그리하여 모든 마부들은 그들의 차례가 아니라는 핑계를 대며 가는 것을 거부했네.

내가 협박하기 시작했어.

"내가 도시로 가는데, 만약 늦는다면, 내가 왜 늦었는지 물어볼

것입니다. 그러면….'

그 협박은 야쿠츠크 너머에서는 통했는데 이곳에서는 통하지 않더군. 마부들은 오두막들로 흩어져 달아나 숨어버렸네. 나는 직접 마부들을 찾아내기 위해 한 오두막으로 들어갔어. 모든 마부들은 난로를 따라 다리를 꼬고 앉아 있었고 한숨을 쉬더군.

마부들이 신음했네.

"나리! 죽음이 지나갔어요. 다리에, 이런, 다리에 힘이 없어요!"

내가 물었어.

"당신들에게 무슨 일이 있나요?"

"열병이요."

마침내 나는 한 건장한 사람을 발견하고서 그에게 가자고 했다네. 그는 자신이 얼마 전에 막 돌아왔고 말들에게 먹이를 주어야하며 자신도 뭘 좀 먹어야 한다고 변명하더군.

내가 물었어.

"당신은 시간이 얼마나 필요한가요?"

"세 시간이요."

"네 시간 동안 먹이를 먹고 이후에 고삐를 채워두시오."

나는 조금 돌아다녔고 차를 몇 번이나 마셨네.

마부는 점심 식사를 하고 나서 말들에게 먹이를 준 다음에 자려고 눕더군. 잠에서 깨어난 그는 자신은 갈 수 없고 천막에서 살고 있는 농부 세인이 갈 수 있을 거라고 알려줬네. 나는 세인을 불러오라고 사람을 보냈지만 아프다는 소식만 전해왔다네. 더 무엇을 해야 하지? 인내심을 가져야 하는가? 나는 아무것도 하지 못했어. 그저 거기서 반나절을 보냈지. 마침내 마부들을 불러 모았네. 세인도 불렀어. 그리고 나는 그들의 이름을 장부에 적기 시작했네. 그들은 당황해서 자신들도 모르는 사이에 말들을 데리고 왔다네.

나는 광산 근처를 지나기도 했어. 즉 금광업자들의 저택 곁을 지나왔다네. 이곳은 레나 강의 다른 강변에서 식민지를 가리키며 마부가 동물 사육지라고 부르는 곳이네.

마부에게 물었어.

"앞으로 어떤 길이 남았나요?"

"얼음이 첩첩히 쌓여 빙산을 이루고 있거나 심하게 눈들이 많을 거예요."

레나 강을 따라서 유일한 지역병인 열병이 자주 창궐하네. 열병은 많은 희생자를 낳았다지. 그리고 나는 모든 역참에서 창백하고 아픈 얼굴들을 만났네. 보다 자주 이마, 두 뺨과 특히 코에 증후를 가진 사람들을 만났지… 이것에 대해서 나쁘게 생각하는 사람은 창피해하도록 내버려두게. 이것은 오한의 흔적이야. 호기심에 모든 것을 자세히 보고 귀담아 들었네. 제르빈스카야 역참에서 만난 여자는 꽤 마음에 들었어. 부모님 때문에 반은 러시아 여자이고 반은 야쿠트 여자였는데 더 마음에 드는 이유는 남편을 정말 사랑하는 사람이기 때문이야. 내가 태만하다는 이유로 남편의 이름을 장부에 적을 때 그 여자는 내게 말들을 준비해주기 위해서 몹시 분주히 움직이기 시작하더군. 그녀는 직접 고삐를 묶고 말을 타는 데 필요한 기구들을 단단히 묶었네. 그러고는 나를 진정시키고 내가 남편에게 불평하지 않도록 말을 매는 것을 도와주었지. 이 모든 것을 타고난 듯한 우아한 태도로 했어. 그녀는 어여뻤다네.

나는 다시 불운한 사람을 만났어.

다른 이들처럼 모든 말이 질주할 때 마차와 나란히 뛰려고 했지만 뛸 수 없었던 마부 도르미돈이었네. 그가 말했어.

"나는 늙지 않았어요. 다만 슬픔에 가득 차 있을 뿐이에요."

나는 생각했어.

'이들의 이야기를 들어보면 그들 모두 행복하지 않은 것 같은데.'

내가 태연하게 물었다네.

"당신에게는 무슨 일이 있었나요?"

"네? 약 25년 전에 사람들이 아버지를 죽였어요…"

"그때 타살이란 걸 밝히지 않았군요…."

무엇을 말해야 할지 몰라 나는 소심하게 침묵했네.

"이후에 나의 여주인이 죽었어요. 하느님이 그녀와 함께하기를! 하느님의 영역이지요. 그렇지만 모든 것은 쓰디쓰답니다!"

나는 잠시 생각했어.

'그래, 실제로 그는 불행하구나.'

이것이 아니라면 도대체 무엇을 불운이라고 부를 수 있을까?

그가 계속 말을 이었네.

"이후에 오두막이 불타버렸어요. 그 오두막에는 8세 된 딸이 있었지요…. 나는 재혼했고 두 아들을 낳았어요. 아내 역시 죽었지요. 불에 타버린 오두막과 함께 나의 모든 재산은 사라졌어요. 또 어느 날 1,000루블을 도둑 맞았고, 다른 날에는 1,600루블을 훔쳐갔지요. 어떻게 돈을 모으고 저축할 수 있었겠어요! 정말 힘들었어요!"

그의 우울한 이야기 때문에 나는 기분이 나빠졌다네. 그를 바라보면서 이런 생각을 했지.

'이것은 욥[204]의 고통이구나!'

도르미돈은 인간의 고통을 꾹 참고 견뎠네. 그리고 침울해하지도 않았어. 또 통행인들을 데리고 다니고 광산에서 건초를 팔았지만 그는 아무렇지도 않아 했네. 그러나 우리는 어떠한가. 조금만 조심하지 않아도 손가락을 베지 않는가….

그가 내게 묻더군.

"작은 종소리가 들리세요?"

이것은 나의 바시트카가 의원을 부르는 것이었네.

그가 밝게 외쳤어.

"오래된 길을 따라가세요."

오늘 우리는 마차를 타고 가다가 우연히 퉁구스인들을 만났네. 또 사슴 한 쌍이 갈라지더니 우리 말들 앞으로 돌진했다네. 그리고 길을 따라서 전속력으로 질주했고 마차에서 약 7베르스타를 뛰어갔어. 그런데 우리 말들은 사슴을 보고 뒷걸음질을 치더군.

여기는 호밀, 봄갈이 작물, 보리를 파종한다네. 그러나 호밀은 얼어서 시들고 여름이 짧아서 봄갈이 작물도 항상 파종되는지는 않는다더군. 대신에 보리는 매우 잘 자라네. 레나 강변은 매우 좋았고 아름다웠네. 여기에 섬들은 거의 없었지만 강은 계속 있었어. 이쪽에서는 야쿠트어로 누구도 말하지 않네. 그리고 러시아인들이 역참을 운영하지. 오래된 명칭들은 카자크인들이 시베리아를 점령할 때 지어진 것들이야.

1854년 12월 13일
추이스카야 역참. 비티마

레나 강, 레나 강 또 레나 강이네! 그러나 아직 레나 강은 텅 비어 있었어. 풀밭들 어디에선가 큰 눈 더미들을 보았네. 다시 보니 건초 더미였어. 어디엔가 마당이 서너 개 있는 오두막이 있었네. 말 그대로 유리 대신에 얼음들을 끼워 넣은 창문이 달린, 눈으로 만들어진 집이었지. 생각보다 괜찮았고 따뜻했네. 단지 거리 쪽으로는 아무것도 보이지가 않았어. 모든 역참에서 많은 마부들이 마차 근처에 모였네. 모든 마부들은 말들을 준비하고 산에서 내려갈 때 무리를 지어서 갔다네. 우리는 두 명을 데리고 갔어.

비티마는 프레오브라제니예 교회가 있고 100명의 주민들이 사는 마을이네. 초급 국립학교가 있는 곳이지. 그리고 마부들은 거의 모두 읽고 쓸 줄 알더군. 운송업 외에도 마부들은 토끼를 잡는 일을 업으로 삼네. 우리가 양털 외투를 가지고 있는 것처럼 그들 모두 토끼털 외투를 가졌어. 그들은 밀을 파종하네. 비티마에서부터 지역의 주도시인 키렌스크까지 약 400베르스타 되고 키렌스크에서 이르쿠츠크까지 960베르스타가 되네. 어느 날은 육식금지 기간이었는데 비티마에서 단식하는 무리가 나의 마차를 둘러싸더니 생선 세 마리, 바이칼 호수의 물고기인 오물 두 마리, 철갑상어를 훔쳐갔다네. 하지만 꿩들과 다른 금지된 음식은 건드리지 않았더군. 그걸 건드리는 것은 죄가 되거든!

나는 지금까지 상태가 안 좋은 길과 형편없는 말들을 잘 피했다고 생각했네.

그러자 마부가 말했어.

"여기에서는 자연 그대로의 말들이 다니고 있어서 특히 키렌스크부터 이르쿠츠크 쪽으로 나 있는 길은 많이 다져져 있어요."

자연 그대로는 길들여지고 익숙해진 것을 의미하지 혼합된 것을 말하는 것은 아니었네.

역참에 도착한 후에 물었어.

"역참지기는 어디에 있나요?"

그러면 여기는 이렇게 대답하네.

"말들을 타고 갈 채비를 하고 있어요. 나리."

여기 같은 역참지기들이 어느 역참이든 있는 것은 아니네. 한 사람이 역참 다섯 곳을 관리하기도 하지. 그들 가운데 한 명은 무흐투이스카야 역참에서 관리하고 있네. 그는 허세를 부리는 사람으로 반지를 낀 새끼손가락을 구부린 후에 두 손가락으로 우아하게 역마권을 집는다네. 제복으로 프록코트를 입고서 직접 빗질을 하네. 여기에서는 러시아 마을인 무흐투이를 프랑스 파리라고 부르더군. 왜냐하면 유형을 온 농부들이 외투를 입고 다니며 4인조 춤을 추기 때문이지. 그런데 나는 이 역참에 15분 동안 있었지만 이런 모습을 전혀 보지 못했네. 한 통행인은 이른 아침에 나간 후 여기에서 밤을 보낸 뒤 자기 마부의 얼굴을 바라보며 아는 얼굴인데 그를 어디에서 보았는지 떠올릴 수 없다고 말하더군.

그가 마침내 마부에게 물었어.

"당신을 어디서 보았던가요?"

마부가 대답했다네.

"어제 저녁 파티에서 4인조 춤을 출 때 당신과 마주 앉아 있었어요."

이 사람은 이곳의 방식대로 말하자면 타고난, 직업적인 마부가 아니었네.

어제 저녁에 나는 뺨이라고 불리는 곳을 통과했어. 이곳은 레나 강의 명승고적들 중의 하나라네. 이곳은 거대하고 웅장한 절벽들로 내가 해변에서도 거의 보지 못한 것들이더군. 절벽 옆으로 마차를 타고 지나가게 되면 말이 끄는 마차는 기어 다니는 곤충들과 흡사해 보이네. 절벽들은 끔찍하게 파헤쳐져 있고 황량하며 무섭더군. 그래서 이곳을 더 빠르게 지나가고 싶었네. 이 절벽은 이르쿠츠크에서 약 1,200베르스타 떨어져 있는 피야노브이콥스카야 역참과 차스틴스카야 역참 사이에 있어. 역참들의 이름이 참 재미있지 않나! 모든 것에는 지역적인 특성이 내재되어 있네. 이 지역이 생긴 지가 얼마 되지 않아 고고학자는 어렵지 않게 그 지역의 특성을 찾아낼 수 있을 걸세. 예를 들어 언젠가 갑판이 없는 하천용 짐배가 포도주를 싣고 오다가 절벽에 부딪쳤는데 이 절벽을 술 취한 황소라고 부르게 되었다는군. 이 고고학적인 정보가 시간이 지나면서 사라질까 봐 자네들에게 그것을 얼른 알리려고 서두르고 있네. 아직도 마을은 많지 않다네. 이르쿠츠크로 가까이 다가갈수록 마을을 더 자주 볼 수 있다고 말하더군. 보석 광산 종업원들, 판매원들, 짐마차들을 더 자주 만나고 있어. 길은 보다 좋아졌고 더욱 평탄해지고 있지. 하지만 추위가 다시 시작되어 바람도 같이 불고 있네. 지긋지긋했지만 숨을 곳이 없다네.

키렌스크

막무가내로 떠나자고 해서는 안 되네. 왜냐하면 금방 데리고 갈 것이기 때문이야. 어딘가에 도착하면 말이 준비되었다고 말할 때까지 모든 것을 벗어서 잠시 따뜻한 벽난로 옆에 놓아두게. 말은 자연 그대로의 말이고 마부들 역시 그러하네. 나는 이곳 마부들의 성급함과 진심을 마음껏 칭찬할 수가 없어. 마부들은 통행인을 어떻게 맞이해야 하는지 어디에 앉혀야 하는지 모르고 지방질이 많은 양초, 호롱불, 긴 의자로 대접하거든. 그런 뒤에 모두들 말을 타고 레나 강으로 내려가네.

그들이 말했어.

"손으로 잡고 내려갑시다."

네 사람 정도가 말 한 마리씩을 끌고 산에서부터 데려가기 시작하네. 그리고 말들이 스스로 조용히 갈 때까지 끌고 가지. 그러나 가장 험한 곳이 시작될 때 모두 뿔뿔이 흩어지고 말들은 우리가 멈추기를 원할 때까지 전속력으로 달리게 된다네.

다행이군! 모든 것이 러시아와 닮기 시작했어. 빽빽하게 모여 있는 촌락과 마을들이 나타났다네. 레나 강은 굽이져 흐르고 있고 마부들은 굽이 돌아서 가지 않기 위해 곶들과 그리 크지 않은 마을이라고 불리는 작은 촌락들을 통과해서 가더군. 마을에는 거리를 따라 말들이 어슬렁어슬렁 걸어 다니고 있었네. 이 말들은 우리 말들과 정신없이 놀다가 작은 종소리에 놀라더니 힘차게 질주했어. 참새들과 까마귀들이 날아다니고 수탉들은 노래를 부르고 있네. 어린 사내아이들은 지나가고 있는 삼두마차에게 손을 흔들며 휘파람을 불었지. 그리고 연기는 많은 굴뚝에서부터 수직으로 피어오르고 있었네. 고향의 연기로군! 모두 러시아의 친근한 광경들이야! 단지 영주의 집, 하인, 열려 있는 덧창문, 창문에서 잠자고 있는 영주가 없을 뿐이네⋯ 시베리아에는 결코 이것이 없었어. 즉 농노 제도의 흔적이 없다는 것이 가장 눈에 띄는 특징이라네.

키렌스크는 크지 않은 도시일세.

마부가 내게 물었어.

"어디에서 머무를까요? 아는 사람이 있으신가요?"

"아니요."

"그렇다면 관사로 모시겠어요."

"가는 길에 누가 살고 있나요?"

"시니츠인, 마르코프, 라브루신이 살고 있어요."

"시니츠인에게 갑시다."

마차는 훌륭한 집 옆에 멈추어 섰네. 나는 몸을 녹이기 위해 두 시간 정도 머무를 수 있는지 물어보라고 사람을 보냈지. 머물 수 있다고 하더군. 나를 맞이해주고 차와 아침 식사를 대접해줬어. 나는 다시 아무것도 먹고 싶지 않아졌네.

키렌스크에서 나는 빵과 차만 마련해서 출발했네. 이곳에서도 나는 빠르게 질주하기 시작했어. 이르쿠츠크에 점점 가까워질수록 마부들과 말들은 더욱 자연 그대로의 모습이 되었네. 역참에 가까이 갈수록 마부들은 겉보기에도 건장하고 힘이 세며 튼튼한 말들을 데리고 있었지. 마부들은 여기에서 보다 부유하여 개털로 된 모피 코트를 입고 세련된 모자를 쓰고 다닌다네. 여기 역참에서 보석 광산 종업원이 마차 두 대로 가족과 함께 갔지만 나도 갈 수 있었네. 모두가 말을 구해서 갈 수 있었지. 역참에서 나는 우리 뒤로 마차들이 뛰어오고 있는지 걱정되어서가 아니라 재미삼아 물어보았네.

마을에서는 많은 밀과 건초를 쌓아두고 있었어. 그리고 말들, 뿔 달린 가축을 키우고 집에서는 새를 키우고 있더군. 길은 여전히 레나 강을 따라서였네. 이르쿠츠크 사이에서, 마을들 사이에서 그리고 광산들 사이에서 마차가 다니도록 잘 다져진 굉장한 레나 강 길이었어.

역참에서 물었어.

"당신들이 가지고 있는 말들은 온순한가요?"

"무엇이 온순하지 않은 거지요? 마치 양처럼 온순합니다. 보세요. 줄에 묶여 있지만 아무도 잡고 있지 않는데도 말들이 그냥 서 있잖아요."

그들을 혼란에 빠트리려고 내가 말했네.

"도대체 왜 저런 건가요? 내게는 더 활달한 말들이 필요해요."

"더 활달한 말들이 필요하다고요?"

"그래요."

"이 말들은 악마처럼 날뛰지요. 그 말들을 무엇으로도 막지 못할 겁니다."

실제로 그랬다네.

이르쿠츠크에서부터 약 400베르스타 이르는 곳에서 말들은 눈빛이 흐려져서 목을 늘어트리고 어깨가 처져 있어 힘이 없는 것처럼 보였네. 말들은 가축을 매기 위한 마구에 침울하게 서 있었지. 텅 빈 썰매나 마당에 말들의 무단 외출을 막는 나무통에 매어 있었네. 그러나 통행인들이 말에 타자마자 말들은 귀를 바짝 세우더군. 마부들은 말 주위로 빙 둘러섰네. 한 마부가 마부자리에 앉는 동안 두 명의 마부가 말 한 마리씩을 붙잡고 있었어.

그에게 말했다네.

"젊은이, 말이 움직이지 않게 잘 잡고 있어요."

사실 삼두마차에서 가운데 말은 고삐를 풀려고 노력하면서 머리를 오른쪽으로 왼쪽으로 돌려대고 있었네. 다른 말들은 주저하며 머리를 흔들었어. 마부는 앉아서 고삐를 꽉 쥐고서 손 주위로 꼬아 말았지….

마부가 말했네.

"이랴!"

모두 순식간에 양쪽으로 길을 터주더군. 그리고 삼두마차는 새처럼 단숨에 대문에서 질주하여 나갔네. 아무런 생각도 없이 머리를 흔들며 전속력으로 2~3베르스타를 달렸지. 이후에 약 100사젠을 빠른 속보로 갔고 그곳에서 다시 전속력으로 질주했네. 이렇게 역참까지 계속되었다네. 말에 앉아 있는 사람은 마부가 잠들지 못하게 할 필요가 없었어. 그리고 마부는 말들을 자지 못하게 할 필요가 없었지. 말들은 멈출 여유가 없었거든. 마부가 말들 위로 단지 손을 들어 올리거나 소리를 지르면 말들은 다시금 달려갔네. 25베르스타를 그렇게 지나갔다네.

이르쿠츠크 쪽으로 갈수록 모든 것이 더욱 활기찼어. 많은 짐마차를 만났네. 마을들은 점점 커졌고 주민의 수가 많아졌지. 역참들은 더욱 깨끗해졌네. 농부들의 오두막들도 매우 훌륭했어. 방금 만든 것처럼 말이지.

마지막 500베르스타에서 나는 추위 때문에 얼굴이 아프기 시작했네. 얼음 덮인 스카프로 밖으로 코가 항상 돌출되어 있었거든. 누군가 얼음집게로 코를 잡는 것 같았네. 참을 수 없는 고통이었어! 나는 병으로 쇠약해지는 것을 두려워하며 도시에 도착하기 위해서 서둘렀고 하루에 250베르스타 이상씩 말을 몰았네. 아무

곳에서도 쉬지 않고 점심 식사도 하지 않았지.

카추가 마을에서부터 길은 초원으로 나 있었어. 나는 드디어 레나 강과 이별했다네. 눈은 거의 없어서 풀을 덮지 않았더군. 말들은 봄인 것처럼 풀을 뜯어 먹었네. 마지막 역참은 산에 있었어. 나는 밤에 가는 바람에 베숄라야 산에서 이르쿠츠크를 보지 못했네. 원기 왕성한 모습으로 도착하고 싶었지만 길에서 잠을 이겨낼 수가 없었지. 어떠한 이상한 모습을 하고 있든지 어떻게 앉아 있든지 자신에게 어떤 과제를 주든지 어떤 위험으로 자신을 경계하든지 간에 여전히 졸리더군. 그래서 마차가 다음 역참에 멈추었을 때에야 잠에서 깼네.

잠에서 깨어보니 역참이 아니었어.

건물 양식을 보고 내가 물었네.

"이 건물은 무엇인가요? 시골인가요?"

"아니요. 이르쿠츠크입니다."

"베숄라야 산인가요?"

"오래전에 지나왔어요!"

성탄절 아침예배 때 나는 도시에 도착했네. 얼굴의 종기는 더 이상 참을 수 없었어. 나는 여기에서 셋째 날을 맞이했지만 이르쿠츠크를 보지는 못했네. 이제 벌써 떠나야 할 때라네.

제 **10** 장
20년 후에²⁰⁵

1

1873년 12월 11일과 1874년 1월 6일에 해군장교 소모임이 열렸네. 이것은 1854년 일본에서 전함 다이애나호가 바다에 침몰했을 때, 그날 죽음을 면한 장교들이 20주년을 기념하기 위해 모인 친선만찬이었지.

이 만찬 중에서 두 번째 만찬에 나 또한 참석하였네. 나는 이 그룹의 주요 인사로 초대되었어. 이 그룹에는 전함 팔라다호에서 다이애나호로 옮겼던 장교 몇 명이 포함되어 있었네.

만찬 중에는 항해자들을 기념하는 많은 행사가 거행되었어. 특히 다이애나호가 침몰할 때 여행의 잊힌 세세한 많은 것들을 끄집어냈네. 일본 원정대는 거의 대부분이 원정대의 주요 대표 자격으로 이 집회에 있었어. 그 외에도 팔라다호의 예전 선장(지금 그는 해군준장이자 상원의원인 운콥스키)이 이 원정대의 주 대표라네. 그리고 나는 내가 잘 알고 있는 이 집회에서 다시금 항해자가 된 것 같았지. 나는 다시 해군준장의 비서가 되었네. 여기에서 다시 펜을 들어 20년 전으로 돌아가 보세. 그리고 팔라다호에서 어떤 일이 있었는지, 나의 동료들과 내가 헤어진 후 그들의 다음 항해가 어떻게 되었는지 이야기해주겠네.

이 항해는 대규모 참사로 끝이 났다네. 일본의 지진과 전함 다이애나호의 침몰에 대하여 당시 신문들이 군중에게 알려왔지. 일본으로 파견된 원정대의 대장인 푸탸틴[206] 제독(지금은 백작)은 바로 이것에 관해 대공후 제독에게 보고했네.

바다를 항해하는 동안에는 대체로 무섭고 위험한 순간들이 자주 있곤 하네. 일본 해안까지 가는 우리의 항해에서도 그러한 순간들이 몇 번이나 있었어. 전함 다이애나호에 승선했던 우리 항해자들이 겪었던 것과 같은 그렇게 끔찍한 일은 해상재난 관측 이래 거의 전무후무한 것이었다네.

만약 내가 끝까지 항해를 계속했더라면, 보고서로 사건을 보고 해야 하는 의무는 제독의 비서를 맡았던 내게 있었을 걸세. 그러나 나는 보고서를 쓸 기회를 갖지 못한 것을 아쉬워하지 않는다네. 그 까닭은 제독의 보고서(『항해일지』, 1855년 7월)와 같은 이런 무게 있는 작품이 내게서는 나오지 못했을 것이기 때문이야.

내가 유감스럽게 생각할 수 있는 일이라고는 내가 항해에서 인상적인 끝부분에 동참하지 않아서 이 사건을 묘사하는 것이 내 운명이 아니었다는 점일세. 그 사건은 내가 직접 보고 묘사해야 했던 모든 것들처럼 개인적인 인상의 영향을 받았을 거라네.

나의 예전 동료들이 죽음에 다가갔을 그때, 나 역시 4개월 동안 오호츠크해 아얀에서 페테르부르크까지 시베리아를 따라 1만 베르스타를 여행하고 있었지. 그리고 내 나름대로도 끔찍하지는 않았지만, 어렵고 때로는 위험한 순간들을 겪었네.

나의 동료들을 덮쳤던 운명을 나는 순전히 우연한 기회로 피할 수 있었어. 크림전쟁이 시작되었네. 이것은 전함의 처음 계획을 변경시켰고 이 전함이 동쪽 바다에 머무르는 목적 또한 바꾸게 했지. 일본과 시작된 통상 조약의 체결과 사할린 섬에서 일본과의 국경 설정에 관한 일을 어쩔 수 없이 중지해야만 했다네. 우리의 마지막 체류지인 나가사키에서 제독은 처음에 팔라다호를 대신해 크론시타트에서 보낸 전함 다이애나호가 있는 동시베리아의 러시아 해안으로 갔어. 그 후에 시작했던 회담을 전쟁이 끝난 후에 재개하는 것을 협정하러 다시 일본으로 돌아가기로 결정했지. 그 이후에는 군의 상황에 따라야 해서 어떤 입장을 취해야 하는지 예측할 수 없었네. 적을 방어하기 위해 해안가에 머물러 있어야 하는지 또한 공해에서 적과의 만남을 피해야 하는지 말일세. 어쩌면 적에 대한 정보 부재에 따라 샌프란시스코와 같이 어떤 중립적인 항구에서 계고 머물러야만 할 수도 있고 그곳에서 전쟁의 결과를 기다려야만 할 수도 있었네.

나는 이 알 수 없는 전망이 두려웠어. 또한 황량한 아시아 해안이나 혹은 샌프란시스코와 같이 내게는 새롭지만 유명한 장소일지라도 그 어디에 있든지 무기한의 기다림 역시 두려웠네. 몇 달 동안, 어쩌면 1년, 혹은 몇 해 동안 그곳에서 무엇을 해야만 할까? 어떻게 전쟁의 끝이 날까? 그 당시에는 아메리카 대륙을 통과해 집으로 돌아갈 수 있는 태평양 철도가 아직 없었네. 나는 우발적인 상황에 내 자신을 맡겨야만 했어. 다시 말하자면 목적 없이 쓸모없는 사람으로 그곳에 남아 있어야만 했지.

게다가 2년 동안의 항해는 나를 싫증 나게 한 것이 아니라 여행에 대한 나의 갈망을 완전히 해소시켰네. 나는 집으로 돌아가고 싶었어. 자신이 아는 사람들, 일, 생활양식이 있는 일상적인 곳으로 말일세.

나는 제독에게 복귀에 대한 소망을 내비쳤네. 그러나 그는 성공적으로 시작되었으나 끝나지 않은 협상과 전쟁의 시작을 염려했지. 이 전쟁은 그에게 예기치 않은 참가자의 입장을 생각하게 만들었다네. 그는 나를 일본으로 우리를 이끌어온 바로 그 일을 끝마칠 사람으로 여겼어. 그리고 전쟁 중이지만 일본과의 회담이 계속될 수 있다는 희망을 완전히 버린 것은 아니라고 내게 말하더군. 결과적으로 나의 비서 직무도 끝났다고 여길 수는 없다고 말했네.

그의 대답을 들은 후 내뱉은 나의 깊은 한숨에도 불구하고 그는 여행에 대한 나의 희망이 이미 끝났다는 것을 전혀 눈치채지 못했다네.

나는 여행을 하는 것이 아니라 국가의 필요에 따라 항해를 하고 있었던 걸세. 나는 우리나라에서 미국 영토를 탐험할 때 제독의 비서 직무를 수행하도록 파견되었다네. 내 공문서에 그렇게 적혀 있으니 나는 남거나 돌아가거나, 일을 원하거나 원하지 않을 그 어떤 권리도 없었지. 그 후에 제독과 이것에 대해 몇 번의 대화를 했고 그도 역시 나를 가엾게 여겼다네. 나는 지루해졌어. 그리고 그는 스스로조차도 일본으로 가는 것을 성공할 수 있을지 의심하는 것 같았지. 왜냐하면 그의 의무는 외교관이 아니라 군인이었기 때문일세.

결국 타고난 선량함을 지닌 그가 갑자기 나를 위해 어느 날 결정했네.

"하느님의 가호가 있기를 바랍니다. 떠나십시오. 나는 여기에서 이제는 당신이 지루해할 거라는 걸 알고 있습니다."

나는 이 기회를 결코 놓칠 수가 없었네. 나는 비서로서 그 어떤 서류도 제독의 이름으로 나 자신에게 내려진 이 명령처럼 열심히 적어본 적이 없었네. 그 명령은 내가 페테르부르크로 갈 때까지 유용한 쓰일 거였네. 내가 어디를 가든지 자유롭게 통행하도록 해주고 당국에서 모든 편의를 제공해주라는 것 등이 적혀 있었지.

이 모든 것은 아무르 강 하구에서 일어났네. 전함 다이애나호는 팔라다호를 대신해서 도착해 있었지. 팔라다호는 이미 자신의 수명을 다해 노후되었어. 특히나 희망봉에서 있었던 견디지 못할 만한 폭풍우와 중국해에서 태풍으로 상해 있었지. 처음에는 아무르 강 하구로 팔라다호를 이끌어 가고자 했으나 수심이 얕아 그것은 불가능했네. 결국 타타르 해협의 황제 만에 전함을 내버려두기로 하고 전함을 무장해제했네. 즉 대포, 화약, 밧줄 설비 등 해제할 수 있는 모든 것을 전함에서 떼어냈지. 그리고 이 만에서 우리의 초소를 구성했던 수병과 병사들의 감독하에 노후한 골조는 남겼다네. 그것은 프랑스인과 영국인들이 그곳에 도착했을 때 적에게 러시아 선박의 침략을 호언장담하는 상황을 주지 않기 위해 그것을 침몰시키려는 목적이었지.

이렇게 팔라다호는 그 만에서 자신의 생애를 다했네. 그리고 전함에서 밑바닥 하나만 남았는데 이것은 그곳에 초소를 두고 있는 우리 병사들이 쓰기로 했지.

무장해제, 팔라다호에서 다이애나호로 이전, 이 팀에서 저 팀으로의 교체, 정원 외 장교들과 수병들을 육로를 통해 러시아로 보내는 것 등이 정신없이 이루어지는 상황에서 나 역시 집으로 가는 것을 허락받네. 1854년 8월 초의 일이었어.

바로 그때 아무르에서 동시베리아 현지사를 지낸 무라비요프가 우리에게 왔네. 그리고 우리 전함에서 약 이틀간 머문 후 스쿠너 보스토크호를 타고 니콜라옙스크로 떠났지. 이 스쿠너는 현지사와 그의 수행원들을 태워서 오호츠크해의 아얀으로 데려다 주도록 되어 있었네. 나도 이 스쿠너를 함께 타고 전함을 떠났다네. 집으로 돌아가게 된 기쁨을 안고서 말이지. 물론 좋은 사람들과 동료들과의 모임과 헤어져야만 하는 슬픔이 없진 않았네.

나는 내가 경험했던 이 우스운 공포의 순간을 지금까지도 기억하네. 당시 스쿠너를 타고 전함에서 1베르스타를 떨어져 갔을 때 우리는 아무르 강 하구에 좌초되기 시작했네. 전함은 온통 여울로 휩싸였어. 우리의 가벼운 스쿠너도 콜라옙스크까지 갈 때에도 그 후에 오호츠크해까지 갈 때에도 끊임없이 여울에 걸렸네. 그러나 그것은 어떤 작은 배라도 문제가 없네. 여울에 쉽게 걸린 것처럼 또한 쉽게 여울에서 빠져 나왔거든. 그때 나는 아래쪽 선실에서 나의 짐들을 가지고 자리를 잡고 있었어.

그런데 갑자기 지금은 고인이 된 스쿠너의 선장 림스키코르사코프가 위에서 내게 소리쳤네.

"제독이 우리에게 오고 있소. 당신을 데리러 온 것이 아닌가요?"

나는 잠시 동안 어리둥절했네, 그리고 위쪽으로 달려갔지. 림스키코르사코프가 농담을 하고 일부러 놀라게 하려는 것은 아닌지 생각하면서 말이야. 그런데 농담이 아니었네. 거기에 파란 보트가 있었거든. 그리고 그 안에 제독이 있었다네.

보트를 보고 나는 공포에 빠졌어.

'그래, 확실히 마음이 변한 거야!'

그러나 제독은 어떤 다른 일 때문에 왔다더군. 어쩌면 우리가 여울에 걸렸는지 알아보려고 아니면 환송하며 우리에게 행복한 여행을 빌어주기 위해서 왔을 수 있네. 지금은 이미 잊어버렸어. 거기서 헤어진 우리는 페테르부르크에 올 때까지 만날 수 없었네.

2

앞서 내가 이야기했던, 우리가 항해를 하며 겪은 무시무시하고 위험한 순간을 이야기해볼까 하네.

무시무시하고 위험한 순간들은 동의어는 아니지만 공포와 위험이라는 단어들 자체는 대체로 바다에서는 특별하게 동의어로 쓰인다네. 위험한 순간들은 어떤 이들에게 전혀 존재하지 않기도 하지만, 다른 이들에게는 매우 많을 수도 있다는 걸세. 이것은 바다에 얼마나 익숙한가에 달려 있네. 즉 바다의 성격, 배의 조종과 구조에 관한 것, 잘 알거나 알지 못하는 것에 달려 있지. 그리고 항해자의 성격이 신경질적인가 아니면 어떤 교육을 받았는가에도 달려 있네. 풋내기 수병에게는 배 안에서의 모든 일들이 무섭거나 혹은 의심스러워지거든.

갑판장의 명령은 갑자기 떨어지네.

"모두 위로 올라가라!"

그러면 400명이 미치광이처럼 곧바로 누군가를 구하거나, 아니면 스스로를 죽음에서 구하기 위해 급히 갑판을 따라 발을 동동

거리며 돛대의 밧줄을 타고 올라가야 하네. 그러나 이러한 일들을 알지 못하거나 초조한 사람은 움직이지 못하고, 어떤 불행이 일어 났을 거라고 생각만 하는 거지. 하지만 대부분 아무 일도 일어나 진 않는다네. 이럴 때는 보통 돛의 수를 축소하거나 속도를 높여 야 하는 경우야. 그러면 그곳에서 으르렁거리는 소리가 나기 시작 하고 밧줄은 도르래를 따라 분주히 움직이네. 요동으로 인해 마치 미친 듯이 선실에 있는 찬장의 문이 다 열리고 그 속에 있는 물건 들인 그릇들이 튀어나와 깨지는 소리를 내며 사방으로 떨어져 산 산조각이 나지. 이런 대소동이 일어나면 풋내기 수병의 놀란 머릿 속에 온갖 것이 상상될 걸세! 이 순간은 무시무시한 순간이네. 이 것이 찬장 문을 단단히 잠그지 않아 이로 인해 벌을 받게 될 식당 직원에게만 무서운 순간이겠는가.

그때까지 크론시타트와 페테르고프 이상 더 먼 바다로 간 적이 없었던 나는 이 상황에서 무서운 것들에 익숙하지 않은 까닭으로 자주 의심을 하게 되었네. 그러나 위험한 것들에 대해서는 아니었 어. 내가 수병들의 풍습과 규칙에 관한 지식을 얻게 될 때까지는 소음, 소동, 떠들썩함이 위험한 것인 줄 몰랐거든.

위험한 순간은 전혀 다른 일이었네. 그것들은 드물고 가끔 전혀 눈치채지 못하기 때문이지. 위험이 진짜 불행으로 변할 때까지는 말이야. 내게도 그곳에서 놀랐던 일들이 일어났는데 그릇들이 찬장에서 떨어지고 가끔 찬장 자체나 소파가 떨어질 때보다 더 놀랐을 만한 일들이 있었을 텐데 잊어버리거나 무지로 인해 전혀 눈치채지 못한 일들이 있었네.

무서웠던 많은 순간들에 관해서는 내 여행기에 자세하게 다 썼지만 위험한 부분은 거의 언급하지 않았지. 위험한 순간들은 내 신경을 불안하게 했을 뿐 내게 인상을 주지 않았기 때문이라네. 그리고 그것들을 잊어버려서이기도 하지. 놀라게 될 것을 알아차리지 못한 까닭에 아마 묘사하는 것을 놓쳐버렸지 싶네. 그 일들은 지금부터 두세 개 정도 언급해보겠네.

크론시타트를 떠나 영국으로 전함 팔라다호를 타고 가면서 우리는 외레순 해협을 통과했어.

맞바람이 불고 안개가 긴 10월의 추운 날씨에 발트해를 따라 항해하였을 때 우리는 그다지 좋지 않았었다고 썼던 걸 기억하는가? 그 이외에도 콜레라로 우리 수병 세 명이 죽었다고도 썼었네. 그리고 익숙한 사람들에게도 힘든 항해였는데 초짜인 내게 항해는 더 견디기 힘들었어. 왜냐하면 내가 오랫동안 고생했던 머리와 치아의 통증, 끔찍한 경련이 가을의 추위로 인해 다시 시작되었기 때문이지. 객실에서는 밖에서 비와 추위의 공기가 들어오고 있었지만 작은 창문의 창틀이 어느 정도 보호를 해주었다네.

가끔 내게 절망이 찾아오고는 했어. 내가 2~3년간에 달하는 항해에서 이런 아픔이 계속 찾아온다면 어떻게 참고 견딜 수 있을 것인가? 나는 자리에 누워 영국까지 갔다가 다시 되돌아 올 생각으로 스스로를 위로하고 있었네. 그런데 안개, 요동, 추위도 만만치 않았어!

덴마크에 가까워질 때쯤 공기는 훨씬 더 부드러워졌고 따뜻해졌지만 안개는 계속되었네. 우리가 외레순 해협으로 들어갈 때 통행로는 항상 그랬듯이 좁아서 팔라다호를 해협으로 통과시키기 위해 수로안내인을 불렀었네. 평소처럼 깃발로 수로안내인을 불렀는데 만약 깃발이 보이지 않으면 사격을 할 수도 있었지. 그러나 깃발은 안개 뒤에 있어서 해안에서는 보이지 않았네.(나는 지금은 정확하게 기억이 나지 않네.) 그리고 다른 이유로도 대포를 발사할 수도 있었어. 그런데 무슨 일인지 수로안내인이 나타나지 않았다네. 그리하여 우리는 슬금슬금 살피면서 조심스럽고 조용하게 움직였지. 그러나 열린 바다에서는 한곳에만 머물러 있는 게 불가능하기 때문에 우리는 움직여 나아가야 했네. 안개가 맑게 갰을 때에 우리는 이미 해협에 있었다네.

날씨는 따뜻했고 나는 조금 나아져서 갑판 위로 올라갔어. 그리고 지금 좀 더 생각나는 것은 그 당시에 내게 새로웠던 멋진 광경이 강한 인상을 주었다는 걸세. 그것은 스웨덴과 덴마크의 낯선 해안들이 만들어낸 풍경이었지.

바다와 해안들이 그려내는 놀라운 광경으로 인해 나타난 매력은 내게 크게 작용했네. 나도 모르게 그 매력에 빠져들었으나 내가 바다 생활에 익숙해질 수 있을지 또 류머티즘이 괜찮아질 것인지에 대한 의심이 다시금 들기 시작했네. 바다는 나를 자신 쪽으로 끌어들이며 내가 바다에 익숙해질 때까지는 나를 항상 놀라게 했네. 이런 정신 상태는 매우 순수한 것이었지.

그러나 한 프랑스 여인이 내게 확실하게 말한 바에 따르면, 프랑스 해변에서 심한 뇌우가 칠 때 그녀가 그 뇌우를 좋아하는지 아닌지에 대한 답변으로 다음과 같이 말하더군.

"오, 미스터. 이건 내가 굉장히 좋아하는 거예요."

그녀가 환호하며 말했네.

"그렇지만… 뇌우가 있을 때 나는 항상 제정신이 아니지요!"

선장과 팔라다호 독자들에게 잘 알려져 있는 상급 부선장, 이른바 노인(지금은 장군이 되었네.)은 위에 있었는데 이 둘은 무엇인가에 대해서 열심히 그리고 열렬히 이야기를 나누고 있었네. 노인은 지도를 보러 선실로 끊임없이 뛰어갔다 오곤 했지. 그 후에는 둘

다 수로안내인을 하염없이 기다리면서 주의 깊게 바다와 양쪽 해안을 보고 있었네. 나는 계속해서 광경을 지켜보고 있었다네. 특히 스웨덴 해안 쪽으로 오리들이나 먼지덩어리들처럼 무리 지어 달라붙어 있던 많은 상선들을 말이야. 그리고 우리는 거의 한가운데로 갔었는데 약간 덴마크 쪽에 가까웠던 것 같네.

선장은 끊임없이 근심하고 있었고 노인 또한 속을 태우고 있었으며 수로안내인이 없었다는 이유로 그를 죄수라고 여러 번 불렀어. 노인은 20번 정도 아래로 달려갔었네. 갑자기 선장이 그의 뒤에서 급히 알렸네.

그들은 둘 다 마치 어떤 것에 의해 타격을 입은 것 같았지.

나의 귀까지 조용한 단어들이 들려왔네.

"여울에 빠졌어요!"

나는 잠시 한 다리로 갑판을 더듬어보다가 움직이는 것을 멈추었네. 두 다리는 마치 땅 위에 서 있는 것 같았거든.

나는 모든 것을 건성으로 바라보며 주변에서 하는 이야기들을 무관심하게 들었네. 바다의 잔잔한 물결소리가 나를 안심시켜주었고 따뜻한 날씨가 마음을 끌었지.

발밑에서 움직이지 않는 갑판의 판자를 느끼면서 스스로에게 말했네.

"이게 바로 행복이라는 거야!"

그런데 전함에서 무슨 소동이 발생했다는 건가. 나는 생각했어.

'바로 사소한 일 때문일 거야.'

위에서 모두에게 호각을 불기 시작했고 소동과 소음이 발생했네. 이런 소리들이 들렸어.

"보트를 내려! 닻을 실어라!"

잠을 자거나 무언가를 읽거나 쓰고 있던 장교들 모두가 일하기 시작했네.

전함에서 수십 사젠 떨어진 곳으로 작은 닻들을 옮겨와 바닥으로 던졌네. 닻에 매달린 밧줄들을 첨탑에 감았지. 그렇게 함으로써 전함을 있던 자리에서 끌어내리려고 한 걸세. 이것은 소방대원이 불을 끄러 오기 전에 집에서 행하는 일종의 민간요법이라고 할 수 있다네.

그러나 거의 10만 푸드에 달하는 화물을 실은 우리의 무거운 전함은 확실히 이 사고를 즐기는 듯 꿈쩍하지 않고 모래에 누워 있었어. 마치 가끔 선량한 술꾼이 역시 많은 짐을 싣고 오랫동안 부정확한 걸음걸이로 더러운 길을 걷다가 갑자기 길 한가운데를 점령하고 뻗어 있는 것 같았지. 술에 취하지 않은 동무가 그의 옆구리를 쳐서 밀치고 팔이나 다리 가끔 머리를 들어 올리는 것처럼 부질없는 짓이었네. 팔, 다리, 머리가 시체처럼 다시 떨어졌지는 것처럼. 선량한 술꾼은 두 명의 구조대가 도움을 주러 오기 전까지는 무겁게, 꼼짝 하지 않으며 아무런 가망 없이 누워 있었다네.

그러고는 약한 중간 닻들로 끌어 당겨지고 있던 전함이 마치 굴복한 듯 천천히 움직이기 시작하더니 길을 터주며 기쁨의 외침을 내는 것 같았어. 그렇지만 전함은 여전히 그 자리에서 벗어나지는 않았네. 아니었지, 구조대를 불러야 했어. 그리고 부르러 보냈다네.

나는 이 모든 소동을 보며 놀랐어.

단단한 갑판을 묵직하게 따라 걸으면서 생각했지.

'여기에 있는 익숙한 사람들도 어떤 무서운 순간들이 별로 많지 않았는지 그들 역시 두려워하는 것 같군! 여울에 걸린 것이 대단히 큰일이라고! 센 바람이 불기 시작하면 바다가 움직이기 시작할 테니 잠시 서 있다가 다시 나갈 수 있을 거야.'

경험 없는 장님이군!

나는 생각했네.

'저들에게 접근해서 무엇이 저들을 이토록 불안하게 하는지 물어봐야 하는 것일까? 나는 저들에게 다가가지 않을 거야. 다가간다 해도 저들은 상대도 안 해줄 테니!

나는 장교 가운데 한 명인 실리펜바흐 남작이 제복을 완전히 갖춰 입고 우리를 곤경에서 벗어나게 해줄 증기선을 데리러 코펜하겐으로 급히 파견되었던 것만을 기억하고 있네.

수병들은 자신이 아닌 전함을 위해서 이 무서운 순간을 걱정하고 있었고, 이 사태에 전혀 관여할 수 없었던 나와 다른 이들은 차를 마시거나 저녁을 먹거나 마치 자기 집에 있는 것처럼 잠을 잤네. 근심, 추위, 요동이 없는 건 배를 탄 이후로 처음이었어!

나는 마치 육지에 있는 것처럼 내 선실의 움직이지 않는 침대에 누워서 되뇌었네.

'이게 바로 행복이야! 저기서 작은 돛들을 옮겨가는 동안 나는 그동안 못 잤던 잠이나 자야겠구나!'

그 당시 내 꿈에 보였던 것은 우리가 더 이상 가지 못하고 여울 위에 남아 있는 것, 페테르부르크에 있는 해군당국이 우리가 움직이게 될 때까지 더 이상 기다리지 못하고 원정대를 미루는 것, 우리 모두가 집으로 돌아가서 움직이지 않는 침대에 누워서 평온하게 자는 것 등이었다네.

그러나 아침 무렵 잠결에 나는 갑판장들이 부는 호각 소리들을 들었어. 그리고 마치 내 선실의 침대가 내 밑에서 흔들리는 것 같았지. 코펜하겐에서 온 증기선인 힘센 구조대가 우리를 운반하는 것 같이 느껴졌네. 그때 수로안내인도 나타난 것 같았어.

다음 날 우리가 외레순 해협에서 나올 때 나는 다들 왜 이렇게 불안해했던 것인지 물어보았네. 더욱이 해결방안인 코펜하겐과 증기선이 가까운 곳에 있는데 말이야. 그러자 바로 내게 기술 측면에 관해 설명해주었네. 만약 배가 여울 쪽으로 자리를 잡게 된다는 것이 무슨 뜻인지 말이지. 무엇보다도 먼저 아무리 잘 자리 잡게 된다 하더라도 무엇인가 밑바닥이나 외판을 상하게 한다는 걸세.(우리 전함에는 실제로 포츠머스 도크에서 검사할 때에 밝혀진 바처럼 몇몇 구리로 된 외판의 판이 떨어져 나가 있었네. 그래서 외판 없이는 항해가 불가능한 것이 다수의 해양 원생동물들이 나무에 달라붙어 나무를 갉아먹기 때문이네.) 그리고 중요한 것이 만약에 강한 바람이 불거나 파도가 인다면 전함은 여울에서 벗어날 수 없을 수도 있다는 것이었어. 나와 같이 바다의 일에 대해서 미숙하게 일을 처리한다면 나무 조각으로 산산이 부서질 수 있다는 거였네!

내 자신의 꿈에 보태어 이런 생각을 했어.

'그래도 어찌되었든 우리 모두 집으로 돌아갈 수 있을 거야! 해안이 팔이 닿을 만큼 가까워서 우리가 물에 빠질 일은 없을 것이고 또 나는 조금은 수영도 할 수 있으니 말이야.'

또다시 경험 부족이야! 나는 잔잔한 물에서나 강에서 그리고 또 수영복을 입고 수영하는 것과 파도가 치는 바다에서 수영을 하는 것은 엄청난 차이가 있다는 것을 후에야 알게 되었지. 바다에서 수영하는 데 익숙한 수병이든 수영선수든 잘 헤엄칠 수 있는 사람은 드물다네.

이렇게 해서 밤새 계속되었던 위험한 순간을 나는 전혀 눈치채지 못했어.

그러나 바다뿐만 아니라 대체적으로 인생에서도 매 걸음마다 우리의 평온한 생활에서 자주 눈에 띄지 않는 위험들이 우리를 위협하네. 그 대신 나쁜 것과 좋은 것의 균형을 위해 존재하지 않는 위협을 의심하게 하는 상상력이 있지. 많은 무서운 순간들이 도처에 퍼져 있기도 하고 말이야. 이 점에 있어서 바다에서는 많은 나쁜 소문들이 쓸데없이 퍼지네. 그것은 익숙하지 않은 사람들 눈에 비치는 무서운 순간들 때문이지. 내가 바다에 있을 때 나도 그들 중 하나였네.

게다가 수병들 자신도 모르게 일어나는 사건들에 완전히 무감각하다고 말하는 것은 불가능하네. 그들 역시 돌로 만들어지진 않았거든. 사람은 어디에서나 사람이지 않은가. 그리고 수병들 역시 거의 모두가 그러하듯 참된 수병은 자신이 바다에서 겪는 어렵고 위험한 경우들에 전적으로 무관심하지는 않다는 사실을 항상 솔직하게 인정한다네. 물론 수병에게도 마음속으로 힘들고 무서운 일이 생기곤 하지만 그는 이런 순간들로 인해 해안에 도달하자마자 바다로 더 이상 나가지 않을 것이라고 스스로 결심하곤 하지. 그런데 한 주나 한 달을 해안에서 살고 나면 그가 좋아하는 자연적인 상태, 즉 그가 잘 알고 있는 시련들로 다시금 그는 이끌려가게 되는 거라네.

수병은 물론 헛된 상상의 공포에 불안해하지 않으며 청년 때부터 바다에 습관이 되어 매번 겪게 되는 자잘하고 대수롭지 않은 위험들에 꺾이지 않는다네.

3

영국에 도착한 직후, 나는 무섭고 위험했던 순간들도 잊어버리게 되었고, 그곳의 기후에 비해 뜻밖에 좋은 날씨 덕분에 두통과 치통도 사라졌네. 우리는 그곳에서 두 달간 잠시 지낸 후 계속해서 이동했어. 선장이 나의 병에 관하여 알고 나를 보내주는 것에 동의를 했음에도, 나는 돌아가겠다는 계획에 관한 생각을 그만두기로 했다네. 이후에 있게 될 새로운 것이 나를 유혹했기 때문이었어. 유혹적인 먼 나라는 따뜻해서 류머티즘이 없을 테니까.

내가 영국에서 겪었던, 내게는 정신적으로 무서웠던 순간에 대해서 언급하고자 하네. 그것은 바다의 거친 물결과 관계된 것은 아니지만, 바다 여행에 관계 있는 것으로 어떤 흔들림보다 더 많은 불안을 내게 안겨준 일이야.

제독은 우리와 같이 있지 않았네. 그는 장기간의 항해를 위한 여러 가지 준비를 하려고 전함보다 앞서 혼자 영국으로 떠났거든. 그리고 그곳에서 팔라다호와 함께 항해하기 위한 스쿠너 보스토크호를 얻게 되었네. 그는 스쿠너의 장비들뿐만 아니라 여러 가지 다른 업무도 수행했어. 페테르부르크에서 나는 그를 잠시 만났었네. 그리고 포츠머스 정박지부터는 그의 비서가 되어 그를 따라 런던으로 향했지. 그는 즉시 내게 페테르부르크부터 런던까지 향하는 우리의 짧은 항해에서 일어난 사건들에 대해서 적을 것을 요청했네. 즉 우리가 어떻게 여울에 닿게 되었는지, 포츠머스 도크로 전함을 넣을 때 필요한 것은 무엇인지, 부분적으로 고장 진단에 관한 것과 전함의 장치, 그 당시에는 아직 새로웠던 증기 담수화장치 기계에 관한 것들을 적도록 했지.

그는 내가 런던에 도착하기 전까지 자신이 썼던 종이들을 내게 보여주었네. 나는 다 읽고 난 후 알게 되었어… 어떻게 해도 그런 기록을 나는 적을 수 없다는 것을. 다시 말해 그렇게 치밀하고 정확하며 압축된 문체로 쓰는 것을 말이야. 나는 능력이 안 되었어!

나는 두려워하며 생각했네.

'도대체 왜 그에게 비서가 필요하지? 그는 어떤 비서보다도 잘 적는데 내가 도대체 왜 여기 있지? 내가 별 필요가 없잖아!'

나는 무서워지기 시작했네. 그러나 이 일은 단지 공포의 시작에 불과했어. 이 무서움은 제독이 내게 기록을 부탁하는 것은 제독 자신이 실력이 없어서가 아니라 그는 직접 모든 서신 거래를 진행해야 하고 일본인들과의 교섭에 관한 문서를 적어야 하기 때문에 직접 적을 시간이 부족해서라는 생각으로 겨우 극복했다네.

가장 최악의 순간은 앞에 있었네. 내가 런던에서 포츠머스로 돌아와서 전함이 도크로 입항했던 원인과 영국까지의 항해에 대한 보고를 했을 때였어. 나는 이게 전혀 아무런 의미가 없는 일이라고 생각했네. 내 기억으로는 매 순간마다 난 익숙한 손으로 펜을 잡아 빨리 쓰곤 했어. 추었고 바람이 불었으며 흔들림이 있었고 따뜻했다 등을 기록을 하면서 덴마크에 도착했지…(언젠가 바닷바람이 불 때 자네들은 배를 타고 도착했다고 제발 이야기하지 않았으면 좋겠네. 얼굴이 붉어진단 말이야. 배를 타고 도착했다는 표현보다는 걸어서 도착했다는 표현을 써야 하네!) 아니, 사실 내가 보기에는 순조롭게 되지 않고 있었네. 어떤 것도 제대로 쓸 수가 없었거든.

선장은 내게 말했지.

"모든 항해를 착실히 기재한 항해일지를 받으시게."

그 외에도 나는 책과 자세한 내용이 적혀 있는 문서를 받아 왔네.

이런저런 문서나 책을 살펴본 후에 나는 항해일지를 보고 곧바로 읽어보았어.

"돛을 가운데에 세워놓았다."

"기본 돛대에 밧줄을 묶었다."

"천천히 옮기고 뒤집어놓았다."

"전함을 바람이 부는 쪽으로 항해하게 하였다."

"오른쪽으로 향했다."

"순풍이 부는 쪽으로 항해하였다."

"돛을 반대로 돌렸다."

"바람이 동북풍 또는 서남풍으로 불었다."

연이어 그곳에는 다음의 단어들이 이어져 나왔지.

"두 번째 돛대."

"선미재."

"돛을 조종하는 밧줄."

"활대를 돌리는 밧줄."

이 문장들과 단어들은 모든 일지에 깨알처럼 잔글씨들로 뒤덮여 있었네.

나는 마른 깃펜으로 종이를 따라 갈겨쓰면서 경악했어.

"하느님 맙소사! 하나도 이해할 수가 없어! 내가 이곳에 왜 온 게야!"

나는 까다로운 라틴어나 독일어 번역에 달라붙어 기진맥진할 때까지 고민하면서 앉아 있었던 학교 의자가 생각났다네. 다만 지금은 선생님이 제독일 뿐이었지.

제독이 재촉하면서 내게 물어왔네.

"금방 끝나나요? 준비가 다 되었나요? 수정하기 일주일 전에 내게 먼저 보여주시오⋯."

나는 흰 종이를 보며 절망에 빠져 불평하며 말했네.

"도대체 뭘 보여주어야 하지?"

실제로 쓰이는 전문용어 가운데 제대로 쓴 것은 오직 몇몇의 동사뿐이었고 그 전문용어와 동사 사이에는 그의 도움이 필요한 것들이 많이 있었네.

물론 영국까지 가는 3주간의 여정에서 나는 이러한 표현들의 일부분을 알게 되었지만 그 글들이 2~3년 동안 거의 유일한 나의 저작이 될 거라는 사실을 미리 예측하지도 눈치챌 수조차 없었어.

항해일지를 외면하며 혼자서 머릿속으로 울부짖었네.

'왜 나는 여기 있지? 내가 이곳에 끌려와 있다면 왜 나는 나를 놓아준다는 제독의 한순간의 호의를 받아들이지 않고 떠나지 않았을까? 아, 하다못해 다시 치아나 머리가 아팠으면 좋으련만!'

이 전문용어들을 제외하고는 온통 표트르 대제 때 네덜란드어에서 우리나라에 전해진 용어와 우리 러시아 해군의 용어들뿐이네. 예를 들어 수병들이 수심이 깊은 해안이라고 말하거나 쓰는 건 충분히 배를 정박하기 위한 좋은 깊이를 말하네. 이것은 러시아식으로 굉장히 좋게 표현한 걸세. 예를 들어 안전한, 안정성은 물 위에서 배가 견고하고 적당하게 떠 있는 것을 의미하지. 바람이 불어오는 그리고 바람이 없는 방향이나 그리고 닻을 내리다 등등 이런 표현은 바람의 압박에 대항하다는 의미를 가지고 있네. 이러한 표현들은 엄청 많이 있어. 이런 표현 가운데 몇몇은 서로 비슷하네. 닻줄이나 밧줄을 풀어놓다(내놓다 대신에)는 표현은 바다의 풍습에서 온 표현이 아니라 러시아어에 적합한 표현이지.

그러나 그 표현들 사이에서도 매우 드물게 나타나기는 하지만 다른 것들도 있네. 과장되어 번역되거나 언어의 강제성에 의한 것들 말이야. 예를 들어 수병들은 어떤 전함이 어딘가 해안의 바다 한가운데 서 있다라는 표현을 쓰네. 이것은 이미 좋지 않은 표현이지만 상대적으로 볼 때 한가운데보다 더 먼이라는 더 안 좋은 표현도 있지. 수병이 아닌 독자들에게는 물론 머릿속에 들어오지 않는 표현들인 것이 바다 한가운데라는 뜻은 가깝다는 뜻이고, '한가운데보다 더 먼'이라는 뜻은 사실 '해안 쪽보다 열려진 바다 쪽으로 더 가까운'이란 뜻이라네.

바다 한가운데라는 표현은 어떤 여행자가 깨끗하다고 일컫는 여관 마당의 헛간에서 숙박을 한 다음에 벽에 썼던 2행시를 떠오르게 한다네.(누구한테 들었는지 기억나진 않네.)

그는 이렇게 썼지.

"바퀴벌레, 벼룩, 빈대가 있지만 정말 깨끗하군!"

러시아어를 정확하게 구사하는 열성적인 투쟁자인 그레츠[207]가 없다는 것이 안타까울 뿐이야!

내가 어떻게 첫 보고서를 마무리 지었는지 기억이 잘 나지 않네. 내가 그것을 육지 문체로 썼는데 제독이 그것을 바다 문체로 꾸몄던 것 같아. 그리고 종이는 내 손을 떠났네. 그다음 나는 바다의 언어를 알게 되었고 지금까지도 많은 것을 잊어버리지 않고 있다네.

4

이제 북위 20도 동쪽의 대양에서 내가 언급하진 않았지만, 그 당시 류큐 제도에서 직접 겪은 위험했던 순간으로 이야기를 옮겨 보고자 하네. 중국 바다 바시 제도 옆에서 우리가 만났던 폭풍에 대해서는 언급하지 않겠어. 그때 우리 전함의 앞 돛대가 흔들리기 시작하여 전함의 측면을 강타할 위험에 놓여 있었네. 이에 대해서는 이미 자세하게 적었지.

나의 여행기 중 류큐 제도 장에서 류큐 항구에 도착하기 전 이틀 동안 우리가 들어가는 것을 방해하는 강한 바람이 불었다고 지나가는 말로 언급했었네. 더 큰일은 일어나지 않았지만 바로 이 바람이 우리에게 큰 불행을 가져올 뻔했어.

우리는 저녁쯤에야 류큐 제도 쪽으로 접근할 수 있었네. 눈짐작으로 약 3베르스타가 남아 있을 때 우리는 주요한 큰 섬을 감싸고 있는 산호초로 가야만 했네. 멀리서 조금씩 파도가 거품을 내면서 돌로 된 암초를 지나 소리를 넓게 퍼지게 하는 게 보였지. 이 암초에는 항구로 들어가는 입구가 두 군데 있었는데 하나는 북쪽에서 들어갈 수 있는 입구였고, 다른 하나는 그보다 더 좁은 남쪽에서 들어갈 수 있는 입구였네. 전함은 산호초에 부딪히지 않기 위해서 마치 사륜마차가 좁은 대문으로 들어가는 것처럼 정확하게 들어가야만 했어. 제독은 해가 질 때는 위험할 수 있으니 새벽을 기다리자고 결정했어. 따뜻한 남쪽 밤, 잔잔한 바람이 불 때 닻을 내렸고 우리는 내일이면 새롭고 아름다운 장소들을 돌아볼 수 있다는 희망으로 자신들을 위로하였네.

우리나라 배인 수송선 멘시코프 공작호와 스쿠너 보스토크호가 있었는데(배가 하나였는지 둘이었는지 지금은 정확히 기억은 하지 못하네.) 그 배들이 내가 탔던 배보다 먼저 도착했더군. 이 배들은 매우 쉽게 좁은 곳을 지나갈 수 있었네. 크지 않은 작은 이 배들은 물속 깊이 들어가지 않기 때문에 쉽게 이 좁은 곳을 통과할 수 있었지. 이 두 배들의 장교들이 우리를 만나러 왔다가 갔네.

자정쯤 갑자기 해안에서 오는 바람이 아닌 바다에서 해안 쪽으로 바람이 불기 시작했네. 그런데 우리는 이 바다에 닻을 내리고 정박하고 있지 않았었나! 또 다른 닻을 내리고 예기치 않던 뜻밖의 적과 싸울 준비를 했어. 우리는 수병들이 아니었기 때문에 평온하게 다시 잤고 나는 그 누구보다 더 편하게 잤다네. 바다에 관한 내 스스로의 이해에 따라 바다의 일들이 아직까진 전혀 심하지 않고 가만히 있는 건 바다를 떠다니는 것보다 낫다고 생각했거든. 만약 폭풍이 불 때 닫힌 항구에 서 있었더라면 괜찮을 텐데. 우리는 바다 위에 서 있지 않았던가! 그들, 수병들이 바람이 부는 모습을 지켜보면서 불안하게 밤을 그렇게 보냈네. 다음 날 정오쯤에 바람이 잠잠해지기 시작했고 두 번째 닻을 바닥에서부터 올리자마자 중간 크기의 돛을 세우는 보초병들의 소리가 울려 퍼졌지.

보초병들이 외쳤어.

"당겨!"

뒤이어 부대의 소리가 곧바로 울려 퍼졌네.

"닻을 내려!"

모든 것들이, 다시 말해 부대원들의 움직임, 닻을 내리는 일과 돛을 거두는 일은 몇 분 동안 계속되었네. 그러나 전함은 바람의 힘으로 잠시 표류하게 되었고 암초와 1.5베르스타 정도 거리로 가까워졌다네. 그러다 다시 바람이 더 강하게 불기 시작했어. 다른 닻을 내렸지. 큰 전함에는 닻이 전부 네 개 있네. 그리고 우리는 돌로 된 암초가 보이는 곳에 서 있었지. 거품이 이는 파도가 울려 퍼지는 소리가 우리에게까지 도달하였네.

나는 아무렇지도 않았어. 나는 이제 완전하게 다 보이는 새로운 해안을 주의 깊게 보고 있었지. 그리고 사나운 흰 말처럼 거품이 이는 파도가 어떻게 돌들을 통과해서 빠져나오는지 꽤 만족스럽게 바라보고 있었네. 그리고 걱정스러운 표정의 지도부와 제독이 가끔 깊은 생각에 잠겨 있는 모습으로 나타나 때때로 암초를 바라보는 모습들을 관찰했어. 그들은 모두 침묵했고 거의 서로에게 얘길 하지 않았다네.

다음과 같이 묻는 것 외에는 할 말이 없었거든.

"닻줄과 닻의 쇠사슬이 바람에 견딜 수 있을까요, 아니면 견디지 못할까요?"

고골[208]의 다음 질문과 비슷했어.

"바퀴가 카잔까지 도달할까요, 아니면 도달하지 못할까요?"

그러나 우리에게 있어서 이 질문은 사느냐 죽느냐는 햄릿[209]의 질문과도 같았네. 겨우 바람이 잠잠해지자 견딜 수 있다는 희망이 생겼지. 그런데 밧줄이 팽팽해지자 의심과 악의가 고개를 들고 외치기 시작했네. 전함은 결국 앞뒤로 움직여서 흔들거렸고 두 개 닻을 묶은 밧줄은 덜컹거리는 소리를 내기 시작했어….

나는 그 다음 날에서야 항구에서 물어볼 수 있었네.

"그래, 무슨 일이었나요?"

암초 너머에서는 누구에게도 접근하는 것이 힘들었기 때문에 그때서야 물은 거야. 당시에는 모두 근심걱정에 빠져 있었네. 마치 심각한 환자가 있는 집에 방문해서 그 환자가 건강해질 수 있는지 아니면 죽게 되는지 물어보기 위해 어색하게 입을 떼는 것처럼 애써 물어볼 수도 있었을 걸세.

"어떻게 무슨 일인가고 물어볼 수가 있나요! 밧줄들이 끊어져서 몇 분 뒤면 전함이 암초 위로 기울어졌을 것입니다. 전함이 산산조각이 나서 판자 조각이 되었을 겁니다!"

"바로 산산조각이 난단 말이요! 좋아요. 산산조각이 난다고 가정해봅시다. 물론 이것은 큰 불행이지요. 하지만 모든 사람들은 무사히 빠져나갈 수 있을 겁니다…"

"여기 이 산호초 옆에서 이 파도에 말입니까?"

나는 전혀 의기소침해하지 않았네. 그것은 부분적으로는 두 개 마침내 세 개 그리고 네 개나 되는 닻의 밧줄들과 쇠사슬들이 견뎌내지 못하지는 않을 거라고 여겼기 때문이고 그보다 더 중요한 이유는 해안이 가까이 있다는 사실 때문이었지. 해안은 산호초가 아니었거든. 내게 해안은 내가 모든 희망을 끝없이 걸고 있는 돌벽과 같은 것이었네. 이 희망은 위험이 틀림없이 있었을 때도 모든 걱정과 위험의 의심까지도 완전히 잠들게 했어. 그래서 나는 이틀 동안 계속된 이 모든 위험을 나와는 전혀 관련이 없는 일처럼 바라보았던 걸세.

그 다음 날이 되어서야 해변에 간 나는 이 상황의 위험성에 대해서 전적으로 알아보기 시작했네. 이에 대해 대화를 하는 와중에 우리 전함과 해변 사이에서 마치 산처럼 거대한 파도가 칠 때 보트를 타고 가는 것은 있을 수 없는 일이라는 사실을 알게 되었어. 그리고 우리 전함이 산호초에 부딪쳤다면 우리 보트(우리 전함에는 6~7대에 달하는 보트와 큰 보트 1대가 있었네.)도 우리나라의 다른 선박들에서 나온 보트도 우리 부대의 5분의 1도 구하지 못했을 거라는 사실도 알게 되었네. 파도가 칠 때 보트들은 노를 젓는 사공들로만 정원을 채워야 하기 때문에 다른 사람들을 태울 자리가 전혀 없거든. 그래서 보트 한 대당 10명씩만 타고 갈 수 있을 거야. 그런데 우리 수는 전부 400명이 넘지 않나. 그리고 이 열 명이서 이런 파도가 칠 때가 아니더라도 자유롭게 노를 젓기는 힘들다고 하더군.

내게 말했어.

"그리고 그런 파도에서 노를 젓는 것은 결코 간단한 일이 아니지요."

해안에 있던 미국 선박에서 온 장교들은 그날 밤에 우리 전함에서 위험한 상황에 대해 알리는 화포 사격 소리가 들릴 거라고 생각하고 있었으며, 한 영국 선교사는 우리의 구조를 위해 기도했다고 말했네.

한편 육군 중위 S는 겨우 두 명이 타는 작은 보트로 이 파도를 타고 그곳에서부터 우리에게까지 이동하길 원했다더군.

그가 내게 말했어.

"그곳에서 여러분이 무엇을 하고 있는지 보려고 했습니다."

그리고 그는 우리와 잠시 앉아 있다가 되돌아갔네. 그리고 지금 내가 기억하는 것은 보잘 것 없는 작은 2인용 배가 두 개의 물로 이루어진 산 사이의 깊은 곳으로 빠지는 것처럼 눈앞에서 갑자기 사라져서 오랫동안 보이지 않다가 나중에 파도의 끝자락 옆 부분에서 다시 기어 올라왔다는 걸세. 육군 중위 S가 산호초 뒤로 사라질 때까지 나는 눈을 떼지 못하였고 그의 심장이 아닌 나의 심장이 두려움에 움츠러들었네.

나는 생각했어.

'이렇게 그가 공중에서 회전하고 다시는 나타나지 않을지도 몰라!'

우리는 아무르 강 하구 쪽으로 천천히 접근하고 있던 타타르 해협에서 불쾌한 순간이라고 불리는 순간을 보냈었네. 깊이 측정을 위해 장교들을 보트에 태워 먼저 보냈고 그들의 뒤를 따라 우리의 전함도 가끔 만조를 기다리며 멈추기도 하면서 끊임없이 서서히 움직였네. 그리고 어느 저녁에 적당한 깊이에 닻을 내렸지. 양옆을 따라 만주와 사할린 섬들의 해안 두 곳이 보였네. 그곳은 서로 매우 가까웠어. 우리는 편안하게 자리를 잡았지. 아침이 되어 닻을 올리고 돛을 펼치자 전함은 몇십 사젠 정도 움직였네. 닻은 다시 내려졌네. 닻을 내릴 깊이는 충분한 것 같았지만 만조로 물이 불어나기를 기다리며 그 이상 접근하는 것은 허용되지 않았어. 우리는 만조가 된 물 위에 서 있는 것으로 확인되었지만 곧 물이 빠지기 시작했네. 물이 빠질 때 닻을 내릴 깊이는 전부 다 해야 3~4피트[210]의 물이 있는 것으로 확인되었네.

바로 여기에서 위험이 시작되었지. 바람이 조금씩 세졌고 나는 전함이 어떻게 바닥에 부딪치게 되었는지 기억하네. 처음 두세 번은 상당히 약한 타격이었네. 그다음엔 끈으로 묶여 있는 보트들과 망루들이 갈라지기 시작하는 소리가 들려왔네. 선실들에 있던 모든 사람들은 당황하여 뛰쳐나갔어. 그리고 계속해서 타격이 가해졌네. 침몰하는 것은 불가능했어. 왜냐하면 양쪽 해안은 1베르스타 정도밖에 안 되었고 모래사구가 있는 그곳의 물은 사람의 허리 정도밖에 되지 않았기 때문이라네.

그렇지만 만약 타격이 더 자주 그리고 더 세게 반복되었다면 무겁게 실리고 무장된 전함의 선체는 물론 부서졌을 수도 있을 거야. 즉 돛대 장비들, 상단의 기둥 부분, 활대가 부러져 아래로 떨어졌을 걸세. 왜냐하면 이 나무들이 아래는 나무 조각으로 되어 있는 것 같지만 20이나 10푸드의 무게가 나가기 때문이지.

이후 우습게도 기억나는 것은 매번 타격이 올 때 부서지는 소리가 들리자 우리 모두가 민첩하게 갑판 위에서 자리를 옮겨 다녔다는 걸세.

비슷한 상황들이 내게 찾아올 때마다 나는 내 벗들에게 말하곤 했네.

"정말 무서웠어요!"

그러나 모든 일은 물이 불었던 만조가 다시 시작되기 전 대략 두 시간 정도 지속되었고 우리는 닻을 걷고 더 멀리 나아갔다네.

5

우리는 다른 종류의 위험도 겪었어. 비록 바다에 관한 위험은 아닐지라도, 전함에 가장 있음직하고 필연적인 위험이라고 말할 수 있지. 그것은 피할 수 없을 뿐만 아니라, 그것을 자청해서 얻어 내려고 한 것이라네. 바로 적의 선박과 만나 전투하는 걸세.

내가 기억하는 바에 따르면 제독과 선장은 호주의 해안을 과감하게 급습하기로 여러 번 결정했었어. 그것은 영국 배들을 장악하기 위해서라네. 만약 내가 실수하지 않는다면 확실치 않긴 해도 우리의 오래되고 활기찬 팔라다호는 일본에서부터 호주까지의 계속되는 항해를 견뎌낼 것이라고 생각하네. 그리고 팔라다호는 그것들을 버텼고 물론 이것도 불확실하지만 어떤 통보도 없이 그곳에서 다른 나라 배들을 만나게 되었어. 1853년 12월 우리는 상하이에 마지막으로 머물렀고 1854년 1월 나가사키에 있었을 때 터키와 영국의 최후의 갈등에 대한 소식은 우리에게까지 아직 전해지지 않았네. 우리는 단지 때늦은 신문들과 편지를 통해서만 소식을 알았는데 거기에서는 당분간은 아무것도 일어나지 않을 것이라고 적혀 있었지. 나는 상하이에서 영국 함대의 중위가 내게 모든 것을 이야기해준 것을 기억하네. 그의 이름은 스콧이었던 것 같아. 나는 그와 함께 전쟁이 일어날 것인지 아닌지에 대한 내기를 했네. 중위는 전쟁이 일어나지 않을 것이라고 단언했지. 나는 반대 의견을 가지고 있었네. 내기는 진행되지 않았어. 우리는 처음에 나가사키로 출발했고 그다음에 마닐라로 갔네. 전쟁 속에 우리가 이미 들어와 있는지 아직 알 수 없었고 매일 소식을 기다리며 모든 마주치는 배마다 적인지 아닌지를 추측했네.

　전쟁에 대해서 아직 모른 채 우리는 마닐라에 도착했고 그곳 항구에서 프랑스 군함을 만났네. 우리도 프랑스인들도 서로 어떻게 대해야 할지 몰랐네. 그래서 우리는 보통 때에 항상 그렇게 하는 것처럼 서로를 방문하지 않았네. 그곳에 3주 정도를 머무른 후에 우리는 떠났네. 그런데 떠나기 전에 그곳에서 영국 분함대를 기다리고 있다는 것을 알게 되었네.

우리는 바다에서 영국 분함대나 프랑스 선박들을 만났기 때문에 군의 활동이 재개되었다는 소식을 이미 알고 있었지. 우리는 그 때문에 이 만남을 준비해왔고 전함을 전투 상태로 유지했네. 선장은 적군 병력이 우월할 경우에 화약고를 반드시 불태우고 폭파해야 한다고 말했다네.

모두 어느 정도 예기하고 있었고 많은 이야기를 하며 전쟁을 준비하면서 망원경으로 사방을 둘러보고 있었어.

우리의 훌륭하고 존경할 만한 주교인 아바쿰 사제 한 사람만이 거의 모든 것을 대하듯이 침착하고 조용하게 심지어 회의적으로 이 기다림을 대했네. 그 자신은 개인적으로 적들을 가지고 있지 않았고 모든 사람들에게 사랑받으며 모두를 사랑하는 사람이었어. 그리하여 그는 어떤 곳에서도 누구에 대해서도 함부로 말하지 않았네. 바다에서도 육지에서도 사람들 속에 있을 때와 배에서도 말이지. 그는 단지 큰 대포 하나에만 적의를 가지고 있었네. 큰 대포는 그의 눈에 완전히 필요 없는 물건이었는데도 대포는 그의 선실에 서 있었고 그에게서 많은 활동 범위와 햇빛을 빼앗았다네.

아바쿰 사제는 자신의 독특한 생각, 지식, 훌륭한 감정의 세계 속에서 살았어. 우리 모두를 동등하게 또 다정하며 공손하게 대했네. 모든 사람과 평화롭고 사랑스럽게 살아야 한다는 학문은 그에게 학문이 아니었네. 그것은 심오하고 계몽적인 종교의 원칙들로 신성해진 천성 자체였지. 이런 행동이 그에게는 쉬웠다네. 그는 숙련이 필요 없었기 때문이야. 그는 결코 자신의 일이 아닌 것에 간섭하지 않았고 그 누구에게도 무엇을 강요하지 않았네. 그는 겸손했고 자신을 과시하려 노력하지 않았으며 심지어 자신의 소멸되지 않는 공훈에 대한 권리를 주장하지도 않았어. 하지만 그 공훈을 조용한 가운데서 많이 세웠네. 그리고 자신의 지식들과 도덕적인 영향으로 항해자들의 모든 그룹에 정신적인 영향을 끼쳤지. 그것은 그가 함부로 하지 않았던 설교와 훈계로써가 아니라 단지 일정하고 온화한 성격과 온순하고 거의 순수한 정신의 본보기로 보여주었다네.

담화에서 그의 지혜는 자주 가볍고 항상 친절한 유머의 소금을 가미했어.

내가 감히 나의 모든 항해자 동료들을 보증하건대 그들 가운데 누구도 이 아름다운 인격의 소유자와 함께 있다면 그 어떤 불유쾌하거나 심지어는 유감스러운 순간이 단 한 번도 없을 걸세…. 만약 어떤 순간들이 있다면 그것은 일종의 우스꽝스러운 특성을 띠는 순간일 거야. 예를 들어 내가 기억하자면 어느 날 나와 함께 뒤 갑판을 산책하던 그가 갑자기 갑판 위에 가래를 뱉은 적이 있다네… 이것은 끔찍했지!

뒤 갑판은 배의 성소와 같은 어떤 곳으로 가장 화려하고 신성한 장소지. 갑판은 긁어내고 벽돌로 비비며 거의 매일 씻고 유리처럼 반짝거리게 만든다네.

그런데 아바쿰 사제는 연달아 재채기를 하면서 코를 풀었네. 그리고 가래를 뱉었어. 나는 당직 장교의 경악하는 시선을 아직도 기억하네. 그를 향한 황폐한 시선이었는데, 그다음에는 나를 향하더군. 당직 장교는 어떤 지적을 하고 싶었는데 그것을 참느라고 무척 많은 노력을 했네. 마치 내가 웃음을 참으려고 하는 것처럼 말일세.

아바쿰 사제가 다른 곳으로 얼굴을 돌렸을 때 당직 장교가 내게 속삭였네.

"그가 수병이 아니라는 게 유감스럽군요!"

오랫동안 장교는 이 순간을 기억할 것이지만 나는 오랫동안 이 순간을 즐길 걸세.

그다음에 여름이 한창이고 무풍상태일 때 아바쿰 사제와 함께 뒤 갑판을 따라 느긋하게 거닌 적이 있었네. 갑자기 그는 3층으로 된 층계참을 기어오르고 싶은 생각이 문득 들었나 보더군. 그 층계참 위에는 보통 당직 장교가 서서 관리를 하고 있다네. 아바쿰 사제는 바다를 내려다보았고 그다음에 바다 쪽으로 등을 돌린 후 갑자기… 그 층계참으로 올라갔네. 그가 말한 것처럼 쉬기 위해서였지.

다시 소리 없는 소동이 일어났네! 선장은 위쪽에 없었어. 뒤 갑판에 앉을 수 없다는 것을 알고 있는 당직 장교는 아바쿰 사제를 마치 잡아먹을 듯이 쳐다보았네. 물론 이것을 아바쿰 사제 자신도 알고 있었지. 그런데 신경을 쓰지 않아 깜빡 잊고 있었던 걸세. 이곳에 있었던 다른 이들은 웃었네. 그들도 역시 아무것도 말하지 않았지. 그런데 당사자인 사제는 아무 생각도 없이 잠시 그곳에서 쉰 후에 태연하게 다시 걸어가기 시작했네.

이 온순한 성격과 침착하고 조용한 관찰적인 지혜로 인해 그는 불안한 상태에 잘 빠지지 않았어. 바다에서 우리가 적들을 추격하거나 적들이 우리를 추격하는 것은 그에게는 제독, 선장, 장교들의 환상으로 여겨졌네. 그는 무관심하게 모든 군의 채비를 바라보았고 자신의 선실에서 침대에 눕거나 앉아 책 읽는 것을 계속했지. 그는 보통 시간에 건강과 공기를 마시기 위해 산책을 하러 위쪽으로 갔네. 적을 신경 쓰지 않으면서 말일세.

어느 날에는 갑자기 고함이 울려 퍼졌네.

"기선이 온다! 연기가 보인다!"

소동이 일어나자 장교가 명령했어.

"무기를 들어라!"

모두 위쪽으로 서둘러 뛰어갔네. 누군가가 아바쿰 사제도 부른 모양이었지. 사제는 여느 때처럼 서두르지 않으면서 나갔어. 모두가 망원경을 향하고 있는 쪽을 바라보더니 침묵하고서 무슨 일이 일어났는지를 기다렸네.

곧 다들 진정했다네. 그것은 기선이 아니라 고래를 잡는 포경선이었거든. 그 배에서 지방을 태우는 것이었네. 이곳에서 연기가 났던 거야. 적은 보이지 않았네.

내 뒤에서 목소리를 들리더군.

"악한 사람은 쫓아오는 사람이 없어도 도망간다!"[211]

아바쿰 사제는 적들과의 예기치 않은 만남에 대한 자신의 회의적인 견해를 이렇게 표현했네. 나는 웃기 시작했고 그도 역시 웃기 시작했지.

그가 다시 서두르지 않고 선실로 내려가면서 말했다네.

"맞는 말이에요!"

6

그런데 많은 항해자가 경험한 모든 무섭고 위험한 것과 마찬가지로 우리가 일본까지의 항해에서 경험한 것들도 일본에서 나의 동행자들이 경험하게 된 것과 비교하자면 역시 무미건조하고 하찮다네! 그곳에서 일어난 모든 것은 무섭고 위험하며 비참한 것이었어. 이것은 분, 시간 단위로 일어난 것이 아니라, 낮과 밤 단위로 일어난 걸세.

수많은 끔직한 드라마는 배와 함께한 다양한 시간에 일어났어. 자신의 삶에서 결여된 강한 느낌들을 책에서 찾고자 하는 사람은 난파 역사에서 상상을 위한 큰 양식을 발견하게 될 걸세. 이런 책들에서는 다양한 민족들의 많은 훌륭한 난파의 경우를 묘사하고 있지. 바다에서는 강풍, 갈증, 굶주림, 추위, 병, 배의 흔들림 때문에 죽어간다네.

그런데 결코 배의 난파는 화려한 볼거리를 보여준 다이애나호의 난파처럼 늘 이렇게 거대한 상황을 보여주진 않네. 지진 때문에 일어난 바다의 흔들림을 배에서 여러 번 감지했었어. 하지만 몇몇을 기억하자면 이것 때문에 큰 배들이 난파한 적은 없었다네.

다이애나호로 갈아타고 팔라다호 팀에서 믿을 만하고 숙달된 사람들을 골라낸 후에 제독은 일본에 잠깐 들러서 그곳 정부와의 협상을 끝내고, 이미 시작된 전쟁이 끝난 후에 그 협상을 재개하자는 조건을 성사시키려 했네.

타타르 해협에서 출항하기 전에 8월부터 11월 말까지 이 모험적인 항해를 준비하는 데 시간을 바쳤지. 이 항해를 위해서 정해지지 않은 기간 동안 먹을 수 있는 물자들을 준비했어. 적과의 만남이 있을 것을 고려하며 말일세.

모든 준비를 끝마침에 따라 제독은 11월 말에 갑자기 과감한 행동을 하기로 결심했네. 일본의 중심으로 가서 예민한 일본의 신경을 건드리는 거였지. 즉 일본 천왕이 살고 있는 미야코와 가까운 도시 오사카에서 예전에 유럽에서 옳지 않게 불렀던 정신적인 황제, 일본의 지도자이자 하늘의 아들을 건드리는 거였네. 일본인들이 이 닫히고 신성한 곳에서 예기치 않게 외국인이 나타나는 것을 두려워할 것이고 그래서 그들에게 제안하는 조건들에 신속하게 동의할 것이라는 제독의 생각은 근거 없는 것이 아니었네.

결국 그는 그렇게 했다네. 다이애나호가 그곳에 나타나자 일본인들은 정말로 두려워했어. 그러나 유감스럽게도 이 방법은 원하는 결과를 가져오지 못했어. 일본인들은 떠나라고 요청하기 시작했네. 그리고 자신의 해안 전체를 수많은 보트로 가려서 그 대열을 통과하려면 무력을 써야 했지. 그런데 이 방법을 사용하는 전권을 제독은 갖고 있지 않았다네.

이곳에서 일본인들은 어떤 협상에 대해서도 들으려고도 하지 않았어. 그들은 즉시 시모도 도시로 떠나라고 권했네. 그 도시는 바다로 나갈 때 에도의 거대한 만의 구석에 놓여 있는 작은 만에 있는 도시였어. 그들의 말을 따르면 거기로 전권대리인인 일본 관리들이 협상을 위해서 출발했다고 했네. 며칠이 지난 후에 거기로 다이애나호도 향했지. 이 작은 만에서 무서운 파국을 경험하는 것이 다이애나호의 운명이 되었네.

여기에서 나는 여행가와 작가로서 펜을 내려놓았네. 게다가 나는 항해자들과 같이 있지 않았거든. 나는 단지 그들의 회상, 이야기, 다이애나호의 난파와 러시아로 회귀하는 것에 대한 보고의 편집자일 뿐이었네.

나는 가능한 한 짧게 몇몇의 공통적인 특징만을 말하려고 노력할 걸세. 해양 전문용어가 많음에도 불구하고 모든 것이 충분하고 자세하게 그리고 가장 단순하고 이해하기 쉽게 설명된 제독의 보고로 사건을 알아보기를 희망하는 독자들에게서 큰 흥미를 빼앗지 않기 위해서라네.

이 모든 사건과 그 결과는 우리가 한 바다 항해의 역사에 속하네. 그러나 지금은 그것들이 아직은 대중이 쉽게 접할 수 없는 전문적인 해양 잡지에서만 눈에 띨 뿐이야.

이렇게 제독은 위대한 대공후인 해군장군에게 보고를 시작했네.

"자연에서 끔찍하고 드문 현상 중의 하나지만 다른 나라들에서 보다 일본에서 더 자주 일어나는 현상 가운데 하나로 다이애나호 가 난파했습니다."

이어서 제독은 광대한 사건과 해안과 전함에서 파괴적인 그 사 건에 대해서 서두르지 않고 착실히 순간순간을 이야기했네.

이 이야기를 읽고 많은 증인의 구두의 이야기를 귀 기울여 듣 고 나면 사건에 대한 저속한 묘사를 다음과 같이 하나의 삽화로 일목요연하게 표현할 수 있네. 거대하고 큰 찻잔을 가져오게. 그리 고 반까지 물을 따르고 찻잔을 빠르게 저어보게. 물에 계란 껍질 을 놓아두거나 물에 가득한 짐과 사람들을 태운 작은 배를 놔두 어보게. 이것이 바로 배와 사람들의 상태라네. 그런데 찻잔에는 섬 들 모양으로 가운데에 서 있는 바위도 없고 울퉁불퉁한 해안들도 없잖은가. 이 모든 것은 작은 만 시모도에서 일어난 일이네.

시모도 만이 바다에서 닫혀 있지 않다는 사실을 일단 알아야 하네. 그래서 배가 정박하기에 안전한 장소 역할을 할 수 없었지.

제독이 말한 바에 따르면 12월 11일 아침 열 시에 그와 선실에 있던 다른 사람들은 식탁, 의자, 그 밖의 물건들이 약간 흔들거리고 그릇과 다른 물건들이 흔들리고 있는 것을 알고서 서둘러 위쪽으로 나갔네. 언뜻 보기에 모든 것은 아직 조용한 것 같았어. 작은 만에서 파도는 보이지 않았는데 물은 마치 아우성치거나 펄펄 끓어오르는 것 같았지.

작은 도시 시모도 근처에는 산에서 흐르는 꽤 빠른 작은 강이 흐르고 있었네. 작은 강에는 일본의 작은 배인 밑이 평평한 범선들이 몇몇 떠 있었어. 이 배들은 조류를 따라서가 아니라 뒤로 작은 강을 따라 거슬러 갑자기 빠르게 올라가기 시작했네. 이상한 현상이 또 일어났다네. 곧 전함에서 무엇이 일어나는지 알아보기 위해서 장교를 태운 보트를 보냈는데 그 보트는 해안으로 다가가지 못했어. 마치 물이 그 보트를 위쪽으로 들어 올려서 내던져버리는 것 같았지. 장교와 수병들은 보트에서 뛰어내려서 보트를 물에서 멀리 끌고 갔네. 이 순간부터 무섭고 어마어마한 광경이 일어나기 시작했어.

바로 이 광경을 두세 개의 특징으로 나타낼 수 있는 그림은 다음과 같네.

바다 바닥의 진동 때문에 시모도 만에 있는 일본 해안들에서 거대한 큰 파도가 밀려들어 왔어. 큰 파도는 해안에 닿고 되돌아갔으나 작은 만에서 떠나지 못했네. 큰 파도를 향해 바다에서 더 거대한, 다른 큰 파도가 흘러 들어왔거든. 그것들은 맞부딪쳤고 작은 만에 들어가지 못한 물은 소용돌이를 일으켰지. 이 소용돌이는 해안으로 밀어닥쳐 시모도에서 사람들이 피해 있던 높은 곳에 이르기까지 흘러들어온 후에 이 작은 만 전체를 흔들기 시작했다네.

두 번째 큰 파도는 시모도 전체를 뒤덮었고 시모도의 밑부분까지 쓸어가 버렸네. 그다음에 다시 큰 파도는 계속해서 일어났어. 소용돌이는 힘이 점점 세어져서 아직 무사히 남은 모든 것을 계속해서 깨뜨리고 휩쓸며 침몰시켜 해안에서 날려보냈다네. 1,000채의 집 가운데 16채의 집만 남았고 약 100명이 죽었지. 만 전체가 집과 배의 잔해들, 사람들의 시체, 집기와 도구 등 셀 수 없이 많은 물건으로 뒤덮여 있었네.

이 모든 것은 거대한 양을 이루며 해안으로 밀려들고 있었어. 제독의 보고에 따르면 마치 해안이 계속되는 것처럼 보였다는군.

그런데 이때 전함에는 무슨 일이 일어났는가?

증인들의 이야기를 들어보면 해수면이 더 두드러지고 변덕스럽게 높아졌다가 낮아졌다는 것을 알 수 있네. 그것은 전함과 같은 높이에 이르렀다 갑자기 위쪽으로 약 6사젠까지 솟아올랐어. 갑판에 서 있을 수 없을 정도였지. 물이 높이 오르고 있거나 바다의 밑바닥이 드러나는 걸 본 적이 있는가? 물의 소용돌이는 전함을 이쪽에서 저쪽으로 내몰아서 1사젠 정도 섬의 암석 벽 쪽으로 몰아 붙였다네. 그래서 전함은 견과류를 박살내듯이 이 섬을 위협하다 다시 만의 중앙으로 물러나는 걸 반복하면서 섬 근처에 서 있었 다는 거야.

그다음에 전함을 때로는 한 쪽으로 때로는 다른 쪽으로 재빠르 게 밀어붙이기 시작해서 보고에 따르면 전함은 30분 동안 42번을 회전했다는군! 마침내 전함을 강타하기 시작했네. 파도가 변덕스 럽게 밀려오거나 나가면서 밑바닥을 치거나 닻을 치거나 이쪽 측 면을 치거나 저쪽 측면을 쳐댔어. 그리고 두 번째로 쳤을 때는 그 상태가 1분 동안 계속되었다네….

공포, 위험, 난파 이 모두가 이 한순간에 다 생겨난 거야!

모두 잡을 수 있는 무언가를 단단히 꽉 잡고 있었다는군. 모든 것은 침묵 속에서 굳어 있었네. 그다음에 기도문을 외우는 소리가 울려 퍼졌지. 모두 기도했고 누군가는 소리 내어 기도했네. 그리고 모두 물론 마음속으로 열심히 바다를 위해 기도를 하고 있었네!

신은 수병들의 기도를 들었어.

제독의 보고는 다음과 같이 말하고 있네.

"우리를 난파에서 구원할 수 있는 신이 필요했습니다."

마침내 물이 높아지자 전함도 올라왔네. 그런데 전함의 상태는 가관이었어! 그러나 수병 모두가 죽음에서 벗어난 것은 아니었네. 한 수병은 목숨을 잃었고 두 명은 불구가 되었지. 전함이 기울 때 고정시켜놓지 않은 두 대의 대포가 떨어져서 한 수병을 쳐서 죽였고, 다른 두 명의 다리를 내리쳤다네. 그중의 한 사람은 갑판장 테렌티예프였어.

나는 이 여위고 주근깨투성이의 무자비한 갑판장인 테렌티예프를 기억하네. 항상 가슴에 호각을 달고 있었고 손에는 징벌용 밧줄이나 보통 밧줄을 들고 있었지. 내가 항해 초기에 언급했던 사람인데 그는 나의 파데예프를 때로는 징벌용 밧줄로 때렸으며 또 때로는 보통 밧줄로 등을 때렸네. 나의 파데예프가 벌을 받은 이유는 내가 요청하지 않았는데 항상 뜻하지 않게 놀라게 해주려는 마음에서 바닷물이 아닌 담수를 세숫물로 몰래 가져다주었기 때문이었지. 독일해에서 항해할 때 정해진 양 외에 물을 탱크에서 몰래 가져왔다네.

무풍상태일 때 소용돌이는 몇 시간 동안 계속되었고 드디어 잔잔해졌다네. 전함을 자세히 살펴본 후에 완전히 망가졌다는 것이 판명되었지. 선창은 식량, 장비, 장교들과 수병들의 모든 개인 소유물을 흠뻑 적신 물로 가득 차 있었네. 그런데 중요한 것은 더 이상 배의 키가 없었다는 걸세. 배의 키가 부서져버린 거지.

전함을 무장해제했네. 해안으로 총 60개의 무기를 가지고 내려갔네. 이 무기가 적들의 손에 들어가지 않도록 하는 것이 우리에게 얼마나 중요한 일인가를 일본인들에게 설명한 후에 잘 보관하라고 건네주었네. 그리하여 일본인들은 무기들을 숨길 특별한 헛간을 지어서 치밀하게 보관했다네.

그들은 자신도 직접 지진을 겪었는데도 불구하고 우리에게 각종 도움과 친절을 베풀었네. 일본 정부는 식량을 보냈고 필요한 것을 모두 공급해주었지.

우리나라는 그들의 친절을 높게 평가했고 러시아 항해자들을 향한 배려에 감사하여 일본 정부에게 무기를 총 60개 선물했네.

그런데 우리는 일본인들에게서 받았던 도움을 빚으로 남겨두지 않았어. 그때 전함을 회전시키고 밑바닥을 두드릴 때 물의 압력 때문에 밑이 평평한 작은 배 두 척이 전함에 부딪혔네. 그중 하나에서 매우 어렵게 두 명의 일본인을 전함으로 받아들였네. 마지못해 자신을 구해 달라고 했던 일본인들이었지. 그때는 외국인과 교섭하는 것을 일본 정부가 엄격하게 금지했던 때라네. 세 번째 동료는 그것을 매우 무서워했어. 그래서 그는 동료들의 예를 따르는 것을 두려워하여 작은 배와 함께 그 자리에서 죽었다네.

상황이 조용해졌을 때 제독은 부상자를 도와주라고 포시예트와 의사를 시모도의 폐허로 보냈네. 그런데 그들은 무서운 나머지 부상자들을 숨기고 부상자가 전혀 없다고 알렸어. 하지만 우리는 그들을 눈 깜짝할 사이에 찾아냈다네.

이렇게 이 바다 드라마의 첫 번째 장이 끝났네. 첫 번째 장인 이유는 무섭고 위험하며 치명적인 순간들이 지진으로 다 없어지는 것은 아니기 때문이야. 두 번째 장은 1854년 12월 11일부터 1855년 1월 6일까지 계속되었네. 이때 항해자들이 전함을 버렸다기보다 더 정확하게는 전함이 항해자들을 완전히 버렸다고 해야 할걸세. 그들은 문자 그대로 조국에서 멀리 떨어져 있는 낯선 해안으로 뛰어내리게 되었거든.

그들은 전함에 가짜 키를 단 후에 마치 부상자를 병원으로 데려오는 것처럼 조심스럽게 닫힌 작은 만 헤다로 끌고 왔네. 그 만은 시모도에서 약 60베르스타 떨어져 있었지. 그곳에서 모래톱에 쌓아놓고 수리하여 다시 항해하기 위해 끌어온 거였어. 그런데 모든 희망은 부질없는 것이었네. 이틀 동안 항해자들은 만에서 부는 맹렬한 돌풍을 견뎠지. 그리고 드디어 영하 4도에서 밀려드는 파도를 지나 보트를 타고 굵은 밧줄을 따라 해안으로 가는 데 총력을 다해야 할 때가 왔네. 일본의 몽블랑 산인 후지 산 기슭으로 움직여야 했지. 작은 만 헤다에서 반대쪽에 있는 곳으로 말이네.

그들은 조용한 날씨가 도래함에 따라 마침내 일본의 보트들을 이용해서 어떻게든 작은 만까지 텅 빈 해골인 전함을 운반해 와서 수리하고 싶었네. 만약 전함이 물에서 그때의 상태로 유지되어 있다면 할 수 있을 거라고 제독이 말했지.

일본의 보트 100척이 전함을 잡아당겼네. 그곳까지 약 5~6베르스타 정도가 남아 있었지. 갑자기 돌풍이 불어와 풍랑을 일으켰네. 그리하여 모든 보트가 갑자기 밧줄을 놓치게 되었어. 전함을 이끌고 가던 우리 장교들도 작은 만에 숨어야 했네. 버림받은 텅 빈 전함은 풍랑에 이쪽저쪽으로 흔들렸다네….

밤에는 전함을 지켜볼 수가 없었는데 이튿날 아침에 그들은 전함을 볼 수 없었어….

보고를 읽고 다이애나호가 난파했다는 이야기를 들었을 때, 나는 울고 싶어졌네. 마치 사람의 더딘 임종의 고통에 대한 이야기를 들었을 때처럼 말이야.

바로 이 두 날이라네. 마치 항해자들의 삶에서 뜻 깊은 날들인 12월 11일 지진이 난 날과 1월 6일 해안에 상륙한 날인 이 날들은 앞에서 언급한 두 번의 점심을 먹으면서 우리가 모임을 갖게 된 동기이기도 하다네.

마침내 세 번째 움직임은 여행가들의 귀향이었어. 역시 일종의 무서움과 위험이 러시아로 가는 방법이 되어주었지….

이렇게 다이애나호의 난파는 끝났네. 난파는 바다 재난의 연대기에서 가장 눈에 잘 띄는 자리를 차지할 걸세.

7

여기에 더해 이전의 동행자들이 내게 말해준 그 이후 자신의 여행에서 훌륭했던 이 탐험의 결론에 대해 조금 말하려 하네.

후지 산의 기슭에서 우리의 주인공들은 도보로 산을 지나 작은 만 헤다로 향했네. 전함을 데려가려고 했던 곳 말일세. 로빈슨 크루소의 상태로 500명이 오랫동안 머무를 수 없기 때문에 그곳에서 가능하다면 그리 길지 않은 야영이 되기를 바라며 숙박을 위한 막사들을 준비했네. 이때가 영하 4도였다는 것을 잊지 말게! 그곳에서 어떤 모습으로든 떠나기 위한 방법을 찾아야만 했어. 보고서가 러시아에 도착하여 그곳에서 다른 배를 보내줄 때를 기다려야만 했는데 그 당시는 전쟁 상황이어서 그런 일을 한다는 것은 불가능했지. 게다가 그 답변을 기다린다는 것은 포로로서 이 모든 상황을 견뎌내야 한다는 것을 의미했네. 모든 난관을 이겨내고 이곳에 온 것은 우리나라가 저곳에서… 싸우고 있는데 우리는 팔짱을 끼고서 인기척도 없는 연안에 틀어박혀 있는 것은 아니라고 항해자들은 생각했네.

결국 이들은 스스로를 돕기로 결심했네. 제독은 물론 일본의 도움을 받아서 직접 배를 짓기로 결정했어. 특히 필요한 재료인 나무, 철, 그 밖의 모든 것을 공급받는 일에서 일본의 도움을 받았네. 목수, 목공, 대장장이는 러시아인들이었지. 부대에는 기술이 필요한 선박 작업에서 필요한 모든 것을 알고 있는 사람들이 항상 소속되어 있다네. 그렇게 일을 진행시켰어. 4개월 후에 벌써 스쿠너가 준비되었네. 상처를 입은 항해자들을 보호하는 작은 만 헤다를 기념하여 이 스쿠너를 헤다호라고 불렀지.

보고서를 통해 알려진 바에 따르면 우리의 항해자들은 세 부대로 나누어졌네. 첫 번째 부대는 고용된 미국의 배를 타고 아무르 강 하구 쪽으로 출발했고 두 번째 배는 브레멘[212] 배를 타고 가다가 영국의 군함과 마주쳤어. 그런데 영국인들은 우리 항해자들을 전쟁포로가 아니라 난파를 견뎌낸 사람이라고 생각했다네. 그래서 그들의 배에 나누어 태우고 희망봉을 들러서 유럽으로 실어다 주었다는군.

마침내 제독은 자신이 직접 만든 스쿠너 헤다호를 타고 약 40명 정도인 남은 조들과 함께 영국 군함의 추격을 간신히 피해서 아무르 강 하구에 도착했네. 이 강을 따라 위쪽으로 러시아의 초소 우스티스트렐카까지 올라온 거야. 실카 강과 아르군 강의 합류 지점이지. 그리고 드디어 페테르부르크에 도착했다네.

이 황량하고 탐험되지 않은 곳인 우리나라의 미시시피 강을 따라 한 여행은 어떤 가치가 있을까!

제독 자신, 포시예트 선장(지금은 제독이네.), 로세프 선장, 페수로프 소위, 다른 18명 정도 되는 수병들은 이 첫 번째의 원정을 행했네. 시간이 지나면서 아무르 강이 우리의 영토에 합쳐졌고 이 강을 따라 작은 기선을 타고 위쪽으로 올라갔지. 바로 이 기선을 타고 첫 번째로 동시베리아의 현지사인 무라비요프가 강을 따라 내려갔다네.

동시베리아 현지사인 무라비요프가 육로로(나도 그 일행에 가담했네.) 이르쿠츠크로 돌아가며 자신이 타고 왔던 기선과 그에 딸린 보트, 그리고 지붕 없는 큰 보트를 제독에게 주었네. 이 보트에는 기선에 들어가지 못한 사람들과 식량이 실려 있었지. 실카 강과 아르군 강까지, 그것의 합류 지점인 우스티스트렐카 마을까지의 여정에 1개월 반 정도가 걸릴 거라고 예상되어 식량을 2개월 치 챙겼는데 항해는 약 3개월 정도 계속되었다네.

우리 방랑자들에게는 아무런 일도 일어나지 않았어! 때때로 강에 물이 없어서 항해할 수 없었고 때로는 강하게 조류가 흘렀네. 때로는 장작이 남아돌았고 때로는 해안에 작고 마른 나뭇가지가 하나도 없어서 음식을 끓이거나 기선에 연료도 땔 수가 없었네! 어떤 곳에서는 토착민인 만주인, 오로촌인, 나나이인, 길랴크인, 유럽의 민속학자들이 아직도 의심하고 있는 다른 종족들에게서 마른 사슴 고기와 수수를 유리구슬과 못 등을 주고 교환할 수 있었다네. 그런데 다른 곳들은 완전히 해안을 따라서 텅 비어 있다는 군. 아니면 어떤 곳의 주민들은 특히 밤에 기선에서 배출된 연기와 무수한 불꽃들을 멀리서 본 후에 두려움 속에서 더 멀리 뛰어가 숨어버리는 곳도 있었다네. 그래서 배고픈 항해자들은 그들의 집으로 들어가 주인 행세를 하며 식량을 가져오고 목걸이, 거울 등의 물건을 남겨 두었지. 직접 물고기도 잡았고 가끔 러시아 철갑상어 수프를 끓여 먹는 사치도 누렸네. 특히 항해의 첫 번째 반쯤에서 말이야.

해안을 따라 숲이 없었을 때 항해자들은 장작을 얻기 위해서 한쪽으로 깊이 들어갔네. 수병들은 장작을 토막 냈고 장교들은 그것들을 기선으로 질질 끌고 갔지. 제독이 그 일들을 직접 하려고 했지만 모두들 강력하게 그것을 반대했네. 제독에게는 험하지 않은 쉬운 일들을 몇 개 주었지. 식탁을 차리고 접시와 찻잔을 씻는 일 말일세.

항해 마지막 몇 주에는 모든 물건이 떨어졌다네. 하루에 세 번씩 차와 함께 탈곡한 수수를 한 움큼씩 먹었다는군. 오로지 이것뿐이었다네. 어느 날 마른 사슴 고기 조각을 구했는데 신선하지 않은데다 벌레 먹은 것이었네. 처음에는 먹는 데 의심을 품었지만, 일단 먹기 시작하자 고기를 말끔히 먹어치웠지….

이 이상한 편력에 대해서 내게 말했던 포시예트가 다음과 같은 말을 덧붙였네.

"먹기 전에 괜찮은지 보려고 수병들에게 먼저 먹였습니다."

나는 포시예트의 이야기를 들으면서 생각했어.

'정말 그랬다는 건가? 시범으로? 아니면 너무나도 배가 고파서 먹은 겐가?'

우리의 초소가 있는 우스티스트렐카에 도착하기 이틀 전에 이곳의 책임자는 앞서 보낸 오로촌인을 통해 항해자들이 겪고 있는 극도의 궁핍함에 대해서 알게 되었다네. 그 후 항해자들에게 필요한 모든 것을 풍족하게 보냈지. 거기에는 송아지 고기도 있었어. 약 3,000베르스타를 지난 그곳에서 항해자들은 탕자가 아니라 돌아온 탕자가 되어 살찐 고기까지 먹게 된 거야!

모든 오디세이와 아이네이스[213]가 떠날 준비를 했던 원정은 이렇게 끝이 났네. 어깨에 아버지를 멘 아이네이스도, 오디세이도 우리의 대담한 항해자들이 견뎠던 그런 불행의 열 번째 계곡을 견디지 못했네. 그들 중에 어떤 이들은 사라졌고, 어떤 이들은 더 멀리 갔다네!

어떤 이들은 무덤에 묻혔네. 그 가운데에 아바쿰 사제가 있구먼. 이 겸손한 학자이자 존경할 만한 사람인 아바쿰 사제는 그다음에 푸탸틴 백작과 함께 중국으로 갔다네. 톈진 조약을 체결하기 위해서 말일세. 그리고 돌아온 후에 계속 중국인들과의 교제를 하고 그들과 그들의 언어를 아는 데 힘을 썼네. 왜냐하면 그 사람은 전에 베이징에서 우리의 임무를 받아서 약 15년을 살았기 때문이지. 그는 알렉산드르넵스키 수도원에 살았고 그곳에서 약 10년 전에 사망했다네.

더 이상 로세프 선장(후에 그는 장군이 되었네.), 오랫동안 해군학교의 교장이었던 림스키코르사코프, 아레피예프와 베이리흐 등 두 명의 의사, 사비치 중위, 항해사 포포프는 이미 산 사람이 아니야.

이 슬픈 목록에 한 명을 더해야만 하겠군. 최근에 사망한 벨라베네츠인데 그는 크론시타트의 천문대에서 일했다네. 그리고 할레조프도 더해야 하는데, 그는 이 항해기에서 노인이라는 이름으로 알려진 사람일세.

살아 있는 사람들 중에 연장자들은 해양 직책과 다른 직책에서 높은 지위를 차지하고 두각을 드러내고 있네. 연소자들은 연장자들이 걷는 길을 따라가는 중이지.

나는 이 바다 항해 기간과 이런 훌륭한 사람들을 추억할 때마다 호감과 좋은 기억을 떠올리게 된다네. 그리하여 나는 그들과 결코 헤어지지 않은 것처럼 그들을 대하게 되더군.

후에 나의 바람과 희망은 다시 먼 나라로 항해하는 거였지. 그러나 지금 나는 더 이상 희망하지 않고 원하지도 않네. 세월이 흘러 모든 바람과 희망은 희석되었어. 그러나 나는 이 바람과 희망을 나의 독자들의 마음속으로 가져다주길 원하네. 만약 독자들에게 배를 타고 멀리 있는 나라로 갈(타고 가는 것이 아니라 걸어간다는 것을 기억하시게.) 기회가 온다면 결코 미리 두려워하고 의심하는 소리를 듣지 말고 이 기회를 잡으라고 충고를 해주고 싶다네. 아마도 독자는 이 충고를 반대할지도 모르지. 이 장에는 항해를 하고 싶은 마음을 완전히 빼앗아버리는 것이 상당히 많이 적혀 있기 때문이야. 반대로 바로 이 이야기가 나의 충고를 확실히 지탱시켜주는 것이기도 하네. 하지만 그때 지진 때문에 도시와 마을이 쓰러지고 암벽이 떨어지며 집과 사람들도 해안으로 사라졌을 때, 전함은 모든 것을 견뎌냈고 500명 중에 한 명만 죽었다는 사실을 기억하게나! 그래서 전함을 잃은 후에 항해자들은 잘 빠져나왔고 모두 집에 잘 도착하여 대부분이 지금까지 건강히 지내고 있네.

런던에 있는 러시아인 목사가 포츠머스를 떠나기 전에 우리를 방문하여 기도를 마친 후에 설교를 했어. 설교에서 그는 두려움을 경고했네. 우리가 바다에서 만날 수 있는 위험성들을 열거했지. 처음에 그것들이 우리를 놀라게 했지만 그는 다음과 같이 설교를 끝마쳤네.

"해안에서의 삶도 무서움, 위험성, 슬픔, 불행들로 가득 차 있습니다. 따라서 우리는 이런 불행과 공포를 저런 불행과 공포로 바꿀 뿐이랍니다."

이것도 사실이야. 보통 많은 배가 난파하는 것을 인용하여 그 증거로 삼네. 하지만 만약 세어본다면 얼마나 많은 열차가 철도에서 충돌하고 높은 곳에서 떨어지며 화재 등에서 얼마나 많은 사람들이 죽는가? 어떤 쪽이 더 많은가? 그리고 얼마나 많은 가난한 인류가 적은 돈으로 어떤 황야나 숲이 아니라 인구가 많은 도시에서 외롭게 살아가고 있는가?

이런 말을 하겠지.

"여전히 바다에는 무서운 것이 있네. 그것은 의심, 불확실성, 위험이 도사리고 있다고…!"

그래. 그것이 맞을 수 있네. 하지만 사람은 용맹함도 타고 났다네. 마음의 소심한 행동을 극복하고 습관이 된 감각을 단련시키기 위해서는 용맹함을 스스로 불러일으키고 도움을 호소해야 하지. 가장 소심한 성격이라도 익숙해지면 끝나게 되네. 심지어 여성들도 그것에 대한 좋은 예시가 될 수 있을 걸세. 몇몇 영국 여자들과 미국 여자들은 먼 항해를 시작하고 견디며 심지어 거대한 바다의 여정을 좋아하기도 한다네!

그 대신에 어떠한 포상을 받는가! 길고 긴 항해는 훌륭한 그림들과 마음을 끄는 삽화들로 추억과 상상을 채워주고 풍문으로 들었던 것을 명백한 지식으로 만들면서 지혜를 증대시키네. 그 외에도 항해는 항해자들을 수병들, 뛰어나고 독특한 사람들, 동료들의 완전한 무리와 거의 가족처럼 친근하고 가깝게 이끌어주지.

그다음에 기억과 가슴에서 모든 것을 평생 동안 잊지 못하게 될 걸세. 드물고 귀한 손님들을 잊지 못하는 것과 마찬가지라네.

끝.

옮긴이의 글

　곤차로프보다 긴 여정이 끝났다. '야호!'라고 해야 하나, 아쉽다고 해야 하나. 곤차로프의 말대로 우리 인간은 참 이상한 동물이다. 그 긴 지루한 항해를 마치면서 곤차로프가 시원섭섭해하고 있듯이 나 역시 끝이 없어 보이던 항해기 번역 작업을 끝내면서 비슷한 감정이 인다.

　낯선 곤차로프를 따라 낯선 여행을 나선 지 몇 년이 지나자 어느새 곤차로프가 바라보는 풍경은 내 눈으로 보는 풍경이 되었다. 그가 보고 묘사하는 것을 통해 긴 여행을 함께한 느낌이다.

　우리는 곤차로프가 탄 전함 팔라다호 한편에 그와 같이 앉아 있었다. 그리고 한 배를 탄다는 사실을 실감했다. 그가 멀미를 하면 우리도 따라서 울렁거리는 배를 움켜잡아야 했다. 바다 한가운 데에서 지루해 죽을 것 같을 때 우리도 배 위에서의 무료함이 무 엇인지 알게 되었고 우리 현실에 감사함을 조금은 배우게 되었다.

새로운 것을 대할 때 어떤 마음가짐과 태도를 취할지 그에게 배 웠다. 때로는 여자보다 세심한 모습에 지치기도 했지만 지칠 줄 모 르는 관찰력과 투시력 그리고 묘사 능력에 감탄하면서 뒤를 졸졸 따라다녔다. 이제야 배를 타고 여러 대양을 돌고 여러 나라에 들 른다는 의미를 조금 안 듯하다.

번역 작업을 하면서 곤차로프를 친구로 얻은 것 외에 또 하나 의 수확이 있다. 바로 이 작업을 도와준 내 주변의 좋은 사람들이 다. 이런 사람들이 가까이에 있어 행복을 실감한다.

같은 곳에서 같은 방향을 향해 인생을 함께 간다는 이유 하나 만으로 팔라다호에 승선해준 우리 동료들과 학생들 그리고 가족 이 고맙다.

언제나 든든한 힘이 되어주는 우리 과의 아버지 같은 존재인 김성완 교수님, 우리 과에 없어서는 안 될 감초 같은 존재인 박선 진 교수님, 우리의 막힌 러시아어를 매 순간 시원하게 뚫어주는 에두아르트 리아니다비치 드 교수님이 많은 힘이 되었다.

함께 배운다는 목적 하나만 믿고 따라와준 우리 학생들도 무척 고맙다. 함께한 스터디가 없었더라면 이 엄청난 작업을 끝낼 엄두도 못 냈을 것이다. 한 사람 한 사람과 보낸 스터디 시간이 값진 결실을 맺게 되어서 매우 기쁘다. 그 덕분에 박지혜, 김현정, 박정은, 유연태, 류다미, 김진희, 윤소망, 정사랑 그리고 사샤와 많은 추억도 쌓을 수 있었다. 저력을 과시한 이런 노력이 더 예쁜 모습으로 나타났다면 더 좋으련만 부족한 이 선장으로 인해 많은 아쉬움이 남는다.

사랑하는 가족 또한 고맙다. 긴긴 글을 꼼꼼히 읽어준 언니 정옥자 님, 변함없는 마음으로 언제나 지켜봐주시는 어머니 고금철 님께도 마음으로 고마워하고 있다고 말하고 싶다.

마지막으로 약하디 약한 건강을 회복할 때까지 오랜 시간 기다려준 한국문학번역원에도 감사 인사를 전하고 싶다.

기쁜 순간을 더 충실하게 누리며 더 부지런하게 살아가야겠다는 다짐으로 이 작업을 마치면서 항상 지켜봐주시는 하느님께 감사 기도를 드린다.

2016년 12월
정막래

옮긴이 주

1 보닌 제도는 일본에 있는 섬으로 오사가와라 제도라고 불리며, 도쿄에서 남쪽으로 1,000킬로미터 떨어진 곳에 있다.

2 마데이라 제도는 대서양에 있는 포르투갈령 섬들이다. 하지만 본문과 달리 실제로는 마데이라 제도가 일본보다 남쪽에 있다.

3 E. 켐퍼(1651~1716)는 독일의 여행가이자 자연과학자로, 페르시아, 러시아, 인도, 동안아시아와 일본을 여행한 후 유명해졌으며 일본의 문자와 문화, 역사 등을 서양에 소개했다. 특히 그의 책 『켐퍼의 에도 참부 기행』과 『일본사』는 서양에서 일본에 대한 인식의 기반을 닦았다.

4 사젠은 미터법 채용 전에 러시아에서 쓴 길이 단위다. 3아르신이며 약 2.134미터다.

5 쇼군은 일본의 역대 무신정권인 막부의 수장을 가리키는 칭호다.

6 베르스타는 미터법 채용 전에 러시아에서 쓴 길이 단위로, 1베르스타는 1,067미터다.

7 에도는 일본 도쿄의 옛 이름으로, 에도 성을 중심으로 한 지역을 말한다.

8 미야코는 교토의 옛 이름이다.

9 샌드위치 제도는 하와이의 옛 이름이다.

10 바니오스는 일본의 무사 계급 가운데 하나다.

11 고케닌은 일본 가마쿠라 시대부터 에도 시대까지 쇼군과 주종 관계에 있던 무사의 총칭이다.

12 V.M. 골로브닌(1776~1831)은 러시아의 항해사 겸 정치가로, 역사학자이자 지리학자, 민속학자, 해군 이론가, 문학가이기도 하다.

13 E. 벨처(1799~1877)는 영국의 여행가다.

14 쿠릴 열도는 러시아 동부 사할린 주에 속한 열도로, 캄차카 반도와 일본의 홋카이도 사이에 56개의 섬과 바위섬이 줄지어 분포하고 있다.

15 갈릴레오 갈릴레이(1564~1642)는 이탈리아 르네상스 말기의 물리학자이자 천문학자, 수학자, 철학자로, 종교재판에 회부되어 지동설을 포기하라는 명령을 받고도 "그래도 지구는 돈다."라고 말하며 끝까지 자신의 주장을 굽히지 않았다는 설이 있다.

16 도식주의는 모든 사물을 일정한 형
식이나 틀에 기계적으로 맞추려는
경향이다.
17 『텔레마코스의 모험』은 프랑스의
성직자이자 사상가였던 F.S. 페네롱
이 1699년에 발표한 소설이다.
18 아르신은 러시아의 길이 단위로,
1아르신은 71.12센티미터다.
19 양묘기는 배의 닻을 감아올리고 풀
어 내리는 데 쓰는 기계를 말한다.
20 운모글리크는 야쿠티아어로 불가능
하다는 뜻이다.
21 콤포트는 물에 과일과 설탕을 넣어
끓인 후 식혀 먹는 후식의 일종이다.
22 루블은 러시아의 화폐다.
23 크로노미터는 천문 관측이나 경위
도선 관측, 또는 항해 등에 쓰이던
정밀도가 높은 휴대용 태엽 시계다.
24 콘트랄토는 여자 목소리 가운데 가
장 낮은 음역의 소리다.
25 크르일로프는 19세기 러시아의 우
화 작가다.
26 I.I. 이즐레르는 19세기의 페테르부
르크 실업가로, 새로운 마을이라는
곳에 있는 온천장을 임대해 여러 가
지 공연을 무대에 올렸고 대중적인

성공을 거두었다.
27 로쥬(老儒)는 쇼군의 직속으로 정
무를 총괄하고 다이묘를 감독하던
직책이다.
28 C.P. 툰베리(1743~1828)는 스웨덴
의 식물학자다. 남아프리카공화국
식물학의 아버지, 일본의 린네라고
불린다.
29 탈러는 독일의 옛 마르크 은화다.
30 로욜라의 성 이냐시오(1491~1556)
또는 이냐시오 데 로욜라는 스페인 바
스크 귀족 가문의 기사이자 로마 가톨
릭 교회의 사제, 기독교 신학자다.
31 성 바르톨로매오 축일 학살은 기독
교의 역사상 1572년 8월 24일부터
10월까지 있었던 로마 가톨릭 교회
추종자에 의한 개신교 신도들을 학
살한 사건을 가리킨다.
32 카키는 감을 말한다.
33 묘령의 일본은 프랑스어로, 스무 살
을 전후한 여성의 나이를 뜻하는
'묘령의, 젊은'은 아직 유럽에 개방
되지 않은 일본을 수식하는 말로 쓰
이고 있다.
34 방현물은 배의 측면을 보호하기 위
하여 줄을 달아매어 배와 배 또는

배와 부두와의 충격 및 파손을 방지하는 것이다.

35 푸드는 러시아의 무게 단위로, 1푸드는 16.38킬로그램이다.

36 로마신화에 나오는 농경의 신인 사투르누스는 여기에서 토성을 가리킨다.

37 스쿠너는 앞 돛대 꼭대기에 1개 이상의 가로돛이 있거나 보통 1개 이상의 지브 돛 또는 버뮤다 돛이 달린 배의 종류다.

38 자딘 매디슨 홀딩스는 버뮤다에 설립된 대기업이다. 자딘과 매디슨은 회사의 두 창립자다.

39 정크선은 중국의 연해나 하천에서 승객이나 화물을 실어 나르는 데 사용되었던 배를 말한다.

40 카벨토프는 바다에서 쓰는 길이의 단위로 1카벨토프는 185.2미터다.

41 혼 곶은 남아메리카 대륙 최남단에 위치한 곳이다.

42 클리퍼선은 19세기의 다수의 돛이 달린 쾌속 범선이다.

43 도크는 정박 구조물을 일컫는 말로 부두 제방, 부두, 선창, 떠다니는 부양 도크 등을 말한다.

44 브릭선은 18세기에서 19세기에 존재하던 쌍돛이 달린 군용선 내지 상선을 말한다.

45 타오타이는 일반 행정 및 군 행정의 수반이다.

46 캬흐타는 몽골의 도시 이름이다.

47 카프탄은 러시아 남자들이 입는 긴 상의다.

48 바크선은 세 개 이상의 돛대가 있으며 앞 돛대는 가로돛, 뒷돛대는 세로돛을 단 범선이다.

49 칼은 갈치를 말한다.

50 올라디야는 후라이팬에 지져서 만드는 러시아식 빵의 일종이다.

51 터번은 이슬람교도 남자가 머리에 감는 두건이다.

52 유럽인들은 중국 봉건시대의 관리를 만다린이라고 불렀다. 만다린은 러시아어로 귤을 뜻한다.

53 셰리주는 발효가 끝난 화이트 와인에 브랜디를 첨가하여 알코올 도수를 높인 스페인 포도주다.

54 포트와인은 포르투갈에서 생산되는 세계적으로 유명한 디저트용 포도주로, 발효 중에 브랜디를 첨가하여 알코올 농도를 높인 포도주다.

55 보그드이한은 성스러운 군주라는
   의미로, 16세기에서 17세기의 러시
   아문서들에서 중국의 황제를 이렇
   게 부르고 있다.

56 고토 열도는 일본 규슈 나가사키 현
   에 딸린 군도로, 일본에서 서쪽으로
   가장 끝자락에 위치한 열도다.

57 사케는 일본 술을 말한다.

58 페리 해군 준장은 미국의 군인으
   로 동인도 함대 사령관으로 일본 특
   파 대사를 겸임하였다. 1846년부터
   1848년까지 멕시코 전쟁에 참전하
   였고, 1853년 일본과의 외교 공방 끝
   에 미·일 우호 조약을 체결하였다.

59 러시아 달력은 구력, 즉 음력을 말
   한다. 이 당시 러시아에서는 음력에
   해당하는 율리우스력을 사용하고
   있었고 유럽에서는 오늘날 사용되
   고 있는 양력인 그레고리력을 사용
   하고 있었다.

60 커터는 돛대가 하나인 소형 돛단배
   로, 외돛대의 앞뒤에 비교적 큰 돛
   을 단 쾌속 범선이다.

61 아마존은 그리스 신화에 나오는 전
   설의 여성 부족이다.

62 노리모니는 일본의 무사 계급 중의

하나다.

63 살랸카는 우리나라의 김치찌개 같
   은 러시아 요리다.

64 C.P.툰베리(1743~1828)는 스웨덴
   의 식물학자로 일본의 린네라고 불
   린다. 1775년에 나가사키에 도착하
   여 1777년에 떠날 때까지 식물을 수
   집했다.

65 A.S. 그리보예도프(1795~1829)는 러
   시아의 외교관이자 시인, 극작가다.

66 구슬리는 러시아 현악기의 하나로,
   말굽 모양, 직사각형, 한쪽이 둥근
   모자 모양으로 된 것들이 있으며 고
   음·중음·저음의 여러 크기가 있다.
   현재 독주나 합주에는 반음계로 조
   절한 것을 쓰고 있다.

67 류큐 제도는 북쪽에서 서남쪽으로
   섬들이 길게 줄을 지어 늘어선 열도
   의 형태로 동중국해와 필리핀 사이
   에 있다. 류큐 제도는 여섯 개의 섬
   으로 구성되어 있고 가장 큰 섬은
   오키나와 제도다. 류큐 민족은 독립
   적인 문화권을 형성했으나, 1881년
   일본 제국에 강제 병합된 이후 일본
   문화권에 흡수되었다.

68 자네는 곤차로프의 가까운 친구이자

화가인 A.N. 마이코프(1821~1897)를 말한다. 이들은 1853년부터 알고 지낸 사이다.

69 사주는 해저의 모래나 연안류가 운반한 모래가 파도의 힘이 적어진 곳에서 퇴적하여 생기는 것이다.

70 보트는 여기에서 선박을 말한다. 큰 선박을 작은 보트라고 말한 것은 저자는 한 시간이라는 시간이 생각보다 짧았음을 표현한다.

71 B. 갈리(1788~1844)는 영국의 여행가로, 조선과 류큐 제도를 여행했다. 1816년의 여행기를 말한다.

72 J.A. 와토(1684~1721)는 프랑스 화가다. 그는 발랑시엔 태생으로 처음에는 지방 화가였으나 18세기 파리로 가서 루벤스의 그림을 보고 본격적인 그림을 공부하기 시작했다. 그는 주로 당시에 유행하던 이탈리아 희극과 궁정생활, 병사들의 생활 등을 그렸는데 아름답고 화려하면서도 우수가 깃든 아연화를 창시하여 로코코 미술의 대표적 인물이 되었다.

73 테오크리토스는 시라쿠사 태생의 시인이다. 전원생활을 주제로 목자를 노래한 짧은 시 형태인 목가의 창시자이자 완성자다.

74 A. 데줄리에르는 프랑스 작가로 전원시에 대한 작품들 「양들」, 「시냇물」, 「꽃」을 썼다.

75 S. 게스네르 또한 전원시에 대한 작품을 쓴 스위스의 작가이자 시인이고 화가다.

76 수도는 츄 또는 츄디라 불린다. 중국어로는 쇼우리지만 주민들에게는 슈리라고도 발음된다.

77 호메로스는 고대 그리스의 시인으로, 유럽 문학의 최고(最古) 서사시 『일리아드』와 『오디세이』의 작자로 알려져 있다.

78 『오디세이』는 호메로스가 지은 고대 그리스의 서사시로, 트로이 전쟁의 영웅 오디세이의 10년간에 걸친 귀향 경험담을 담고 있다.

79 곤차로프는 이곳에서 낮은 계층의 여자들만 보았다. 왜냐하면 고위층의 부인들은 친척들과도 만나지 않을 정도로 바깥 외출을 꺼려했기 때문이다.

80 파르골로보는 페테르부르트 근교의 마을이다.

81 브로드는 면, 레이온, 명주 또는 그 것들의 혼방으로 광택이 나는 폭이 넓은 셔츠나 드레스의 옷감이다.

82 풀잎으로 짠 의복은 옛날 중국 변방 섬사람들이 입었기에 그들을 낮추어 가리키는 말로 쓰였다.

83 사당은 조상의 신주를 모셔놓은 집이다.

84 마를리는 페테르고프 궁전의 연못 이름이다.

85 시노페의 디오게네스(기원전 ?412~ 기원전 ?323) 고대 그리스 철학자 다. 문명을 반대하고 자연적인 생활 을 실천한 철학자로 유명하다. 디오 게네스는 자연적인, 반문명의 사상 을 실행하여 생애 한 벌의 옷과 한 개의 지팡이와 자루를 메고 통 속에 서 살았다. 당시 알렉산드로스 대왕 이 디오게네스를 찾아와, "원하는 것이 무엇인가?"라고 물었을 때, 그 는 "아무것도 필요 없으니 햇빛을 가리지 말고 비켜서라."라고 했다는 일화는 유명하다.

86 크림전쟁(1853~1856)은 크림반도 를 중심으로 러시아가 영국, 프랑스, 오스만 제국과 벌인 전쟁이다.

87 브로드클로스는 면사를 평직으로 짠 것으로 촘촘하고 광택이 있다. 부인복이나 와이셔츠 감으로 많이 쓴다.

88 F.W. 비치(1796~1856)는 영국 함 대의 장교이자 여행가다.

89 우회 항해는 맞바람을 향하여 돛을 좌우로 번갈아가며 항해하는 것이다.

90 축범부는 바람이 강하게 불 때 돛을 작게 만들기 위해 묶거나 감을 수 있는 부분이다.

91 용골은 배 밑바닥의 중심선을 따라 배 앞쪽으로부터 배 뒤쪽까지 이어 진 것으로 마치 우리 몸의 척추와 같은 역할을 한다.

92 루손 섬은 필리핀 북부에 있는 섬으로, 필리핀에서 가장 큰 섬이다.

93 크리올 사람은 중남미나 그 주변에 서 나서 자란 유럽인, 특히 스페인 사람을 말한다.

94 훼복은 풀로 만든 옷으로 미개인의 옷을 말한다.

95 남십자성은 천구의 남반구에 있는 별자리다.

96 마슬레니차는 러시아의 사육제로 봄이 오기를 기념하는 기념일이다.

97 카니발은 그리스도교 국가에서 사순절이 되기 3일에서 7일 전에 걸쳐 행하는 제전이다.

98 카노푸스는 용골자리에서 가장 밝은 별로, 동아시아의 별자리에서는 남극노인성 또는 노인성이라 한다.

99 아르고호 별은 그리스의 영웅들이 타고 원정을 떠났던 배 모양의 별이다.

100 리알은 옛 스페인의 작은 은화다.

101 아케이드는 돌이나 벽돌 또는 콘크리트의 아치로 둥그스름하게 만든 천장을 말한다.

102 타갈로그인은 필리핀 마닐라 시를 중심으로 거주하고 있는 종족이다.

103 운모는 화강암의 종류 중 하나로 내화성이 강하며 전기 절연성이 있다.

104 함석은 표면에 아연을 도금한 얇은 철판이다.

105 피아스트라는 스페인 및 스페인계 라틴 아메리카의 옛 은화다.

106 연병장은 군인을 훈련시키기 위하여 병영 내에 마련한 운동장이다.

107 라구는 고기와 뼈를 잘게 썰어 채소와 양념을 넣고 찌는 프랑스 요리다.

108 면벨벳은 무명실을 섞거나 무명실만으로 벨벳같이 짠 직물이다.

109 플래스트런은 수트나 드레스의 가슴받이에 변화를 주기 위해서 고안된 가슴장식의 일종이다.

110 니그리토는 동남아, 오세아니아 등에 사는 키 작은 흑인을 말한다.

111 파시그는 필리핀 마닐라 수도권에 위치한 도시다.

112 그 일은 말이 통하지 않아서 호텔을 찾는데 긴 시간이 소요되었던 사건을 말한다.

113 격자문은 가로, 세로의 선이 직각으로 교차하는 무늬, 창살이나 석쇠에서 보이는 체크무늬로 된 문을 말한다.

114 카를 4세(1316~1378)는 보헤미아 왕이자 룩셈부르크 왕가 출신의 신성로마제국 황제다.

115 리넨은 아마의 줄기에서 얻은 인피 섬유로 의복용 섬유로서는 가장 오래된 섬유다.

116 옥양목은 무명실로 너비가 넓고 곱게 짠 천으로 얇고 색깔이 매우 희며 보통 나염해서 침구에 많이 사용된다.

117 테오크리토스는 시라쿠사 태생의 시인이다. 그는 전원생활을 주제로 목자를 노래한 짧은 시의 한 형식인

목가의 창시자다.

118 오셀로는 셰익스피어가 쓴 비극이
　　자 이 비극의 주인공 이름이다.

119 예카테린고프는 러시아 페테르부르
　　크에 위치하는 공원이다.

120 이 표현은 사람이 많다는 것을 의미
　　한다.

121 폴카곡은 보헤미아의 민속 무곡이다.

122 마주르카는 폴란드의 민속 춤곡이다.

123 D. 벨라스케스(1599~1660)는 스
　　페인 출신의 화가다. 당대의 바로크
　　시대 화가였으며 초상화에 유능한
　　화가이기도 했다.

124 시노프 사건은 러시아 흑해 함대가
　　소아시아의 시노페 만에서 투르크
　　함대를 전멸시킨 사건이다.

125 주교는 가톨릭에서 교구를 관할하
　　는 성직자를 말한다.

126 무어양식은 중동지방의 건축과 실
　　내에 기초를 둔 무어인들의 양식을
　　말한다.

127 아바나는 쿠바의 수도다.

128 민다나오 섬은 필리핀에서 루손 섬
　　다음으로 두 번째로 큰 섬이다.

129 앙제는 프랑스 서부에 있는 도시다.

130 라코니아는 펠로폰네소스 반도 남

쪽에 있는 그리스의 현 가운데 하나
로, 현 소재지는 스파르타다.

131 에페르네는 북 프랑스에 있는 도시다.

132 토르조크는 러시아의 트베르 주에
　　있는 도시다.

133 F. 마젤란(?1480~1521)은 포르투
　　갈 태생의 스페인 항해자다.

134 아스투리아스는 스페인 비스케이
　　만에 있는 자치 지역이다.

135 M.L.레가스피(1502~1572)는
　　1565년에 필리핀 제도를 정복하여
　　초대 필리핀 총독이 된 스페인의 정
　　복자다.

136 바탄 섬은 필리핀의 섬이다.

137 군함 올리부차 호는 캄차카 방어 목
　　적으로 페트로파블롭스키 항구로
　　푸탸틴 제독이 보냈다.

138 제6장에서 팔라다호는 좀 더 일찍
　　러시아 해안에 도달하고자 하는 마
　　음에 마닐라에서 시베리아 해안까
　　지 가는 동안에 들르는 곳마다 오랫
　　동안 정박하지 않고 서둘러 항해하
　　게 된다. 저자인 곤차로프도 포함하
　　여 전함의 장교들은 조선의 내륙 쪽
　　으로 여행을 하지 않아서 조선의 역
　　사에 대해서 대충, 그것도 명백하게

편파적인 일본 사료들을 보고 알게 되었다. 이 때문에 곤차로프가 조선인들의 특성을 말할 때에 많은 실수를 하고 있다는 사실을 알 수 있다.

139 해밀턴 섬은 거문도를 말한다. 거문도는 전라남도 여수와 제주도 사이에 있다. 영국은 거문도를 발견자의 이름을 따서 해밀턴이라고 불렀다. 거문도의 주변은 수심이 깊어 대형 선박을 수용할 수 있는 좋은 조건을 갖추고 있고 대한 해협의 문호로서 한일 양국 간의 해상 통로로 이용되었으며 러시아의 동양 함대의 길목에 위치한 전략적 요충지였다.

140 카미긴 섬은 필리핀의 바부얀 군도에 속하는 섬이다.

141 피오크빈토 만은 필리핀의 바부얀 군도에 속하는 카미구인 섬의 항구다.

142 라오콘은 그리스 신화에 나오는 트로이 도시에 있는 아폴론 신의 신관이다.

143 홋카이도는 북해도 또는 아이누 모시리라고 부르기도 하고 일본 최북단 섬이며 가장 큰 도시는 도청 소재지인 삿포로 시다.

144 부지(不知)는 한자어로 알지 못한다는 뜻이다.

145 퀠파트 섬은 제주도를 말한다.

146 카불인은 북부 아프가니스탄의 종족이다.

147 보스포루스 해협은 터키의 서부, 마르마라 해와 흑해를 연결하는 해협이다.

148 아라비아 만은 페르시아 만이다. 이 만을 아라비아 반도의 국가들은 아라비아 만이라 부르고 있다.

149 C.M. 탈레랑(1754~1838)은 프랑스의 정치가이자 외교관이다.

150 야시코의 현재 명칭은 오사카다.

151 입체경은 하나의 물체를 다른 각도에서 찍은 두 장의 사진을 동시에 보게 하여 물체를 입체적으로 보이게 하는 기기다.

152 P.F.B. 지볼트(1796~1866)는 독일의 의사이자 생물학자다. 일본에서 서양 의학을 처음 가르친 유럽인으로 유명하며, 일본의 식물과 동물 고유종을 연구한 것에 의의가 있다. 지볼트가 일본에서 만난 아내 구스모토 다키와의 사이에서 낳은 딸이 일본 최초의 부인과 의사 구스모토 이네이며, 그 손녀가 『은하철도

999』의 메텔의 모델이 된 여의사 구스모토 다카코다.

153 피란도는 지금의 히라도를 말한다. 히라도는 나가사키현에 있는 히라도 섬에 있으며 1550년 개항되어 일본 최초로 포르투갈, 네덜란드, 영국과 무역을 한 곳이었으나, 1636년부터 나가사키가 대신하게 되었다.

154 체르케스인은 캅카스 산맥에 있는 종족이다.

155 W.R. 브로튼(1761~1821)은 영국의 해군 장교로, 1790년부터 1793년까지 채텀호의 선장으로 밴쿠버가 이끈 아메리카 서북 해안 탐사에 참가했다. 1793년 이 탐사 함대의 세 번째 배가 될 프로비던스호의 지휘를 맡기 위해 영국으로 돌아갔으며, 1976년 북아메리카의 해안에 도착했으나 밴쿠버의 배들이 이미 18개월 전에 몬트레이 항을 떠났음을 알게 된다. 이후 브로튼은 당시 가장 덜 알려져 있던 아시아 남쪽 지역으로 측량을 위해 떠난다. 조선의 동해안 일대를 항해하기도 했으며, 부산 동래의 용담포에 기항했다가 경상관찰사 이형원의 명을 받고 퇴거

했으며, 영흥만에 이르러서는 스스로 브로튼 만이라 명명한 후 연해주까지 항해했다.

156 G. 밴쿠버(1757~1798)는 영국의 항해자다.

157 러시아어로 코레야는 고려를 말한다.

158 라자레프 만은 영흥만에 A. 라자레프(1788~1851) 제독을 기리기 위해서 붙인 이름이다.

159 라페루즈 백작(1741~1788)은 프랑스의 해군장교이자 항해자로, 1785년부터 1788년까지 태평양 조사 탐사대를 이끌었다.

160 이아킨프 사제(1777~1853)의 본명은 니키타 야코블레비치 베추린이다. 대수도원장이자 동양학자다. 중국어 외에도 만주어, 티베트어, 한국어를 공부하고 중국과 이웃 나라들에 관한 많은 책과 논문을 발표한 그는 러시아 한국학의 토대를 놓은 사람이기도 하다.

161 차오샨은 러시아어로 조선을 다르게 발음한 것이다.

162 일리아드는 호메로스의 서사시 『일리아드』의 중심 인물이다.

163 아이아스는 그리스 신화에 나오는

트로이 전쟁의 용사다. 그는 살라미스의 왕으로 텔라몬의 아들이며, 아킬레우스의 투구가 오디세우스에게 전하여지는 것을 보고 분하여 자살하였다.

164 헥토르는 그리스신화에 나오는 영웅으로, 그리스군 중에서도 아킬레우스 다음가는 용장인 아이아스와 1 대 1로 싸웠으나 결판이 나지 않자 두 사람은 선물을 교환하고 헤어졌다.

165 아킬레우스는 트로이 전쟁의 영웅이다. 그는 호메로스의 서사시 『일리아드』의 중심인물이다. 그는 격하기 쉬운 성격이었으나 정이 많고 트로이 전쟁에서 가장 고결한 영웅으로 알려져 있다.

166 위만은 위만 조선의 위만을 말한다.

167 기자는 기자 조선의 기자를 말한다.

168 우거왕은 위만의 손자다.

169 퉁구스 민족은 알타어 어계의 만주·퉁구스 어족에 속하는 언어를 사용하는 민족을 지칭한다.

170 가오는 고주몽을 말한다.

171 가오리는 고구려 왕국을 말한다.

172 코리는 고려를 말한다.

173 여덟 개의 지방 혹은 도로는 조선 시대의 팔도를 말한다.

174 타타르 해협은 유라시아 대륙과 사할린 섬을 가르는 해협으로 북쪽으로 오호츠크해와 남쪽으로 동해와 연결된다.

175 마쓰마에는 홋카이도를 가리킨다. 마쓰마에는 홋카이도 섬의 서남쪽에 있는 도시로, 외국인 여행자들은 이 도시 이름으로 전체 섬을 불렀다.

176 오로촌인은 동부 시베리아의 종족이다.

177 길랴크족은 러시아 극동 지역의 소수민족인 니브흐족의 옛 이름이다.

178 곰 마늘은 마늘의 한 종류로 야생마늘이라고도 한다.

179 페트롭스코예 월동 장소는 오호츠크해 남쪽 해안 타타르 만 입구에서 가까운 행복만에 있다. 1850년에 건설되어서 아무르 지역에서 러시아가 최초로 활동할 때 거점 역할을 담당했다.

180 바로 이때 8월 16일에 캄차카에서 러시아인들은 소수로 많은 수의 적군과 힘든 교전을 벌였다.

181 율리시스는 그리스 신화에 나오는 이타카의 왕이다. 호메로스의 『오디

세이』의 주인공으로 오디세이의 라
틴명이다.

182 이타카 섬은 그리스 서쪽의 섬으로,
신화에 나오는 율리시스의 고향이다.

183 닭 다리를 하고 있는 유명한 농가는
러시아 민담에 나오는 바바야가의
집이다.

184 스타노보이 산맥은 러시아 극동 동남
부에 위치한 산맥으로, 오오츠크 해
와 레나 강, 아무르 강에 접해 있다.

185 이 구절은 I.I. 드미트리예프의 시
「볼가 강을 향해」(1794년)의 첫 구
절이다.

186 M.S. 볼콘스키(1832~1909)는 12월
당원인 S.G. 볼콘스키의 아들로
1854년에 무라비요프가 근무할 때
에 특별 위임된 관리직을 맡았다.

187 설피는 눈이 올 때 신는 신발이다.

188 사르는 말가죽으로 만들어진 야쿠
츠크 장화다.

189 오카 강은 러시아의 시베리아에 위
치한 큰 강이다.

190 레표시카는 화덕에 구운 러시아 빵
을 말한다.

191 원문에서는 이 말을 프랑스어로 하
고 있다.

192 우라사는 야쿠트사람들이 예전에
살았던 봇나무껍질을 씌운 원추형
집을 말한다.

193 『검찰관』은 고골의 작품 가운데 하
나다.

194 축치족은 러시아의 추코트 반도 및
코랴크 자치구에 사는 종족으로 축
치어를 사용한다.

195 파르골로보, 황제 마을, 오라니엔바
움은 페테르부르크 근교에 있는 도
시다.

196 A. 훔볼트(1769~1859)는 독일의
자연과학자이자 여행가다.

197 『야쿠츠크 여행』(1833)은 러시아
의 작가이자 민속학자인 N. 수킨
(1792~1883)의 책이다.

198 「상트페테르부르크의 베도모스티」
는 러시아의 페테르부르크에서 발
행된 신문 이름이다.

199 모르스카야 거리부터 리테이나야
거리는 페테르부르크에 있는 거리
들이다.

200 라헬 엘리자(1820~1858)는 프랑스
의 연극 배우다.

201 게덴시트롬(1780~1845)은 북시베
리아를 탐험한 러시아인 탐험가, 작

가다.

202 오페라 「노르마」는 V. 벨리니가 작곡했다.

203 「정결한 여신」은 이탈리아의 노래다.

204 욥은 구약성서의 욥기에 등장하는 중심인물로, 신을 잘 섬겼던 그는 신의 허락을 받은 악마로부터 많은 시험을 당하게 된다.

205 이 장은 1874년 출간한 문집 『공동 출자』에 게재되어 있다.

206 E.V. 푸탸틴(1803~1883)은 러시아 제독, 정치가, 외교관이다. 1855년에 일본과 최초의 우호통상조약을 체결했다.

207 그레츠(1787~1867)는 러시아의 출판업자, 편집자, 저널리스트, 시사평론가, 소설가, 인문학자, 번역가다.

208 N.V. 고골(1809~1852)은 러시아 극작가다.

209 햄릿은 영국의 극작가 셰익스피어(1564~1616)의 4대 비극 작품 중 『햄릿』의 주인공이다.

210 피트는 러시아와 영국에서 사용하던 길이 단위로 1피트는 0.305미터다.

211 구약성서 잠언 28장 1절의 말씀이다. "악인은 쫓아오는 자가 없어도 도망하나 의인은 사자같이 담대하니라."

212 브레멘은 독일의 도시다.

213 오디세이는 고대 그리스의 서사시로 트로이 전쟁의 영웅이고, 아이네이스는 트로이의 장군이다. 호메로스는 서사시 『오디세이』를 지었고, 로마의 시인 베르길리우스는 아이네이스의 유랑을 노래한 서사시 『아이네이스』를 지었다. 아이네이스는 아버지 앙키세스를 어깨에 메고 패망한 트로이를 탈출했다. 그래서 조각상을 보면 어깨에 가문의 신주를 든 아버지 앙키세스가 앉아 있다.

전함 팔라다 II

펴낸날 **초판 1쇄 2016년 12월 20일**

지은이 **이반 곤차로프**
옮긴이 **정막래**
펴낸이 **심만수**
펴낸곳 **(주)살림출판사**
출판등록 1989년 11월 1일 제9-210호

주소 **경기도 파주시 광인사길 30**
전화 **031-955-1350**   팩스 **031-624-1356**
홈페이지 http://www.sallimbooks.com
이메일 book@sallimbooks.com

ISBN 978-89-522-3565-7 04080
      978-89-522-0855-2 04080(세트)

이 도서의 국립중앙도서관 출판시도서목록(CIP)은 서지정보유통지원시스템 홈페이지
(http://seoji.nl.go.kr)와 국가자료공동목록시스템(http://www.nl.go.kr/kolisnet)에서
이용하실 수 있습니다.(CIP제어번호: CIP2016030874)

책임편집·교정교열 송두나·문형숙